LE GUIDE VERT

Nord Pas-de-Calais

1 Lille Métropole 33

2 La Flandre 93

3 Du Hainaut à l'Avesnois 139

4 La Côte d'Opale et la région de Saint-Omer 205

5 Arras et l'Artois 291

6 Escapade en Belgique 341

DÉCOUPAGE GÉOGRAPHIQUE DU GUIDE SUR LA CARTE CI-CONTRE

Covid-19

Attention, les horaires et les modalités d'accueil des sites touristiques sont susceptibles de changer en fonction de l'évolution de la crise sanitaire. De nombreux musées et monuments imposent désormais la réservation en ligne. Vérifiez les conditions de visite afin d'éviter toute déconvenue.

L'équipe du Guide Vert Michelin, de gauche à droite :
Camille Bouvet, Denis Rasse, Natacha Brumard, Amaury de Valroger, Lucie Fontaine, Philippe Orain, Florence Dyan, Catherine Guégan, Hervé Dubois, Fiona Lale, Hélène Payelle, Marie-Pierre Renier, Éric Boucher, Véronique Aissani, Marie Simonet, Carole Diascorn, Jérôme Lévêque, Marion Capéra, Pascal Grougon, Dominique Auclair.

COMPRENDRE LE NORD ET LE PAS-DE-CALAIS

Bienvenue dans la région 380
8 choses à savoir 381
Saveurs locales 382
Histoire 386
Traditions et art de vivre 396
Art et culture 399
Nature et paysages 408
Personnalités 412

thehague/Getty Images Plus

R. Soberka/hemis.fr

ORGANISER SON VOYAGE

Types de séjour 416
Aller dans le Nord et le Pas-de-Calais 417
Avant de partir 420
Sur place de A à Z 422
Agenda 428
Livres, films 430

Index général 437
Cartes et plans 445
Légende des cartes et plans 446

O. Leclercq/hemis.fr

Nos incontournables

★★

Nausicaá

La nouvelle extension du Centre national de la mer accueille désormais le plus grand aquarium d'Europe, l'occasion de voyager en haute mer à la découverte des richesses de l'océan. **Voir p. 230.**

P. Thomas/hemis.fr

O. Leclercq/hemis.fr

★★

La Coupole

La Seconde Guerre mondiale comme si vous y étiez : ce dôme colossal, à proximité de St-Omer, cache une cité souterraine, où l'armée allemande ambitionnait de créer une arme secrète pour détruire Londres. **Voir p. 281.**

O. Leclercq/hemis.fr

★★★

Lille

Forte de son nouvel élan culturel, la « capitale des Flandres » n'a jamais mieux porté son titre, surprenante de jeunesse et de vitalité jusqu'en son cœur historique. **Voir p. 34.**

★★

Le Touquet-Paris-Plage

Rétro mais pas trop, l'élégante station balnéaire née au milieu du 19e s. a su avancer avec son temps. C'est aujourd'hui l'une des plages les plus appréciées de la région. **Voir p. 246.**

O. Leclercq/hemis.fr

R. Soberka/hemis.fr

★★

Villa Cavrois

Cette somptueuse villa moderniste, conçue pour une famille d'industriels du textile par Robert Mallet-Stevens, est un véritable manifeste architectural des années 1930 : dépouillement des volumes, fonctionnalisme, hygiène, rien n'est laissé au hasard, jusqu'au mobilier et aux luminaires. **Voir p. 72.**

Nos incontournables

★★

Centre historique minier de Lewarde

Le plus grand musée de France dédié aux « gueules noires » leur rend un hommage bien mérité, une plongée saisissante au cœur des redoutables entrailles de la mine. **Voir p. 148.**

E. Watteau/Centre Historique Minier

★★

Louvre-Lens

Brosser l'histoire de l'art à travers 250 chefs-d'œuvre : pari réussi pour la Galerie du Temps du « deuxième Louvre », au cœur d'un bâtiment aux lignes radicales. **Voir p. 311.**

Louvre-Lens © Kazuyo Sejima + Ryue Nishizawa / SANAA, IMREY CULBERT, Mosbach paysagistes

O. Leclercq/hemis.fr

udokant/Getty Images Plus

★★

Côte d'Opale

D'une beauté à couper le souffle, son littoral battu par les vents et ses plages aux horizons infinis en font le royaume des sports nautiques et éoliens. **Voir p. 220.**

★★★

Grand'Place d'Arras

Un décor de théâtre, en mieux : bien vivant, ce splendide héritage du baroque flamand a été sauvé par l'incroyable reconstruction d'après-guerre. **Voir p. 295.**

Chillingworth/Getty Images Plus

★★

Saint-Omer

Surprise : la paisible cité veille sur le plus beau témoignage architectural religieux de la région, la cathédrale Notre-Dame, un bijou de pierres au cœur des ruelles. **Voir p. 273.**

Nos coups de cœur

Chars à voile sur la plage de Berck-sur-Mer.
A. Kubacsi/age fotostock

TOP 5
Plages

1. La plus sauvage, au Cap Blanc-Nez (p. 220)
2. La plus famille, au Touquet (p. 246)
3. La plus sportive, à Berck-sur-Mer (p. 256)
4. La plus rétro, à Wimereux (p. 226)
5. La plus longue, aux Dunes de Flandre (p. 104)

La plage du Touquet.
kodachrome25/Getty Images Plus

❤ Filer à marée basse et à toute allure à bord d'un char à voile sur la plage de Berck-sur-Mer. **Voir p. 256**.

❤ Se lancer dans une partie de trou-madame, de boule à la pente et de table à l'élastique, des jeux traditionnels flamands à disposition dans les plaisants estaminets des monts de Flandre. **Voir p. 134**.

❤ Grimper l'échelle du meunier et comprendre comment la force du vent peut moudre le blé, en visitant les moulins d'Hondschoote. **Voir p. 121**.

❤ Remplir son panier de cramiques et de tartes au sucre au grand marché du samedi à Arras, où les étals de la Grand'Place perpétuent la tradition marchande qui a contribué à la fortune de la cité. **Voir p. 295**.

❤ Défier les vents au Cap Blanc-Nez, perché au-dessus de la Côte d'Opale, puis marcher le long des sentiers qui ourlent l'un des plus beaux littoraux de France. **Voir p. 220**.

La côte sauvage du Cap Blanc-Nez.
A_Lein/Getty Images Plus

Nos coups de cœur

Dans le Vieux-Lille.
thehague/Getty Images Plus

❤ Partager une heure le terrible quotidien des « gueules noires », en visitant la fosse n° 9-9bis d'Oignies, où débuta et finit l'épopée du charbon dans le Nord. **Voir p. 315**.

Observation des phoques dans la baie d'Authie.
Benjamin Grosjean/Getty Images Plus

❤ Flâner dans les ruelles colorées du Vieux Lille en croquant une gaufre moelleuse. C'est là que bat le cœur de la cité, vivante et festive, avec sa farandole de boutiques branchées et de restaurants élégants. La capitale de la région mérite qu'on s'y attarde plusieurs jours, tant son offre culturelle et son art de vivre sont dynamiques. **Voir p. 34**.

❤ Se prendre pour un naturaliste en observant la colonie de phoques gris qui se prélassent à marée basse sur les bancs de sable de la baie d'Authie. Convoquez le beau temps et n'oubliez pas vos jumelles ! **Voir p. 258**.

Le monument des *Bourgeois de Calais* (Auguste Rodin).
L. Maisant/hemis.fr

Grand'Place de Béthune.
O. Leclercq/hemis.fr

TOP 5
Beffrois

1. Le plus carillonnant, Douai (p. 143)
2. Le plus haut, Lille (p. 44)
3. Le plus ancien, Boulogne-sur-Mer (p. 233)
4. Le plus médiéval, Béthune (p. 329)
5. Le plus baroque, Aire-sur-la-Lys (p. 287)

Déguster un potjevleesch arrosé d'une bière artisanale dans un estaminet des monts de Flandre, tout en essayant de prononcer sans postillonner le nom des villages alentour : Godewaersvelde, Eeckelstraete, Boeschepe. **Voir p. 133.**

Compatir à l'humiliation des fameux Bourgeois de Calais, en découvrant l'œuvre d'Auguste Rodin dédiée à cette célèbre anecdote de l'histoire de France. **Voir p. 210.**

Nos coups de cœur

Porte-conteneurs géant, dans le port de Dunkeque.
DEBOVE SOPHIE/Getty Images Plus

❤ **Humer l'air du large** en naviguant dans le port de Dunkerque, le troisième de France, au milieu des gigantesques porte-conteneurs en provenance des quatre coins du globe. **Voir p. 97**.

❤ **Se souvenir des soldats du monde entier** tués lors de la Grande Guerre sur le site stratégique de Notre-Dame-de-Lorette, aujourd'hui devenu nécropole nationale et mémorial international. **Voir p. 323**.

Cimetière des soldats français à Notre-Dame-de-Lorette
Uwe Zucchi/dpa/age fotostock

TOP 5
Musées d'art

1. Palais des Beaux-Arts de Lille (p. 54)
2. LaM de Villeneuve d'Ascq (p. 81)
3. Louvre-Lens (p. 311)
4. La Piscine de Roubaix (p. 69)
5. Musée de la Chartreuse de Douai (p. 145)

L'Ombre (Auguste Rodin), au Palais des Beaux-Arts de Lille.
R. Soberka/hemis.fr

❤ **Se laisser gagner par la folie carnavalesque** dans les ruelles pavées de Douai, en dansant début juillet sous les effigies de la famille des cinq géants Gayant (le papa mesure 8,50 m et pèse 370 kg !). **Voir p. 142**.

❤ **Dépenser sans compter,** ou presque, dans les magasins d'usine de Roubaix, où les grandes marques de la mode et du textile dégriffent à tout-va. Ou faire du shopping chic et branché dans le quartier des Créateurs. **Voir p. 74**.

❤ **Escalader les terrils jumeaux** de Loos-en-Gohelle, sur les pentes desquels se développe une végétation arborescente, comme le symbole du renouveau post-industriel de la région. Ce sont les plus hauts terrils houillers d'Europe. **Voir p. 314**.

❤ **Cheminer dans les allées** du jardin à la flamande du château d'Esquelbecq pour s'attarder sur les œuvres d'art contemporain dressées derrière les haies de fruitiers palissés. **Voir p. 119**.

La fête de Gayant à Douai.
O. Leclercq/hemis.fr

Nos coups de cœur

Pêcheurs à cheval sur la plage d'Oostduinkerke.
PepiteVoyage/Getty Images Plus

❤ **Embarquer sur les canaux** du marais audomarois et y croiser les derniers maraîchers qui partent en barque cultiver le chou-fleur sur leurs parcelles arrachées à l'eau. **Voir p. 280**.

❤ **Marcher dans les pas** de Jean Valjean à Montreuil-sur-Mer, alias le père Madeleine, promu maire de la cité sous la plume de Victor Hugo. **Voir p. 260**.

❤ **Admirer le panorama** entre deux hôtels particuliers de Cassel, charmante ville flamande apprêtée d'un patrimoine riche et d'une animation frénétique. **Voir p. 124**.

❤ **S'émerveiller des trésors** du MusVerre de Sars-Poteries puis se mettre dans la peau d'un souffleur de verre dans l'ancienne verrerie de Trélon. **Voir p. 185 et 190**.

❤ **Enfiler ses bottes** avec l'un des derniers pêcheurs de crevettes à cheval, qui œuvrent toujours à marée basse et montante sur la plage belge de Oostduinkerke, avant d'aller déjeuner à l'auberge du musée national de la Pêche, tout proche. **Voir p. 106**.

Mosaïques (Auguste Labouret) décorant l'intérieur de la gare de Lens.
R. Soberka/hemis.fr

TOP 5
Art déco

1. Villa Cavrois, Croix (p. 72)
2. Villas balnéaires, Malo-les-Bains (p. 103)
3. Stade-parc et piscine, Bruay-la-Buissière (p. 331)
4. Gare et place Jean-Jaurès, Lens (p. 310)
5. Hôtel Barrière Westminster, Le Touquet (p. 248)

Promenade en bateau dans le marais audomarois.
L. Maisant/hemis.fr

Et vous, quels sont vos plus beaux souvenirs de voyage ?

Partagez-les nous sur Instagram ! Vous serez peut-être sélectionnés pour une publication dans une prochaine édition en mentionnant le # : **#coupsdecoeurGuideVertMichelin**

Nos itinéraires

4 jours

Lille et sa métropole

En bref : Sous les pignons, le renouveau par la culture.

Alphotographic/Getty Images Plus

Lille J-1

Balade dans les charmantes rues du Vieux Lille (**p. 34**), visite du palais des Beaux-Arts (**p. 54**) puis montée au beffroi (**p. 44**). Soirée dans le Vieux Lille.

Roubaix J-2

Petit café du matin sur la Grand'Place face à l'hôtel de ville, puis visite de La Piscine-musée d'Art et d'Industrie (**p. 69**). Après-midi à la superbe villa Cavrois à Croix (**p. 72**).

Richard Deacon, *Between Fiction And Fact* (1992), sculpture devant le LaM.

O. Leclercq/hemis.fr © Richard Deacon, 2023

Tourcoing J-3

Découverte du MUba Eugène-Leroy puis de l'hospice d'Havré (**p. 76**). Soirée au Studio national des arts contemporains (**p. 79**).

Villeneuve d'Ascq J-4

Visite du LaM (**p. 81**), promenade dans le parc du Héron puis retour à Lille pour une soirée rue de Gand (**p. 38**).

Conseils : logez à Lille pour profiter de la vie nocturne. Déplacez-vous à vélo ou en transports en commun.

5 jours

Un aperçu du bassin minier

En bref : 200 km entre terrils, beffrois et musées.

StephenBridger/Getty Images Plus

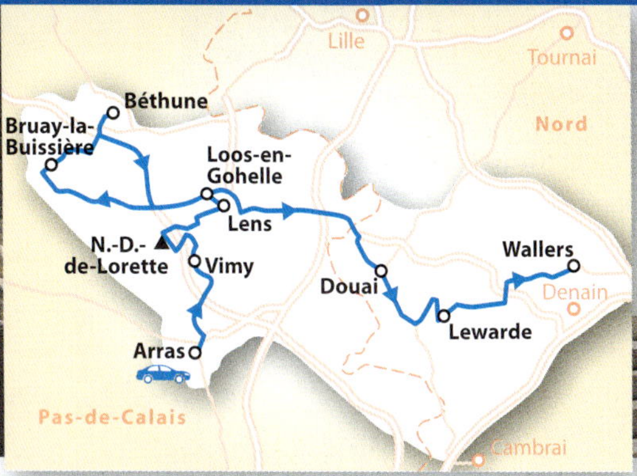

Arras — J-1

Café sur la Grand'Place (**p. 295**), balade en ville, puis descente dans les boves et montée au beffroi (**p. 296**). Après-midi au musée des Beaux-Arts (**p. 300**).

Conseils : en soirée, ne manquez pas l'illumination de la Grand'Place.

Vimy — J-2

Matinée sur les traces de 14-18, au Mémorial national du Canada à Vimy (**p. 326**) puis à la colline de N.-D.-de-Lorette (**p. 323**). Après-midi au Louvre-Lens, symbole du renouveau post-minier (**p. 311**).

Autour de Lens — J-3

Découverte du bassin minier lensois (**p. 310**). Le matin, randonnée sur les terrils jumeaux de Loos-en-Gohelle. L'après-midi, visite des corons et du Stade-parc et piscine Art déco de Bruay-la-Buissière. Soirée à Béthune, sur la Grand'Place illuminée (**p. 329**).

Douai — J-4

Découverte de la ville puis montée au beffroi (**p. 142**). Visite du musée de la Chartreuse (**p. 145**). L'après-midi, visite des cités minières de Pecquencourt (**p. 150**) et balade à l'étang des Argales (**p. 151**).

Lewarde — J-5

Visite du Centre historique minier de Lewarde (**p. 148**) puis l'après-midi, découverte de la fosse et de la cité d'Arenberg à Wallers (**p. 152**).

Fosse d'Arenberg à Wallers.
R. Soberka/hemis.fr

Nos itinéraires

7 jours

De Dunkerque au Touquet

En bref : 300 km au fil de la Flandre française et maritime.

Marine Deswarte/Getty Images Plus

Dunkerque J-1

Matin : découverte du centre puis du LAAC (**p. 102**). Après-midi : croisière dans le port et musée portuaire. Soirée à Malo-les-Bains (**p. 103**).

Conseils : en février, le carnaval bat son plein chaque week-end.

Dunes de Flandre J-2

Journée au grand air : randonnée et activités nautiques (**p. 104**).

Le Dragon, machine monumentale, créé par la Compagnie du Dragon.
© Fred Collier/Ville de Calais

Bergues J-3

Visitez la ville fortifiée et le beffroi (**p. 116**) puis partez à la découverte des villages alentour (**p. 118**).

Calais J-4

En route, visitez l'église de Bourbourg (**p. 114**). Passez l'après-midi à la Cité de la dentelle et de la mode (**p. 209**).

Côte d'Opale J-5

Randonnée entre les caps Blanc-Nez et Gris-Nez ou bien visite des villages (**p. 220**). Soirée à Wimereux (**p. 226**).

Boulogne-sur-Mer J-6

Promenade dans la ville fortifiée (**p. 232**) et après-midi à Nausicaá (**p. 230**).

Le Touquet-Paris-Plage J-7

Journée balnéaire au Touquet-Paris-Plage (**p. 246**) et le long de la baie de Canche (**p. 250**). En fonction de la marée, observation des phoques dans la baie d'Authie (**p. 258**).

7 jours

Sur les traces de la Grande Guerre

En bref : 400 km pour se souvenir, entre nécropoles et mémoriaux.

J. Gil/age fotostock

Fromelles — J-1

De Lille, rejoindre le musée de la Bataille de Fromelles puis suivre le chemin de Mémoire (**p. 88**).

Conseils : logez en chambre d'hôtes à la campagne.

Vers la Belgique — J-2

Circuits à Armentières (**p. 131**), visite du In Flanders Fields Museum à Ypres (**p. 353**), puis retour à Bailleul, au musée Benoît-De-Puydt (**p. 130**).

Montreuil-sur-Mer — J-3

Visite des casemates de la citadelle (**p. 261**) puis bol d'air sur les plages du Touquet (**p. 246**).

N.-D.-de-Lorette — J-4

Visite des sites et du mémorial (**p. 323**). Soirée à Béthune (**p. 329**).

Autour de Lens — J-5

Matin : visite du Louvre-Lens (**p. 311**). Après-midi : mémorial du Canada à Vimy (**p. 326**) puis route vers Arras.

Arras — J-6

Mémorial britannique et Carrière Wellington (**p. 302-303**), puis musée Jean et Denise Letaille - Bullecourt 1917 (**p. 305**). Soirée place des Héros à Arras.

Cambrai — J-7

Monument des Nations de la bataille de Cambrai puis Cambrai Tank 1917 à Flesquières (**p. 173**).

Bois du sanctuaire, Ypres.
JOHNGOMEZPIX/Getty Images Plus

Nos itinéraires

4 jours

Du Cambrésis à l'Avesnois

En bref : 150 km au vert, à travers les bocages gourmands.

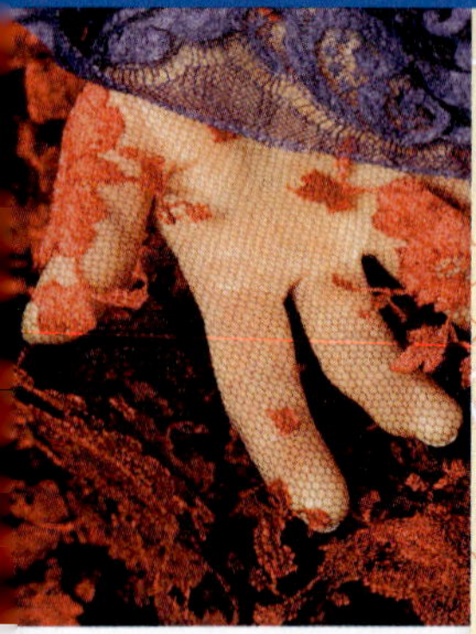

G. Rigoulet/hemis.fr

Cambrai — J-1

Découverte des galeries souterraines de la citadelle (**p. 170**) avant une promenade dans la vieille ville. Visite du musée des Beaux-Arts l'après-midi (**p. 167**). Nuit dans une chambre d'hôtes des alentours (**p. 175**).

Conseil : le 15 août, défilé des géants.

Le Quesnoy — J-2

Sur la route, arrêt au musée des Dentelles et Broderies de Caudry (**p. 181**). Déjeuner dans la cité fortifiée du Quesnoy (**p. 194**) et après-midi balade dans la forêt de Mormal (**p. 196**), avec dégustation de fromage à Maroilles (**p. 197**). Nuit à proximité du Quesnoy.

Maroilles.
Michel VIARD/Getty Images Plus

Avesnois — J-3

Visite de la ville fortifiée d'Avesnes-sur-Helpe (**p. 183**). Après-midi nature dans le Parc naturel régional de l'Avesnois, ou culture avec le musée MusVerre de Sars-Poteries (**p. 185**).

Fourmies — J-4

Matinée de marche puis pique-nique dans le parc départemental du Val-Joly (**p. 191**). Après-midi au musée du Textile et de la Vie sociale à Fourmies (**p. 189**) ou à la Maison du bocage de Sains-du-Nord (**p. 191**).

Un jour de plus ? Journée pêche, canotage ou bateau aux étangs des Moines (p. 190).

4 jours

Échappée en Belgique

En bref : 130 km au plat pays, entre bols d'air iodés et riches musées.

Bram Van Landschoot/Getty Images Plus

Ostende J-1

Journée iodée dans la station belge, visite du Mu. ZEE (**p. 344**), déjeuner puis balade sur la promenade entre l'estacade ouest et le Casino-Kursaal (**p. 345**).

Furnes/Ypres J-2

Matinée à Furnes (**p. 348**), autour de la Grand'Place du 17e s. Après-midi à Ypres (**p. 351**) avec visite du In Flanders Fields Museum sur la Grande Guerre (**p. 353**).

Courtrai J-3

Découverte de la capitale du lin et ses musées, dont celui consacré à la célèbre toile (**p. 358**). Puis, route vers Tournai.

Tournai J-4

Découverte du centre historique et son altière cathédrale (**p. 361**). Déjeuner puis visite, au choix, de l'un des éclectiques musées.

Bon à savoir : les musées de Tournai sont fermés le mardi.

Cathédrale Notre-Dame, Tournai.
Vadim_Nefedov/Getty Images Plus

En 3 étapes

L'Avesnois

En bref : 116 km de Maubeuge à Aulnoye-Aymeries.

Jean2016/Getty Images Plus

De Maubeuge à Fourmies — 40 km

Quelques tours de pédale suffisent pour quitter Maubeuge en toute sérénité grâce à une piste cyclable qui vous emmène à Ferrière-la-Grande, où vous rejoignez la voie verte de l'Avesnois, ancienne voie ferrée et tronçon de la Scandibérique (EuroVelo 3), qui déroule son tapis de velours sur 30 km de bonheur. Vous effleurez des petits villages en pierre coiffés d'ardoises, cernés par un magnifique bocage où l'horizon se dérobe sans cesse, de quoi perdre le nord et l'image que l'on s'en fait. Les haies vous protègent du vent, puis s'effacent poliment dans une apothéose verte, la forêt de Trélon. À partir de Glageon, d'autres usagers motorisés partagent votre route, soyez prudent, il ne vous reste plus que quelques kilomètres jusqu'à Fourmies.

De Fourmies à Sains-du-Nord — 36 km

Aucun doute, les Ardennes sont proches, les cours d'eau et les forêts vont colorer votre journée. La rue de la Commune-de-Paris à Fourmies, ville au passé social mouvementé, vous embarque sans protester jusqu'à la D963, plus fréquentée (soyez prudent), que vous empruntez jusqu'à Ohain, 2,2 km plus loin. De là, le cap est mis sur la région des Fagnes, très calme, dont le nom caractérise les landes tourbeuses des environs. De Moustier à Eppe-Sauvage, l'Helpe Majeure, sous-affluent de la Meuse, serpente près de vous jusqu'au lac du Val-Joly, vaste trouée cristalline parmi le végétal. Respirez et admirez. Il ne vous reste plus qu'à contourner l'abbaye de Liessies et son parc avant de rejoindre Sains-du-Nord.

Pour télécharger le tracé GPX du circuit, flashez ce QR code. Ouvrez le fichier téléchargé à partir d'une application GPX et laissez-vous guider !

De Sains-du-Nord à Aulnoye-Aymeries 40 km

Un chemin endormi inaugure votre entrée dans la Thiérache, le cœur bocager de l'Avesnois. Le maillage de prairies, vergers et parcelles cultivées se resserre pour former une mosaïque paysagère que viennent interrompre les fortifications d'Avesnes-sur-Helpe. De retour dans les vallons, vous continuez sur des routes paisibles, les lignées d'aubépines devancent de magnifiques charmes têtards, espèce emblématique de l'Avesnois. Une route de campagne vous emmène à Maroilles, puis vous poursuivez sur une route plus empruntée jusqu'à la Sambre. Le chemin de halage vous conduit alors à Aulnoye-Aymeries.

Infos pratiques

Location de vélo
Relais Éco-Vélo - 1 r. Aristide-Briand – Ferrière-la-Grande (à 5 km de Maubeuge : ligne 10, dir. Léon Constant, arrêt La Solre) - ✆ 03 27 66 90 65 - www.relais-eco-velo.fr. VTT (53 €/3 j.) et remorque pour les bagages (12 €). Pour le retour, possibilité de déposer les VTT à la gare de Maubeuge, à convenir avec le loueur.

Où dormir ?
Voir les carnets d'adresse de Maubeuge et de Fourmies.

Et pour le retour ?
Un TER relie Maubeuge et Aulnoye-Aymeries, elles-mêmes connectées à Paris-Nord et Lille-Frandre.

Pour en savoir plus
www.tourisme-avesnois.com

Nos itinéraires

En 3 étapes

La Côte d'Opale

En bref : 97 km de Calais au Touquet.

O. Leclercq/hemis.fr

De Calais à Audinghen 30 km

Un petit coucou au Dragon de Calais et en piste sur l'EuroVelo 4 pour cette étape quelque peu bosselée. Jusqu'à Sangatte, vous êtes éloigné du flux de circulation de la route côtière. Vous quittez ensuite la grande plaine maritime flamande, et la route, désormais plus passante, s'élève doucement avant de se dresser plus fortement jusqu'au cap Blanc-Nez. En haut des majestueuses falaises de calcaire, l'effort est récompensé par un somptueux panorama sur le site des Deux-Caps. La descente vers Escalles est réjouissante, vous empruntez ensuite des petites routes sillonnant les vallons verdoyants jusqu'à Wissant. À la sortie du village, vous quittez rapidement la route de la côte pour cheminer en toute tranquillité jusqu'à Audinghen.

D'Audinghen à Boulogne-sur-Mer 30 km

Le cap Gris-Nez pour commencer de la plus belle des manières. S'ensuivent les petits chemins du

Cap Blanc-Nez.
Massimo Santi/Getty Images Plus

Pour télécharger le tracé GPX du circuit, flashez ce QR code. Ouvrez le fichier téléchargé à partir d'une application GPX et laissez-vous guider !

plateau agricole où les points de vue se multiplient jusqu'à Audresselles, village de pêcheurs par excellence. Dès lors, vous longez la D940 sur une piste cyclable qui vous mène jusqu'à Ambleteuse. Poursuivez au cœur des massifs dunaires sur la D940 – malheureusement très passante –, qui s'élève doucement et redescend brusquement jusqu'à Wimereux. Vous laissez les façades Belle Époque derrière vous et grimpez fort jusqu'à la colonne Napoléon. De retour sur la corniche, Boulogne-sur-Mer s'offre à vous, dans une descente impériale.

De Boulogne-sur-Mer au Touquet 37 km

Vous quittez Boulogne-sur-Mer en douceur en longeant la Liane puis, sans transition, se dresse une courte mais intense montée qui vous mène à l'EuroVelo 4. Celle-ci vous entraîne dans la forêt d'Hardelot. Vous roulez sur une piste cyclable à l'écart de la route, dans le plus vaste site dunaire du département. Hélas, la circulation empêche le silence de régner.
À Étaples, l'estuaire de la Canche apparaît et sur l'autre rive, les villas fastueuses du Touquet se cachent dans la forêt : vous y êtes presque !

Infos pratiques

Location de vélo

Opale Vélo Services – 152 bd Léon-Gambetta – Calais - ✆ 03 21 00 07 41 - www.opaleveloservices.fr. VTC (30 €/3 j.), VAE (60 €/3 j.), casques fournis. Dépôt au magasin ou reprise des vélos (8h-20h) au Touquet sur réservation (80 €).

Cycl'Aventures Bike Shop – 20 av. de l'Aéroport - Cucq (à l'entrée du Touquet) - ✆ 03 91 89 52 97 - cyclaventures.com. VTC 39 €/3 j.

Où dormir ?

Voir les carnets d'adresse de Calais, de Boulogne-sur-Mer et du Touquet.

Et pour le retour ?

Un TER direct relie Calais et Le Touquet.

Pour en savoir plus

La Vélomaritime (EV4) longe la côte de la mer du Nord à la Manche.

www.lavelomaritime.fr

Nos spots en famille

Galeries du Centre historique minier de Lewarde.

Tout au long du guide, ce symbole vous aidera à repérer les sites ou activités qui intéresseront les enfants.

Pensez également aux stations balnéaires, qui proposent de nombreuses activités pour les enfants.

▸ **Halte culturelle en gare St-Sauveur.** Ferme urbaine et animations potagères, bar-restaurant, transats, jeux de plein air et barbecues, ateliers DIY, expositions, spectacles et concerts, on trouve de tout dans cette ancienne gare réhabilitée. Idéal pour faire une pause au cours de votre visite de Lille. **Voir p. 45**.

▸ **Escale au Musée portuaire de Dunkerque.** Embarquez pour un voyage à la découverte de l'histoire du port, indissociable de celle de la ville. Parcours adapté, ateliers ludiques, jeux, contes, vos moussaillons ne seront pas en reste ! Vous pouvez même grimper sur les trois navires à quai – un trois-mâts, un bateau-feu et une péniche –, histoire de voir si vous avez le pied marin. **Voir p. 97.**

▸ **Jeux d'antan dans les estaminets flamands.** Sur les monts de Flandre, c'est dans les bistrots que l'on sort en famille ! Attablés dans un décor atypique et une ambiance conviviale, autour d'une bière artisanale pour les grands et d'une assiette de frites fraîches pour les petits, on se défie à toutes sortes de jeux en bois traditionnels patinés par le temps. Rien de tel pour partager du bon temps avec ses enfants. **Voir p. 134**.

▸ **Dans les pas des mineurs à Lewarde.** Après être passé par les vestiaires et la lampisterie, casque vissé sur la tête, les « galibots » et leurs parents s'entassent dans l'ascenseur qui conduit aux galeries. C'est parti pour une heure d'immersion dans l'univers des « gueules noires ». À la sortie, machines d'extraction, témoignages de la vie quotidienne et exposition Explora'mine (où l'on suit une famille de mineurs) complètent cette expérience émouvante, aussi instructive que ludique. **Voir p. 148**.

Ne ratez pas la passionnante visite guidée avec un ancien mineur.

▸ **Escapade nature en forêt de Raimes-St-Amand-Wallers.** L'un des plus vastes massifs forestiers du Nord sert d'écrin à une multitude d'activités en famille. Animations pédagogiques à la Maison de la forêt ou au Centre d'éducation à l'environnement, sortie ornithologique autour de la mare à Goriaux, promenades à pied, à cheval et à vélo, ou activités nautiques sur l'étang d'Amaury, tout le monde y trouve basket à son pied.
Voir p. 158.

▸ Immersion en haute mer à Nausicaá. Explorer les profondeurs du plus grand aquarium d'Europe est proprement fascinant. On reste bouche bée devant l'immense baie vitrée du bassin géant reconstituant les fonds marins de l'océan Pacifique. Coller son nez contre celui d'une tortue caouanne ou, plus effrayant, le museau d'un requin taureau, caresser les raies du bassin tactile, essuyer une tempête à bord de la *Thalassa* : les enfants vont nager dans le bonheur ! **Voir p. 230**.

▸ Initiation au char à voile sur la Côte d'Opale. Les magnifiques plages de sable de la côte sont le terrain de jeu privilégié des adeptes du « kart des sables ». Une bonne occasion de s'essayer au sport emblématique de la région. Les clubs locaux proposent la location du matériel, mais aussi des séances de découverte ou de perfectionnement, et des stages pour tous niveaux. **Voir p. 242, 254 et 259**.

L'activité peut généralement se pratiquer à partir de 8 ans.

▸ Observation des phoques en baie d'Authie. Vous les croyiez disparus ? Il n'en est rien ! Près de Berck-sur-Mer, phoques gris et veaux marins adorent venir s'alanguir, à marée basse, sur les bancs de sable de la baie d'Authie. Accompagné ou non d'un guide naturaliste, à pied ou en bateau, il est possible de les approcher en toute saison. Une aubaine ! **Voir p. 258**.

Consultez les horaires des marées et pensez à vous munir de jumelles !

▸ Mise en orbite à La Coupole de St-Omer. Transformée en centre d'Histoire et de Mémoire, l'ancienne base de lancement des fusées V2 construite par les nazis évoque une page sombre de l'histoire : l'occupation allemande de la région au cours de la Seconde Guerre mondiale. Mais son planétarium à 360° doté d'une technologie 3D nous plonge aussi au cœur de la conquête spatiale, offrant une expérience immersive unique. **Voir p. 281**.

L'exposition ne convient pas aux enfants de moins de 10 ans.

▸ Au cœur de la bataille à Arras. À 20 m sous terre, on découvre les 8 km de galeries de la Carrière Wellington, où 24 000 soldats britanniques vécurent une semaine durant avant de livrer la bataille décisive d'Arras, en 1917. Reconstitution sonore, mannequins et objets sont saisissants. Émouvant et fascinant. **Voir p. 303**.

Vous avez vécu une super expérience en famille ?

Partagez-la nous sur Instagram ! Vous serez peut-être sélectionnés pour une publication dans une prochaine édition en mentionnant le # : **#enfamilleGuideVertMichelin**

Char à voile sur la Côte d'Opale.
eyewave/Getty Images Plus

Le Cap Blanc-Nez, monument du Dover Patrol.
O. Leclercq/hemis.fr

DÉCOUVRIR
LE NORD ET LE
PAS-DE-CALAIS

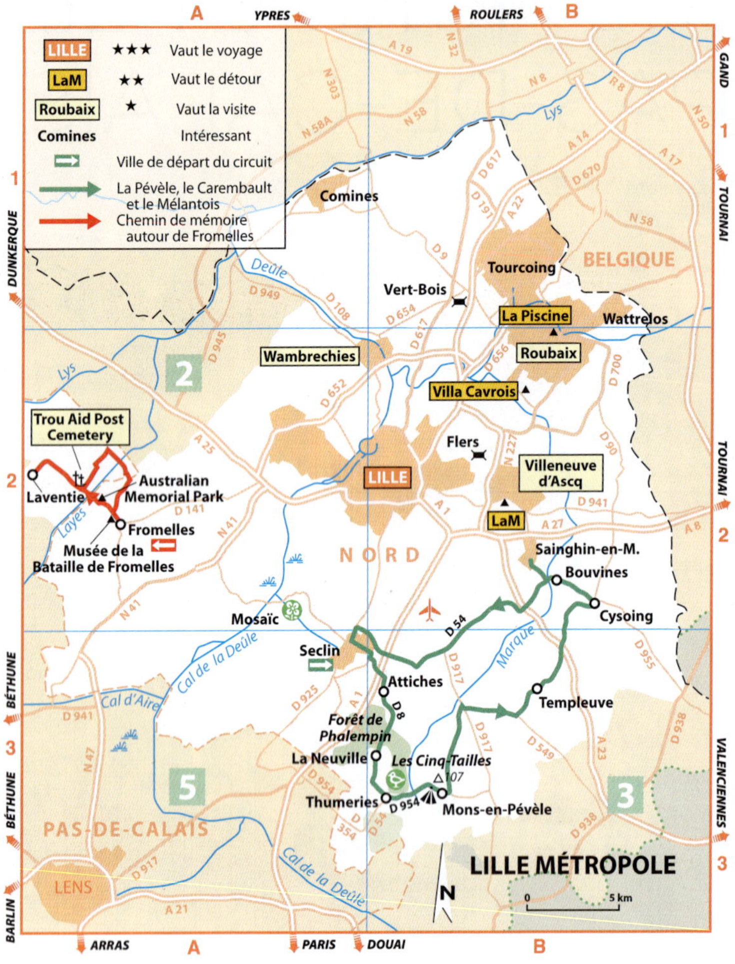
LILLE ★★★ Vaut le voyage
LaM ★★ Vaut le détour
Roubaix ★ Vaut la visite
Comines Intéressant
Ville de départ du circuit
La Pévèle, le Carembault et le Mélantois
Chemin de mémoire autour de Fromelles
YPRES
ROULERS
GAND
TOURNAI
DUNKERQUE
BÉTHUNE
VALENCIENNES
BARLIN
ARRAS
PARIS
DOUAI
BELGIQUE
NORD
PAS-DE-CALAIS
Comines
Tourcoing
Vert-Bois
La Piscine
Wattrelos
Wambrechies
Roubaix
Villa Cavrois
Trou Aid Post Cemetery
Flers
Villeneuve d'Ascq
LILLE
LaM
Laventie
Australian Memorial Park
Fromelles
Musée de la Bataille de Fromelles
Sainghin-en-M.
Bouvines
Cysoing
Mosaïc
Seclin
Attiches
Templeuve
Forêt de Phalempin
La Neuville
Les Cinq-Tailles
Thumeries
Mons-en-Pévèle
LENS
LILLE MÉTROPOLE
Lys
Deûle
Marque
Cal de la Deûle
Cal d'Aire
0
5 km
N

1

Lille Métropole

CARTE MICHELIN DÉPARTEMENTS 302 – NORD (59)

Lille★★★ 34

Roubaix★ 68

Tourcoing 75

À l'est de Lille :
Villeneuve d'Ascq★ 80

Au sud de Lille :
Seclin et ses circuits 85

Lille ★★★

Qu'il s'agisse du patrimoine ou de l'offre artistique et gastronomique, tous les ingrédients sont là pour faire de la capitale des Flandres un incontournable. Une balade dans le Vieux Lille, la visite du palais des Beaux-Arts (l'un des plus beaux musées de France), la découverte des lieux alternatifs comme le Tripostal ou les surprenantes maisons Folie sauront combler vos envies. Mais profitez aussi des boutiques des jeunes créateurs, des innombrables propositions de la scène musicale, et de tous les cafés et restaurants qui vous tendent les bras. Le sens de la fête et l'hospitalité des Lillois ne sont définitivement pas des qualités usurpées !

Se repérer

CARTE AB2 (P. 32) – PLANS P. 36 ET 46-47.
234 475 Lillois (métropole), 1 174 273 habitants (agglomération) – Nord (59).

À ne pas manquer

Le palais des Beaux-Arts ; une promenade dans le Vieux Lille ; le musée de l'hospice Comtesse et l'Hermitage Gantois ; flâner au marché de Wazemmes ; une soirée sur place.

Organiser son temps

La découverte de la ville demande plusieurs jours. Lille s'anime surtout du mercredi au dimanche. Si vous ne craignez pas la foule, rendez-vous le 1er week-end de septembre pour la Grande Braderie (mais attention certains musées et parcs sont fermés à cette occasion).

En famille

Les animations de la gare St-Sauveur ; les maisons Folie ; le musée d'Histoire naturelle et de Géologie ; le zoo et le parc de la Citadelle.

Carnet pratique p. 58

Nos adresses p. 59

★★★ Lille centre et Vieux Lille

PLAN P. 36

Circuit 1 tracé en vert sur le plan – départ de l'office de tourisme, place Rihour (M Rihour, ligne 1).

C'est incontestablement l'atout charme de Lille, son quartier le plus pittoresque et le plus attrayant. Pourtant le Vieux Lille n'a pas toujours été fréquentable. Jusqu'à la fin des années 1970, c'était l'endroit le plus mal famé et le plus sale de la ville, quasiment laissé à l'abandon. Une grande opération de restauration de son patrimoine architectural a remis en valeur ses vastes demeures bourgeoises aux façades décorées, aux pignons travaillés et aux couleurs chatoyantes quand elles se mêlent à la brique et parfois à la pierre, et dont la place Louise-de-Bettignies reste le plus bel exemple. C'est aussi autour de la Grand'Place, chahutée par l'histoire, entre sa magnifique Vieille Bourse et l'immeuble imposant de la *Voix du Nord*, que l'âme de Lille se joue. Il faut se perdre dans le dédale de ses ruelles tortueuses avant de s'attabler dans un des multiples restaurants ou bars qui donnent, à la nuit tombée, toute son ambiance à ce quartier aujourd'hui très recherché et très fréquenté.

Grand'Place et beffroi.
Alphotographic/Getty Images Plus

Place Rihour EF2

Palais Rihour – Ⓜ *Rihour - visite guidée sur réserv. auprès de l'office de tourisme - gratuit.* De style gothique, il fut construit entre 1454 et 1473 pour Philippe le Bon. La façade est ornée de belles fenêtres à meneaux et d'une tourelle octogonale de brique. La salle des Gardes, qui abrite **l'office de tourisme**, est voûtée d'ogives élancées *(rdc)*. Au-dessus, la chapelle dite « salle du Conclave » *(étage)* et l'oratoire ducal sont desservis par une cage d'escalier en pierre aux voûtes en réseau. La **rue Rihour,** allée piétonne qui relie la place Rihour à la Grand'Place, est bordée de cafés et de restaurants souvent bondés. Sur la gauche, les façades sont caractéristiques de l'architecture du 17e s. mêlant les influences flamande et française.

★★ Grand'Place (Place du Général-de-Gaulle) F2

Place du marché au Moyen Âge, la Grand'Place a toujours été le centre de l'activité lilloise. À l'entrée, à droite, s'élève le **théâtre du Nord**, installé dans la **Grand'Garde** (1717), un ancien bâtiment de corps de garde de style classique. Derrière l'imposante façade du bâtiment suivant (1936) se loge le siège du quotidien **La Voix du Nord** lancé en 1944. Sur le terre-plein central, la **colonne de la Déesse** (1845), tenant un boutefeu, symbolise la résistance héroïque de Lille lors du siège en 1792. À gauche, le **Furet du Nord**, l'une des plus grandes librairies d'Europe (7 000 m²).

Art dans le métro de Lille

À la station **République** sont exposés *Les Muses*, sculpture de Debeve, *Spartacus* de Foyatier, *L'Automne* et *Le Printemps* de Carrier-Belleuse et des reproductions de tableaux du musée des Beaux-Arts. À voir également : *La Main* de César (station **Porte-de-Valenciennes**), la lave émaillée *Source de vie* (station **Wazemmes**), les fresques de Degand *Le Cri* et *Graffitis* (station **Fives**), *La Paternité*, bronze de Mme Léger (station **Pont-de-Bois**).
Plan des transports de Lille dans 2e rabat de couverture.

★★ Vieille Bourse F2

Pl. du Gén.-de-Gaulle - Ⓜ *Rihour.* Jouxtant le flanc nord-est de la place, la Vieille Bourse fut construite en 1653 à la demande des commerçants, elle devait rivaliser avec les Bourses des grandes villes des Pays-Bas. 24 maisons à mansardes encadrent une cour rectangulaire, siège des transactions. Julien Destrée, sculpteur sur bois, a conçu l'ensemble et décoré les façades. Les guirlandes, mascarons, grappes de fruits et chutes de fleurs ornant la façade évoquent un bahut flamand. Sous les arcades, bustes en bronze, médaillons, angelots et cartouches honorent les sciences. La cour intérieure accueille l'après-midi *(sf lun.)* un marché aux livres d'occasion, parfois des joueurs d'échecs. Soirées tango (dim. d'été 19h-22h). En face une très belle vitrine Art déco de la bijouterie **À la Cloche d'Or** *(fermée).*
Prendre la rue Pierre-Mauroy à droite.

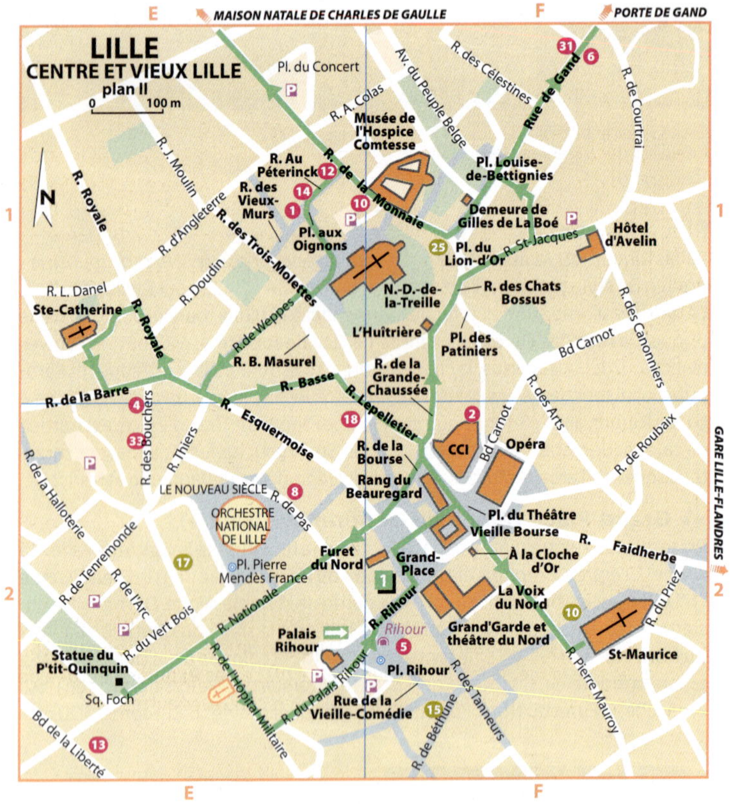

SE RESTAURER

- Au Vieux de la Vieille 1
- Bernard et Léon 2
- Ch'tite Brigitte 4
- Brasserie de la Paix 5
- Chez la Vieille 6
- Club-Marot 8
- Le Braque 10
- Le Barbier Qui Fume 12
- La Clairière 13
- La Bottega 14
- La Petite Cour 18
- La Vieille France 31
- Bloempot 33

SE LOGER

- Hôtel Brueghel 10
- Hôtel Kanaï 15
- Hôtel Novotel Centre Grand'Place 17
- Hôtel de la Treille 25

★ Église St-Maurice F2

C'est un bel exemple d'église-halle de style gothique (15ᵉ au 19ᵉ s.), aux cinq nefs d'égale hauteur. Dans la chapelle du faux transept gauche, le Christ de Pitié (16ᵉ s.) est recouvert d'un manteau de velours et vénéré sous le vocable de « Jésus flagellé ». Au milieu de la nef, admirez la superbe chaire en bois sculpté. Au sud de l'église, voyez la croix de St-Maurice (1729) et la maison du Renard (1660), et rue Pierre-Mauroy, au nº 74, la maison des Trois Grâces.
Revenir sur ses pas rue Pierre-Mauroy pour rejoindre la place du Théâtre.

Place du Théâtre F2

Elle doit son nom à un théâtre détruit par un incendie en 1903. En 1907, l'architecte lillois Louis-Marie Cordonnier est chargé de construire à sa place un **opéra** de style Louis XVI (entièrement restauré en 2003), puis l'imposante **chambre de commerce et d'industrie** et son beffroi haut de 76 m, qu'il bâtit dans un style néo-régionaliste inspiré du **rang du Beauregard★**, situé juste en face. Cet alignement de maisons à pilastres (1687) surmontés d'élégants cartouches est l'ensemble le plus caractéristique de l'architecture lilloise de la fin du 17ᵉ s., synthèse du style français et de la tradition locale.
De la place, belle perspective sur la **rue Faidherbe**, percée haussmannienne de 1870 pour relier la gare à la ville. Cette rue très commerçante accueille aussi de nombreuses manifestations, notamment culturelles. Elle laisse percevoir la façade de la gare Lille-Flandres, qui est celle de l'ancienne gare du Nord de Paris, réalisée en 1846 et réédifiée ici en 1869. Sur le parvis de la gare trône *Romy*, présence féminine douce et bienveillante qui accueille le voyageur fatigué. Cette sculpture jaune pop est l'œuvre de Xavier Veilhan.
À droite de l'opéra, dans la rue Trulin, se trouve la **statue de Léon Trulin** (1934, Edgar Boutry), jeune patriote fusillé, pour faits de trahison, par l'occupant allemand lors de la Première Guerre mondiale.
De la place du Théâtre, prendre la rue de la Grande-Chaussée à droite après la chambre de commerce et d'industrie.

1

Rue de la Grande-Chaussée F1-2

Les « gresseries » à arcades ont été rénovées, et les magasins de luxe y ont installé leurs vitrines. Quelques balcons en fer forgé et les dessus-de-fenêtre sont ouvragés. Remarquez la première maison à droite et les nᵒˢ 9, 23 et 29.

Rue des Chats-Bossus F1

Son nom lui vient d'une vieille enseigne de tanneurs. **L'Huîtrière**, anciennement poissonnerie et bar à huîtres, présente une façade et un intérieur Art déco (1928). En direction de la rue de la Clef, la toute petite **place des Patiniers**, bordée de boutiques, aux maisons colorées alignées les unes contre les autres.

Place du Lion-d'Or F1

Au nº 15, remarquez la maison des Poissonniers, qui date du 18ᵉ s. En face, la belle maison à bow-widow dénote avec l'architecture voisine.
S'engager dans la rue St-Jacques.

Hôtel d'Avelin F1

22 r. St-Jacques - ne se visite pas. En quelques années, Michel-Joseph Lequeux (1753-1786) a posé sa marque sur l'architecture classique de Lille, en réalisant d'élégants hôtels néoclassiques ainsi que le Grand Théâtre détruit en 1903 par un incendie. L'hôtel d'Avelin (1777) est à la fois sa première et sa grande œuvre. Résidence des comtes d'Avelin, elle brille par ses arêtes vives compensées par

des masses nues et épurées. La récente restauration de l'hôtel en appartements privés lui a rendu son lustre d'antan.
Revenir vers la place du Lion-d'Or puis à droite sur la place Louise-de-Bettignies.

Place Louise-de-Bettignies F1

Nommée d'après une héroïne de la Grande Guerre. Au n° 29, à l'angle de la place, la **demeure de Gilles de La Boé★**, un épicier grossiste, est ornée de corniches et de frontons en saillie (1636), parée de rouge, noir et or. Elle bordait un port sur la basse Deûle, actif jusqu'au 18e s. La rivière, comblée en 1936, a fait place à l'avenue du Peuple-Belge, où s'élève la tour du palais de justice.

Rue et Porte de Gand F1 EN DIRECTION

Dans le prolongement de la place Louise-de-Bettignies, une des plus célèbres rues de Lille réputée pour ses nombreux restaurants : on peut y manger à pratiquement chaque pas-de-porte. Très fréquentée le soir, elle monte légèrement vers une porte construite sous l'occupation espagnole, puis agrandie par Vauban en 1670. Amputée de son décor, cette porte un peu sévère est toujours bien intégrée aux remparts..
Retourner place Louise-de-Bettignies et tourner à droite.

★ Rue de la Monnaie EF1

L'hôtel des Monnaies se trouvait dans cette rue où s'alignent des maisons du 18e s. *(côté gauche).* Au n° 3, le mortier et l'alambic servaient d'enseigne à un apothicaire. Les maisons suivantes (nos 5 à 9) sont décorées de dauphins, de gerbes de blé, de palmes... Au n° 8, statue de N.-D. de la Treille. Pignons à pas de moineaux aux nos 12 et 14. Les maisons suivantes datent du début du 17e s. et encadrent le portail à bossages (1649) du musée de l'hospice Comtesse.

★ Musée de l'Hospice Comtesse F1

32 r. de la Monnaie - ✆ 03 28 36 84 00 - www.lille.fr - ♿ - tlj sf mar. 10h-18h, (lun. 14h-18h) - 3,70 € (-12 ans gratuit) - gratuit 1er dim. du mois.
Jeanne de Constantinople (1206-1244), comtesse de Flandre, fit édifier cet hôpital en 1237. Le bâtiment, incendié en 1467, est reconstruit, puis agrandi aux 17e et 18e s. Transformé en hospice en 1789, puis en orphelinat, il abrite à présent le musée d'Histoire de la ville, ainsi qu'un lieu d'expositions et de concerts. On entre par le portail monumental (17e s.), une « gresserie » à bossages.
Salle des Malades – *Dans la cour d'honneur.* Ce long bâtiment, reconstruit après 1470, est à nouveau surmonté d'une guette et d'une flèche en ardoise, reconstituées et posées à l'ancienne, sur le modèle de celles déposées au 18e s. À l'intérieur, le vaisseau frappe par sa **voûte en carène★★** faite de bois lambrissé. La **chapelle** a été agrandie et séparée par un jubé après l'incendie de 1649. On remarque, sur sa voûte, les armoiries des donateurs de l'hôpital, sur le maître-autel, *La Présentation de la Vierge au Temple* d'Arnould de Vuez, peintre attitré de l'hôpital, et *La Fondation de l'hôpital Notre-Dame*, du 17e s., seule représentation de la salle des malades avant la Révolution.
Musée – *Dans l'aile droite.* Le bâtiment de la communauté des sœurs augustines (fin du 15e s.) a été surélevé au 17e s. Avec une scénographie renouvelée en 2021, meubles et objets d'art évoquent l'atmosphère flamande d'une fondation pieuse aux 17e et 18e s. Cuisines revêtues de faïences bleutées de Hollande et de Lille. Dans le réfectoire, le manteau de cheminée baroque encadre une Nativité (16e s.), copie d'une peinture de Martin De Vos exposée à Anvers. Nature morte, table à pieds, balustres, niche abritant une Vierge à l'Enfant et armoire à deux corps. Le **parloir**,

orné de boiseries Louis XV, est décoré d'ex-voto du 17e s. Les appartements de la prieure ont été réaménagés en pièces d'ambiance. Armoire à linge, vases de Delft, bureau à secrets et fauteuil, bougeoirs, encrier et coffret. La pharmacie (cruche, pichet, chevrette, chauffe-plat, etc.) et la lingerie (vaisselle du 17e s.) constituent les deux dernières pièces du rez-de-chaussée.
Au 1er étage, qui a fait lui aussi l'objet d'une rénovation fin 2022, l'ancien dortoir présente des portraits des comtes de Flandre et des ducs de Bourgogne, des sculptures sur bois lilloises, des objets liés aux corporations de métiers, des pièces d'orfèvrerie et arts de la table et, enfin, les globes terrestre et céleste du cartographe vénitien Coronelli.
Continuer tout droit par la rue de la Collégiale et la rue St-André et tourner à droite dans la rue Princesse.

★ Maison natale de Charles de Gaulle PLAN P. 46-47 B1

9 r. Princesse - ✆ 03 59 73 00 30 - www.maisondegaulle.fr - ♿ - tlj sf mar. 10h-18h - 6 € (- 26 ans gratuit).
Charles de Gaulle est né le 22 novembre 1890 dans cette maison, qui appartenait à ses grands-parents maternels. Le visiteur découvre, en totale immersion, une demeure bourgeoise du 19e s. Restaurée en 2020, elle a été aménagée et décorée aussi fidèlement que possible pour retrouver l'état d'origine, tel que le petit Charles l'a connue. Des expositions temporaires y sont régulièrement présentées.
Revenir sur ses pas pour rejoindre la cathédrale par les rues St-André, de la Collégiale et de la Monnaie et emprunter ensuite la rue Au Péterinck à droite.

1

Rues Au Péterinck, des Trois-Mollettes, des Vieux-Murs et place aux Oignons E1

Ce petit dédale de ruelles, situé à l'ouest de la cathédrale, est typique du castrum, le centre urbain primitif à partir duquel Lille s'est construite. Les « vieux murs » sont les premières fortifications de la ville, les Trois Molettes sont les trois poulies d'un puits qui permettaient de tirer l'eau plus vite. Quant « au péterinck », ce n'est qu'une déformation du mot pétrin, puisque c'est dans cette rue minuscule que la farine nécessaire à l'hospice Comtesse était pétrie.

★ Cathédrale N.-D.-de-la-Treille EF1

Pl. Gilleson - ✆ 03 20 31 59 12 - www.cathedralelille.fr - ♿ - juil.-août : 11h-19h ; janv.-fév. : 14h-18h15 ; reste de l'année : 10h30-18h15, dim.-lun. 14h-18h15.
De style néogothique, elle présente une façade surmontée d'une rosace dessinée par l'artiste Ladislas Kijno et illustrant la Résurrection. Le **portail en bronze★★**, œuvre ultime de Georges Jeanclos (mort en 1997), est à la fois épuré et émaillé de corps ployés, arc-boutés. Dans le chœur, la statue de N.-D. de la Treille domine l'autel. Autour de la nef se succèdent plusieurs petites chapelles. Table en granit rose des Vosges et retable en orfèvrerie émaillée et ciselée dans la chapelle St-Joseph, trois verrières dédiées aux trois patrons corporatifs les plus honorés à Lille (Arnoult, Éloi et Nicolas) dans la chapelle Ste-Anne, bas-reliefs retraçant l'histoire de Flandre et de Lille dans la chapelle Charles-le-Bon, mosaïques rurales célébrant les sciences de la vérité dans la chapelle St-Jean-l'Évangéliste. La Sainte-Chapelle s'illumine de onze verrières consacrées à la vie de la Sainte Vierge. Dans la travée gauche, maquette de la cathédrale datée de 1912.
Centre d'art sacré – *Pl. Gilleson - ✆ 06 61 97 06 53 ou 03 20 31 59 12 - www.cathedralelille.fr - ♿ - de fin juin à mi-sept. : w.-end 14h-18h ; de fin oct. à déb. janv. : w.-end 14h-18h - dates et horaires susceptibles d'être modifiés en fonction des expositions.* Installé dans la crypte, ce centre met en valeur la **collection Gilbert**

Delaine à l'occasion de trois à quatre expositions par an. Les œuvres commandées à 124 artistes contemporains, dont Warhol, Baselitz, Fontana, Combas, Kijno, sur le thème de la passion du Christ, prennent tout leur sens dans ce lieu épuré.

Prendre la rue de Weppes jusqu'à la rue Esquermoise et à droite vers la rue Royale.

Rue Royale E1

Jadis voie principale d'un élégant quartier aménagé au 18e s. entre la citadelle et la vieille ville. À droite, au fond, s'élève le clocher de l'église St-André.

Les beaux hôtels particuliers qui bordent la rue sont marqués par l'influence française. Au no 68, l'ancien hôtel de l'Intendance fut bâti en 1787 par l'architecte lillois Lequeux. Au no 75, la Banque de France a installé ses bureaux dans l'hôtel d'Hespel (1893). En longeant la rue Ste-Catherine qui part sur la gauche, remarquez l'**église Ste-Catherine**, avec sa tour austère datant du 15e s.

Continuer vers la rue de la Barre.

Rue de la Barre E1

Ligne de démarcation d'un ancien faubourg, cette rue abrite deux anciens couvents, celui des Madelonnettes aux nos 39-41, et l'arrière de celui des Minimes, reconverti en hôtel. Remarquez aussi les façades classées aux nos 3, 15, 55 et 77.

Rue Esquermoise E1-2

Bordée de maisons des 17e-18e s., c'est une des rues principales du Vieux Lille. Aux nos 6 et 4, les Amours s'embrassent ou se tournent le dos selon qu'ils appartiennent ou non à la même maison. En face, la belle demeure restaurée était celle du fourreur.

Rue Basse EF1

Elle doit son nom à sa situation encaissée et aligne des façades classées aux nos 11, 16, 33 et 45.

Rue Masurel E1

Typique de cette partie du Vieux Lille, cette ruelle sinueuse pleine de charme est encadrée de maisons datant du début du 17e s. Son nom vient de celui qui dota la ville d'un mont-de-piété municipal en 1607, Bartholomé Masurel.

Traverser la rue Basse vers la rue Lepelletier.

Rue Lepelletier F1-2

Cette artère commerçante, qui porte le nom d'un député de la Révolution, rallie la rue Basse à la place du Théâtre et concentre les enseignes de luxe. Au-dessus de ces magasins, on reconnaît les pignons triangulaires en escalier typiques des

Le style lillois

Les façades, ornées de moellons de pierre taillés en « pointes de diamant », apparaissent au début du 17e s. (pl. Louise-de-Bettignies). La Renaissance flamande (Vieille Bourse, maison de Gilles de La Boé) se caractérise par un décor exubérant. Fin 17e s., l'influence française se fait sentir dans l'alignement des maisons, les « rangs » et dans la décoration. Le rez-de-chaussée comporte des arcades de grès (gresseries). La pierre au grain serré freine l'humidité. Au-dessus, la brique alterne avec la craie sculptée d'angelots, d'Amours, de cornes d'abondance et de gerbes de blé.

Dans les rues de Lille.
tekinturkdogan/Getty Images Plus

maisons anciennes de Lille, parfois savamment décorées de peintures vives et/ou de sculptures baroques. L'ensemble est situé aux n°s 1 à 5.

Rue de la Bourse F2

Observez le bel ensemble de façades du 18e s., décorées d'anges joufflus et de masques au 1er étage.
Poursuivre dans la rue Nationale.

Statue du P'tit-Quinquin E2

Sq. Foch - r. Nationale. Hommage à la *Chanson pour dormir* (*L'canchon dormoire*, en patois) composée par Alexandre Desrousseaux en 1853, qui conte l'histoire d'une dentellière s'évertuant à faire dormir son bébé. C'est une réplique de la statue originale (due à Eugène Desplechin en 1902) exposée à l'hôtel de ville.
Rejoindre la place Rihour en revenant sur ses pas rue Nationale, puis tourner à droite rue de l'Hôpital-Militaire et à gauche rue du Palais-Rihour.

Euralille

PLAN P. 46-47, CD1-2

Ce quartier moderne a été conçu par l'urbaniste néerlandais **Rem Koolhaas**. La gare de Lille, rebaptisée **Lille-Flandres**, est reliée par l'avenue Le Corbusier à la nouvelle gare **Lille-Europe**, immense façade de verre qu'enjambent deux tours : la **tour Lilleurope WTC** et la **tour de Lille★**, en forme de L, à pan coupé (cette forme de « botte » rappelle le logo de Lille3000), dues respectivement à Claude Vasconi et Christian de Portzamparc. De l'autre côté de l'avenue, l'hôtel Crowne Plaza et son enveloppe en cuivre, dessinée par les architectes lillois Delhay, marque la seconde phase du projet (*encadré p. 44*). Le **centre commercial Euralille** a été réalisé par Jean Nouvel comme un « feuilleté métallique, perforé, tramé, avec des transparences et des jeux lumineux ». Euralille abrite aussi des salles de spectacles, une école supérieure de commerce, des logements, des résidences. Sur l'esplanade, *Les Tulipes de Shangri-La* (Yayoi Kusama) sont devenues un des symboles de la ville.

Station de métro « Gare-Lille-Europe » D2

On accède à la station de métro par la gare, en descendant un escalier monumental décoré d'une fresque signée du dessinateur Jean Pattou. Il réinterprète les principaux monuments des villes du monde à la façon d'une gigantesque Babylone postmoderne, avec un certain humour.

Le Tripostal C2

22 av. Willy-Brandt - M Lille-Flandres - ✆ 03 20 14 47 60 - www.lille.fr - durant les expositions merc.-dim. 11h-19h - 6 € (-26 ans 4 €).

Anciennement affectés au tri du courrier postal, ces 6 000 m² étaient voués à la démolition. Lille2004 en a fait un lieu d'accueil, d'exposition et de festival que Lille3000 continue de faire vivre à l'occasion d'événements.

Hôtel Bidé-de-Granville C2

Hôtel Scrive - 3 r. du Lombard - ne se visite pas. En 1821, l'industriel A.-D. Scrive-Labbe installa la première machine à carder dans cet hôtel (1773), actuel siège de la direction régionale des Affaires culturelles.

Musée des Canonniers sédentaires C2

44 r. des Canonniers - M Lille-Flandres - ✆ 03 20 55 58 90 - www.lilletourism.com - sam. 10h-17h - fermé de mi-déc. à mi-janv. - 5 € (-15 ans gratuit).

En 1804, l'édifice fut légué par Napoléon au corps des canonniers de Lille, fondé en 1483 et connu sous le nom de confrérie Ste-Barbe. Le musée militaire évoque l'histoire des sièges soutenus par la ville et les faits d'armes de Faidherbe et Négrier. Exposition de 3 000 objets : fusils de 1777 à 1945, armes blanches... Deux pièces de canons exceptionnelles, les fameux **Gribeauval**, sont un don de Napoléon aux canonniers.

Porte de Roubaix C2

Vestige de l'enceinte espagnole (1621), elle a été percée en 1875 pour le passage des tramways. Un larmier en pierre et un étage en brique surmontent sa base de grès. On rejoint la **porte de Gand** par les rues des Canonniers et de Courtrai, à 600 m au nord.

Parc Henri-Matisse CD1-2

Accès par la pl. François-Mitterrand, le bd Carnot, la gare Lille-Europe - M Gare-Lille-Europe ou Gare Lille-Flandres.

Conçu par le paysagiste Gilles Clément lors de la première phase d'Euralille, ce parc de 8 ha évolue au rythme des plantes. L'île Derborence, installée sur un socle de 7 m de haut, est un lieu sauvage, hors d'atteinte de la main humaine, tandis que la grande prairie du boulingrin ou le bois des transparences, un labyrinthe végétal, sont offerts à la promenade, au repos... Concerts gratuits.

Jardin des Géants D1

R. du Ballon - ✆ 03 20 21 22 23 - ♿ - de 9h à la tombée de la nuit (21h maxi) - gratuit.

De l'autre côté du périphérique, un parking de surface a laissé place à ce jardin de 2 ha signé par les paysagistes de l'Atelier Mutabilis (Paris). Il se découpe en trois entités, le Parvis des Nuages planté de bambous divers, l'Herbe des Géants avec sa végétation luxuriante et de jolies clairières, le Jardin des Sources et ses bassins d'eau, le tout sous le regard de têtes géantes en osier qui rappellent la tradition des Géants du nord de la France.

Cimetière de l'Est D1-2

1 r. du Ballon - ✆ 03 62 26 08 24 - tlj 8h-17h (déc.-mars 16h).

La longue histoire d'une statue

La statue miraculeuse de N.-D. de la Treille, œuvre de la fin du 12e s., est vénérée dès le milieu du 13e s. dans la collégiale St-Pierre. En mai 1354, un incendie ravage St-Pierre, mais épargne la statue. Partiellement reconstruit en 1368, l'édifice attire les grands de ce monde, princes et chefs d'État, jusqu'à la Révolution, où la collégiale est détruite. La statue, une nouvelle fois sauvée, sera honorée en 1854 par les catholiques lillois, qui décident d'édifier une église monumentale. Charles Leroy en sera l'architecte. La première pierre est posée au cœur du Vieux Lille, à l'emplacement de l'ancienne motte féodale, berceau de la cité. En 1913, avec la création de l'évêché de Lille, elle devient cathédrale. Elle est enfin inaugurée le 12 décembre 1999.

Le plus ancien cimetière de Lille, créé en 1779, est aussi un des plus riches en chapelles funéraires. On y trouve les sépultures de Roger Salengro, Pierre Mauroy, emblématiques maires de Lille, ou celle d'Alexandre Desrousseaux, l'auteur du *P'tit Quinquin*.

Rue Gounod D1 EN DIRECTION

M *St-Maurice-Pellevoisin.* Cette petite rue du quartier de St-Maurice-Pellevoisin est le plus beau concentré d'Art nouveau et d'architecture éclectique à Lille. Créée en 1903 sous l'impulsion de la famille Bonduelle-Lesaffre, de nombreuses villas sont l'œuvre d'Armand Lemay, architecte prolifique qui passa allègrement d'un style à l'autre. Du faubourg de Roubaix, la rue s'ouvre entre deux villas jumelles arborant des oriels d'angle remarquables. Suit la villa Beau Séjour et sa pergola, plus loin s'élève une villa surmontée d'une loggia à quatres colonnes doriques...

1

Lille Grand Palais D2

1 bd des Cités-Unies - M Lille-Grand-Palais - ☎ 03 20 14 15 16 - www.lillegrandpalais.com.

Palais des congrès modulable et zénith Arena, Lille Grand Palais, conçu par l'architecte néerlandais Rem Koolhaas, est un lieu unique, où peuvent se concevoir des congrès, des expositions, des concerts ou des grands shows spectaculaires.

Quartier St-Sauveur

PLAN P. 46-47, CD2-3

Circuit 2 tracé en vert sur le plan – départ de l'hermitage Gantois.

Alexandre Desrousseaux, l'auteur de la berceuse du *P'tit Quinquin* (*p. 41*), ne reconnaîtrait pas le quartier ouvrier qui l'inspira au 19e s. Un centre d'affaires s'est substitué à la misère des courées.

★ Hermitage Gantois C3

224 r. Pierre-Mauroy - M Mairie-de-Lille - ☎ 03 20 85 30 30 - www.hotelhermitagegantois.com - ♿ - visite guidée (1h) mar. 14h - gratuit.

Fondé en 1462 par Jean de la Cambe, dit Gantois, il a accueilli jusqu'en 1995 des personnes âgées défavorisées et des malades, et abrite désormais un hôtel de prestige alliant style d'époque et style contemporain (*« Nos adresses » p. 67*). De l'extérieur, le pignon de la salle des Malades (15e s.) est encadré de bâtiments du 17e s. *(r. de Paris).* Remarquez les sculptures des vantaux de la porte (1664), typiques de l'abondance architecturale flamande. À l'intérieur, l'hôtel ouvre les portes de la salle des Malades (fresque du 15e s. et création de nouveaux vitraux

Les évolutions d'Euralille

L'extension, sur 22 ha au sud d'Euralille, est finalisée ; le nouveau siège de l'**hôtel de région** (de Gilles Neveu) y est installé, la **tour Signal** (dont on dit que c'est le 3e beffroi de la ville) est visible de loin, et l'**hôtel Casino Barrière** propose des activités pluridisciplinaires (*« Nos adresses » p. 65*). Le « Bois habité », ensemble de logements encerclés de bureaux, apporte une touche verte (par sa couleur et son respect de l'environnement) à ce nouveau quartier lillois. Le projet **Euralille 3000**, en cours, renouvelle et intensifie la vie au cœur du quartier d'affaires tandis que de nouveaux espaces verts sont créés au nord-ouest vers la Deûle et la citadelle.

en 2003, à partir de motifs anciens) et de la chapelle du 17e s. Admirez les tableaux anversois inspirés de Rubens et les boiseries du 18e s. La visite se poursuit dans les différentes cours (d'Honneur, des Sœurs...) et dans le salon des Sœurs, aujourd'hui transformé en salle de réception. Une extension, reprenant le style flamand, mais dans une version métallique moderne, accueille le spa.
Remonter la rue Pierre-Mauroy.

★ Porte de Paris C3

Construite de 1685 à 1692 par Simon Vollant en l'honneur de Louis XIV, elle faisait partie des remparts. C'est le seul exemple d'une porte de ville faisant office d'arc de triomphe. Côté faubourg, elle se présente comme une arcade décorée des armes de Lille (un lys) et de la France (trois lys). Au sommet, la Victoire s'apprête à couronner Louis XIV, représenté en médaillon. Côté ville, la porte ressemble à un pavillon.

Hôtel de ville C3

M *Mairie-de-Lille.* Construit en 1927 par le Lillois Émile Dubuisson après l'incendie du palais Rihour, ce bâtiment aux dimensions grandioses mêle une architecture résolument flamande tout en utilisant un matériau moderne, le béton, pour la structure comme pour le décor. Il s'organise autour d'une galerie longue de 143 m à la décoration Art nouveau et Art déco et accueille une riche collection d'art contemporain. Dans la salle du conseil, une **fresque** (1988) du peintre islandais Erró (1932) relate sous forme de bande dessinée l'histoire de la ville.

★ **Beffroi** – *Pl. Simon-Vollant - ✆ 03 59 57 94 00 - www.lilletourism.com - lun.-sam. 10h-12h30, 13h30-17h30 - 7,50 € (-6 ans gratuit).* Dominant l'ensemble, c'est le plus haut de la région (104 m). À sa base sont sculptés les deux géants de Lille, Lydéric et Phinaert. Y monter se mérite, mais la **vue** à 360° est superbe et l'audioguide intéressant. Après les 109 premières marches (env. 4 étages), l'ascension se poursuit par l'escalier (6 étages), ou par l'ascenseur d'époque. 20 marches plus haut, terrasse à l'air libre.
Rejoindre la rue St-Sauveur et l'emprunter vers la droite.

Pavillon St-Sauveur C3

C'est l'aile du cloître (18e s.) conservée lors de la démolition d'un hospice, en 1959. Les arcades sont surmontées de hautes fenêtres à médaillons fleuris.
Tourner à gauche dans la rue du Réduit.

Noble Tour D3

Ce donjon, seul témoin de l'enceinte du 15e s., est devenu un mémorial de la Résistance. Belle composition du sculpteur Bizette-Lindet.
Revenir sur ses pas.

Le bâtiment coloré des Estudines Pasteur de l'architecte Jean Nouvel à Euralille.
lena_serditova/Getty Images Plus/ © Jean Nouvel/Adagp, Paris 2023

Chapelle du Réduit C3

Seul vestige du fort du Réduit, construit à la même époque que la citadelle, elle garde une jolie façade Louis XIV, ornée des armes de France et de Navarre.
Emprunter la rue Molière sur la gauche et le boulevard J.-B.-Lebas. Tourner à gauche dans la rue Camille-Guérin, le Bazaar St-So se trouve plus loin à droite.

WAAO - Centre d'architecture et d'urbanisme D3

292 r. Camille-Guérin - M Lille-Grand-Palais - ✆ 06 14 44 10 42 - www.waao.fr - merc.-dim. 12h-19h - gratuit.
Désormais située au Bazaar St-So, l'ancienne Maison de l'architecture de la ville rebaptisée WAAO (acronyme de « We Are Archi Open ») propose des expositions autour de l'architecture et de l'urbanisme.
Revenir vers le boulevard J.-B. Lebas, prendre à gauche et entrer dans la cour de la gare St-Sauveur.

Gare St-Sauveur C3

Bd Jean-Baptiste-Lebas - M Lille-Grand-Palais - ✆ 03 20 52 10 39 - www.lille.fr - ♿ - merc.-jeu. 11h30-0h, vend. 11h30-1h, sam. 11h30-2h, dim. 11h30-21h.
Gérée par Lille 3000, cette gare désaffectée a repris vie en 2009. Événements continus et promenade familiale, chacun y trouve son compte. Bar, restaurant, salle de projection, concerts et espace d'expositions temporaires.
Revenir sur ses pas.

Parc Jean-Baptiste-Lebas C3

Bd Jean-Baptiste-Lebas - M Lille-Grand-Palais - 7h30-22h (oct.-mars 21h).
Ancien parking sauvage réhabilité par West 8, paysagistes de Rotterdam, cet espace de 3 ha est entouré de grilles rouges qui, par endroits, sont curieusement incrustées de bancs. Jeux pour enfants.
Sortir rue de Cambrai, emprunter la rue de la Bascule et descendre la rue Dupetit-Thouars.

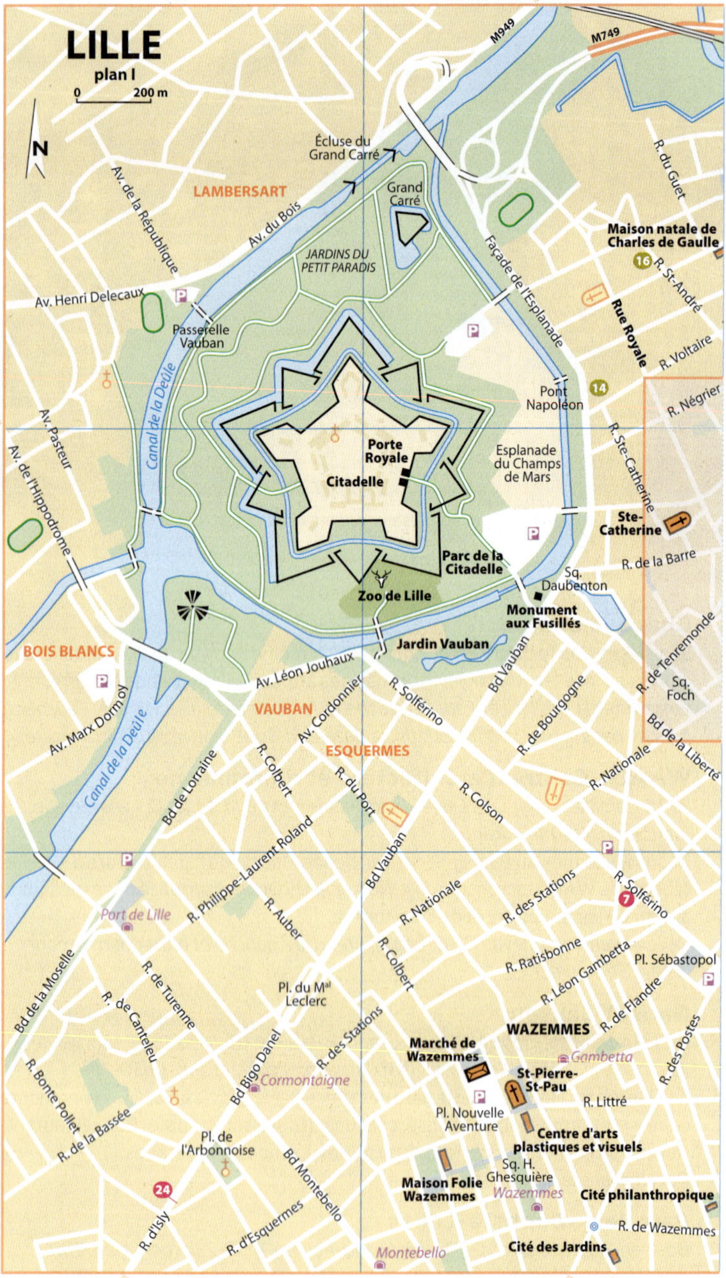

SE RESTAURER

- Brasserie André 3
- Le Britney 5
- Chez Max 7
- Naam 9
- Mama Shelter 21
- Michel 22
- SOlange 24

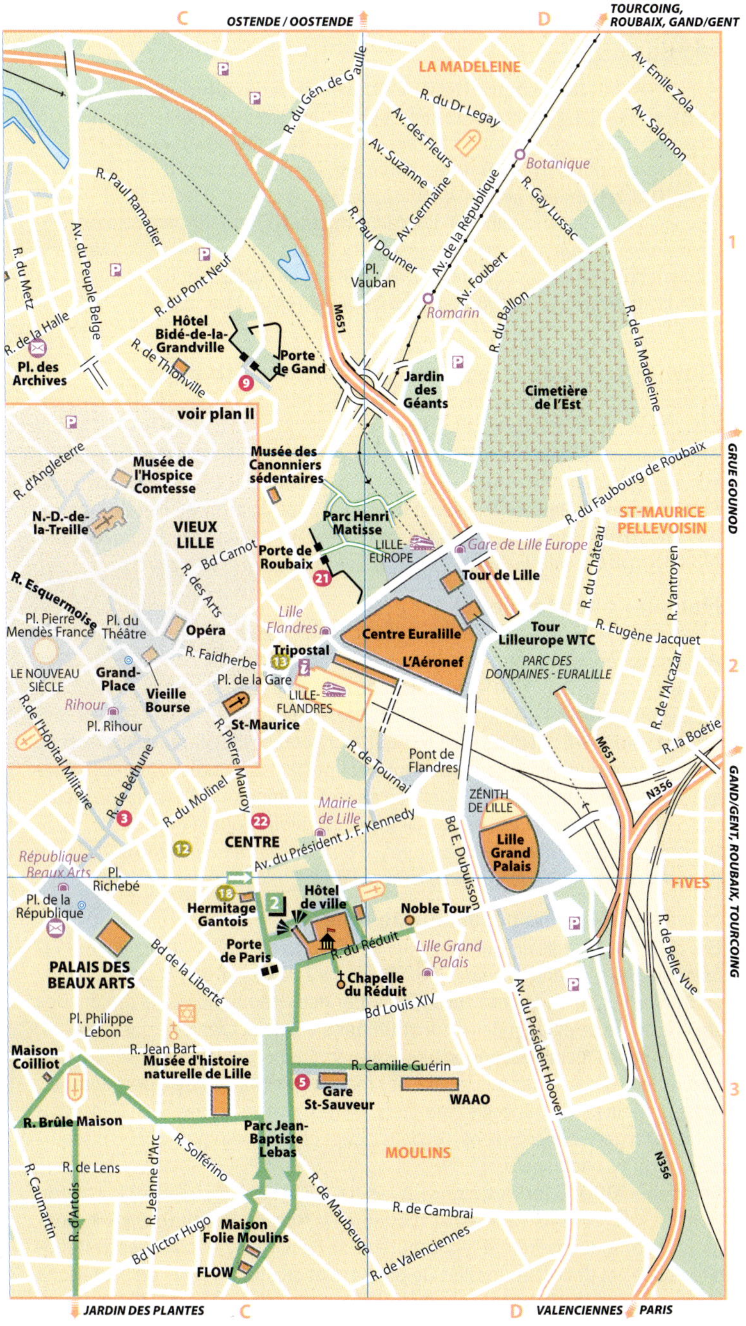

SE LOGER

Chambre d'hôte La Villa 30 . . 12
Hôtel La Valiz 13
L'Esplanade 14
The People Hostel 16
Hermitage Gantois 18

Lille3000

En 2004, Lille est nommée Capitale européenne de la culture et prend un tournant qui transforme la métropole. Lille3000 perpétue et renforce ce dynamisme en ouvrant la ville sur le monde de demain. Tous les trois/quatre ans, plusieurs mois de festivités sont organisés autour d'un thème (en 2015, la Renaissance, en 2019, le Mexique...) : expositions, fêtes, concerts, conférences, spectacles, décorations et illuminations... Artistes contemporains et avant-gardistes sont présentés et mis en scène pour le plaisir de tous. Le thème de la dernière édition, en 2022 : Utopia.
105 centre Euralille - ✆ 03 28 52 30 00 - www.lille3000.eu.

Flow - Centre eurorégional des cultures urbaines C3

1 r. de Fontenoy - Ⓜ Porte-de-Douai - ✆ 03 62 14 59 52 - www.lille.fr - mar.-jeu. 14h-22h, vend.-sam. 14h-18h.

Adossé à la maison Folie avec laquelle il partage certains espaces, le Flow, Centre eurorégional des cultures urbaines, occupe un bâtiment tout en transparence. Cette Maison du Hip-Hop est avant tout un espace de formation et de création pour les artistes (hip-hop, rap, graff, sérigraphie) et un lieu de pratique amateur.
Prendre à droite dans la rue de Fontenoy et à nouveau à droite, rue d'Arras.

Maison Folie Moulins C3

47-49 r. d'Arras - Ⓜ Porte-de-Douai - ✆ 03 20 95 08 82 - maisonsfolie.lille.fr - ♿ - expositions merc.-dim. 14h-19h.

Cette maison Folie a vu le jour dans une ancienne brasserie-malterie (19e s.) à l'occasion de « Lille 2004 ». Elle perpétue depuis spectacles, projections, expositions temporaires, ateliers et concerts. L'architecture spécifique de la brasserie a été préservée (cabinet Louguet) tout en apportant des notes contemporaines avec du verre, du béton et de l'acier galvanisé. En témoignent l'escalier de la cour ou le bâtiment en front de rue qui fait face au pignon néoflamand.
Remonter la rue d'Arras jusqu'au parc, le longer, tourner à gauche dans la rue Gosselet puis à droite dans la rue de Bruxelles.

Musée d'Histoire naturelle de Lille C3

19 r. de Bruxelles - Ⓜ Lille-Grand-Palais - ✆ 03 28 55 30 80 - mhn.lille.fr - tlj sf mar. 9h30-17h, w.-end 10h-18h - 3,80 € (-12 ans 2,60 €) - gratuit 1er dim. du mois.

Créé en 1822, il a été enrichi au 20e s. par deux géologues de la région. Des squelettes de baleines et des reconstitutions d'animaux préhistoriques, dont un carnassier des mers de la période jurassique, vous accueillent à l'entrée.

Zoologie – Ne manquez pas la salle des mammifères naturalisés. Des dioramas présentent la faune française (sangliers, biches, castors). Voyez dans l'insectarium les mygales, les scorpions... et dans la section ornithologique 5 000 oiseaux, dont certains ont disparu.

Géologie – 100 000 fossiles, roches et minéraux illustrent l'histoire de l'Europe du Nord de -600 millions d'années à l'époque gallo-romaine dans un espace muséographique modernisé (dioramas, écouteurs...). Remarquez les coquilles d'ammonites sciées et polies, les fossiles de poissons et crustacés, vieux de 95 millions d'années... Les fossiles végétaux (extraits de puits miniers) sont les vestiges de la forêt qui couvrait la région voici 300 millions d'années. Une veine de charbon reconstituée évoque l'univers de la mine et ses ambiances sonores.
Revenir sur la rue Gosselet, puis prendre à droite la rue de Solférino et, à gauche, la rue de Fleurus.

La maison Folie de Wazemmes et sa cheminée (architecte Lars Spuybroek/NOX).
R. Soberka/hemis.fr

Maison Coilliot C3

14 r. de Fleurus - M République-Beaux-Arts. Ne se visite pas. Construite en 1898 par Hector Guimard pour M. Coilliot, céramiste lillois, elle illustre l'Art nouveau avec sa façade en lave émaillée, ses courbes et son double toit.

Au bout de la rue de Fleurus, prendre à gauche rue Brûle-Maison.

Rue Brûle-Maison C3

Cette rue porte le surnom de François Cotigny (1678-1740), un marchand qui brûlait de petites maisons en papier au bout d'un bâton pour attirer la foule.

Prendre à droite rue d'Artois, la descendre jusqu'à la porte d'Arras. Le jardin des plantes se trouve derrière le périphérique.

Jardin des plantes C3 EN DIRECTION

306 r. du Jardin-des-Plantes - M Porte-de-Douai - ✆ 03 62 26 08 28 - www.lille.fr - 8h-21h (oct.-mars 18h30) - gratuit.

Au milieu de 12 ha de pelouses, d'arbres et de fleurs se dresse la serre tropicale, structure de béton et de verre qui abrite la flore tropicale et équatoriale.

Quartier de Wazemmes

PLAN P. 46-47, B3

À l'origine vaste territoire rural aux portes de Lille, Wazemmes a complètement changé d'aspect au 19e s. lorsque les industriels, qui ne pouvaient plus construire à l'intérieur des remparts lillois, y ont installé leurs usines. Quand elle est attachée à la commune de Lille, en 1858, Wazemmes est déjà devenue une cité-dortoir, où affluent de nombreux ouvriers logés dans des courées (aujourd'hui en grande partie détruites), et une zone d'industrialisation spectaculaire. La tradition ouvrière, populaire et cosmopolite est restée mais Wazemmes n'a pas échappé à la gentrification, au début des années 2000, recherchée à la fois pour le coût moins élevé de son habitat, sa proximité du centre, son offre culturelle variée et son authenticité. On y fréquente ses restaurants, ses bars et son marché, l'un des plus grands de France.

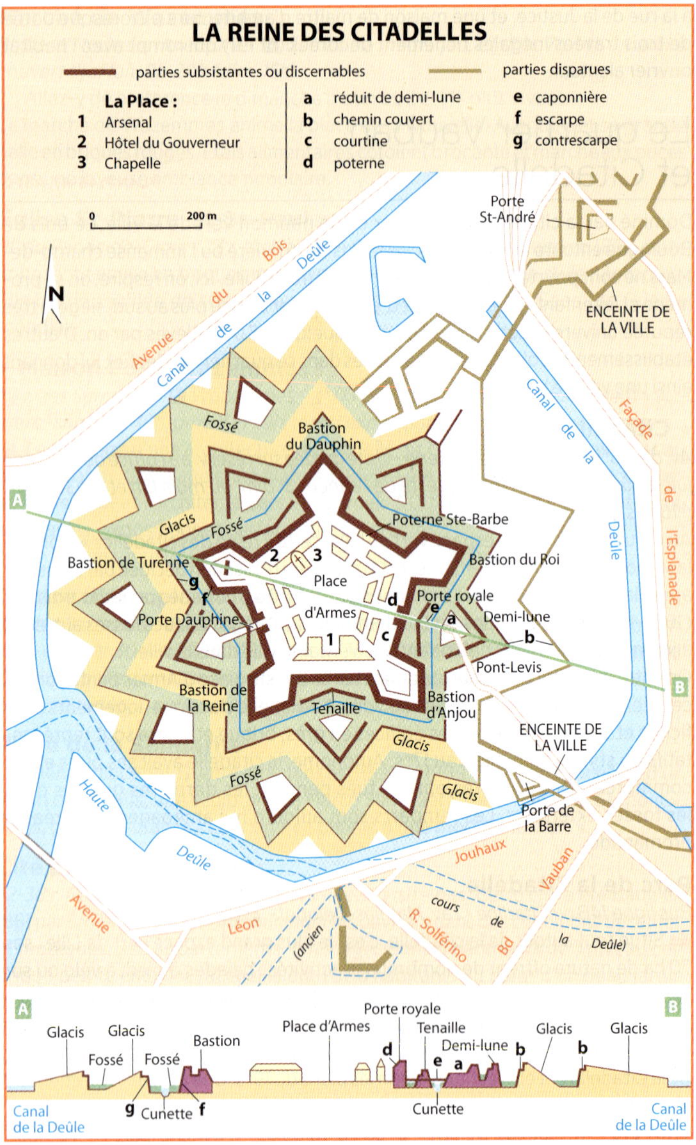

Jardin Vauban

Bd Vauban - ✆ 03 20 49 50 00 - www.lille.fr - ♿ - accès libre.

Parc paysager typique du Second Empire ; allées sinueuses, massifs arborés et fleuris, bassins. Statue du poète lillois A. Samain (1859-1906). Théâtre de marionnettes (*voir « Nos adresses » p. 65*). En face, dans le square Daubenton, le **Monument aux Fusillés**, dû à Félix Desruelles, honore les patriotes lillois exécutés en 1915.

Un peu d'histoire...

Les comtes de Flandre

La première mention de L'Isle, qui vient d'*insula*, apparaît en 1066 dans une charte de dotation de la collégiale St-Pierre par Baudouin V, comte de Flandre et propriétaire d'un château situé sur une île de la Deûle. Au 11e s., Lille se développe autour de ce château et du port situé à l'emplacement de l'avenue du Peuple-Belge. Au fil des siècles, les marais sur lesquels la ville est bâtie sont asséchés, la Deûle est canalisée et le port se déplace progressivement, en même temps que le développement de Lille, jusqu'à son emplacement actuel. Le comte de Flandre Baudoin IX devient empereur de Constantinople en 1204. Tué l'année suivante, il laisse deux héritières. À l'âge de cinq ans, l'une d'elles, Jeanne, épouse le fils du roi du Portugal, Ferrand, sur ordre de Philippe Auguste. Le couple s'installe à Lille.

La bataille de Bouvines – Vassale du roi de France, la Flandre est économiquement liée à l'Angleterre et au Saint Empire romain germanique. Devant les prétentions de Philippe Auguste sur les régions du Nord, une coalition se forme entre le roi d'Angleterre Jean sans Terre, l'empereur germanique Otton IV, les comtes de Boulogne, du Hainaut et de Flandre. Le 27 juillet 1214, Bouvines est la première grande victoire française. Fait prisonnier, « Ferrand le bien enferré » est enfermé au Louvre et Jeanne gouverne la ville.

Des Bourguignons aux Espagnols

En 1369, par le mariage de Marguerite de Flandre et de Philippe le Hardi, le comté devient possession des ducs de Bourgogne. Le 17 février 1454, le duc de Bourgogne **Philippe le Bon** prononce, lors d'un banquet, le « vœu du Faisan », par lequel il promet d'aller délivrer Constantinople. Le mariage de Marie de Bourgogne, fille de Charles le Téméraire, avec Maximilien d'Autriche fait passer le duché de Bourgogne à la maison de Habsbourg, puis à l'Espagne lorsque Charles Quint devient empereur.

Après les guerres de Religion, sous la domination espagnole, les « gueux » dévastent la campagne. Lille échappe à l'assaut des hurlus (« hurleurs ») grâce à ses habitants conduits par la cabaretière Jeanne Maillotte.

La conquête de Louis XIV – Faisant valoir les droits de son épouse Marie-Thérèse à une part de l'héritage d'Espagne, le roi réclame les Pays-Bas. En 1667, il dirige le siège de Lille. Après 9 jours de résistance, la ville devient capitale des Provinces du Nord. Le Roi-Soleil fait construire une citadelle par **Vauban**, agrandit la ville et réglemente alignements et modèles de maisons.

Venus d'outre-Rhin

1708 – Les Hollandais prennent et occupent Lille jusqu'en 1713, année de signature des traités d'Utrecht après quoi Lille est française.

1792 – 35 000 Autrichiens assiègent Lille. Les boulets pleuvent mais, défendue par une faible mais courageuse garnison, Lille tient bon.

1914 – Attaquée par six régiments bavarois, la ville se rend après trois jours de résistance acharnée. Le prince de Bavière, qui reçoit la reddition, refuse l'épée du colonel de Pardieu « en témoignage de l'héroïsme des troupes françaises ».

1940 – Sept divisions allemandes et les blindés de Rommel attaquent Lille. Les 40 000 soldats français tiennent trois jours et capitulent avec les honneurs militaires, au matin du 1er juin.

Découvrir

PLAN P. 46-47

★★★ Palais des Beaux-Arts C3

M *République-Beaux-Arts (ligne 1) - Pl. de la République - ✆ 03 20 06 78 00 - www.pba-lille.fr - ♿ - tlj sf mar. 10h-18h, lun. 14h-18h - 7 € (-12 ans gratuit) - gratuit 1er dim. du mois.*

Construit entre 1887 et 1892, il fait face à la préfecture, place de la République, et présente sur 22 000 m² des collections exceptionnelles. Entre 1992 et 1997, le palais a fait l'objet d'une restauration. Les architectes Jean-Marc Ibos et Myrto Vitart lui ont rendu son volume original tout en créant de nouveaux espaces. À l'arrière a été édifié un **bâtiment-lame** de 70 m de long et 6,50 m de large, dont la façade en verre sérigraphié renvoie l'image du palais, lui donnant ainsi la dimension qu'il aurait dû avoir à l'origine (le projet n'a jamais été réalisé). Il abrite notamment le cabinet des Dessins *(sur RV pour les chercheurs)*. Entre ces bâtiments s'étend le parvis : au centre, une dalle de verre laisse entrer la lumière vers la salle d'expositions temporaires située au-dessous. L'entrée mène à un vestibule éclairé par de grands lustres en verre coloré, dus à l'Italien G. Pesce. Libre accès à l'immense atrium qu'entourent une librairie-boutique, des espaces de médiation numérique et le café-restaurant le Beau Café.

Sous-sol

Archéologie – Œuvres du pourtour méditerranéen : Égypte, dont un portrait du Fayoum, Chypre, Rome, Grèce (céramiques à figures noires).

Moyen Âge et Renaissance – Une salle consacrée à l'Allemagne et à l'Autriche abrite un monumental retable dédié à saint Georges (Tyrol du sud, fin 15e s.). Une autre salle regroupe des œuvres françaises, italiennes et espagnoles du 12e au 15e s. : parmi les rares témoins de la sculpture romane de la région, fragments d'un haut-relief en calcaire figurant la Déposition de Croix ; ivoires provenant d'abbayes du nord de la France, *Vieillard de l'Apocalypse* (St-Omer, vers 1100) ; fameux encensoir en laiton finement ciselé et doré (art mosan du 12e s.), formé de deux coupes hémisphériques avec au sommet les trois jeunes Hébreux. L'art gothique est abondamment représenté : une croix-reliquaire (1200-1220) qui contenait un morceau de la Vraie Croix. Pour la Renaissance, italienne, le superbe *Festin d'Hérode* s'avère le plus beau bas-relief en marbre de Donatello conservé en France. Dans la galerie des Anciens Pays-Bas (15e et 16e s.), deux volets d'un triptyque de Dirk Bouts, pièces majeures de la collection, et le triptyque du *Bain mystique* de Jean Bellegambe.

★ **Plans-reliefs** – Cette salle a fait l'objet d'une réfection spectaculaire afin d'accueillir les 15 plans-reliefs fraîchement restaurés dans un espace désormais interactif. Les villes représentées sont situées à la frontière nord du « pré carré » à l'époque de Louis XIV. Sept sont **françaises** : Aire-sur-la-Lys, Avesnes (1822), Bergues, Bouchain, Calais (1690), Gravelines (1758) et Lille (1743). Sept sont **belges** : Audenarde (1746), où l'on remarque la précision des détails et des couleurs, Charleroi, Menin, Namur, Ostende, Tournai et Ypres. Enfin, la quinzième est **hollandaise** : Maastricht.

Rez-de-chaussée

Galerie de Céramique – *Au fond de l'atrium à gauche.* Belle collection de majoliques italiennes, de faïences de Nevers, Rouen, Lille, Strasbourg, et du midi de la France, de Delft (belles bouteilles Flesch), de grès allemands et wallons, de porcelaines de Chine et du Japon.

Galerie de Sculpture – *Au fond de l'atrium à droite.* Dans la rotonde, le *Chevalier errant* de Frémiet ; à l'opposé, le *Napoléon Ier, protecteur de l'industrie* d'Henri

Lemaire. Panorama de la sculpture française : David d'Angers *(Bienfaits de l'imprimerie*, maquettes pour le monument dédié à Gutenberg à Strasbourg érigé en 1840-1844), Préault (40 médaillons en bronze figurant des personnalités), Camille Claudel *(Giganti, Louise de Massary)* et Bourdelle *(Pénélope)*.

1er étage

Peintures accrochées de façon chronologique, stylistique et thématique autour de l'atrium. *L'accrochage est régulièrement renouvelé.*

École flamande – Toiles de Jordaens, traitant de thèmes religieux *(La Tentation de sainte Madeleine)*, mythologique *(L'Enlèvement d'Europe)* ou rustique *(Un piqueur et ses chiens)* ; son étude de vaches sera reprise par Van Gogh. Parmi les tableaux d'autel : *Christ en Croix* de Van Dyck pour le couvent des Récollets, et la *Tentation de saint Antoine* de Teniers le Jeune. Chef-d'œuvre de Rubens : la *Descente de Croix*.

École française du 17e au 19e s. – Œuvres de Lallemand *(L'Adoration des Mages)* et de Philippe de Champaigne *(Nativité)*. Petits formats de La Hyre *(Paysage pastoral)*, Largillière *(Portrait de J.-B. Forest)*, Le Sueur et Chardin *(Le Gobelet d'argent)*. Toiles de Louis Watteau *(Vue de Lille)* et de son fils François *(Bataille d'Alexandre)*. Bel ensemble de Boilly : *Jeu du pied de bœuf, Triomphe de Marat* et portraits. Peintures néoclassique de David *(Bélisaire demandant l'aumône)*, romantique de Delacroix *(Médée)*, réaliste de Courbet *(L'Après-dîner à Ornans)*, impressionniste de Monet *(Parlement de Londres)* et symboliste de Puvis de Chavannes *(Le Sommeil)*.

Galerie du 20e s. – Ouverte sur l'atrium, elle reçoit une sélection temporaire de peintures et de sculptures, représentatives de la collection d'art moderne.

Galerie hollandaise – *Galerie donnant sur l'atrium.* Chefs-d'œuvre de Lastman *(Mise au tombeau)* et d'E. de Witte *(Intérieur de la Nieuwe Kerk de Delft)*. Natures mortes de Van der Ast et de Van Beyeren. Paysages de Ruisdael *(Le Champ de blé)* et de Van Goyen *(Les Patineurs)*. Scènes de genre.

Galerie italienne (16e au 17e s.) et Pavillon espagnol – *Moïse sauvé des eaux* de Johann Liss, une *Esquisse pour le paradis* de Véronèse et le *Portrait d'un sénateur vénitien* du Tintoret illustrent la peinture vénitienne. L'école espagnole est d'une grande qualité : *Saint François en prière* du Greco ; *Saint Jérôme* de Ribera ; *Les Jeunes* et *Les Vieilles*, remarquables toiles de Goya, féroce satire de son siècle.

À proximité

CARTE P. 32

Mosaïc - Jardin des cultures à Houplin-Ancoisne A2

7 km au sud par la D 147, puis la D 63 à droite.
103 r. Guy-Môquet - 03 20 63 11 24 - enm.lillemetropole.fr - ♿ - juil.-août : lun.-sam. 10h-19h ; reste de l'année : se rens. - 6 € (-12 ans 4 €) - 17 € billet famille (2 adultes + 3 enf.).

Au départ de Lille, en été, vous pouvez visiter les jardins en bateau.

Au cœur du parc de la Deûle, les 33 ha de Mosaïc sont une bouffée d'air pur à quelques kilomètres de Lille. Découvrez des peuples et des cultures qui ont choisi la métropole lilloise comme lieu de vie, à travers un espace paysager contemporain et original. Mosaïc mêle grands espaces (étang, vastes pelouses, aires de jeux et de pique-nique) et reconstitutions de jardins traditionnels du monde entier (les Terrasses de Méditerranée, le jardin des Figuiers, le Jardin du Dragon...).

★ Wambrechies AB2

7 km au nord par la rocade nord-ouest, sortie 9 ou 10. Bus lignes 3/9.
21 pl. du Gén.-de-Gaulle - 03 28 38 84 21 - www.valdedeule-tourisme.fr.

La vie à Lille

L'économie hier et aujourd'hui

Au Moyen Âge, Lille est une cité drapière. Les lissiers d'Arras, chassés par Louis XI, s'y installent au 15e s. À la tapisserie succède, au 18e s., la filature du coton et du lin, tandis que Roubaix et Tourcoing travaillent la laine. Le développement de la grande industrie s'accompagne de l'apparition d'un prolétariat urbain avec son cortège de misère. En 1846, la mortalité infantile atteint 75 % dans les courées de St-Sauveur. Aujourd'hui, les industries traditionnelles (textile, imprimerie, industrie mécanique, chimie, agroalimentaire...) coexistent avec des entreprises de pointe. Capitale européenne de la vente par correspondance, Lille (avec Roubaix et Tourcoing) est aussi un carrefour des affaires avec le centre **Euralille** (*p. 41*), la chambre de commerce et d'industrie et la Bourse des valeurs.

Une architecture qui bouge

Une importante restauration a été entreprise dans le quartier ancien, riche en demeures et monuments des 17e et 18e s. La ville s'est modernisée avec la reconstruction du quartier St-Sauveur et du Forum, la création de Villeneuve d'Ascq et d'Euralille. Transparente et audacieuse, la gare Lille-Europe (1994) est un bel exemple d'architecture contemporaine.
Dans le métro VAL (entièrement automatisé), certaines stations sont ornées d'œuvres d'art (*encadré p. 35*). Au célèbre Mongy, qui parcourait le Grand-Boulevard entre Lille, Roubaix et Tourcoing, s'est substitué un tramway, dessiné par Sergio Pininfarina, le designer de Ferrari.

Le sens de la fête

Chaque quartier a sa fête, sa ducasse. Les Lillois, à cette occasion, sortent leurs **géants**, **Phinaert** et **Lydéric**. Ils forment une famille prolifique – environ 200 personnages –, et incarnent l'âme de toutes les fêtes. S'il n'y avait qu'une date à retenir de la vie lilloise, ce serait le premier week-end de septembre, celui où a lieu chaque année la célèbre **Grande Braderie** (*p. 59*). Plus d'un million de personnes s'y pressent et pour certains, c'est un rendez-vous à ne manquer sous aucun prétexte. La Braderie perpétue depuis mille ans la tradition de la « franche foire médiévale », où les domestiques étaient autorisés à vendre les petits biens de leurs maîtres. Aujourd'hui, c'est un vaste vide-grenier qui s'étend de la Grand'Place à Wazemmes ou à la citadelle. La ville s'affirme aussi comme métropole culturelle avec l'Opéra du Nord, les Ballets du Nord et des troupes comme celle du Théâtre du Nord. **Lille3000** (*encadré p. 48*), dans la continuité de Lille 2004, organise animations, expositions et spectacles.

Quelques personnalités

L'acteur **Philippe Noiret** (1930-2006) et le dessinateur de BD **François Boucq** sont natifs de Lille. Côté politique, **Pierre Mauroy** (né à Cartignies, 1928-2013) fut Premier ministre de mai 1981 à juillet 1984, maire de Lille de 1973 à 2001 et sénateur du Nord de 1992 à 2011. **Martine Aubry** est maire de Lille depuis 2001 et a été présidente de la communauté urbaine de Lille de 2008 à 2014. Quant au célèbre bonbon **Carambar**, il fut inventé en 1954 à quelques kilomètres de Lille (Marcq-en-Barœul).

Au bord du canal de la Deûle, ce bourg, jadis prisé par les riches industriels locaux, a su conserver, autour de la Grand'Place, son architecture flamande : son élégant office de tourisme – ancien **hôtel de ville** (1868), dont l'architecture en brique rappelle le maniérisme de la Renaissance flamande – et sa superbe église. Non loin, dans son château entouré de douves, on perpétue, depuis 1817, la tradition du genièvre distillé (*« Nos adresses » p. 65*).

Église St-Vaast – *14 Pl. du Général de Gaulle - 03 20 78 82 46 - - de mi-avr. à mi-oct. : vend. 9h-17h, dim. 14h30-18h30 ; reste de l'année : vend. 9h-17h.* Néogothique, elle fut reconstruite en 1860 sur les ruines de l'ancienne église du 14e s., incendiée au cours des guerres de Religion (1581) et malmenée durant la Révolution. Elle perdit son clocher de 72 m en 1940, les Allemands estimant qu'il gênait les avions au décollage. Remarquez les vitraux d'Haussaire, célèbre maître verrier de la fin du 19e s., et les prie-Dieu sculptés à l'entrée.

★ **Musée de la Poupée et du Jouet ancien** – *Château de Robersart - 03 20 39 69 28 - www.musee-du-jouet-ancien.com - - vac. scol. (hors juil.-août) : 14h-18h ; reste de l'année : merc., dim. 14h-18h - 4 € (enfant 2 €).* Installé dans les salles voûtées du **château de Robersart**, résidence des seigneurs de Wambrechies, construit à la fin du 18e s. dans le style Renaissance et rénové en 1995, le musée abrite de belles pièces du milieu du 19e s. aux années 1960. Les vitrines ont été aménagées dans un espace en contrebas par un couple de passionnés : petits trains, Barbies des années 1960, voitures André Citroën, bateaux Radiguet et Bing, avions en tôle, poupées parisiennes époque Napoléon III, illustrés *Lisette*, collection d'albums *Bécassine* (1913-1958)... Expositions temporaires thématiques et jeux en bois flamands en libre accès. Dernier dimanche de septembre, fête du jouet ancien.

1

Village des métiers d'art du Septentrion et Château du Vert-Bois B1

9 km au nord. Sortir par la D 617, traverser Marcq-en-Barœul puis Bondues et suivre une route à droite (panneaux indicatifs).

21 chemin des Coulons - 03 20 46 26 37 - www.fondationseptentrion.fr - horaires : se rens. sur le site Internet - fermé lun. - 2,50 € (-11 ans gratuit) parc seul. Ce village occupe l'ancienne ferme des Marguerites. On y trouve galeries d'art, artisans et restaurants. En son cœur, la **Fondation Prouvost** organise des expositions temporaires et présente une **collection de minéraux** rares rassemblés par Anne et Albert Prouvost au cours de leurs voyages. Le **parc** (60 ha), peuplé de tilleuls argentés, de marronniers et de chênes rouges, permet de gagner le Vert-Bois. Le secteur planté de tulipiers de Virginie cache *L'Enlèvement des Sabines*, bronze de Jean de Bologne, et *Le Bélier*, œuvre moderne de Paul Hémery. Le **château**, précédé d'un charmant jardin clos agrémenté de roses aux beaux jours, expose des collections de peinture, sculpture et mobilier des 17 et 18e s.

Comines A1

20 km au nord par la D 617, puis la D 108 à gauche et la D 945 à droite.

Sur la Lys, sa rive gauche est belge, celle de droite est française. Le **beffroi** à bulbe (style baroque) de l'hôtel de ville domine la plaine. Depuis sa première construction en 1276, le bâtiment a été rebâti cinq fois. La dernière date de 1927, œuvre de Louis-Marie Cordonnier s'inspirant de l'édifice de 1623. Lors de la **Fête des louches**, ces ustensiles enrubannés sont jetés du haut de l'hôtel de ville, rappelant le geste légendaire d'un seigneur du lieu emprisonné qui se fit connaître en jetant ses cuillers par la fenêtre. Les géants cominois **Grande Gueuloute** et **P'tite Chorchire** apparaissent costumés en rubaniers, accompagnés de la confrérie de la Grande Louche (*voir « Agenda » p. 59*).

Carnet pratique

S'informer

Office de tourisme – *Palais Rihour - pl. Rihour - Lille - ☎ 03 59 57 94 00 - www.lilletourism.com.*

Visites guidées – L'office de tourisme propose toute l'année des visites-découvertes passionnantes, animées par des guides-conférenciers agréés.

Pass touristiques

Valable toute l'année, le City Pass Métropole européenne de Lille permet d'accéder gratuitement au réseau de transports en commun et à de nombreux sites et prestations touristiques à Lille et dans la région pour 1, 2 ou 3 j. *(25, 35 et 45 €).*

Arriver/partir

Avion

Aéroport de Lille-Lesquin – *☎ 0 891 673 210 (0,23 €/mn) - www.lille.aeroport.fr.*

Liaisons aéroport/centre-ville – *De l'aéroport : 6h30-21h45; de la gare Lille-Flandres : 6h-20h (ces horaires ne sont pas valables tlj, vérifier sur le site Internet) - dép. ttes les h - trajet 20mn - 8 € AS, 10 € AR.* Navette en face de la porte d'entrée B, sur le dépose-minute à l'aéroport et devant l'immeuble CIC face à la place des Buisses à côté de la gare Lille-Flandres en ville.

Train

2 gares : **Lille-Flandres** et **Lille-Europe**, *à 5-10mn à pied du centre-ville.*

☺ Seuls 600 m séparent les gares Lille-Europe et Lille-Flandres.

Voiture

L'A 1 de Paris, l'A 27/E 42 de Bruxelles ou Tournai et l'A 23 de Valenciennes desservent la ville par le sud-est. L'A 17 de Bruges et l'E 17 de Gand et Anvers rejoignent l'A 22 qui dessert le nord de Lille. Les D 700 (est), D 656 et une section de l'A 25/E 42 (sud) servent de périphérique externe et donnent accès aux boulevards qui enserrent le centre. Sur un axe est-ouest se succèdent le nouveau et l'ancien Lille, puis la citadelle.

Se garer

À l'extérieur du centre-ville, le stationnement est souvent gratuit. 6 parkings relais-métro situés M° Porte-d'Arras (ligne 2), M° Porte-des-Postes (ligne 1 ou 2), CHR B Calmette, Lomme (St-Philibert) et Villeneuve d'Ascq (Les Prés et 4 Cantons) *(7j/7, 24h/24 - gratuit).* 1 parking au Champ-de-Mars relié au centre par la ligne 12 *(17,70 €/j.).*
14 parkings Indigo *(15,60-33,50 €/j.)* et 9 parkings Effia *(9-15,80 €/j.)* en ville.

Se déplacer

Transports en commun

PLAN DANS LE 2e RABAT DE COUVERTURE

Ilévia – *☎ 03 20 40 40 40 - www.ilevia.fr - carte rechargeable Pass Pass : 1 trajet : 1,80 €, Pass 1 jour : 5,30 €, Pass 2 jours : 9,60 €, Pass 3 jours : 12,80 €, Pass soirée : 2,45 €.* Achats de tickets : stations de métro, tramway et office de tourisme.

Tramway – 2 lignes et 36 stations desservent 9 communes : Lille, La Madeleine, Marcq-en-Barœul, Wasquehal, Villeneuve d'Ascq, Croix, Roubaix, Mouvaux et Tourcoing.

Métro – 2 lignes (desservant Villeneuve d'Ascq, Tourcoing et Roubaix...) pour une soixantaine de stations. Le métro automatique a une fréquence élevée : de 1mn à 6mn aux heures creuses.

Vélo

V'Lille – *☎ 03 20 40 40 40 - www.vlille.fr - 1,75 € d'abonnement pour 24h, 7,60 € pour 7 j., gratuit les 30 premières min., puis*

1,10 €/30mn suppl., dépôt de garantie : 200 €. 2200 vélos répartis dans 223 stations à Lille et alentour.

Agenda

Lille3000 – *www.lille3000.eu.* Dans la dynamique de « Lille 2004 », cet organisme prévoit des événements culturels tous les 3/4 ans. La ville s'anime pendant plusieurs mois autour d'un thème : expositions, fêtes, concerts, conférences, illuminations… « Utopia », tel fut le thème de la dernière édition (2022).

Séries Mania – *Fin mars - www.seriesmania.com.* Ce festival international dédié aux séries télévisées attire ce qui se fait de mieux en la matière. Projections, animations, ateliers dans de nombreux lieux de la ville.

La route du Louvre – *www.laroutedulouvre.fr.* Marathon reliant Lille à Lens organisé le 2e dimanche de mai.

Grande Braderie de Lille – *1er w.-end de sept. - www.braderie-de-lille.fr.* Des kilomètres de trottoirs conquis par les forains et les particuliers. Animation garantie, surtout dans le quartier piéton de la place Rihour, sur le boulevard de la Liberté et le boulevard Jean-Baptiste-Lebas. Restaurants et cafés servent des moules-frites.

48h Maisons de Mode – *Mi-septembre - gare St-Sauveur - www.maisonsdemode.com.* Défilé organisé par Maisons de Mode (*☞ p. 64*) afin de présenter les créations des jeunes marques. Soirée avec cocktail et DJ.

Marché de Noël – *De mi-nov. à fin déc. - pl. Rihour - www.noel-a-lille.com.* À l'approche des fêtes de fin d'année, la place Rihour et la Grand'Place s'animent avec les chalets et la Grande Roue.

Carnaval de Wazemmes – *Fin mars-déb. avr.* Parade colorée, fanfares et animations clôturées par un grand bal costumé à la maison Folie Wazemmes.

Festival international de la soupe – *1er Mai.* Autour de la maison Folie Wazemmes, dégustation et élection de la meilleure soupe, récompensée par la Louche d'Or !

Latitudes contemporaines – *2 sem. en juin - www.latitudescontemporaines.com.* Le festival des nouvelles scènes chorégraphiques. Exigeant mais stimulant.

À proximité

Deûle en fête – *www.valdedeule-tourisme.fr - 1er w.-end de juin.* Croisières musicales et festival des saveurs dans toutes les villes du bord de la Deûle, de Wambrechies à Lambersart.

Fête du jouet ancien – *Le dernier w.-end de sept.* À Wambrechies. Le musée organise Eurotoy, la Bourse internationale des poupées et jouets anciens.

Fête des louches – *www.fete-des-louches.com - 2e dim. d'oct.* Carnaval annuel de Comines, avec la sortie des géants Grande Gueuloutte et P'tite Chorchire, et un lancé de louches !

1

Nos adresses

Restauration

Le Vieux Lille (notamment la rue de Gand) concentre un maximum de restaurants, mais les autres quartiers ne sont pas en reste. Pensez à réserver !

Lille centre et Vieux Lille

Premier prix

14 La Bottega – PLAN II E1 - *7 bis r. Au Péterinck - ✆ 03 20 74 33 12 - www.la-bottega.com - fermé lun.*

D'une épicerie fine créée en 1997 la Bottega est devenue un restaurant italien, un vrai, qui ne sert que des pizzas, excellentes. Goûtez les blanches, à base de mozzarella et sans sauce tomate.

6 **Chez la Vieille** – PLAN II F1 - *60 r. de Gand - ✆ 03 28 36 40 06 - www.estaminetlille.fr - fermé dim. et lun. midi - plats 13/19 €.* Il faut s'y prendre à l'avance pour réserver, le restaurant est petit et toujours assailli ! Vous goûterez aux saveurs des estaminets flamands : carbonade ou poulet au maroilles.

1 **Au Vieux de la Vieille** – PLAN II E1 - *2-4 r. des Vieux-Murs - ✆ 03 20 13 81 64 - www.estaminetlille.fr - moins de 15 €.* Jouxtant la jolie place aux Oignons, cet estaminet propose des plats régionaux comme la crêpe gratinée au maroilles, fourrée aux endives et jambon, ou la mousse aux spéculoos. On y joue aussi aux jeux traditionnels du Nord. Réserv. conseillée.

13 **La Clairière** – PLAN II E2 - *75 bd de la Liberté - ✆ 03 20 11 23 16 - fermé dim. soir et lun. - plats 13/14 €.* Du butternut farci au rôti de seitan en passant par le green bowl et les burgers, les plats de ce restaurant vegan, où l'on cuisine bio et local, sont bons et copieux. Le bois et les nombreuses plantes qui occupent l'espace offrent une atmosphère chaleureuse, reposante, et le service est souriant et efficace. L'établissement étant *dog friendly*, ne vous étonnez pas d'y voir des chiens se pavaner en toute quiétude.

31 **La Vieille France** – PLAN II F1 - *51 r. de Gand - ✆ 03 20 31 00 57 - www.lavieillefrance.fr - fermé mar. midi et merc. midi - plats 14/15,50 €.* Retrouvez la saveur des plats du terroir de nos grands-mères. Les tables sont nappées de carreaux et les chaises d'écoles portent des inscriptions comme « bonnets d'âne », par exemple !

2 **Bernard et Léon** – PLAN II F2 - *3 bis r. de la Clef - www.bernardetleon.com - ♿ - fermé sam. soir et dim. - bowls 11,50 €, formules 14,20 €.* Sous les voûtes de la CCI se niche une adresse où les bowls harmonieux, savoureux, colorés, gourmands et sains (rien que ça) font du bien. Le sucré n'est pas en reste, les pâtisseries sont maison avec des ingrédients sans additifs, colorants, ni conservateurs. Goûtez le flan vanille chocolat sur pâte brisée ou la classique tarte citron meringuée pour vous en convaincre. Le choix est constamment renouvelé, on ne s'en lasse pas !

9 **Naam** – PLAN I C1 - *90 r. de Gand - ✆ 03 20 15 25 17 - www.naam.love - fermé lun.-vend. midi et dim. soir - plats 13/17 €.* Un véritable voyage vous attend dans ce petit restaurant. Piment, acidité, fraîcheur, gourmandise, tout fait fidèlement honneur aux saveurs de la street food thaïlandaise. Les currys, les plats sautés, les soupes, les brochettes sauce satay vous entraînent au cœur des rues de Bangkok. Sans compter le sucré, entre gâteau banane-coriandre et flan coco.

Budget moyen

12 **Le Barbier Qui Fume** – PLAN II E1 - *69 r. de la Monnaie - ✆ 03 20 06 99 35 - www.lebarbierquifume.com - plats 16,50/32 €.* Une nouvelle déco pour ce qui fut autrefois la maison d'un ancien barbier lillois. On y sert des viandes fumées et des spécialités flamandes, accompagnées des Mousses du Barbier (bière artisanale blonde, blanche et triple.)

5 **Brasserie de la Paix** – PLAN II F2 - *25 pl. Rihour - ✆ 03 20 54 70 41 - www.brasserie-delapaix.fr - fermé dim. - plats 18/38 €.* À deux pas du palais Rihour, cette sympathique brasserie est une institution. Cadre

Art déco, banquettes, faïences de Desvres et cuisine de bistrot.

18 La Petite Cour – PLAN II E2 - *17 r. du Curé-St-Étienne - ✆ 03 20 51 52 81 - www.lapetitecour-lille.fr - fermé dim. - plats 17/22 €.* Après avoir longé le comptoir, on entre dans une cour couverte et pavée. Plusieurs espaces se dessinent : alcôves pour amoureux, salle sous verrière pour déguster entre amis ou terrasse urbaine. Partout, l'esprit récup' s'impose. Assiettes copieuses et bien préparées de spécialités du Nord.

4 Ch'tite Brigitte – PLAN II E1-2 - *10 r. des Bouchers - ✆ 09 77 96 09 13 - www.chtitebrigitte.com - fermé lun., mar. midi et dim. soir - plats 16/21 €.* Le petit dernier des estaminets lillois propose une très bonne cuisine de terroir. Waterzoï de poisson, potjevleesh, andouillette flambée au genièvre, carbonnade flamande, tous les classiques de la région sont à la carte, avec tout de même un welsh revisité au sablé de Wissant, plus digeste, dit-on.

22 Michel – PLAN I C2 - *167 r. Pierre-Mauroy - ✆ 06 60 19 18 48 - www.michelrestaurant.fr - fermé dim. - plats env. 15 €.* Un papy libanais, amoureux des bons produits et du partage, a donné son nom à cette jolie adresse qui vous emmène au Levant à travers une cuisine ensoleillée confectionnée avec des produits bio et majoritairement locaux. Les réjouissances sont nombreuses, mezzé carné ou végétarien, shawarma, falafel, houmous, labneh (fromage frais) à l'ail. Ambiance conviviale et service agréable.

Pour se faire plaisir

10 Le Braque – PLAN II E1 - *45 r. de la Monnaie - ✆ 03 20 04 25 38 - www.le-braque.fr - fermé dim.-lun. - formule midi 25 €, menus 59/79 €.* Une table de caractère avec à sa tête le chef Damien Laforce, amoureux de chasse et de cueillette. Son chien, Marcel, un braque de Weimar, à l'origine du nom du restaurant, est à l'affût. Son territoire s'étend de l'avant-comptoir, lieu convivial où l'on déguste des petits plats (10 €) à partager entre amis, à la salle de restaurant où sont servis de savoureux plats inspirés du terroir des Flandres. Du tonus et de la joie, voici ce que vous récolterez ici.

8 Club-Marot – PLAN II E2 - *16 r. de Pas - ✆ 03 20 57 01 10 - www.clubmarot.fr - fermé dim. - menus 25/60 €.* Maison tenue par les descendants du poète cadurcien Clément Marot. Antoine et Augustin Marot proposent une cuisine bistronomique de qualité qui se renouvelle au fil des saisons et sait s'ouvrir aux saveurs d'ailleurs.

33 Bloempot – PLAN II E2 - *22 r. des Bouchers - www.bloempot.fr - fermé dim.-lun. - menus 60/90 €.* Florent Ladeyn, ex-Top Chef et dont l'Auberge du Vert Mont, à Boeschepe, et le Bierbuik/Bloemeke à Lille, rendent un si bel hommage au terroir régional, récidive au cœur de la capitale des Flandres avec cette « cantine flamande » revendiquée. Décor atypique (un ancien atelier de menuiserie), produits nature et recettes originales ! Réservation indispensable.

3 Brasserie André – PLAN I C2 - *71 r. de Béthune - ✆ 03 20 54 75 51 - www.brasserieandre.fr - plats 23/39 €.* Leurs frites seraient les meilleures de Lille ! On y déguste aussi du filet américain, du welsh rarebit, de la choucroute... Une référence depuis 1924.

Euralille

Budget moyen

21 Mama Shelter – PLAN I C2 - *97 pl. St-Hubert - ✆ 03 59 82 72 72 - www.mamashelter.com - plats 16/26 € - ch. 109/149 € - ☕ 19 €.* L'enseigne de la famille Trigano compte désormais un restaurant-hôtel à Lille, en face des tours d'Euralille. Dès l'entrée, on foule le « Highway to moules frites », un tapis faisant honneur à la spécialité locale. Puis on se laisse impressionner par le plafond bariolé dessiné à la craie par l'artiste Beniloys. La cuisine –généreuse – prend elle aussi des accents locaux (welsh, carbonnade, gaufres lilloises) tout comme certains cocktails à base de genièvre de Loos et de picon. Live DJ du jeudi au samedi soir, concert et brunch le dimanche.

St-Sauveur

Premier prix

5 Le Britney – PLAN I C3 - *21 bd Jean-Baptiste-Lebas - ✆ 07 69 90 46 03 - www.goodlife.fun/restaurants/britney - plats 10/19 €.* Un nom iconique pour un lieu qui vogue entre minimalisme et convivialité, passé et futur, un bar où l'on mange, un restaurant où l'on s'accoude. Dans l'assiette, le poulpe mariné, le kebab d'effiloché d'agneau, le chou-fleur rôti et crumble de parmesan sont les titres phares de la maison. Carte courte le midi, plats partagés le soir, la qualité est toujours là. Bières artisanales, vins bio et natures rafraîchissent les soirées de ce chouette « bistrot du futur ».

Wazemmes

Budget moyen

7 Chez Max – PLAN I B3 - *164 r. Solférino - ✆ 03 20 77 59 86 - www.chezmaxbistrotlillois.com - plat déj. 12 € - plats 16/26 €.* Deux salles, dont une à l'étage : Max fait le va-et-vient des cuisines aux salles et ne compte plus les marches... Plats traditionnels faits maison et produits de qualité. L'ambiance y est conviviale.

Pour se faire plaisir

24 SOlange – PLAN I A3 - *59 r. d'Isly - ✆ 09 86 37 22 50 - www.solange-restaurant.fr - fermé dim.-lun. - plats 19/26 € - menus 27/44 €.* Du caractère ! Le chef qui dresse les assiettes n'en manque pas : calme et concentré, il délivre une partition précise où poivres et piments viennent taquiner des produits d'une qualité irréprochable (maigre, veau), traités avec soin. Le rapport qualité/prix est simplement époustouflant. De la très belle bistronomie.

À Marcq-en-Barœul

Pour se faire plaisir

La Salle à Manger – *287 bd Clemenceau - ✆ 03 20 65 21 19 - www.restaurant-lasalleamanger.fr - fermé mar. soir, sam. midi, dim. et lun. - formules 29/48 €, menus 68/125 €.* Un jeune couple charmant aux commandes. Monsieur réalise une cuisine de l'instant avec une pointe d'Orient (il a travaillé deux ans au Maroc). L'ardoise ? Courte et appétissante. Et l'atmosphère ? Tamisée, épurée et intime.

Petite pause

Méo – PLAN II F2 - *5 pl. du Gén.-de-Gaulle - ✆ 03 20 57 34 54 - www.meo.fr - 9h-19h - fermé dim.* Depuis 1928, les cafés Méo perpétuent la tradition de père en fils. Cafés en vrac ou moulu, thés, douceurs et spécialités régionales sont proposés. Retrouvez ici les Merveilleux de Fred.

Pâtisserie Meert – PLAN II E2 - *27 r. Esquermoise - ✆ 03 20 57 07 44 - www.meert.fr - fermé lun. matin.* Cette pâtisserie-confiserie fondée en 1761 est une véritable institution à Lille. Miroirs, arabesques, moulures dorées et balcons ciselés : le superbe décor datant de 1839 est inscrit à l'Inventaire des monuments historiques. Ne ratez pas la spécialité maison, la fameuse gaufre fourrée à la vanille de Madagascar, dont la recette remonte à 1849. Salon de thé et restaurant *(horaires en ligne).*

Au Moulin d'Or (Chez Morel) – PLAN II F2 - *31-33 pl. du Théâtre - ✆ 03 20 55 00 10 - au-moulin-d-or.hubside.fr - fermé dim.* Ce café a gardé la décoration de l'ancienne bonneterie qui était installée dans les murs. Sur sa façade, des boulets autrichiens prouvent la résistance lilloise de 1792 et font encore la fierté de la ville. Petite restauration régionale le midi, planches et tartines en service continu à partir de 15h. Une institution où a été tournée une scène de *Bienvenue chez les Ch'tis*.

Elisabeth's – PLAN II E1 - *71 r. Basse - ✆ 03 28 52 47 37 - www.elizabeths.fr.* Une atmosphère anglo-saxonne caractérise ce salon de thé qui propose tartes au citron, carrot cake, muffins, sponge cake, cheesecake, crumble, cookies, brownies, *what else*? Le thé ou le café qui accompagnent ces délices, sont, eux aussi, excellents.

Coffee Makers – PLAN I C2 - *151 r. Pierre-Mauroy - ✆ 09 73 55 93 60 - www.coffeemakers.fr - fermé merc. et dim.* Idéal pour un petit-déjeuner, une pause sucrée ou salée en journée, dans l'atmosphère calme et cosy d'une petite salle lumineuse. Le tout est concocté maison, y compris le café, torréfié sur place.

L'Impertinente – PLAN I C3 - *9 bd. Papin - ✆ 09 83 87 34 20 - www.limpertinente.fr - fermé lun.* Cosy et pimpant salon de thé à l'accueil chaleureux pour savourer un « gâtal » maison accompagné d'un thé ou d'un café. Jus de fruits artisanaux et vin de producteurs également à la carte.

Boire un verre

☺ Trois quartiers regroupent les meilleures adresses : le Vieux Lille, les rues de Solférino et Masséna (*⊙ En soirée*) ainsi que le quartier populaire de Wazemmes. Ce dernier regorge de cafés au charme suranné mais parfaitement authentique, très prisés le dimanche matin, jour de marché.

L'Illustration – PLAN II E1 - *18 r. Royale - ✆ 03 20 12 00 90.* Petit bar convivial du début du 20e s., où les artistes se retrouvent pour bavarder. Soirées littéraires, expositions, concerts... pour une clientèle d'habitués.

L'Échiquier - Bar de l'hôtel Alliance – PLAN I B2 - *17 quai du Wault - ✆ 03 20 30 62 62 - www.alliance-lille.com - pas d'animation musicale en juil.-août.* Au sein de l'hôtel Alliance aménagé dans les murs de l'ancien couvent des Minimes (17e s.). Ambiance feutrée et belle sélection de cocktails et de champagnes. Un pianiste s'y produit tous les jours sauf le lundi.

La Capsule – PLAN II E1 - *25 r. des Trois-Mollettes - www.bar-la-capsule.fr.* Houblonnées et amères, grillées et torréfiées, légères et désaltérantes, fruitées et épicées, douces et maltées, acide et vineux, voici les qualificatifs en usage dans cette institution de la bière. L'atmosphère chaleureuse de ce bar est parfaite pour déguster, découvrir et profiter d'une soirée lilloise.

Le Bistro de St-So – PLAN I C3 - *Dans l'ancienne gare St-Sauveur, 17 bd Jean-Baptiste-Lebas - ✆ 03 20 32 05 42 - www.bistrotdestso.com - ♿ - fermé lun.-mar.* Traversez la grande cour, poussez la porte du bâtiment principal et vous pourrez boire une bière, un thé ou grignoter en plein cœur de cette ancienne gare de marchandise devenue un lieu de culture et de rencontre. Entre une exposition et un cours de yoga ou encore à la sortie d'un concert, tout est fait pour se poser et profiter de l'instant. C'est le paradis des familles, car les enfants ont un bel espace pour jouer (intérieur et extérieur). Bobo attitude le w.-end.

La Mousse Touch' – PLAN I C3 - *19 bd Jean-Baptiste-Lebas - ✆ 03 20 60*

1

66 50. Cette micro-brasserie très prisée des Lillois est l'endroit idéal pour prendre le pouls de la ville, à l'heure de l'apéritif. L'ambiance détendue s'échafaude avec les mousses de qualité qui garnissent les tables.

Shopping

De la Vieille Bourse commence le triangle d'or du shopping lillois. Entre le rang de Beauregard et la rue de la Monnaie, les grands noms de la mode succèdent aux orfèvres et aux bijoutiers, la rue de la Clef s'ouvre sur des territoires plus branchés. La rue Basse regroupe des antiquaires.

Marchés

Marché de Wazemmes – PLAN I B3 - *Pl. de la Nouvelle-Aventure - mar., jeu. et dim. 7h-14h.* Le marché incontournable de la ville, l'un des plus grands de France, dans une atmosphère bohème et colorée, on se laisse vite emporter par l'animation joyeuse provenant des étals.

Marché de Sébastopol – PLAN I B3 - *Pl. Sébastopol - merc. et sam. 7h-14h.* Marché agréable du centre-ville où l'on rencontre de nombreux producteurs locaux.

Marché du Vieux Lille – PLAN II E1 - *Pl. du Concert - merc., vend. et dim. 7h-14h.* Marché alimentaire de producteurs régionaux. Très animé le dimanche.

Marché aux livres anciens – PLAN II F2 - *Cour intérieure de la Vieille Bourse - mar.-dim. 13h-19h.* Véritable havre de paix en plein centre de Lille, le marché aux livres de la Vieille Bourse est le rendez-vous des amateurs de vieux livres et de cartes postales, ainsi que des joueurs d'échecs.

Artisanat

Tremplin des créateurs – PLAN I C1 - *Pl. des Archives - dim. 9h-13h.* Artistes et artisans potiers, bijoutiers, peintres...

Douceurs

Aux Merveilleux de Fred – PLAN II F1 - *67 r. de la Monnaie - ✆ 03 20 51 99 59 - www.auxmerveilleux.com.* De la meringue, de la crème fouettée au chocolat, le tout roulé dans des copeaux de chocolat ; l'un blanc et l'autre noir... les Merveilleux et les Incroyables de Fred sont à se damner ! Aussi sur la Grand'Place, au Café Méo et au 336 rue Léon-Gambetta, à Wazemmes.

Produits régionaux

L'Estaminette – PLAN II E1 - *10 r. de la Barre - ✆ 03 62 10 13 54 - www.lestaminette.com - fermé dim. et lun.* Bières locales, produits régionaux, épicerie fine...Les soupes, tartes salées, assiettes mixtes ou sandwichs, du jour, sont réalisés avec des produits locaux de saison.

L'Abbaye des Saveurs – PLAN II E1 - *13 r. des Vieux-Murs - ✆ 03 28 07 70 06 - fermé lun.-mar. mat., dim. apr.-midi.* Bières régionales et belges, produits du terroir sucrés et salés, paniers garnis, verres et objets publicitaires : tout y est.

Librairie

Le Furet du Nord – PLAN II F2 - *1-5 pl. du Gén.-de-Gaulle - ✆ 03 20 78 43 43 - www.furet.com - fermé dim.* Cette incontournable librairie lilloise, fondée en 1936, occupe plus de 7 000 m^2 répartis sur 8 niveaux : de quoi fureter quelques heures.

Mode

Maisons de Mode – HORS PLAN - *58-60 r. du Fg-des-Postes - Lille Sud - ✆ 03 20 99 91 20 - www.maisonsdemode.com - fermé sam.-dim.* Accessoires, bijoux et vêtements. Une dizaine d'ateliers de jeunes marques font écho au « quartier des modes » ; de Roubaix. Le Marché des Modes (mai et déc.) et les 48h Maisons de Mode (mi-sept.) permettent de découvrir et d'apprécier le talent de ces créateurs.

Le Gallodrome – PLAN II F2 - *17 r. de la Vieille-Comédie - ✆ 03 20 03 20 58 - www.legallodrome.com - fermé dim.* Du nom des arènes des combats de coqs très prisés dans la région. Boutique de tee-shirts dessinés par des graphistes recrutés sur le web à l'unique condition qu'ils réinterprètent un particularisme ou un cliché du Nord. Sérigraphiés à Wattrelos. Magasins aussi dans la galerie de la Grand'Place et au 96, rue Esquermoise.

À Wambrechies

Distillerie Claeyssens – *1 r. de la Distillerie - ✆ 03 20 67 89 44 - distilleriedewambrechies.com - ♿ - visite guidée chaque merc. à 15h et sam. à 10h30, 14h30 et 16h - mar.-vend. (sam. 9h30) 10h-12h30, 14h-18h - 6,50 € (-12 ans gratuit) - avec dégustation.* Visite de l'une des dernières distilleries traditionnelles de genièvre en France : histoire de la maison fondée en 1817 par Guillaume Clayssens, découverte des étapes de fabrication, dégustation, puis vente de bonnes bouteilles.

En soirée

Le journal *Sortir (www.lille.sortir.eu)*, disponible à l'office de tourisme, présente l'activité culturelle de la ville. Pour organiser vos soirées : www.lillelanuit.com.

Dans le quartier de l'université, les rues de Solférino et Masséna, surnommées « rues de la Soif », rassemblent noctambules et étudiants.

Musique

Orchestre national de Lille – PLAN II E2 - *3 pl. Mendès-France - ✆ 03 20 12 82 40 - www.onlille.com.* Depuis 1976, l'Orchestre national de Lille se produit dans l'auditorium du Nouveau Siècle, à l'acoustique remarquable.

L'Aéronef – PLAN I D2 - *168 av. Willy-Brandt - ✆ 03 20 13 50 00 - www.aeronef.fr.* Deux salles de concerts où l'on vibre sur de la musique actuelle : électro, rock, reggae ou jazz.

Zénith Arena - Grand Palais – PLAN I D2 - *1 bd des Cités-Unies - ✆ 03 20 14 15 16 - www.zenithdelille.com.* Palais des congrès, expositions, spectacles et concerts dans ce bâtiment imaginé par Rem Koolhass.

La Malterie – HORS PLAN - *42 r. Kuhlmann - ✆ 03 20 15 13 21 - www.lamalterie.com.* Ancienne friche industrielle, cet espace est divisé en salle de concerts, salle d'expositions et ateliers d'artistes.

Spectacles

Théâtre Le Grand Bleu – PLAN I A2 - *36 av. Marx-Dormoy - ✆ 03 20 09 88 44 - www.legrandbleu.com.* Spectacles pluridisciplinaires : danse, marionnettes, concerts, hip-hop et autres bonnes surprises.

Théâtre de marionnettes du jardin Vauban – PLAN I B2 - *1 av. Léon-Jouhaux - Chalet des Chèvres du jardin Vauban - ✆ 03 20 42 09 95 - www.lepetitjacques.fr - horaires variables, consulter le site - 5,50 €.* Le théâtre Le P'tit Jacques propose un spectacle de marionnettes en plein air, dans la tradition de Guignol, mais avec des personnages du cru, Jacques de Lille, sa famille et ses amis.

Hôtel Casino Barrière – PLAN I D2 - *777 pont de Flandres - ✆ 03 28 14 47 77 - www.casinosbarriere.com.* Un théâtre de 1200 places, 4 bars, 3 restaurants et 1 casino.

Activités

Association Le Grand Huit – *2 av. Léon-Jouhaux - RV dev. le Corfu - ✆ 06 08 25 74 91 -*

1

www.legrandhuit.eu - à partir de 3 pers. Balades dans la ville (2h) sur des vélos hollandais, tandems, grand-bi, trottinettes, paddle... Également location de vélos.

L'Échappée bière – *07 82 71 68 21 - echappee-biere.com - 29 €/pers.* Jeu de piste dans la ville sur le thème la bière avec des arrêts dans 4 bars.

Halle de la glisse – *343 r. de Marquillies - 03 62 26 08 26 - halle-de-glisse.business.site - horaires : se rens. sur le site Internet.* Un spot unique dans tout le nord de la France réservé aux amateurs de skateboard, rollers, BMX et trottinettes...

City Tour – *03 59 57 94 00 - dép. du palais Rihour - mar.-dim. : 10h30, 12h, 14h30 et 16h - 14 € (-6 ans gratuit) - réserv. à l'office de tourisme ou sur le site.* Tour de Lille en minibus (1h15).

À proximité

Hippodrome Serge-Charles – *137 bd Clemenceau - Marcq-en-Barœul (4 km au nord de Lille) - 03 20 45 45 45 - www.marcq-en-baroeul.org.* Ce parc urbain permet de se promener et de se distraire au gré des salons et des animations qui s'y déroulent tout au long de l'année. C'est aussi l'un des 15 hippodromes les plus actifs de France, avec une trentaine de réunions, les plus belles étant celles programmées en nocturne.

Tramway ancien – *03 28 38 84 21 - www.amitram.asso.fr - du 1er dim. d'avr. au 1er dim. d'oct., dim. 14h-18h30, merc. vac. scol. 15h-17h30 (dép. ttes les 20mn du quartier de Vent de Bise à Wambrechies et de la r. de la Deûle à Marquette) - 6 € AR (4-12 ans, 2 € AR).* Sur la rive droite du canal de la Deûle, trois vieux tramways remis en service par l'association Amitram circulent entre Marquette-lez-Lille et Wambrechies (2,9 km), au rythme du début du 20e s.

Hébergement

Premier prix

16 **The People Hostel** – PLAN I B1 - *109 r. St-André - 03 20 06 06 80 - www.thepeoplehostel.com - - 156 lits 29/32 €/pers. en dortoir, 53/79,50 €/2 pers. en ch. double sans sdb, 99/194 €/2 pers. en ch. double avec sdb - 12/15 €.* Cet établissement aménagé dans une maison traditionnelle du Vieux Lille est à mi-chemin entre l'auberge de jeunesse et l'hôtel. À disposition : ordinateurs, bar ouvert jusqu'à minuit, cuisine... Propre, animé, accueil sympathique. Meilleur rapport qualité/prix de la ville.

13 **Hôtel La Valiz** – PLAN I C2 - *13 pl. de la Gare - 03 20 06 04 12 - www.hotellavaliz.com - - P 16 € - 44 ch. 82/114 € - 9 €.* Face à la gare, à proximité des rues piétonnes, cet hôtel entièrement rénové met à votre disposition des chambres parfaitement équipées. L'emplacement et les prix abordables en font une adresse à ne pas négliger.

15 **Hôtel Kanaï** – PLAN II F2 - *10 r. de Béthune - 03 20 57 14 78 - www.hotelkanai.com - P 16 € - 31 ch. 80/130 € - 12 €.* Idéalement situé à 2mn du palais Rihour, de la Grand'Place et des commerces du Vieux Lille. Décoration très tendance et mobilier contemporain. Pas d'ascenseur.

Budget moyen

10 **Hôtel Brueghel** – PLAN II F2 - *5, parvis St-Maurice - 03 20 06 06 69 - www.hotel-brueghel-lille.com - P 16 € - - 61 ch. 89/124 € - 12 €.* Jolie maison flamande à deux pas de la gare. Chambres au charme d'antan, dotées de salles de bains neuves. Ascenseur, boiseries et objets chinés chez les antiquaires.

17 **Hôtel Novotel Centre Grand'Place** – PLAN II E2 - *116 r. de L'Hôpital-Militaire - 03 28 38*

53 53 - www.novotel.com - ▤ ✕ ♿ *- 104 ch. 85/185 € (☕ selon le forfait choisi).* Hôtel refait à neuf selon le concept de la chaîne : grandes chambres contemporaines et salles de bains modernes. Cuisine régionale et bio au restaurant.

12 **Chambre d'hôte La Villa 30** – PLAN I C2 *- 24 r. du Plat - ✆ 06 15 72 64 05 - www.lavilla30.fr - 5 ch. 99/167 € ☕.* À deux pas du Vieux Lille et à côté du musée des Beaux-Arts, cette maison des années 1930 a gardé le cachet des demeures bourgeoises. Les bois, les couleurs pourpres et les quelques éléments Art déco créent une ambiance chaleureuse.

14 **L'Esplanade** – PLAN I B1 *- 42b façade de l'Esplanade - ✆ 03 66 96 93 86 - www.esplanadelille.com - 5 ch. d'hôte 129/179 €.* Cette très belle maison bourgeoise borde à la fois le parc de la Citadelle et le Vieux Lille, avec une vue dégagée des deux côtés. Quand ils l'ont aménagée en 2012, les propriétaires ont choisi une décoration design haut de gamme, jouant sur le blanc qu'ils ont rehaussé de couleurs chaudes, tout en gardant les magnifiques matériaux d'origine : boiseries, superbes cheminées, moulures, hauteur sous plafond... Chambres aux beaux volumes. Exposition-vente d'artistes locaux. Possibilité de parking à proximité. Accueil discret et très cordial.

25 **Hôtel de la Treille** – PLAN II F1 *- 7-9 pl. Louise-de-Bettignies - ✆ 03 20 55 45 46 - www.hoteldelatreille.com* - 🅿 ♿ *- 40 ch. et 4 suites 95/150 €.* Nichées sur la plus belle place du Vieux Lille, les chambres élégantes, mais peu spacieuses, disposent toutes de salles de bains avec baignoire. Les plus calmes donnent sur les jardins de N.-D.-de-la-Treille (inaccessibles par ascenseur). Chambres communicantes pour les familles.

Pour se faire plaisir

18 **Hermitage Gantois** – PLAN I C3 *- 224 r. Pierre-Mauroy - ✆ 03 20 85 30 30 - www.hotelhermitagegantois.com* - ♿ *- 88 ch. - à partir de 209 €.* À proximité de la porte de Paris, l'un des plus beaux et originaux hôtels de la ville. Cet établissement a gardé l'architecture et de nombreux vestiges de l'hospice du 15e s. où il est installé *(☛ p. 43)* : un musée *(visite guidée gratuite mar. 14h)*, une chapelle, une bibliothèque, une cour d'honneur qui accueille le bar (animation musicale le soir), un réfectoire (transformé en salon) orné de peintures et de boiseries du 18e s., et six cellules de sœurs désormais aménagées en chambres confortables. Une extension contemporaine héberge une quinzaine de chambres et un spa avec piscine. Sur place également, un restaurant gastronomique, **Le H** *(fermé lors de notre passage)* et un estaminet.

1

Roubaix ★

Sans pour autant perdre son caractère d'ancienne cité industrielle, Roubaix, ville d'art et d'histoire depuis 2001, a fait peau neuve. Les maisons de maître, les filatures de coton et la superbe piscine Art déco ont été réhabilitées, ici en cabinet d'architecte façon loft, là en boutique de créateur, plus loin en musée d'Art et d'Industrie. Mais de la tradition textile qui a fait la richesse de la ville, il n'est pas question de faire table rase : Roubaix se positionne en effet comme un nouveau centre de mode et de création. Reste à convaincre la clientèle, qui se fait parfois désirer.

La Piscine de Roubaix, Architectes Albert Baert 1932 et Jean-Paul Philippon 2001.
R. Soberka/hemis.fr / © ADAGP, Paris 2023

Se repérer

CARTE B2 (P. 32) - PLAN P. 71.
98 828 Roubaisiens – Nord (59)
Entre Lille et Tourcoing.

À ne pas manquer

La Piscine ; la villa Cavrois.

Organiser son temps

Comptez au moins 2h pour la Piscine, 1h pour la Manufacture, autant pour la villa Cavrois. Amateurs d'art, venez en décembre, pendant la Braderie de l'art.

En famille

La Piscine, la Manufacture ; le musée des Arts et Traditions populaires de Wattrelos.

Carnet pratique p. 73

Nos adresses p. 73

Se promener

PLAN P. 71

Grand'Place et Hôtel de ville B2

Œuvre de Victor Laloux, architecte de la gare d'Orsay à Paris, l'hôtel de ville fut inauguré en 1911. La façade, un corps central relié à deux ailes latérales par des passages couverts, est à la hauteur des ambitions de la ville au début du 20e s. La verticalité de l'édifice est accentuée par les douze colonnes ioniennes ornant le bâtiment principal. Au-dessus du second étage, remarquez la **frise★** monumentale illustrant des scènes de l'industrie roubaisienne : une quarantaine de personnages sont occupés à divers travaux tels que la récolte du coton, la tonte des moutons, la filature, le tissage, la teinture, l'apprêt...

★★ La Piscine-musée d'Art et d'Industrie André-Diligent A1

23 rte de l'Espérance - ✆ 03 20 69 23 60 - www.roubaix-lapiscine.com - ♿ - mar.-jeu. 11h-18h, vend. 11h-20h, w.-end 13h-18h - 11 € (-18 ans et vend. 18h-20h gratuit) - 16,50 € billet combiné avec la villa Cavrois.

Café Meert – Décor superbe pour ce salon de thé, antenne du célèbre pâtissier lillois installée au sein du musée. Gaufres à toute heure ! *✆ 03 20 01 84 21 - www.meert.fr - 12h-18h - fermé lun.*

Hier « temple de l'hygiène », fréquenté par les Roubaisiens pendant plus de soixante ans, ce splendide complexe Art déco de bains-douches (1927-1932), édifié par Albert Baert puis reconverti en musée par l'architecte Jean-Paul Philippon, est aujourd'hui classé parmi les meilleurs musées de France par *Le Journal des arts*. Fort de ce succès, une extension (J.-P. Philippon) lui offre, depuis 2018, de nouveaux espaces d'exposition et de pratiques artistiques (ancien collège Sévigné) ainsi qu'un réaménagement du hall d'accueil.

Conçu comme une abbaye autour d'un cloître, ce lieu a conservé deux salles de bains (une pour hommes, une pour femmes), et sa **piscine★★** qui, telle une église, charme par son volume et sa décoration. Les baigneurs ont laissé place aux sculptures et peintures des 19e et 20e s. : œuvres d'artistes locaux comme *Marat assassiné* de Weerts, *Combat de coqs* de Cogghe mais aussi *La Petite Châtelaine* de Camille Claudel. Les cabines, qui ouvrent sur le grand bassin, servent quant à elles d'écrin aux riches collections de textiles : dessins, pièces d'habillement et d'ameublement ou à des expositions temporaires.

Dans l'axe du bassin, un nouvel espace consacré à l'Histoire de Roubaix s'ouvre au fond du hall d'entrée. Remarquez le vaste *Panorama de l'inauguration de l'Hôtel-de-Ville de Roubaix* datant de 1911, année de l'Exposition internationale du Nord de la France. Attenante, la lumineuse galerie dédiée à la sculpture moderne présente des œuvres de Sarrabezolles, Hua Tianyou, Bourdelle. Plus loin, la restitution fidèle de l'atelier d'Henri Bouchard frappe le visiteur. Enfin, côté ouest, un élégant passage voué aux artistes du Groupe de Roubaix court jusqu'à la rue des Champs, là où se situait l'ancienne entrée de la piscine.

Pour que les enfants s'amusent, le musée met à leur disposition des malles à jeux pour découvrir les œuvres. Certains w.-ends, parcours autour des cinq sens.

Quartier des Créateurs A1

Colonne vertébrale du quartier des Créateurs, l'avenue J.-B.-Lebas arbore depuis sa rénovation de cossues maisons de maître, repeintes dans des teintes pastel. Galeries photo, associations d'artistes, librairie et boutiques de mode tentent de trouver leur public, dispersées entre les rues de l'Espérance, du Chemin-de-Fer, de l'Avocat, de l'Ermitage, de l'Hospice et l'avenue J.-B.-Lebas. Juste à côté de La Piscine, on trouve le collectif de créateurs « Le Grand Bassin ».

Église St-Martin B1

Elle a été agrandie au 19e s. dans le style néogothique. À l'intérieur, voyez l'autel formé d'éléments d'une ancienne chaire (les quatre évangélistes, 17e s.), le retable en bois sculpté (16e s.) et le tabernacle rocaille (18e s.). Le cénotaphe de François de Luxembourg (1472) présente un rare gisant d'enfant en pierre de Tournai.

Ancienne usine Motte-Bossut B2

78 bd du Gén.-Leclerc - ✆ 03 20 65 38 00 - www.roubaixtourisme.com - ♿ - lun. 9h-12h30, mar.-vend. 9h-17h - visite guidée sur réserv. - expositions gratuites.
Cette ancienne filature de coton (1862), témoin de l'architecture industrielle du 19e s., a été réhabilitée en 1993 par l'architecte Alain Sarfati ; les **Archives nationales du monde du travail** y ont pris place. De l'extérieur, ce « château de l'industrie » tient à la fois du paquebot et de la forteresse médiévale, avec ses créneaux et sa tour de guet, et son pont-levis.

La Condition publique C2

14 pl. Faidherbe - ✆ 03 28 33 48 33 - www.laconditionpublique.com - ♿ - merc. et sam. 13h30-19h, jeu. et dim. 13h30-18h, vend. 13h30-23h - tarif variable selon les expositions.
Voici un bel exemple de reconversion du patrimoine industriel roubaisien. Avant de devenir maison Folie, La Condition publique, bâtie en 1901, était le lieu où l'on mesurait le taux d'humidité dans le textile afin d'en chiffrer la vente. Symbole d'une industrie prospère, l'édifice est décoré de briques émaillées polychromes. La Condition Publique est désormais un laboratoire créatif pluridisciplinaire, où l'on profite d'expositions, spectacles, concerts et événements.

À voir aussi

Église St-Joseph B1 EN DIRECTION

125 r. de France. Édifiée en 1878 à partir des plans de l'architecte flamand Jean-Baptiste Bethune, cette église en brique et ardoise de style néogothique a réouvert en 2021. Les magnifiques vitraux du transept proviennent des ateliers belges Stallins et Jansens à Anvers. L'un représente le Rosaire, l'autre l'Agonie et la Passion du Christ, avec en haut, la Résurrection. Quant aux sublimes peintures murales réalisées par Guillaume Beumens, elles content l'histoire sainte avec brio, et ornent l'une des rares églises entièrement peintes de France.

La dangereuse Paris-Roubaix

Au départ de Compiègne, l'itinéraire de 268 km créé en 1896 rallie le vélodrome de Roubaix et compte 22 secteurs pavés. Ces pavés, venant des carrières arrageoises et bretonnes, couvraient déjà les routes du Nord et du Pas-de-Calais aux 18e et 19e s. Il en reste environ 80 km dans le Nord, dont 57 utilisés pour la course. Les passages les plus difficiles sont le trajet de Préseau à Famars, le plus long (3,9 km), et la traversée de la forêt d'Arenberg. Lorsque la pluie s'en mêle, la course prend des allures d'apocalypse : chutes spectaculaires, crevaisons en série, visages maculés de boue... Comme souvenir de cette épreuve de force, la tradition veut que le vainqueur emporte un pavé.

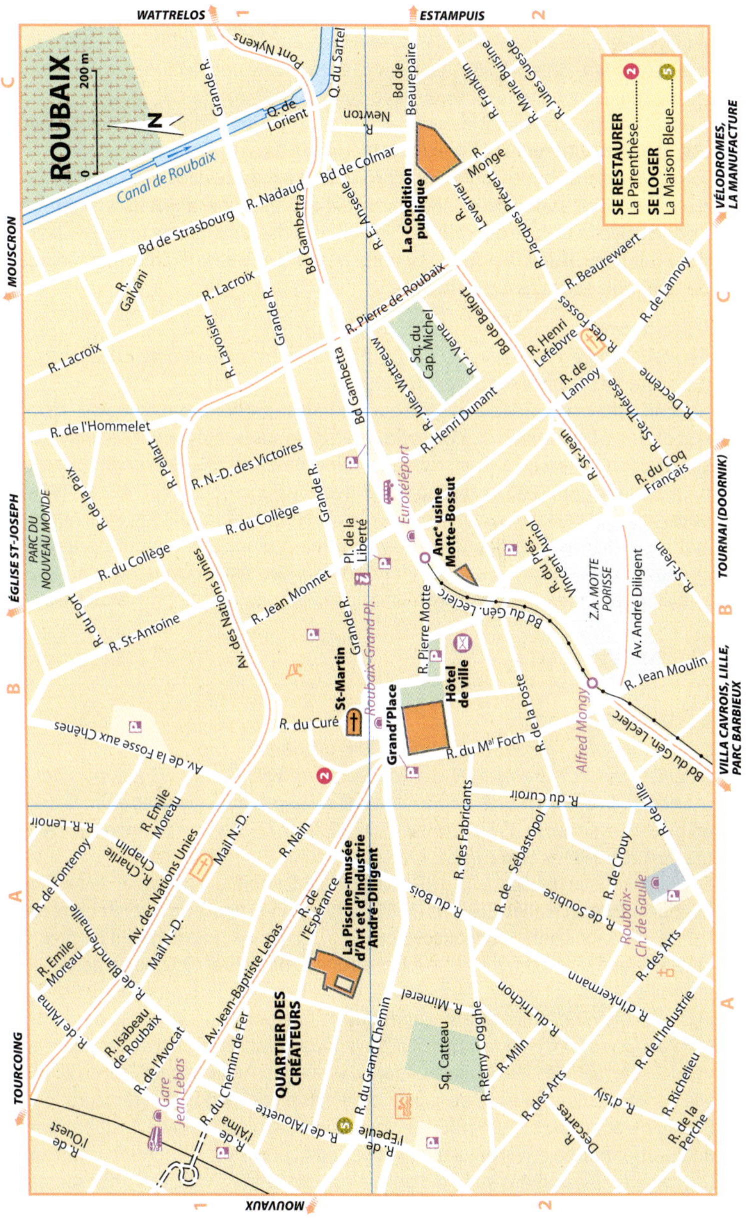
ROUBAIX
0
200 m
N
SE RESTAURER
La Parenthèse 2
SE LOGER
La Maison Bleue 5
WATTRELOS
ESTAMPUIS
MOUSCRON
ÉGLISE ST-JOSEPH
TOURCOING
MOUVAUX
VÉLODROMES, LA MANUFACTURE
TOURNAI (DOORNIK)
VILLA CAVROIS, LILLE, PARC BARBIEUX
Canal de Roubaix
La Condition publique
St-Martin
Grand'Place
Hôtel de ville
Anc^e usine Motte-Bossut
La Piscine-musée d'Art et d'Industrie André-Diligent
QUARTIER DES CRÉATEURS
PARC DU NOUVEAU MONDE
Z.A. MOTTE PORISSE
Sq. du Cap. Michel
Sq. Catteau
Eurotéléport
Roubaix-Grand Pl.
Alfred Mongy
Roubaix-Ch. de Gaulle
Gare Jean Lebas
Pl. de la Liberté
Bd de Strasbourg
Bd Gambetta
Bd de Colmar
Bd de Beaurepaire
Bd de Belfort
Bd du Gén. Leclerc
Grande R.
R. Pierre de Roubaix
R. du Collège
R. N.-D. des Victoires
R. Jean Monnet
R. du Curé
Av. des Nations Unies
Av. de la Fosse aux Chênes
Av. Jean-Baptiste Lebas
Av. André Diligent
R. du Grand Chemin
R. de l'Alouette
R. de l'Ouest
R. de l'Alma
R. du Chemin de Fer
R. Isabeau de Roubaix
R. de l'Avocat
R. Emile Moreau
R. de Blanchemaille
R. de Fontenoy
R. R. Lenoir
R. Charlie Chaplin
Mail N.-D.
R. Nain
R. de l'Espérance
R. Mimerel
R. Rémy Cogghe
R. Miln
R. du Trichon
R. des Arts
R. Descartes
R. d'Isly
R. Richelieu
R. de la Perche
R. de l'Industrie
R. d'Inkermann
R. de Soubise
R. de Crouy
R. de Sébastopol
R. des Fabricants
R. du Bois
R. du Curoir
R. de Lille
R. du M^al Foch
R. de la Poste
R. Pierre Motte
R. Jean Moulin
R. du Pr. Vincent Auriol
R. St-Jean
R. du Coq Français
R. Ste-Thérèse
R. Decrème
R. de Lannoy
R. des Fosses
R. Henri Lefebvre
R. Henri Dunant
R. Jules Watteeuw
R. J. Verne
R. Beaurewaert
R. Jacques Prévert
R. Leverrier
R. Monge
R. Franklin
R. Marie Buisine
R. Jules Guesde
R. Newton
Q. du Sartel
Q. de Lorient
Pont Nykens
R. E. Anseele
R. Nadaud
R. Lacroix
R. Galvani
R. Lavoisier
R. de l'Hommelet
R. Pellart
R. de la Paix
R. du Fort
R. St-Antoine

La Manufacture - musée de la mémoire et de la création textile C2 EN DIRECTION

29 av. Julien-Lagache - ✆ 03 20 20 98 92 - www.lamanufacture-roubaix.com - ♿ - mar.-dim. 14h-18h - 4 €.

La visite guidée (mar.-vend. 14h30 et 16h, w.-end 14h, 15h et 16h, pdt. vac. scol. : mar.-vend. 14h, 15h et 16h, 6 €, -18 ans 4 €) est spécialement adaptée aux enfants, qui visitent la manufacture déguisés en ouvrier.

Au sein de ce musée vivant installé dans les bâtiments des établissements Craye, une quinzaine de métiers à tisser (de la machine à bras du 17e s. à la machine assistée par ordinateur) sont mis en marche au fur et à mesure de la visite guidée. On découvre ainsi l'évolution du Jacquard, métier à tisser qui a pris le nom de son inventeur lyonnais au début du 19e s. Des vidéos et des témoignages de travailleurs du textile complètent la visite et abordent aussi l'avenir de la filière en présentant des matières et des tissus innovants.

Vélodromes C2 EN DIRECTION

59 av. Alexandre-Fleming - ✆ 03 20 65 31 60 - www.stabvelodromeroubaix.com - ♿ - baptême cyclisme sur piste (20 €).

Roubaix est à ce point dédié au cyclisme qu'elle dispose non pas d'un mais de deux vélodromes. Le premier, dit **l'Historique**, était un stade intégré dans le Parc des sports construit en 1923. Transformé en vélodrome en 1935, il est connu dans le monde entier depuis qu'il est le point d'arrivée de Paris-Roubaix (1942). En 1996, pour le centenaire de la course, un secteur pavé a été créé à proximité, avenue Alfred-Motte, pavés sur lesquels les noms des vainqueurs de Paris-Roubaix ont été gravés. Le nouveau vélodrome, dit le **Stab vélodrome** ou vélodrome couvert régional Jean-Stablinski, ouvert en 2012, donne à tous la possibilité d'un baptême de vélo sur piste.

À proximité

CARTE P. 32

★★ Villa Cavrois B2

À Croix. À 4 km par le boulevard du Gén.-de-Gaulle.

De Lille, prendre le tramway R, dir. Roubaix, arrêt Villa Cavrois (15mn), puis 11mn de marche (r. d'Hem puis av. J.-F.- Kennedy sur la gauche, suivre les *panneaux).*

60 av. J.-F.-Kennedy - 59170 Croix - ✆ 03 20 73 47 12 - www.villa-cavrois.fr - ♿ - tlj sf lun. 10h-18h - 9,50 € (-18 ans gratuit).

Dans la banlieue résidentielle de Roubaix, Paul Cavrois, un industriel du textile, fit appel à **Robert Mallet-Stevens** (1886-1945), grande figure de l'architecture de l'entre-deux-guerres, pour concevoir sa villa, le mobilier, le jardin et la piscine. Il constitue ainsi une « œuvre totale ». Construite entre 1929 et 1932, afin d'accueillir la famille Cavrois et ses 7 enfants, la villa est un bel exemple d'architecture civile et de décors modernes, alliant esthétique et fonctionnalité. Après le décès de Mme Paul Cavrois, en 1986, le mobilier a été vendu aux enchères, la villa abandonnée, vandalisée puis laissée en ruine pendant des années. Acquise par l'État en 2001, elle bénéficie d'une mesure de sauvegarde puis d'une magnifique restauration. Elle ouvre au public en juin 2015 avec quelques meubles d'origine. Installé dans un quartier huppé et verdoyant de Croix, l'édifice, parfois surnommé « bateau Cavrois » est également inspiré d'un château du 18e s. La villa, aux imposantes proportions et à la forme horizontale, est classique dans son organisation intérieure mais très moderne dans l'utilisation des matières – notamment le béton –, le jeu des couleurs, des volumes, ainsi que dans le rapport aux matériaux et à la lumière. Une pièce témoin, laissée à l'état de ruine, permet de se rendre compte de l'ampleur des travaux de restauration entrepris. La vaste baie vitrée du salon s'ouvre sur un très beau jardin et un long miroir d'eau. Après la visite intérieure, ne manquez pas le sous-sol où une vidéo retrace le travail considérable de tous les corps de métier. La visite se termine par le parc, d'où l'on admire le style classique de l'édifice et son reflet dans le plan d'eau.

Wattrelos B1

10 km au nord-est.

189 r. Carnot - ✆ 03 20 75 85 86 - www.wattrelos-tourisme.com.

Musée des Arts et Traditions populaires – *96 r. François-Mériaux - ✆ 03 20 81 59 50 - ♿ - tlj sf lun. 9h-12h, 14h-18h, dim. 15h-18h - gratuit.* Il est installé dans une ferme de la fin du 19e s. On parcourt les ateliers de l'horloger et du tisserand, l'estaminet avec son bastringue, la cuisine.

Carnet pratique

S'informer

Office de tourisme – *7 r. du Chemin-de-Fer - Roubaix - ✆ 03 20 65 31 90 - www.roubaixtourisme.com.*

Visite guidée – L'office de tourisme organise des visites insolites avec la participation de comédiens, musiciens, danseurs.

Transports

Ilévia – *p. 58.* Roubaix est reliée à la métropole lilloise par le métro, le tram et le bus : 20mn suffisent pour rejoindre le centre de Lille et moins de 10mn pour Tourcoing. Cinq stations de métro desservent le centre de Roubaix.

Agenda

Braderie de l'art – *www.labraderiedelart.com - le 1er ou 2e w.-end de déc. : sam. 19h-3h30 et dim. 8h30-19h.* Une centaine d'artistes du monde entier produisent des œuvres sur place des matériaux de récupération et les vendent à moindre coût.

À proximité

Fête des berlouffes – Vide-grenier, avec 2 500 exposants et 16 km de « bradeux ». Le 2e dim. de sept., à Wattrelos.

Paris-Roubaix – *www.paris-roubaix.fr.* Classique cycliste déb. avr. réunissant, chaque année, les plus grands noms du vélo.

1

Nos adresses

Restauration

Budget moyen

2 **La Parenthèse** – B1 - *37 r. du Vieil-Abreuvoir - M Roubaix Grand'Place - ✆ 09 66 84 80 41 - www.la-parenthese-roubaix.fr - fermé dim., lun.-jeu. soir - plats 14/22 €.* Dans cette demeure bourgeoise, le parquet de bois sombre et le mobilier sobre offrent une ambiance cosy. Belle terrasse à l'arrière. Carte régionale agrémentée de quelques plats d'inspiration méditerranéenne.

Le Bô Jardin – HORS PLAN - *1 av. Le Nôtre - Parc Barbieux - Tram Hôpital Victor-Provo - ✆ 03 20 20 61 85 - www.lebeaujardin.fr - fermé le soir - plats 18/23 €.*

Environnement unique pour ce restaurant niché au cœur du parc Barbieux. Jolie salle contemporaine face à un plan d'eau et festival de saveurs dans l'assiette.

Shopping

L'Usine – *228 av. Alfred-Motte - ✆ 03 20 83 16 20 - www.usineroubaix.fr - fermé dim.* Cette ancienne manufacture où l'on fabriquait des velours abrite 85 boutiques représentant plus de 200 marques à prix d'usine : confection, maison, loisirs...

McArthurGlen – *44 Mail de Lannoy - Ⓜ Eurotéléport - ✆ 03 28 33 36 10 - www.mcarthurglen.com - fermé dim.* Les anciennes collections de plus de 130 marques proposées à prix réduits : ce « village de boutiques » vous fera tourner la tête !

Quartier des Créateurs – Autour de La Piscine, quelques magasins de créateurs vous reçoivent les merc., jeu., vend. et sam. apr.-midi.

En soirée

La Cave aux Poètes – *16 r. du Grand-Chemin - Ⓜ Roubaix Grand'Place - ✆ 03 20 27 70 10 - www.caveauxpoetes.com - ♿.* Petite salle réputée axée sur les nouveaux talents musicaux.

Centre chorégraphique national de Roubaix Hauts-de-France – *33 r. de l'Épeule - ✆ 03 20 24 66 66 - www.balletdunord.fr - fermé juil.-août.* Propulsé sur la scène internationale grâce à son ancienne directrice, l'Américaine Carolyn Carlson, le CCN, désormais dirigé par Sylvain Groud, est une référence de la danse contemporaine.

Wattrelos

Théâtre Louis-Richard – *49 r. Jean Jaurès - Wattrelos (3 km à l'est de Roubaix) - ✆ 03 20 73 10 10 - www.theatre-louis-richard.com - fermé w.-end.* Théâtre de marionnettes et expositions qui raviront petits et grands.

Hébergement

Premier prix

La Belle Histoire – HORS PLAN - *40 r. Mirabeau - Ⓜ Épeule - ✆ 06 13 83 03 40 - ⊭ - fermé août - 2 ch. 80 € ☕.* Belle maison de maître du 19e s. mise en valeur par une décoration dans l'air du temps. L'esprit récup' laisse parfois place à des accessoires néobaroques. Les chambres, aménagées dans les dépendances, donnent sur le jardin et sont équipées d'une kitchenette. Accueil agréable.

Budget moyen

(5) **La Maison Bleue** – A1 - *96 r. du Grand-Chemin - Ⓜ Gare-Jean-Lebas - ✆ 06 08 09 38 20 - www.lamaisonbleuederoubaix.com - 5 ch. 98/113 € ☕, 2 studios 106/125 €, 1 appt 128 €.* Bien desservi par les transports en commun, cet hôtel particulier du quartier de La Piscine propose 5 chambres alliant le charme de l'ancien au confort contemporain. Un espace d'exposition est dédié aux œuvres d'artistes locaux.

Abri du Passant – HORS PLAN - *14 r. Vauban - Ⓜ Épeule - ✆ 06 05 09 50 95 - www.abridupassant.fr - ⊭ - fermé août - 5 ch. 85/95 € ☕.* Vous ne serez pas déçu par le confort de cette belle demeure bourgeoise de 1890 située tout près du parc Barbieux. Chambres et salles de bains spacieuses et bien aménagées.

Tourcoing

Ancien fief de la production textile aux côtés de Roubaix, Tourcoing se tourne aujourd'hui vers la recherche et l'innovation, mais aussi vers les arts visuels et contemporains, et le design. La vie culturelle est riche, en témoignent le MUba, l'hospice d'Havré et Le Fresnoy. L'aménagement de la ville n'est pas en reste. Le parvis St-Christophe ou les abords de l'hospice d'Havré ont été rendus aux piétons, créant une authentique vie de quartier. Les berges du canal, la mairie et bien d'autres édifices ont profité du même bain de jouvence, à l'image du nouvel écoquartier de l'Union.

Se repérer

CARTE B1 (P. 32).
98656 Tourquennois – Nord (59)
Le centre commerçant se situe entre l'église St-Christophe et la mairie, jusqu'à la rue de Gand.

Organiser son temps

Comptez 2h en ville.

Carnet pratique p. 78

Nos adresses p. 79

Se promener

Église St-Christophe

De style néogothique, remaniée au 19e s., elle conserve des empreintes de chacune des époques de sa construction (porche et colonnes des 13e au 16e s.).
Musée du Carillon – *Pl. de la République - ✆ 03 20 26 89 03 - www.chl-tourcoing.fr - visite guidée (45mn) juin-sept. : dim. 15h et 16h - réserv. obligatoire - gratuit.* Le **clocher** de St-Christophe, 4e plus grand de France (16e s.) abrite le musée du Carillon : 62 cloches dont un bourdon de plus de 6 tonnes.
Du sommet *(200 marches)*, accédez à un superbe **panorama** sur la ville et les environs.

Le textile

Au Moyen Âge, les paysans élèvent des moutons et associent l'activité textile au travail de la terre. Cette activité est assez importante en 1360 pour que Tourcoing obtienne un sceau destiné à marquer sa draperie. L'institution d'une « franche foire », qui se perpétue depuis 1491, consacre sa place de bourg marchand. Lorsque la draperie décline au 16e s., les artisans se spécialisent dans le peignage de la laine : la brouette, employée pour son transport, est l'un des emblèmes de la ville, dont les habitants sont surnommés les « brouteux ».
Au 19e s., Roubaix-Tourcoing devient la capitale française du textile. Cet essor attire une main-d'œuvre venue de la Flandre belge, qui travaille dans les peignages, les filatures, les teintureries et les tissages. De 1789 à 1900, la population passe de 10 000 à 80 000 habitants.
À l'industrie textile se sont ajoutées des activités comme l'imprimerie et les arts graphiques.

La bataille de Tourcoing

Les 17 et 18 mai 1794, la tentative d'invasion des coalisés (Prussiens, Autrichiens et Anglais) est habilement déjouée par les généraux Jourdan et Moreau. Mais la victoire est minimisée sur le plan intérieur à cause des rivalités au sein du Comité de salut public. L'importance réelle de cette bataille n'a été reconnue que tardivement.

Hôtel de ville

10 pl. Victor-Hassebroucq - ☎ 03 20 23 37 00 - www.tourcoing.fr - ♿ - 8h-17h30 - fermé w.-end.
Ce monument du Second Empire est un parfait exemple de style éclectique. En façade, un blason surplombe chacune des trois portes. L'ensemble, de style néo-Renaissance, rappelle l'Opéra Garnier. La salle du conseil municipal est ornée de quelques grandes toiles historiques, dont *La Bataille de Tourcoing*.

MUba Eugène-Leroy

2 r. Paul-Doumer - ☎ 03 20 28 91 60 - www.muba-tourcoing.fr - ♿ - tlj sf mar. 13h-18h - 5,50 € (-18 ans 3 €).
Né à Tourcoing, le musicien Albert Roussel (1869-1937) a vécu une partie de sa jeunesse dans cet hôtel particulier, devenu musée en 1931. La disposition des œuvres se veut une confrontation thématique entre l'art ancien et l'art contemporain. La collection permanente comprend des œuvres de l'école du Nord des 16e et 17e s. (Rembrandt, Quellinus, Bouillon, Seghers, Rombouts) et des toiles du 19e s. (*35 têtes d'expression* de Boilly, *Portrait de Sarah Bernhardt* de Clairin). Parmi les sculptures contemporaines, **Kopf**, tête d'homme en fonte de Markus Raetz (1992).
En 2009, une donation de la famille d'**Eugène Leroy** (Tourcoing 1910 - Wasquehal 2000) a doté le musée de la plus grande collection de France de ce peintre injustement méconnu.

Maison du Collectionneur

Square Winston-Churchill. Ne se visite pas. Reconnaissable à son *bow-window*, cette maison (1911) de style flamand fut construite par l'architecte Jean-Baptiste Maillard pour le peintre Ernest Desurmont à partir d'éléments architecturaux anciens que le peintre avait collectionnés.

Chambre de commerce

Pl. Charles-et-Albert-Roussel. Ce superbe bâtiment de Charles Plankaert (1906) inspiré de la Renaissance flamande et dominé par un beffroi est, comme à Lille, révélateur de l'essor industriel et de l'activité commerciale de la ville à l'aube du 20e s.

Maison du Broutteux

19 r. Jules-Watteeuw. Ne se visite pas. **Jules Watteeuw**, dit « le Broutteux » (1849-1947), fut le chantre de sa ville. Son œuvre immense est entièrement écrite en patois, dont il a fixé l'orthographe et les règles. En 1909, ses concitoyens lui ont offert cette jolie maison, bâtie sur le modèle alsacien. La façade a été décorée par ses amis peintres et sculpteurs.
Une plaque de bronze est apposée sur sa maison natale, au 14 de la Grand'Place, et un monument lui est élevé dans le jardin de l'hôtel de ville.

Maison Folie - Hospice d'Havré

100 r. de Tournai - ☎ 03 59 63 43 53 - www.tourcoing-tourisme.com - tlj sf mar. 13h30-18h - fermé j. fériés, août et vac. de Noël - gratuit.

Fondé en 1260 par Mahaut de Guisnes pour servir d'hôpital, cet ancien hospice a été reconstruit aux 17e et 18e s. Du monastère restent la chapelle avec son retable de style baroque et le cloître avec ses culs-de-lampe sculptés. Depuis 2004, le lieu est transformé en maison Folie. Au programme, expositions, ateliers d'artistes, apéros-concerts...

Institut du monde arabe - Tourcoing

9 r. Gabriel-Péri - ☎ 03 28 35 04 00 - ima-tourcoing.fr - mar.-jeu. 13h-18h, vend. 13h-20h, dim. 10h-18h - 6 €.

À l'instar de son grand frère parisien, l'IMA-Tourcoing est un outil essentiel à la connaissance et à la découverte mutuelle entre les deux rives de la Méditerranée. Installé dans l'ancienne école de natation (1904), site remarquable et emblématique du patrimoine de la région, l'Institut, inauguré fin 2016, organise des expositions semi-permanentes de grande qualité (œuvres provenant de l'IMA-Paris, du MUba et du Louvre-Lens). Concerts, conférences, projections et actions éducatives sont également au programme. Les travaux en cours autour de l'ancien bassin devraient aboutir à la création d'un nouvel espace d'exposition, d'un centre de ressources et d'un centre d'enseignement de la langue arabe.

À voir aussi

Musée du 5 juin 1944 « Message Verlaine »

4 bis av. de la Marne - ☎ 03 20 24 25 00 - www.museedu5juin1944.asso.fr - 1er et 3e dim. du mois 9h-18h, reste de la sem. sur demande - 5 € (-16 ans 3 €).

Le blockhaus du commandement de la XVe armée allemande est devenu un musée. C'est ici que fut décodé, le 5 juin 1944, le message de Radio-Londres annonçant le débarquement en Normandie : « Les sanglots longs des violons... » Dans une quinzaine de salles, on découvre le matériel de la guerre des ondes, une reconstitution du standard téléphonique et celle de la chambre-bureau du général von Salmuth.

L'Imaginarium Plaine Images

99A bd Descat - ☎ 03 20 29 89 50 - plaine-images.fr - lun.-jeu. 8h30-18h45 (vend. 17h45) - gratuit.

Située dans l'écoquartier de l'Union, vaste friche industrielle en cours d'aménagement entre Roubaix et Tourcoing, la Plaine Images est un site industriel réhabilité de 5 ha entièrement dédié aux industries créatives (jeux vidéo, nouveaux cinémas, image de synthèse, réalité augmentée, animation, 3D...). Dans les 8 000 m^2 de l'Imaginarium, bâtiment phare du quartier, se côtoient un centre de recherche, un hôtel et un incubateur d'entreprises, un espace de coworking, un centre d'exposition ouvert au public...

École nationale des douanes

111 av. Millet (à l'ouest du centre-ville). Le bâtiment, tout en ondulations, a été conçu par Architecte Studio (Institut du monde arabe, Parlement européen).

Maisons Prouvé

99 r. du Gén.-Marchand - ☎ 03 20 26 89 03 - visite guidée sur demande à l'office de tourisme.

L'architecte Jean Prouvé (1901-1984) est connu pour le travail qu'il accomplit après-guerre en imaginant des maisons légères à bâtir en série. Il s'agissait alors de construire vite et en masse pour pourvoir aux nécessités de logements. En 1952, il construisit à Tourcoing, à titre expérimental, deux pavillons de type « métropole », dont l'un a été réhabilité.

Les arts contemporains

La cité est devenue un pôle artistique majeur avec l'École supérieure d'art, l'Atelier lyrique de Tourcoing, le théâtre de l'Idéal (scène du Théâtre du Nord) et Le Fresnoy (*« Nos adresses » p. 79*), un ancien centre de distractions populaires des années 1920. Réaménagé par l'architecte Bernard Tschumi, il accueille le Studio national des arts contemporains (expositions, concerts, spectacles). Côté musique, Le Grand Mix rivalise, par sa programmation, avec les autres grandes salles de la métropole.

Serres pédagogiques du jardin botanique

R. du Moulin-Fagot - de mi-mars à fin oct. : 8h-21h30, sam. 9h-21h30, dim. et j. fériés 10h-20h30 ; de nov. à mi-mars : 8h30-18h30, sam. 9h-18h30, dim. j. fériés 10h-18h30 - visite guidée : réserv. auprès de l'office de tourisme. En plein cœur de la ville, ces serres assurent une plongée dépaysante dans les riches collections de plantes tropicales, orchidées, fougères, succulentes, plantes carnivores, agrumes, etc.

Carnet pratique

S'informer

Office de tourisme – *9 r. de Tournai - Tourcoing - 03 20 26 89 03 - www.tourcoing-tourisme.com.*

Transports

Ilévia – *p. 58.* *03 20 40 40 40 - www.ilevia.fr.* Tourcoing est reliée au centre de Lille par le métro en 30mn et moins de 10mn pour Roubaix. 10 stations de métro desservent Tourcoing, du sud vers le nord jusqu'à la frontière belge.

Agenda

Week-end Géant - *mi-mars.* Parade d'une cinquantaine de géants au rythme des fanfares et harmonies.

Tourcoing Plage – *Parc Clemenceau - 2 sem. en juil.* Activités sportives et de loisirs, animations et concerts gratuits.

Tourcoing Jazz Festival – *www.tourcoing-jazz-festival.com.* À la mi-octobre, ce festival réunit quelques grands noms du jazz et toutes les sensibilités musicales. Concerts payants et gratuits.

Nos adresses

Restauration

Premier prix

Le Chamalo – *7, r. de Lille - M Tourcoing-Centre - 03 20 27 77 30 - www.lechamalo.com - fermé le soir et dim.-lun. - plats 10/14 €.* Petite restauration de qualité, lieu convivial et chaleureux.

Le Paradoxe – *3 r. d'Havré - M Tourcoing-Centre - 03 20 28 57 53 - leparadoxerestaurant.com - fermé dim. soir, lun. et mar. soir - plats 14/21 €.* Au cœur de l'ancien hospice d'Havré, dans un décor romantique et moderne, est servie une cuisine flamande revisitée. La terrine de potjevleesch aux épices côtoie la carbonade de joue de bœuf. Beau choix de desserts. également une carte bistrot le midi et des planches le soir.

L'Union fait la sauce – *73 r. de la Tossée - M Gare de Tourcoing - ✆ 03 20 76 76 76 - www.lunionfaitlasauce.net - fermé w.-end - plats 15/22 €.* Dans le nouveau quartier de l'Union, ce restaurant au cadre industriel propose une carte renouvelée tous les 15 jours avec des produits de qualité et des plats originaux.

Budget moyen

Le Festival – *21 r. Nationale - M Colbert - ✆ 03 20 36 90 81 - www.restaurantlefestival.com - ♿ - fermé dim.-lun. - formule déj. 19/23 € - plats 18/20 €.* Installé à côté de la mairie dans un décor contemporain, Le Festival propose des recettes légères et inventives à base de produits méditerranéens.

Pour se faire plaisir

La Baratte – *395 r. du Clinquet - ✆ 03 20 94 45 63 - www.la-baratte.com - fermé dim. soir, lun.-mar. - formule déj. 24,50 € - menu 39 €.* Agréable salle à manger d'esprit actuel (tons bleu-gris, chaises en cuir), en partie ouverte sur le jardin, alliée à une cuisine généreuse et gourmande : l'assurance d'un bon moment. Terrasse aux beaux jours.

Shopping

La Torrefactory – *23, Grand'Place - M Tourcoing-Centre - ✆ 03 62 13 32 09 - fermé dim.-lun.* Cafés (en grains ou moulus) torréfiés sur place, thés, chocolats, produits régionaux. Salon de dégustation.

En soirée

Le Fresnoy - Studio national des arts contemporains – *22 r. du Fresnoy - M Alsace - ✆ 03 20 28 38 00 - www.lefresnoy.net - fermé août.* Pôle d'images et de loisirs, ce lieu moderne propose des expositions d'art contemporain et une programmation variée et exigeante de cinéma, de concerts et de spectacles.

Atelier lyrique de Tourcoing – *82 bd Gambetta - M Carliers - ✆ 03 20 70 66 66 - www.atelierlyriquedetourcoing.fr.* Cette compagnie crée et monte des opéras, de façon originale, et les produit dans différents lieux de la ville.

Le Grand Mix – *5 pl. Notre-Dame - M Colbert - ✆ 03 20 70 10 00 - ♿ - www.legrandmix.com.* Les artistes de hip-hop, de rock indies, de world music se succèdent sur cette scène réputée, à l'acoustique parfaite. Bar.

Activités

À Halluin

Parc arboretum du Manoir aux Loups – *300 rte de Neuville - 8 km au nord de Tourcoing - ✆ 06 82 03 23 20 - www.parcmanoirauxloups.fr - ouvert sur demande : 10h-12h, 14h30-18h - 5 € (-15 ans gratuit).* 350 variétés de conifères issus des cinq continents se côtoient dans ce parc paysager vallonné de 5 ha.

1

Villeneuve d'Ascq ★

Technopole où l'on contemple une architecture postmoderne de brique, de bois et de verre, Villeneuve d'Ascq constitue aussi le « poumon vert » de l'agglomération lilloise, avec ses parcs et sa chaîne de six lacs. La ville se partage ainsi entre bâtiments novateurs, dont le musée d'Art moderne, d'Art contemporain et d'Art brut (LaM) est la figure de proue, et fermes d'antan de tradition picarde, avec leurs murs en « rouges barres ».

Vue extérieure du LaM. Restructuration et extension par Manuelle Gautrand Architecture du bâtiment d'origine de Roland Simounet.
Max Lerouge/Manuelle Gautrand Architecture

Se repérer

CARTE B2 (P. 32).
61957 Villeneuvois – Nord (59)
À 8 km à l'est de Lille.

À ne pas manquer

Le LaM.

Organiser son temps

Une journée pour découvrir le patrimoine rural de la ville et le LaM. La ville étant grande, sélectionnez les sites à visiter et circulez en transports en commun, en voiture ou à vélo.

En famille

Le musée du Terroir ; le musée de Plein Air ; le parc archéologique Asnapio ; le Forum des sciences-Centre F.-Mitterrand ; la classe-musée Étienne-Notardonato.

Carnet pratique p. 84

Nos adresses p. 84

Découvrir

★★ Lille Métropole musée d'Art moderne, d'Art contemporain et d'Art brut (LaM)

1 allée du Musée - ☏ 03 20 19 68 68 - www.musee-lam.fr - ♿ - tlj sf lun. 10h-18h - 7 € (-12 ans gratuit) - gratuit 1er dim. du mois.

Le LaM associe les principales composantes de l'art des 20e et 21e s. L'extension architecturale (Manuelle Gautrand), en forme de main, se love autour du bâtiment d'origine conçu en 1983 par l'architecte Roland Simounet et double la surface d'exposition. Des ouvertures percées à la façon d'un moucharabieh ouvrent sur le parc de sculptures.

Parc de sculptures – Des œuvres y sont installées en plein air : un mobile et un stabile d'**Alexander Calder**, *Reims Croix du Sud* (1970) et *Guillotine pour huit* (1962) ; *Le Chant des Voyelles* (1931-1932) de Jacques Lipchitz ; l'imposant *Between Fiction and Fact* (1992) de Richard Deacon, spécifiquement conçu pour le LaM ; *Femme aux bras écartés (1962)* de **Picasso**, une idole en ciment et galets, colossale et fragile, qui semble flexible comme une feuille de papier.

★★ **Art moderne** – Issue de la donation Geneviève et Jean Masurel, cette collection fut lancée en 1907 par Roger Dutilleul, oncle de Jean Masurel. Elle comprend 220 œuvres du début du 20e s. Un portrait de Roger Dutilleul par Modigliani vous accueille. L'art cubiste occupe une salle à part entière (œuvres de **Braque**, **Picasso**, André Derain et Fernand Léger). Une salle consacrée à **Fernand Léger** illustre l'évolution stylistique de l'artiste, notamment la thématique des mécanismes de la ville inspirée de la peinture populaire ou naïve. Une autre est dédiée à **Modigliani**. Les surréalistes et les peintres abstraits sont bien représentés avec **Miró**, **Kandinsky** et **Klee**. Des artistes de l'école de Paris sont aussi exposés : **Lanskoy** et **Utrillo**. Une dernière salle est consacrée à **Jean Dubuffet** et à son cycle de *l'Hourloupe*, qui signe la transition avec la collection d'art brut.

Art contemporain – Certains artistes contemporains exposés sont présentés comme les héritiers des peintres cubistes d'hier. Les affichistes **Jacques Villeglé** et François Dufrêne s'illustrent par l'emploi du collage. D'autres grands noms de l'art contemporain complètent l'exposition : les œuvres au noir de **Pierre Soulages**, celles, ludiques, d'**Annette Messager** ou bien les productions en série d'**Allan McCollum.**

★★★ **Art brut** – Avec plus de 4 000 œuvres issues de 170 créateurs (environ 350 sont accrochées), la collection d'art brut, donnée en 1999 par l'association L'Aracine à la Communauté urbaine de Lille, constitue un fonds unique, le plus important exposé en France. La notion d'art brut, inventée par **Jean Dubuffet** en 1945, relayait les travaux effectués par deux médecins en psychiatrie autour des créations de leurs patients. Par extension, le terme désigne les productions de personnes n'appartenant pas au monde de l'art et étant dégagées de tous préceptes culturels, doctrinaux ou intellectuels. Parmi les premières œuvres exposées, le *Cloisonné de théâtre* d'**Aloïse Corbaz** déroule en trois actes, sur un monumental rouleau de papier long de 14 m, le drame amoureux d'Aloïse. Les salles présentent ensuite l'évolution de l'art brut : de l'impulsivité de la création (**Adolf Wölfli**, Auguste Forestier, Guillaume Pujol), jusqu'à l'appropriation par les médiums (Fleury-Joseph Crépin, Augustin Lesage, Madge Gill, Victor Simon) en passant par les créations sculpturales (A.C.M., Theo Wiesen) ou architecturales à l'image de la maison du Facteur Cheval (Abbé Fouré). Les rouleaux d'**Henry Darger**, chargés de petites filles au sexe masculin, révèlent un univers violent.

Tandis que la collection de fusils d'André Robillard, fabriqués à l'aide de rubans adhésifs de couleur et d'éléments récupérés, nous plonge dans l'ironie.

Se promener

Musée des Moulins

R. Albert-Samain - ☏ 03 20 05 49 34 - fermé au moment de notre visite, se rens. sur la réouverture.

Jusqu'au 19e s., la région lilloise comptait quelque 200 moulins. Depuis 1976, trois spécimens ont été réintroduits à Villeneuve d'Ascq : le **moulin des Olieux** (1743) qui produisait de l'huile de lin, un **moulin à farine** (1776) et un moulin à eau. À deux pas, l'Association régionale des amis des moulins gère le **musée** qui permet de mieux comprendre le mécanisme de la minoterie. On y découvre les outils (18e et 19e s.) du charpentier, du meunier et une collection de meules.

Musée du Terroir

12 carrière Delporte - r. Pasteur - ☏ 03 20 91 87 57 - museeduterroir.villeneuvedascq.fr - ♿ - avr.-nov. : 13h30-17h; reste de l'année : se rens. - fermé w.-end (sf 1er w.-end du mois 14h30-17h30), août et vac. de Noël - 5 € (-18 ans 4 €).

Dans le quartier ancien d'Annappes, la **ferme Delporte** est bâtie en brique et pierre de Lezennes. On y explique l'emploi des outils agricoles et la production d'artisanat traditionnel – forge, serrurerie, menuiserie, cordonnerie, laiterie. Les intérieurs d'une ferme y sont également reconstitués et on y évoque la vie dans les estaminets, les jeux, l'école...

Fermes d'antan

Chemin du Chat-Botté - château de Flers. On compte plus de 70 fermes à Villeneuve d'Ascq, dont les plus anciennes datent du 17e s. Elles présentent une architecture en rouges barres, où alternent brique, pierre ou silex. La **ferme du Grand Ruage** (19e s.) est toujours en exploitation *(r. Colbert)*. En revanche, beaucoup ont été reconverties, comme la grange de la **ferme Dupire**, transformée en salle de spectacle *(80 r. Yves-Decugis)*. La **ferme d'En Haut** héberge des ateliers d'artistes *(268 r. Jules Guesde)*. La **ferme du Héron** (1816), à l'est du lac, est un centre de découverte de l'environnement (réserve naturelle d'oiseaux, verger expérimental...).

Musée de Plein Air

143 r. Colbert - ☏ 03 20 63 11 25 - www.villeneuvedascq.fr - ♿ - juin : 10h-18h, w.-end 19h; juil.-août : tlj 10h-19h; avr.-mai et vac. de la Toussaint : tlj sf lun.-mar. 10h-18h, dim. 19h; reste de l'année : merc. et sam. 10h-18h, dim. 10h-19h - fermé de déb. nov. à déb. avr. - 5 € (-18 ans 3 €).

Ce parc met à l'honneur le patrimoine rural de Flandre, d'Artois, de Picardie et du Hainaut : vingt-cinq bâtiments sauvés de la ruine et déplacés ici rappellent qu'autrefois les « petites gens » surent élever des constructions parfaitement adaptées à leur métier sans l'aide d'architecte : chaumière, fournil, grange, charrette, estaminet, forge... Ce patrimoine vernaculaire est animé de démonstrations de savoir-faire traditionnels, d'animaux, d'expositions.

Parc archéologique Asnapio

R. Carpeaux - ☏ 03 20 47 21 99 - asnapio.villeneuvedascq.fr - ♿ - vac. de Pâques, juil.-août et vac. de la Toussaint : mar.-vend. 14h-17h - fermé sam., nov.-mars - 4 € (-18 ans 2 €), 2e dim. du mois gratuit.

Dans ce parc sont reconstitués des exemples d'habitat rural du nord de la France, depuis le paléolithique jusqu'au Moyen Âge : seule la villa gallo-romaine

Passé, présent et avenir

La ville nouvelle regroupe depuis 1970 les communes d'Annappes, Flers et Ascq, dont les centres anciens ont été conservés comme noyaux d'activité. Ascq a été gardé dans le nom de la ville en souvenir du massacre de 86 patriotes le 2 avril 1944. Elle accueille également la plupart des universités de la région (Lille 1, Lille 3, École centrale de Lille, Polytech'Lille, etc.).

est « en dur » ; les autres bâtiments – habitations et ateliers, où l'on peut assister à des démonstrations techniques – sont construits en bois, torchis et chaume.

Château de Flers

Chemin du Chat-Botté - ✆ 03 20 43 55 71 - www.villeneuvedascq.fr.
Les douves de ce château flamand (1661) étaient jadis enjambées par un pont-levis. Les bâtiments en brique avec chaînages de pierre, surmontés de pignons à pas de moineaux, abritent l'office de tourisme et un musée.
Musée du château de Flers – *✆ 03 20 43 55 71 - 8h30-12h, 13h30-17h30, sam. 8h30-12h - fermé dim. - gratuit.* Il expose le résultat de fouilles effectuées dans la région de Villeneuve d'Ascq et aborde l'histoire locale dans le cadre d'expositions temporaires.

1

Mémorial Ascq 1944

79 r. Mangin - ✆ 03 20 91 87 57 - www.villeneuvedascq.fr - ♿ - merc. apr.-midi 13h30-17h, 1er dim. du mois 14h30-17h30 - fermé août et vac. de Noël - gratuit.
Ce musée commémore le massacre, dans la nuit du 1er au 2 avril 1944, de 86 habitants d'Ascq, dont le plus jeune avait 15 ans, ainsi que le procès des accusés allemands en 1949.
Le long de la voie ferrée, 86 pierres perpétuent la mémoire des disparus.

Forum départemental des sciences - Centre François-Mitterrand

1 pl. de l'Hôtel-de-Ville - ✆ 03 59 73 96 00 - www.forumdepartementaldes sciences.fr - ♿ - période scol. : merc., w.-end et j. fériés 14h-18h, vac. scol. : mar.-dim. 14h-18h, 1er dim. du mois 13h-18h - 6 € (-26 ans 3 €) - gratuit 1er dim. du mois.
À travers des expositions temporaires sur des thèmes scientifiques, le Forum sensibilise aux nouvelles technologies. Dans l'espace-atelier pour jeunes, vous trouverez un espace d'éveil pour enfants de 3 à 6 ans et un centre de documentation. Enfin, le **planétarium**, hémisphère de 14 m de diamètre, propose une initiation à la lecture du ciel, des comètes, des planètes, de l'heure…

Stade Pierre-Mauroy

261 bd de Tournai - ✆ 03 20 59 40 00 - www.stade-pierre-mauroy.com - visite guidée sur demande à l'office de tourisme - 13 € (-18 ans 10 €).
C'est l'un des stades les plus modernes de France, l'un des plus étonnants aussi. Inauguré en 2012, l'ex-Grand Stade de Lille-Métropole est entièrement couvert par un toit amovible et complètement modulable : la pelouse se scinde en deux, l'une des parties glissant sur l'autre quand il se transforme en salle de spectacles pouvant accueillir 30 000 visiteurs. Il prête donc son cadre aussi bien aux matchs de football du Losc (le célèbre club local) qu'à des matchs de rugby, de basket, de tennis ou à des concerts. Le stade accueillera les compétitions de handball pour les Jeux olympiques de 2024.

Classe-musée Étienne-Notardonato
109 r. de Babylone - ✆ 03 20 43 55 56 - www.villeneuvedascq-tourisme.eu - ♿ - fermé au moment de notre visite, se rens. sur la réouverture.
Dans une école des années 1930, une salle de classe a été transformée en musée. Lors de la visite, le guide fait revivre les différentes leçons qui ponctuaient la journée : leçon de morale, dictée de certificat d'études, calcul mental à l'ardoise.

Carnet pratique

S'informer

Office de tourisme – *Chemin du Chat-Botté - château de Flers - Villeneuve d'Ascq - ✆ 03 20 43 55 75 - www.villeneuvedascq-tourisme.eu.*

Transports

Ilévia – *p. 58.* Les 2 lignes de métro ainsi que le réseau de bus desservent Villeneuve d'Ascq. Le **VAL** la relie au reste de l'agglomération lilloise.

Agenda

Journée nationale des moulins – Le 3e dim. de juin *(rens. musée des Moulins, p. 82).*

Nos adresses

Restauration

Premier prix

Auberge de la Forge – *160 r. de Lannoy - ✆ 03 20 19 19 69 - www.auberge-de-la-forge.com - ♿ - fermé le soir sf vend.-sam. et le merc. (journée) - plats 12/24 €.* Cuisine traditionnelle et portions copieuses vous attendent dans cette auberge « de campagne » à la sortie de la ville. Les habitués viennent nombreux dans ce grand bâtiment pour déguster quelques spécialités flamandes. Accueil et service bon enfant.

L'Instant Présent – *270 r. des Fusillés - ✆ 03 20 79 21 66 - www.instantpresent.net - lun.-sam. midi, vend.-sam. soir - fermé dim. - plats 15,50/20 €.* À l'ombre des arbres ou dans une salle chaleureuse, la cuisine de L'Instant Présent accompagne les variations saisonnières avec brio. La carte, réduite, évolue chaque semaine, les plats végétariens y sont majoritaires. Une jolie adresse au cœur de la Ferme du Sens, haut lieu du bio et de la préservation de l'environnement dans la métropole lilloise.

Budget moyen

Bistro Iodé – *73 av. de Flandres - M Wasquehal-Pavé-de-Lille/Jean-Jaurès - ✆ 03 62 10 30 45 - www.lebistrotiode.fr - fermé dim. soir, lun.-mar. - formule midi 25 €, menu du soir 40 €.* Au sein d'une salle élégante où poulpes et méduses couvrent le bleu profond des murs, on déguste une cuisine marine inspirée. Quelques plats de viande également. Ambiance agréable et service souriant.

Activités

Découverte nature au parc du Héron – *Lac du Héron - M Pont-de-Bois (ligne 1), puis bus L4.*

Circuits de randonnée, visite guidée (brochure disponible à l'office de tourisme), golf, poney-club.

Hébergement

Premier prix

Chambre d'hôte La Maison du Sart - *64 av. de Flandre - Tram Le Sart - ✆ 06 82 57 40 31 - www.maisondusart.com - P - 3 ch. 72/75 €* . Dans cette chaleureuse maison 1930, mobilier ancien et couleurs vives plus contemporaines composent un décor original. Expositions de tableaux. Le petit-déjeuner bio et fait maison met en avant des spécialités de la région.

Seclin

Seclin est la porte d'entrée du Mélantois, poumon vert de Lille, qui se prête à des sorties nature et familiales à deux pas de la métropole. Les amateurs d'histoire ne manqueront pas d'aller sur les traces de la Grande Guerre, en suivant le chemin de mémoire de Fromelles.

1

Se repérer

CARTE A3 (P. 32).

12 463 Seclinois – Nord (59)
À 10 km au sud de Lille.

Organiser son temps

Visitez la ville le lundi pour profiter du concert de carillon de 11h à 12h.

Carnet pratique p. 90

Nos adresses p. 90

Visiter

Hôpital Notre-Dame

76 Av. des Marronniers - visite guidée sur demande à l'office de tourisme. À l'ouest de la ville, au bord du canal de Seclin, l'hôpital est annoncé par un tapis vert bordé de charmilles. Il a été fondé au 13e s. par Marguerite de Flandre, sœur de la comtesse Jeanne, qui fit édifier l'hospice Comtesse de Lille. Les bâtiments actuels (17e s.) sont de style baroque flamand, avec un appareil de briques et de pierres aux ornements très sculptés.

Entrez dans la **cour★** bordée d'arcades. À droite s'élève le pignon à gradins de la salle des Malades que prolonge, suivant la tradition, une chapelle ; ces deux bâtiments sont du 15e s. La chapelle est couverte d'un berceau de bois.

Collégiale St-Piat

Bd Joseph-Hentgés - ✆ 09 72 52 85 03 - www.seclin-tourisme.fr - pour les visites, se rens. à l'office de tourisme. Cette église possède, dans la nef, des chapiteaux allongés d'un modèle original. À droite du chœur, rhabillé au 18e s., s'ouvre l'entrée d'une **crypte** préromane abritant le tombeau de saint Piat : une dalle funéraire du 12e s. recouvre le sarcophage d'origine. À droite du déambulatoire, salle capitulaire des 14e-15e s. Dans le clocher, le **carillon** (42 cloches) offre une sonorité unique. C'est le seul de France réalisé en Angleterre, à partir d'une unique coulée de bronze. L'instrument servit de diapason au réglage de nombreux carillons français.

Fort

Chemin du Fort - ✆ 03 20 97 14 18 - www.fortseclin.com - ♿ - visite guidée (2h) sur RV (min. 8 pers. adultes) - 6 € (8-15 ans 4 €).
Le fort de Seclin, comme celui de Bondues, a été construit pour protéger Lille, après 1870. Sauf que le site est parfaitement intact. Il abrite un musée sur la Première Guerre mondiale, riche d'objets du quotidien des soldats, d'une collection de pièces d'artilleries et d'hippomobiles.

La Pévèle, le Carembault et le Mélantois

CARTE P. 32

Circuit de 52 km tracé en vert sur la carte.
La Pévèle et le Carembault, région de sable et d'argile, très humide, forment une légère bosse dans la plaine flamande. Le Mélantois est constitué d'une bande de terrain crayeux couvert de limon, riche en terres agricoles. Cette vaste zone, poumon vert situé à une quinzaine de kilomètres de Lille, prête ses terres à la culture expérimentale, à celle des céréales, de la betterave et à la production de semences. Il invite aussi, et surtout, à des randonnées sportives, des promenades familiales et des observations animalières.
Quitter Seclin à l'est pour emprunter la D 8 vers Attiches.

Forêt de Phalempin AB3

Cette forêt domaniale d'environ 680 ha, où poussent principalement chênes et charmes, cache plusieurs petits étangs dont les berges ont été aménagées pour le plus grand plaisir des visiteurs. Elle se révèle un agréable espace naturel sillonné de chemins ouverts aux randonneurs, aux cyclistes ou encore aux cavaliers. Un sentier thématique, jalonné de panneaux, présente la richesse de la faune et de la flore locales.
Suivre la D 8 jusqu'à la D 954. Prendre à gauche et continuer jusqu'à la sortie de Thumeries.

Site ornithologique des Cinq-Tailles B3

✆ 03 59 73 07 51 - www.site-ornithologique-des-cinq-tailles.com - entrée libre.
Les anciens bassins de décantation de la sucrerie Béghin Say ont été métamorphosés en un site ornithologique où plus de 200 espèces d'oiseaux séjournent. À l'aide de jumelles, il est ainsi possible d'observer des grèbes à cou noir, des mouettes rieuses ou encore des avocettes élégantes évoluant autour des plans d'eau, des roselières, des prairies humides et de la forêt.
Reprendre la D 954.

Mons-en-Pévèle B3

ⓘ 50 pl. du 19-Mars-1962 - ✆ 03 20 34 72 65 - tourisme.pevelecarembault.fr.
Campé sur sa butte (alt. 107 m), c'est le point culminant de la Pévèle d'où la vue s'étend jusqu'à la plaine de Flandre. Le site en forme d'amphithéâtre et dénommé **Pas Roland** aurait été formé, selon la légende, par l'empreinte du sabot du cheval

On vous emmène à vélo dans la Pévèle

À deux coups de pédale de Lille, la Pévèle est l'un des poumons verts de la métropole. Elle tire son nom du latin « pabula » qui signifie pâture, c'est dire ! Entre prairies et vergers, bois et bosquets, ce petit coin de campagne dévoile des reliefs délicatement vallonnés, au creux desquels la Marque a creusé son sillon et dessiné des zones humides comme les marais de Bonnance. D'une altitude moyenne de 30 m, la région culmine à la colline de Mons-en-Pévèle (107 m) : autant dire que vos mollets n'auront pas à affronter de gros dénivelés ! Le circuit « cyclo-historique » des trois batailles est ainsi parfaitement adapté aux vélocipédistes débutants... du moins si vous vous contentez de sa version courte (48 km tout de même) qui permet d'en rallier deux : Bouvines et Mons-en-Pévèle. Ces noms résonnent familièrement à vos oreilles ? Ces communes furent le théâtre de célèbres guerres au Moyen Âge : en 1214, la bataille de Bouvines opposa le roi de France Philippe Auguste à une coalition germano-flamande, tandis qu'en 1304, celle de Mons-en-Pévèle se solda par la victoire de Philippe IV le Bel contre les Flamands. En chemin, n'hésitez pas à descendre de votre destrier d'acier pour remonter le temps dans la salle des Batailles de Mons *(voir ci-dessous)*. Un livret, disponible auprès de l'office de tourisme, décrit le parcours et les sites traversés.

de Roland. Cependant le nom pourrait être issu de « paroler », c'est-à-dire parler ou négocier en vieux français.

La salle des Batailles – *Médiathèque - Grand-Place - ✆ 03 20 59 06 67 - www.mairie-monsenpevele.fr - merc. 14h-17h, w.-end 14h-18h - 3 € (-18 ans gratuit).* Cette salle présente la bataille de Bouvines *(voir p. 88)* et celle de Mons-en-Pévèle. Cette dernière opposa l'armée de Philippe le Bel aux « communiers » (artisans) flamands, le 18 août 1304. La victoire française est immortalisée dans un tableau de Charles-Philipp Larivière, aujourd'hui conservé au château de Versailles.

3 km. La **balade de la Paix** dans le village complète parfaitement la visite.

Suivre la D 954, puis à gauche la D 917. À Pont-à-Marcq, rejoindre la D 549 à droite, puis, à gauche, la D 19 jusqu'à Templeuve.

Templeuve B3

Moulin de Vertain – *R. Péronne - chemin de Vertain - ✆ 03 20 59 33 71 - visite guidée (25mn) mai-sept. - 2 € (enfant 1 €).* Ce moulin (fin du 16ᵉ s.) possède des dimensions impressionnantes : une tour de 10 m de hauteur, des murs de 1,25 m d'épaisseur et des ailes de 24 m de diamètre. C'est aussi l'unique exemple d'un concept original : deux planchers pivotent avec l'ensemble de la construction, ce qui permet à un homme seul d'orienter le moulin dans le bon sens.

À proximité s'étend le célèbre secteur pavé de la course cycliste Paris-Roubaix.

Quitter Templeuve au nord-est et rejoindre la D 94. Après Louvil, bifurquer à droite dans la D 94ᴬ.

Cysoing B2

Au sud de la petite ville s'élevait une abbaye d'augustins où logea Louis XV en mai 1744, un an avant la bataille de **Fontenoy**. En mémoire de sa victoire, les chanoines ont élevé un **obélisque** pyramidal de 17 m *(accès : r. Domaine de l'Abbaye)*. Posé sur un piédestal rocaille, il se termine par une fleur de lys.

Quitter Cysoing à l'ouest par la D 955.

Bouvines B2

Ce nom reste gravé dans l'histoire de France en raison de la bataille qui opposa, le 27 juillet 1214, Philippe Auguste, roi de France, et Otton IV de Brunswick, empereur du Saint Empire romain germanique allié à Jean sans Terre, duc d'Aquitaine, duc de Normandie et roi d'Angleterre. Dans l'église St-Pierre, 21 **vitraux** relatent les épisodes de cette victoire française.
Continuer sur la D 955.

Sainghin-en-Mélantois B2

Ce bourg possède de vieilles maisons flamandes chaulées, à toits de tuiles, et une église gothique (15e-16e s.) reconstruite après l'incendie qui la dévasta en 1971.
Revenir en arrière et tourner à droite dans la D 19. Continuer sur la D 54. À Avelin, on rejoint la D 549 qui ramène à Seclin.

Chemin de mémoire autour de Fromelles

CARTE P. 32

Circuit de 23 km tracé en rouge sur la carte.
Voir Guide Michelin illustré *Les Champs de bataille de Flandres, Artois.*
La plaine de la Lys fut l'enjeu de plusieurs batailles, de la course à la mer jusqu'au printemps 1918. Elles se déroulèrent sur le territoire des Weppes, vaste plaine située à l'ouest de Lille, précédant les Flandres maritimes. Entre la Lys et le canal d'Aire, le front se stabilise en suivant un léger dénivelé fortifié qui s'étend de La Bassée à Pérenchies, barrant l'accès à Lille. C'est à Fromelles que le baptême du feu des bataillons australiens fut le plus dramatique. Le village, où vient de voir le jour un centre d'interprétation, est la clé d'entrée d'un circuit passionnant dans les Weppes et le Pays de l'Allœu.
Association Lys sans frontières – *2 r. de la Lys - Sailly-sur-la-Lys - 03 21 25 86 55 - www.capsurlarivieredor.com.*

Fromelles A2

La bataille de Fromelles se déroula les **19 et 20 juillet 1916**, lorsqu'une offensive de diversion à la bataille de la Somme fut décidée par l'état-major franco-britannique.
Église – La tour-beffroi de l'église de Fromelles servit d'observatoire pour les Allemands qui occupaient le village. Les Alliés la pilonnèrent, n'en laissant qu'un pan de mur debout. Après la guerre, l'église fut reconstruite en 1924 sur les vestiges de l'ancienne, dans le style néoroman. À l'intérieur, vous découvrez le premier crucifix qui ornait le calvaire Kennedy *(voir ci-après).*
8,5 km, 2h50. Descriptif du parcours à l'office du tourisme de Fournes-en-Weppes. Ce **parcours pédagogique** sur la flore des étangs marécageux débute rue de la Basse-Ville. Au bout de 300 m dans la rue de la Biette, le sentier longe un champ au milieu duquel on aperçoit le blockhaus de l'Abbiette, un abri fortifié. **Musée de la Bataille de Fromelles** – *R. de la Basse-Ville - 03 59 61 15 14 - www.musee-bataille-fromelles.fr - - juil.-août : 9h30-17h30 ; reste de l'année : 13h30-17h30 - fermé mar. et de déb. fév. à la 2e sem. de mars - 5 € (-18 ans gratuit).* Initié suite à la mise au jour en 2008 des dépouilles de 250 soldats australiens à Fromelles, le musée traite du travail de mémoire et des recherches scientifiques, toujours en cours, d'identification des corps. Il relate également l'événement historique grâce à des reconstitutions, notamment d'abris allemands et britanniques, à des costumes militaires et des objets déterrés au fil des ans sur la commune et autrefois exposés dans l'ancien musée de Fromelles. Une muséographie moderne met en valeur cette riche collection.

À côté du musée, le **cimetière du Bois des Faisans** abrite les corps des 250 soldats australiens.
Du parking, prendre à gauche en suivant la D 22. À la fouche, emprunter la D 22c sur la gauche. Juste avant un coude, se dresse le calvaire Kennedy.

Australian Memorial Park A2

R. Delval (D 22c). Le parc mémorial australien est à l'emplacement même des seules lignes allemandes capturées par les Diggers les 19 et 20 juillet 1916. Inauguré en juillet 1998, il comporte l'une des plus célèbres statues australiennes, œuvre de Peter Corlett : la **statue★ des « Cobbers »**, désignant les « copains » chez les Australiens. L'amitié des tranchées, symbolisée dans la phrase « Don't forget me cobber » (« Ne m'oublie pas, camarade »), est incarnée par le **sergent Simon Fraser** que l'on voit, installé sur une reconstitution bétonnée rappelant les bunkers allemands, charrier sur ses épaules l'un des nombreux soldats abandonnés dans le *no man's land*.
À une centaine de mètres, le **cimetière du « VC Corner »** est un lieu de mémoire exclusivement dévolu aux Australiens. C'est aussi l'un des seuls cimetières sans pierre tombale du Commonwealth.
Continuer sur la D 22c puis tourner à droite sur la D 175.

★ Trou Aid Post Cemetery A2

R. de Pétillon (D 175) - 62840 Fleurbaix. Ce cimetière est l'œuvre de sir Herbert Baker, architecte du grand cimetière de Tyne Cot, en Belgique. Difficile d'imaginer qu'à la place de ce paisible jardin ombragé par les saules pleureurs, ceint de douves, régnait le chaos. L'**ambulance de campagne**, appelée le « poste de secours du Trou », était installée à une encablure du front. Sous des tentes parfois soufflées par les bombardements, les chirurgiens anglais opéraient sans lumière, cherchant à tâtons les plaies des soldats. Après le refus de l'état-major britannique d'accepter la trêve proposée par les Allemands, les quelques soldats secourus par leurs propres camarades lors de la bataille de Fromelles reçurent les premiers soins ici.
Revenir au carrefour précédent puis s'engager sur la droite, toujours sur la D 175. Prendre à gauche la D 174.

Laventie A2

Devant l'église, sur le bâtiment de la mairie, repérez la **plaque commémorative** dédiée à la fameuse **61e division britannique**, déroulant l'ensemble de ses emblèmes et rappelant que les troupes de Haig cantonnaient dans le village encore occupé par une grande partie de ses habitants. Dans l'**église**, les **vitraux** de la nef, à gauche vers le chœur, illustrent la période noire de la ville martyre.
Le **monument aux morts** est l'œuvre de Maxime Real del Sarte, combattant amputé de la main. Féru de modèles féminins, il se consacre après la guerre à la statuaire commémorative. La plaque en Plexiglas apposée sur le monument ne se contente pas de mentionner les morts pour la France : les victimes civiles sont aussi citées, illustrant les difficultés de la mémoire locale à se relever des exactions commises lors de l'occupation allemande.

Carnet pratique

S'informer

Office de tourisme –*70 r. Roger-Bouvry - Seclin - ✆ 09 72 52 85 03 - www.seclin-tourisme.fr.*

Nos adresses

Restauration

Pour se faire plaisir

Auberge du Forgeron – *17 r. Roger-Bouvry - ✆ 03 20 90 09 52 - www.aubergeduforgeron.com - fermé dim.-lun. - menus 39/89 € - 14 ch. 119/139 € - ☕ 14 €.* Une auberge familiale pleine de charme. Côté restaurant gastronomique, la carte épouse l'air du temps ; côté bistrot, honneur au terroir et à la tradition. Et à l'heure du repos, on profite de chambres confortables et bien tenues.

À proximité

Premier prix

L'École – *16 r. Jean-Baptiste-Lebas - Phalempin (4 km au sud de Seclin) - ✆ 03 20 97 14 79 - fermé lun., mar.-merc. soir, sam. midi et dim. soir - fermé lun. - plats 13/19 €.* Dans une véritable salle de classe (tableau noir, carte de France, tabliers d'écoliers...), cet estaminet propose des menus « Cours moyen », « B-A BA » ou encore « Certif » en plus des suggestions du maître d'école. Agréable véranda... sous le préau !

Chez Flavien – *5 Grand-Place - Mons-en-Pévèle (12 km au sud-est de Seclin) - ✆ 03 20 59 21 44 - www.chezflavien.fr - fermé lun., mar.-jeu. et dim. soir - plats 12,50/17 €.* Un estaminet avec une cuisine de terroir accompagnée de bières locales. Concerts de rock, musique irlandaise.

Budget moyen

Le Leu Pindu – *1 r. du Gén.-de-Gaulle - La Neuville (8 km au sud de Seclin) - ✆ 06 47 71 91 41 - www.le-leu-pindu.fr - fermé mar. (journée), lun., merc., jeu. et dim. soir - plats 15,50/22,50 €.* La carte change en fonction du marché et au fil des saisons pour des produits toujours frais et de qualité. Belle terrasse dans la cour.

Shopping

À Ennevelin

Brasserie du Pavé – *6 r. d'Ennetières - Ennevelin (9 km à l'est de Seclin) - ✆ 03 20 59 85 44 - www.brasserie-du-pave.fr - boutique : merc. 14h-18h, vend. 10h-19h, sam. 10h-13h ; visite : vend. tte la journée et sam. matin sur RV.* Dans une ferme rénovée, Dominique Dillies brasse sa bière PVL avec amour et attention afin de faire découvrir à chaque visiteur un échantillon de la Pévèle.

En soirée

À proximité

Théâtre Mariska – *2 r. de la Gare - Cysoing (18 km à l'est de Seclin) - ✆ 03 20 79 47 03 - www.mariska.fr.* Des spectacles de marionnettes à fils pour toute la famille. Boutique et exposition sur place de marionnettes provenant du monde entier.

Au Petit Théâtre – *75 r. de Roubaix - Templeuve (14 km à l'est de Seclin) - www.aupetittheatre.fr.* Ce petit théâtre populaire programme des spectacles à destination de tous les publics, accueille plusieurs festivals et organise des stages pour amateurs.

Activités

Activités nature

Randonnées pédestres et VTT – La Pévèle et le Carembault se prêtent parfaitement à la promenade. Vous trouverez des fiches descriptives pour vous guider à l'office du tourisme de Mons-en-Pévèle ainsi que sur tourisme.pevelecarembault.fr.

Circuit cyclohistorique des 3 batailles – *59 chaussée Brunehaut - Bouvines (15 km au nord-est de Seclin) - Brochure descriptive à la mairie de Bouvines - ✆ 03 20 41 31 59.* Deux circuits VTT/route de 48 et 97 km desservent les sites des batailles de Bouvines, Mons-en-Pévèle et Fontenoy. Beux belles occasions de parcourir le territoire de Pévèle-Carembault.

Chloro'fil – *2 r. du Gén.-de-Gaulle - La Neuville (8 km au sud de Seclin) - Carrefour du Leu-Pindu - ✆ 03 20 57 58 59 - www.chloro-fil.fr - juin-août : 10h-19h; mars-mai et sept.-oct. : se rens. - 23/25 € (enf. 6/13 €) - réserv. obligatoire.* Dans 7 ha de forêt, des parcours d'accrobranche adaptés pour les enfants, d'autres pour les adultes.

Hébergement

À proximité

Budget moyen

Les Bovrières – *427 Chemin des Nomères - Cysoing (18 km à l'est de Seclin) - ✆ 07 86 41 79 09 - www.capubecquart.wixsite.com/chambredhotecysoing - - 2 ch. - 89 € - 9 €.* Au cœur de la Pévèle, cette chambre d'hôte nichée dans un environnement verdoyant offre un séjour tout en douceur dans la métropole lilloise. Les deux chambres, parfaitement tenues, et le petit-déjeuner maison contribueront au plaisir d'une escale dans un havre de paix.

Pour se faire plaisir

Le pavé de la Croix Blanche – *925 r. de la Vincourt - Mons-en-Pévèle - ✆ 06 60 48 17 62 - www.le-pave-de-la-croix-blanche.com - P - 1 ch. de 2 à 4 pers. - 120/150 € la nuitée (deux nuits mini).* Située sur le parcours du mythique Paris-Roubaix, cette ferme de caractère mixe parfaitement le charme rétro et le contemporain. La chambre d'hôtes occupe une ancienne grange avec un beau volume et une décoration épurée et moderne. On apprécie le petit-déjeuner entre le vert de la campagne et la cour intérieure qui s'offrent au regard par deux grandes baies vitrées. Sentiers de randonnée à proximité. Très belle adresse.

1

Ballet de kitesurfers sur la plage.
orellenfly/Getty Images Plus

2

La Flandre

CARTE MICHELIN DÉPARTEMENTS 302 – NORD (59)

Dunkerque et son circuit 96

À l'ouest de Dunkerque :
Gravelines 111

Au sud de Dunkerque :
Bergues★ 116

Cassel★ 124

Bailleul et son circuit 130

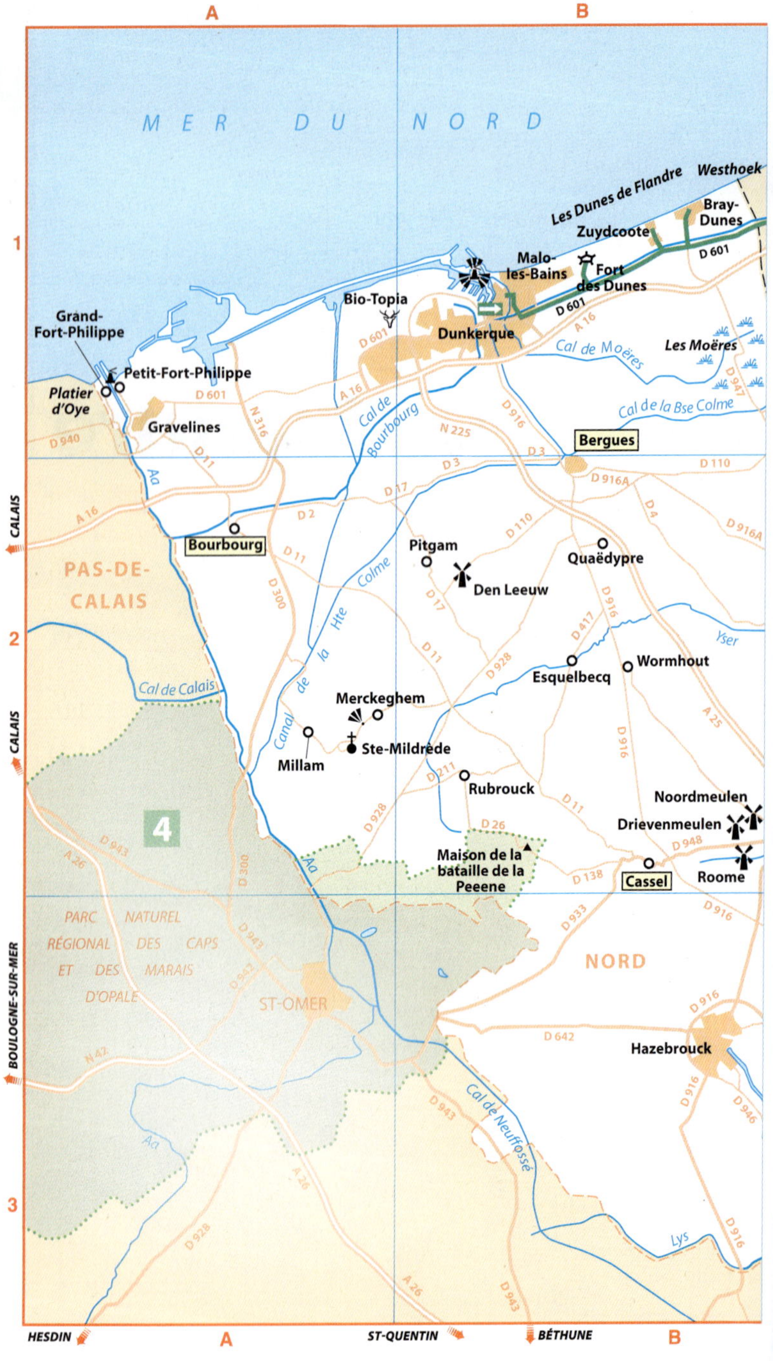

A
B
1
2
3
MER DU NORD
Les Dunes de Flandre
Westhoek
Bray-Dunes
Zuydcoote
Malo-les-Bains
Fort des Dunes
Bio-Topia
Dunkerque
Grand-Fort-Philippe
Petit-Fort-Philippe
Platier d'Oye
Gravelines
Les Moëres
Cal de Moëres
Cal de la Bse Colme
Cal de Bourbourg
Bergues
Bourbourg
Pitgam
Quaëdypre
Den Leeuw
Canal de la Hte Colme
Yser
Esquelbecq
Wormhout
Merckeghem
Millam
Ste-Mildrède
Rubrouck
Noordmeulen
Drievenmeulen
Maison de la bataille de la Peeene
Cassel
Roome
PAS-DE-CALAIS
Cal de Calais
Aa
4
PARC NATUREL RÉGIONAL DES CAPS ET DES MARAIS D'OPALE
ST-OMER
NORD
Hazebrouck
Cal de Neuffossé
Lys
CALAIS
BOULOGNE-SUR-MER
HESDIN
ST-QUENTIN
BÉTHUNE

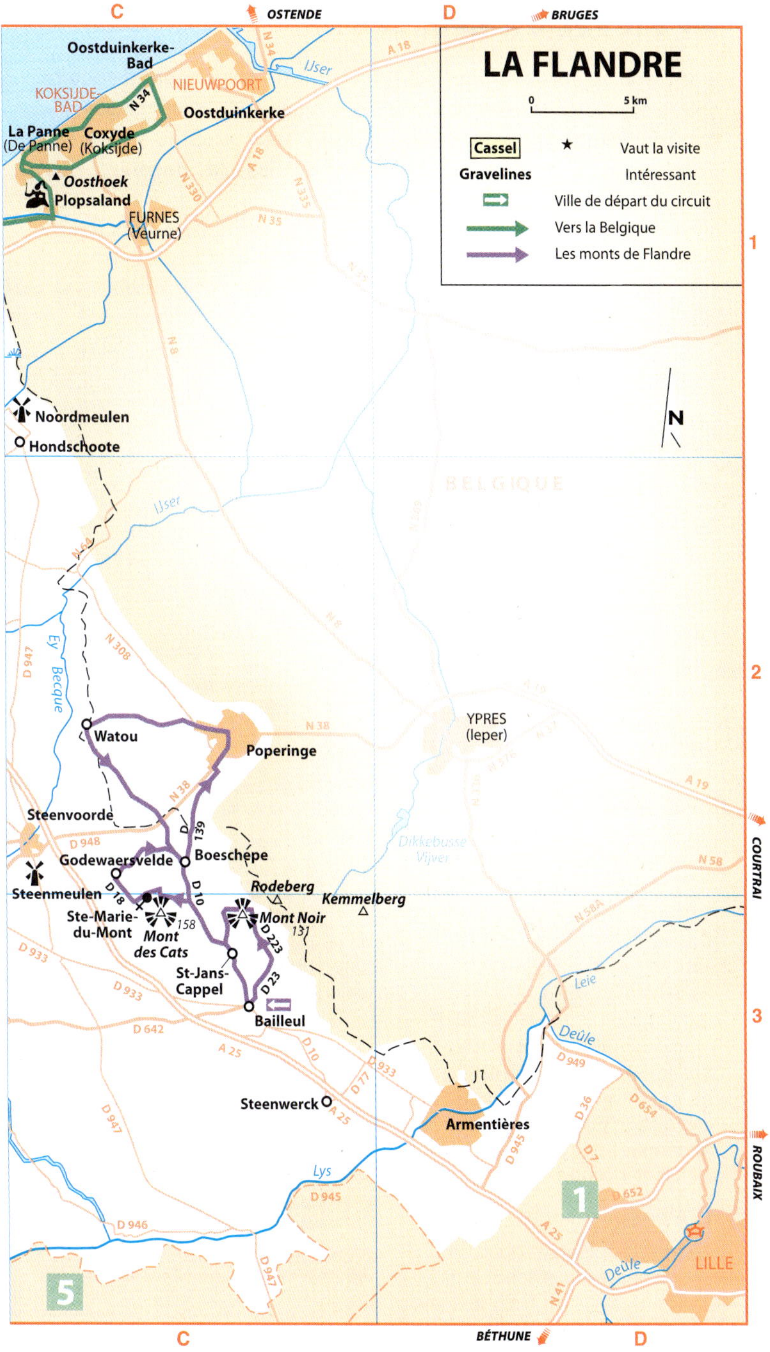
LA FLANDRE
0
5 km
Cassel
★
Vaut la visite
Gravelines
Intéressant
Ville de départ du circuit
Vers la Belgique
Les monts de Flandre
OSTENDE
BRUGES
COURTRAI
ROUBAIX
BÉTHUNE
C
D
1
2
3
N
Oostduinkerke-Bad
KOKSIJDE-BAD
NIEUWPOORT
Oostduinkerke
La Panne
(De Panne)
Coxyde
(Koksijde)
Oosthoek
Plopsaland
FURNES
(Veurne)
IJser
Noordmeulen
Hondschoote
BELGIQUE
Ey Becque
Watou
Poperinge
YPRES
(Ieper)
Steenvoorde
Godewaersvelde
Boeschepe
Steenmeulen
Ste-Marie-du-Mont
Mont des Cats
158
Rodeberg
Kemmelberg
Mont Noir
131
St-Jans-Cappel
Bailleul
Dikkebusse Vijver
Leie
Deûle
Steenwerck
Armentières
Lys
LILLE
1
5

Dunkerque

Outre son célèbre carnaval qui la transforme en un gigantesque bal coloré et joyeux, Dunkerque peut s'enorgueillir d'un beffroi classé au Patrimoine mondial de l'Unesco, d'intéressants musées d'art contemporain, d'un front de mer animé bordé de villas Art déco et, à deux pas, du grand site des Dunes de Flandre propice à la randonnée. Sans oublier son port qui irradie de son activité industrielle l'économie locale.

Port de Dunkerque.
O.Leclercq/hemis.fr

Se repérer

CARTE B1 (P. 94-95) - PLANS P. 102 (DUNKERQUE) ET P. 99 (PORT).

86 279 Dunkerquois – Nord (59)
174 362 habitants (agglomération)
Dunkerque est à 45 km à l'est de Calais et à 13 km de la Belgique. Deux voies d'eau s'y croisent (l'exutoire des Wateringues et le canal de Furnes) et délimitent le centre.

À ne pas manquer

Le port et le trois-mâts *Duchesse Anne* ; le quartier du Grand Large ; le beffroi ; les villas de Malo-les-Bains.

Organiser son temps

Une journée pour sillonner la ville, deux jours pour profiter des environs. En février, ne ratez pas le carnaval !

En famille

Les plages et les activités nautiques des Dunes de Flandre ; le Musée portuaire ; l'aquarium ; Bio-Topia ; le parc à thèmes Plopsaland.

Carnet pratique p. 107

Nos adresses p. 107

Le port

PLAN DU PORT P. 99

Troisième port de France, Dunkerque doit l'essentiel de son dynamisme au complexe industriel basé sur la sidérurgie, le pétrole et la pétrochimie ; l'activité de réparation des bateaux a remplacé depuis la fin des années 1980 les chantiers navals. Depuis 1987, les ports est et ouest sont reliés au Pas-de-Calais par un **canal à grand gabarit** qui se prolonge vers la Belgique et le Bassin parisien. L'ensemble des installations portuaires s'étend sur 17 km en direction de Gravelines. Environ 6 000 navires entrent dans le port de Dunkerque chaque année. Sur le site, une centrale électrique récupère les gaz émis par les usines et fournit en énergie le géant ArcelorMittal et 15 000 logements dunkerquois.

★ Port est

Ce port à flot est desservi par un avant-port (80 ha) et trois écluses. La plus ancienne, l'**écluse Trystram** (19e s.), ne voit passer que les bateaux de plaisance et les remorqueurs. L'**écluse Watier** permet l'accès des bâtiments ne dépassant pas 50 000 t. Elle était en 1936, date de sa réalisation, la plus longue du genre avec ses 240 m. Enfin, l'**écluse Charles-de-Gaulle**, tient aujourd'hui encore le haut du palmarès : 300 m de long pour des mastodontes de 130 000 t.

Le port se compose ensuite de six darses et trois bassins : le **bassin du Commerce**, où sont amarrés les bateaux du Musée portuaire, et le **bassin de la Marine**, aménagé sous Louis XIV, tous deux dédiés à la plaisance. Le **bassin Maritime**, long de 7 km, large de 90 m et profond de 20 m est entièrement dévolu à l'activité industrielle. Il est protégé de la mer par une immense dune artificielle et relie le port ouest par l'écluse des Dunes puis le canal du même nom.

2

Phare du Risban

Rte de l'Écluse-Trystram - ✆ 03 28 63 33 07 - juil.-août : dim. 14h-18h - 5 € (-7 ans gratuit).

À proximité de l'écluse Trystram s'élève ce phare haut de 59 m et construit entre 1838 et 1843. Il porte à 48 km.

★ Musée portuaire PLAN P. 102 A2

9 quai de la Citadelle - ✆ 03 28 63 33 39 - www.museeportuaire.fr - ♿ - musée à quai 10h-12h30, 13h30-18h - fermé mar. - 9 € (-19 ans 7,50 € ; 25 € billet famille) ; 15 € billet combiné avec la visite des 3 bateaux.

Partagé entre un musée à quai, aménagé dans un bel entrepôt à tabac du 19e s., et un musée à flot, ce lieu, initié par les acteurs du port, se veut la mémoire vivante, en prise avec la réalité, de cette ville portuaire.

Le musée à flot – Trois bateaux, amarrés dans le bassin du Commerce, s'ouvrent aux visiteurs. Le **Duchesse-Anne**★ date de 1901. Superbe trois-mâts de 92 m, pour une mature de 50 m, il accueillait les élèves de la marine marchande allemande. Entièrement restauré, il a été classé Monument historique. On en découvre le pont, les entreponts, les cabines d'officiers et les salles de cartes. La visite évoque l'histoire du bateau et la vie au long cours. La péniche **Guilde** (1929) aborde l'univers de la batellerie. Le **Sandettie**, bateau-feu mis en place en 1947 pour indiquer le banc de sable du même nom, situé en face de Calais, relate l'histoire de la signalisation en mer du Nord à partir des années 1860 et la vie à bord de ce type de phare. Ultime bateau-feu français, il a été remplacé en 1989 par une bouée automatique fonctionnant à l'énergie solaire. Enfin, un **remorqueur** *(ne se visite pas)*, le dernier de son espèce construit aux chantiers Ziegler de Dunkerque.

Destinée portuaire

Un port convoité

Créé vers 800, Dunkerque n'est d'abord qu'un bourg flamand de pêcheurs. Son nom, dont le premier témoignage remonte à 1067, signifie « église des dunes ». Jusqu'à la fin du 17e s., défendu par une mauvaise enceinte, il suscite les convoitises des Espagnols, des Français, des Anglais et des Hollandais. Turenne s'en empare en 1658 après la bataille des Dunes, Louis XIV l'achète à Charles II d'Angleterre en 1662, et **Vauban** fortifie la place peu après.

Jean Bart, corsaire officiel du roi

Par opposition au pirate, hors-la-loi attaquant tous les navires et massacrant l'équipage, le corsaire reçoit du roi des « lettres de course » qui lui permettent de traquer les navires de guerre ou marchands. Sous le règne de Louis XIV, ceux de Dunkerque détruisent ou capturent 3 000 navires, font 30 000 prisonniers et anéantissent le commerce hollandais.

Jean Bart (1650-1702) – Il fut le plus intrépide des corsaires dunkerquois. En 1694, durant la bataille du Texel, il sauve le royaume de la famine en capturant 130 navires de blé. Multipliant les exploits, il est élevé au grade de chef d'escadre en 1697. On raconte que Louis XIV en personne lui annonça sa nomination : « Jean Bart, je vous ai fait chef d'escadre... » Ce à quoi le marin aurait répondu : « Sire, vous avez bien fait. » L'année suivante, chargé de conduire le prince de Conti en Pologne, il échappe à neuf vaisseaux. Le danger passé, le prince lui dit : « Attaqués, nous étions pris. » Bart rétorqua : « Jamais ! Nous aurions tous sauté, car mon fils était dans la soute à munitions avec ordre de mettre le feu à un tonneau de poudre, au premier signal. »

Opération Dynamo

Du 25 mai au 4 juin 1940, une partie des forces alliées, coupées de leurs bases après la percée allemande de Sedan en direction de la mer, rembarque à Dunkerque, enjeu d'une sanglante bataille. Le port ainsi que les plages de Malo-les-Bains à Bray-Dunes abritaient les bateaux qui faisaient la navette entre les côtes françaises et anglaises. Malgré les mines magnétiques, les torpilles, les bombardements et le pilonnage de l'artillerie lourde allemande, près de 340 000 hommes, dont deux tiers d'Anglais, furent embarqués. Dernière ville libérée, le 10 mai 1945, Dunkerque est détruite à 80 %. Le musée Dunkerque 1940 rappelle ces événements (*p. 101*).

Dunkerque et ses marins

Environ 80 000 marins de toutes les nationalités débarquent chaque année à Dunkerque. À Loon-Plage, le Seamen's Club a été aménagé pour eux. Tenu par des bénévoles, ce foyer d'accueil ne comprend ni couchage ni restaurant, mais un bar et surtout des ordinateurs équipés de webcam. Une navette circule entre le port, le centre-ville et le foyer, sans quoi les marins n'auraient aucun moyen de quitter leur navire, amarré en périphérie dans la zone portuaire. En 2010, une chapelle a été construite à partir de conteneurs récupérés. « Une manière de sacraliser le travail de ces hommes au long cours », affirme le père André Delepoulle, initiateur du projet.

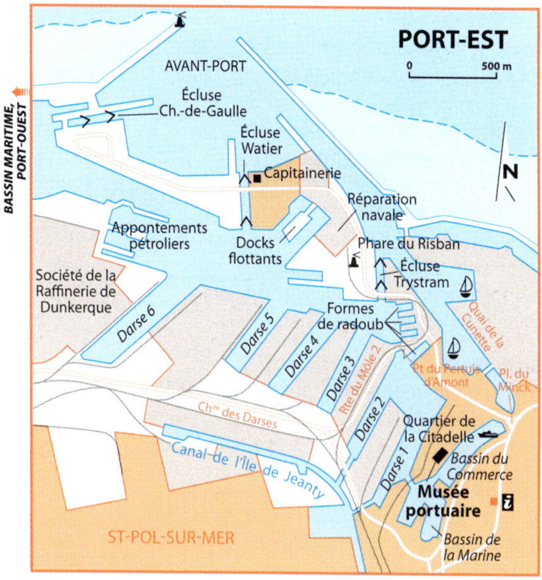

Le musée à quai – Immenses panoramas, dioramas, maquettes, peintures, gravures, outils, documents sonores... retracent l'histoire de Dunkerque et de son port, des premières activités de pêche et de commerce au devenir industriel actuel, en passant par l'anéantissement de 1945. Ainsi le musée évoque, entre autres, le corsaire Jean Bart, les métiers du port, les campagnes de pêche en Islande et les navires cap-horniers.

À la sortie du musée, faites un tour **place du Minck**, où l'on vend la pêche du jour, en particulier des poissons plats, dans les aubettes.

Port ouest

Ce port à marée bénéficie de la profondeur (20,50 m) de son avant-port, doté à l'entrée d'un appontement pour pétroliers. L'arrière-port sert au transit rapide : accessible sans écluse, pourvu de 2 km de quais et d'un puissant matériel de levage, il accueille les plus gros navires porte-conteneurs et les ferrys transmanche.

La ville

PLAN P. 102

Circuit tracé en vert sur le plan de la ville.

La balade vous mène du centre-ville commerçant au quartier résidentiel de Rosendaël, parsemé d'édifices Art nouveau.

Beffroi de St-Éloi A2

R. de l'Am.-Ronarc'h - ✆ 03 28 66 79 21 - www.dunkerque-tourisme.fr - avr.-sept. : 10h-18h, oct.-mars : merc.-sam. 10h-13h, 14h-18h - 5 € (-13 ans 3,50 €).

Construit au 13ᵉ s., il servit de clocher à l'église St-Éloi, incendiée par les Espagnols en 1558. Rebâti en 1562, haut de 58 m, il domine le bassin du Commerce et abrite un **carillon** (50 cloches) qui sonne tous les quarts d'heure. En certaines occasions (Noël, brocante, certains samedis à 16h), un maître carillonneur vient jouer des airs de carnaval. Du sommet, le panorama est impressionnant.

Église St-Éloi A2

2 r. Clemenceau. Reconstruite après l'incendie de 1558, elle a ensuite été remaniée aux 18e et 19e s. Elle présente une façade néogothique, une toiture en pyramides alignées sur les bas-côtés et l'abside. Ses proportions sont curieuses (68 m sur 53 m) depuis la suppression du transept. Remarquez l'ampleur des nefs dont les voûtes croisées d'ogives sont soutenues par d'élégants piliers, et l'abside à chapelles rayonnantes. Les fenestrages en ogive, restaurés, mettent en valeur les vitraux du maître verrier Gaudin. Sur le côté nord du chœur, une dalle en marbre blanc indique le **tombeau de Jean Bart** (*p. 98*). À l'entrée sur la gauche se dresse le « tronc pour le rachat des esclaves », en forme de captif enchaîné. Les offrandes permettaient le rachat des prisonniers.

Tourner à gauche en sortant de l'église.

Place Jean-Bart A2

Sur cette place commerçante, au cœur de la cité, s'élève la statue du corsaire, œuvre de David d'Angers (1845).

Faire demi-tour et prendre la rue Georges-Clemenceau jusqu'à l'hôtel de ville.

Hôtel de ville A2

Bâti dans le style néoflamand en 1901 par l'architecte régional Louis Cordonnier, l'hôtel de ville possède un beffroi de 75 m de haut. À l'intérieur, le vitrail de Félix Gaudin illustre le retour de Jean Bart après sa victoire du Texel, en 1694.

Continuer par la rue Jean-Jaurès.

Leughenaer A2

C'est le plus vieux monument de Dunkerque, vestige de la muraille bourguignonne, dotée de 28 tours, qui entourait la cité au 14e s. Son nom flamand signifie « tour du Menteur » : allusion probable aux faux signaux qu'on émettait de cette tour pour tromper les navires qui venaient s'échouer sur les bancs de sable.

Poursuivre à droite dans la rue du Leughenaer.

Chapelle N.-D.-des-Dunes A2

Reconstruite au 19e s., elle abrite une statue en bois de N.-D. des Dunes, vénérée par les marins depuis 1403. Également des ex-voto et maquettes réalisées par les marins. Le 15 août, après une messe, une procession emmène les pèlerins jusqu'au port, où les bateaux sont bénis.

Continuer jusqu'à la place de la Victoire, prendre le boulevard Paul-Verley, puis traverser le pont Carnot.

Villa Ziegler B2

Édifiée en 1881, cette maison cossue, en bois peint, abrite la **Maison de l'environnement**, et marque aussi l'entrée dans le quartier de Rosendaël.

Prendre à droite l'avenue Louis-Herbeaux, puis la 2e à droite, rue Marcel-Hénaux. C'est le cœur résidentiel de la ville, constitué de rues étroites et de petits pâtés de maisons. L'architecture y est très variée, parfois loufoque, les couleurs toujours bigarrées.

Emprunter à gauche l'avenue Eugène-Dumez et rejoindre le quartier Excentric, entre les rues André-Chénier et Martin-Luther-King.

Quartier Excentric B2

Ce petit quartier en forme de U est l'œuvre de François Reynaert, né à Rosendaël en 1887. Maçon, artiste décorateur, inventeur, médaillé d'or à l'Exposition des arts décoratifs de 1925, Reynaert s'improvise architecte en 1927 avec pour devise « Tout est matière à tout ». Il achète un terrain maraîcher et y construit progressivement

Le carnaval de Dunkerque

Il remonte au 18e s. Avant de partir pour de longs mois de pêche à la morue vers les mers glacées d'Islande, les *visscherbende* (« bandes de pêcheurs », en flamand) s'offraient une fête de tous les diables aux frais des armateurs. Venaient ensuite les adieux pathétiques, puis le départ des hommes. C'est aujourd'hui l'un des carnavals les plus populaires du Nord, cinq semaines de folie collective.

Petit lexique du carnaval

La bande – C'est l'événement et le « cortège des carnavaleux ».

Les clet'ches et accessoires – Costumes et déguisements.

Les chapelles – « Maisons amies » où l'on se fait offrir à boire et à manger. Les plus recherchées sont les adresses de particuliers.

Le chahut – Au signal donné par le tambour major, les premières lignes bloquent l'ensemble des carnavaleux, qui poussent derrière.

Le jet d'z'harengs – Cinq cents kilos de harengs sont jetés sur la Bande des balcons de l'hôtel de ville.

Le rigodon – Point d'orgue de la journée. Les carnavaleux entonnent la « Cantate à Jean Bart ».

trois rues, dessinant les maisons en fonction du nom choisi par le propriétaire. La première bâtie est l'Escargot. Au fil des commandes, il conçoit 35 maisons, dont Suzette, le Baldaquin, les Disques, les Volutes, les Anneaux, les Copeaux, dont la façade est entaillée comme par un rabot, ou l'Excentric Moulin, dancing aujourd'hui abandonné. Autant de maisons privées qui ne se visitent pas mais que l'on contemple à l'envi.

Poursuivre sur l'av. Eugène-Dumez, puis tourner à gauche sur l'av. de Rosendaël.

2

Villa Myosotis B2

Pour contourner l'interdiction de construire qui régissait au 19e s. cette zone de servitude militaire, la villa fut bâtie en bois, en 1894. De style scandinave, elle est très représentative de la légèreté et de l'élégance architecturales du quartier avant 1945. Techniquement originale, elle obtint le prix d'architecture de Paris en 1900.

Faire demi-tour pour rejoindre le beffroi par le pont de Rosendaël, puis la rue du Président-Poincaré.

Le quartier du Grand Large A1-2

Entre ville, port et plage, en lieu et place des anciens chantiers navals, le Grand Large est un quartier en devenir où s'exprime la recherche architecturale. Pour preuve, l'étonnant ensemble de logements écologiques, nommés par les Dunkerquois les « maisons Monopoly® » en raison de leur agencement. Dessinés par l'architecte Nicolas Michelin *(quai de la Cunette)*, ils rappellent les constructions flamandes par la forme triangulaire de leurs toitures. Deux espaces d'exposition d'art contemporain participent également à l'attrait des lieux.

Musée Dunkerque 1940 - Opération Dynamo A1

R. des Chantiers-de-France - ✆ 03 74 06 02 81 - www.dynamo-dunkerque.com - ♿ - 10h-12h30, 13h30-18h - 8 € (-18 ans 5 €, -10 ans gratuit).

Dans les casemates du bastion 32, qui servirent en 1939 de quartier général aux Forces armées françaises, le **Centre historique de Dunkerque et de la Flandre** présente une exposition consacrée à la bataille de Dunkerque et à l'**opération Dynamo**, en mai-juin 1940. En parcourant les huit courtines, on découvre les

SE RESTAURER

Comme Vous Voulez........ 2
L'Édito........ 6
La Cambuse........ 9
Côté Jardin........ 12
Le Petit Saint Éloi........ 13
L'Auberge de Jules........ 14
Le DKlé........ 20
La Cocotte........ 21

SE LOGER

Hôtel Borel........ 1
L'Escale Malouine........ 4
Hôtel de la Plage........ 6
L'Hirondelle........ 8

étapes de l'opération et les modalités de l'évacuation des 338 000 soldats alliés vers l'Angleterre en seulement neuf jours. Riche collection d'armes, d'uniformes, de maquettes et de vestiges d'engins de guerre. Avec la sortie du film *Dunkerque* de Christopher Nolan (2017), le musée a vu son affluence croître sensiblement.

★ LAAC - Lieu d'art et action contemporaine A1

Jardin de Sculptures - 302 av. des Bordées - ✆ 03 28 29 56 00 - www.musees-dunkerque.eu - ♿ - 9h-18h, w.-end 11h-18h - fermé lun. - 4 € (-18 ans gratuit) - gratuit dim.

Au gré des ondulations du **jardin des Sculptures★**, sur fond de mer du Nord, jaillissent les grandes pierres de Dodeigne, les structures métalliques de Féraud ou les compositions de Viseux, Arman et Zvenidorogsky. L'enceinte, habillée de grès cérame blanc et précédée d'un beau portique en azobé (bois d'Afrique), est due à l'architecte Jean Willerval. Le musée, quant à lui, s'organise autour d'un vaste

forum en forme d'amphithéâtre où la série *Circus* de Karel Appel et le *Musée de Ben* se côtoient à travers un large panel couvrant la période 1940-1980, nourri en grande partie des collections de Gilbert Delaine : œuvres de CoBrA, César, Soulages, Warhol, Télémaque et Niki de Saint Phalle. Au 2e étage, l'un des plus grands cabinets d'arts graphiques en Europe présente 140 dessins selon le principe de la réserve consultable afin de protéger les œuvres sensibles à la lumière. Au hasard des tiroirs et panneaux coulissants on y découvre un croquis de Jean Fautrier, une aquarelle d'Eugène Leroy ou une gouache d'Alberto Magnelli.
Un parcours sonore créé par Rainier Lericolais relie le Frac et le LAAC. Muni d'un MP3, on plonge pendant 15mn dans l'univers de Dunkerque à travers les bruits et les sons qui ont fait et font l'identité de la ville.

FRAC Grand Large Hauts-de-France A1

503 av. des Bancs-de-Flandres - 03 28 65 84 20 - www.fracgrandlarge-hdf.fr - 14h-18h, w.-end 11h-19h - fermé lun.-mar. - 4 €.
Le bâtiment du Fonds régional d'art contemporain a été conçu par Jean-Philippe Vassal et Annie Lacaton comme le pendant de l'AP2 (Atelier préfabriqué 2) auquel il est accolé et dont il n'est séparé que par une paroi transparente. Il est flanqué d'une œuvre en néon rose de l'artiste Scott King reprenant les mots attribués au chanteur punk Stiv Bators : « L'art est simplement la preuve d'une vie pleinement vécue ». Tandis que l'AP2, ancienne base navale où étaient assemblés les bateaux, a conservé sa structure pour témoigner de l'histoire du site et accueillir des installations monumentales, l'édifice contemporain valorise les 1500 œuvres du Frac par roulement. Acquérir, conserver, diffuser sont les trois missions majeures de ce lieu culturel très dynamique. Tout en haut, le belvédère ouvre sur le port, la plage et le large.
Une passerelle piétonnière (accessible aux horaires d'ouverture du musée) relie le FRAC à la plage de Malo-les-Bains.

Malo-les-Bains B1

Pl. du Centenaire - 03 28 26 27 28 - www.dunkerque-tourisme.fr.
Fondée avant 1870 par un armateur dunkerquois nommé Malo, cette station balnéaire à l'architecture éclectique est devenue le quartier résidentiel de Dunkerque. À l'est du port, la **plage** de sable fin accompagne la digue-promenade où se dresse le casino.

★ Les villas balnéaires

Un circuit des villas balnéaires est disponible à l'office de tourisme ou téléchargeable sur www.dunkerque-tourisme.fr.
Nombre de maisons sont nées au tournant du 19e s. de l'imagination débridée de quelques architectes rivalisant d'audace. Parmi les plus belles, notez la Quo Vadis (n° 76) et les Pingouins (n° 92) le long de la digue remontant vers l'est, la villa Isabelle au n° 20 de la rue Foch, la villa Jean-Germaine (34 rue de Flandre), les villas Magritte (n° 3b), sur trois étages, et Cécile au n° 23 de la Belle Rade, ou encore la villa Ringot (51 rue Lemaire) classée Monument historique.

Aquarium municipal de Dunkerque

45 av. du Casino - 03 28 59 19 18 - ♿ - mars-sept. : 10h-12h, 14h-18h ; oct.-fév. : 10h-12h, 14h-17h30 - fermé lun. - 3 € (-12 ans gratuit) - gratuit dim.
Ses 20 bassins accueillent 1000 poissons de 150 espèces différentes, provenant de la mer du Nord, d'Amérique du Sud, d'Afrique et d'Océanie.

2

On vous emmène faire du longe-côte

Le longe-côte, c'est un peu comme l'aquagym : tant que l'on n'a pas essayé, on pense que c'est une activité pépère pour « mémères » ! Que nenni ! C'est même une discipline assez physique, devenue très tendance. Quésaco ? Sport qui se pratique en mer, en longeant la côte, et qui consiste à marcher, voire trottiner dans l'eau, en ayant le corps immergé jusqu'à la taille ou la poitrine et en s'aidant des bras ou d'une pagaie pour avancer. Qu'on l'envisage en mode loisir-papotage ou compétition, il y en a bien sûr pour tous les goûts et tous les niveaux. Ses bienfaits ? Il permet un renforcement musculaire et cardiovasculaire sans traumatisme pour les articulations, favorise la circulation sanguine et travaille l'endurance. Bref, il a tout bon. Cette discipline tonifiante ayant été créée en 2005 à Dunkerque, il serait dommage de ne pas profiter de votre séjour sur les belles plages de Flandre pour vous initier. Allez, les températures étant ce qu'elles sont dans le Nord, on troque son joli maillot pour une chaude combinaison néoprène et on se jette à l'eau !

Opale Longe-Côte – *Base de la Licorne - 2 digue Nicolas-II - ✆ 07 78 14 47 57 - www.opalelongecote.fr - merc. et vend. 18h30, dim. 10h30 - prêt de combinaison sur place - baptême 10 €/pers.*

À proximité

CARTE P. 94-95

Bio-Topia A1

À 6 km à l'est du port.

R. des Droits-de-l'Homme - Fort Mardyck - ✆ 03 28 27 26 24 - www.bio-topia.fr - ♿ - avr.-sept. : tlj 9h45-18h30 (reste de l'année 17h30) - fermé janv. - 4 € (-18 ans 2 €).

Ce parc animalier sensibilise aux enjeux de la protection de l'environnement. Ses missions se concentrent particulièrement sur la sauvegarde et le bien-être des animaux de la région et d'espèces menacées à l'échelle planétaire. Plus de 270 individus issus d'une cinquantaine d'espèces y sont regroupés tels le panda roux, le harfang des neiges, le lapin géant des Flandres, la tortue charbonnière, le porc-épic américain, le phoque veau-marin ou encore le pélican frisé... Le parc abritera prochainement un centre de soins pour la faune sauvage locale.

Circuit vers la Belgique

CARTE P. 94-95

Circuit de 62 km tracé en vert sur la carte. Quitter Dunkerque par le pont Carnot et suivre la D 601.

Les Dunes de Flandre B1

www.grandsite-dunesdeflandre.com.

Empruntez dans un office du tourisme des Dunes de Flandre la Musette des dunes : fiches pédagogiques et outils pour découvrir la nature *(gratuit)*.

Entre Leffrinckoucke et la frontière belge, plus de 1000 ha de dunes ont été intégrés au réseau des Grands Sites de France et forment une plage ininterrompue de 15 km. Dotée de cabines que l'on appelle ici « kiosques », celle-ci fait le bonheur des enfants et des plus grands, avec ses équipements distingués par le label Famille Plus : stages de dériveur, voile, kitesurf, planche à voile, kayak de mer, char à voile, etc.

Cabanes sur la digue de Malo-les-Bains.
O.Leclercq/hemis.fr

Plusieurs circuits permettent de découvrir les dunes à pied : circuit de la réserve de la dune Marchand *(8,5 km - 2h à 2h30)*, circuit de la dune fossile de Ghyvelde *(8 km - 2h à 2h30)*, circuit de la dune du Perroquet *(5 km - 1h40)*, circuit de la dune Dewulf *(6 km - 2h)*, etc. *Itinéraires à télécharger sur le site Internet - carte de circuits pédestres transfrontalière disponible à l'office de tourisme.*

Fort des Dunes – *r. du 2 juin 1940- Leffrinckoucke - ✆ 03 28 29 13 17 – www.fort-des-dunes.fr – juin-sept. : mar.-dim. 10h-18h ; reste de l'année : mar.-dim. 10h-12h30, 14h-17h30 – fermé déc.-janv. – 6 € (-18 ans 3 €).* Ce fort construit en 1878 pour protéger Dunkerque et son port à l'est est devenu un musée après son passé de caserne. Il retrace l'histoire militaire de la plage sur laquelle a eu lieu la bataille des Dunes de 1658 et l'**opération Dynamo** en 1940 (*p. 98*). Le fonctionnement d'une caserne, l'occupation allemande et la résistance locale durant le conflit mondial ainsi que la conception architecturale de l'ensemble sont aussi évoqués.

Zuydcoote – Cette localité a connu la renommée littéraire avec le roman de Robert Merle *Week-end à Zuydcoote* (prix Goncourt, 1949), qui évoque les durs épisodes du rembarquement de 1940. Henri Verneuil en tira un film qui se déroule autour du sanatorium.

Bray-Dunes – *1 pl. Jérôme-Rubben - ✆ 03 28 26 27 28 - www.bray-dunes.fr.* Sur la **digue-promenade**, une stèle commémore les soldats de la 12e division d'infanterie motorisée qui combattirent « pour l'honneur » jusqu'au 4 juin 1940.

Rejoindre la D 601, qui devient la N 39 en Belgique. Tourner à gauche (N 34).

Après la **frontière belge**, les paysages sont absolument identiques, mais ne vous laissez pas surprendre : ici, on parle le flamand ! La route longe le tramway, aussi pratique que touristique, et la mer, qui n'est jamais bien loin.

La Panne (DE PANNE) C1

Cette station balnéaire belge est particulièrement appréciée des touristes français et des chars à voile pour sa **plage★**, dépourvue de brise-lames, qui peut se découvrir jusqu'à 250 m à marée basse.

À l'ouest de la station, le **Westhoek**, classé réserve naturelle, étend ses dunes sur 340 ha, appelant à la promenade entre oyats et saules rampants, argousiers et sureaux noirs... Au sud-est, c'est dans la réserve naturelle communale d'**Oosthoek**, sur 61 ha de dunes et de bois, que l'on peut flâner.

Coxyde (KOKSIJDE) C1

Cette petite ville comprend deux stations balnéaires, Koksijde-Bad et St-Idesbald, et la plus haute dune du littoral belge, qui s'élève à 33 m au-dessus du niveau de la mer.

★ **Musée de l'Abbaye des Dunes 1138 (Abdijmuseum Ten Duinen 1138)** – *A. Verbouwelaan 15 - ✆ 058 53 39 50 - www.tenduinen.be/fr - avr.-oct. : mar.-vend. 10h-18h, w.-end 14h-18h (reste de l'année 17h) - fermé janv. - 7 € (7-18 ans 2 €).* Fondée en 1107 par les bénédictins, l'abbaye devient cistercienne en 1138. Elle connaît son apogée vers 1300 et devient, sous la conduite de l'abbé Élias van Koksijde, une des principales abbayes d'Europe occidentale, puis décline pour finalement être détruite par les calvinistes en 1566. Des fouilles, effectuées depuis 1949, ont permis de retrouver des vestiges, laissant apparaître les lignes majestueuses de l'abbatiale. Le musée retrace l'histoire du site et évoque les moments de la vie quotidienne des moines.

En sortant, remarquez un **moulin à vent (Zuid-Abdijmolen)** en bois, à pivot, datant de 1773.

★ **Musée Paul-Delvaux** – *Delvauxlaan 42, à St-Idesbald - ✆ 058 52 12 29 - www.delvauxmuseum.be - ♿ - avr.-sept. : tlj sf lun. 10h30-17h30 ; reste de l'année : jeu.-dim. 10h30-17h30 - fermé janv.-mars - 10 € (-6 ans gratuit).* À travers les peintures, aquarelles, dessins, gravures et esquisses de l'artiste, on suit son évolution depuis ses œuvres postimpressionnistes, puis expressionnistes, jusqu'aux peintures surréalistes. Paul Delvaux (1897-1994) a su développer un style très personnel empreint d'onirisme et de poésie. Reconstitution de son atelier à Watermael-Boitsfort et exposition d'objets personnels.

Oostduinkerke C1

À marée basse, sur la plage d'**Oostduinkerke-Bad**, les pêcheurs volent la vedette aux chars à voile et aux kitesurfs ! Ils pratiquent encore la pêche aux crevettes à cheval, laissant traîner derrière l'animal, qui s'enfonce dans l'eau jusqu'au poitrail, un lourd chalut. La tradition est vivace : le dernier week-end de juin est consacré à la Fête de la crevette.

Navigo - Musée national de la Pêche (Nationaal Visserijmuseum) – *Pastoor Schmitzstraat 5 - ✆ 058 51 24 68 - www.navigomuseum.be/fr - ♿ - en travaux au moment de notre visite, le musée devrait rouvrir en 2024.* Ce musée moderne présente une belle collection de maquettes de bateaux, d'instruments de marine et de peintures d'artistes ayant travaillé dans la région vers 1900. Reconstitution d'une maison de pêcheur et d'un estaminet de 1920. Dans la cour, un bateau de sauvetage et un crevettier. Il se murmure qu'un squelette de cachalot de 17 m va bientôt s'installer dans le musée. En attendant, si déguster une savoureuse sole limande accompagnée de frites vous tente, sachez que l'auberge Le Peerdevisscher (*✆ 058 51 32 57*) du Navigo reste ouverte pendant les travaux.

Prendre à droite la N 330, puis de nouveau à droite la N 396. Emprunter la N 34 puis, à La Panne, la N 39. Retour à Dunkerque par la D 601.

Carnet pratique

S'informer

Office de tourisme – *R. de l'Am.-Ronarc'h - Le Beffroi - Dunkerque - ☎ 03 28 26 27 28 - www.dunkerque-tourisme.fr.*
2e bureau pl. du Centenaire - Malo-les-Bains - ☎ 03 28 26 27 28.
Application – *Dunkerque Flandre Côte d'Opale Tour*, idéale pour découvrir les environs.

Se déplacer

DK'Bus – *☎ 03 28 59 00 78 - www.dkbus.com - le réseau est entièrement gratuit.* Une quinzaine de lignes desservent Dunkerque et la communauté urbaine.

Agenda

Carnaval – *www.dunkerque-tourisme.fr.* À Dunkerque, le dim. qui précède Mardi gras, la frénésie envahit la ville. Au son des fifres et des tambours, des hordes de Dunkerquois déguisés et maquillés investissent tous les quartiers et entonnent les chants du carnaval. Un événement unique à ne pas manquer.
Fêtes carnavalesques aussi à Malo-les-Bains, le dim. suivant Mardi gras.
Les 4 Jours de Dunkerque – *www.4joursdedunkerque.com.* Une des plus grandes manifestations du calendrier cycliste international, qui rassemble le gratin de la discipline, tous les ans début mai.
Festival La Citadelle en bordées – Début juillet, une vingtaine de groupes de musique animent les quais de la Citadelle, avec chants marins à l'honneur.

2

Nos adresses

Restauration

Premier prix

9 **La Cambuse** – A2 - *25 r. du Gouvernement - ☎ 03 28 66 43 30 - www.la-cambuse-dunkerque.fr - fermé lun. soir, sam. midi et dim. - plats 14/19 €.* « La cambuse est le magasin d'un navire destiné à conserver et à distribuer les provisions », rappelle le patron. À ceci près que le « magasin » est devenu une adresse branchée, avec son design industriel, ses murs bruts et ses piliers en fonte. Menus façon brasserie, à base des produits phares de la région.

12 **Côté Jardin** – A2 - *27 r. des Sœurs-Blanches - ☎ 09 87 11 88 00 - cotejardindk.com - fermé le soir (sf vend.), dim.-lun. - plats 13,90/16,90 €.* Une carte courte pour grandes et petites faims, du veggie et du carni, une cuisine saine et responsable, des saveurs d'ailleurs avec des produits pour la plupart bio et locaux, voici les ingrédients d'une bonne adresse « slow food » !

20 **Le DKlé** – B1 - *11 pl. du Casino - ☎ 03 28 66 14 44 - www.ledkle.fr - fermé dim.-lun. - plats 13,50/17,50 €.* Ce petit restaurant discret allie un savoir-faire irréprochable tant dans l'assiette que pour le service. Le risotto aux gambas n'est qu'un aperçu de l'excellent rapport qualité-prix de l'établissement.

21 **La Cocotte** – B1 - *55 digue de Mer - ☎ 03 28 29 15 18 - www.lacocottedk.fr - ♿ - fermé dim. soir et lun. - plats 16/20 €.* Parmi les établissements du bord de mer de Malo, il en est un qui se distingue en se faisant le spécialiste des plats mitonnés à la cocotte : saint-jacques-crevettes roses-poireaux

ou maroilles-endives braisées, exclusivement à base de produits locaux. Aux beaux jours, terrasse donnant sur la plage.

Budget moyen

6 **L'Édito** – A2 - *97 entrée du Port - ✆ 03 28 21 01 01 - www.restaurant-ledito-dunkerque.fr - tlj 11h-23h - plats 16/21,50 €.* Dominant le port de plaisance, cette brasserie de chaîne a les allures d'un grand salon où il fait bon s'attabler. Une agréable animation y règne et les plats s'accompagnent souvent de délicieuses frites maison, la spécialité du lieu. Terrasse au-dessus de l'eau.

13 **Le Petit Saint Éloi** – A2 - *6 r. Thévenet - ✆ 03 28 66 52 41 - lepetitsainteloi.zenchef.com - fermé lun. soir, sam. midi et dim. - plats 15/24 €.* De la cuisine, visible à travers une grande vitre, sortent des assiettes alléchantes et imaginatives. Produits ultra-frais, associations de saveurs réussies, portions suffisantes : ce restaurant de centre-ville convainc.

2 **Comme Vous Voulez** – B1 - *58 digue de Mer - Malo-les-Bains - ✆ 03 28 26 66 40 - www.comme-vous-voulez.fr - plats 19,50 €, menu 32 €.* En entrant dans ce restaurant de front de mer, vous choisissez le classique dans ce qu'il a de flatteur. Salle confortable, tables nappées, service courtois et dans l'assiette dos d'églefin, waterzooï de poissons ou rognons de veau. Mais le classique prend ici un air d'actualité : la carte change tous les deux mois et les clients sont invités à donner leur avis.

14 **L'Auberge de Jules** – A2 - *9 r. de la Poudrière - ✆ 03 28 63 68 80 - www.aubergedejules.com - fermé merc., sam. midi et dim. soir - formules 30/42 €, plats 24,50/25 €.* Près du port de plaisance, un bistrot gourmand, convivial et... familial. La patronne accommode le poisson pêché par son frère : la fraîcheur est donc au rendez-vous ! Quand à son « jules », il s'occupe des desserts.

Pour se faire plaisir

Le Soubise – HORS PLAN - *49 bis rte de Bergues - Coudekerque-Branche (5 km au sud de Dunkerque) - ✆ 03 28 64 66 00 - www.restaurantlesoubise.com - P - fermé sam.-dim. - 40/68 €.* Plats traditionnels, bien mitonnés et généreux, servis dans un ancien relais de poste du 18e s. Le chef, figure reconnue de la profession, propose une cuisine authentique et généreuse.

Petite pause

Au Cornet d'Amour – B1 - *25-27 digue de Mer - ✆ 03 28 21 17 13 - cornetdamour.fr - fermé de mi-oct. à fin mars.* Depuis 1896, 4 générations se sont succédé pour fabriquer des glaces artisanales que 4 autres générations de gourmands dégustent en marchant sur la digue de Malo.

Boire un verre

Le Grand Morien – A2 - *35 r. Jean-Bart - ✆ 03 28 66 55 18 - www.legrandmorien.com - ♿ - fermé dim. soir.* La brasserie du centre-ville est toute désignée pour boire une bière, manger une crêpe entre deux boutiques ou prendre l'apéritif.

Shopping

Marché – A2 - *Pl. du Gen.-de-Gaulle (près du théâtre municipal) - merc. et sam. 8h-13h.*

Pâtisserie Vandewalle – HORS PLAN - *6 r. du Sud - ✆ 03 28 66 72 78 - www.auxdoigtsdejeanbart.com - fermé dim. apr.-midi et lun.-mar.* On y trouve une petite douceur typique de la région, les Doigts de Jean Bart, sorte de praline au chocolat.

Crèmerie La Ferme – A2 - *22 r. du Prés.-Poincaré - ✆ 03 28 59 22 25 - fermé dim.-lun.* Yves, installé depuis 1980, est connu comme le loup blanc à Dunkerque. Il sélectionne lui-même une trentaine de fromages de la région lors de sa tournée hebdomadaire des fermes. Yves est par ailleurs une mine d'informations sur la ville.

En soirée

Les Dunkerquois se donnent rendez-vous dans les cafés et sur les terrasses de la digue de mer.

Bommel Bar – A2 - *57 r. de l'Am.-Ronarc'h - 03 28 21 07 78 - fermé dim.* N'hésitez pas à pousser la porte de ce pub chaleureux. Un tapis de houblon séché habille le plafond de ce temple de la bière. Le plus difficile reste à choisir entre les 60 sortes proposées, 25 à la pression dont la bière maison (la Bommel).

Les 4 Écluses – HORS PLAN - *R. de la Cunette - Îlot des 4 Écluses - 03 28 63 82 40 - www.4ecluses.com -* ♿. Scène dédiée aux musiques actuelles.

Le Bateau Feu scène nationale – A2 - *Pl. du Gén.-de-Gaulle - 03 28 51 40 40 - www.lebateaufeu.com.* Théâtre, danse, cirque, musique et opéra sont à l'honneur de cette scène nationale.

Activités

Les Dunes de Flandre sont le terrain de jeu des amateurs de sports de glisse : voile, dériveur, kitesurf, planche à voile, kayak de mer, char à voile...

Mer et Rencontres – *4 digue Nicolas-II - 03 28 29 13 80 - www.meretrencontres.com - fermé vac. de Noël - 42 €/2h char à voile.* Char à voile, char à cerf-volant (ou buggy kite) et, pour les enfants, des ateliers du vent comme canne à vent, cerf-volant, nœuds marins... Venir avec des vêtements appropriés et/ou de rechange.

Dunkerque Flysurfing Club (DFC) – *2 digue Nicolas-II - 06 85 69 41 87 - dfc-kiteboarding.fr - cours d'initiation 100 €/demi-journée.* Le club école propose une initiation ou des stages de perfectionnement au kitesurf pour petits et grands.

Croisière Dunes de Flandres – *Quai d'Armement-Nord - 03 28 66 38 72 - www.lesdunesdeflandre.fr - 38 € croisière découverte (½ j.), 90 € sortie famille (5-6 pers. avec enf.).* Croisière en mer à bord des voiliers *Océanis* et *J80* du syndicat intercommunal des Dunes de Flandre.

À De Panne

Plopsaland – *De Pannelaan 68 - 3 km au sud de De Panne - 058 42 02 02 - www.plopsalanddepanne.be - P 10 € - horaires, voir le site Internet - 42,50 € (enf. - de 1 m 15,50 €, enf. - de 85 cm gratuit).* Les héros de ce parc à thème de 30 ha sont Samson et Gert ainsi que le lutin Plop, très connus des plus jeunes en Flandre.

2

Hébergement

Budget moyen

1 Hôtel Borel – A2 - *6 r. de l'Hermitte - 03 28 66 51 80 - www.hotelborel.fr - P ♿ - 48 ch. 95/120 € - 13 €.* Ne vous fiez pas au bâtiment en briques rouges, peu engageant. Proche du port de plaisance, l'établissement propose des chambres rénovées, bien équipées et parfaitement tenues. Bois sombres, cuir, marqueterie et mobilier classique créent le décor traditionnel de l'hôtel Borel et son atmosphère feutrée. Formule buffet au petit-déjeuner.

À Malo-les-Bains

Premier prix

4 L'Escale Malouine – B1 - *38 av. du Gén.-Faidherbe - Malo-les-Bains - 07 49 77 99 13 - www.lescalemalouine.com - P - 5 ch. 60/70 €* . L'adresse, située près de la plage, à Malo, est une aubaine, car le parc hôtelier dunkerquois se révèle modeste. La belle « malouine », typique des constructions balnéaires du début du 20e s., présente de belles hauteurs sous plafond, notamment dans la pièce commune, où un espace enfant a été aménagé. Une verrière inonde de lumière la salle des petits-déjeuners (très copieux). Accueil plein de gentillesse.

6 **Hôtel de la Plage** – B1 - *19 av. du Casino - Malo-les-Bains - ✆ 03 28 63 55 12 - www.hoteldunkerque.fr - 10 ch. 72 € - ☕ 8 €.* Oui, le sable est à deux pas et c'est là le point fort de l'établissement. Les chambres, à peine plus grandes que des cabines de bateau, sont simples et propres. Une adresse pour un court séjour à petit prix.

Budget moyen

8 **L'Hirondelle** – B1 - *46-48 av. du Gén.-Faidherbe - Malo-les-Bains - ✆ 03 28 63 17 65 - www.hotelhirondelle.com - P 6,50 € - ♿ - 50 ch. 93/130 € - ☕ 9,50 € - ✕ menu 26,50 €.* Situé non loin de la digue de mer, cet hôtel offre une prestation fonctionnelle et de qualité irréprochable dans sa catégorie. Chambres confortables, pour certaines dotées d'un balcon vitré. Petit-déjeuner buffet de très bonne tenue.

Longe-côte.
S. Bouilland/hemis.fr

Gravelines

Parée de toits rouges, tracée au sabre, Gravelines se protège derrière son enceinte de brique et de pierre. Quatre bastions et deux demi-lunes restent intacts, la verdure y a pris ses aises. Le port formé par l'Aa canalisé abrite des voiliers de plaisance.

Se repérer

CARTE A1 (P. 94-95) - PLAN P. 112.
11 014 Gravelinois - Nord (59)
Située à mi-chemin entre Calais et Dunkerque, 2 km de la mer.

Organiser son temps

Comptez 1h pour les remparts et une demi-journée pour les alentours.

En famille

Balades en mer; Sportica (*« Nos adresses » p. 115*).

Carnet pratique p. 115

Nos adresses p. 115

Se promener

PLAN P. 112

Remparts, contre-gardes et demi-lunes

Les remparts sont bien conservés; l'arsenal de Charles Quint les renforce du côté de l'Aa *(ouest)*. Chaque bastion d'angle est couvert par un système de demi-lunes, de fossés en eau et de contre-gardes, destiné à retarder l'avancée de l'ennemi. Pour les découvrir, prenez la rue de Calais, qui franchit le fossé, puis le boulevard Salomé. À gauche, après le pont, longez le sentier et empruntez le pont. Dirigez-vous à gauche vers la contre-garde pour atteindre, à droite, une demi-lune boisée. Traversez un pont à droite vers une seconde contre-garde que vous longez jusqu'au pont qui mène vers la caserne Varenne.

Musée du Dessin et de l'Estampe originale A2

03 28 51 81 00 - www.ville-gravelines.fr - 14h30-17h30 - fermé mar. - 3,50 € (-25 ans 2,50 €) - gratuit 1er dim. du mois.

Installé dans la **poudrière**, bâtie en 1742, il relate l'histoire et les techniques de l'estampe et de la gravure, à travers des illustrations de Dürer et de Léger.

À voir au sous-sol, une belle copie à l'identique du plan-relief (1756) de Gravelines qui donne lieu à une présentation vivante et ludique : sur fond de spectacle son et lumière *(20mn)*, deux soldats de l'époque évoquent à travers leurs pérégrinations l'histoire de leur petite ville fortifiée.

L'autre partie du musée occupe la casemate souterraine (1693), ancienne salle d'armes intégrée aux fortifications. La salle dite « du Pilier » - son pilier central s'ouvre sur quatre voûtes en plein cintre - abrite des expositions temporaires. Des œuvres de Gromaire, Leroy, Dodin sont, entre autres, régulièrement présentées. L'ensemble est ceint d'agréables jardins. Belles sculptures de Charles Gadenne, *La Conversation* et *La Vigie*.

Espace Tourville A2 EN DIRECTION

Rte de Calais - 03 28 21 22 40 - espacetourville.com - ♿ - avr.-oct. : lun. 14h-18h, mar.-sam. 10h-12h, 14h-18h, dim. 10h-12h, 14h30-18h; reste de l'année : se rens. - 7 € (-12 ans 3,50 €) - 2e sam. du mois (sf juil.-août).

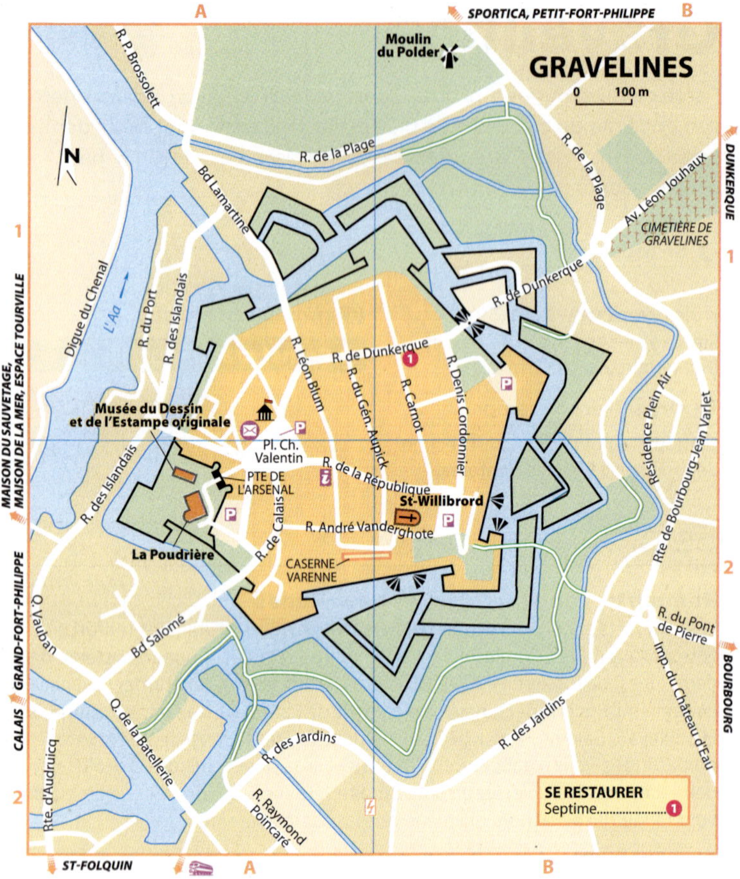

Dans les locaux de l'arsenal, une petite exposition présente l'histoire de Jean Bart et des corsaires du 17e s. : maquettes, panneaux et reconstitutions. La visite est couplée avec le **chantier de construction du Jean Bart**, de l'autre côté du bassin Vauban. Ce vaisseau de premier rang de la marine de Louis XIV est une fidèle reconstitution des navires qui sillonnaient les mers du 17e s., élaborée notamment grâce à l'*Album* de Colbert (1670) et à la découverte d'une partie de la flotte de l'amiral Tourville au large de l'île Tatihou (Cotentin). Les données sont impressionnantes : 1400 tonnes de charge, 84 canons, 150 hommes d'équipage pour le manœuvrer. La quille (44 m) et les varangues sont déjà posées, le reste devant suivre progressivement. Lancé en 2003, le projet devrait aboutir en 2025, mais l'avancement des travaux vaut le coup d'œil.

Église St-Willibrord B2

De style gothique flamboyant, à l'exception de son portail fin Renaissance, cette église est dédiée à l'apôtre des Pays-Bas (7e s.). De belles boiseries du 17e s. habillent les murs de la nef. Remarquez les confessionnaux, le buffet d'orgue et plusieurs monuments funéraires, dont le cénotaphe de Claude Berbier du Metz, sculpté

par Girardon *(bas-côté gauche)*, et le portrait en médaillon, très expressif, du gouverneur de Gravelines, tué au siège de St-Venant en 1657.
La citerne, reliée à l'église par une arcade, date du 18e s. ; ses pompes ont des embouts sculptés en forme de dauphins.

Moulin du Polder B1

Rte de Petit-Fort-Philippe. Ne se visite pas.
Ce tout petit moulin sur pivot en pitchpin (bois de différentes espèces de pins d'Amérique du Nord) a été bâti en 1925.

À proximité

CARTE P. 94-95

Petit-Fort-Philippe A1

À 2 km par la D 11.
Reconstruit dans le style flamand après la guerre, Petit-Fort-Philippe doit son nom au roi d'Espagne Philippe II. C'est un port de pêche, où l'on peut déguster d'excellents poissons frais, et une station balnéaire. Jolie vue sur le canal animé par les chalutiers et sur Grand-Fort-Philippe.
Phare – *Digue de Mer - 03 28 24 99 79 - www.ville-gravelines.fr - juin-août : merc.-sam. 14h-18h, dim. 10h-12h30, 14h-18h ; sept.-oct. : merc. et sam. 14h-18h, dim. 10h-12h30, 14h-18h - 2 € (-12 ans gratuit) - 116 marches - montée non autorisée aux enf. de moins de 7 ans.* Il offre une belle vue sur les alentours, du haut de ses 29 m et 116 marches.

Grand-Fort-Philippe A1

À 2 km par la D 11G.
L'activité principale de la ville a longtemps été liée aux métiers de la pêche (corderie, saurisserie, construction navale). Deux musées en retracent le souvenir : *03 28 23 98 39 - www.dunkerque-tourisme.fr - - juil.-août : lun. 9h30-12h30 ; merc.-dim. 14h-18h ; avr.-juin et sept. : w.-end 14h-18h - fermé mar. - 3 € (-12 ans gratuit) pour les deux musées.*
Maison de la mer – *29 bd Carnot.* Elle évoque l'histoire du port et de la construction navale, les techniques de pêche, la vie quotidienne des marins...
Maison du sauvetage - *Bd de la République* - Ancien abri à canots, elle a été convertie en musée à la gloire du sauvetage en mer. Maquettes, archives retraçant les grandes heures du sauvetage, canot restauré...
Dans le passé, on comptait les **saurisseries** par dizaines, mais aujourd'hui ne subsiste qu'une entreprise (*« Nos adresses » p. 115*) salant, séchant et fumant le poisson au bois de hêtre, selon les méthodes traditionnelles.

Réserve naturelle du Platier d'Oye A1

À l'ouest de Grand-Fort-Philippe.
Cette réserve naturelle de 400 ha est un vaste espace dunaire (dunes grises et blanches) dans lequel évoluent canards et limicoles.
R. des Dunes - 03 28 51 94 00 - www.dunkerque-tourisme.fr - visites chaque 1er dim. du mois (3 €) par les guides nature du Platier d'Oye, se rens. au 03 21 36 13 82 ou sur www.platier.fr - visites guidées à thème également organisées par Eden 62, se rens. sur www.eden62.fr ou au 03 21 32 13 74.

★ Bourbourg A2

9 km au sud-est par la D 11.
Centre d'interprétation art et culture (CIAC) - 1 r. Pasteur - 03 28 26 27 66 - www.dunkerque-tourisme.fr.

2

Église St-Jean-Baptiste – *26 Pl. du Marché-aux-Chevaux.* Détruit pendant la Seconde Guerre mondiale et muré jusqu'à la fin des années 1990, le chœur de l'église reçoit désormais un ensemble d'une quinzaine de sculptures du Britannique Anthony Caro (1924-2013). Dans ce **Chœur de lumière★** (2008), l'artiste explore les frontières entre l'art gothique et l'art contemporain, le païen et le religieux, l'architecture et la sculpture.

Glissées dans les niches du chœur gothique (13e s.), des sculptures d'acier font revivre le **thème de l'eau et de la création**. De droite à gauche, elles montrent une évolution du déchaînement à l'apaisement, suggérant la difficile naissance du monde, dans un style mi-abstrait mi-figuratif. Au creux des vagues métalliques se cachent des animaux marins, dont les formes naïves explicitent l'œuvre. Car l'ambition de Caro est de s'adresser à tout le monde, et l'artiste a trouvé un extraordinaire équilibre dans l'expression d'une cosmogonie à la fois religieuse et scientifique. Au centre, la cuve baptismale, en béton d'un blanc pur, également création de Caro tout comme les sculptures de l'avant-chœur : *Alléluia* (côté sud), *Le Jardin du paradis* (côté nord), où l'art brut se conjugue en lignes épurées.

Voyez enfin les **tours du Matin et du Soir**. Construites en bois autour de colonnes, faites d'escaliers et de paliers, elles s'expérimentent par le corps et témoignent du lien qu'explore Anthony Caro entre sculpture et architecture. Elles font écho à la structure cylindrique, installée à l'extérieur et intitulée **Seuil**, que l'on peut traverser pour accéder au sanctuaire et qui permet d'appréhender la sculpture de l'intérieur.

Pour en savoir plus sur le *Chœur de lumière*, rendez-vous au petit centre d'interprétation *(1 r. Pasteur)* ou au musée des Beaux-Arts de Calais *(p. 213)*.

Ancienne prison – *29 pl. du Général-de-Gaulle - visite guidée 3,50 € (1h) avec le centre d'interprétation (1 r. Pasteur).* Cette ancienne prison communale datant du 16e s. arbore sur sa façade en briques blondes un cadran solaire surmonté d'une inscription latine signifiant « Nul ne sait l'heure ». Une référence aux pensionnaires des cachots plongés dans le noir jour et nuit ? À l'étage, dans les cellules, on peut lire des inscriptions de prisonniers déserteurs datant de la période napoléonienne.

Carnet pratique

S'informer

Office du tourisme – *2 r. Léon-Blum - Gravelines - ✆ 03 28 26 27 28 - www.dunkerque-tourisme.fr.*

Visites guidées – Promenades commentées en bateau ou à pied *(se rens. au Pôle animation du patrimoine au ✆ 03 28 24 99 79 - resapatrimoine@ville-gravelines.fr).*

Agenda

Grand son et lumière – *15 € (-18 ans 5 €).* Lors des deux derniers w.-ends d'août *(22h)*, spectacle historique son et lumière sur le site de la porte aux Boules.

Sortie des géants – À Gravelines, on profite de la **Fête de la matelote**, le 1er ou 2e dim. d'avr. (tous les deux ans) pour faire la ronde des géants. Bourbourg met à l'honneur les géants de sa cité, le 3e ou 4e dim. de juin.

Bénédiction de la mer – Tous les 15 août à Grand-Fort-Philippe.

Nos adresses

Restauration

Premier prix

① **Le Septime** – B1 - *26 r. de Dunkerque - ✆ 06 50 88 27 97 - fermé dim. - plats 16/18 €.*.Dans sa jolie salle pimpante, le chef Julien Henon propose une cuisine classique, à base de spécialités de la région notamment. Sans s'interdire de regarder ailleurs, à l'image de ce green curry de cabillaud.

Shopping

Saurisserie Jannin – *1 bis av. de Dunkerque - Grand-Fort-Philippe - ✆ 03 28 65 22 81 - fermé dim.-lun.* Transformation de saumons, harengs, flétans et autres.

Activités

Embarcadère Vauban Promenade – *R. de Dunkerque - ✆ 03 28 65 33 77 - 10/20 € selon embarcation et durée.* Location de pédalos, bateaux électriques ou à rames pour faire le tour des remparts.

Balades en mer Le Christ Roi – *Port de Plaisance - ✆ 03 28 51 25 95 ou 06 75 22 16 13 - avr.-oct. - rens. et réserv. à l'office du tourisme de Gravelines - 15 €/2h balade en mer.* Le Christ Roi, dernier crevettier à voile, permet de découvrir les paysages côtiers de la mer du Nord mais aussi d'en savoir plus sur la pêche et la navigation traditionnelle.

Sportica – *Pl. du Polder - ✆ 03 28 65 35 00 - www.sportica.fr.* Ce complexe sportif est le plus grand établissement de ce type au nord de Paris. Salle omnisports, piscine, fosse à plongée, cinéma, restauration.

Hébergement

À St-Folquin

Premier prix

Chambre d'hôte La Haute Muraille – *821 r. du capitaine Henri-Coustre - ✆ 06 87 84 50 90 - www.chambres-haute-muraille.com - P - 4 ch. 75/80 €.* Au cœur d'un jardin, on découvre cette demeure tout en pierre auprès de laquelle une annexe abrite quatre chambres de plain-pied. Confort irréprochable.

2

Bergues ★

Petite cité au caractère sobre et harmonieux, Bergues voit son destin transformé le jour où Dany Boon, appréciant ses maisons en briques, sa Grand'Place et son beffroi, emblématiques de la région, y pose ses caméras pour le tournage du film « Bienvenue chez les Ch'tis » (2008). Mais c'est en allant sur place que le visiteur peut véritablement se rendre compte des attraits de la ville, tels son canal intérieur et ses remparts, qui font la renommée de « la petite Bruges du Nord ».

Bergues vue du ciel, ville fortifiée enroulée autour de son beffroi.
Ph. Turpin/Photononstop

Se repérer

CARTE B1-2 (P. 94-95) - PLAN P. 119.

3600 Berguois – Nord (59)
À 10 km au sud-est de Dunkerque.

À ne pas manquer

Le tour des remparts et la couronne d'Hondschoote.

Organiser son temps

Prévoyez 3h pour visiter la ville ;
le lundi (11h-12h), concert de carillon.

Carnet pratique p. 122

Nos adresses p. 122

La ville fortifiée

PLAN P. 119

Circuit tracé en vert sur le plan de la ville – Départ de la pl. Henri-Billiaert.
L'enceinte fortifiée, percée de quatre portes, est cernée de douves. Certains éléments datent du Moyen Âge ; d'autres, aménagés par Vauban, du 17e s.

Beffroi A2

Pl. Henri-Billiaert - ☏ 03 28 68 71 06 - www.bergues.fr - de déb. avr. à mi-oct. : lun.-sam. 10h-12h et 14h-18h, dim. 10h-13h et 15h-18h ; reste de l'année : lun.-sam. 10h-11h15 et 14h-17h15, dim. 10h-12h15, 15h-17h15 - visite guidée uniquement (30 à 45mn) - 3 € (-14 ans 1,40 €).
Ce monument du 16e s. fut dynamité par les Allemands en 1944. Paul Gélis dirigea sa reconstruction (1958-1961) en conservant les grandes lignes initiales. Son appareillage en briques jaunes (« briques de sable ») est surmonté du lion de Flandre et possède un **carillon** de 50 cloches *(concert lun. à 11h et 12h et merc. ou jeu. à 11h)*. En haut, on domine toute la plaine de Flandre. Cloches et carillons y sont présentés, tandis que le rez-de-chaussée est occupé par des expositions temporaires.
Devant l'hôtel de ville, le « géant », coiffé d'un haut-de-forme, symbolise la bourgeoisie locale qui favorisa au 19e s. l'élection de Lamartine, député de Bergues.
Rejoindre la porte de Cassel par la rue M.-Cornette.

Porte de Cassel A2

Édifiée au 17e s. avec un **pont-levis**, elle arbore un fronton triangulaire orné d'un soleil sculpté, emblème de Louis XIV. Du côté extérieur, perspective à droite sur la **courtine médiévale** montant en direction des tours St-Winoc.

Rempart ouest A2

Après la **poudrière du moulin**, on accède à la **tour Neckerstor**, étonnante porte d'eau héritée des ducs de Bourgogne. Le rempart, construit en 1585, se prolonge ensuite vers la **porte de Bierne** (15e s.) et son pont-levis. Vues sur les **ruines d'une tour médiévale** et sur d'**anciennes écluses**.
Monter sur le rempart nord par l'escalier, à droite de la porte du Quai.

Rempart nord A1

Il relie la **porte de Dunkerque**, qui veille sur l'accès au canal intérieur, la **tour Guy-de-Dampierre** (1286), 22e comte de Flandre, et la première **porte d'Hondschoote**.
Quitter l'enceinte par la porte d'Hondschoote et l'avenue Vauban.

★ Couronne d'Hondschoote A1

Vauban s'est servi des bras de la Colme pour édifier ce système de bastions et de demi-lunes *(ABC d'architecture p. 407)*, dont le plan dessine une couronne. De la seconde **porte d'Hondschoote**, la promenade intérieure longe le **canal du Roy**. Les deux demi-lunes, entourées de profonds fossés servent de réserve ornithologique.
Revenir sur ses pas et remonter sur le rempart.

Couronne et abbaye St-Winoc B2

La couronne St-Winoc protégeait l'abbaye éponyme. Elle comprend trois **bastions** (1672-1692) : celui de St-Winoc, du Roi *(pl. C.-de-Crocq)* et de St-Pierre (casemate). On rejoint le site de l'**abbaye** en traversant l'avenue du Gén.-de-Gaulle. Cet établissement bénédictin a été détruit en 1789, sauf la porte de Marbre (18e s.), la Tour pointue (refaite en 1815) qui marque l'emplacement de la façade de l'abbatiale et la Tour carrée (12e-13e s.).

2

Reprendre la promenade des remparts au niveau du 3e bastion (St-Pierre) de la couronne St-Winoc.

Rempart sud B2

Trois petites tours rondes du 15e s. précèdent celle des Faux-Monnayeurs puis celle des Couleuvriniers. Sur les anciens jardins ouvriers, le rempart a été réaménagé de telle sorte que soit mise en évidence une demi-lune.
À la porte de Cassel, remonter la rue M.-Cornette et prendre à gauche la rue Carnot qui se prolonge en rue Faidherbe.

Rues Carnot et Faidherbe A1-2

Ancienne rivale de Dunkerque, la ville fut très endommagée en 1940. Brillamment reconstruite, avec ses demeures de briques ocre jaune, ses chapelles et ses tuiles rouges, elle conserve toutefois une succession de jolies façades du 18e s. dans les rues Carnot et Faidherbe. Parmi les beaux hôtels particuliers se distingue l'**hôtel de Hau de Staplande**, 22 rue Carnot.
Dans la rue Faidherbe, prendre à droite la rue du Mont-de-Piété.

Mont-de-piété A1

Élégant bâtiment de brique et pierre blanche, dont le pignon baroque présente une ingénieuse composition de pilastres, niches, cartouches, frontons... Le rôle des monts-de-piété était de réprimer les abus des établissements de prêt que tenaient les Lombards. Celui de Bergues, inauguré en 1633, poursuivit son activité jusqu'en 1848. Il abrite le musée municipal depuis 1953.

Musée du Mont-de-Piété A1

1 r. du Mont-de-Piété - ✆ 03 28 68 13 30 - bergues-musee.fr - de déb. mai. à fin oct. : merc.-dim. 14h-18h - 4 € (12-18 ans 2 €).
Le joyau est sans aucun doute le *Joueur de vielle,* œuvre diurne de **Georges de La Tour** (1593-1652), datant des années 1625 *(à l'étage)*. Remarquez aussi un ensemble de peintures flamandes (16e-17e s.), hollandaises, françaises et italiennes, une esquisse de Rubens, des portraits de Van Dyck. Les dessins (15e-19e s.) sont exposés par roulement (Poussin, Le Brun, Tiepolo, etc.). Section d'histoire naturelle au 2e étage (oiseaux et papillons).
On retrouve le beffroi en contournant l'église face au mont-de-piété et en prenant la rue de la Gare.

À proximité

CARTE P. 94-95

Quaëdypre B2

5 km au sud-est par la D 916 puis la D 37.
Situé sur une légère éminence, ce village possède une **église-halle** à trois nefs égales. Boiseries sculptées (17e s.) ; notez une toile anversoise de Goubau, maître de Largillière, sur le maître-autel (*ABC d'architecture p. 406*). La table de communion, la chaire et les confessionnaux proviennent de l'église des Dominicains de Bergues, tandis que le buffet d'orgue et les stalles se trouvaient à St-Winoc à Bergues.

Moulin Den Leeuw B2

8 km au sud par la D 916 puis, à droite, la D 110.
8 Rte du Nieppe - Pitgam - ✆ 03 28 68 71 06 - www.ot-hautsdeflandre.fr - visite guidée sur réserv. (30mn) mai-sept. : 3e dim. du mois 15h-18h - 2 € (-12 ans gratuit).

SE RESTAURER
Bienvenue chez Nous 1
Taverne Le Bruegel 4

SE LOGER
Chambre d'hôte De Vast Brug 3
Hôtel Au Tonnelier.......... 4

Sur la commune de **Pitgam**, ce moulin à farine en bois, sur pivot, date de 1776. Il a été récemment restauré.

Esquelbecq B2

8 km au sud par la D 916 puis, à droite, la D 417.

9 pl. Bergerot - ✆ 03 28 62 88 57 - www.esquelbecq.com.

Situé au cœur du **Westhoek** français (Flandre occidentale), ce bourg traversé par l'Yser est typiquement flamand avec sa **Grand'Place★**, bordée de maisons en brique des 17e et 18e s., et sa vaste église. Ce village très dynamique doit son appellation « Village du livre » à la programmation culturelle riche (festival « La Nuit des livres », marchés aux livres, rencontres littéraires, expositions), des associations et professionnels y ayant élu domicile. On y brasse la blonde et l'ambrée d'Esquelbecq.

Dans la plaine du Bois, située aux abords du village *(r. de Dunkirk-Vétérans)*, une grange, aujourd'hui reconstituée, a été le théâtre, le 28 mai 1940, du massacre de 80 soldats britanniques par la garde personnelle de Hitler. Un petit musée présente des archives et documents originaux *(ouv. aux horaires de l'office de tourisme - 2 €)*.

Ch'ti mania

Après être venu plusieurs fois en repérage, l'humoriste Dany Boon a jeté son dévolu sur Bergues pour y tourner son long-métrage *Bienvenue chez les Ch'tis* (2008). Ayant rapidement dépassé les 20 millions de spectateurs, le film est le plus gros succès cinématographique de France. La petite ville tranquille a pris des airs de pèlerinage depuis ce triomphe, enregistrant une hausse de fréquentation touristique de 50 % l'été suivant sa sortie. L'office de tourisme propose un « Ch'ti tour » : visite guidée des lieux de tournage du film, bien qu'il ne reste rien des décors. Le patron de la Friterie des Flandres, au pied du beffroi, a renforcé son équipe face aux commandes de frites-fricadelles des *aficionados* affamés.

Église-halle – Datée du 16e s., elle arbore trois pignons pointus, correspondant aux nefs, faits de briques et motifs losangés. Au pinacle central, statue de saint Folquin, évêque de Thérouanne. À la suite d'un incendie en 1976, une superbe restauration a mis en valeur à l'intérieur les briques apparentes et le clocher accessible par un étroit escalier en colimaçon (75 marches), sculpté dans un pilier du 12e s. Au premier niveau, la voûte étoilée de 12 m de haut a été relevée par les compagnons charpentiers de Paris. Film sur l'incendie (7mn), exposition d'objets liturgiques et aperçu des vitraux travaillés. Du sommet, belle vue sur les cloches, le carillon et les alentours. Notez la *Crucifixion* (17e s.) en céramique de St-Omer.

★ **Château** – D'aspect féodal, avec son colombier (1606), sa conciergerie (1590), sa ferme (qui abrite la Maison du Westhoek) et son hôtel du bailliage (1615), il a été restauré en 1606 et a peu changé au vu de l'estampe de Sanderus (*Flandria illustrata*, 1641). La tour de guet s'est effondrée en 1984 emportant avec elle une partie de l'aile nord de la demeure seigneuriale (reconstruite en 2005). Face à celle-ci, de l'autre côté des douves alimentées par l'Yser, se trouve le **jardin à la flamande** magnifiquement restauré en 2018 *(avr.-oct. : vend.-dim. 14h-18h)*. Après avoir emprunté le pont précédé de grilles rouges, le visiteur chemine entre les fruitiers palissés centenaires et les haies de charmilles. Datant du 17e s., ce jardin à compartiments, caractérisé par la symétrie et les perspectives courtes, est l'un des très rares exemples subsistants de jardins flamands Renaissance. Le potager et les plantes aromatiques et médicinales sont cultivés selon les principes de la permaculture tandis qu'art contemporain et jardinage dialoguent notamment à travers l'œuvre monumentale *L'Arrosoir d'Alice* de Philippe Thill. La Fête des plantes *(« Agenda » p. 122)* et l'ouverture à la visite des salons du château témoignent du réveil de ce joyau architectural des Flandres.

Sentier de randonnée « Des chênes au château » (6-11 km) au dép. de la pl. Bergerot. Plan sur le patrimoine (gratuit) et pochettes randonnées (2 €) disponibles à l'office de tourisme.

Millam et le point de vue de Merckeghem A2

23 km au sud-ouest par la D 916, la D 110 puis la D 46.

Millam séduit par son habitat traditionnel : maisons aux pignons de briques jaunes, toits couverts de « pannes » rouges. Avant Merckeghem (rte de Watten), **vue** sur la plaine flamande jusqu'à la mer. À l'horizon, on distingue Dunkerque.

De la route qui longe la crête, vue sur les monts de Flandre *(à droite)* et sur la Flandre maritime *(à gauche)*. On franchit un vallon où se cache la **chapelle Ste-Mildrède** (18e s. ; commune de Millam). À l'intérieur, six toiles (1780) du Dunkerquois Pieters retracent la vie de la sainte.

Wormhout B2

▶ *10 km au sud par la D 916.*

ℹ *60 pl. du Gén.-de-Gaulle - ✆ 03 28 62 81 23 - www.ot-hautsdeflandre.fr.*

Moulin Deschodt – *Rte de Cassel - ✆ 03 28 62 81 23 - visite (1h) sur réserv. à l'office du tourisme - 2,20 € (-15 ans 1 €).* Le dernier des 11 moulins à vent, en bois, que comptait la commune en 1780 se dresse sur pivot. De son vrai nom « moulin de la Briarde », il porte communément le nom de son dernier meunier, Deschodt. Les moulins sur pivot, les plus répandus, tournent autour d'un axe vertical.

Musée Jeanne-Devos – *17 r. de l'Église - ✆ 03 28 65 62 57 - www.ot-hautsdeflandre.fr - visite guidée (1h) avr.-oct. : tlj sf merc. et dim. 14h-17h, 1er dim. du mois 15h-18h ; reste de l'année : sam., lun. et jeu. 14h-17h - 2,20 € (-15 ans 1 €).* La première femme photographe de Flandre vécut, jusqu'à sa mort en 1989, dans ce presbytère (18e s.) flanqué d'un pigeonnier. Photos et objets instaurent une ambiance d'intérieur typiquement locale : mobilier, aquarelles, peintures, céramiques...

Hondschoote C1

▶ *13 km à l'est par la D 916, D 916a et la D110.*

ℹ *5 pl. du Gén.-de-Gaulle - ✆ 03 28 62 53 00 - www.ot-hautsdeflandre.fr.*

Cette petite cité rurale, de langue flamande, recèle deux moulins et de belles maisons anciennes, dont quelques-unes à pignon. Hondschoote s'est développée grâce au tissage de la sayette, une étoffe de laine légère, qui occupa jusqu'à 3 000 ateliers de la ville au 17e s.

Hôtel de ville – *1 bis pl. du Gén.-de-Gaulle - ✆ 03 28 68 31 55 - www.hondschoote.fr - ♿ - 8h-12h, 14h-18h, lun. 9h-12h, 14h-18h, vend. 8h-12h, 14h-17h - fermé w.-end.* De style gothique-Renaissance (1558), il présente vers la Grand'Place une façade en pierre rythmée par de hautes baies à meneaux que relient de délicates moulures, tandis que l'arrière arbore un mélange de brique et de pierre. Au rez-de-chaussée, des inscriptions évoquent les liens de Lamartine avec les Coppens d'Hondschoote, et un grand tableau illustre la bataille d'Hondschoote (1793). Au 1er étage, tableaux du 17e s. et œuvres de l'école hollandaise.

Église St-Vaast – Cette église-halle est typique de la Flandre maritime. Seule la tour du 16e s. (82 m) a réchappé à l'incendie d'Hondschoote en 1582. Les nefs ont été rebâties au début du 17e s. À l'intérieur, le buffet d'orgue en forme de lyre et la chaire de vérité de style baroque datent du 18e s. On peut entendre, tous les quarts d'heure, le carillon de l'église composé de 60 cloches.

La **maison** en face (Caisse d'épargne) est l'ancien manoir des Coppens, seigneurs d'Hondschoote.

Moulin Spinnewyn – *Imp. Spinnewyn - ✆ 03 28 62 53 00 - en travaux au moment de notre visite.* Ce moulin à vent en bois a été reconstruit pour le bicentenaire de la bataille d'Hondschoote, défaite anglaise qui permit à la France de garder Dunkerque (8 septembre 1793).

Moulin Noordmeulen – *À 500 m au nord.* Fondé en 1127, il compte parmi les plus vieux d'Europe, mais ses ailes ont cessé de tourner en 1959. Sa cabine de bois repose sur un pivot également en bois et une base en brique.

Les Moëres B1

▶ *14 km au nord-est par la D 3 puis prendre à gauche et suivre la D 947.*

Ce terme, qui signifie marais, s'applique à l'ancienne lagune asséchée au 17e s. par Coebergher au moyen de digues, de canaux et de 20 moulins à vent munis de vis d'Archimède pour le pompage des eaux.

2

Inondés à nouveau de 1645 à 1746, puis en 1940, les moëres sont des polders fertiles, entrecoupés de canaux poissonneux (tanches, brèmes, brochets) et parsemés de fermes. Ils se prolongent en Belgique jusqu'à Furnes, sous le niveau de la mer. À l'horizon se profilent le beffroi et les usines de Dunkerque.
Revenir par la D 947 puis la D 3.

Carnet pratique

S'informer

Office de tourisme – *Pl. Henri-Billiaert - Bergues - ✆ 03 28 68 71 06 - www.bergues.fr.*
Visite guidée – Le Ch'ti tour *(1h30)* passe sur les principaux lieux de tournage de *Bienvenue chez les Ch'tis.*
Tram 99 – Circuit commenté à travers la ville dans une réplique d'un tramway des années 1900 *(5 pers. mini). Dép. du Beffroi - de mi-avr. à mi-oct. : tlj sf lun. 14h30, 15h15 et 16h, dim. 15h45 et 16h30 - 35mn - 4,80 € (enf. 2,70 €).*

Agenda

Ainsi soit Hyl ! – *Derniers vend. et sam. d'avr. - RV à l'office de tourisme.* Spectacle nocturne dans la ville fortifiée.
La Légende du joueur de vielle au chien – *Derniers vend. et sam. de sept. - RV à l'office de tourisme.* Son et lumière.

À Esquelbecq

Fête des plantes – *Jardins du château - 3e w.-end d'avr. - 10h-18h - 5 €.* Une quarantaine d'exposants (horticulteurs, artisans...) mettent à l'honneur l'originalité des jardins à la flamande dans un cadre exceptionnel.
La Nuit des livres – *Dans le bourg - 1er sam. de juil.* - Festival littéraire.

À Hondschoote

Karyole Feest – Le 1er week-end de septembre, c'est la foire agricole avec défilés de chevaux de trait, concours de vaches laitières, animations musicales...

Nos adresses

Restauration

Premier prix

4 **Taverne Le Bruegel** – A1 - *1 r. du Marché-aux-Fromages - ✆ 03 28 68 19 19 - www.restaurantlebruegel.fr - ♿ - fermé merc.-jeu. - formule 15,50/24,50 €, plats 11/18 €.* Dans cet estaminet établi dans une maison flamande de 1597, grillades au feu de bois et cuisine régionale sont servis en costume traditionnel et, parfois, au son du doedelsack (cornemuse).

1 **Bienvenue chez Nous** – B2 - *25 r. du Collège - ✆ 03 61 38 47 20 - www.restaurant-bienvenuecheznousbergues.com - ♿ - fermé dim. soir - plats 15/22 €.* On note l'attention portée à la décoration, façon néobaroque ou cuisine à l'ancienne selon les salles. Dans l'assiette, cuisine de brasserie en portions généreuses. Terrasse en été. Possibilité d'hébergement.

à Hondschoote

Budget moyen

Les Jardins de l'Haezepoël – *1151 r. du Looweg - ✆ 03 28 62 50 50 -* P

♿ - *fermé dim.-jeu. soir - plats 16/25,50 €.* Cette belle maison en briques abrite également un cabaret. Dans un cadre champêtre, vous dégusterez grillades préparées devant vous et spécialités régionales (potjevleesch).

Shopping

À Esquelbecq

Brasserie Thiriez – *22 r. de Wormhout - ☎ 03 28 62 88 44 - www.brasseriethiriez.com - fermé dim. - visite guidée sur demande (1h, 5 €).*

Activités

À Warhem

Ces Ânes – *Rte d'Uxem, Chemin de la butte - ☎ 03 28 23 45 68 - balade sur le site : 16 €/h.* Cette association propose des balades et randonnées à dos d'âne pour tout public.

Hébergement

Premier prix

③ **Chambre d'hôte De Vast Brug** – A1 - *10 quai des Maçons - ☎ 03 28 20 70 08 - www.devastbrug.com - 2 ch. 68 €.* Une maison pimpante en briques claires qui donne sur les quais du canal intérieur. Des dizaines de bibelots tapissent les murs de l'escalier qui mène aux chambres et l'on se sent comme à la maison.

Budget moyen

④ **Hôtel Au Tonnelier** – A1 - *4 r. du Mont-de-Piété - ☎ 03 28 68 70 05 - www.autonnelier.com - P payant - ♿ - 39 ch. 90/100 € - 12,50 € - formules 18/30 €.* Cette adresse familiale, une maison en briques abondamment fleurie, abrite des chambres entièrement rénovées au charme indéniable. Accueillante salle à manger (boiseries, mobilier de style bistrot) et cuisine traditionnelle.

À Millam

Budget moyen

Chambre d'hôtes La Ferme des Saules – *337 r. de l'Église - ☎ 03 28 68 05 32 - www.a-la-ferme-des-saules.fr - P ♿ - 4 ch. 95/109 € - menus 29/35 €.* Cette grosse ferme à l'architecture locale accueille 4 chambres spacieuses, très confortables, à la décoration rustique. L'accueil est professionnel et le petit-déjeuner succulent. Cuisine à disposition des hôtes, cheminée en hiver et jardin en été. Une bonne adresse !

À Coudekerque

Premier prix

Camping Le Bois des Forts – *5180 rte Principale - ☎ 07 87 93 09 59 - www.campingduboisdesforts.sitew.eu - P ♿ - 130 empl. 17 €.* Camping discret avec de beaux emplacements. Blocs sanitaires simples mais de bonne tenue. Un peu bruyant, car proche de la route, mais très correct pour une halte dans la région.

Cassel ★

Cette petite ville, perchée sur le mont Cassel, est l'une des plus charmantes de la région, avec sa position en hauteur, sa Grand'Place aux pavés inégaux, ses rues étroites et tortueuses et ses maisons basses chaulées. Les institutions locales ont su développer un tourisme éclairé autour de ce patrimoine et de l'identité flamande, qui n'écrase ni ne caricature la vie quotidienne des Casselois et rend l'animation authentique.

Moulin de Cassel.
O. Leclercq/hemis.fr

Se repérer

CARTE B2 (P. 94-95).
2 265 Casselois – Nord (59)
Accès : A 25 puis D 948 ou D 916, D 933. Le mont Cassel est le point culminant de la Flandre (176 m d'alt.). Cassel est à 22 km à l'est de St-Omer par la D 933 et à 30 km au sud de Dunkerque par la D 916.

À ne pas manquer

Le musée de Flandre ; le panorama au sommet du mont Cassel ; les moulins de Steenvoorde.

Organiser son temps

Commencez par la visite de Cassel pour sillonner ensuite les alentours. Comptez une journée dans la région.

Carnet pratique p. 128

Nos adresses p. 128

Se promener

Grand'Place
Bosselée de pavés, elle s'étire sur le flanc du mont, près de la collégiale. Côté sud, bel ensemble d'anciens hôtels particuliers (16ᵉ-18ᵉ s.).

Musée de Flandre
26 Grand-Place - ✆ 03 59 73 45 59 - museedeflandre.fr - ♿ - 10h-12h30, 14h-18h, w.-end 10h-18h - fermé lun. - 6 € (-26 ans gratuit).
Logé dans l'**hôtel de la Noble-Cour** (16ᵉ s.), remarquable pour sa façade en pierre (si rare dans le Nord), ce « musée de territoire » est reconnu au niveau national (obtention à plusieurs reprises du label « Exposition d'intérêt national » du ministère de la Culture). La politique d'acquisitions et l'accrochage apportent une vision vivante de l'**identité flamande**. Dans les quatre parties du musée sont présentées en vis-à-vis des œuvres contemporaines et anciennes, païennes et religieuses, populaires et académiques, créant une synergie entre hier, aujourd'hui et demain.
La Vue panoramique de Cassel (anonyme, fin 17ᵉ s.) montre l'importance de l'activité meunière de la ville. **Les Casselois dans le marais de St-Omer** (1887), de Francis Tattegrain, constitue une belle fresque humaine de combattants pris dans la guerre. *Le Paradis terrestre* (anonyme de l'école flamande, 17ᵉ s.) côtoie la vision contemporaine du photographe lillois Jacques Quecq d'Henripret. Également de grands noms de la peinture flamande du 17ᵉ s., comme Teniers le Jeune, Jan Fyt, Frans Snyders. Et des installations plus récentes de Léo Copers et Jan Fabre qui voisinent avec le *Portrait de fou regardant à travers ses doigts* datant de 1537. Les deux anciens géants de Cassel concluent la visite : classés depuis 2000 au titre des monuments historiques, Reuze-Papa et Reuze-Maman y jouissent d'une retraite bien méritée tandis que des copies animent les rues lors des carnavals.

Collégiale Notre-Dame
Cette église gothique flamande comporte trois pignons, trois nefs, trois absides, et un clocher carré à la croisée du transept. Foch vint souvent y prier.

Ancienne chapelle des Jésuites
Harmonieuse façade du 17ᵉ s., en brique et pierre.

Le mont Cassel
« De Cassel, affirme le dicton, on voit cinq royaumes, la France, la Belgique, la Hollande, l'Angleterre et, au-dessus des nuées, le royaume de Dieu. » De fait, du sommet du mont Cassel, on contemple un beau **panorama★** : les vieux toits de Cassel ; au-delà, les monts de Flandre, la mer du Nord et le beffroi de Bruges.
Moulin de Cassel – *✆ 03 28 40 59 29 - www.coeurdeflandre.fr - réservation à l'office de tourisme - visite guidée (1h) - 5 € (6-12 ans 2,50 €).* Ce moulin du 18ᵉ s. en bois, sur pivot, a été remonté à la place du moulin du château, victime d'un incendie en 1911. Un tordoir – pilon qui sert à écraser les graines oléagineuses – permet de produire de l'huile de lin. Jadis, on comptait une vingtaine de moulins sur le mont.
Un **jardin** a été dessiné à l'emplacement du château féodal : celui-ci englobait une collégiale dont on a retrouvé la crypte. Au centre se dresse une **statue équestre** de Foch.

2

Conflits historiques

La ville fut l'objet de maintes batailles avec la France, qui obtint l'annexion de Cassel et de la Flandre maritime lors du traité de Nimègue, en 1678. D'octobre 1914 à avril 1915, le **général Foch** établit son QG à Cassel. Logé à l'hôtel de Schœbecque, au n° 32 de l'actuelle rue du Maréchal-Foch, il suit les batailles de l'Yser et d'Ypres.
En mai 1940, une partie du corps expéditionnaire britannique résiste durant trois jours aux troupes allemandes (opération Dynamo), permettant ainsi aux troupes alliées d'embarquer à Dunkerque.

À voir aussi

Jardin du Mont des Récollets - Wouwenberghof

1936 rte de Steenvoorde - ✆ 03 28 40 59 29 ou 06 07 84 77 50 - avr.-sept. : jeu.-dim. 10h-18h - 7 € (10-15 ans 4 €).

Les meilleures périodes pour visiter ce jardin sont du 15 au 25 avr. pour les bulbes, fin juin pour les rosiers et le Jardin bleu, du 15 oct. au 10 nov. pour les couleurs automnales.
Autour d'une superbe **ferme** traditionnelle, aux briques rouges et au pignon à pas de moineaux, Emmanuel de Quillacq a dessiné un **jardin d'inspiration flamande**, que l'on découvre par un parcours fléché. Le paysagiste a puisé dans la tradition du jardin flamand, carré, rigide, strict mais aussi fantasque, tel qu'il a évolué au fil du temps. De la Renaissance, il a repris le concept de « chambres de verdure », où des corridors alternent avec des « chambres extérieures », comme dans une maison, ce qui permet également d'amorcer un travail sur le clair-obscur, si cher à Rembrandt. Du jardin traditionnel, il a récupéré le verger-potager. Enfin, du jardin contemporain, on retrouve l'utilisation exclusive d'une espèce végétale ; ici uniquement du buis, là seulement des hortensias, etc.

Circuit découverte de 3 km (1h30) autour de la ville. Plan et départ à l'office de tourisme.

À proximité

CARTE P. 94-95

Steenvoorde C2

8 km à l'est par la D 948.

Cette petite ville flamande, avec ses maisons peintes et ses toits de tuiles rouges, fut célèbre pour ses draps. Elle possède l'une des plus grandes laiteries du pays. Son géant, Yan den Houtkapper (Jean le Bûcheron), représente un bûcheron qui fabriqua des chaussures inusables pour Charlemagne. Reconnaissant, celui-ci lui offrit la cuirasse qu'il porte toujours lors des défilés dont il est le héros.
À proximité, plusieurs moulins à vent sont bien conservés :
Drievenmeulen – *Sur la D 948 à l'ouest - rte de Cassel - ✆ 03 28 40 52 55 - visite sur réserv. sur www.coeurdeflandre.fr - 2 € (-13 ans 1 €).* Il est en bois sur pivot (1776) et sa silhouette allongée est caractéristique des moulins à huile.
Noordmeulen – *Sur la D 948 à l'ouest - rte de Cassel - ✆ 03 28 40 52 55 - avr.-oct. : réserv. sur www.coeurdeflandre.fr - 2 € (-13 ans 1 €).* Il s'agit d'un moulin à blé de 1576 (mécanisme du 18e s.).
Steenmeulen – *À Terdeghem (au sud sur la D 947) - 550 rte d'Eecke - ✆ 03 28 48 16 10 - www.steenmeulen.com - visite guidée (1h30) 9h-12h, 14h-18h - fermé lun.*

et dernier dim. du mois - 6,50 € (-12 ans 3,25 €) - + 2 € maison du Meunier. C'est un moulin tronconique en brique, toujours en activité (1864). Seul le toit, fait de lattes de châtaignier, pivote pour permettre à ses grandes ailes (24,70 m) de tourner. Elles actionnent trois meules, qui produisent toujours de la farine. Le site accueille aussi le **Musée rural flamand** (anciennes machines agricoles, houblonnière, objets de la vie quotidienne) et la **maison du Meunier** qui présente la vie quotidienne en 1938 (pièces reconstituées, film, automates). Un estaminet propose petite restauration, tables de pique-nique et produits artisanaux.
Moulin de la Roome – *Visite sur demande à : lemoulindelaroome@gmail.com ou au ✆ 06 85 66 85 07 ou certains dim. 15h-19h30 - 2 € (enfant 1 €).* Celui-ci est plus classique, en bois (chêne et orme, toit de châtaignier), sur pivot. Datant du 16e s., il a été reconstruit entre 1995 et 2000.

Maison Guillaume de Rubrouck B2

À Rubrouck, 11 km au nord-ouest par la D 11 puis la D 211.
78 rte de Broxeele - ✆ 06 84 68 09 81 - www.guillaumederubrouck.fr - avr.-sept. : w.-end 14h30-17h30, reste de l'année sur RV - 4 € (13-18 ans 2,50 €) - billet donnant accès au musée, à la yourte (juin-sept.).
Cette petite exposition présente la formidable épopée de Guillaume de Rubrouck, moine franciscain du 13e s. Sur ordre de Saint Louis, il parcourut, de 1252 à 1255, plus de 10 000 km, de la France jusqu'aux confins de l'Empire mongol, qui s'étendait alors de la mer Noire au Pacifique. Son objectif ? Évangéliser, mais surtout établir des relations diplomatiques avec les successeurs de Gengis Khan afin d'éviter qu'ils ne fondent sur l'Europe (en 1241, ils sont à Vienne). De son voyage, plusieurs décennies avant celui de Marco Polo, il a tiré un récit très réaliste, qui est parvenu jusqu'à nous. Une salle est également consacrée à la vie quotidienne des Mongols de nos jours (Rubrouck est le seul village de France jumelé avec une ville de Mongolie).
Le village abrite aussi une **église-halle** romane (11e s.) intéressante, surmontée d'une tour du 16e s. et parée de trois **retables** du 18e s. dédiés à la Vierge, à saint Arnould et à saint Sylvestre, patron de Rubrouck.

Maison de la bataille de la Peene

À Noordpeene, 7 km à l'ouest par la D 11 puis la D 26.
200 r. de la Mairie - ✆ 03 28 40 67 36 - www.musée-noordpeene.eu - ♿ - fév.-nov. : mar.-sam. 10h-12h30, 14h-18h - fermé déc.-janv. - 6 € (7-15 ans 3 €, -7 ans gratuit).
Au sein d'une grange flamande récente précédée d'un jardin pédagogique, on découvre l'impressionnante maquette de la bataille de Cassel (ou du Val de la Peene) de 1677 qui illustre le combat entre les troupes de Louis XIV et celles de Guillaume d'Orange (Pays-Bas espagnols) aboutissant à l'annexion de cette partie de la Flandre par la France. Une autre exposition dévoile les liens de parenté entre les souverains en guerre du 17e s. (guerre de Trente Ans, guerre de Hollande...). La culture flamande et la vie quotidienne au 18e s. y sont également à l'honneur.

2

Carnet pratique

S'informer

Office de tourisme – *Grand-Place - Cassel - ✆ 03 74 54 00 77 - www.coeurdeflandre.fr.*

Agenda

Les carnavals – Le dimanche qui précède Mardi gras, Reuze-Papa est de sortie. Un autre carnaval fête la fin de l'hiver, le lundi de Pâques, où Reuze-Papa est de sortie cette fois avec Reuze-Maman.

À proximité

Fiba – *www.lefiba.com.* Le Festival international de la bière artisanale se tient à Ste-Marie-Cappel, l'avant-dernier week-end de septembre.

Fête du houblon – À Steenvoorde, chaque 1er week-end d'octobre. Concerts, animations de rue.

Nos adresses

Restauration

Premier prix

La Taverne Flamande – *34 Grand'Place - ✆ 03 28 42 42 59 - fermé lun., mar. (journée) et merc. soir - plats 16/18 €.* En rendant visite à Reuze-Papa, le héros local dignement représenté ici, ne manquez pas les spécialités flamandes de cette taverne de la Grand'Place. Et avant de vous asseoir à la terrasse d'été qui donne sur la vallée, jetez un coup d'œil sur le magnifique comptoir.

'T Kasteelhof – *8 r. St-Nicolas - ✆ 03 28 40 59 29 - fermé lun.-merc. - plats env. 14 €.* C'est l'estaminet le plus haut de la Flandre française, la vue panoramique sur la plaine flamande y est superbe ! Vous pourrez y déguster, à n'importe quelle heure, des spécialités régionales dans un cadre typique et acheter quelques produits locaux dans la boutique attenante. Réservation vivement conseillée.

Pour se faire plaisir

Haut Bonheur de la Table – *18 Grand'Place - ✆ 03 28 40 51 03 - www.hautbonheurdelatable.com - fermé dim.-lun. soir et mar.-merc. - menus 49/62 €.* Sur la place principale de la ville, on y déguste des recettes dans l'air du temps, qui valent au chef Eugène Hobraiche une étoile (Guide Michelin 2022). L'été, on profite de la jolie terrasse.

Hébergement

Premier prix

L'Art Doize – *41 Grand'Place - ✆ 03 28 42 47 73 - www.lart-doize.com - P - 6 ch. 76/82 € - ☕ 9 € - ✕ plats 13/20 €.* Cet hôtel parfaitement situé propose six chambres dans un esprit moderne. Côté restaurant, la cuisine traditionnelle française est à l'honneur.

Pour se faire plaisir

Châtellerie de Schoebeque – *32 r. Foch - ✆ 03 28 42 42 67 - www.chatellerie-de-schoebeque.com - P ♿ - 14 ch. 111/177 € - ☕ 15,50 € - ✕ plats 15/17 €.* Au cœur de Cassel, belle demeure 18e s. qui ouvre, à l'arrière, sur la campagne. Si l'adresse se réclame « de prestige », elle peut se targuer d'un accueil chaleureux, qui témoigne d'une gestion familiale. Les chambres sont à l'avenant, toutes personnalisées autour d'une thématique différente.

Les géants Papa et Maman Reuze.
O. Leclercq/hemis.fr

Bailleul

Reconstruite dans le plus pur style flamand, après la dernière offensive allemande de 1918, cette ville ouvre la région des monts de Flandre, chère à Marguerite Yourcenar : un pays de bocage que l'on retrouve de l'autre côté de la frontière, en Belgique, avec ses haies vives, ses ruisseaux, ou « bergues », et les étendues bleutées des plantations de lin.

Se repérer

CARTE C3 (P. 94-95).
15163 Bailleulois – Nord (59)
Bailleul est à 30 km au nord-ouest de Lille par l'A 25.

Organiser son temps

Comptez une demi-journée pour le tour de la ville et une demi-journée pour le circuit.

En famille

Le Conservatoire botanique national; le musée de la Vie rurale; l'Âsinerie de St-Jans-Cappel.

Carnet pratique p. 135

Nos adresses p. 136

Se promener

Huit fois détruite, la **Grand'Place** a toujours retrouvé son charme, avec son **hôtel de ville** de style néoflamand qui abritait au Moyen Âge la halle aux draps. Avant de déguster une bière « des 3 Monts » ou une bière du Douanier dans un estaminet, admirez la façade de brique aux encoignures de pierre et l'élégante bretèche, qui servait pour les proclamations.
Derrière l'hôtel de ville, l'**église St-Vaast**, édifice de style romano-byzantin, abrite une belle collection de vitraux relatant l'histoire de la cité.
Dans la **rue du Musée**, notez les jolies façades, en particulier celle du n° 3 (la salle Marguerite-Yourcenar). Le **présidial**, l'ancien palais de justice, est le plus vieil édifice classique (1776) de la ville.

Beffroi

Pl. Charles-de-Gaulle - ✆ 03 28 49 23 79 - www.coeurdeflandre.fr - visite guidée (1h15), horaires et réserv. sur le site Internet - 5 € (-12 ans 2,50 €), entrée libre espace d'information et salle gothique.
Édifié au 12e s. et rebâti entre 1924 et 1932, il recèle à sa base une salle gothique du 13e s. Au sommet, du chemin de ronde, **panorama★** sur la plaine et les monts de Flandre au nord, sur les terrils du Bassin minier au sud. Par temps clair, on distingue Lille. Le **carillon** (35 cloches) égrène de vieux airs de Flandre tous les quarts d'heure. Perchée au sommet de la flèche du beffroi, une élégante sirène dorée se coiffe en se regardant dans un miroir.

Musée Benoît-De-Puydt

24 r. du Musée-de-Puydt - ✆ 03 28 49 12 70 - www.ville-bailleul.fr - avr.-oct. : merc.-dim. 11h-13h et 14h-18h ; nov.-mars : merc.-dim. 14h-17h30 - gratuit.
Des salles sont réservées aux enfants (matériel, atelier et stages...).
La collection assemblée au 19e s. par Benoît De Puydt fait la part belle à l'art flamand : faïences de Delft et du nord de la France, meubles et objets des 16e-18e s.,

Honneur aux dentellières

La dentelle apparaît dans les foyers de Bailleul au 17e s. et prend une importance croissante dans la vie quotidienne des femmes. La première école est fondée en 1664. Au 19e s., on compte 800 dentellières dans la région. Le déclin s'amorce avec l'arrivée des machines. Aujourd'hui, ce savoir-faire se perpétue. Tous les trois ans, en juillet, se déroulent les Rencontres internationales de la dentelle : lors de la Ste-Anne, patronne du métier, une centaine de dentellières de tous pays réalisent des œuvres en public.

toiles des écoles flamande, française et hollandaise, dont des œuvres d'Henri de Blès, Pieter Brueghel le Jeune, dit Brueghel d'Enfer et Gérard David. Porcelaines de Chine et du Japon, tapisserie des États de Flandre (18e s.)...

École dentellière

6 r. du Collège - ✆ 03 28 41 25 72 - www.ville-bailleul.fr - ♿ - mar.-merc. et vend.-sam. 13h30-17h30, jeu. 13h30-19h30 - fermé dim.-lun. - gratuit.

Sur le fronton de cette maison, de style néoflamand, on distingue une dentellière et un rouet. Plus de 150 élèves y apprennent la technique de la dentelle au fuseau, dite « torchon ». Visite de l'atelier de fabrication et stages d'initiation.

Conservatoire botanique national de Bailleul

Chemin de l'Haendries - ✆ 03 28 49 00 83 - www.cbnbl.org - ♿ - 8h30-12h, 13h30-18h (vend. 17h) - fermé le w.-end - 4,50 € (-12 ans gratuit) - 6,50 € billet combiné avec 2 jardins.

Installé sur le domaine (30 ha) d'une ferme flamande restaurée, ce conservatoire est spécialisé dans les espèces végétales du nord de la France. Le jardin médicinal abrite quelque 350 plantes, et le jardin botanique plus de 600 espèces en voie de disparition. À découvrir : la **fritillaire pintade**, superbe plante aux clochettes pourpres à damier blanc. Elle se plaît dans les prés humides des vallées inondables, mais se fait très rare dans la région. Le **jardin des plantes sauvages** met à l'honneur de nombreuses plantes menacées, des « mauvaises herbes » aux campanules, en passant par le buis ou le houx. Les biotopes reconstitués (prairies, coteaux, dunes...) sont intégrés à un parcours ludique qui plaira aux enfants. Le GR 128, sentier de grande randonnée qui parcourt les monts de Flandre, traverse le domaine.

2

À proximité

CARTE P. 94-95

Armentières D3

12 km au sud-est par l'A 25 ou la D 933.

4 r. Robert-Schuman - ✆ 03 61 76 21 85 - www.rex-tourisme.com.

Hôtel de ville – *Pl. du Gén.-de-Gaulle - ✆ 03 61 76 21 21.* La cité se distingue par son hôtel de ville et son beffroi, caractéristiques de la reconstruction des années 1920 en Flandres. Entièrement détruite durant la Première Guerre mondiale, la Grand'Place a été reconstruite entre 1924 et 1934. On doit à l'architecte Louis Marie Cordonnier le monument aux morts, les anciennes halles devenues le théâtre du Vivat et l'hôtel de ville, imposant édifice en brique de style Renaissance flamande, dominé par un majestueux **beffroi** classé au Patrimoine mondial de l'Unesco depuis 2005 *(visite le 1er et 3e sam. du mois 14h30 ou sur demande à l'office de* *tourisme - 5 €, -12 ans 2 €).* Du haut de sa centaine de marches, vue panoramique sur la ville, les monts de Flandre, la vallée de la Lys, la métropole Lilloise et la campagne belge. Les vitraux du grand escalier évoquent les anciennes industries locales : tissage, filature et brasserie. À l'intérieur, parmi les tableaux, Mozart faisant exécuter son *Requiem*.

Pour profiter de la nature, la **base de loisirs** des Prés du Hem *(« Nos adresses » p. 137)* prévoit, outre les habituelles activités de détente, des séances d'observation des oiseaux.

Deux circuits ont été mis en place dans le cadre des Chemins de mémoire. Le premier à Armentières *(8 km)*, ville détruite à 90 %, traite de la guerre et de la reconstruction. Le second *(12 km)*, sur la ligne de front située à 2 km, relate le parcours des soldats australiens et néo-zélandais venus faire leurs premières armes ici avant d'affronter des zones de combat plus difficiles. Cet itinéraire mène du cantonnement britannique au cantonnement allemand en passant par le *no man's land*. Balisages, panneaux d'interprétation et livret disponible à l'office de tourisme accompagnent le visiteur.

Hazebrouck B3

11 km à l'ouest par la D 642, à mi-chemin entre Bailleul et St-Omer.

Hôtel-de-Ville - 03 28 43 44 37 - www.coeurdeflandre.fr.

Ville active au cœur de la Flandre, Hazebrouck s'est développée au 19e s. en devenant un important nœud ferroviaire. Pour saisir l'âme flamande, tâchez de vous y rendre lors du carnaval d'été, pour le défilé des trois géants.

Musée des Augustins – *Pl. Georges-Degroote - 03 28 43 44 46 - www.ville-hazebroucke.fr - - 14h-17h30 - fermé lun. - 3 € (-18 ans gratuit) - gratuit 1er dim. du mois et Bouquinales (janv.).* Dans l'ancien couvent des Augustins (17e s.) orné de beaux pignons de la Renaissance flamande sont exposés les **géants** de la ville : Roland, preux chevalier qui rejoignit le comte de Flandre, Tisje-Tasje, colporteur du 19e s., sa femme Toria, sa fille Babe-Tisje, son fils Zoone-Tisje et Roland d'Hazebrouck. À voir aussi, la reconstitution d'une cuisine flamande et l'évocation du passé de la ville. Dans les galeries du cloître : peintures flamandes et hollandaises (16e-17e s.) – Rubens, Van Dyck, Teniers –, objets d'art sacré et tableaux des 19e et 20e s., œuvres d'Isabey, Théodore Rousseau, Bouguereau, Bastien-Lepage, Émile Lévy...

Église St-Éloi – Ce bel édifice à trois nefs en brique et pierre renferme des boiseries du 17e s. La flèche a été détruite lors de la Seconde Guerre mondiale ; l'église ne l'a retrouvée qu'en 1994.

Steenwerck C3

7 km au sud-est par la D 10.

49 r. du Musée - 03 28 50 33 80 - www.coeurdeflandre.fr.

Traversé par la Becque, petit affluent de la Lys, ce village entoure une **église** de style romano-byzantin au clocher oblong dont les vitraux du chœur retracent la vie de saint Jean-Baptiste. Remarquez la maison de 1900 *(rue de Nieppe)* de style gothique flamand du 15e s., ses pignons latéraux à pas de moineaux et les fers d'ancrage ouvragés qui composent sa façade.

Musée de la Vie rurale – *49 r. du Musée - 03 28 50 33 80 - www.musee-steenwerck.com - juil.-sept. et vac. scol. : lun.-sam. 14h-18h ; avr.-nov. : dim. 15h-19h – 4,50 € (gratuit le dim. et -3 ans).* Cette ferme du 18e s. présente une large collection d'objets domestiques, agricoles, commerciaux et artisanaux datant du milieu du 19e s. au milieu du 20e s. Au fil de la visite de nombreux métiers refont surface : on croise la route du bourrelier, on progresse dans une rue de village reconstituée où le mercier, l'horloger et l'apothicaire officiaient. On apprend comment on conservait les aliments, comment on se chauffait... La visite se clôt sous le houblon séché de l'estaminet, avec *strinj* (gaufrettes flamandes) et jeux anciens à portée de main.

Les monts de Flandre

CARTE P. 94-95 C2-3

Circuit de 36 km tracé en violet sur la carte.

Au cours de ce périple, qui chemine dans la campagne flamande jusqu'en Belgique, vous remarquerez que les terrils du Bassin minier ne sont pas les seules « montagnes » du Nord. Les monts de Flandre, résidus sablonneux témoignant de la présence de la mer il y a des millions d'années, tiennent tête au plat pays qui les entoure. Au programme de cette escapade : côtes, moulins, jeux d'estaminet, bières spéciales, fromages moelleux, etc.

Prendre la D 23 au nord, puis à gauche la D 223.

Couronné par son hostellerie, le **Kemmelberg** *(sur la droite)*, en Belgique, a servi de décor tragique à une scène du *Grand Troupeau*, un roman de Jean Giono, qui combattit sur cette terre de Flandres durant la Grande Guerre. Le **mont Rouge** (Rodeberg) est situé plus près, du même côté.

Tourner à gauche sur la D 318.

Mont Noir C3

Recouvert d'une forêt, il fait partie de la chaîne des monts de Flandre (alt. : 131 m). Un sentier mène à la **grotte** artificielle (1875) dédiée à N.-D. de la Salette.

St-Jans-Cappel C3

Le village, dans une vallée baignée par la Becque, est situé au pied du mont Noir. La branche paternelle de Marguerite Yourcenar (anagramme de son nom « Crayencour ») y possédait un château, détruit pendant la Première Guerre mondiale. « C'est le premier logis dont je me souviendrai », écrit-elle dans *Archives du Nord*, 2e volume de son autobiographie familiale *Le Labyrinthe du monde*.

★ **Parc Marguerite-Yourcenar** - *03 59 73 48 90 - accès libre.* On peut aujourd'hui visiter le parc où *t'Meisje van't Kasteel* (« la petite fille du château », comme on l'appelait ici) passa ses neuf premiers étés. La vue se porte sur Ypres, le mont Rouge et le mont des Cats, surmonté de son abbaye. Au cœur du parc, une demeure des années 1920, la **villa Marguerite-Yourcenar**, a été transformée en Centre départemental de résidence d'écrivains européens. Elle constitue un lieu propice à l'écriture pour des auteurs sélectionnés par un jury. Une soirée littéraire est organisée une fois par mois. À la mi-juin, le festival « Par monts et par mots » est l'occasion d'une rencontre avec les lauréats.

Musée Marguerite-Yourcenar - *55 r. Marguerite-Yourcenar - 03 28 42 20 20 - www.museeyourcenar.fr - mars-nov. : merc.-vend. 14h-16h30, dim. 15h30-17h30 - 3 € (-12 ans gratuit).* Sis dans l'ancienne mairie de St-Jans-Cappel, ce musée vous permettra d'approfondir votre connaissance de la femme de lettres : textes, photographies, vidéo sur sa vie et son œuvre, collection complète de ses publications, œuvres d'artistes locaux, qui expriment la beauté de la région.

Sentier des Jacinthes - *6 km.* En 1977, un habitant de St-Jans-Cappel envoya à Marguerite Yourcenar, qui résidait aux États-Unis depuis 1938, une poignée de terre du mont Noir et des bulbes de jacinthes sauvages. Aujourd'hui, jalonné de citations de l'écrivain, le sentier sillonne le mont Noir, reliant les lieux marquants de l'enfance de Marguerite.

Prendre la D 10 vers le nord, tourner à gauche à Berthen.

Les estaminets n'attendent que vous

Ces cafés à l'ancienne, qui ont connu leur heure de gloire au 19e s., revivent aujourd'hui, pour le plus grand bonheur des gourmets et gourmands. Spécialités culinaires au nom imprononçable, mobilier de bois et décor immuable, jeux traditionnels, bières d'abbaye... Ici, on joue, on discute et on prend du bon temps. Afin de garantir l'esprit authentique de ces auberges, la marque Estaminet Flamand® a été créée en 2017 et regroupe 13 établissements ambassadeurs *(liste sur www.coeurdeflandre.fr ou se rens. dans les offices de tourisme du réseau)* de leur terroir et de leur territoire. N'hésitez pas à en franchir le seuil !

Mont des Cats C3

Cette colline (alt. 158 m) domine un agréable paysage, avec ses tiges de houblon, ses toits rouges et ses champs où paissent les vaches de race holstein-friesian et rouge flamande.

Abbaye Ste-Marie-du-Mont – *2470 rte du Mont-des-Cats - ✆ 03 28 43 83 60 - www.abbaye-montdescats.fr - ♿ - ouv. uniquement durant les offices - magasin avr.-sept. : 10h-12h, 14h15-18h, dim. 14h30-18h30 ; reste de l'année : 10h-12h, 14h15-17h, dim. 14h30-17h30 - fermé mar.* Cette abbaye de trappistes, de style néo-gothique, fut fondée en 1826. Elle accueille une fromagerie (le mont-des-cats, produit depuis le 19e s., est un fromage à pâte pressée réputé), une brasserie, une forge et une ferme. L'**église paroissiale St-Bernard** *(à droite de l'entrée du monastère)* comporte d'intéressants vitraux de Michel Gigon (1965) : *Feu et Ténèbres, Mort et Résurrection*. Le **centre d'accueil Charles-Grimminck** regroupe une boutique et un espace audiovisuel sur la vie des moines *(gratuit)*.

Poursuivre tout droit, sur la D 18.

Godewaersvelde C2

Ce village typiquement flamand abrite plusieurs estaminets, où il sera bon de se retrouver l'après-midi (attention, souvent ils n'ouvrent que le week-end).

Musée de la Vie frontalière – *98 r. de Callicanes - ✆ 03 28 42 50 06 - avr.-oct. : vend.-dim. 14h30-17h30 - 3,50 € (-12 ans gratuit).* La Flandre, dont la frontière artificielle fut imposée par Louis XIV, a toujours été un pays de contrebande. Pendant des décennies, douaniers et fraudeurs ont joué au chat et à la souris entre la France et la Belgique. Objets des convoitises : le tabac, dont la production est réglementée en 1707, l'alcool et le bétail. Le musée nous fait revivre cette histoire grâce à un film *(15mn)*, à des témoignages et à des objets ayant appartenu à des douaniers comme à des contrebandiers. Vous pourrez aussi croiser le géant Henri le Douanier, « gardien du musée », et son chien.

Un petit questionnaire ludique, distribué à l'entrée, permet de savoir si vous êtes plutôt fraudeur ou douanier. Attention, la limite est ténue !

Au nord, prendre la D 139.

Boeschepe C2

Superbe moulin restauré (1802), sur pivot : l'**Ondankmeulen**, « moulin de l'Ingratitude », où l'on moud encore le grain - *✆ 03 28 49 23 79 - visite guidée d'avr. à sept. dim. 15h-18h - 2,50 € (-12 ans gratuit).*

À côté, l'**estaminet De Vierpot**, « pot à braise », propose une cinquantaine de sortes de bières (*« Nos adresses » p. 136*). On peut s'initier ici au tir à la grenouille.

Prendre la D 139 ; après la frontière belge, continuer vers Poperinge.

Poperinge C2

Ses habitants portent le surnom de *Keikoppen*, « têtes dures ». Une pierre de 1650 kg, sur la Grand'Place, en est le symbole. La cathédrale St-Bertinus, église-halle flamande, illustre la transition romano-gothique.

Quitter Poperinge par la N 308 vers Dunkerque, puis tourner à gauche en direction de Watou, toujours en Belgique.

Watou C2

Ce village permet de s'initier aux jeux d'estaminet. Au Nouveau Saint-Éloi *(4 Gemenestraat)*, on joue notamment à trou-madame, à la grenouille et au javelot, en savourant les bières locales.

On retourne à Bailleul par la D 10.

Carnet pratique

S'informer

Office de tourisme - *3 pl. Charles-de-Gaulle - Bailleul - ✆ 03 28 49 23 79 - www.coeurdeflandre.fr.*

Agenda

Carnaval du Mardi gras - Présidé par le géant Gargantua, ce carnaval est l'occasion pour le docteur Piccolissimo de lancer des tripes à la foule. Durant la semaine précédant le Mardi gras, la ville se transforme et les confettis pleuvent pendant 5 jours...

Concours de potjevleesch et **« Terroir et saveurs de Flandre »** - Le 1er week-end de mai, les années paires, concours du plat typique des Flandres, ouvert aux professionnels et aux amateurs. C'est aussi l'occasion d'un petit marché du terroir.

En Nord Beat Festival - *Parc Legrand-Grubbe - début juil.* Festival de musiques actuelles à la programmation exigeante allant des musiques du monde au hip-hop en passant par le punk-rock.

Fête de la St-Hubert - Le 3e dim. d'oct., l'abbaye du mont des Cats fête saint Hubert, le patron des chasseurs. Messe sonnée à la trompe de chasse, bénédiction de chevaux, démonstration de vénerie, animations diverses.

À Armentières

Fête des nieulles - Avis aux gourmands, le 2e w.-end de sept., on fête le petit biscuit rond traditionnel d'Armentières. Du haut du beffroi sont lancés les nieulles, en souvenir d'un banquet donné par le duc Jacques II de Luxembourg.

À Hazebrouck

Carnaval - En juillet. C'est l'occasion de faire prendre l'air aux géants de la ville *(Hazebrouck, p. 132)* : défilés, bal...

Cortège historique - Le w.-end avant le carnaval, un cortège retrace l'histoire des Flandres et de la ville depuis Charlemagne.

Hazebrouck ville ouverte - Le 3e w.-end de sept., la ville est envahie par le théâtre de rue.

2

Nos adresses

Restauration

À proximité

Premier prix

Estaminet De Vierpot – *125 chemin du Moulin - Boeschepe (8,5 km au nord de Bailleul) - ✆ 06 87 44 06 51 - www.estaminetdevierpot.com - jeu.-dim. 12h-22h - plats 10/14,50 €.* Retrouvez toute l'ambiance du Nord dans ce chaleureux estaminet sis au pied d'un joli moulin restauré. Décor typique des années 1900, avec poêle et bancs en bois. Planches flamandes, tartes, crêpes et plus de 50 bières à la carte.

Au Roi du Potje Vleesch – *31 r. du Mont-des-Cats - Godewaersvelde (12 km à l'est de Cassel) - ✆ 03 28 42 52 56 - www.auroidupotjevleesch.fr - merc.-dim. 10h-22h - plats 13/16 €.* Entrez dans cette charcuterie et laissez-vous guider jusqu'à l'ancien abattoir transformé en estaminet. Dans un décor rustique flamand, découvrez la cuisine régionale, le fameux potjevleesch et la bière Henri le Douanier (géant du village). Avant de partir, remplissez votre panier à provisions.

La Gare des années folles – *77 r. de la Gare - Sailly-sur-la-Lys (7 km au sud-ouest d'Armentières) - ✆ 03 21 02 27 75 - P ♿ - fermé lun.-merc. - plats 13/19 €.* Vous rêviez d'un voyage immobile ? Rendez-vous dans cette ancienne gare reconvertie en restaurant pour le bonheur des nostalgiques de l'âge d'or du chemin de fer.

Budget moyen

Het Blauwershof – *9 r. d'Eecke - Godewaersvelde (12 km à l'est de Cassel) - ✆ 03 28 49 45 11 - fermé lun., mar. soir et dim. soir - plats 13/19 €, menu 25,50 €.* L'enseigne de cet estaminet signifie « la maison du fraudeur ». Décor typique du début du 20e s. : mobilier ancien, vieux poêles, piano mécanique et jeux traditionnels régionaux.

Pour se faire plaisir

Auberge du Vert Mont – *Hébergement ci-contre - fermé dim.-lun. - menu unique 50 € (enf. 15 €).* Ambiance champêtre et service décontracté dans cette auberge familiale, nichée dans la campagne des Flandres, près de la frontière belge. Une cuisine 100 % locavore (fruits, légumes, viandes et poissons), sans oublier la bière locale ! Aux commandes, le chef Florent Ladeyn, qui officie également dans les adresses très tendance Bloempot et Bierbuik-Bloemeke à Lille (*p. 61*). Si vous voulez avoir une chance d'y manger, réservez une chambre !

Shopping

Ferme-brasserie Beck – *Eeckelstraete - ✆ 03 28 49 03 90 - www.fermebeck.net - avr.-oct. : sam. à partir de 19h, dim. à partir de 17h.* Un petit estaminet et une boutique vendent la bière brassée sur place (depuis 1994) ainsi que quelques produits locaux. Visite possible de la microbrasserie.

À proximité

Le Marais du Livre – *15 r. de l'Église - Hazebrouck (15 km à l'ouest de Bailleul) - ✆ 03 28 41 08 20 - www.maraisdulivre.com - fermé dim.-lun.* Librairie réputée pour être l'une des meilleures de la région.

Abbaye Ste-Marie du Mont des Cats – *2470 rte du Mont-des-Cats - Godewaersvelde (12 km à l'est de Cassel) - ✆ 03 28 43 83 70 - www.abbaye-montdescats.com - fermé mar., fêtes religieuses.* Vous trouverez, dans la boutique, la production des moines : fromage et bière, cette dernière labellisée « Bière des moines trappistes », un gage de qualité pour les amateurs.

Activités

À proximité

Asinerie de St-Jans-Cappel – *492 chemin Billiau - St-Jans-Cappel (4 km au nord-ouest de Bailleul) - 03 28 48 78 48 - anesetroulottes.wixsite.com/anesetroulottes - randonnée à dos d'âne 14 €/h - randonnée en charrette 18 €/h - nuit insolite en roulotte, 75 € pour deux pers., 95 € pour la roulotte adultes et la roulotte enfants.* Partez à la découverte du mont Noir en compagnie d'un animal doux, affectueux et très intelligent, contrairement à sa réputation. Optez pour une balade en charrette de 2 à 6 personnes, d'1h à une journée complète, avec ou sans accompagnateur, ou monter un âne sellé. De mai à sept., possibilité de dormir en roulotte, l'une accueille les adultes et l'autre les enfants.

Prés du Hem – *Av. Marc-Sangnier - Armentières (12 km au sud-est de Bailleul) - 03 20 63 11 27 - enm.lillemetropole.fr - ouv. mars-oct. - juin-août : tlj 10h-19h; reste de l'année : se rens. - 8 € (-18 ans 5 €, -4 ans gratuit), 24 € billet famille (2 adultes + 3 enf.), gratuit mars, sept. et oct. (pas d'activités).* Espace nature de 120 ha entièrement dédié aux loisirs. École de voile, port fluvial, plage pour la baignade... Sur place une réserve ornithologique, des jeux pour enfants, des espaces bar et restauration...

Jardin de l'Ermite – *62 r. du Tannay - Haverskerque (24 km au sud-ouest de Bailleul) - 06 11 38 73 11 - www.tourisme-flandrelys.fr - avr.-sept. - 3 €.* Avec un jardin d'agrément, un potager, un verger, et un rucher école, le Jardin de l'Ermite propose des visites guidées ainsi que des échanges techniques et pédagogiques à destination des adultes et des enfants.

Hébergement

Pour se faire plaisir

Belle Hôtel – *19 r. de Lille - 03 28 49 19 00 - www.bellehotel.fr - P - 31 ch. 75/120 € - 11 €.* Deux jolies maisons flamandes, dans le centre de Bailleul. Chambres spacieuses et raffinées (meubles de style) dans l'une, plus fonctionnelles mais tout aussi confortables dans l'autre. Un ensemble méticuleusement tenu.

À proximité

Premier prix

Écolodges Flandre-Lys – *Imp. route nationale - Haverskerque (24 km au sud-ouest de Bailleul) - 06 40 45 18 47 - www.cc-flandrelys.fr - ♿ - 3 écolodges 36 €, location de linge 12 €/lit, location de serviettes 4 €/pers., 2 €/douche.* Aux abords de la base nautique et du port de plaisance Flandre-Lys, trois écolodges en bois construits sur pilotis avec grande terrasse. Chaque cabane peut accueillir 4 personnes. Les sanitaires sont à la capitainerie toute proche.

Budget moyen

Auberge du Vert Mont – *1318 r. du Mont-Noir - Boeschepe (8,5 km au nord de Bailleul) - 03 28 49 41 26 - www.vertmont.fr - P ♿ - 5 ch. 100 € - 10 €.* Cette auberge en brique rouge juchée sur les hauteurs du village constitue une étape atypique. Les chambres reprennent les matériaux bruts d'une ferme, le lavabo en forme d'abreuvoir ou la lampe couveuse dans les toilettes en témoignent. La réservation d'une chambre intègre automatiquement la possibilité de dîner, ce qui est pratique car le restaurant est pris d'assaut (ci-contre).

2

Centre historique minier de Lewarde, lampes de mineurs dans la lampisterie.
O. Leclercq/hemis.fr

3

Du Hainaut à l'Avesnois

CARTE MICHELIN DÉPARTEMENTS 302 – NORD (59)

Douai★ et le bassin minier du Nord★★ 142

À l'est de Douai :
Saint-Amand-les-Eaux 156

Valenciennes 161

Au sud de Douai :
Cambrai★ 166

Le Cateau-Cambrésis 177

Avesnes-sur-Helpe et son circuit 183

Fourmies et son circuit 189

Le Quesnoy★ et son circuit 194

À l'est de Douai :
Maubeuge 200

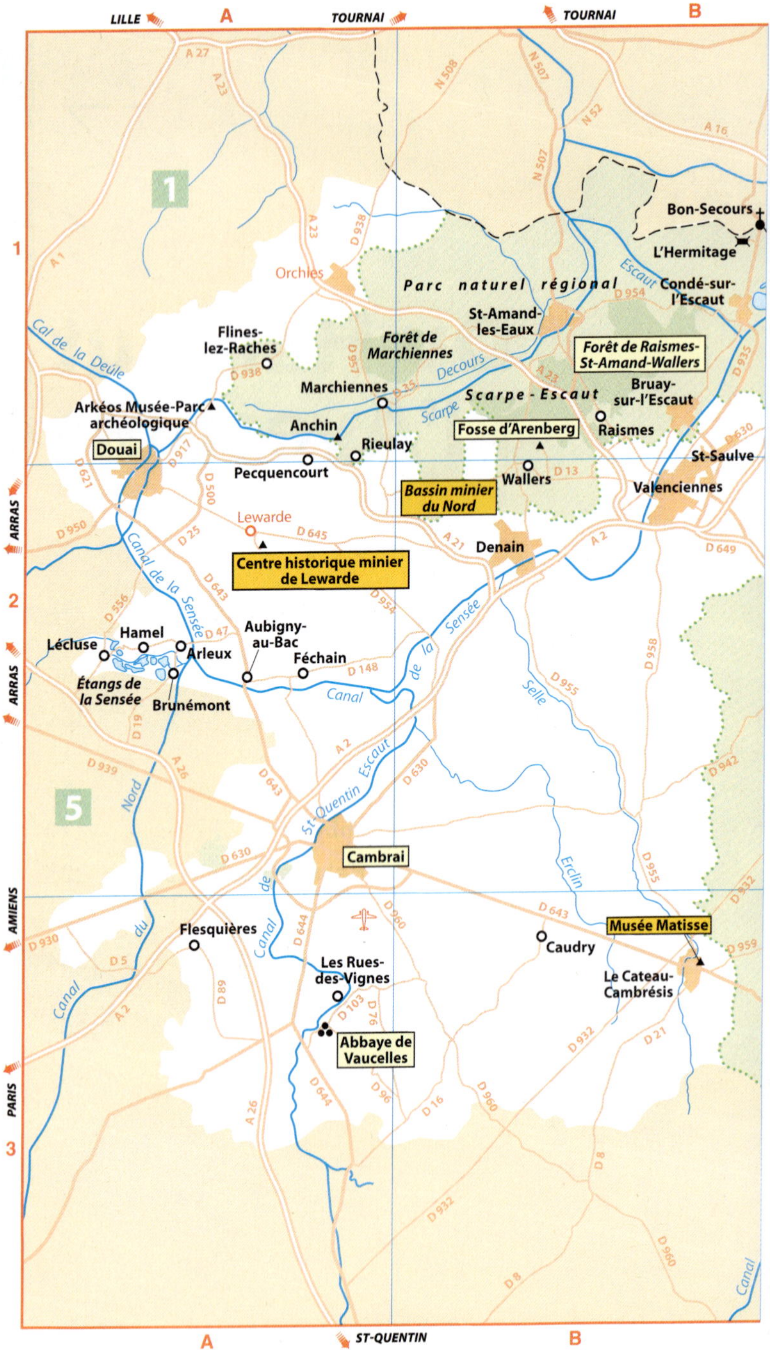

LILLE
A
TOURNAI
TOURNAI
B
1
2
3
ARRAS
ARRAS
AMIENS
PARIS
1
5
Bon-Secours
L'Hermitage
Condé-sur-l'Escaut
Orchies
Parc naturel régional Scarpe-Escaut
St-Amand-les-Eaux
Forêt de Raismes-St-Amand-Wallers
Flines-lez-Raches
Forêt de Marchiennes
Marchiennes
Bruay-sur-l'Escaut
Arkéos Musée-Parc archéologique
Anchin
Raismes
Fosse d'Arenberg
Douai
Rieulay
Pecquencourt
St-Saulve
Wallers
Valenciennes
Bassin minier du Nord
Lewarde
Denain
Centre historique minier de Lewarde
Hamel
Lécluse
Arleux
Aubigny-au-Bac
Féchain
Étangs de la Sensée
Brunémont
Canal de la Sensée
Cal de la Deûle
Canal du Nord
Canal de St-Quentin
Escaut
Scarpe
Decours
Selle
Erclin
Cambrai
Flesquières
Musée Matisse
Caudry
Le Cateau-Cambrésis
Les Rues-des-Vignes
Abbaye de Vaucelles
ST-QUENTIN
A
B

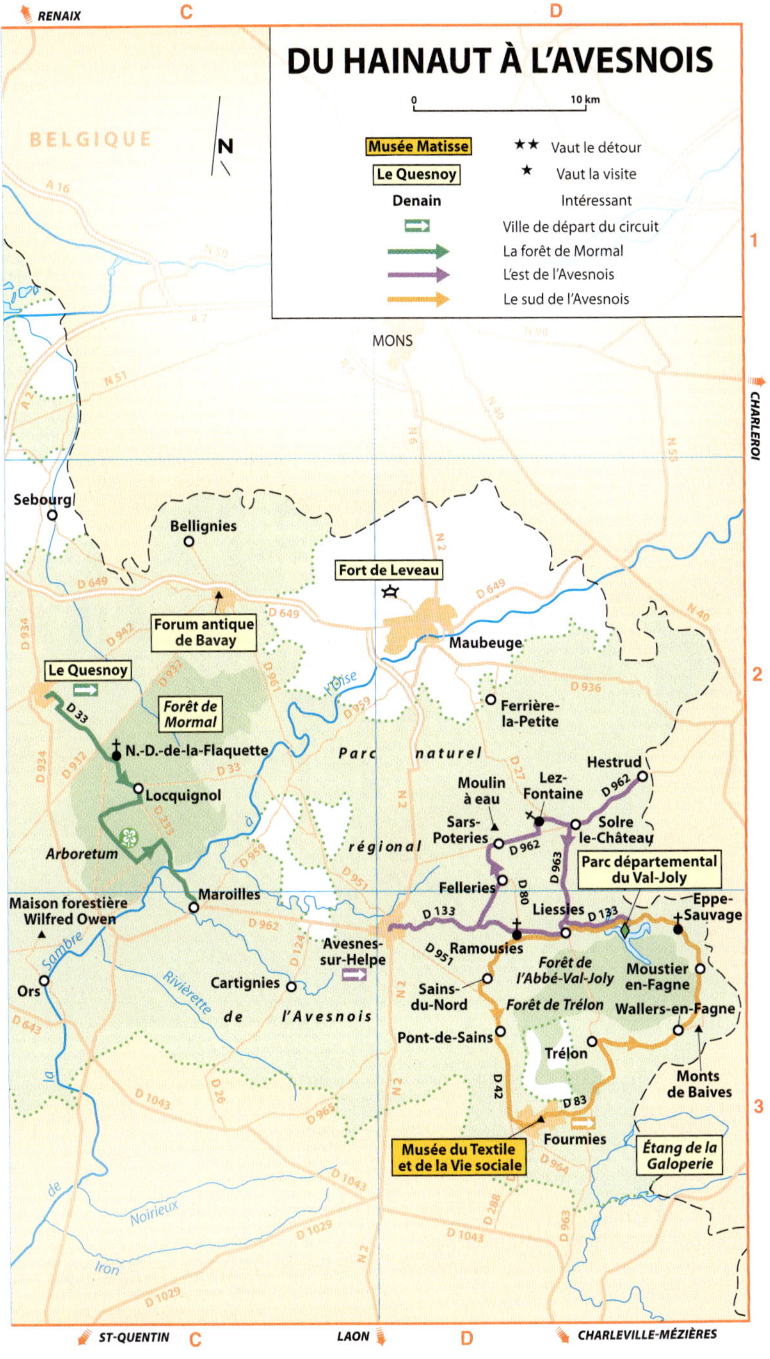

RENAIX
C
D
DU HAINAUT À L'AVESNOIS
0
10 km
Musée Matisse
★★ Vaut le détour
Le Quesnoy
★ Vaut la visite
Denain
Intéressant
Ville de départ du circuit
La forêt de Mormal
L'est de l'Avesnois
Le sud de l'Avesnois
BELGIQUE
N
MONS
CHARLEROI
Sebourg
Bellignies
Fort de Leveau
Forum antique de Bavay
Maubeuge
Le Quesnoy
Forêt de Mormal
Ferrière-la-Petite
N.-D.-de-la-Flaquette
Locquignol
Arboretum
Parc naturel régional de l'Avesnois
Hestrud
Moulin à eau
Lez-Fontaine
Sars-Poteries
Solre le-Château
Parc départemental du Val-Joly
Felleries
Liessies
Eppe-Sauvage
Maroilles
Maison forestière Wilfred Owen
Avesnes-sur-Helpe
Ramousies
Forêt de l'Abbé-Val-Joly
Moustier en-Fagne
Ors
Cartignies
Sains-du-Nord
Forêt de Trélon
Wallers-en-Fagne
Pont-de-Sains
Trélon
Monts de Baives
Fourmies
Musée du Textile et de la Vie sociale
Étang de la Galoperie
Sambre
Rivièrette
Noirieux
Iron
ST-QUENTIN
LAON
CHARLEVILLE-MÉZIÈRES
1
2
3

Douai ★ et le bassin minier du Nord ★★

Ancien cœur du Bassin minier, Douai conserve des maisons du 18e s. et cette allure aristocratique qu'évoqua Balzac dans « La Recherche de l'absolu ». Les quais silencieux de la Scarpe invitent à la promenade, comme les rues pavées et pentues des vieux quartiers. Gayant, le célèbre géant, les parcourt début juillet au son du tambour.

Douai, fêtes de Gayant.
F. Rankin/age fotostock

Se repérer

CARTE A1-2 (P. 140-141) - PLAN P. 144.
39 613 Douaisiens – Nord (59)
Douai est à 45 km à l'ouest de Valenciennes par l'A 2 puis l'A 21.

À ne pas manquer

Le musée de la Chartreuse ; la montée au beffroi ; le Centre historique minier de Lewarde ; la fosse et la cité minière de Wallers-Arenberg.

Organiser son temps

Les géants sortent le week-end suivant le 5 juillet et se baladent 5 jours dans la ville : un grand moment de liesse populaire !

En famille

Le Centre historique minier de Lewarde ; Arkéos.

Carnet pratique p. 154

Nos adresses p. 154

Un centre industriel et judiciaire

Deuxième port fluvial de France, l'agglomération regroupe d'importantes industries (métallurgie, chimie, alimentaire), un établissement de l'Imprimerie nationale et une Bourse d'affrètement fluvial. La cour d'appel de Douai est l'héritière du parlement de Flandre qui siégea ici de 1714 à la Révolution. De nombreux établissements ont succédé à l'université, fondée en 1562 et transférée à Lille en 1887.

Se promener

PLAN P. 144

Circuit tracé en vert sur le plan.
Partez de la **porte de Valenciennes**, gothique sur une face (15e s.) et classique sur l'autre (18e s.), à côté de laquelle se dressent l'**hôpital général** (18e s.), bâti sous Louis XV, et l'église Notre-Dame.

Église Notre-Dame B2

Jadis adossée au rempart, elle s'ouvre sur une nef en grès et brique du 13e s. Des voûtes d'ogives, à nervures de pierre et voûtains de brique, couvrent le chœur gothique (14e s.). Notez les baies à lancette de l'abside. Au chevet, la statue de la poétesse douaisienne **Marceline Desbordes-Valmore** (1786-1859) est l'œuvre du sculpteur douaisien Albert Bouquillon.
Rejoignez la place d'Armes, en partie piétonnière, avec ses terrasses de cafés et ses jeux d'eau. L'**hôtel du Dauphin**, seule maison du 18e s. subsistant sur la place, abrite l'office de tourisme. Sa façade est ornée de trophées.
Prendre la rue de la Mairie.

★ Hôtel de ville et beffroi A2

L'édification de cet ensemble gothique, signalé par la sombre tour de son beffroi, débuta en 1380 et reprit plusieurs fois de 1471 à 1873. À l'intérieur, on découvre la halle aux draps, la salle gothique du conseil, la chapelle devenue vestibule d'honneur (15e s.), le Salon blanc et ses boiseries du 18e s., et la salle des fêtes.
Beffroi – *R. de la Mairie - 03 27 88 26 79 - www.douaisis-tourisme.fr - visite guidée (1h) tlj sf lun. matin 11h, 15h, 16h30 - 6 € (-18 ans 4 €, -6 ans gratuit) - départ de l'office de tourisme.*
Le sam. (hors vac. scol.) de 10h45 à 11h30, les carillonneurs donnent des concerts.
Une table interactive permet au visiteur de s'immerger dans l'histoire de la ville et des beffrois de la région, classés au Patrimoine de l'Unesco.
La montée au beffroi, achevé en 1410, mène sur une plateforme à 40 m de haut. Son couronnement (58 m), hérissé de tourelles, lucarnes, pinacles et girouettes, s'achève par un lion des Flandres. Au 4e étage, l'actuel **carillon** (62 cloches) remplace celui qui fut détruit par les Allemands en 1917 : à l'heure pile, il joue l'air des *Puritains d'Écosse*, à la demie une barcarolle, aux quarts et trois quarts quelques mesures de l'air de Gayant.
Par le passage voûté et la cour de l'hôtel de ville, gagner la rue de l'Université.
Cette rue passe devant le **mont-de-piété** (17e s.), transformé en laboratoire agro-alimentaire (lycée agricole de Wagnonville). On parvient ensuite au **théâtre** (18e s.), dont la façade a été remaniée au 19e s.

Rue de la Comédie A2

À droite, l'**hôtel d'Aoust** est un bel édifice Louis XV dont la porte possède un décor rocaille. La façade sur cour est ornée de statues évoquant les quatre saisons.

3

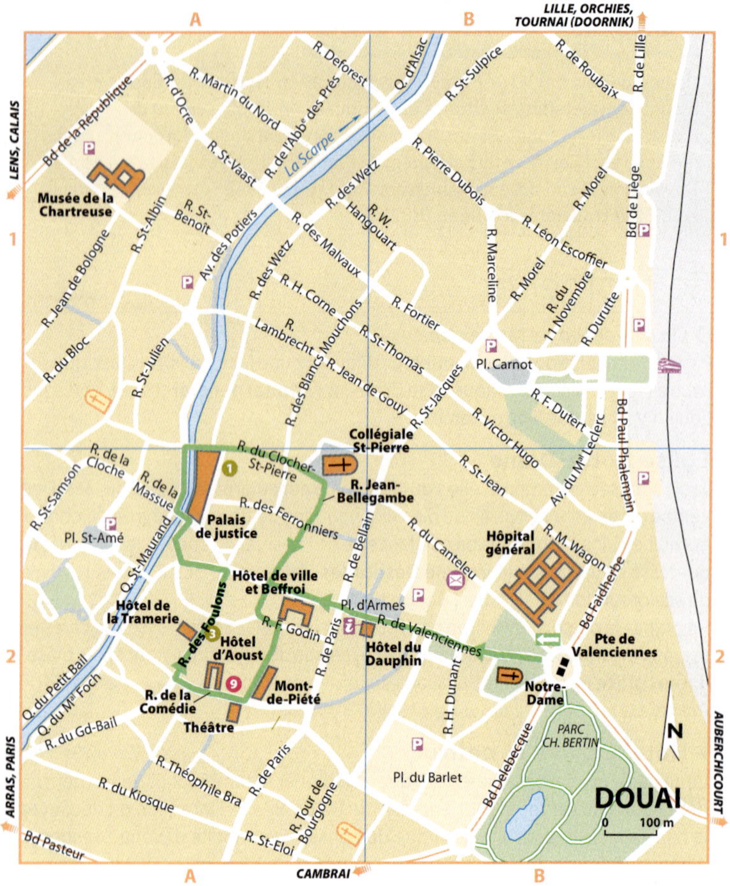

SE RESTAURER
Le Prévert 9

SE LOGER
Chambres d'hôtes du Palais 1
Maison d'hôtes Les Foulons 3

Rue des Foulons A2

Le nom de cette rue rappelle l'activité des drapiers au Moyen Âge. Sur la gauche s'alignent des maisons du 18e s. Au n° 132, l'**hôtel de la Tramerie**, de style Louis XIII. *Au bout de la rue des Foulons, prendre à gauche la petite rue pavée du Pont-à-l'Herbe puis, à droite, la pl. du Marché-aux-Poissons, avec une belle façade 18e s. Au fond, vous apercevez le palais de justice. Vous pouvez le longer depuis l'autre rive (quai Desbordes), pour avoir une belle vue sur sa façade ancienne.*

Palais de justice A2

Pl. Charles-de-Pollinchove. Édifié au 16e s. et rebâti au 18e s., il abrita les moines de l'abbaye de Marchiennes, puis, en 1714, le siège du parlement de Flandre. La façade d'entrée et son portail austère ont été remaniés sous Louis XVI par le Lillois Lequeux.
Retraverser la Scarpe, emprunter la rue du Clocher-St-Pierre et continuer tout droit.

Collégiale St-Pierre A2

Cette ancienne collégiale est l'une des plus vastes églises du nord de la France. À gauche, les parties principales : clocher de pierre (16e-17e s.), nef et chœur en brique à parements de pierre, chapelle absidiale coiffée d'un bulbe (18e s.). Aussi long que la nef, le **chœur** était réservé aux chanoines et aux membres du parlement. On remarque le buffet d'orgue (18e s.) provenant de l'abbaye d'Anchin et, dans le bras droit du transept, trois toiles (18e s.) dues à Deshayes et à Ménageot.
Tourner à droite rue Jean-Bellegambe.

Rue Jean-Bellegambe A2

À gauche, on découvre une devanture de boutique Modern Style, ornée de tournesols, et, au no 5, la maison natale du peintre H.-E. Cross (1856-1910).

Découvrir

★★ Musée de la Chartreuse PLAN A1 ET PLAN DU MUSÉE P. 146

130 r. des Chartreux - ☏ 03 27 71 38 80 - www.museedelachartreuse.fr - 10h-12h, 14h-18h - fermé mar. - 5 € (-18 ans gratuit) - gratuit 1er dim. du mois.
L'ancienne chartreuse forme un bel ensemble de constructions du 16e au 18e s. Édifié par Jacques d'Abancourt dans le style Renaissance en pierre et brique, l'hôtel d'Abancourt (1559), à gauche, avec sa tour ronde, fut agrandi en 1608 par Jean de Montmorency, qui construisit un bâtiment dans le même style, dominé par une tour carrée. Des chartreux s'y installèrent au 17e s. et construisirent le petit cloître, le réfectoire, la salle capitulaire, le bâtiment dit « du Prieur » et la chapelle. Le grand cloître et les cellules des moines furent démolis au 19e s.
Dans le **musée,** ne manquez pas les grands retables du 16e s. (salle 2) provenant des abbayes de Marchiennes, Anchin et Flines : le *Polyptyque de Marchiennes*, œuvre de Van Scorel (école d'Utrecht, 16e s.), dédié à saint Jacques et saint Étienne ; le **Polyptyque d'Anchin**★ de Bellegambe montrant, selon l'ouverture des volets, l'*Adoration de la Croix* ou l'*Adoration de la Sainte Trinité*.
En salle 3, place à la Renaissance italienne avec Véronèse, Vasari et Morandini, *La Flagellation du Christ* de Louis Carrache, œuvre d'une rare intensité dans un jeu de clair-obscur, et *Le Reniement de saint Pierre,* toile caravagesque du Pensionnaire de Saraceni. Une statue de bronze, la *Vénus de Castello*, évoque l'art de Jean de Bologne, sculpteur et architecte né à Douai en 1529, qui fit l'essentiel de sa carrière à Rome et à Florence.
Après les peintures des maniéristes flamands et hollandais (16e s.) des salles 4 à 6, on accède au 1er étage.
Suivent des œuvres de Rubens (*Cérès et Pan*) et Jordaens (*Tête d'étude*), des paysages de Ruiysdael, Momper et Govaerts, et diverses scènes de petits maîtres hollandais du 17e s., puis l'école française des 17e s. et 18e s., une série de chefs-d'œuvre méconnus du 19e s. et quelques impressionnistes (salles 7-12).
Dans les salles 13 et 14, artistes douaisiens des 19e s. et 20e s.
Redescendre au rez-de-chaussée.
Construit en plein classicisme (1663) mais voûté d'ogives, le **cloître** marie harmonieusement l'appareil de briques roses avec la pierre blanche des nervures et des encadrements sculptés de motifs baroques. Une cabane rouge de Buren est installée au centre du cloître, ménageant de surprenants effets de couleurs, de lumière.
La magnifique **chapelle**, lumineuse avec ses 24 m de hauteur et sa charpente apparente, présente la collection de sculptures : notamment l'*Enfant prodigue*

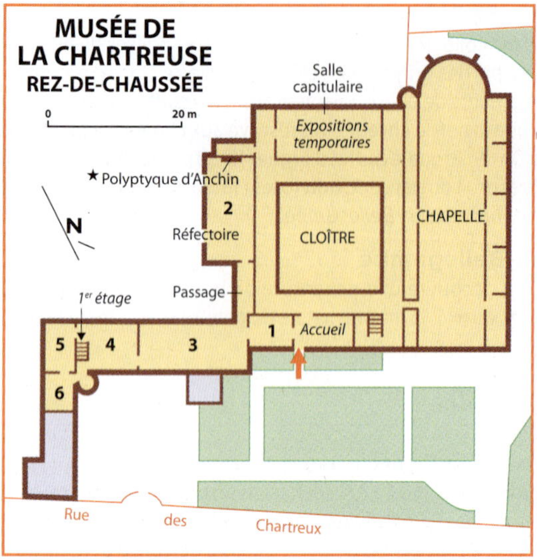

de Rodin, et *Pourquoi naître esclave* de Carpeaux. Bâtie à la même date et dans le même style que le cloître, la **salle capitulaire** accueille des œuvres du 20e et 21e s. dont *La Liberté* (1943) de Jean Lurçat, magnifique tapisserie évoquant le poème de Paul Éluard, et *Babel* de Claude Génisson (1960-1970, qui a nécessité 9000h de travail), chef-d'œuvre métaphysique et futuriste qui souligne l'absurde orgueil humain dans la course au progrès technique.
Enfin, au 1er étage, un **cabinet de photographie et d'arts graphiques** met en lumière les collections de la photothèque Augustin-Boutique-Grard (milieu 19e s.-milieu 20e s.) ainsi que des dessins et des gravures.

À proximité

CARTE P. 140-141

Arkéos Musée-Parc archéologique A1

Situé à la limite de Douai et Râches.
4401 rte de Tournai - 03 27 71 18 00 - www.arkeos.fr - - avr.-oct. : 10h-19h ; nov.-mars : tlj sf mar. 10h-18h - 8 € (-18 ans 6 €).
Voyage dans le temps assuré dans cet espace à la fois culturel et expérimental qui présente dans un **musée** moderne des collections archéologiques issues de fouilles régionales, de la Préhistoire au 19e s. Implanté sur la rive gauche de la Scarpe, le **parc** se propose de reconstituer l'agglomération de Douai au 10e s. Sont visibles le *protus* (bourg), quartier artisanal et commercial fortifié, quelques maisons, la taverne et la motte féodale surmontée de sa tour avec bientôt sa basse-cour. Le projet vise à reconstituer une ville complète ainsi qu'une abbaye avec les matériaux et les techniques de l'époque.

Flines-lez-Raches A1

11 km au nord-est par la D 917 et la D 938.
La curieuse **église** comporte un clocher-porche en grès et brique très ancien (certains le datent de 800). Les poutres de charpente des deux premières chapelles, à droite, sont ornées de corbeaux historiés portant les armoiries de Philippine de Torck, abbesse de Flines de 1561 à 1571.

Les gloires de Douai

Jean Bellegambe (1470-1534)

Cet artiste, qui semble avoir passé sa vie à Douai, révèle une personnalité attachante et multiple. Son œuvre relie la tradition gothique (sujets religieux traités avec le souci du détail vrai et du coloris harmonieux) et l'italianisme de la Renaissance (décor de colonnes, pilastres, coquilles et guirlandes). Elle associe également le réalisme flamand, objectif et familier, à l'intellectualisme de l'école française. Bellegambe a peint pour les abbayes de la vallée de la Scarpe. On reconnaît dans ses œuvres les sites et monuments de la région : beffroi, portes de Douai, tours de l'abbatiale d'Anchin, bois de Flines, paysages de la Scarpe et de la Sensée.

Une ville de géants

Le 16 juin 1479, Douai, aux mains du comte de Flandres, Maximilien d'Autriche, manque d'être prise par les Français : les habitants attribuent leur succès à la protection de saint Maurand, patron de la ville. En remerciement, ils instituent une procession annuelle en son honneur.
En 1530, la paix ayant été signée avec la France, Douai organise une procession plus solennelle. Chaque corporation fournit un char, garni de personnages symboliques.
Les manneliers, fabricants d'objets d'osier, ont créé en 1530 un Gayant (« géant », en picard). L'année suivante, les fruitiers lui ont donné une épouse. Les enfants ont suivi…

Les avatars de Gayant

En 1770, l'évêque d'Arras interdit la procession, qui glorifiait une défaite française, et la remplace par une autre, qui célèbre l'entrée des Français à Douai le 6 juillet 1667. Les géants ressuscitent en 1778, mais la Révolution les balaie de nouveau… Ils réapparaissent en 1801 et reçoivent, vingt ans plus tard, leurs costumes actuels.
Détruits en 1918 et en 1944, ils sont chaque fois reconstitués avec le même soin. Les personnages sont restés les mêmes au fil des siècles : Gayant père (8,50 m pour 370 kg), le plus ancien (1530) et le plus populaire du Nord ; sa femme, Marie Cagenon (6,25 m pour seulement 250 kg), et leurs enfants, Jacquot, Fillon et Binbin. Les Douaisiens se disent eux-mêmes « enfants de Gayant ».

Une renommée carillonnante

Capitale française du **carillon**, Douai possède l'un des plus importants ensembles d'Europe, avec ses deux carillons, l'un au beffroi (62 cloches) et l'autre ambulant (53 cloches), qui sillonne les routes de France. Une école française de carillon est installée à Douai, fondée et animée par Stefano Colletti.
Festival de carillon de mai à septembre.

Vallée de la Sensée

Située à un jet de pierre de Douai, elle est réputée pour ses mystérieux menhirs et dolmens : pierres de Lécluse ou d'Aubigny-au-Bac, gros caillou d'Oisy-le-Verger... La plupart de ces monolithes témoignent d'une religion primitive. Aujourd'hui, les légendes resurgissent, les langues se délient et les mythes ont encore de beaux jours devant eux. Interrogez donc les villageois. Chacun ira de sa version personnelle, plus piquante que celle du voisin : fées, géants, moulin maudit, farfadets facétieux, pactes avec le diable...

Ancienne abbaye d'Anchin A1

14 km à l'est par l'A 21.

Deux pavillons en pierre (18e s.) ponctuent l'entrée de cette abbaye bénédictine, l'un des plus anciens établissements religieux du Nord. Avant sa destruction en 1792, elle dressait au bord de la Scarpe les cinq tours de son église qui abritait des richesses considérables dont le célèbre *Polyptyque d'Anchin* aujourd'hui au musée de la Chartreuse de Douai (*p. 145*).

Étangs de la Sensée A2

12 km au sud par la D 643 et la D 47 ou la D 14[E4].

Affluent de l'Escaut, la Sensée sépare le Cambrésis et la Flandre. Elle a donné son nom au canal qui emprunte une partie de son cours, joint le bassin de l'Escaut à celui de la Scarpe et reçoit, près d'Arleux, le canal du Nord.

De Lécluse à Wasnes-au-Bac, plus à l'ouest, la rivière forme un chapelet de jolis étangs entourés de hautes herbes et de peupliers.

Les localités les plus fréquentées sont **Lécluse** (étang), **Hamel** (centre équestre), **Féchain**, **Arleux** (culture d'ails), **Brunémont** (belle vue sur le lac et base de voile) et surtout **Aubigny-au-Bac** pour sa base de loisirs (*voir « Nos adresses » p. 155*).

★★ Le bassin minier du Nord : de Douai à Valenciennes

CARTE P. 150-151

★★ Centre historique minier de Lewarde

8 km au sud-est de Douai.

R. d'Erchin - fosse Delloye - CS30039 - 03 27 95 82 82 - www.chm-lewarde.com - - 9h-19h30 (dernière entrée 2h av. la fermeture) - visite guidée des galeries (1h) - fermé janv. - 12,50 € (-18 ans 6,70 €).

Comptez 2h de visite, au moins. Ne ratez pas les rencontres-témoignages (30mn, voir le programme quotidien à l'accueil du musée) qui permettent d'échanger avec un ancien mineur, personnalité emblématique de l'exploitation de charbon.

Un guide de visite est remis aux enfants sur demande à la billetterie.

Le Briquet – Sous le regard bienveillant de sainte Barbe, patronne des mineurs, faites une pause pendant la visite en vous attablant dans l'ancienne scierie. Au menu, pas de « briquet » (casse-croûte des mineurs), mais une cuisine d'inspiration régionale.

Exploitée de 1931 à 1971 par la Compagnie des mines d'Aniche, la **fosse Delloye** a échappé à la logique de formation des paysages du Bassin minier, basée sur l'immuable triptyque « fosse-terril-cité ». Vous ne verrez aucun monticule de déchets houillers, aucune cité ouvrière à proximité du site.

Centre historique minier de Lewarde.
O. Leclercq/hemis.fr

Il n'en demeure pas moins l'un des plus grands lieux de la mémoire minière, regroupant quelque 8000 m² de bâtiments sur environ 8 ha. Le carreau de l'ancienne fosse accueille désormais le plus grand **musée** français de la mine.

Celui-ci, créé en 1984 à l'initiative des Houillères du Bassin du Nord et du Pas-de-Calais (HBNPC), est entièrement dédié à la conservation et la valorisation de la culture minière. Ses bâtiments, authentiques lieux de travail, et ses riches collections techniques (machines et outils), géologiques (fossiles et échantillons de roches) et ethnologiques (objets de la vie quotidienne spécifiques aux différentes vagues d'immigration), permettent aux visiteurs de découvrir le monde de la mine sous un nouveau jour. Un médiateur culturel les guide sur les pas des « gueules noires »...

D'abord le **vestiaire**, les **bains-douches** (ou « salle des pendus », à cause des crochets auxquels étaient suspendus vêtements, casques et bottes), puis, face à l'infirmerie, la **lampisterie** où les femmes distribuaient les lampes.

Casque vissé sur le crâne, on emprunte la passerelle pour se rendre au **puits n° 2**. Près du hangar du **triage-calibrage**, où femmes et galibots (jeunes manœuvres) séparaient la pierre du charbon, l'ascenseur descend les visiteurs dans les **galeries**. Le long du parcours, plusieurs chantiers d'extraction reconstitués retracent l'évolution du métier, depuis l'époque de *Germinal* jusqu'en 1990, et évoquent son atmosphère, ses bruits assourdissants, sa pénombre inquiétante. Enfin, on découvre le bâtiment d'exploitation, avec les impressionnantes bobines de la **machine d'extraction** et l'écurie de la fosse (la force de traction des chevaux était fréquemment utilisée pour le déplacement des wagonnets dans les galeries).

Pecquencourt

6,5 km au nord-ouest de Lewarde.

Issu de la puissante abbaye bénédictine d'Anchin, fondée en 1079, fermée à la Révolution française, puis détruite en 1792, le petit bourg rural se mua tardivement en ville minière durant l'entre-deux-guerres. La production du premier

3

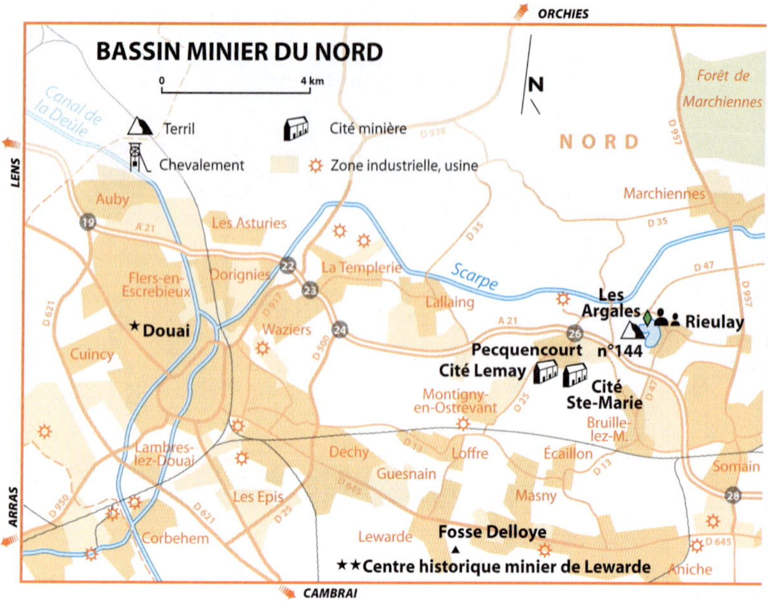

puits de la fosse Lemay (1912-1972), mis en service en 1914 par la Compagnie des mines d'Aniche, fut interrompue par la Grande Guerre. Le deuxième puits entra en exploitation en 1921.

De part et d'autre de la place Lemay (aménagée sur le tracé d'une ancienne voie ferrée) se déploient deux cités minières emblématiques, qui ont été remarquablement restaurées.

Cité Lemay – Les rues de cette **cité pavillonnaire** se croisent à angle droit. Les 106 maisons de briques rouges et blanches sont toutes différentes : la diversité des façades et des toitures montre un désir manifeste de casser toute uniformité architecturale. Les maisons, abritant pour la plupart quatre logements, disposent de grands jardins côté rue. Les mineurs étaient obligés d'y cultiver un potager sous peine d'amende directement prélevée sur le salaire...

Cité Ste-Marie – À l'angularité de la cité Lemay s'opposent les courbes de cette **cité-jardin** le long desquelles se dressent des habitations divisées en deux, trois, voire même cinq unités. Elles forment des corps de bâtiments à double ou triple pignon décorés de larges bandeaux de briques blanches à motifs géométriques rouges. Les carrés de verdure qui cernent les façades et les jardins, situés sur l'arrière, accentuent le caractère paysager de l'ensemble.

L'**église** abrite des œuvres provenant d'Anchin, comme l'autel, le banc de communion en fer forgé (18e s.) et plusieurs toiles dont la *Résurrection de Lazare* (17e s.) – *centre du bas-côté droit*. Ses personnages en gros plan et sa lumière contrastée rappellent les peintres hollandais inspirés par le Caravage.

Rieulay

4 km à l'est de Pecquencourt.

Le **terril 144** se trouve à cheval sur Pecquencourt et Rieulay, commune de la vallée de la Scarpe qui a subi l'influence du secteur minier de Somain-Pecquencourt. Issu de l'exploitation des fosses de Sessevalle et de Lemay, il constitue un

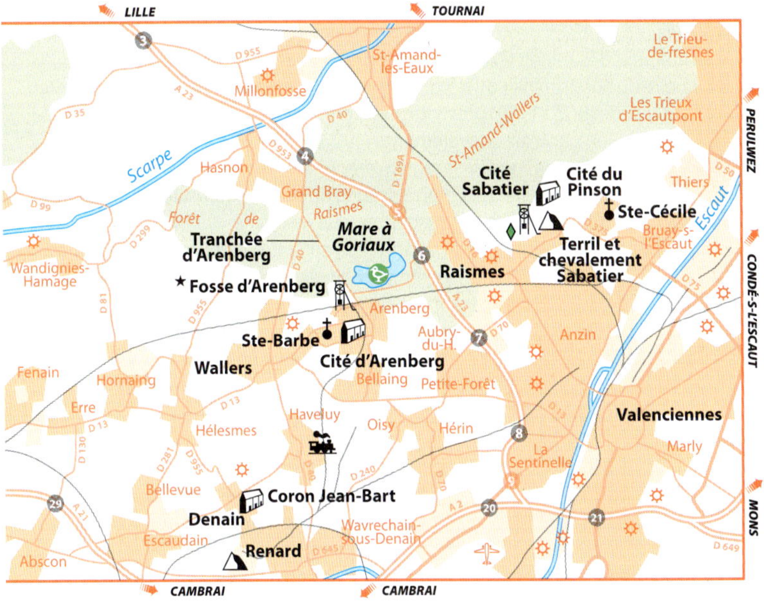

exemple réussi de requalification d'une friche minière en espace de nature et de loisirs.

Site des Argales – ✆ *03 27 86 03 64 - ♿ - gratuit. En sais. : baignade surveillée, location de planches à voile, canoës, kayaks, flotteurs ; pêche, voile, loisirs équestres, VTT.* À partir de 1977, l'énorme masse du terril 144 s'est progressivement enfoncée dans le sol constitué de tourbières, faisant remonter la nappe phréatique et entraînant l'apparition d'un plan d'eau à ses pieds : le bien nommé **étang des Argales** (« friches » en patois local).

En partie aménagé en base nautique, doté d'une plage de sable fin, le plan d'eau abrite, dans sa partie ouest, une réserve ornithologique que l'on découvre en empruntant des sentiers de promenade très bien aménagés : une balade facile de 4 km fait le tour du lac.

Denain

15 km au sud-est de Rieulay.

Dès 1828, la découverte de gisements de houille propulsa ce bourg agricole au rang de centre industriel, avec une quinzaine de puits. Le dernier ferma en 1948. Aujourd'hui, le **terril Renard**, dont la silhouette conique domine la ville du haut de ses 76 m, reste la seule trace visible de l'ancienne fosse des mines d'Anzin, celle-là même où était descendu en 1884 un dénommé Émile Zola, venu se documenter dans la région pour préparer son roman *Germinal*.

De l'ex-**coron Jean-Bart** *(av. Villars)* subsiste un bâtiment (1852), transformé en conservatoire de musique. Ici vécut le mineur et poète Jules Mousseron (1868-1943).

Wallers

6 km au nord de Denain.

★ **Fosse d'Arenberg** – *R. de Croy - ✆ 03 27 24 02 67 - www.arenberg-minecreative.fr - visite libre du site extérieur : lun.-vend. 9h-18h - l'office du tourisme programme* *des visites guidées des bâtiments (consulter le site).* Véritable vitrine de la Compagnie des mines d'Anzin, et aujourd'hui l'un des cinq grands sites de la mémoire du bassin minier du Nord, ce superbe ensemble de bâtiments industriels (en activité de 1903 à 1989) présente une étonnante cohérence architecturale. Le site est dominé par **trois chevalements** (1922, 1936 et 1957). Celui du puits n° 3 offre une **vue** panoramique sur la région *(montée possible lors des visites guidées)*. La découverte de la salle des compresseurs, du poste électrique et des équipements collectifs (vestiaire ou « salle des pendus », douches, lampisterie) restés en l'état depuis la fermeture du site est impressionnante. Le tournage de *Germinal*, de Claude Berri, en 1993, a non seulement sauvé la mine de la destruction, mais a redonné vie au site. Les décors ont été remontés et on peut donc pénétrer dans la galerie où Maheu abattait le charbon.

Cité d'Arenberg – *Accès pl. Casimir-Perier.* La visite se poursuit par l'ancien quartier (1900-1923) qui jouxte la fosse. Jusqu'à 3 000 familles vivaient dans la cité. Une longue rue jalonnée de coquettes maisons aux volets bleus ou verts conduit vers le centre qui regroupe les équipements collectifs. On remarquera la salle des fêtes (1910), agrémentée d'un décor de briques vernissées et de carreaux en céramique de Desvres, et, de la même époque, l'ancienne **école ménagère** des filles. Face à ces touches polychromes, l'**église Ste-Barbe**, qui domine la place, paraît bien sobre.

Mare à Goriaux – *Accès bd des Mineurs-d'Arenberg.* À 500 m, l'ancien **terril** (20 m de haut) est bordé par ce plan d'eau de 90 ha, issu d'un affaissement minier. Il constitue une réserve ornithologique appréciée des oiseaux migrateurs. Un sentier de 6,5 km permet d'explorer la flore et la faune.

Surnommée la « drève des boules d'Hérin », la **tranchée d'Arenberg** est une trouée à travers la forêt entre Wallers et Arenberg (2,5 km). Elle correspond à une célèbre portion pavée de la mythique course cycliste Paris-Roubaix *(p. 70)*.

Raismes

10 km au nord-est de Wallers.

Situé au carrefour du Valenciennois et de l'Amandinois, cet ancien village agricole devint, au 19e s., un grand centre d'exploitation minière. Aujourd'hui, ses sites miniers requalifiés et sa forêt offrent au visiteur de belles perspectives de balade.

Cité Sabatier – *Accès r. Sabatier.* Le caractère particulièrement soigné des habitations de cette **cité pavillonnaire** (1914), postée à l'entrée de l'ancien carreau de la fosse, révèle le statut social de leurs anciens habitants : chefs-porions et autre personnel d'encadrement de la Compagnie des Mines d'Anzin.

Site Sabatier – Niché au cœur d'un ensemble de terrils réinvestis par la nature, le **chevalement Sabatier** (1951) est l'unique vestige du démantèlement de la fosse Sabatier (1912-1980). L'**étang d'affaissement** (5 ha) qui s'est formé au pied de la structure pyramidale vient rappeler la richesse hydrographique de la région. Du sommet du **terril Sabatier** (103 m), vue sur la chaîne des terrils *(aussi p. 159)*.

Ancienne Cité du Pinson – *Accès r. Cuvinot.* Édifiée de 1909 à 1923 par la Compagnie des Mines d'Anzin, cette **cité-jardin** se distingue par ses rues courbes et la variété typologique des habitations, dont les façades sont égayées de compositions de briques peintes en blanc, orangé ou turquoise. L'**église Ste-Cécile** et son presbytère, revêtus de bois, furent élevés en 1924 par des mineurs polonais appelés à travailler dans les mines de la région après la Grande Guerre.

Fosse d'Arenberg à Wallers.
R. Soberka/hemis.fr

Carnet pratique

S'informer

Office de tourisme – *70 pl. d'Armes - Douai - ✆ 03 27 88 26 79 - www.douaisis-tourisme.fr.* L'office de tourisme organise des visites guidées thématiques *(2h, 6 €, enf. 4 €)* et propose 5 parcours pour découvrir la ville à l'aide d'un audioguide.

Office de tourisme de la Porte du Hainaut – *✆ 03 27 48 39 65 - www.tourisme-porteduhainaut.com.* Cette antenne organise notamment des visites du bassin minier.

Agenda

Festival de carillons – De mai à sept., la ville propose des concerts sur le carillon de l'hôtel de ville.

Festival International du grand reportage d'actualité et du documentaire de société – *www.figra.fr – fin mai.* Créé en 1993, ce festival est dédié au journalisme, à l'information et la télévision. Au programme : compétitions, rencontres, débats...

Fête de Gayant – La famille des géants défile dans la ville, le dim. qui suit le 5 juil.

Fête de l'ail – À Arleux, 1er w.-end de sept.

Nos adresses

Restauration

Premier prix

9 **Le Prévert** – A2 - *28 r. de la Comédie - ✆ 03 27 98 59 51 - fermé sam. midi et dim. - plat du jour 11 €.* Un estaminet à Douai, en face du théâtre, où le patron aime à pousser la chansonnette par moments. Soirée une fois par mois.

Dans le Bassin minier

Premier prix

Auberge des Cigognes – *121 r. Jean-Jaurès - Wallers (à 30 km à l'est de Douai) - ✆ 03 27 35 67 02 - www.auberge-des-cigognes.fr - fermé soir et sam., dim. midi sur réserv. - plat du j. 13 €, menus 17,50/22 €.* Cette vaste salle décorée de dizaines de pots et carafes de toutes sortes donne sur un jardin. On y sert une cuisine maison, familiale et sans prétention. L'auberge, qui existe depuis 1965, a servi de cantine à l'équipe de tournage de *Germinal*.

Budget moyen

Auberge de la Croix ou Pile – *R. du Bon-Ballon - Beuvry-la-Forêt (à 23 km au nord-est de Douai) - ✆ 03 20 71 71 87 - www.lacroixoupile.com - fermé lun.-mar. - plats 17,50/23,50 €.* Au cœur de la forêt de Marchiennes, cette belle auberge présente une cuisine traditionnelle et gastronomique.

Shopping

Marché place St-Amé – A2 - *Pl. St-Amé - Sam. matin.* Les Douaisiens viennent ici se ravitailler en bons produits locaux, avant de prendre l'apéro (avec des huîtres) au bar de l'Espérance, envahi le samedi matin

Une histoire de goûts – A2 - *54 r. de la Mairie - ✆ 03 27 98 92 38 - www.unehistoiredegouts.fr - fermé dim.-lun.* Cette épicerie fine, en face du beffroi, propose une sélection pointue de produits régionaux : bières, terrines et plats cuisinés, speculoos, confitures... De quoi constituer un panier gourmand !

Aux Délices – A2 - *68 r. de la Mairie - ✆ 03 27 88 69 19 - fermé dim. et lun. matin.* Ce confiseur officie depuis 1910 face au beffroi de Douai. Vous y trouverez de délicieuses spécialités locales : la gayantine, caramel parfumé à la chicorée ; les cœurs de

Ch'ti, pralinés aux amandes qui deviennent pétillants en fin de dégustation...

En soirée

Les Grès - A2 - *2 pl. St-Amé - ✆ 09 50 04 55 80.* Auvent garni de tuiles au-dessus du bar, troncs sciés en guise de tables, vieille cheminée et murs de brique composent le décor de ce sympathique pub. Jeux de fléchettes et d'échecs.

Le 32 - B2 - *32 pl. du Barlet - ✆ 03 27 80 00 15 - fermé lun.* On ne soupçonne pas la présence de cet agréable jardin, derrière la massive porte cochère. L'endroit est très agréable pour boire l'apéritif accompagné d'une planche de charcuterie. Une adresse très prisée des Douaisiens!

L'Hippodrome - B2 - *Pl. du Barlet - ✆ 09 71 00 56 78 - www.tandem-arrasdouai.eu.* Cette scène nationale de forme dodécagonale se module selon les spectacles (c'est aussi un cinéma d'art et essai). Des pièces classiques aux nuits techno, la programmation audacieuse de ce théâtre en fait un lieu vivant fréquenté par tous.

Activités

Les bateaux-promenade du Vieux Douai - *Pl. Charles-de-Pollinchove - ✆ 03 27 88 26 79 - www.douaisis-tourisme.fr - visite guidée (30mn) juil.-août : merc.-dim. 15h-18h30, dép. ttes les 30mn; mai-juin et sept. : w.-end 15h-18h30 - 6 € (6-18 ans 4 €).*

À Aubigny-au-Bac

Loisiparc - *R. de la plage - Aubigny-au-Bac (à 15 km au sud de Douai) - ✆ 03 27 99 21 35 - www.loisiparc.com - ♿ - juil.-août : tlj 10h-19h; reste de l'année : se rens. - 4,5 € (enf. de -1 m gratuit).* Pédalo, jeux gonflables, minigolf, piscine... Tout ici est fait pour s'amuser!

Hébergement

Budget moyen

1 **Chambres d'hôtes du Palais** - A2 - *130 r. Merlin-de-Douai - ✆ 06 14 47 36 44 - www.leschambresdhotesdupalais.fr - 3 ch. 120/130 €* ☕. Au cœur de la vieille ville, à deux pas de la Scarpe, cette maison bourgeoise présente de vastes chambres dont l'agrément et le confort révèlent le goût et l'exigence des hôtes Juhie et Vijay. Le petit-déjeuner est à l'image de l'établissement, de quoi sortir joyeux dans la cité des *vint' d'osier* (les « ventres d'osier », surnom local des habitants de Douai).

3 **Maison d'hôtes Les Foulons** - A2 - *115 r. des Foulons - ✆ 03 27 86 13 75 - 3 ch. 100/120 €* ☕. Une jolie façade de brique et de grès annonce une bâtisse datant du 17e s. qui tantôt instille une atmosphère marine tantôt nous élève dans les airs avec ses montgolfières. L'été, le carillon du beffroi diffuse sa mélodie jusqu'aux chèvrefeuilles, glycines et vignes qui habillent le jardin de cette maison.

3

Saint-Amand-les-Eaux

Jaillissant au cœur du Parc naturel régional Scarpe-Escaut, les sources thermales de St-Amand, puis ses eaux minérales, ont fait la réputation de la cité… au même titre que ses excellentes bières d'abbayes. À l'est, dans la forêt de Raismes-St-Amand-Wallers, les bouleaux, refuges des oiseaux migrateurs, ont déjà colonisé deux terrils, derniers vestiges de l'industrie minière.

Se repérer

CARTE B1 (P. 140-141).
15 870 Amandinois - Nord (59)
À 30 km au sud-est de Lille et à 15 km au nord-ouest de Valenciennes.

À ne pas manquer

La tour abbatiale-musée ; la forêt de Raismes-St-Amand-Wallers.

Organiser son temps

Comptez une journée pour découvrir le parc régional.

En famille

La forêt de Raismes et ses activités, le site des Argales à Rieulay.

Carnet pratique p. 160

Nos adresses p. 160

Se promener

Abbaye

De 1625 à 1673, l'abbé Nicolas Du Bois fait reconstruire le mur d'enceinte de St-Amand. Sous son égide, l'abbaye devient un vaste domaine de 180 m de côté, dominé par des tours et cerné d'eau de toutes parts, sauf du côté de l'église abbatiale. Propriété nationale en 1789, elle fut démantelée de 1797 à 1820. Deux édifices baroques, impressionnants témoignages de la Contre-Réforme, ont été épargnés : la tour abbatiale et l'échevinage.

★ **Musée de la Tour abbatiale** - *Grand-Place - ✆ 03 27 22 24 55 - www.saint-amand-les-eaux.fr - 14h-17h, w.-end 14h-18h - fermé mar. - gratuit.* Avec ses 82 m de haut, ce colossal monument baroque constituait le narthex de l'église dont la nef, disparue, occupait l'essentiel du jardin public. La **façade** se divise en cinq étages qui correspondent chacun à un ordre architectural classique : de bas en haut, on voit les ordres toscan, dorique, ionique, corinthien et composite. Cette ordonnance, rythmée par des colonnes et des larmiers, comporte de nombreuses sculptures. Les statues mutilées évoquent Dieu le Père, saint Amand, saint Benoît… Les dragons repliés en volute qui ornent la façade ouest de la tour *(au niveau de la colonne ionique)* sont particulièrement ouvragés. Au-dessus de la balustrade, la tour est coiffée d'une coupole qui abrite un bourdon du 17e s. de 4 560 kg.
À l'intérieur, le rez-de-chaussée est voûté de pierres sculptées, autour d'un vide central prévu pour le passage des cloches. Masques, enroulements de rubans, niches et bénitiers évoquent le style maniériste anversois. Au 1er étage, sous une voûte nervurée, sont exposées plus de 300 faïences issues des manufactures locales du 18e s. : Desmoutiers-Dorez et Fauquez.

Origine

Saint Amand, fondateur au 7e s. d'un monastère bénédictin qui devint l'un des plus importants du nord de la France, est ici associé aux sources thermales, réputées depuis l'époque gallo-romaine.

Carillon – *89 Grand'Place - ✆ 03 27 48 39 65 - www.tourisme-porteduhainaut.com - gratuit - se rens. à l'office de tourisme pour les concerts.* Actionné électriquement chaque quart d'heure, cet ensemble de 48 cloches est animé tous les jours par les carillonneurs.

Échevinage – Conçu par Nicolas Du Bois comme pavillon d'entrée de l'abbaye, il devint le siège du « magistrat », composé du maire et de ses échevins. Flanquée de tours à coupole et lanternon, la façade à soubassement de grès est typique du style baroque flamand par ses encadrements de pierres en bossages vermiculés, ses colonnes baguées et ses cartouches sculptés. Une bretèche surmonte l'entrée. Dans le campanile, la « cloche du ban » est d'origine.

À proximité

CARTE P. 140-141

Établissement thermal CARTE P. 158

À 4 km du centre. *Voir « Nos adresses » p. 160.*

Les sources curatives de Fontaine-Bouillon étaient déjà connues des Romains. Lorsque Vauban réorganisa leur exploitation, au 17e s., de nombreuses statues en bois, ex-voto laissés par les curistes, furent découvertes. L'**établissement thermal** fut reconstruit après 1945. Son parc de 8 ha se prolonge en forêt par la drève du Prince, tracée sur ordre de Louis Bonaparte, qui fit une cure ici en 1805.

Le Parc naturel régional Scarpe-Escaut AB1

3

Ce fut le premier Parc naturel régional à voir le jour en France, en 1968. Véritable poumon vert pour le Bassin minier tout proche, il regroupait au départ 56 communes autour de St-Amand-les-Eaux, soit une superficie de 43 240 ha. Depuis quelques années, il s'est associé à son pendant belge, le Parc naturel des Plaines de l'Escaut, pour former le Parc transfrontalier du Hainaut.

Côté français, on peut différencier trois zones. Au nord, la campagne habitée privilégie les activités agricoles et un espace rural aménagé (pépinières, chemins pavés, grosses fermes isolées). Au centre, c'est le cœur vert du parc, avec de grands massifs forestiers (forêts de Raismes-St-Amand-Wallers ou de Marchiennes), des zones humides et des corridors écologiques. Enfin, plus au sud, on rejoint les confins du Bassin minier et les premières fortes concentrations urbaines, Denain et Valenciennes en tête.

Condé-sur-l'Escaut B1

13 km à l'est par la D 954.

Cette place forte se trouve, comme son nom l'indique, à un confluent, celui de l'Escaut et de la Haine. Une partie des remparts remaniés par Vauban subsiste. Né à Condé, le maréchal de France Emmanuel de Croÿ, familier de Louis XV, s'intéressa à l'exploitation de la houille et fut à l'origine des mines d'Anzin.

Austère mais beau, l'**hôtel de Bailleul** *(pl. Verte)* est un édifice (15e s.) en grès, cantonné de quatre tours en encorbellement. Il vit naître le maréchal de Croÿ. L'**hôtel de ville** *(pl. Delcourt)* est un édifice du 18e s.

Château de l'Hermitage B1

16 km au nord-est par la D 954, puis la D 75 à gauche, à Vieux-Condé.
Ne se visite pas. Cerné par la forêt de Bonsecours, ce château aux 200 fenêtres a été bâti sous Louis XV par le maréchal de Croÿ. L'édifice, restauré, se complète de deux pavillons et d'un quadrilatère marquant la « cour du Grand Manège ». Deux kilomètres plus loin, juste après la frontière belge, la **basilique N.-D.-de-Bon-Secours** (1885) est le siège d'un célèbre pèlerinage.

★ Forêt de Raismes-St-Amand-Wallers CARTE CI-DESSOUS

Ce massif (4 600 ha) ne représente qu'un lambeau des vastes futaies qui couvraient le Hainaut au Moyen Âge. Le sol plat de sable et d'argile et les effondrements miniers sont à l'origine des marécages et des étangs. Traitée en futaie, la forêt est peuplée d'essences variées. Sentiers, allées cavalières, aires de pique-nique, base nautique, minigolf, location de VTT, permettent de s'y divertir.
Au nord de la forêt, l'**étang d'Amaury** (60 ha) est situé à l'emplacement d'un ancien site minier, sur lequel la nature a repris ses droits.
Centre d'éducation à l'environnement – *Chemin des Rignains - Hergnies - ☏ 03 27 25 28 85 - www.pnr-scarpe-escaut.fr - 9h-12h, 14h-18h - fermé w.-end.*
Il sensibilise à la fragilité des milieux naturels. On y étudie la faune et la flore, aussi bien aquatique que des sous-bois.

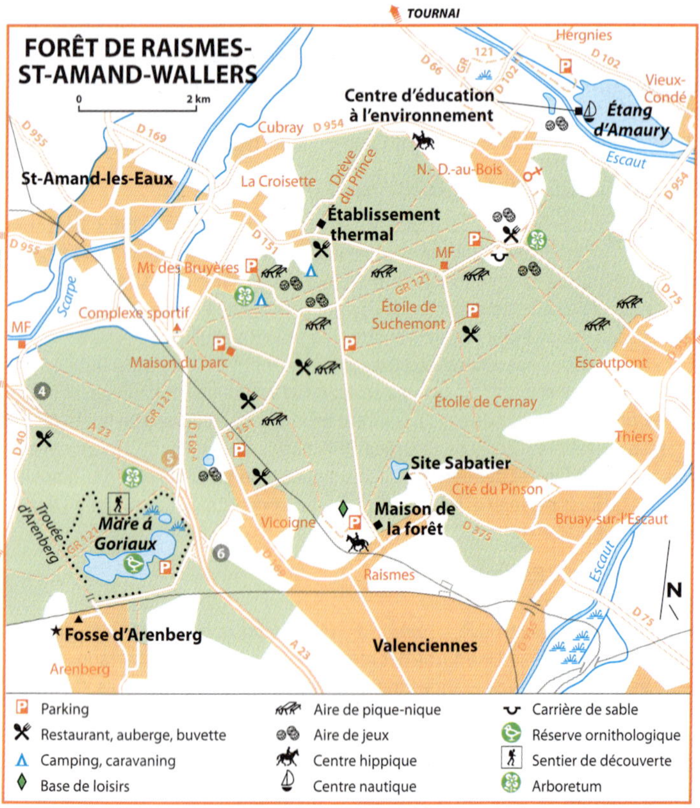

Maison de la forêt - *R. Fontaine-Bouillon-Étoile-de-la-Princesse - Raismes - 03 27 36 72 72 - www.pnr-scarpe-escaut.fr - - vac. scol. : tlj sf w.-end 14h-17h ; reste de l'année (hors vac. scol.) : merc. 14h-17h - gratuit.* Au sud, en lisière de la forêt, ce centre d'initiation évoque l'histoire forestière, la faune et la flore, les terrils et les étangs créés par l'exploitation minière. Il dispose également d'un atelier pédagogique. Les animateurs du parc proposent des programmes, adaptés à tous les âges, de découverte du milieu.

Sentier d'interprétation (3,4 km) au dép. de la Maison de la forêt.

Site minier et forestier Sabatier - *Étoile-de-la-Princesse - Raismes.* Cet ancien terril (103 m) est colonisé par la végétation, principalement des bouleaux, dont les graines ont été apportées par le vent, et par des séneçons d'Afrique du Sud ! Il a conservé son chevalement, mais un étang d'affaissement (5 ha) a pris la place du carreau de fosse. Une table d'orientation permet de se repérer et trois itinéraires balisés grimpent au sommet. *(aussi p. 152).*

Mare à Goriaux - Cet étang *(p. 152)* constitue une **réserve ornithologique** où viennent nicher nombre d'oiseaux migrateurs : grèbe huppé, foulque noire, balbuzard pêcheur...

Ne manquez pas la drève des Boules-d'Hérin, nom de la trouée entre Wallers et Arenberg (2,5 km), et ses fameux pavés, lieu de passage mythique de la course cycliste Paris-Roubaix *(p. 70).* Plus au sud, se trouve la **fosse d'Arenberg**, haut lieu de la mémoire minière *(p. 152).*

Rieulay A1

Balade sur les flancs du terril et, à deux pas, **site des Argales** (plan d'eau, loisirs, *p. 151*).

Marchiennes A1

14 km à l'ouest par la D 955, la D 953 et la D 35

1 r. Corbineau - 03 27 90 58 54 - www.marchiennes.fr.

Entourée de forêts et de cours d'eau, la cité de Marchiennes doit son origine à un monastère fondé au 7e s. par sainte Rictrude. Celui-ci devint par la suite une riche abbaye bénédictine. Il en reste l'entrée monumentale (18e s.), qui forme un pavillon curviligne occupé par la mairie.

Musée d'Histoire locale - *Pl. Gambetta - 03 27 94 62 61 - www.marchiennes.fr - avr.-sept. : merc.-sam. 14h-17h - 5 € (-17 ans 2 €).* Au rez-de-chaussée du pavillon, un petit musée présente la riche histoire de l'abbaye (vestiges archéologiques, blasons, armes, plan en relief...) et des objets de la vie quotidienne. À voir aussi, les anciens cachots.

Forêt de Marchiennes AB1

Cette forêt domaniale (800 ha) est formée de futaies de chênes, bouleaux, aulnes, sorbiers, peupliers et résineux. Quatre routes de promenade se croisent près de la Croix-ou-Pile.

3

Carnet pratique

S'informer

Office de tourisme – *89 Grand-Place - St-Amand-les-Eaux - ✆ 03 27 48 39 65 - www.tourisme-porteduhainaut.com.*

Maison du Parc naturel régional Scarpe-Escaut – *357 r. N.-D.-d'Amour - St-Amand-les-Eaux - ✆ 03 27 19 19 70 - www.pnr-scarpe-escaut.fr.*

Agenda

Festival de l'eau – Fin juin, St-Amand-les-Eaux met à l'honneur l'élément naturel qui a fait sa renommée. Au programme, expositions, conférences, animations nautiques, etc.

Nos adresses

En soirée

Casino – *Chemin de l'Empire - Rocade nord - ✆ 03 27 48 19 00 - www.pasino-saintamand.com.* Créé aux portes de la cité thermale et à proximité immédiate du centre-ville, le casino fait partie d'un important complexe de loisirs. Outre les 300 machines à sous et les tables de jeux traditionnelles, on trouve un programme complet de spectacles et d'animations. Restaurants à thèmes, galeries et boutiques.

Activités

Thermes de St-Amand-les-Eaux – *1303 rte Fontaine-Bouillon - ✆ 03 27 48 25 00 - www.chainethermale.fr - 7h-16h - fermé dim., déc.-fév. - à partir de 45 €.* L'établissement, situé en lisière de forêt, propose six formules de remise en forme à la journée (*de 45 à 145 €*) ou en mini-cure de 6 jours pour un bienfait profond et durable.

À proximité

Parc Pure Aventure – *Parc de loisirs de la Porte-du-Hainaut - Raismes (à 10 km au sud de St-Amand-les-Eaux) - ✆ 06 12 52 24 35 - www.pureaventure.com - vac. scol. : 10h-19h; reste de l'année : w.-end 10h-18h, sem. sur demande - fermé nov.-mars - 15/22 € (enf. 12 €).* L'aventure en plein air, avec 4 parcours d'accrobranche pour les adultes et 2 pour les enfants.

Hébergement

Budget moyen

Hôtel du Pasino – *Chemin de l'Empire - Rocade nord - ✆ 03 27 48 20 20 - www.hotelsaintamand.com - P ♿ - 61 ch. 81/129 € - ☕ 20 € (buffet).* Relié au casino par une passerelle, cet établissement abrite une soixantaine de chambres réparties sur sept étages dans une structure moderne et design. Couleurs pastel et grand confort. Accès au Spa, Jaccuzi, hammam et salle de fitness. Une fourchette de prix assez élevée, mais justifiée au vu des prestations fournies. Vue imprenable sur la tour abbatiale.

Valenciennes

La ville met à l'honneur les deux enfants du pays, Jean-Baptiste Carpeaux et Antoine Watteau. La cité a en effet toujours cultivé le goût des arts, au point d'être surnommée « l'Athènes du Nord ». Fortement endommagée pendant les deux guerres, Valenciennes est une ville dynamique qui, petit à petit, rénove ses rues et bâtiments. Son université, un tramway et de nouvelles industries lui permettent de tenir son rang de seconde agglomération de la région.

Se repérer

CARTE B2 (P. 140-141) - PLAN P. 162.
43 229 Valenciennois – Nord (59)
351 836 habitants (agglomération)
Valenciennes se trouve à 50 km au sud-est de Lille, à 40 km à l'est de Douai et à 40 km à l'ouest de Maubeuge.

À ne pas manquer

Le musée des Beaux-Arts.

Carnet pratique p. 164

Nos adresses p. 164

Se promener

PLAN P. 162

Maison espagnole B2

1 r. Askièvre. Cette demeure du 16e s., à pans de bois et à encorbellement, a été bâtie sous l'occupation espagnole. Elle abrite aujourd'hui l'office de tourisme.

Place d'Armes AB1-2

C'est le cœur de la cité. On croit souvent que le centre historique a été détruit par les bombardements de la Seconde Guerre mondiale, mais c'est un incendie qui l'a ravagé le 10 mai 1940. L'imposante façade néo-Renaissance de l'**hôtel de ville**, elle, a survécu aux flammes, mais tout le reste du quartier a été reconstruit. À l'emplacement du beffroi (qui s'est effondré en 1843) se dresse une flèche de 45 m de hauteur, gravée de 2000 mots choisis par les Valenciennois (œuvre de Jean-Bernard Métais, 2007).

Église St-Géry A1

8 r. St-Jean. L'ancienne église des récollets (13e s.), remaniée au 19e s., a bénéficié d'une restauration qui a rendu à la nef et au chœur leur pureté gothique d'origine. Chaque année, l'église accueille les fêtes du St-Cordon : cette procession circulaire de 14 km est l'une des plus anciennes d'Europe du Nord.

À côté, dans le **square Watteau**, se dresse une fontaine dominée par une remarquable statue de Carpeaux figurant Watteau, né au 39 rue de Paris *(p. 412)*.

Autour de l'église St-Géry se concentre un réseau de rues anciennes bien rénovées.

Église St-Nicolas A1

R. de Paris. L'ancienne chapelle des jésuites convertie en auditorium possède une façade du 18e s.

Bibliothèque municipale A1

2 r. Ferrand - 03 27 22 57 00 - bibliotheque.ville-valenciennes.fr - ♿ - pdt vac. scol. : mar. et jeu. 14h-18h, merc., vend.-sam. 10h-12h, 14h-18h ; hors vac. scol. : mar. et jeu. 14h-18h30, merc. et vend. 14h-18h30, sam. 10h-18h.

3

L'ancien **collège des jésuites** (début 17e s.) présente une façade de brique à parements de pierre, décorée au rez-de-chaussée d'œils-de-bœuf et de guirlandes Louis XVI.
Au 1er étage, la **bibliothèque des Jésuites★** (décor peint du 18e s.) est un vaisseau voûté rythmé par cinq arcs-doubleaux reposant sur des corbeaux de style rocaille. Elle comprend 350 000 volumes : manuscrits, dont *La Cantilène de sainte Eulalie* (plus ancien poème français connu, écrit en langue d'oïl vers 880), incunables, imprimés rares du 17e au 20e s.

Maison du Prévôt Notre-Dame A2

À l'angle de la r. Notre-Dame. C'est l'un des plus vieux édifices (15e s.) de la ville, en brique et pierre. Admirez l'élégance des fenêtres à meneaux, le pignon à pas de moineaux et la tourelle coiffée d'un clocheton.
Entre le musée et le très agréable **parc de la Rhônelle** se situe le quartier bourgeois de la ville, aux rues calmes bordées de belles maisons construites au 19e et au début du 20e s. Il est dominé par la haute flèche néogothique de la **basilique N.-D. du St-Cordon**, chère au cœur des Valenciennois.

SE RESTAURER
Negishi 3
La Fourchette de Marinette 5
L'Escargot 7
Pier 8

SE LOGER
Auberge du Bon Fermier 1
In Situ Hôtel 3
Maison Mathilde 9

Une industrie vivante

Proche du bassin houiller, Valenciennes fut la capitale de la sidérurgie et de la métallurgie du Nord. Aujourd'hui, la ville accueille des industries diverses : matériel ferroviaire, automobile, peintures, laboratoires pharmaceutiques, électronique, etc. L'université scientifique contribue à ce nouvel essor.

★ Musée des Beaux-Arts B1-2

Bd Watteau - ✆ 03 27 22 57 20 - musee.valenciennes.fr - fermé pour travaux, réouverture annoncée en 2025.
Ce très beau musée expose des œuvres des écoles flamande et française du 18e s., et bien sûr une très riche collection d'œuvres de Carpeaux.
Carpeaux (*p. 412*) – À l'entrée du musée, une vaste rotonde baignée de lumière met en scène une série de bustes du maître, sculpteur officiel de Napoléon III, ainsi que des esquisses révélatrices de son aptitude à saisir le mouvement ; quelques peintures, portraits et autoportraits. À côté, sculptures d'artistes contemporains.
Peinture du 15e au 17e s. – L'école flamande est à l'honneur avec tout d'abord l'énigmatique *Saint Jacques et le magicien Hermogène* que l'on a longtemps cru de Jérôme Bosch (les spécialistes s'accordent aujourd'hui pour l'attribuer à son atelier), le triptyque du *Jugement dernier* de Van Leyden, puis Marinus van Reymerswaele et Jan Mandyn. Dans la galerie **Rubens**, le maître d'Anvers triomphe avec, entre autres, le triptyque du *Martyre de saint Étienne*, jadis dans l'abbaye de St-Amand ; notez dans cette galerie consacrée à la peinture religieuse flamande, du maniérisme au baroque, des œuvres de Martin De Vos, A. Janssens, De Crayer, Van Dyck, un triptyque du 16e s. de Coecke Van Aelst...
École française du 18e s. – Deux toiles de **Watteau** dont le portrait du sculpteur Antoine Pater. Remarquez aussi le *Portrait de Jean de Jullienne*, ami et mécène de Watteau, par François de Troy, ainsi que le *Concert champêtre* et *Les Délassements de la campagne* de J.-B. Pater, collaborateur de Watteau.
École française des 19e et 20e s. – De grands formats académiques – *La Mort du maréchal Lannes* de Guérin, *Exécution de Marie Stuart* de Pujol... – côtoient les paysages de Charlet, Boudin, Rousseau et Harpignies. La section du 20e s. évoque les recherches d'artistes sur la ligne et la couleur.
Archéologie régionale – *Dans la crypte.* Peintures murales découvertes à Famars (2e s.), bronzes (statue d'Éros de Bavay) et plat d'argent gallo-romain de Saulzoir ; bijoux et parures à décor d'émail cloisonné, peintures funéraires et gisants du Moyen Âge.

À proximité

CARTE P. 140-141

St-Saulve B1-2

2 km au nord-est. Quitter la ville par l'avenue de Liège, sortie 30.
★ **Chapelle du Carmel** – *1 r. Henri-Barbusse - ✆ 03 27 46 24 98 - www.carmeldesaintsaulve.fr - 9h-11h45, 13h30-17h30.* Achevée en 1966, cette chapelle de style moderniste est invisible de la rue. Prenez le temps d'entrer dans le jardin pour admirer son clocher asymétrique. Elle a été conçue d'après une maquette du sculpteur Szekely et les plans de l'architecte Guislain, qui ont privilégié les effets de volumes et l'emploi de matériaux modestes. L'intérieur baigne dans une lumière très douce et diffusée par des vitraux non figuratifs surplombant l'autel.

3

Bruay-sur-l'Escaut B1

5 km au nord par la D 935 et la D 75.

Église – *Jeu. 10h-12h.* Elle abrite le **cénotaphe** de sainte Pharaïlde, sœur de sainte Gudule : un bloc de pierre blanche du 13e s. représente une femme aux formes gracieuses.

Sebourg C2

9 km à l'est par la D 934 vers Maubeuge ; prendre à gauche la D 59 à Saultain, puis à droite la D 350 à Estreux.

Ce bourg rural s'étage sur les pentes de la vallée verdoyante de l'Aunelle.

Église – Cette église (12e-16e s.) fait l'objet d'un pèlerinage à saint Druon, berger et ermite du 12e s. invoqué pour guérir les hernies. Dans le bas-côté droit, gisants (14e s.) d'Henri de Hainaut, sire de Sebourg, et de sa femme.

Carnet pratique

S'informer

Office du tourisme – *1 r. Askièvre - Valenciennes - 03 27 28 89 10 - www.tourismevalenciennes.fr.*

Agenda

Carnaval de Denain – L'après-midi du lundi de Pâques.

Procession de N.-D. du St-Cordon – Le 2e w.-end de sept., une grande procession est organisée pour faire le tour du quartier du St-Cordon.

Festival 2 Cinéma – *festival2valenciennes.fr.* Fin sept.

Nos adresses

Restauration

Premier prix

3 **Negishi** – A1 - *80 av. Georges-Clemenceau - 03 27 25 72 31 - fermé dim.-lun. - formules 11,80/17,60 €.* Ingénieur pour un groupe nippon implanté dans le Nord, Ichiro Negishi s'y est tellement plu qu'il a décidé de s'y installer en créant ce restaurant. Sushis et sashimis préparés devant le client, jolies spécialités (aubergine grillée sauce miso, crabe pané...), formule bento au déjeuner : tout est bon, comme au Japon !

5 **La Fourchette de Marinette** – B1 - *30 r. du Quesnoy - 09 80 55 58 04 - lafourchettedemarinette.fr - fermé soir et dim. - formules 9,90/16,90 €.* Des saveurs en pagaille dans cette agréable adresse familiale. Les recettes de Marine (Marinette), par ailleurs diététicienne-nutritionniste, sont équilibrées, colorées et très bonnes ! Son frère, Nicolas, met en pratique tout cela en cuisine avec des produits locaux et de saison. L'ambiance détendue contribue à faire de ce « fast good food » un lieu où l'on se sent bien.

Budget moyen

7 **L'Escargot** – A2 - *46 r. Famars - 03 27 46 29 61 - www.restaurantlescargot.fr - plats 17/26 €.* Une brasserie comme on n'en fait plus ! Les serveurs en livrée noire et blanche vous apporteront prestement fruits de mer ou

recettes régionales, habilement préparées. Une institution locale.

8 **Pier** - A1 - *75 r. de Paris - 03 27 29 15 55 - www.pier-restaurant.fr - fermé dim.-lun. et mar. midi - plats 19/35 €.* « Le goût du vrai » : tout est dit dans la devise de ce restaurant bistronomique qui propose des associations de saveurs inédites (goûtez le tartare terre et mer) et des viandes parfaitement persillées. Également une proposition vegan et des plats de brasserie plus traditionnels. Évidemment, tout est fait maison, avec des produits locaux.

Shopping

Sur le trottoir d'en face - A2 - *33 r. de la Vieille-Poissonnerie - 06 58 53 27 19 - fermé dim.-lun.* Boutique de créateurs locaux, avec une éthique zéro déchet. Créations artisanales, originales et uniques.

Activités

Parc d'attractions Le Fleury - *5 r. Bouchain - Wavrechain-sous-Faulx (à 25 km au sud-ouest de Valenciennes) - 03 27 35 71 16 - www.lefleury.com - juil.-août : 10h30-19h; reste de l'année : se rens. - 13/16 € (enf. -90 cm gratuit).* Nombreuses attractions sur les 23 ha du parc : minigolf, manèges, petit train, jeux aquatiques.

Hébergement

Premier prix

3 **In Situ Hôtel** - A1 - *25 r. Tholozé - 03 27 14 58 59 - www.insitu-hotel.com - - 33 ch. 80/96 € .* Juste en face de la gare, cet hôtel entièrement rénové propose des chambres modernes, fonctionnelles et agréables.

Budget moyen

1 **Auberge du Bon Fermier** - A2 - *64 r. de Famars - 03 27 46 68 25 - www.bonfermier.com - P 11 € - 16 ch. 95 € 14 € - formules 26/32 €.* Cet authentique relais de poste du 17e s. a préservé son cachet : vieilles pierres et briques en façade, chambres de caractère (beaux meubles chinés) et jolie cour pavée. Le propriétaire des lieux, maître restaurateur de France, propose une cuisine régionale au sein d'anciennes écuries. Terrasse.

Pour se faire plaisir

9 **Maison Mathilde** - B2 - *1 quater r. du Béguinage - 03 27 41 72 59 - www.maison-mathilde.fr - P - 7 ch. 130 € - 15 €.* Derrière la basilique N.-D. du St-Cordon, cet ancien hôtel particulier datant de 1674 se fait aujourd'hui contemporain. Chambres spacieuses, décoration soignée et agréable jardin en font une adresse des plus accueillantes à Valenciennes.

À proximité

Budget moyen

Chambre d'hôte Château d'En Haut - *20 rte Nationale - Jeanlain (6 km au sud-est de Valenciennes) - 03 27 49 71 80 - www.chateaudenhaut.fr - P - 5 ch. 85/120 € .* Ce château du 18e s. est remarquable par son décor (marqueteries, objets anciens et tableaux) et son accueil charmant. Les chambres, dotées de lits à baldaquin, s'ouvrent sur le parc.

3

Cambrai ★

Dominée par les tours du beffroi, de la cathédrale et de l'église St-Géry, l'ancienne cité militaire et archiépiscopale habillée de calcaire blanc s'organise toujours autour de sa Grand'Place. La ville, détruite lors de la Première Guerre mondiale, a été reconstruite de manière très harmonieuse. Un patrimoine intéressant, un musée dynamique et des environs attrayants font de la capitale des « bêtises » une étape attachante.

Cambrai.
Westend 61/hemis.fr

Se repérer

CARTE A2 (P. 140-141) – PLAN P. 168.

32 176 Cambrésiens – Nord (59)
Cambrai se trouve à 67 km au sud de Lille, à 39 km au sud-ouest de Valenciennes et à 38 km au sud-est d'Arras.

À ne pas manquer

Le musée des Beaux-Arts ; l'église St-Géry ; la citadelle.

Organiser son temps

Comptez 2h pour la vieille ville et 1h pour les galeries de la citadelle. Le 15 août, les géants noirs Martin et Martine sont de sortie.

Carnet pratique p. 175

Nos adresses p. 175

Vieille ville

PLAN P. 168

Circuit tracé en vert sur le plan de la ville.

Les avenues et boulevards encerclant le centre-ville sont reliés par 7 portes et des tours, vestiges du Moyen Âge. Le circuit part de la Porte de Paris, porte monumentale (1391) encadrée par deux tours circulaires. Il se termine à la Porte Notre-Dame.
Emprunter l'avenue de la Victoire menant à l'hôtel de ville, qu'on aperçoit au loin. On arrive à la place du St-Sépulcre.

Cathédrale Notre-Dame B2

L'ancienne abbatiale du St-Sépulcre (18e s.), requalifiée après la Révolution, a subi plusieurs remaniements; tour de 1876, bâtiment conventuel du 18e s. Dans les chapelles qui ferment les bras du transept, remarquez les grandes **grisailles** en trompe-l'œil (1760) de l'Anversois Martin Geeraerts. La chapelle absidiale abrite, elle, le tombeau de Fénelon, sculpté par David d'Angers (1826) qui a prêté ici au prélat un élan romantique; le traitement des mains est admirable.
À gauche de la cathédrale, trône la statue de Fénelon.

Maison espagnole B2 M

48 r. Henri de Lubac (siège de l'office de tourisme) - ✆ 03 27 78 36 15 - www.tourisme-cambresis.fr.

Cette belle maison de bois (fin 16e s.), au pignon couvert d'ardoises, fut construite pendant l'occupation espagnole. C'est le dernier exemple de ce genre à Cambrai. Elle abrite des caves médiévales et, au 1er étage, les sculptures en chêne qui ornaient la façade. Elle abrite aujourd'hui l'**office de tourisme du Cambrésis**.
Rues du Grand-Séminaire, de l'Épée et Vaucelette, **hôtels** des 17e et 18e s. dont celui bâti (1719-1720) pour le comte de Francqueville (musée des Beaux-Arts).

Chapelle du Grand Séminaire A2

27 R. du Grand-Séminaire - ✆ 03 27 78 36 15 - www.tourisme-cambresis.fr - de déb. juil. à mi-sept. : jeu.-dim. 13h-19h.

L'ancienne chapelle (1692) du collège des Jésuites (dans le square) arbore une façade baroque théâtrale et mouvementée (ailerons à volutes, pots à feu...). Beau décor sculpté sous un haut-relief de l'Assomption.

Cambraiscope - Centre d'interprétation de l'architecture et du patrimoine

2 r. Louis Renard - ✆ 03 74 51 00 00 - www.lelabocambrai.fr - juin-juil. : 14h-18h; sept.-juin : mar. et vend. 13h-21h, merc. et sam. 10h-18h, jeu. et dim. 14h-18h - fermé lun. - gratuit.

Attenant à la chapelle, au sein de l'ancien collège des Jésuites devenu le Labo en 2019 – nouvel équipement culturel et touristique de la ville –, le Cambraiscope aborde l'histoire et les spécificités architecturales de la ville de Cambrai et du Cambrésis à travers des photographies, des maquettes, des films et une animation audiovisuelle didactique autour d'un vaste plan-relief.

★ Musée des Beaux-Arts A2

15 r. de l'Épée - ✆ 03 27 82 27 90 - www.villedecambrai.com - ♿ - 10h-12h, 14h-18h - fermé lun.-mar. - 4 € (-18 ans gratuit).

Archéologie – Dans ses caves voûtées cohabitent les époques gallo-romaine (céramique, habitat et inhumation) et mérovingienne (objets funéraires mis au jour près de Cambrai). Les conditions de vie de l'homme du haut Moyen Âge sont présentées à travers les différentes causes de décès.

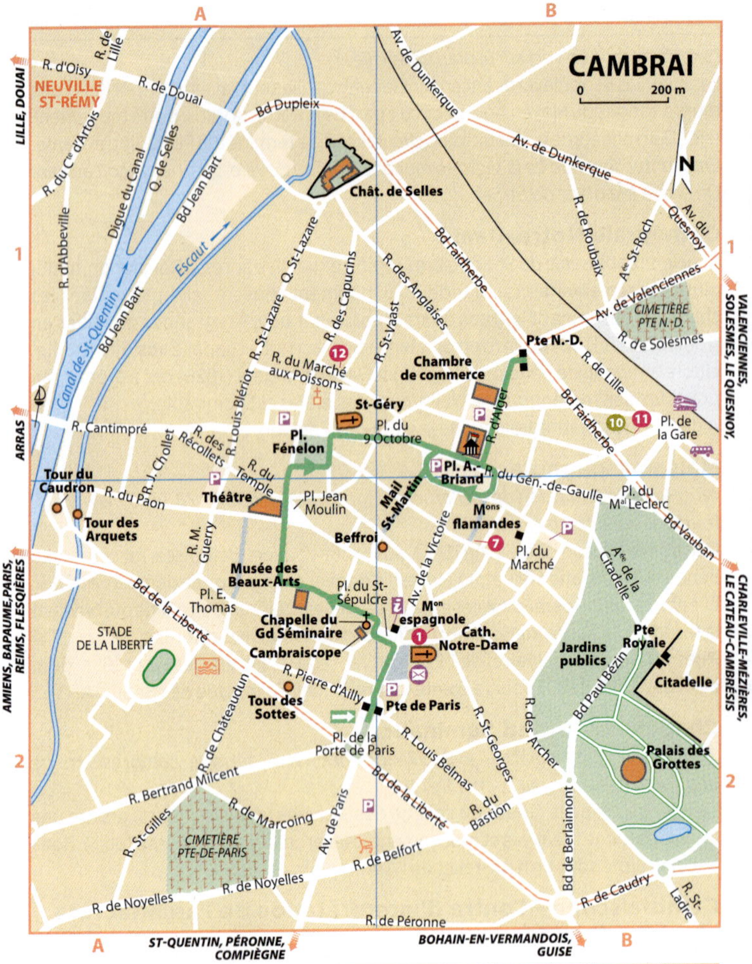

SE RESTAURER
Brasserie Boulonnaise Chez Dan 1
Le Bouchon 7
Le Carré 11
Maison Demarcq 12

SE LOGER
Le Mouton Blanc 10

Les béguinages

Dans ces petites maisons accolées les unes aux autres, formant un enclos, des femmes, célibataires ou veuves, se rassemblaient pour mener une vie de dévotion et de charité. On comptait 11 béguinages à Cambrai ; celui de St-Vaast (1354) a été transféré 24 rue des Anglaises en 1545. Sa cour est la dernière qui subsiste en France. *Non visible de la rue, il n'est ouvert au public que pour les Journées du patrimoine.*

La bêtise de Cambrai

L'histoire de ce bonbon parfumé à la menthe, rectangulaire et rayé de jaune, remonte au 19e s. Un apprenti confiseur se trompa en réalisant une recette. Sa mère lui dit alors : « Tu n'es bon à rien, tu as encore fait des bêtises ! » Ses bonbons furent néanmoins appréciés pour leurs qualités digestives et rafraîchissantes ; la bêtise de Cambrai était née. Autre version : les hommes, se rendant au grand marché de Cambrai le 24 de chaque mois, s'y attardaient et commettaient des « bêtises », comme des dépenses superflues pour l'achat de bonbons fabriqués sous leurs yeux.

Patrimoine de Cambrai – À voir *:* les œuvres romanes de l'abbaye St-Géry au Mont-des-Bœufs ; le **jubé★★** (16e s.) de la chapelle de l'hôpital St-Julien ; le **char de procession★** (1730) des chanoinesses de Ste-Aldegonde de Maubeuge ; les statues en albâtre de l'ancienne cathédrale ; une toile de Van der Meulen détaillant la prise de Cambrai par Louis XIV...

Beaux-arts : « L'intime et le monde » – Le parcours permanent (12 salles) fait du département des beaux-arts un véritable « musée maison », tirant parti de son installation dans un superbe hôtel particulier. Le visiteur croirait cheminer dans la résidence d'un collectionneur d'art habitée par les personnages des œuvres. La place accrue du mobilier et l'accrochage bas des tableaux renforcent la dimension intime et chaleureuse du musée. Peinture, sculpture et objets d'art sont exposés autour d'une thématique, le corps et l'intime, qui respecte cependant une lecture chronologique. Des œuvres issues des réserves ou restaurées sont présentées au public, dans une belle muséographie qui ne laisse rien au hasard, du papier peint (ne ratez pas la salle Moulinsart) à l'éclairage en passant par les rideaux de velours. Outre les écoles du Nord (Hugo Van der Goes), le 18e s. français (le sculpteur Falconet) et l'art moderne, les artistes régionaux sont mis à l'honneur : Louis de Caullery (17e s.), Antoine François Saint-Aubert (18e s.), les artistes de l'école de dessin municipale (19e et 20e s.) et Guy de Lussigny (abstraction géométrique).

Tourner à droite dans la rue Vauclette jusqu'à la place Jean-Moulin, très agréable.

Théâtre A2

Pl. Jean-Moulin. Le théâtre occupe l'emplacement de l'ancienne chapelle gothique de l'hôpital St-Julien, utilisée pendant la guerre comme salle de projection et ravagée par un incendie en 1917. Le théâtre dessiné par Leprince-Ringuet s'intègre parfaitement aux édifices du 18e s. de l'ancien hôpital, avec ses arcades en plein cintre et ses encorbellements rythmant les élévations du bâtiment.

Emprunter la Petite Rue Vanderburch.

Place Fénelon A1

Elle s'étend à l'emplacement de la cathédrale gothique, démolie après la Révolution. Remarquez le portique d'entrée (17e s.) du **palais archiépiscopal** où vécut Fénelon.

★ Église St-Géry A1

8 Pl. Fénelon - ✆ 03 27 81 87 11 - www.paroissesdecambrai.com - ♿ - été : 8h30-12h, 14h-18h, dim. 9h-12h, 15h-18h ; reste de l'année : fermé dim. apr.-midi.

Dominée par la tour St-Géry, l'ancienne abbatiale St-Aubert a été édifiée de 1698 à 1745. Un baldaquin, posé sur de puissantes colonnes baroques, précède le chœur à déambulatoire et chapelles rayonnantes. Le **jubé★** (1632), déplacé en

bas de la nef, a été sculpté en marbre noir par Gaspard Marsy. Notez le contraste des marbres rouge et noir et le décor mouvementé : *putti* voletant, hauts-reliefs relatant les miracles du Christ, statues d'albâtre. La chaire monumentale (1850) est l'œuvre d'artisans cambrésiens. Mobilier du 18e s. dans le chœur : autel et boiseries à médaillons voués à saint Augustin et à saint Aubert. Le bras gauche du transept abrite une magnifique **Mise au tombeau★★** de Rubens ; dans celui de droite, la **statue** d'évêque (14e s.) découverte en 1982 dans la crypte.
Traverser la place du 9-Octobre et gagner la place Aristide-Briand.

Place Aristide-Briand B1-2

Située dans le quartier commerçant, la place a été entièrement rebâtie après sa destruction en 1918 et décline une grande variété de styles architecturaux : régionaliste, Art nouveau, éclectique. L'**hôtel de ville** brûla pendant la Grande Guerre. Sa restauration dans les années 1920 a respecté la façade à péristyle de style Louis XVI. Le campanile à colonnes qui surmonte l'édifice est encadré par deux jaquemarts en bronze (1512), Martin et Martine, qui frappent la cloche communale. Hauts de 2 m, ils sont vêtus comme des Maures. D'après la légende, ces forgerons géants auraient assommé le tyran de la région.

Mail St-Martin B2

À l'angle sud-ouest de la place, il offre une belle perspective sur le **beffroi**, ancienne tour St-Martin (15e-18e s.) : haut de 70 m, c'est le seul vestige de l'église du même nom.
Au no 15, le **palais de la Mode** est le premier bâtiment à être construit sur le nouveau mail St-Martin. Son décor de mosaïques et l'élancement de son pignon d'angle méritent le coup d'œil. Attardez-vous sur les sculptures en façade, de Paul Simon, représentant la vie quotidienne dans une société apaisée. Dans la même avenue, voyez aussi La Taverne réalisée par Ernest Gaillard.
Retourner place Aristide-Briand, la traverser et prendre la rue d'Alger.

Chambre de commerce B1

Pl. de la République. La chambre de commerce de Cambrai apparaît comme l'une des vitrines de la reconstruction. À voir, le grand **vitrail** des trois clochers d'Auguste Labouret, jouant sur le noir et le blanc. La salle des séances a gardé son mobilier d'époque et présente une grande carte du Cambrésis exécutée par Émile Flamant.

Porte Notre-Dame B1

Vestige des fortifications (17e s.), baroque, elle comporte un bel appareil de pierres en pointes de diamant et des colonnes cannelées. Au fronton, le soleil, symbole du roi, fut ajouté après la conquête de Cambrai par les troupes de Louis XIV en 1677. Sur la face extérieure, statue de la Vierge.

Quartier de la Citadelle B2

Citadelle B2

La citadelle édifiée par Charles Quint en 1543 est agrandie plus tard par Vauban. Ne subsistent en surface que la **porte royale** de style toscan et un arsenal du 16e s., des logements ainsi qu'une caserne (18e s.). De plan quadrangulaire avec des pointes de flèches (bastion), la **porte retirée** (cachée dans les rentrants d'un bastion) est le seul exemple en Europe dont on ait la trace. L'ensemble des galeries de contre-mines permet de faire le tour complet des ouvrages par le sous-sol jusqu'à 18 m de profondeur.

Le cygne de Cambrai

En 1695, François de Salignac de La Mothe-**Fénelon** (1651-1715), grand seigneur, homme d'Église et écrivain célèbre, est investi de l'archevêché de Cambrai. Vénéré par ses ouailles pour sa douceur et sa charité, il fut surnommé le Cygne de Cambrai, par opposition à Bossuet, appelé l'Aigle de Meaux. C'est à Cambrai que Fénelon reçoit la nouvelle de la condamnation par Rome de son ouvrage *Explication des maximes des saints sur la vie intérieure*, dans lequel il défend le quiétisme, doctrine exaltant le pur amour de Dieu. L'ancien précepteur du duc de Bourgogne (Louis de France, petit-fils de Louis XIV) monte alors en chaire, prêchant l'obéissance aux décisions de l'Église, puis se soumet par un mandement d'une admirable humilité.

★ **Galeries** – *Bd Paul-Bezin - ✆ 03 27 78 36 15 - www.tourisme-cambresis.fr - visite de déb. juil. à mi-sept. tlj à 16h30 ; reste de l'année : sam. à 16h30 - 7 € - prévoir de bonnes chaussures et un vêtement chaud (14 °C) - à partir de 7 ans.* Une visite unique et captivante à travers les galeries de contre-mine extrêmement bien conservées. On parcourt seulement 1000 m sur les 7860 m de galeries devenues souterraines suite au comblement des fossés à la fin du 19e s. Ceux-ci, ne pouvant bénéficier d'inondations défensives, étaient protégés par ces galeries voûtées en plein cintre inscrites dans l'épaisseur de la muraille. On découvre les innovations des ingénieurs militaires italiens (Donato di Boni, Gianmaria Olgiati), concepteurs de ce système bastionné datant du 16e s. et capable de résister à l'artillerie jusqu'au 19e s. ! La visite se termine dans l'impressionnante **grande salle**, emplacement de la porte retirée. En sortant, on passe devant les deux poudrières (17e-18e s.) et l'arsenal (1580).

Lors du démantèlement des fortifications, les fossés furent comblés et offrent aujourd'hui de nombreux jardins propices au jeu et à la détente.

3

Jardins publics B2

Sur l'esplanade de la citadelle fut d'abord aménagé, entre 1862 et 1867 par l'architecte parisien Barillet-Deschamps, un jardin public dans le pur style de la fin du 19e s. Après le démantèlement des fortifications, le parc est agrandi pour atteindre son emprise actuelle. Parsemé de statues évoquant les dieux antiques ou les personnalités cambraisiennes, il s'inspire des jardins à l'anglaise, souple et naturel.

Le **jardin aux Fleurs** longe le boulevard Vauban et abrite le monument de la Victoire, érigé en 1927, ainsi qu'un monument dédié à Louis Blériot. Plusieurs bosquets, comme celui « du papillon », réalisé en 1930, constituent des mosaïques végétales remarquables.

Le **jardin Monstrelet** (chroniqueur du Moyen Âge) accueille un kiosque à musique et des aires de jeux pour enfants.

À voir dans le jardin des Grottes, le **palais des Grottes** (expositions), les grottes artificielles aquatiques et le lac aux cygnes. Remarquez le jeu de billon, jeu centenaire restauré en 2013 *(vend. et w.-end)*.

En face du marché couvert, résolument moderne, au n° 8 de la place du marché se trouvent les deux dernières **maisons flamandes** (17e s.).

Tours et château A1-2

En empruntant le boulevard Faidherbe sur la gauche, vous découvrez à l'extrémité, le **château de Selles** (13e s.) dont il ne reste que quelques fragments des tours. Il fut utilisé comme prison sous la Révolution, et des graffitis exceptionnels se trouvent encore dans les souterrains *(ne se visite pas)*. Plus loin, la **tour**

des Arquets enjambe l'Escaut et servait de porte d'eau pour réguler le niveau. Comme sa voisine, la **tour du Caudron**, elle conserve des clés de voûte. Enfin, à la **tour des Sottes** (ancienne tour St-Fiacre, bd de la Liberté) l'on distingue encore le départ de la courtine.

À proximité

CARTE P. 140-141

★ Abbaye de Vaucelles A3

12 km au sud de Cambrai, rive droite du canal de St-Quentin entre Bantouzelle et Les Rues-des-Vignes.

03 59 73 14 98 - abbayedevaucelles.fr - mar.-vend. 10h30-17h30, w.-end 10h30-18h - fermé lun. et de fin oct. à mi-mars - 6 € (-26 ans gratuit) - gratuit chaque 1er dim. du mois.

Cette abbaye cistercienne dépassait en dimensions toutes ses consœurs européennes (*encadré ci-dessous*). L'église, plus vaste que N.-D. de Paris, disparut à la Révolution. Cependant, la salle des moines et la salle capitulaire, aujourd'hui restaurées, respirent toujours la même sérénité.

Le **bâtiment claustral** comporte quatre salles : le scriptorium, l'auditorium, la salle capitulaire à belles voûtes d'ogives et le passage sacré, qui doit son nom aux tombes des trois premiers abbés, canonisés en 1179. Le **scriptorium**, grande salle reposant sur deux rangées de cinq colonnes chacune, est une belle illustration du premier art gothique. La salle servait aux moines copistes qui travaillaient à la constitution d'une des plus grandes bibliothèques de France, rassemblant quelque 40 000 ouvrages en 1760. Ceux-ci furent transférés à Cambrai pendant la Révolution et détruits au cours des deux conflits mondiaux. L'**auditorium**, seule salle où les moines pouvaient parler, permettait chaque matin aux responsables des chantiers agricoles de transmettre leurs consignes de travail. On y observe des stalles et les dalles funéraires de deux abbés de Vaucelles. La **salle capitulaire**★

Grandeur et décadence

Le 1er août 1132, saint Bernard pose la première pierre de cette abbaye qui grandit sur un domaine offert en 1131 par le seigneur Hugues d'Oisy, brigand converti. Vaucelles vient de *vallis cellae*, « cellules de la vallée » (12e s.) : allusion aux bâtiments de pierre érigés par les moines pour remplacer les huttes de bois dans les marécages de la vallée de l'Escaut.

La renommée du monastère est telle qu'au 13e s. s'ajoutent aux 300 moines de chœur environ 400 novices et frères convers. Son abbatiale, édifiée entre 1190 et 1235, était la plus grande église du pays après Cluny : 137 m de long ; elle servit de carrière à la fin du 18e s. Le maître d'œuvre, **Villard de Honnecourt**, né près de Cambrai au 13e s., a laissé un relevé très précis du chœur et du déambulatoire. Des fouilles ont révélé les fondations et un carrelage au niveau du déambulatoire. Pendant la Grande Guerre, l'abbaye est réquisitionnée par l'armée allemande. Elle devient caserne et grenier à céréales des armées du Kaiser. En novembre 1917, les Alliés lancent une offensive sur Cambrai et menacent le site. Les Allemands mettent le feu aux réserves de blé (pratique de la « terre brûlée »). Le palais abbatial, la porterie (entrée du domaine) et le cloître du 12e s. sont détruits. Quelques jours plus tard, les Alliés pénètrent dans l'abbaye, ravagée. Depuis 1970, elle renaît de ses cendres grâce à une initiative privée soutenue par les pouvoirs publics.

(ou salle du chapitre), bâtie en 1175, est une des plus grandes d'Europe. Les moines y lisaient chaque jour un chapitre de la règle monastique ; elle servait aussi à la communauté lors de l'élection des pères abbés. Sa très bonne acoustique en fait aujourd'hui le lieu de nombreux concerts de musique classique. Dans le **passage sacré**, jetez un coup d'œil à la maquette de l'abbaye à son apogée, elle vous donnera une idée précise de l'immensité de l'édifice. Le palais abbatial, du 18e s., a été restauré. Subsistent aussi des restes du mur d'enceinte qui courait sur 7 km.
Jardins – Ils s'étendent sur 7 ha ; arboretum, potager et jardins fleuris ponctuent la visite. 1600 pieds de lavandes tracent les plans de l'ancienne église, d'après des fouilles archéologiques réalisées en 1988. Entièrement bio, les jardins ne sont entretenus que par des procédés naturels respectueux de l'environnement. Chaque année, en mars, a lieu une exposition internationale d'orchidées.
Vers le pont sur l'Escaut et le canal de St-Quentin où s'élève une écluse double, des sites agréables incitent à un pique-nique ou une jolie balade.

Les Rues-des-Vignes A3

4 km au nord de Vaucelles par la D 103.
Archéo'site – *882 r. Haute - ✆ 09 70 21 17 46 - www.agglo-cambrai.fr - de mi-mars à déb. nov. : 9h-12h, 14h-18h, w.-end 14h-18h - fermé lun. et reste de l'année - visite guidée merc. à 14h30 et 16h, dim. à 15h - 5,50 € (-12 ans 4,50 €).* Il réunit des reconstitutions d'habitats des époques gallo-romaine (cave du 2e s.), mérovingienne (nécropole des 6e-7e s. et taverne) et carolingienne (village et ateliers). Certaines illustrent les résultats des fouilles menées à l'emplacement de Vinchy, lieu de séjour des rois et hauts dignitaires francs (7e-8e s.).

Flesquières A3

11 km au sud-est de Cambrai par la D 29A et la D 92.
Position de soutien de la ligne Hindenbourg, Flesquières est attaquée le 20 novembre 1917 par le 51e Highlander, tenu en échec par une poignée d'Allemands irréductibles, et finalement conquis le lendemain. Repris par les Allemands, Flesquières sera définitivement aux mains de la 3e division britannique le 27 septembre 1918.
Avant d'entrer dans le village, vous croisez sur votre droite le **monument des Nations de la bataille de Cambrai**. Ce mémorial raconte l'histoire de la bataille de chars à l'aide d'une table d'orientation *(encadré p. 174)*. La stèle centrale en béton, représentant les ouvrages fortifiés de la ligne Hindenburg, est marquée d'empreintes de chars et de pas de soldat dans la direction de Cambrai et de Bourlon. Autour, les allées évoquent la forme du drapeau britannique, l'Union Jack. Chaque allée prend la direction d'un haut lieu de la bataille de Cambrai. Sur le côté, les mâts symbolisent la quasi-totalité des nations engagées. Face au **panorama**, une table d'orientation à 180° figure, en couleur, les reliefs et le départ de l'action sur les deux canaux, ainsi que les grandes lignes de la bataille. *Prendre la direction du château.* Une **tour d'observation** est adossée au mur d'enceinte du château, occupé par les Allemands lors de la bataille de Cambrai.
Cambrai Tank 1917 – *✆ 09 72 10 68 17 - www.agglo-cambrai.fr - ♿ - 15 juin-15 sept. : tlj 13h30-17h30 ; 15 mars-15 juin et 15 sept.-30 sept. : merc., sam.-dim. 14h-17h30 - 6 € (tarif réduit 4 €).* Ce centre d'interprétation de la bataille de Cambrai a été construit autour de sa pièce maîtresse, le **tank★** Deborah, abandonné et enterré après les combats de 1917. Ce tank est l'un des sept **Mark IV** exposés dans le monde *(encadré p. 174)*. Il a été localisé et exhumé en 1998 par un enfant du pays passionné, Philippe Gorczynski, après une recherche fouillée dans les archives britanniques

Le tank Deborah.
L. Fontaine/Michelin

et allemandes. Exposé à 6 m sous terre, vous pourrez observer ses deux faces : d'un côté, la machine de guerre avec ses rivets et son armement, presque intacts. De l'autre, la dentelle de sa carcasse volatilisée, qui illustre sa vulnérabilité face aux tirs d'artillerie. Photographies, cartes animées, objets ayant appartenu aux combattants complètent cette immersion au cœur de la bataille de Cambrai.

Église St-Géry – Elle est réalisée par l'architecte Pierre Leprince-Ringuet dans un style roman teinté d'Art déco. Observez les nombreux animaux stylisés sur la façade. À l'intérieur, remarquez les superbes vitraux et la fresque montrant le paysage rural de la reconstruction, peinte par Émile Flamant, auteur des décorations de la salle des mariages de l'hôtel de ville de Cambrai. Le maître-autel est dû à Goblet et les peintures du Chemin de Croix à l'artiste Valentine Reyre.

La guerre des chars

Le tank Mark IV est élaboré à partir de 1915 dans les ateliers secrets de la société Foster, et construit dans les usines de Birmingham, Glasgow et Newcastle. Il pèse 27 ou 28 t selon qu'il s'agit d'un tank femelle (doté de 5 mitrailleuses Lewis) ou mâle (équipé de 2 canons courts de 57 mm et 3 mitrailleuses Lewis). Long de 8 m et haut de 2,5 m, il peut franchir des obstacles de 1,35 m de haut. Son rayon d'action est limité à une quarantaine de kilomètres. Il embarque un équipage de 8 hommes. Lent (6 km/h en moy.) et peu puissant, il ne peut opérer sur terrain boueux ou trop irrégulier.

Si les Britanniques utilisent pour la première fois des blindés en 1916, à Flers dans la Somme, les Mark IV sont engagés le 7 juin 1917 sur la crête de Messines au sud d'Ypres, et surtout lors de la **bataille de Cambrai**.

Le 20 novembre 1917, à 6h20, 476 tanks tentent de renverser la ligne Hindenburg. La réussite de l'offensive de Cambrai incite les troupes allemandes à recycler une quarantaine de tanks britanniques et à les réutiliser sous les couleurs du Reich contre les Alliés. La première grande bataille chars contre chars de l'histoire a lieu à **Villers-Bretonneux**, en avril 1918.

Carnet pratique

S'informer

Office de tourisme - *48 r. Henri de Lubac - Cambrai - ✆ 03 27 78 36 15 - www.tourisme-cambresis.fr.* L'office de tourisme propose des visites thématiques variées.

Agenda

Sortie des géants - Chaque 15 août, Martin et Martine sortent en cortège dans le centre-ville.

Nos adresses

Restauration

Premier prix

1 **Brasserie Boulonnaise Chez Dan** - B2 - *18 r. des Liniers - ✆ 03 27 81 39 77 - fermé mar. - plats 8,50/18 €.* L'hospitalité des gens du Nord et l'ambiance chaleureuse sont la marque de fabrique de cette brasserie décorée sur le thème de la mer dans une accumulation d'objets kitsch. Vous y mangerez les célèbres moules-frites.

7 **Le Bouchon** - B2 - *31 r. des Rôtisseurs - ✆ 03 27 78 44 55 - fermé dim., lun.-merc. soir - plats 14/19 €.* Cachée derrière une façade en briques rouges, halte bon marché et rassasiante où l'on mange au coude à coude dans une ambiance jeune et conviviale. Cuisine de bistrot et un « ch'ti menu » pour goûter aux spécialités du terroir.

Budget moyen

11 **Le Carré** - B1 - *33 r. d'Alsace-Lorraine - ✆ 03 27 81 30 16 - www.mouton-blanc.fr - ♿ - 12h-14h, 19h30-21h30 (22h30 vend.-sam.) - fermé lun., sam. midi et dim. soir - formule déj. 21 € - plats 21,50/29,50 € - ch. voir Le Mouton Blanc (Hébergement).* Un cadre feutré et moderne, une cuisine raffinée, des propositions qui changent à chaque saison : ris de veau, entrecôte, poisson du jour... Le chef connaît ses classiques ! Une belle sélection de vins au verre accompagnera votre formule déjeuner (d'un excellent rapport qualité-prix).

Pour se faire plaisir

12 **Maison Demarcq** - A1 - *2 r. Saint-Pol - ✆ 03 27 37 77 78 - www.maisondemarcq.com - fermé lun., sam. midi et dim. soir - menus 49/61 €.* Cette demeure bourgeoise a été marquée par l'histoire de la ville : Napoléon y a séjourné - tout près de l'endroit où aurait été signée la fameuse Paix des Dames (1529). Le décor cultive un élégant classicisme, et la cuisine se révèle actuelle et soignée. Une belle adresse dans la capitale des « bêtises ».

Shopping

Marché - *merc. et sam. matin.*

Confiserie Afchain - *R. du Champ-de-Tir - ZI de Cantimpré - ✆ 03 27 81 25 49 - confiserieafchain.fr - fermé dim.* La maison Afchain, fondée en 1830, revendique la paternité des bêtises... de Cambrai ! Un petit musée retrace l'histoire de cette drôle d'invention. La visite commentée *(sur réserv. - gratuit)* de la confiserie permet de découvrir les différentes étapes de la fabrication du célèbre bonbon.

À proximité

Confiserie Despinoy - *1519 rte Nationale - Fontaine-Notre-Dame*

(6 km à l'ouest de Cambrai) - ✆ 03 27 83 57 57 - www.betises-cambrai-despinoy.fr - fermé w.-end - visite sur RV (1h) avec dégustation tlj sf w.-end 9h-12h - gratuit. Cette confiserie spécialisée dans la fabrication artisanale des bêtises de Cambrai organise la visite de ses ateliers.

Brasserie La Choulette – *16 r. des Écoles - Hordain (14 km au nord-est de Cambrai) - ✆ 03 27 35 72 44 - www.lachoulette.com - fermé sam. apr.-midi et dim.* Depuis 1895, la famille Dhaussy fait dans la bière ! Aujourd'hui, ses bières artisanales se répandent bien au-delà de la région. Une tradition vivante.

Hébergement

Premier prix

Orangerie du Parc – HORS PLAN - *Voir château de la Motte-Fénelon ci-dessous - P - 8 ch. 85/110 €, 19 ch. 64/78 € dans le parc - ☕ 11 €.* Hébergement confortable à quelques pas du château de la Motte-Fénelon. Prestation plus simple dans les bungalows nichés dans le parc de 8 ha.

Budget moyen

(10) **Le Mouton Blanc** – B1 - *33 r. d'Alsace-Lorraine - ✆ 03 27 81 30 16 - www.mouton-blanc.fr - ♿ - 37 ch. 98 € - ☕ 10 € - ✕ voir Le Carré (Restauration).* Hôtel très bien situé à deux pas de la gare. Les chambres sont confortables, modernes et fonctionnelles.

Hôtel Beatus – HORS PLAN - *718 av. de Paris - ✆ 03 27 81 45 70 - www.beatus-cambrai.com - ✕ P - 31 ch. 89/116 € - ☕ 11,50 €.* À l'ombre de grands arbres, une demeure blanche dont le superbe escalier conduit à de spacieuses chambres, toutes différentes, contemporaines ou de style. Salon-bar feutré.

Pour se faire plaisir

Château de la Motte-Fénelon – HORS PLAN - *Sq. du Val-du-Château - ✆ 03 27 83 61 38 - www.cambrai-chateau-motte-fenelon.com - P - 10 ch. 78/225 € - ☕ 11 € - ✕ menus 29/34 €.* Le château, édifié en 1850, profite d'un environnement verdoyant et abrite des chambres de caractère au mobilier de style ou cérusé.

À proximité

Premier prix

La Ferme de Bonavis – *Lieu-dit Bonavis - Banteux (11 km au sud de Cambrai) - ✆ 03 27 78 55 08 - www.bonavis.fr - P - 3 ch. et 2 studios (dt 1 ♿) 75/83 € ☕.* Vous serez impressionné par les beaux volumes intérieurs de cet ancien relais de poste reconverti en ferme (toujours en activité) après la Seconde Guerre mondiale. Les chambres, hautes de plafond et parquetées, sont joliment décorées. Animaux acceptés dans les studios.

Le Cateau-Cambrésis

« Révéler un peu de la fraîche beauté du monde… » Henri Matisse s'y est consacré toute sa vie. Sa cité natale, Le Cateau-Cambrésis, étagée sur la rive droite de la Selle au contact du Cambrésis agricole et de la Thiérache herbagère, a offert un palais à ses œuvres. Ce musée rend hommage aux multiples activités de l'artiste – peintre, sculpteur, graveur, illustrateur… – et présente la troisième collection Matisse de France.

Musée Matisse, Le Cateau-Cambrésis.
C. Arnould/Photo Musée départemental Matisse/ © Succession H. Matisse pour les œuvres de l'artiste

Se repérer

CARTE B3 (P. 140-141).

7 030 Catésiens – Nord (59)

Le Cateau-Cambrésis se trouve à 22 km au sud-est de Cambrai et à 35 km au sud de Valenciennes.

En famille

Le musée des Dentelles et Broderies de Caudry.

Carnet pratique p. 182

Nos adresses p. 182

★★ Musée Matisse

11 pl. du Cdt-Édouard-Richez - Palais-Fénelon - ✆ 03 59 73 38 00 - www. museematisse.fr - ♿ - 10h-18h - fermé mar. - 6 € (-26 ans gratuit) - gratuit 1er dim. du mois – le musée est fermé pour travaux d'agrandissement du printemps 2023 au printemps 2024.

Les œuvres cédées par l'artiste ont d'abord trouvé place dans le salon d'honneur de l'hôtel de ville. En 1982, la municipalité transfère le musée dans l'ancien **palais des archevêques de Cambrai** (18e s.), qui dispose d'un remarquable parc d'époque Le Nôtre. Ce palais appartenait aux princes-archevêques de Cambrai, suzerains du Cateau. On l'appelle « palais Fénelon », bien qu'il ait été bâti après le passage du prélat. Fénelon (1651-1715) venait méditer dans le jardin (*encadré p. 171*).
Entièrement rénové à l'aube des années 2000, sous la houlette de deux architectes nancéens, Laurent et Emmanuelle Beaudoin, le musée Matisse a adjoint aux murs extérieurs du petit palais un bâtiment de brique et de verre, qui laisse davantage pénétrer la lumière. Des legs de la famille Matisse (toiles, études à l'encre et dessins) et d'importants dépôts de l'État sont venus compléter le don originel. Quelque 170 œuvres mettent en exergue l'extraordinaire palette de couleurs de Matisse et rappellent qu'« il y a des fleurs partout pour qui veut bien les voir ».

Donation Alice Tériade

La visite commence par la donation Alice Tériade, qui, avec ses 39 œuvres majeures, est l'une des plus importantes donations d'art moderne faites récemment en France. Mme Tériade, décédée en 2007, était la veuve d'un des principaux éditeurs d'art du 20e s., ami très proche de Matisse et fondateur de la revue *Verve*. Ce legs vient compléter la collection de 27 livres illustrés par les plus grands artistes de l'art moderne et édités par Tériade, ainsi que l'intégralité de la revue *Verve*, auxquels ont participé pêle-mêle Matisse bien sûr, Braque, Picasso, Chagall, Léger et Miró. Outre une *Grande Femme* de Giacometti (dans la cour intérieure), *Le Roi de cartes* de Léger, *Tête de femme couronnée de fleurs* de Picasso, la donation comprend des tableaux de Rouault, Chagall, une sculpture de Miró et des photos de Cartier-Bresson.
La pièce maîtresse est la reconstitution de la **salle à manger★★** de la villa Natacha. C'est dans cette villa à St-Jean-Cap-Ferrat que le couple recevait ses amis artistes.

Le nord selon Matisse

Fils d'un marchand de grains, Henri Matisse (1869-1954) naît au Cateau-Cambrésis, au n° 3 de la place du Capitaine-Vignol. Il passe son enfance à **Bohain**, petite ville vouée au textile de grande qualité : des tissus somptueux, destinés aux « nouveautés de Paris ». Leur contemplation jouera un rôle essentiel dans son œuvre. Pour l'heure, cet enfant émerveillé par les carnavals du Nord, les chevaux de bois et les acrobates dans leur baraque ambulante, ne songe qu'à devenir clown dans un cirque.
En 1888, Matisse est clerc d'avoué à **St-Quentin** quand il découvre le plaisir de peindre. Il s'inscrit alors à l'école de dessin Quentin-de-la-Tour, puis entre en 1891 dans l'atelier de Gustave Moreau à Paris. Beaucoup plus tard, le 8 novembre 1952, il donne à l'hôtel de ville du **Cateau** 82 œuvres qu'il expose selon un agencement auquel il a méticuleusement réfléchi. Et il offre à l'école maternelle un vitrail, *Les Abeilles*, que l'on peut apercevoir de la cour de l'établissement.

Elle est ornée d'un vitrail multicolore (*Les Poissons chinois*, 1951) et d'un mur en céramique sur lequel figure un arbre tracé au noir (*Le Platane*, 1951), deux œuvres de Matisse. Deux coupes et un lustre en plâtre de Giacometti, rustiques et élémentaires, ainsi qu'une statue sculptée d'Henri Laurens complètent la décoration.

Collection Matisse

Matisse et le Nord – Évocation des premières années dans le Nord. Cahiers d'échantillons de tissus réalisés à Bohain.

Matisse, élève de Gustave Moreau – Pendant l'école des Beaux-arts de Paris, Matisse apprend, aux côtés de son professeur Gustave Moreau, à interpréter plus librement les œuvres des maîtres. Premières sculptures inspirées de Rodin, différentes copies d'après Chardin.

Matisse à Collioure – À l'occasion d'un voyage en Corse, il découvre la couleur. Les ocres et les bruns cèdent la place aux couleurs solaires. Matisse est désormais le chef de file des fauves. Remarquez *Portrait de Marguerite* (marqué par « l'art nègre » dont l'artiste utilise la valeur expressive), les panneaux de fleurs exécutés au Maroc, les petites têtes expressives, dont la première *Jeannette*.

De Nice à Tahiti – De 1918 à 1939, période de maturité, plusieurs natures mortes se mêlent à l'exaltation de la femme, souvent vêtue à l'orientale.

Remarquez *Fenêtre à Tahiti II*. Série de têtes de son modèle préféré : Henriette.

Les années 1940 – Années de plénitude, marquées par l'accord du dessin et de la couleur. Remarquable, la *Femme à la gandoura bleue* est l'avant-dernière peinture de l'artiste (1951). Voyez aussi, de la donation Alice Tériade, *Jeune Femme à la pelisse, fond rouge*.

Le tailleur de lumière – Pendant les dix dernières années de sa vie, à travers de larges gouaches découpées, Matisse se fait tailleur de lumière. Ses œuvres, telles qu'*Océanie, le ciel* et *Océanie, la mer*, offrent un mélange de ciel et de mer qui se joue de la ligne d'horizon.

3

Les bas-reliefs – Il s'agit des plâtres originaux de quatre bas-reliefs sculptés par Matisse en 1909, 1913, 1916/1917 et 1930, déclinaisons d'un corps de femme vu de dos, de l'état figuratif des premières années à la simplification des formes à l'apogée de son art.

Le cabinet des dessins – C'est la plus belle collection existante de dessins de Matisse, disposée selon ses indications. Une soixantaine d'œuvres (gravures et dessins) reflète la diversité graphique de l'artiste, depuis ses approches du nu académique et les noirs somptueux des *Odalisques* des années 1920, jusqu'à sa quête inlassable de perfection formelle et spirituelle dans l'épure des portraits empreints de lumière et de grâce. Parmi les plus belles pièces figurent un *Autoportrait* au fusain daté de 1900, l'*Odalisque à la culotte bayadère*, une étude de torsion du corps et un *Nu accroupi*.

Le plafond de Matisse – Transféré de l'appartement du peintre à Cimiez au Cateau, il représente les trois petits-enfants de l'artiste en visite à Nice à l'occasion de ses 80 ans. Sur le plafond de sa chambre de l'hôtel Régina, Matisse les a dessinés de son lit à l'aide d'un fusain attaché au bout d'une canne à pêche, pour les avoir toujours près de lui !

La chapelle de Vence – De 1948 à 1951, Matisse conçoit et décore à Vence, dans le Midi, une chapelle pour les sœurs dominicaines. On peut voir certaines des études réalisées pour cette œuvre : un dessin de la *Tête de saint Dominique*, de la *Vierge à l'Enfant*, des maquettes en papier gouaché et découpé pour la chasuble noire et pour la chasuble blanche et or.

Les traités du Cateau-Cambrésis

Ici les 2 et 3 avril 1559, deux traités furent signés par la France avec l'Angleterre et l'Espagne. Par le premier, Henri II conservait Calais. Le second mettait fin aux guerres d'Italie : Henri II restituait le Piémont, le Milanais, le Montferrat et la Corse, mais conservait les Trois-Évêchés – Metz, Toul et Verdun. Le souverain mourut trois mois plus tard à Paris, à l'hôtel des Tournelles, d'un coup de lance reçu lors d'un tournoi.

Collection Auguste Herbin

Vingt-deux œuvres d'Auguste Herbin (1882-1960), maître de l'abstraction géométrique natif du Cateau-Cambrésis, ont été léguées à la ville en 1955.

Terre natale (1882-1914) – Herbin commence comme dessinateur industriel puis s'inscrit aux Beaux-Arts de Lille et s'initie aux techniques impressionnistes à Paris. On retient la *Vue générale du Cateau* (1921) ou comment la toiture à sheds d'une usine (c'est-à-dire en dents de scie) a pu inspirer le style géométrisant de l'artiste. *Maman Rose* (1910) montre une femme dont la main est une pièce de machine-outil et les traits, comme sculptés, sont tracés à la règle.

En quête d'un art universel (1917-1926) – Herbin travaille à des « objets monumentaux » : reliefs polychromes qui se lisent comme des totems (1921), piano et tabourets à décor géométrique (vers 1925).

Abstraction géométrique (1930-1960) – La troisième époque montre des toiles définitivement abstraites, colorées tout en courbe et en mouvement. Herbin met au point son « alphabet plastique » associant à chaque lettre de l'alphabet une couleur, des formes géométriques et des notes de musique. Clou de la collection, la restitution du vitrail *Joie* (2002, d'après le vitrail original de 1957) donne toute sa place aux œuvres monumentales d'Herbin.

Se promener

Place du Général-de-Gaulle

La statue du maréchal Mortier, du sculpteur douaisien Bra, domine la Grand'Place, longue et déclive, qui s'achève par l'**hôtel de ville** (16e s.) et son **beffroi** (18e s.).

Église St-Martin

L'ancienne abbatiale bénédictine St-André fut bâtie en 1634 sur les plans du jésuite Du Blocq, avec la collaboration du sculpteur cambrésien Gaspar Marsy. Clocher bulbeux et belle façade, de style art maniériste. Sa rigueur symétrique contraste avec l'exubérance du décor sculpté : volutes, pots à feu, niches, cartouches, séraphins, guirlandes... Les emblèmes bourguignons – croix de St-André et briquets – évoquent l'époque où les Espagnols tenaient leurs possessions du Nord grâce à l'héritage bourguignon. L'intérieur comprend un chœur des moines très développé et un déambulatoire.

À proximité

CARTE P. 140-141

Caudry B3

8 km à l'ouest par la D 643.

Pl. du Gén.-de-Gaulle - 03 27 70 09 67 - www.tourisme-cambresis.fr.

En 1823, le métier à tulle apparaît à Caudry et, trente-cinq ans plus tard, un métier mécanique est mis au point dans le Cambrésis. Un empire de la dentelle se développe alors à Caudry, jusqu'en 1914. La ville qui est, avec Calais, le premier pôle dentellier français, produit surtout des dentelles pour les maisons de couture. Il reste encore 6 usines à Caudry qui emploient 800 personnes. C'est ici que furent brodées les dentelles de la robe de mariée de Kate Middleton, et les robes que l'on voit dans le film *Gatsby le magnifique* (2013).

★ **Musée des Dentelles et Broderies de Caudry** - *Pl. des Mantilles - ✆ 03 27 76 29 77 - musee-dentelle.caudry.fr - ♿ - 9h-12h, 14h-17h, w.-end 14h30-18h - fermé mar. - 3 € (-16 ans gratuit).* Dans une ancienne tullerie réaménagée, un métier *Leavers* s'active sous vos yeux et permet de comprendre le processus de création de la dentelle et du rebrodage, spécialité de Caudry, faisant intervenir dessinateur, perceur de carton, bobineur, tulliste, raccommodeuse. On apprend ainsi que la dentelle est produite à raison de 2 mètres par heure, et qu'elle est toujours fabriquée « à l'écru », et teinte dans un second temps. À l'étage, superbe collection de robes et de parures de haute couture, d'échantillons et d'accessoires de mode.

Ors C3

7,5 km à l'est par la D 643.

Au centre du village, l'**église de l'Assomption** possède une série de vitraux intéressants.

Pour vous rendre en voiture sur les traces du poète-soldat **Wilfred Owen**, empruntez de l'église la direction de la gare. L'entrée du **cimetière communal** n'est pas loin. La tombe d'Owen est facilement repérable dans le carré militaire, au milieu d'une rangée de soldats, car elle est en permanence ornée de petites croix décorées du coquelicot. Le lieutenant est tué lors des combats de la Sambre le 4 novembre 1918 (*encadré ci-dessous*). Il repose avec une soixantaine de ses camarades du Manchester Regiment.

Maison forestière Wilfred Owen C3

D 959 - r. du Cap.-d'Arch - Ors - ✆ 03 27 84 54 83 - de mi-avr. à mi-nov. : 14h-18h, sam. 10h-13h, 14h-18h, 1er dim. du mois 15h-18h - fermé lun.-mar. - gratuit.

Peu avant sa mort, Wilfred Owen écrit une dernière lettre à sa mère, dans la cave de cette maison forestière transformée, sous l'impulsion de l'association Wilfred-Owen, en projet artistique rendant hommage au poète-soldat. Le dispositif est conçu par le plasticien Simon Patterson et réalisé par l'architecte Jean-Christophe Denise.

3

La mort du poète Wilfred Owen à Ors

La région d'Ors est au centre d'une guerre de repli qui, loin de s'apaiser, donne lieu à des combats d'une violence insoupçonnée. Le 4 novembre 1918, le village d'Ors est au centre de l'action déclenchée par la 32e division britannique qui tente le franchissement du **canal Sambre-Oise** lors de la seconde bataille de la Sambre. Entrent en scène le 2e bataillon du Manchester Regiment et le 16e bataillon du Lancashire Fusiliers, épaulés par la 218e Field Company des Royal Engineers qui doit leur fournir les ponts flottants et les radeaux de liège pour franchir le canal. Un feu nourri venant de la berge opposée retarde le franchissement jusqu'à la fin de la journée. C'est lors de cette action que le poète-soldat **Wilfred Owen** tombe, sur la berge du canal. L'importance du poète pour les Britanniques a incité le village et la communauté de communes à commémorer sa mort par la transformation de la maison forestière où celui-ci a passé sa dernière nuit en parcours artistique et sonore.

L'architecture du toit ajouré évoque un livre ouvert et permet un éclairage zénithal de l'intérieur. À l'intérieur, la visite devient une **expérience sensorielle et sonore** dans un espace baigné d'une lumière verte et entouré des textes de Owen traduits par l'écrivain belge Xavier Hanotte. La scénographie s'attache à transmettre l'universalité de son œuvre.
Le jardin est aménagé comme une **spirale** descendante où sont gravés des extraits de la dernière lettre de Owen à sa mère. Il mène à la cave où Owen avait pris ses quartiers, laissée dans son état d'origine. C'est là qu'Owen rédige la lettre à sa mère, empreinte d'un optimisme bienveillant et forcé. L'ironie du sort fit que sa mère recevra la lettre de son fils et le télégramme annonçant son décès au même moment, le 11 Novembre, tandis que les cloches britanniques sonnent à toute volée l'armistice.
Sur les pas de Wilfred Owen – Une boucle de randonnée (2h) débute à la maison forestière, traverse la forêt et passe par les deux cimetières (Ors British cemetery et cimetière communal, lieu de la sépulture d'Owen) et la berge du canal où eut lieu la bataille. Parcours fléché avec table d'orientation.

Carnet pratique

S'informer

Office de tourisme – *24 pl. du Gén.-de-Gaulle - Le Cateau-Cambresis - ✆ 03 27 84 10 94 - www.tourisme-cambresis.fr.*

Nos adresses

Restauration

Premier prix

À la Cocotte – *7 pl. Sadi-Carnot - ✆ 03 27 77 07 69 - fermé lun.-jeu. soir et dim. - formule déj. 14,50/17 €.* Vous pourrez vous restaurer ici dans un décor de briques apparentes et de pans de bois. La cuisine penche vers les viandes, agrémentées, au choix, d'une sauce échalote, maroilles, champignon, beurre maître d'hôtel... Le tout servi avec des frites maison et arrosé d'une bière pression de qualité.

Budget moyen

Restaurant de la brasserie de l'abbaye du Cateau – *16 r. du Marché-aux-Chevaux - ✆ 03 27 07 19 19 - www.brasserieducateau.fr - P ♿ - fermé lun., mar.-merc. et dim. soir - plats 15,50/24,50 €.* À sa création en 1634, l'abbaye de St-André possédait déjà une brasserie. Dans le cadre exceptionnel de la brasserie historique, sont servies les spécialités du terroir réalisées dans le respect de la tradition. Bières produites sur place (visite de la brasserie 7 €/pers.).

Avesnes-sur-Helpe

Grand'Place et fortifications inspirées de Vauban font de la paisible Avesnes une étape digne d'intérêt. Mais là n'est pas son seul attrait, car la cité est aussi connue pour ses spécialités, les « relais de gueule » et la « boulette d'Avesnes », fromage au goût prononcé. Avesnes est aussi un point de départ idéal pour musarder dans le Parc naturel régional de l'Avesnois, à travers son patchwork bocager et ses hameaux de fagne aux toits bleutés.

Parc départemental du Val-Joly à Liessies.
P. Thomas/hemis.fr

Se repérer

CARTE CD3 (P. 140-141).
4195 Avesnois – Nord (59)
À 20 km au sud de Maubeuge (N 2).

À ne pas manquer

Le MusVerre.

Organiser son temps

Comptez au moins une journée pour sillonner l'est de l'Avesnois.

En famille

Le musée des Bois-Jolis ; le parc départemental du Val-Joly ; le MusVerre.

Carnet pratique p. 188

Nos adresses p. 188

Se promener

Étroite et irrégulière, la **Grand'Place** est bordée de maisons anciennes à hauts toits d'ardoises. L'**église St-Nicolas** fut érigée en collégiale par Louise d'Albret en 1534. Son clocher-porche se termine par un bulbe. Intérieur de type « halle » : la nef est pourvue de voûtes à croisées d'ogives et le chœur d'une abside à trois pans. Les retables Louis XV recèlent des toiles de Louis Watteau.
L'**hôtel de ville** est un édifice classique (18e s.) bâti en pierre bleue de Tournai.
Contourner l'église et prendre la rue d'Albret.
Le **square de la Madeleine** couronne l'un des bastions des remparts. Vues plongeantes sur la vallée de l'Helpe.

À proximité

CARTE P. 140-141

Cartignies C3

6 km au sud-ouest par la D 424.
Le village regroupe une quarantaine d'**oratoires de pierre bleue**. Disséminés au bord des routes et chemins, dans les bois, ou encastrés dans des murs, ils jalonnent l'Avesnois et la Thiérache. Ils furent édifiés pour solliciter une grâce, remercier le ciel pour un bienfait ou affirmer une position sociale. Leur construction se perpétue depuis 1550. L'oratoire se compose souvent d'un fût étroit, surmonté d'une belle niche grillagée et d'un couronnement plus large. Des statues de bois polychromes occupaient autrefois les niches.

L'est de l'Avesnois

CARTE P. 185

Circuit de 65 km au départ d'Avesnes-sur-Helpe tracé en mauve sur la carte.
Au sud de Maubeuge s'étend un pays vallonné de bocages, où alternent prairies, mares et vergers. L'Helpe-Majeure et Mineure serpentent à travers les prés, arrosant des villages aux toits d'ardoises. Ces paysages ont été façonnés au Moyen Âge, à l'époque où les abbayes de Maroilles, Liessies et St-Michel dominaient la région, créant moulins et forges sur chaque cours d'eau. Des industries s'y développèrent aux 18e et 19e s. : verreries à Sars-Poteries et Trélon ; bois tournés à Felleries ; filatures à Fourmies... Réaménagés en musées, ces anciens ateliers font désormais partie de l'**écomusée de l'Avesnois**, dont le but est de promouvoir les aspects économiques et culturels du territoire.
Pour la partie sud de l'Avesnois, voir le circuit décrit p. 190.
Quitter Avesnes par la N 2 puis prendre à droite la D 104 vers Felleries.

Felleries

L'art du « bois-joli » (bois tournés et boissellerie) fut une spécialité locale dès le 17e s. Il s'est développé parallèlement à l'industrie textile (fabrication de bobines et de fuseaux), utilisant les essences locales : bouleau, aulne, merisier. Au 19e s., le village, jonché de billes, devient le « grenier à bois » de la région.
Musée des Bois-Jolis – *18 r. de la Place – 03 27 59 03 46 - www.tourisme-avesnois.com - mar.-sam., 2e et 4e dim. du mois 14h-18h - 4 € ; visite guidée (1h) 14h, 15h30 et 17h.* Sur le ruisseau de la Belleuse, ce moulin du 16e s., remis en fonctionnement et intégré à l'écomusée de l'Avesnois, regroupe différents objets en bois, façonnés à Felleries du 17e s. à nos jours. Démonstration et présentation de boisselleries. Un atelier de tourneur sur bois est adossé au musée.
Prendre la D 80 vers le nord en direction de Sars-Poteries.

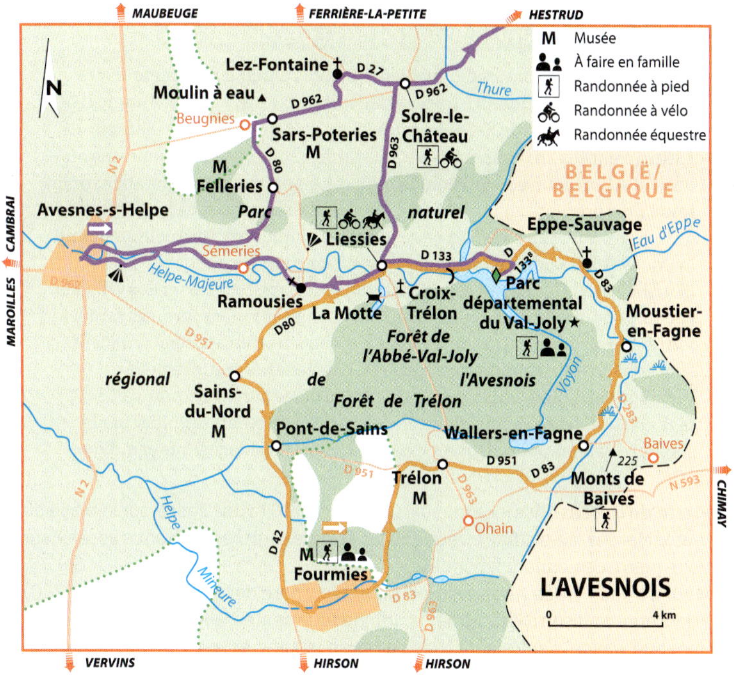

Sars-Poteries

20 r. du Gén.-de-Gaulle - 03 27 59 35 49.

Le sous-sol argileux et silicieux de Sars-Poteries fut utilisé par les potiers dès le 15e s. Si la grosse industrie céramique a disparu, deux ateliers artisanaux fonctionnent encore. Le village possède également une riche histoire verrière, activité qui employait jusqu'à 800 ouvriers à la fin du 19e s.

★ **MusVerre** – *76 r. du Gén.-de-Gaulle - 03 59 73 16 16 - musverre.lenord.fr - - 11h-18h - fermé lun. - 6 € (-26 ans gratuit) - gratuit 1er dim. du mois.* Le MusVerre et sa prestigieuse collection d'œuvres en verre ont élu domicile dans un magnifique écrin de pierre bleue aux arêtes ciselées conçu par l'agence toulousaine W-Architectures. À l'intérieur, une alcôve aux vitrines colorées est consacrée aux « bousillés », œuvres réalisées (de 1802 à 1937) par les ouvriers des anciennes verreries de Sars-Poteries. Durant leur temps de pause, les verriers utilisaient les chutes de verre et créaient ces objets à usage domestique, décoratif ou rituel. Les somptueux encriers-revanche, symboles de la dextérité technique face au savoir intellectuel, les épis de faîtage (*encadré p. 186*) ou les bouteilles-passion abritant des ludions de toutes les couleurs sont autant de témoignages de la créativité et la virtuosité de ces artisans.

On découvre en outre un panorama complet de la création contemporaine avec notamment l'impressionnante robe de verre de Karen Lamonte, *Cenae9* de Joan Crous évoquant le vestige d'un repas fossilisé ou les poupées ventripotentes de Giampaolo Amoruso. L'émerveillement est partout.

Le musée expose également les œuvres produites dans l'atelier du verre de Sars-Poteries, qui accueille des verriers du monde entier, et organise des expositions temporaires qui présentent l'actualité de l'art contemporain en verre.

3

On vous emmène découvrir les épis de faîtage

Une fois n'est pas coutume, c'est bien le nez en l'air qu'il faut parcourir le circuit cyclotouristique « Aux pays des épis de faîtage ». De quoi s'agit-il ? Au départ du musée de Sars-Poteries (*p. 185*), une boucle assez facile de 18 km (comptez 2h) vous emmène à Beugnies, Dimont et Lez-Fontaine où on peut admirer un certain nombre de ces jolis épis en verre installés sur les toits. Très présents aux 19e et 20e s., ils signalaient à l'époque les habitations de verriers, mais en 1999, il n'en restait plus que quatre. Qu'à cela ne tienne ! Le MusVerre décida d'en relancer la tradition dans son atelier et d'en distribuer, tous les deux ans, aux habitants de Sars-Poteries et des villages voisins. Depuis, 200 épis colorés ont ainsi fleuri aux alentours, égayant les toitures en ardoise naturelle de la région. Curieux d'en apprendre davantage sur ce savoir-faire unique en France ? On télécharge gratuitement l'application mobile Baladavesnois mise en place par le Parc naturel régional de l'Avesnois, on enfourche son vélo et on se laisse guider par la chouette Athéna pour un parcours de découverte pédagogique et ludique !

Pierre de Dessus-Bise – Le menhir se dresse à 100 m de l'église, sur la place du Vieux-Marché. La tradition veut que les femmes stériles qui vont s'asseoir sur cette pierre deviennent fécondes.

Moulin à eau – *Ne se visite pas.* Sur la rivière au nord de la ville, ce moulin (1780) a conservé tout son mécanisme : la grande roue dentée, autrefois actionnée par une roue à augets entraînant trois paires de meules, et son système de monte-charge par courroie à godets.

Prendre à l'est la D 962. Après 3 km, tourner à gauche.

Lez-Fontaine

La voûte en bois de l'**église** (15e s.) est couverte de peintures (1531). Plus haut dans le village, une ancienne carrière de pierres bleues a laissé place à un théâtre de verdure.

Prendre la D 27 vers Solre-le-Château.

Solre-le-Château

5 Grand-Place - 03 27 59 32 90 - www.solrelechateau.fr.

Cette petite cité tranquille est le point de départ d'une excursion dans la vallée de la **Thure**, fraîche et sinueuse.

L'**hôtel de ville** est de style Renaissance, en pierre et brique rose. Une halle couverte se tenait au rez-de-chaussée. Des inscriptions gothiques, au-dessus des arcades, conseillent la probité aux marchands.

Franchir la voûte qui donne sur la place Verte.

De style gothique (16e s.), l'**église** se distingue par son puissant **clocher★** penché, dont la flèche mauve est cantonnée d'échauguettes en fuseau et couronnée par un bulbe à lucarnes où se tenait le guetteur. À l'intérieur : double transept et double voûtement ; buffet d'orgue (18e s.), vitraux (16e s.) et boiseries Renaissance. Sur la place, belles demeures des 17e-18e s.

Emprunter la D 962 vers Grandrieu.

Hestrud

Musée de la Douane et des Frontières – *960 r. de Beaumont - hestrud.fr - 03 27 59 28 48 - - lun. 10h-15h, merc.-dim. 10h-19h - 4 €.* Il est installé à l'emplacement de la douane, présente jusqu'en 1989 : histoire des frontières de l'Avesnois depuis 1659, objets de contrebande, tenues de douaniers.

Kiosques à danser

Construits au 19e s. par les fonderies de la vallée de la Sambre, de petits kiosques à danser érigés sur les places accueillaient des musiciens chargés d'animer les fêtes villageoises. Une vingtaine de kiosques subsistent encore : les plus beaux sont visibles à Beugnies, Floursies, Marbaix, Solre-le-Château, Avesnes, Cartignies, Dourlers et Trélon.

Revenir à Solre et prendre la D 963 vers Liessies.

Liessies

Le bourg est né d'une abbaye bénédictine fondée au 8e s. Très prospère aux 17e-18e s., le puissant monastère disparut avec la Révolution.

Église St-Jean – Remarquez un bel ensemble de **statues de saints** (15e-18e s.), une **croix romane** ornée d'émaux et de pierreries, des toiles du 17e s. figurant la vie de sainte Hiltrude.

Le **parc de l'abbaye** *(près de l'église)* est un espace naturel protégé. Parcours de découverte : étang, faune, flore, verger et ruines de bâtiments monastiques.

Liessies est également le point de départ d'une excursion vers le **château de la Motte** (18e s.), aux murs de brique rose, et dans la forêt domaniale de **l'Abbé-Val-Joly**.

À l'est du carrefour de la route de Trélon *(D 963)* et du chemin du château de la Motte se dresse le **calvaire de la Croix-Trélon** (18e s.). Vue sur la vallée de l'Helpe.

De Liessies, suivre la D 133 et le val d'Helpe.

La route devient sinueuse, à la sortie de Willies après une légère montée, apparaît le **barrage du Val-Joly** et dans son dos le lac bordé de prairies et de forêts. Belle halte pour se détendre et/ou profiter des activités (*p. 191, Parc départemental du Val-Joly).*

Revenir à Liessies et poursuivre sur la D 133 en direction de Ramousies.

Ramousies

Dans l'**église** du 16e s., deux retables anversois de la Renaissance illustrent la vie de saint Sulpice et la Passion. Le Christ du 13e s. provient du plus ancien calvaire du nord de la France.

De Ramousies, continuer sur la D 133 pour rejoindre Avesnes-sur-Helpe.

Carnet pratique

S'informer

Office de tourisme – *41 pl. du Gén.-Leclerc - ✆ 03 27 59 32 51 - www.tourisme-avesnois.com.*

Application Baladavesnois – La chouette Athéna vous guide à travers villages et campagnes à la découverte de l'Avesnois. 8 parcours pédestres et 2 circuits à vélo. Idéal en famille ! Gratuit.

Nos adresses

Restauration

À proximité

Budget moyen

La Pen'Tière – *21 rte d'Étroeungt - Avesnelles (3 km au sud-est d'Avesnes-sur-Helpe) - ✆ 03 27 61 03 45 - restaurant-la-pentiere.jimdosite.com - P ♿ - fermé lun., sam. midi et dim. soir - plats 15/25 €.* Ce restaurant, aménagé dans une ancienne fermette, mise sur une cuisine copieuse à base de produits locaux. Grillades à la cheminée et assiette avesnoise avec flamiche, champignon farci, endive et tomate.

Le Pavé de Sars – *126 r. Jean Jaurès - Sars-Poteries (10 km au nord-est d'Avesnes-sur-Helpe) - ✆ 03 27 61 63 20 - www.restaurantlepave.fr - fermé lun.-mar., merc.-jeu. soir, sam. midi, dim. soir - plat du j. 18 €, menus 33/45 €.* Proche du MusVerre, un établissement au service agréable où la flamiche au poulet-maroilles et la crème brûlée fleur d'oranger-spéculoos célèbrent les bons produits de la région. Belle cave à whisky.

Hébergement

À proximité

Premier prix

Les Mout'ânes – *1 r. du Château-Gaillard - St-Hilaire-sur-Helpe (3 km au nord-ouest d'Avesnes-sur-Helpe) - ✆ 06 78 69 51 05 - www.lesmoutanes.fr - P - 3 ch. à partir de 87 € ☕ - table d'hôte 29 €/pers., sur réserv. 48h av.* Au cœur du Parc naturel régional de l'Avesnois se trouve cette accueillante ferme où Barbara et Stéphane élèvent ânes et moutons. Chambres spacieuses, petit-déjeuner maison, nombreux sentiers de randonnées pédestres et vélo alentour.

Hôtel Les Paturelles – *40 rte d'Étroeungt - Avesnelles (3 km au sud-est d'Avesnes-sur-Helpe) - ✆ 03 27 61 22 22 - www.hotelpaturelles.com - P ♿ - 25 ch. 70/81 € - ☕ 9 €.* La partie la plus ancienne de cet hôtel reste dans un style classique, proche des établissements de chaîne. On se tournera plus volontiers vers les chambres ou les studios de plain-pied, plus modernes et de bon confort.

La Forge de l'Abbaye – *13 r. de la Forge - Liessies (14 km à l'est d'Avesnes-sur-Helpe) - ✆ 06 86 88 58 53 - www.chateaudelamotte.fr - P ♿ - 4 ch. 88 € ☕.* Cet ancien atelier monastique tout proche du château de la Motte accueille des chambres d'hôte. La sérénité des lieux, le petit-déjeuner copieux, les chambres spacieuses et pratiques dotées d'une literie de qualité, en font une belle halte en plein cœur du Parc naturel régional de l'Avesnois.

Fourmies

Cernée par de vastes forêts et un chapelet d'étangs créés par les moines de Liessies, la ville développa une puissante industrie textile au 19e s. Des générations d'hommes, de femmes et d'enfants ont fait de Fourmies la capitale de la filature de laine peignée et le théâtre de nombreuses luttes sociales.

Se repérer

CARTE D3 (P. 140-141).
11563 Fourmisiens - Nord (59)
À 40 km au sud de Maubeuge et à 17 km au sud d'Avesnes-sur-Helpe.

À ne pas manquer

Le musée du Textile et de la Vie sociale.

Organiser son temps

Compter une journée pour sillonner le sud de l'Avesnois.

En famille

Les Étangs des Moines ; le parc départemental du Val-Joly ; les souffleurs de verre de Trélon.

Carnet pratique p. 192

Nos adresses p. 192

Découvrir

★★ MTVS - Musée du Textile et de la Vie sociale

Pl. Maria-Blondeau - 03 27 60 66 11 - www.ecomusee-avesnois.fr - ♿ - mar.-vend. 10h-18h, w.-end 14h-18h - fermé lun. - 6 € (-18 ans 4 €).

Les artisans du verre sont visibles du mar. au vend. (10h-12h et 14h-18h).

Profitez-en pour prendre en verre à La Pointeuse, le joli café du musée.

Ce musée, qui fait partie du réseau de l'**écomusée de l'Avesnois**, est installé dans une ancienne filature en activité de 1874 à 1978. Il présente la plus grande collection de métiers à tisser et de fabrication de laine peignée de France. De la laine brute du mouton au produit fini, la chaîne complète de fabrication est présentée, ainsi que d'autres machines liées au textile : chaudière au charbon, premières lessiveuses (créées dans le Nord), peigneuse, pelotonneuse, cardeuse, ourdissoir... Une salle est consacrée à la tragédie du 1er Mai 1891 (*encadré ci-dessous*).

Le drame de Fourmies

Le vendredi 1er Mai 1891, à l'appel de l'Internationale ouvrière, les ouvriers de Fourmies, qui comptait alors 37 filatures, se mettent en grève pour obtenir la journée de 8 heures de travail. Un rassemblement se forme et quelques bagarreurs sont arrêtés par les gendarmes. L'après-midi, la foule afflue devant la mairie, afin de libérer les personnes incarcérées. Un officier, voyant sa troupe plier sous la poussée des manifestants, fait ouvrir le feu sans sommation.
En quelques minutes, neuf morts et de nombreux blessés sont allongés sur le pavé. Ce drame fortement relayé par la presse devient rapidement un symbole des luttes ouvrières et de la répression d'État. Un monument au cimetière et le musée du Textile et de la Vie sociale rappellent cet épisode douloureux.

3

Un grand hall propose photographies et reconstitutions : atelier de bonneterie, intérieur ouvrier, salle de classe, et même une rue avec ses boutiques et son estaminet... Notez les fusils accrochés dans la salle de classe, symboles de la France « revancharde » entre 1870 et 1914.

Étangs des Moines

R. des Étangs - www.etangsdesmoines.fr.

Situés en bordure de la forêt de Fourmies, essentiellement plantée de chênes, ces étangs servaient de réservoir d'eau pour alimenter les moulins. On peut y pratiquer de nombreuses activités en saison (*« Nos adresses » p. 192*).

À proximité

CARTE P. 140-141

★ Étang de la Galoperie D3

9 km à l'est de Fourmies.

Alimenté par le ruisseau des Anorelles, qui arrose Anor et se jette dans l'Oise à Hirson, ce vaste étang s'étire en forêt, à quelques pas de la Belgique.

45mn à pied AR. Le sentier de la rive nord-ouest, après de belles échappées sur l'étang, aboutit à une casemate en béton (1938). Cet élément du système défensif, dit « de la trouée de Trélon », pouvait recevoir une mitrailleuse et un canon antichar.

Le sud de l'Avesnois

CARTE P. 185

Circuit de 40 km au départ de Fourmies, tracé en orange sur la carte. Prendre la direction de Glageon par la D 170 puis la D 951 jusqu'à Trélon.

Trélon

Les premières verreries voient le jour au 18ᵉ s., à proximité des massifs forestiers, combustible oblige, en Thiérache et dans les Ardennes. L'exploitation minière au 19ᵉ s. déplaça l'activité vers le bassin charbonnier – Anzin et Aniche en particulier –, mais la verrerie sera perpétuée à Trélon et dans l'Avesnois grâce à une série de spécialisations : flaconnage, gobelerie, puis verre noir à proximité des vignes de Champagne.

Château de Trélon – *10 pl. de la Piquerie - ✆ 07 69 25 17 42 - www.chateaudetrelon.com - visites guidées à 11h, 14h30 et 16h30 de juin à sept. : jeu.-lun. ; avr., mai et oct. : sam.-dim. - 8 € (-12 ans gratuit).* Propriété de la maison princière Mérode depuis plus de cinq siècles, la visite du château de style Louis XIII offre un moment passionnant entre la grande Histoire et les anecdotes de la famille. Au fil des salons, salles à manger et chambres, on découvre un riche mobilier Louis XV et Louis XVI, des tapisseries, de la porcelaine de Sèvres et 220 tableaux datant du 16ᵉ s. au 19ᵉ s.

Atelier-musée du Verre (AMV) – *12 r. Clavon-Collignon - ✆ 03 27 60 66 11 - www.ecomusee-avesnois.fr - visite guidée (1h30) mars-nov. : 10h-18h, w.-end 14h-18h - fermé lun. - 6 € (-18 ans 4 €).* Fondée en 1823, la verrerie se spécialisa à partir de 1833 dans la production de bouteilles champenoises en travaillant avec la maison Veuve Clicquot-Ponsardin. En 1925, Georges Prant rachète les bâtiments et crée une verrerie blanche afin de produire des objets manufacturés de flaconnage. Son activité cessa en 1977. Aujourd'hui, la charpente métallique de la grande halle du 19ᵉ s. abrite l'un des derniers fours Boëtius ainsi qu'un four Stein. Exposition complète sur l'histoire des lieux, les réalisations en flaconnage de la verrerie, de la conception à la décoration. La démonstration des souffleurs de verre à la fin du parcours est impressionnante.

Suivre la D 951 et la D 83 jusqu'à Wallers.

Wallers-en-Fagne

Proche de carrières de calcaire toujours en activité, ce beau village est entièrement construit en pierre bleue, agrémenté de toits en ardoises de Fumay.

Deux sentiers de découverte abordent les **monts de Baives** et leur flore particulière, due aux affleurements calcaires. Le circuit de la Pierre bleue *(4,5 km, 1h30)* se fait au départ de la mairie de Wallers-en-Fagne. Le circuit des monts de Baives *(2,5 km, 50mn)*, au départ de l'église de Baives (2 km à l'est de Wallers), passe à la **chapelle des Monts** (18e s.), dressée au centre d'une esplanade parmi des tilleuls centenaires et d'où l'on a un beau panorama.

Continuer sur la D 83 jusqu'à Moustier.

Moustier-en-Fagne

Des bénédictines olivétaines se livrent à la peinture d'icônes dans le prieuré dédié à saint Dodon. Cet ermite, qui vécut à Moustier, est invoqué pour soulager les maux de dos. À l'entrée du village, sur la gauche, beau **manoir** (1520) avec pignons à pas de moineaux et porte couronnée d'un bas-relief de style gothique.

Poursuivre sur la D 83 jusqu'à Eppe-Sauvage.

Eppe-Sauvage

Ce village, proche de la frontière belge, se niche au creux d'un bassin formé par le confluent de l'Helpe et de l'Eau d'Eppe. Le chœur et le transept de l'**église St-Ursmar** sont du 16e s., comme ses deux triptyques.

Plus loin, la vallée s'évase et devient moins boisée. Les fonds sont souvent occupés par des marais, ou **fagnes**. On aperçoit un beau manoir-ferme.

Rejoindre la station du Val-Joly par la D 83 puis à gauche sur la D 133 bis.

★ Parc départemental du Val-Joly

Le barrage d'Eppe-Sauvage, sur l'Helpe Majeure, a créé une magnifique retenue d'eau, enchâssée entre les pentes de la vallée de l'Helpe et du Voyon, son affluent. Dans le parc, nombreuses activités : VTT, pêche, voile, barque, pédalo, minigolf, équitation, randonnée pédestre... L'aquarium possède 22 bassins. Location de chalets et camping (*« Nos adresses » p. 193*).

Sur la route de Sains-du-Nord, possibilité de faire une pause à Liessies (p. 187).

Continuer sur la D 133 puis la D 80.

Sains-du-Nord

Maison du bocage (MDB) – *35 r. Jean-Baptiste-Lebas - 03 27 59 82 24 - sites.google.com/view/maisondubocage - avr.-oct. : 10h-12h, 14h-18h, w.-end 14h30-18h30 - fermé lun. - jardin botanique : lun. 8h30-16h, mar.-vend. 8h30-18h, w.-end 14h30-18h30 - gratuit.* Cette atenne de l'écomusée de l'Avesnois est installée dans une ancienne maison de maître (19e s.) et ses bâtiments agricoles. Expliquant et consacrant l'utilité du bocage, elle décrit la vie et les activités dans l'Avesnois, de l'étable à la laiterie, en passant par le travail des artisans, sabotier, menuisier. Une petite ruche en verre permet d'appréhender le fonctionnement d'une colonie d'abeilles et le métier d'apiculteur, tandis qu'une autre salle est dédiée au maroilles. Machines d'hier, jardin botanique, vergers et potagers, animaux de la ferme et démonstration de forge en activité.

Repartir vers Fourmies par la D 951.

Pont-de-Sains

Joli site. Le château appartint à Talleyrand puis à sa nièce, duchesse de Dino.

Reprendre la D 951 en direction de Fourmies.

3

Carnet pratique

S'informer

Office de tourisme - *20A r. Jean-Jaurès - Fourmies - 03 27 61 16 79 - www.sud-avesnois-tourisme.com.*

Agenda

À Trélon

Carnaval de la St-Pansard – Trélon se met en branle le 1er dim. de mars : animations de rue, défilés carnavalesques.

À Féron

Féron'arts - *03 27 60 10 46* - Autour du 15 août les années paires, Féron, à quelques kilomètres au nord-est de Fourmies, se transforme en village d'artistes. Au programme, musique, cinéma, peinture, théâtre...

À Sains-du-Nord

Fête du cidre et des métiers ruraux - *03 27 59 82 24* - Le 3e dim. d'oct. à la Maison du bocage de Sains-du-Nord.

En Belgique

Hirson et Chimay, en Belgique, proposent toute l'année un programme culturel transfrontalier et éclectique.

Rens. à l'office du tourisme.

Nos adresses

Restauration

Premier prix

Auberge des Étangs des Moines - *97 r. des Étangs - 03 27 60 02 62 - www.etangsdesmoines.fr - fermé sam. midi, dim. soir et lun. - plats 15/25 €.* Chaleureuse salle à manger mi-classique, mi-rustique (avec cheminée), ouverte sur une terrasse côté étangs. Plats traditionnels.

À proximité

Premier prix

La Petite Folie - *24 r. du Fourneau - Trélon (9 km au nord-est de Fourmies) - 07 67 06 07 28 - www.lapetitefolie.fr - fermé dim. soir, lun., mar., merc. et jeu. midi - plats 14,50/26,50 €.* Cuisine simple et de qualité pour ce restaurant installé au bord de l'étang du Hayon. Du burger au maroilles qui sent bon la Thiérache au plus classique filet de sandre poêlé, les plaisirs sont multiples.

Budget moyen

Micro-restaurant Aubépine - *5 pl. du Gén.-de-Gaulle - Sains-du-Nord (10 km au nord-ouest de Fourmies) - 03 27 66 24 23 - www.maison-aubepine.fr - ouv. sam. soir - menu 33/38 € - 3 ch. 80/85 €. Pas plus d'une douzaine de couverts pour ce micro-restaurant qui propose une cuisine locale et biologique à l'écoute des saisons. Le cadre chaleureux favorise les échanges et la transparence est à l'honneur : le chef cuisine devant vous dans une salle lumineuse ouverte sur le jardin. Très jolie chambre d'hôte également.*

Activités

Base de loisirs des Étangs des Moines - *100 r. des Étangs - 06 89 19 04 95 - www.etangsdesmoines.fr - sais. : tlj sf lun. 14h-19h (21h vend., 22h sam.) ; reste de l'année : se rens. - fermé d'oct. aux vac. de Pâques.* Autour des étangs des Moines, randonnées (pédestre, équestre et VTT) balisés, pédalo, minigolf, parcours acrobatiques, tyroliennes, baignade, kayak...

Station touristique du Val-Joly – *Eppe-Sauvage (20 km au nord-est de Fourmies) - ✆ 03 27 61 83 76 - www.valjoly.com.* De nombreuses activités sont proposées au sein du parc départemental du Val-Joly.

Cyclotourisme – *Station touristique de Valjoly - ✆ 03 27 61 83 76 - www.valjoly.com.* Site VTT-VTC labellisé Fédération française de cyclisme : 140 km de sentiers pour le VTT.

Hébergement

Budget moyen

Chambre d'hôte des Rouets – *46 r. des Rouets - chambres-dhotes-des-rouets-76.webself.net - 06 15 51 14 51 - - 5 ch. 96 €* . Réjane et Henri vous accueillent chaleureusement dans cette belle maison de maître de la fin du 19e s. qui cache un joli jardin arboré. L'esprit familial qui règne dans cette demeure, les grandes chambres lumineuses, la piscine couverte et les délicieuses brioches maison du petit-déjeuner contribueront largement à votre bien-être.

Château de la Marlière - *62/64 r. Théophile Legrand - ✆ 03 27 58 88 00 - www.chateaudelamarliere.com - ♿ - Château 9 ch. 131 € - pavillon 7 ch. 91/111 €* . Construit en 1841 par Théophile Legrand, un pionnier de l'industrie textile, cette belle demeure bourgeoise impressionne avec son joli parc de 2 ha... Les chambres, élégantes, offrent un confort et un calme absolus. Salle de fitness et sauna dans le pavillon. Un vaste choix de produits frais, locaux, maison et de saison compose le petit-déjeuner. Une expérience hors du temps.

À proximité

Premier prix

Camping Le Val-Joly – *24 r. du Val-Joly - Willies - À Eppe-Sauvage - base nautique du Val-Joly (20 km au nord-est de Fourmies) - ✆ 03 27 61 83 76 - www.valjoly.com - fermé de déb. oct. à mi-avr. - 140 empl. 15 € - roulottes 140 €/nuit, yourtes 190 €/nuit.* Ce camping propose des emplacements bien ombragés, des yourtes et des roulottes et de jolis chalets en bois très confortables (belle terrasse). À quelques centaines de mètres, la base de loisirs et ses nombreuses activités *(voir ci-contre).*

Chambre d'hôte Les Prés de la Fagne – *5 r. Principale - Baives (15 km au nord-est de Fourmies) - ✆ 03 27 57 02 69 - - 5 ch. 75/80 € - table d'hôte sur réserv.* Cette ferme du 17e s., entièrement restaurée, marie avec élégance les styles moderne et ancien. Chambres confortables, terrasse avec une vue sur le bocage et étang pour la pêche sur de cette propriété de 4 ha.

3

Le Quesnoy ★

Isolée en pleine campagne, dans un cadre de verdure et d'eau à proximité de la belle forêt de Mormal, la tranquille cité, qui conserve quelques maisons basses blanchies à la chaux, reste un beau témoignage de notre histoire militaire. La ville était en effet autrefois importante pour sa position stratégique entre la vallée de l'Oise et le Cambrésis.

Se repérer

CARTE C2 (P. 140-141) – PLAN CI-DESSOUS.

4 870 Quercitains – Nord (59)
À 20 km au sud-est de Valenciennes et à 32 km à l'ouest de Maubeuge.

À ne pas manquer

Le tour des remparts ; une balade en forêt de Mormal.

Organiser son temps

Le tour complet des fortifications nécessite 1h30 à 2h.

Carnet pratique p. 198

Nos adresses p. 198

Se promener

PLAN CI-DESSOUS

★ Fortifications

Intactes, elles illustrent le caractère d'ancienne place forte propre au Quesnoy. Construites en pierres grossières et en silex, noyés dans un mortier de chaux et couverts de briques, elles présentent un tracé polygonal le long duquel s'ordonnent des bastions en saillie, dont les flancs sont reliés par des courtines. C'est un bel exemple du système à la Vauban, bien que certaines parties, comme les

bastions à orillons, datent de Charles Quint. Plusieurs modifications sont encore effectuées au 19e s., notamment l'ajout des casemates et de l'hôpital de siège. Le tour des remparts *(5 km)*, praticable en toute saison, permet une agréable balade. Des panneaux expliquent les arcanes de ce système défensif. Pour un aperçu plus rapide, suivez le circuit proposé ci-après.
Partir de la place du Gén.-Leclerc, ex-place d'Armes, et passer la porte du château. Prendre l'avenue des Néo-Zélandais pour gagner la poterne.
Elle donne accès aux fossés, à l'endroit même où les hommes de la New Zealand Rifle Brigade escaladèrent la muraille le 4 novembre 1918. Un « **monument des Néo-Zélandais** » commémore leur exploit.
Contourner le front sud des remparts par le fossé.
Le fossé a été aménagé en parc et théâtre de verdure. On arrive à l'**étang du Pont Rouge**, puis au **lac Vauban**, qui s'étend au pied des remparts, de part et d'autre de la **porte Faurœulx**. Du pont, vue sur les courtines et les bastions de brique rose se reflétant dans les eaux *(ABC d'architecture p. 407)*.

Étang du Fer à Cheval

Il a été tracé et creusé dans la partie nord-ouest de la ville selon les directives de Vauban. Le tour de ses 3 ha constitue une balade agréable et verdoyante.

À proximité

CARTE P. 140-141

★ Forum antique de Bavay C2

14 km au nord-est par la D 942.
3 r. des Juifs - 03 27 63 79 23 - www.tourisme-paysdemormal.fr.
Cette cité aux maisons basses était un important nœud de communication du nord de l'Empire romain au 3e s. Sur la grand-place, le beffroi (17e s.) à appareillage de briques contraste sur le granit de l'hôtel de ville (18e s.). Les vestiges de la **cité romaine** ont été mis au jour en 1942, sur un terrain dégagé par les bombardements de 1940. D'est en ouest, le long d'un même axe, sont visibles la basilique civile, le forum– que l'on peut parcourir en réalité augmentée à l'aide d'une tablette numérique –, un cryptoportique (galerie souterraine) en fer à cheval et une salle sur cave profonde. Au sud de l'enceinte ont été exhumées quelques habitations.
Musée - *2 allée Chan.-Bievelet - 03 59 73 15 50 - forumantique.fr - - 9h-12h, 13h-18h, merc. et sam. 13h-18h - fermé de déb. à mi-sept. et de mi à fin janv. - 6 € (-26 ans gratuit) - gratuit 1er dim. du mois.* Dans un vaste édifice moderne, évocation de la vie au temps de *Bagacum* qui comptait parmi les plus importants centres de fabrication de poteries : vaisselle, verres et vases ornés de bustes de divinités. Une vitrine est consacrée aux superbes **figurines de bronze★** découvertes dans la cachette d'un artisan bavaisien.

Retour aux origines

Au temps d'Auguste, Bagacum était une importante cité de la Belgique romaine, à la fois centre administratif et judiciaire, place militaire et pôle de ravitaillement. Elle constituait le nœud de sept « chaussées » : vers Utrecht, Boulogne, Cambrai, Soissons, Reims, Trèves et Cologne. Leur tracé rectiligne se reconnaît encore dans le réseau routier, et des traces d'ornières creusées par le passage des charrois subsistent sur le forum. Comme toutes les villes romaines, Bagacum était dotée d'un vaste forum et de thermes publics alimentés par un système d'aqueducs.

3

Le film *Retour à Bagacum 2*, à grand renfort de réalité augmentée et de 3D, plonge le spectateur dans l'ambiance de la cité au 2e s.

Bellignies C2

3 km au nord de Bavay par la D 24.

Musée du Marbre et de la Pierre bleue - *8 r. de Cotipont - 03 27 66 89 90 - www.tourisme-avesnois.com - dim. 14h-18h, reste de la sem. sur demande à la mairie sur mairie.bellignies@wanadoo.fr - 2,50 €.* Du 19e s. à 1940, ce bourg de la vallée de l'Hogneau a vécu de l'industrie marbrière ; les hommes découpaient, les femmes polissaient. Ce musée en témoigne : outils traditionnels pour le travail du marbre, objets issus de la production des ateliers.

★ La forêt de Mormal

CARTE CI-CONTRE

Circuit de 26 km tracé en vert sur la carte.

foretdemormal.wordpress.com.

Avec ses 9100 ha, la forêt de Mormal est la plus grande du Nord. Riche de nombreuses essences d'arbres, elle se caractérise également par sa diversité faunistique. Le grand gibier, en particulier les sangliers, y abonde. L'exploitation forestière y étant importante, certains chemins sont parfois provisoirement fermés à la circulation.

De nombreux chemins, souvent goudronnés, sillonnent la forêt. Ainsi, les sentiers de grande randonnée GR 122 (*21 km*), des sentiers pédestres (des Nerviens, des Étoquies, des Druides, des Sabotiers), des pistes cavalières (*81 km*), un parcours cyclo et plusieurs aires d'accueil permettent d'arpenter les bois à son rythme.

Quitter Le Quesnoy par la D 33. Traverser Potelle puis Jolimetz. Croiser la D 932, qui marque l'orée de la forêt sur un axe nord-est/sud-ouest.

N.-D.-de-la-Flaquette

Cette petite chapelle, au cœur du sous-bois, est consacrée à la Vierge. La légende raconte qu'un bûcheron trouva une statue de la Vierge à cet endroit, à côté d'une mare, appelée ici « flaque ». Après l'édification et la consécration de la chapelle, on y implorait jadis la statue contre les fièvres paludéennes. L'endroit fait encore l'objet de pèlerinages ; une messe y est dite tous les ans, le 15 août.

Poursuivre tout droit, jusqu'à Locquignol.

Locquignol

Cet ancien centre artisanal de sabotiers et de sculpteurs sur bois est au cœur du massif. C'est le plus grand village du Nord, car son territoire couvre toute la forêt.

Après Locquignol, continuer sur la D 233, jusqu'au carrefour de la Touraille. Prendre à droite, puis à gauche au carrefour du Chêne-la-Guerre. Remonter la route du Pont-Routier jusqu'à l'étang David et l'arboretum.

Arboretum

www.cc-paysdemormal.fr. Face à l'**étang David**, de l'autre côté de la route, il permet de mieux connaître les essences forestières : le chêne pédonculé domine depuis les reboisements des années 1920 et 1930 mais on y croise également le séquoia géant, le noyer d'Amérique ou encore le marronnier d'Inde. Le site propose des parcours sensoriels, jardins thématiques, arbres à palabres, sculptures sur pied ainsi qu'une rampe d'observation des hautes futaies de hêtres, vieilles parfois de 200 ans.

Continuer tout droit jusqu'au carrefour du Pont-Routier, prendre à gauche jusqu'à la D 233 puis à droite en direction de Maroilles.

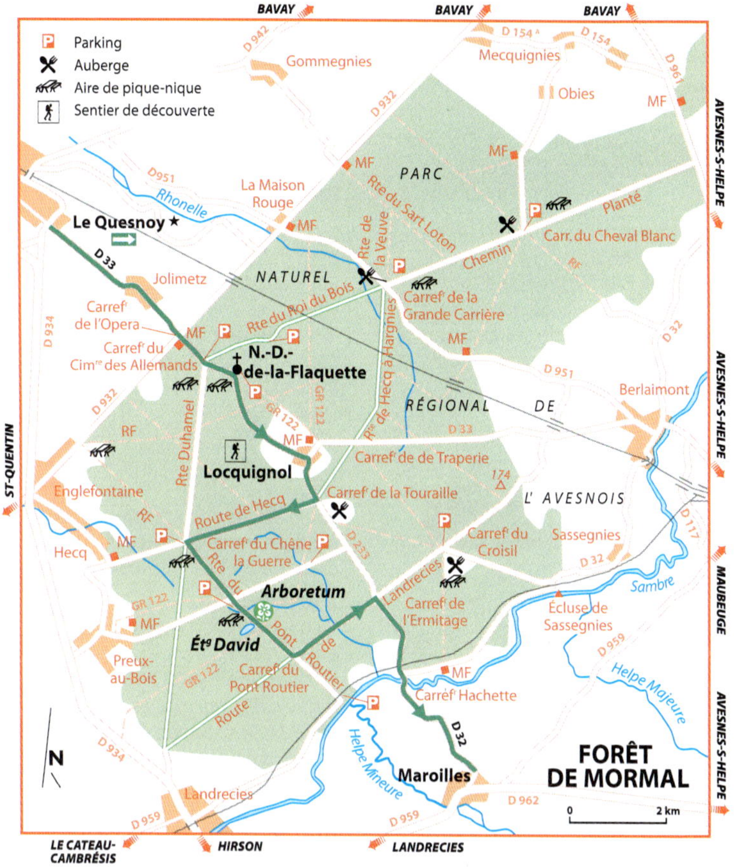

Maroilles

4 cours de l'Abbaye - 03 27 77 51 60 - www.tourisme-avesnois.com.

Le bourg est célèbre pour ses fromages, maroilles et dauphin. Jadis, ils étaient fabriqués à l'abbaye bénédictine dont subsistent quelques bâtiments (17ᵉ s.). La **Maison du Parc naturel régional de l'Avesnois** est installée dans une majestueuse grange dîmière *(4 cours de l'Abbaye)* en brique et pierre datant de 1735. Initialement dépendance de l'abbaye destinée à collecter l'impôt, elle fut saccagée durant la Révolution puis abandonnée. C'est aujourd'hui une vitrine de l'Avesnois accueillant des expositions et des espaces de découvertes.

Moulin à eau – *À quelques pas de la Maison du Parc vers l'est, descendre un petit escalier.* Ce joli moulin du 16ᵉ s. enjambant l'Helpe mineure produisait de la farine jusqu'à la fin du 19ᵉ s. avant de fournir de l'électricité pour la commune. Témoignage de l'Ancien Régime, une roue à aubes a été reconstituée.

Carnet pratique

S'informer

Office de tourisme – *18 r. Chevray - Le Quesnoy - ✆ 03 27 20 54 70 - www.tourisme-paysdemormal.fr.*

Agenda

Fête de Bimberlot – Le 1er w.-end d'août. C'est le carnaval du Quesnoy : défilé de ses géants, Bimberlot et son cousin Maori. Braderie nocturne sam. et feu d'artifice dim.

À Maroilles

20 km de Maroilles – Le 1er Mai, course très populaire dans la région.

Fête du maroilles et de la flamiche – Le 2e dim. d'août à Maroilles.

À Bavay

Fête gallo-romaine – Le 1er w.-end de juillet, les années impaires, Bavay devient *Bagacum* avec spectacles de rue, reconstitutions historiques, animations sur l'ancien forum...

Nos adresses

Restauration

Budget moyen

1 Le Chalet de l'étang – B2 - *2 chemin de Ghissignies - ✆ 03 27 49 55 28 - www.chaletdeletang.fr - fermé le soir en semaine - plats 15/23 €, menus 28/35 €.* Cette brasserie, avec sa terrasse flottante sur le lac, est très bien située. Outre les spécialités régionales comme la carbonade, on y sert moules-frites, tripes, couscous, selon les jours et les arrivages. Le w.-end, le lieu se transforme en guinguette pour des tours de danse fort sympathiques.

À proximité

Premier prix

Le Temps des mets – *42 Grand'Rue - Maroilles (17 km au sud-est de Le Quesnoy) - ✆ 03 27 77 96 48 - letempsdesmets.e-monsite.com - fermé merc., sam. midi et dim. soir - plats 16,50/22 €, formule midi 15,50 €.* Dans une ancienne maison de maître de 1890, ce restaurant propose une cuisine raffinée et inventive où le maroilles se taille une place de choix parmi d'autres produits régionaux. Accueil chaleureux et service irréprochable.

Budget moyen

Le Bagacum – *R. d'Audignies - Bavay (14 km au sud-ouest de Le Quesnoy) - ✆ 03 27 66 87 00 - fermé lun., sam. midi et dim. soir - plats 27/34 €.* Bagacum : le nom de la cité romaine devenue... Bavay. Pas étonnant que cette jolie grange du 19e s., rustique et joliment champêtre, cultive le goût de la belle tradition.

Shopping

Brasserie Au Baron – *R. du Bourlard - Gussignies (18 km au nord-est de Le Quesnoy) - ✆ 03 27 66 88 61 - www.brasserieaubaron.com - visite (40mn) sam. à partir de 15h - réserv. conseillée - 9 €.* Visite libre de la micro-brasserie qui fabrique l'excellente bière Cuvée des jonquilles. La boutique, avec des produits du terroir, fait partie du réseau des « Boutiques de l'Avesnois », associé au Parc naturel régional.

La Ferme de Cerfmont – *1 ruelle Vendois - Maroilles (17 km au sud-est de Le Quesnoy) - ✆ 03 27 77 71 55 - www.*

lafermedecerfmont.com - fermé dim. mat. Cette ferme située entre Maroilles et Landrecies possède 2 ateliers qui se visitent sur rendez-vous, et dans lesquels sont préparés les fromages et autres denrées dérivées du lait. Vous retrouverez toute la production maison dans la boutique attenante : maroilles fermier, dauphins, boulettes d'Avesnes, fromage blanc, crème de maroilles en compagnie de pommes de terre. Le savoir-faire de la ferme s'étale sous vos yeux et vous séduira par sa qualité.

Activités

La Cité déchaînée – *Chemin de Ghissignies - ☏ 06 71 44 62 38 - www.tourisme-avesnois.com - avr.-sept., merc. sam.-dim. 13h-19h (tlj pdt les vac. scol.) - de 2 à 5 ans : 3 €/h ou 5 €/2h, de 6 €/h ou 10 €/2h.* Aires de jeux, cité nautique (barques, pédalos), baignade surveillée. Après l'effort, le réconfort : gaufres et glaces en terrasse avec vue sur le lac.

Hébergement

À proximité

Budget moyen

Hermitage Henry – *9 rte de Wult - Maresches (9 km au nord-ouest de Le Quesnoy) - ☏ 06 99 37 28 12 - P - 5 ch. 96/119 €* ☕. Avec ses grands espaces de vie et ses chambres spacieuses à la décoration contemporaine recherchée, cette maison d'hôtes sait se faire accueillante. Sa situation géographique en fait une jolie étape entre le Hainaut et l'Avesnois.

Une folie

Château de Ruesnes – *12 r. du Château - Ruesnes (4 km au nord-ouest de Le Quesnoy) - ☏ 06 76 77 86 66 - 2 ch. 165 €* ☕. Ce château du 18e s. en pierre blanche et en brique abrite deux chambres d'hôtes, chaleureuses, nommées Chateaubriand et Italo Calvino, en référence à l'amour des propriétaires pour les livres. On ralentit, on lit, on s'évade dans le parc, bref la vie de château !

3

Moulin de l'abbaye de Maroilles.
R.Soberka/hemis.fr

Maubeuge

Fortifiée par Vauban, Maubeuge est anéantie pendant la Seconde Guerre mondiale : le centre historique est détruit à 90 %. La reconstruction est confiée à l'architecte André Lurçat, qui choisit la pierre bleue, la brique et le béton comme matériaux. Aujourd'hui, la ville subit encore les conséquences de la grave récession qui a touché la région dans les années 1975-1990.

Se repérer

CARTE D2 (P. 140-141).
29 589 Maubeugeois - Nord (59)
111 368 habitants (agglomération)
Maubeuge se trouve à 39 km à l'est de Valenciennes et à 6 km de la Belgique.

À ne pas manquer

Le carillon de l'église St-Pierre-St-Paul ; la porte de Mons.

Organiser son temps

Prévoyez deux heures pour découvrir la ville.

Carnet pratique p. 202

Nos adresses p. 203

Se promener

Parc zoologique

Av. du Parc - ✆ 03 27 53 75 84 - www.zoodemaubeuge.fr - juil.-août : 10h-19h ; avr.-juin et sept. : 10h-18h ; oct.-nov. : 10h-17h30 - 13 € (-17 ans 7,50 €).

Dans le cadre verdoyant des glacis dominant les fossés de l'enceinte flânent daims, lamas, hippopotames et lions. La ferme du zoo abrite des animaux domestiques en liberté. Ateliers pédagogiques, visites thématiques et animations pour enfants, aires de pique-nique.

Porte de Mons

Construite en 1682, c'est l'élément principal de l'enceinte de Vauban et l'une des parties les mieux conservées des fortifications. Elle était autrefois complétée par un arsenal et un système de redoutes extérieur. La place pouvait, quant à elle, accueillir jusqu'à 40 000 hommes.

Côté ville, la porte forme un pavillon à fronton et comble mansardé. Le corps de garde est intact, avec ses épaisses portes de bois et le treuil du pont-levis. Franchissez le fossé par le pont courbe vers la demi-lune, pourvue, elle aussi, d'une porte avec loges de sentinelles. Repassez le fossé vers le glacis où l'on découvre le front nord des remparts.

★ Salle Sthrau

4 r. Georges-Paillot - ✆ 03 27 68 61 99 - ouv. uniquement durant Le Printemps de l'Art déco (mars-avr.), et pour les Journées du patrimoine.

Édifiée en 1624, cette chapelle du collège des Jésuites a été désacralisée à la Révolution française. Elle servit ensuite d'écuries, de caserne, de bibliothèque jusqu'en 1914 où elle fut en grande partie détruite. L'architecte Henri Lafitte la reconstruisit et la sublima en 1927, la transformant en joyau d'Art déco. Au rez-de-chaussée, il créa une salle de musique dotée d'un plafond à caissons en stuc et de murs décorés d'une série de panneaux peints. À l'étage, une somptueuse **salle de bal** vit le jour sous une voûte en berceau à caissons et une superbe verrière en forme d'ellipse de 12 m sur 7. Des travaux de restauration achevés en 2018 lui ont redonné le même éclat que lors de son inauguration de 1927. Un bijou !

Église St-Pierre-St-Paul

Reconstruite en 1955 sur les plans de Lurçat. Son clocher de dalles de verre abrite un **carillon**. Admirez la mosaïque du porche et, dans le trésor, un reliquaire du voile de sainte Aldegonde (fin 15e s.).

Chapitre des chanoinesses

En contrebas de la place Verte se dressent les bâtiments de brique et pierre (fin 17e s.) des Dames de Maubeuge, chanoinesses séculières qui succédèrent aux moniales de Ste-Aldegonde.

Ancien collège des Jésuites

Ensemble baroque homogène édifié (17e s.) sur les plans du frère Du Blocq.

À proximité

CARTE P. 140-141

★ Fort de Leveau D2

4 km au nord-ouest de Maubeuge par la D 105, puis la D 136 à droite. Association de sauvegarde du fort du Leveau - ✆ 03 27 62 37 07 - fortdeleveau.fr - lun.-vend. 13h-17h ; 2 derniers dim. du mois : 14h30-18h - fermé le w.-end et de déb. déc. à mi-fév. - 5 € (-16 ans 2 €).

Le fort de Leveau est le plus aménagé et le mieux entretenu - et le seul à se visiter - des six forts édifiés à la fin du 19e s. pour protéger la citadelle Vauban de Maubeuge, point fort du système de défense de la frontière avec la Belgique.

Portant le nom de guerre de « fort Schouller », ce fort de 1884 est dit à cavalier et batterie haute. Sa garnison de **550 hommes** est armée de canons 120 mm de Bange. Comme tous les forts du nord de la France – et contrairement aux forts de l'est –, l'ouvrage à caponnière double (organe de défense de fossé permettant le tir dans deux directions) est maçonné, mais ne reçoit pas de renforcements bétonnés suite à la découverte du système perforant de l'obus torpille.

L'association de sauvegarde du fort a réalisé un travail minutieux de reconstitution de la « barrière de fer ». La visite s'effectue au sein d'un univers sonorisé. Vous circulerez dans la **poudrière**, la **caserne centrale**, les ateliers de chargement, les **cuisines** et les **chambrées** équipées du mobilier d'origine. Vous découvrirez des latrines à fosse mobile, que les soldats punis sont chargés de vider régulièrement.

Musée – Il s'ouvre sur la bataille de Maubeuge de 1914 qui augure quatre années d'occupation allemande. Sont dévoilés le quotidien des soldats, leurs conditions de vie au fort et dans les tranchées ainsi que les spécificités de leur équipement et de leur paquetage. Certains courriers exposés sont particulièrement émouvants, datant du 27 août 1914, dix jours avant la mort des défenseurs. Vous découvrirez également un obus de 42 cm, identique aux 25 projectiles qui ont écrasé le fort le 7 septembre 1914 et pulvérisé deux chambrées, tuant environ 120 Français dont certains ont connu une mort atroce, sous les éboulis. Neuf corps de soldats français tués lors de ce bombardement ont été exhumés de 1995 à 1998 par les bénévoles de l'association de sauvegarde du fort.

La vie sous l'Occupation, le rôle des femmes ou la question du travail dans les usines durant la Grande Guerre sont également abordés.

3

De sainte Aldegonde à la crise sidérurgique

Sainte Aldegonde fonde au 7e s. Malbodium (du bas-latin *malboden*, qui désignait le siège d'une assemblée de chefs). D'abord cité drapière, la ville s'oriente au 12e s. vers la métallurgie. Son nom devient Maubeuge dès 1293. C'est la cité des peintres **Jean Gossart** dit **Mabuse** (vers 1478-1532), et **Nicolas Régnier**, dit Nicolò Renieri (vers 1590-1667). De 1637 à 1667, la ville est convoitée par les Espagnols et les Français, puis rattachée à la France après le traité de Nimègue en 1678 et fortifiée par Vauban. Ses remparts ne dissuaderont pas les envahisseurs. En 1940, la ville est détruite à 90 % par un déluge de bombes. Son plan actuel est dû à l'architecte André Lurçat. La sidérurgie, regroupée dans un bassin industriel qui va d'Aulnoye et Hautmont à Jeumont, a subi la crise de plein fouet.

Mémorial William Wyatt Patton – La visite se conclut par le très émouvant mémorial (Seconde Guerre mondiale) dédié au lieutenant Patton. Son corps a été retrouvé en 2001 aux commandes de l'épave de son P-51 Mustang, dont les restes sont reconstitués. La voilure de son parachute, également exposée, comporte la trace de son corps, suaire qui l'a enveloppé pendant cinquante ans. Si les circonstances de la mort de Patton demeurent mystérieuses, les tests ADN pratiqués par les services archéologiques américains ont bien permis d'identifier le pilote de 27 ans, dont le corps a été rendu à sa famille, 51 ans après sa disparition.

Musée de la Cour des Potiers à Ferrière-la-Petite D2

10 km au sud, par la D 936 puis la D 27. Après Ferrière-la-Grande, prendre à gauche vers Ferrière-la-Petite.
Cour des Potiers - 03 27 62 79 60 - lacourdespotiers.fr - 9h-12h, 13h-17h, 2e w.-end du mois 15h-18h - fermé lun. et le w.-end - 4 € (-16 ans gratuit).
L'un des douze ateliers de poterie que comptait Ferrière-la-Petite au 19e s. est réorganisé autour d'un ancien « four-bouteille » en brique de 1880 (5 m de diamètre). Il présente des poteries en grès salé, spécialité de la région, une exposition de faïences et un film *(20mn)* expliquant leurs méthodes de fabrication. Au sous-sol subsiste un atelier en activité (démonstrations, ateliers et vente sur place).

Carnet pratique

S'informer

Office de tourisme – *Porte de Mons - pl. Vauban - Maubeuge - 03 27 62 11 93 - www.tourisme-avesnois.com.*

Agenda

Festival iTAK – *www.lemanege.com - mai.* Théâtre, danse, concert, cirque...

Fête de Jean Mabuse – *Lun. de Pâques.* Comme partout dans le Nord, une journée est dédiée au géant de la ville, Jean Mabuse. Défilés carnavalesques, animations...

Nos adresses

Restauration

Pour se faire plaisir

Un moment chez Bacchus – *7 rte d'Avesnes - ✆ 03 27 60 49 35 - fermé lun., sam. midi et dim. soir - formules 30/45 €.* Belle halte gourmande dans cette grande maison blanche qui offre de beaux espaces ainsi qu'une terrasse à l'arrière dans un parc arboré. La cuisine y est soignée et l'accueil aimable.

En soirée

Le Manège – *R. de la Croix - ✆ 03 27 65 65 40 - www.lemanege.com.* Cette scène nationale propose du théâtre, de la danse, du cirque, de la musique, et organise le festival Super Via.

Activités

Union aérienne Sambre et Helpe – *Élesmes - Aérodrome de Maubeuge - ✆ 03 27 68 40 25 - www.aeroclubmaubeuge.com - 140 €/30mn de vol pour 2 pers. maxi.* École de pilotage et promenades aériennes à la carte au-dessus du val de Sambre et de l'Avesnois.

Relais Éco-Vélo – *1 r. Aristide-Briand - Ferrière-la-Grande (5 km au sud de Maubeuge) - ✆ 03 27 66 90 65 ou 06 77 31 78 86 - www.relais-eco-velo.fr - juil.-août 10h-18h sf dim.* Au départ de la voie verte de l'Avesnois, cette station vélo propose des VTT à la location et un hébergement *(voir ci-dessous)*. 8 circuits VTT au départ du relais, et atelier de réparation.

Hébergement

Budget moyen

Le Grand Hôtel – *1 Porte de Paris - ✆ 03 27 62 66 87 - www.grand-hotel-maubeuge.fr - P ♿ - 28 ch. 109 € - ☕ 10,50 € - ✕ 13,90/25 €.* Certes, cet établissement est situé sur une route souvent empruntée, mais n'ayez aucune inquiétude, car l'insonorisation a été totalement refaite, tout comme les chambres, claires, spacieuses et dotées de salles de bains bien équipées. Le restaurant L'Endroit est très apprécié des Maubeugeois.

À proximité

Premier prix

Maison d'Éclaibes – *10 r. de Beaufort - Éclaibes (11 km au sud de Maubeuge) - ✆ 06 84 11 52 23 - www.maison-eclaibes.fr - 2 ch. 85/105 € ☕ - ✕ 15/33 €.* Au beau milieu de la campagne, cette ferme du 19e s., construite par deux frères qui exploitaient les deux moulins d'Éclaibes, arbore pierre bleue, brique et ardoise selon la tradition architecturale des environs. Ses deux chambres qui ouvrent sur les prairies communiquent avec un vaste grenier-loft sous charpente apparente dont on profite, un thé à la main, un livre dans l'autre. Possibilité de commander un dîner ou d'utiliser la cuisinette pour concocter soi-même son repas.

Relais Éco-Vélo – *1 r. Aristide-Briand - Ferrière-la-Grande (5 km au sud de Maubeuge) - ✆ 03 27 66 90 65 ou 06 77 31 78 86 - www.relais-eco-velo.fr - ♿ - 5 ch. 22 €/pers. - ☕ 6 €.* Attention au départ ! Dans l'ancienne gare du village de Ferrière-la-Grande se trouve une base VTT *(voir ci-dessus)* où l'on peut aussi dormir, cuisiner, partager, jouer et s'imaginer chef de gare dans les années 1960. Un gîte économique, original et très agréable qui invite à rester à quai le temps d'une nuit, ou plus !

Le phare de Walde.
O. Leclercq/hemis.fr

4

La Côte d'Opale et la région de Saint-Omer

CARTE MICHELIN DÉPARTEMENTS 301 – PAS-DE-CALAIS (62)

Calais 208

Au sud-ouest de Calais :
La corniche de la Côte d'Opale★★ et son circuit 220

Wimereux★ 226

Boulogne-sur-Mer★ et son circuit 229

Hardelot-Plage 244

Le Touquet-Paris-Plage★★ 246

Berck-sur-Mer 256

À l'est du Touquet :
Montreuil-sur-Mer★ et ses circuits 260

Hesdin et ses circuits 268

Saint-Omer★★ 273

Aire-sur-la-Lys 287

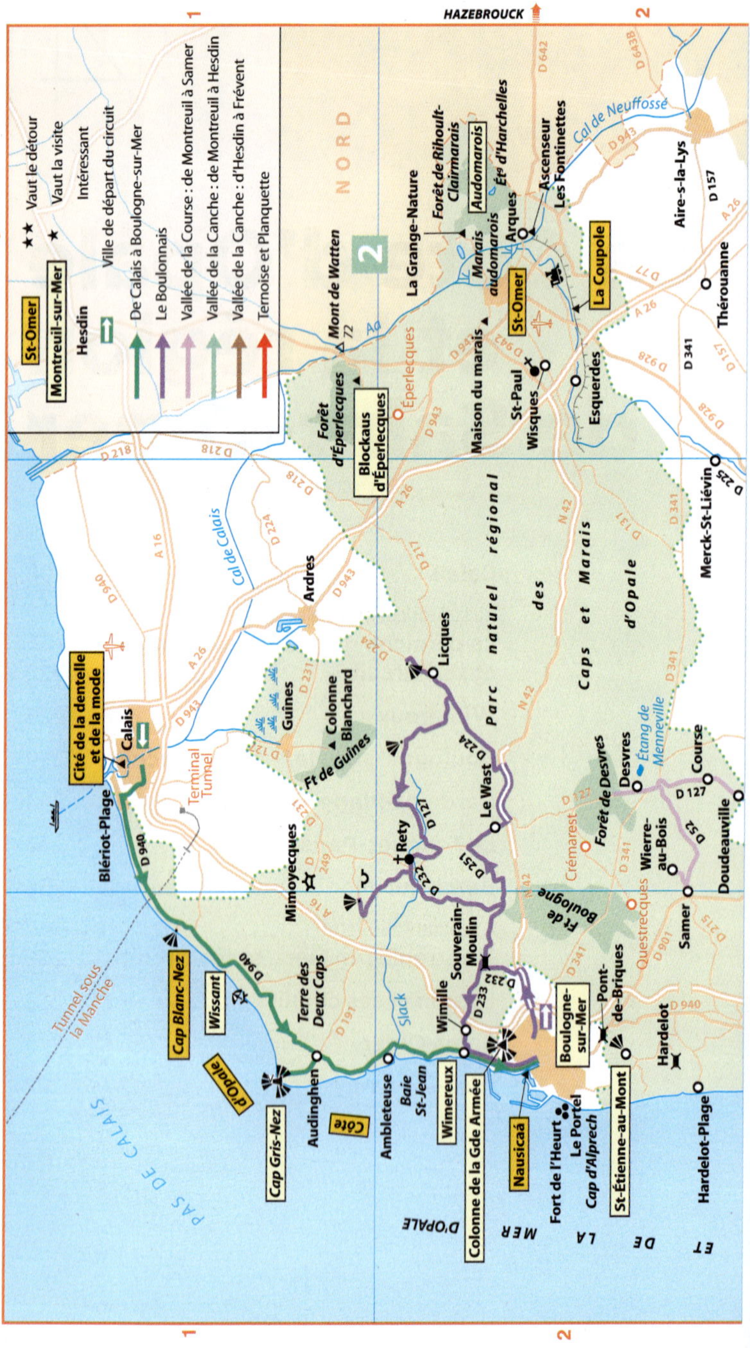
St-Omer
Montreuil-sur-Mer
Hesdin
★★ Vaut le détour
★ Vaut la visite
Intéressant
Ville de départ du circuit
De Calais à Boulogne-sur-Mer
Le Boulonnais
Vallée de la Course : de Montreuil à Samer
Vallée de la Canche : de Montreuil à Hesdin
Vallée de la Canche : d'Hesdin à Frévent
Ternoise et Planquette
A
B
C
1
2
HAZEBROUCK
NORD
PAS DE CALAIS
MER DE LA MANCHE
Tunnel sous la Manche
Côte d'Opale
Cap Gris-Nez
Cap Blanc-Nez
Wissant
Audinghen
Terre des Deux Caps
Ambleteuse
Baie St-Jean
Wimereux
Wimille
Colonne de la Gde Armée
Nausicaá
Boulogne-sur-Mer
Fort de l'Heurt
Le Portel
Cap d'Alprech
St-Étienne-au-Mont
Pont-de-Briques
Hardelot
Hardelot-Plage
Souverain-Moulin
Samer
Questrecques
Ft de Boulogne
Wierre-au-Bois
Doudeauville
Course
Desvres
Forêt de Desvres
Étang de Menneville
Crémarest
Le Wast
Rety
Mimoyecques
Bleriot-Plage
Calais
Cité de la dentelle et de la mode
Terminal Tunnel
Guînes
Ft de Guînes
Colonne Blanchard
Ardres
Cal de Calais
Licques
Parc naturel régional des Caps et Marais d'Opale
Forêt d'Éperlecques
Blockaus d'Éperlecques
Éperlecques
Mont de Watten
Aa
La Grange-Nature
Forêt de Rihoult-Clairmarais
Audomarois
Marais audomarois
Maison du marais
St-Omer
Arques
Ets d'Harchelles
Ascenseur Les Fontinettes
La Coupole
Cal de Neuffossé
Aire-s-la-Lys
Thérouanne
St-Paul Wisques
Esquerdes
Merck-St-Liévin

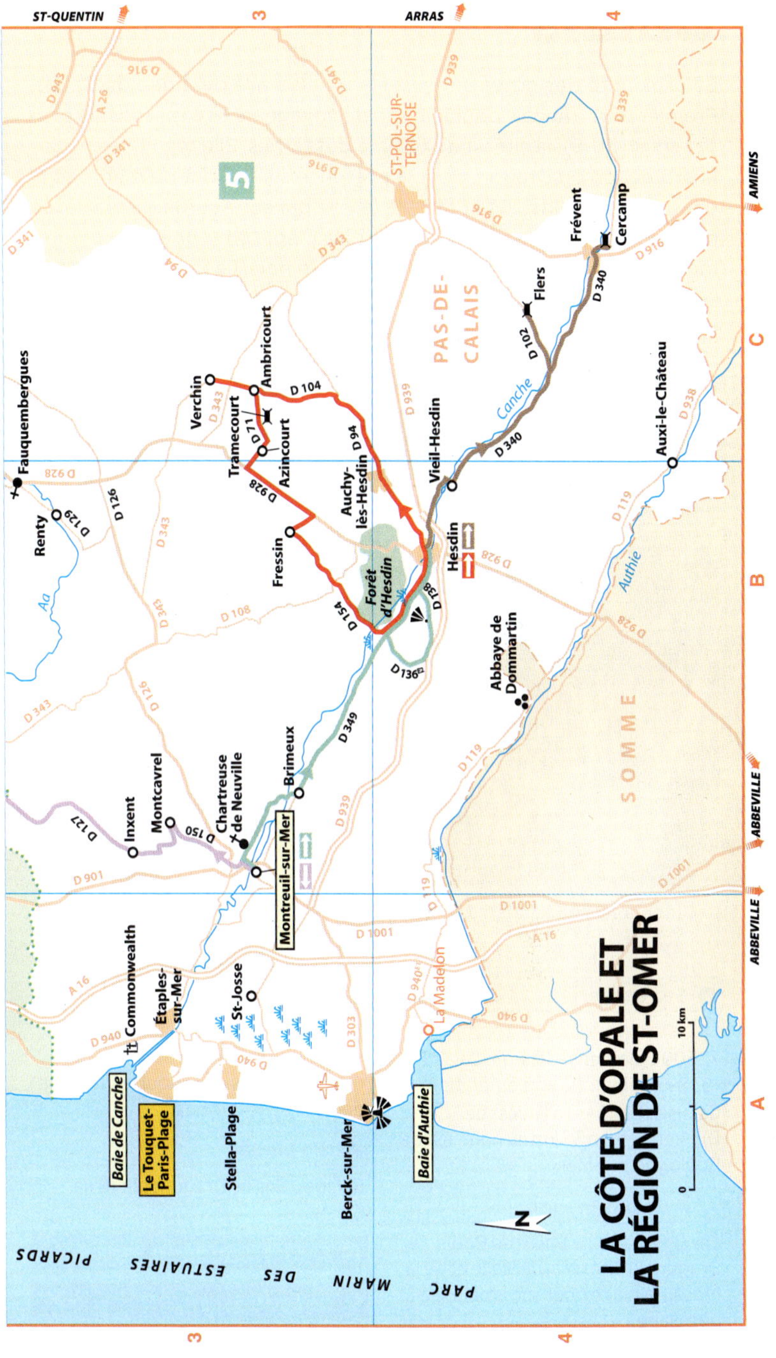
LA CÔTE D'OPALE ET LA RÉGION DE ST-OMER
ST-QUENTIN
ARRAS
AMIENS
ABBEVILLE
ABBEVILLE
PARC MARIN DES ESTUAIRES PICARDS
PAS-DE-CALAIS
SOMME
ST-POL-SUR-TERNOISE
Fauquembergues
Renty
Aa
Inxent
Montcavrel
Chartreuse de Neuville
Brimeux
Montreuil-sur-Mer
Commonwealth
Étaples-sur-Mer
Baie de Canche
Le Touquet-Paris-Plage
Stella-Plage
St-Josse
Berck-sur-Mer
Baie d'Authie
La Madelon
Verchin
Ambricourt
Tramecourt
Azincourt
Fressin
Auchy-lès-Hesdin
Forêt d'Hesdin
Hesdin
Vieil-Hesdin
Abbaye de Dommartin
Auxi-le-Château
Canche
Authie
Flers
Frévent
Cercamp
D 104
D 94
D 71
D 928
D 343
D 126
D 129
D 108
D 154
D 138
D 136
D 349
D 939
D 119
D 1001
D 940
D 303
D 901
D 150
D 127
D 340
D 102
D 916
D 938
D 339
D 341
D 943
A 26
A 16
10 km
0
5
A
B
C
3
4

Calais

La proximité des côtes anglaises a présidé à la destinée de Calais. Premier port français pour le trafic de voyageurs (8,5 millions de passagers en 2019), la cité vit au rythme des ferries. Elle reçoit désormais la protection du Dragon, dont la présence sur le front de mer rend le paysage urbain insolite et réveille la ville par son souffle de braise. Le merveilleux traverse les rues, effleure la plage, pour finalement gommer la dualité ancestrale entre la ville et le port. La dentelle s'expose, l'identité balnéaire se réaffirme, la famille du Dragon s'agrandit... Calais se porte bien!

La Cité de la dentelle et de la mode.
O. Leclercq/hemis.fr

Se repérer

CARTE B1 (P. 206-207) – PLAN P. 212.
72 509 Calaisiens – Pas-de-Calais (62)
103 893 habitants (agglomération)
Calais est à 45 km à l'ouest de Dunkerque et à 35 km au nord-est de Boulogne-sur-Mer.

À ne pas manquer

Les Bourgeois de Calais de Rodin; le Dragon; la Cité de la dentelle et de la mode; la plage pour son ambiance populaire.

Organiser son temps

Comptez 30mn pour une balade à dos de Dragon, 45mn pour le musée des Beaux-Arts et 2h pour la Cité de la dentelle et de la mode.

En famille

Balade à dos de Dragon; phare de Calais.

Carnet pratique p. 217

Nos adresses p. 217

Découvrir

PLAN P. 212

★★ Cité de la dentelle et de la mode B3

135 quai du Commerce - ✆ 03 21 00 42 30 - www.cite-dentelle.fr - ♿ - avr.-oct. : 10h-18h; reste de l'année : 10h-17h - fermé mar., de mi à fin janv. - 7 € (-18 ans 5 €) - hors période d'exposition temporaire 5 € (-18 ans 5 €) - gratuit 1er dim. du mois.

Ne manquez pas les expositions temporaires annuelles, dédiées à de grands créateurs ou de grandes maisons de mode.

Le dernier-né des musées calaisiens est installé dans une ancienne usine de dentelle du 19e s. au cœur du quartier St-Pierre. Au plus fort de son activité (début 20e s.), l'usine Boulart - du nom des constructeurs - vivait au rythme de ses 80 métiers à tulle et à dentelle. Sérigraphiée aux motifs des cartons Jacquard, la spectaculaire extension de verre et d'acier en porte-à-faux, conçue par les architectes Moatti et Rivière, constitue une passerelle entre le passé et l'avenir. La même ambition a inspiré la disposition intérieure : les traits et atours de l'ancienne usine ont été conservés (parquet, colonnes, murs en brique jaune) et servent d'écrin à une muséographie résolument moderne. Depuis 2015, la marque déposée « Dentelle de Calais-Caudry® » protège le savoir-faire d'exception des maîtres dentelliers de Calais et de Caudry et leur assure un rayonnement international.

Niveau 1 – Aménagée à la façon d'un boudoir, la première salle illustre l'histoire de la dentelle à la main des 16e au 19e s. La pièce est sombre, pour mettre en valeur les ouvrages où passe la lumière, qui projette en ombre le jeu des liés et des déliés. Le parcours met en scène les relations entre modes et dentelle, au fil des siècles, principalement en Europe. La seconde salle marque la fin de l'artisanat et l'apogée de l'industrie dentellière à Calais ; ne manquez pas le plan en relief de Calais réalisé pour l'Exposition universelle de 1900 où l'on mesure la métamorphose urbaine de l'époque.

Niveau 2 – L'atelier des Leavers présente huit métiers Leavers, imposantes machines toujours en fonctionnement. Une démonstration est assurée par un tulliste. Vidéos, objets et machines permettent ensuite de comprendre le long processus de fabrication, de la création aux finitions. Dans la galerie suivante, une **sélection de haute couture** met l'accent sur l'histoire de la mode et de la dentelle. Par roulement, l'on découvre des créations de Poiret, Paquin, Dior, Givenchy et Chanel, entre autres. Enfin, au sein de la partie contemporaine, place est faite aux nouveaux traitements et usages de la dentelle dans les domaines de la création tels que le design ou les arts plastiques.

Se promener

PLAN P. 212

▶ *Circuit tracé en vert sur le plan. Partir du théâtre.*

Face au **Grand Théâtre** (1903), dont la façade est une réplique de l'Opéra Garnier à Paris, se dresse la statue de **Jacquard** (1752-1834), inventeur du métier à tisser

La dentelle en quelques chiffres

Six entreprises de fabrication, quelques entreprises de finition et environ 250 métiers Leavers occupent encore quelques centaines de salariés à Calais. La dentelle de Calais s'exporte aujourd'hui à 70 % dans quelque 140 pays. 600 dessins sont créés chaque année. Principaux clients : la lingerie et la robe.

semi-automatique. Équipé d'un système de cartes perforées, ce métier permet la reproduction des motifs décoratifs dans les textiles.
Du théâtre, remonter le boulevard Jacquard, voie commerçante et animée, jusqu'à la place du Soldat-Inconnu, entre l'hôtel de ville et le parc St-Pierre.

★★ Monument des Bourgeois de Calais B3

Dans le jardin, devant l'hôtel de ville.
Cette œuvre de **Rodin** a été inaugurée en juin 1895 en présence de Félix Faure, président de la République, sur l'emplacement des anciennes fortifications. Ces six effigies de bronze grandeur nature, frémissantes de vie et d'émotion, hautaines et tendues, veines et muscles gonflés, sont l'aboutissement de dix années d'études et de recherches du sculpteur. Ce groupe exprime la noblesse héroïque de ces hommes, contraints à s'humilier devant le roi d'Angleterre. Une salle du musée des Beaux-Arts est consacrée au travail de Rodin sur cette œuvre (ci-contre et p. 213).

★ Hôtel de ville B3

Pl. du Soldat-Inconnu - 03 21 46 20 53 - ♿ - de mi-avr. à fin sept. : 10h-12h, 13h30-17h30 ; reste de l'année : tlj sf lun. 10h-12h, 14h-17h30 - 4 € (-19 ans 3 €).
Aujourd'hui situé dans un joli écrin de verdure, ce bel édifice en brique rouge et pierre, dessiné par Louis Debrouwer dans le style Renaissance flamande avec des influences Tudor, fut édifié à la jonction de l'ancienne ville de Calais et celle de St-Pierre pour sceller le regroupement des deux communes en 1885. Si sa construction débuta en 1911, l'hôtel de ville ne fut achevé qu'en 1925 après avoir été endommagé pendant la Grande Guerre. Il subit également de sévères dégâts lors du second conflit mondial. À l'intérieur, un **vitrail** éclaire l'escalier d'honneur et évoque le départ des Anglais en 1558.
★★ **Beffroi** – Classé au Patrimoine mondial de l'Unesco depuis 2005, ce puissant beffroi entièrement restauré est accessible par ascenseur. Il culmine à 75 m et offre une vue panoramique sur la ville et le port. Il est doté d'un carillon électronique depuis 1961 qui sonne toutes les heures l'air de la *Gentille Annette* de Boieldieu.

Musée Mémoire 1939-1945 A3

Parc St-Pierre - 03 21 34 21 57 - www.calais.fr - ♿ - mai-sept. : 10h-18h ; vac. scol. (hors juil.-août) : tlj sf mar. et dim. 11h-17h - fermé nov.-janv. - 8 € (-14 ans 6 €) - 16 € billet famille.
Dans un bunker qui servit de central téléphonique aux Allemands de 1941 à 1944, exposition d'objets, d'affiches, de souvenirs et de lettres évoquant l'occupation de Calais, la bataille d'Angleterre et la Résistance.

Cercle aquariophile du Calaisis A3

79 r. du 11-Novembre - 06 03 59 81 86 - ♿ - merc. et sam. 15h-18h - 2,50 € (-16 ans 1,50 €).
Le **parc St-Pierre** abrite aussi le siège du Cercle aquariophile. Une trentaine d'aquariums vous permettent de découvrir la richesse des fonds marins et d'eau douce du monde entier.
Reprendre le boulevard Jacquard. Après le pont, continuer dans la même direction. Le boulevard Clemenceau longe l'office de tourisme, prendre à droite à l'entrée du parc Richelieu.

Statues De Gaulle-Churchill A2

Proches de l'entrée du parc Richelieu, les statues de Charles de Gaulle et Winston Churchill, inaugurées en 2017, s'avancent vers une France blessée qui retrouve peu

Voisins d'outre-Manche

Calais et les Anglais

Les bourgeois de Calais

Après la victoire anglaise de Crécy, **Édouard III**, qui veut s'assurer une base puissante, entame le siège de la place de Calais le 3 septembre 1346. Huit mois plus tard, le gouverneur résiste toujours. Affamés, les assiégés sont néanmoins obligés de capituler. Le roi d'Angleterre accepte de laisser la vie sauve aux Calaisiens à condition que six bourgeois se sacrifient et se livrent « les chefs nus, les pieds déchaux, la hart [corde] au col, les clefs de la ville en leurs mains ». Menés au bourreau par **Eustache de Saint-Pierre**, en chemise, les héros se présentent devant le roi. La reine pâlit : « Ah, gentil sire, depuis que j'ay passé la mer en grand péril, je ne vous ay rien demandé ; si vous prye et requier à jointes mains, que pour l'amour du filz de Nostre Dame vous veuilliez avoir merci d'eulx. » Les six notables repartent saufs... mais humiliés.

Le cœur de Marie Tudor – En 1558, après 211 ans de domination britannique, la ville est reconquise par le duc de Guise. C'est un coup mortel pour la reine d'Angleterre, Marie Tudor, qui déclare : « Si l'on ouvrait mon cœur, on y trouverait gravé le nom de Calais. »

Le tunnel sous la Manche

De l'utopie à la réalité

En un peu plus de deux siècles, 27 projets sont nés, le plus ancien remonte à 1750. Le géologue Nicolas Desmarets voulait rétablir le lien préexistant (le pas de Calais se traversait autrefois à pied sec) par un pont ou une digue. Dès 1834, Aimé Thomé de Gamond, le « père du tunnel », propose des solutions crédibles : tunnel immergé, voûte sous-marine bétonnée...

Les premières tentatives

Côté français, 1840 m de galeries sont creusés en 1880 sur le site du « puits des Anciens », et 2 000 m côté anglais. Mais les travaux sont arrêtés...
Des essais sont réalisés en 1922 à Folkestone avec la machine Whitaker, en vain. Les progrès techniques des années 1960 donnent un nouvel élan au projet. Le forage d'un tunnel commence, mais ne dépasse pas 400 m.

Naissance d'Eurotunnel

Le sommet franco-britannique de 1981 (Thatcher-Mitterrand) relance l'idée du tunnel. À la suite d'un concours international, quatre propositions sont sélectionnées.
Le projet Eurotunnel l'emporte en 1986. Un traité franco-britannique est signé dans la cathédrale de Canterbury. Le 1er décembre 1990 naît la première jonction entre les deux pays (galerie de service). Le 6 mai 1994 a lieu l'inauguration officielle du tunnel et des services de navette (Shuttle).

Le tunnel en chiffres – À 40 m sous la mer, d'énormes tunneliers ont taillé 1 km de roche par mois. Le **lien transmanche** comporte deux tunnels ferroviaires de 7,60 m de diamètre, reliés tous les 375 m à une galerie centrale destinée à la ventilation, à la sécurité et à la maintenance. Les tunnels, à une seule voie et à sens unique, courent sur 50 km de long (dont 38 sous la Manche). Le terminal se situe à Coquelles, non loin du centre-ville de Calais. Plus de 10 millions de voyageurs y transitent chaque année. À partir de 2000, des milliers de migrants et réfugiés s'installent aux entrées françaises du tunnel. Les camps, surnommés la « jungle » de Calais, sont démantelés en octobre 2016, mais renaissent sporadiquement depuis.

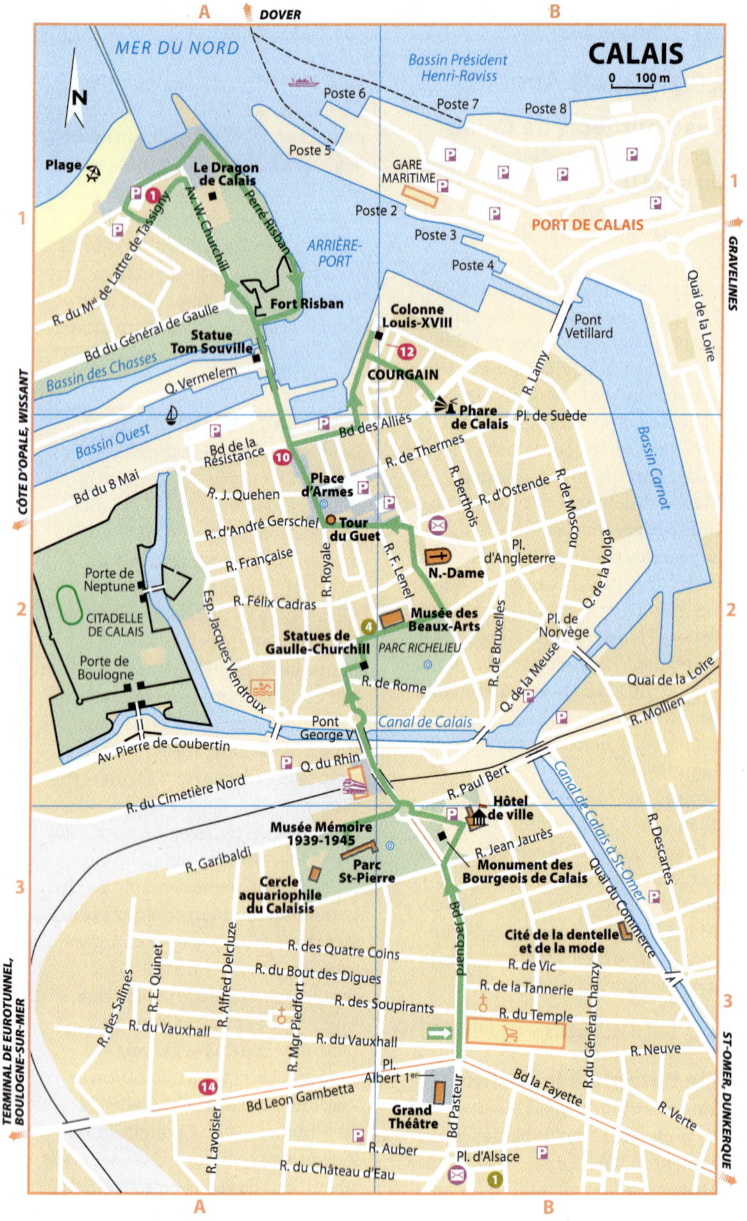

SE RESTAURER

Au Côte d'Argent 1

Le Channel 10

Le Grand Bleu 12

Les Grandes Tables du Channel 14

SE LOGER

Chambre d'hôte Le Cercle de Malines 1

Maison d'hôtes Richelieu 4

à peu ses contours. Symbole de l'amitié franco-britannique et de la reconstruction d'un pays meurtri par la guerre, cette œuvre du sculpteur Patrick Berthaud célèbre la grande histoire.
Poursuivre vers la rue Richelieu qui longe le côté nord du parc jusqu'au musée des Beaux-Arts.

★ Musée des Beaux-Arts B2

25 r. Richelieu - ✆ 03 21 46 48 40 - www.mba.calais.fr - ♿ - avr.-oct. : 13h-18h; reste de l'année : 13h-17h - fermé lun. - 4 € (-18 ans 3 €).
Une grande salle vitrée ouvrant sur le parc Richelieu met en relief les contours des œuvres, exécutées principalement par **Rodin**. Un ensemble de maquettes, en plâtre, en terre cuite et en bronze, illustre le travail préparatoire de l'artiste pour le monument des *Bourgeois de Calais*. Cette salle s'est enrichie d'œuvres provenant du musée Rodin (Paris, Meudon), dont le très sensuel *Torse d'Adèle* (1882) Ensuite, on assiste à une confrontation entre des œuvres (peintures et sculptures du 16e au 20e s.) des écoles flamande ou d'Europe du Nord et d'art contemporain autour de thématiques accessibles et renouvelées, telle celle portant sur Calais, son patrimoine et ses artistes, et suivant une double approche historique et artistique. Au tableau d'Edward William Cooke *Calais from the sea* (1839) se mêlent harmonieusement un *Paysage du Pas-de-Calais II* (1963) de Jean Dubuffet, *Le Vieil Homme* (1970) de Picasso ou encore une photographie de Candida Höfer, *Douze, le monument des Bourgeois de Calais* (2000). À l'étage, les contes de l'écrivain anglais Lewis Caroll *Alice au pays des merveilles* et *De l'autre côté du miroir* trouvent un écho dans des œuvres contemporaines (Philippe Ramette, Richard Wentworth) ou des peintures plus anciennes (Balthasar Van der Ast, Antoine Bourdelle).
Tourner à gauche dans la rue du Seigneur-de-Gourdan.

Église Notre-Dame B2

Elle fut édifiée aux 13e et 14e s. À l'époque, la paroisse dépendait de l'archevêché de Canterbury. On relève l'influence anglaise, de style Tudor, dans la tour, le chœur et le transept, proche du gothique perpendiculaire. Le mariage du capitaine de Gaulle avec la Calaisienne Yvonne Vendroux y fut célébré en 1921. L'édifice a bénéficié d'une importante rénovation intérieure.
Adossée à ses flancs, l'imposante citerne royale fut conçue au 17e s. sur ordre de Louis XIV pour approvisionner les troupes de la région et la population en cas de sécheresse. D'une capacité de 1800 m³, elle recueillait l'eau de pluie tombée du toit de l'église. Elle resta en service jusqu'au milieu du 19e s.
L'ensemble se dresse au milieu du jardin Tudor, planté en 2014.
Prendre la rue de la Paix. À droite, l'ancienne tour du Guet et la place d'Armes.

Place d'Armes A2

Elle se situe au cœur du Calais médiéval, détruit pendant la Seconde Guerre mondiale, et arbore, depuis novembre 2013, une statue du couple Charles et Yvonne de Gaulle. Culminant à 38 m au-dessus du niveau de la mer, la **tour du Guet** (13e s.) permettait de surveiller les menaces ennemies et de prévenir en cas d'incendie. Elle servit de phare au 19e s. et fut successivement support au télégraphe Chappe, poste de télégraphe optique pour le génie et colombier militaire. Le drapeau de Calais flotte à son sommet. La statue en bronze du célèbre corsaire de la ville, **Tom Souville**, juste avant le pont Henri-Hénon, porte également le drapeau de la cité.
Prendre la rue de la Mer. Franchir le pont H.-Hénon et continuer jusqu'à la plage.
Le bassin ouest, à gauche, et le bassin du Paradis, à droite, servent à la navigation de plaisance.

4

Le camp du drap d'or

Près de Guînes, sur la route d'Ardres, **François Ier** de France et **Henri VIII d'Angleterre** se rencontrent en juin 1520 pour débattre d'une hypothétique entente. Tous deux sont accompagnés d'une cour nombreuse. Le premier loge à Ardres, le second au château de Guînes. Le camp s'étend autour de lices destinées aux joutes. Le roi d'Angleterre occupe un « palais de cristal », François Ier une tente brochée d'or, décorée par le peintre Jean Bourdichon. Mais le pavillon anglais résiste difficilement aux vents, et Henri VIII est terrassé par son royal adversaire au cours d'une partie de lutte. Battu et vexé, il regagne Gravelines et fait alliance avec Charles Quint.

Plage et jetée A1

Une toute nouvelle digue-promenade a été redessinée pour accueillir le Dragon le long de cette plage de sable fin, dotée de cabines traditionnelles. Dans une ambiance populaire, les familles s'y retrouvent, glaces et churros à la main tandis que les *riders* profitent de l'immense skate-park sur fond de ferries qui se relaient à quai avec une régularité de métronome. De l'extrémité de la jetée, le spectacle du port est captivant. Au loin se devinent le cap Blanc-Nez *(côté ouest)* et les falaises britanniques.
La Compagnie du Dragon – *201 av. Winston-Churchill - ☏ 03 66 62 60 00 - www.compagniedudragon.com - ♿ - juil.-août : 10h30-18h30 ; juin, sept. et oct. 10h30-17h30 ; nov.-mai 14h-17h30 - 9,50 € (4-11 ans 6,50 €, -4 ans gratuit).* Toute d'acier et de bois sculpté, cette machine titanesque aux couleurs de la mer du Nord a été conçue par François Delarozière, l'instigateur de la compagnie La Machine à Nantes. Depuis 2019, le Dragon veille sur la ville depuis le front de mer où il a élu domicile. Selon ses humeurs, il crache du feu, de la fumée, de l'eau, il bat des ailes, se lèche la patte, remue la queue, éternue, toise du regard les bateaux transfrontaliers et emporte sur son dos une cinquantaine d'humains intimidés et émerveillés. En 2020, il a été rejoint par un iguane. Et bientôt, deux varans et six autres iguanes sillonneront les rues de Calais, poursuivant un projet urbain, artistique et culturel initié par la figure du Dragon, où le fantastique s'inscrit au cœur de la cité.
Du front de mer, emprunter à droite le perré Risban qui longe le port jusqu'au fort. Construit au 16e s. à l'emplacement d'une tour anglaise, le **fort Risban** défendait l'accès au port.
Reprendre le pont Henri-Hénon, puis tourner à gauche sur le quai en direction du Courgain.

Le quartier du Courgain AB1

Le Courgain, charmant quartier peuplé de marins, a été reconstruit après-guerre. Sur le quai de la **Colonne-Louis-XVIII**, où s'élève la statue éponyme, une série d'aubettes destinées à la vente de poisson assurent l'animation matinale. Chacune porte le nom du bateau qui l'approvisionne au retour de pêche. La flottille – en tout, une petite dizaine d'unités – est accostée en contrebas du quai, derrière les baraquements. Pour compléter la balade, ne manquez pas d'aller prendre un verre au Café du Minck (*« Nos Adresses » p. 218*), qui réunit les loups de mer calaisiens. En retrait du Courgain, le **phare**.

Phare de Calais B1

Bd des Alliés - ☏ 03 21 34 33 34 - www.pharedecalais.com - visite guidée (45mn) juil.-août : tlj 10h-12h30, 14h-18h ; reste de l'année : se rens. - 5 € (-16 ans 2 €).
Chasse au trésor au pied du phare (1 €/pers.).

Les *Bourgeois de Calais* (Rodin), devant l'hôtel-de-ville.
Pixavril/Getty Images Plus

Le phare *(51 m; 271 marches)* a été érigé en 1848 pour remplacer la lanterne de la tour du Guet. À l'intérieur, présentation de son histoire (maquette, vidéo, jeux interactifs, initiation à la navigation...) et des techniques de signalisation maritime. Au sommet, **panorama★★** sur le Calaisis, le port, la citadelle, la place d'Armes, l'église Notre-Dame, les côtes anglaises et françaises.

À proximité

CARTE P. 206-207

Guînes B1

À 10 km au sud de Calais par la D 127.
9 av. de la Libération - ✆ 03 21 35 73 73 - www.paysdopale-tourisme.fr.
Campée dans un paysage verdoyant, entre forêts et marais, Guînes promet de jolies balades. La petite ville fut le siège d'un puissant comté, vassal de la couronne d'Angleterre de 1352 à 1558.
★ **Tour de l'Horloge** – *R. du Château - ✆ 03 21 19 59 00 - www.tour-horloge-guines.com - ♿ - juil.-août : tlj sf lun. 10h30-18h, sam. 14h-18h30 ; avr.-juin et 1er sept.-11 Nov. : tlj sf sam. 14h-18h - 6 € (-13 ans 4 €) - 20 € billet famille (2 adultes + 2-4 enf.).* Elle coiffe la motte féodale depuis 1763. De là, sur 360°, large **panorama** sur Calais et la Côte d'Opale, la plaine de Flandre et le bocage boulonnais.
Au pied de la tour, un **musée interactif** propose une visite ludique et familiale et évoque l'histoire de Guînes : arrivée des Vikings et fondation de la ville par Sifrid autour de l'an 800, entrevue du Camp du Drap d'or.
Écomusée St-Joseph-Village– *À 4 km au nord-est par la D 127 - ✆ 03 21 35 64 05 - www.st-joseph-village.com - ♿ - avr.-sept. : 10h-18h, reste de l'année : mar.-jeu. et w.-end 10h-18h - 9,50 € (-16 ans 6,50 €, -6 ans gratuit).* De l'école à l'épicerie, en passant par le moulin, cet écomusée est une reconstitution d'un village des années 1900-1950.

Le phare de Walde

Ressemblant à un énorme insecte dont les pattes sont ancrées dans le sable, à environ 3 km de la côte au nord-est de Calais, le phare de Walde marque la séparation entre la mer du Nord et la Manche depuis 1859. Cet édifice unique en France, entièrement métallique, a été conçu par des ingénieurs anglais. Il est accessible à pied à marée basse, lors des grandes marées. Depuis que ses feux se sont éteints en 2001, sa structure de 18 m de haut est rongée par la corrosion. Des associations se battent pour sa sauvegarde, et ont obtenu un classement aux Monuments historiques en juillet 2022.

Forêt de Guînes B1

Véritable poumon vert du Calaisis (785 ha de chênes, hêtres, charmes et bouleaux), la forêt domaniale de Guînes est le point de départ de nombreux parcours de randonnées pédestres, VTT, marche nordique. La route mène à la **clairière du Ballon**. À gauche, en retrait, la **colonne Blanchard** marque l'endroit où atterrit, le 7 janvier 1785, le ballon monté par Blanchard – l'inventeur du parachute – et Jeffries, les premiers à avoir franchi la Manche par voie aérienne.

Forteresse de Mimoyecques B1

10 km à l'ouest de Guînes par la D 231 et, après Landrethun-le-Nord, la D 249. R. de la Forteresse - 03 21 87 10 34 - www.mimoyecques.fr - 10h-18h - fermé de mi-oct. à mi-avr. - 6,50 € (-16 ans 5 €).

Mimoyecques était destiné à devenir une base de lancement de V3 devant anéantir Londres. Pour lancer ces obus, les Allemands avaient conçu des canons de 130 m de long. Le chantier débuta en septembre 1943 ; des milliers de prisonniers participèrent au creusement du tunnel ferroviaire (600 m de long sous 30 m de craie) et au percement des puits pour recevoir les canons. Les Alliés bombardèrent Mimoyecques dès l'hiver 1943. En juillet 1944, une bombe Tallboy percuta la couche de béton, provoquant une inondation qui mit fin au sinistre projet. Un circuit balisé permet l'accès aux galeries souterraines et aux trois rampes de lancement.

Ardres B1

8 km à l'est de Guînes par la D 231.

Pl. d'Armes 03 21 35 28 51 - www.paysdopale-tourisme.fr.

Ardres est un marché agricole à la croisée de la plaine maritime et des collines de l'Artois. Convoitée par les Anglais et les Espagnols aux 15e et 16e s., la ville frontière accueillit François Ier lors de l'**entrevue du Camp du Drap d'or** (*encadré p. 214*). Une route du Camp du Drap d'or traverse l'Oise, la Somme et le Pas-de-Calais sur les pas de François Ier (*office du tourisme d'Ardres ou de Guînes*).

Triangulaire et pavée, la **Grand'Place** (ou place d'Armes) est bordée de vieilles maisons aux toits aigus. L'ancienne chapelle (fin du 16e s.) des Carmes fait face à l'**église St-Omer** construite en 1503, à l'emplacement d'un sanctuaire du 11e s., dans le style gothique flamboyant encore visible dans le vaisseau central et le transept.

Bastion royal – *Visite sur demande à l'Association culturelle et historique d'Ardres : achistoireardres@free.fr.* Seul vestige du système défensif de la ville édifié au milieu du 16e s., ce bastion constitue un exemple intéressant des fortifications de la Renaissance.

Silos à grains souterrains – *Visite sur demande à l'Association culturelle et historique d'Ardres : achistoireardres@free.fr.* Ensemble de 9 silos enterrés, de 5,50 m de diamètre sur 7 m de haut, imaginé au 16e s. pour l'approvisionnement de la population en céréales.

Carnet pratique

S'informer

Office de tourisme – *12 bd Georges-Clemenceau - Calais - ✆ 03 21 96 62 40 - www.calais-cotedopale.com.*

Se déplacer

Bus – *✆ 03 21 19 72 72 - www.sitac-calais-opale-bus.fr - réseau gratuit.* Une navette (Balad'In) dessert le centre-ville.

Majest'In – *www.sitac-calais-opale-bus.fr - gratuit.* Intégrée au réseau de bus, cette navette fluviale circule sur le canal entre la citadelle de Calais et le pont de Coulogne et dessert cinq stations. Une autre manière de découvrir la ville.

Div'In – *www.sitac-calais-opale-bus.fr - en été - gratuit.* Autobus à impériale qui effectue la liaison entre le théâtre de Calais et les falaises du cap Blanc-Nez.

Vél'In et Velect'In – *www.vel-in.fr - abonnement gratuit - vélo traditionnel ou électrique : gratuit la 1re h et 2 € l'heure suppl.* - 53 stations.

Agenda

Braderie du Vauxhall – Début août, Calais tient sa grande braderie. D'autres braderies tout au long du mois.

Bénédiction de la mer – *Association Calais, histoire et traditions - ✆ 06 45 54 60 72 - 15 août.* Cette coutume a lieu dans de nombreux ports. À Calais, cela se passe dans le quartier du Courgain maritime, avec joutes nautiques, concerts...

Beautiful Swamp Blues Festival – *en avr. - ✆ 03 21 46 90 47.* Festival de musique blues organisé par la ville.

Nos adresses

Restauration

Premier prix

14 Les Grandes Tables du Channel – A3 - *173 bd Gambetta - ✆ 03 21 35 30 11 - lesgrandestables.com/le-channel/ - P ♿ - fermé lun.-jeu. et dim. soir - plats 14,50 €, menus 19/36 €.* Une carte tenue par Alain Moitel et servie dans les locaux du Channel, la scène nationale calaisienne. Cuisine décalée et réussie dans une ambiance de friche industrielle. Le site est un peu vide le soir lorsqu'il n'y a pas de spectacle. Attention, ne confondez pas avec le restaurant Le Channel.

Pour se faire plaisir

12 Le Grand Bleu – B1 - *8 r. Jean-Pierre-Avron - Quai de la Colonne - ✆ 03 21 97 97 98 - www.legrandbleu-calais.com - fermé mar. soir, merc. et dim. soir. - plats 25/36 €, menus 29/55 €.* L'enseigne annonce la couleur : cette table du port célèbre la mer tant dans son décor que dans sa cuisine qui privilégie les saveurs iodées.

1 Au Côte d'Argent – A1 - *1 digue Gaston-Berthe - ✆ 03 21 34 68 07 - www.cotedargent.com - fermé dim. soir, lun. et mar. - plats 18/40 €, menus 36/50 €.* Embarquement immédiat pour un voyage gourmand et iodé dans un joli cadre inspiré des cabines de bateau, tout en observant le ballet des ferry-boats et la silhouette du Dragon.

10 Le Channel – A2 - *3 bd de la Résistance - ✆ 03 21 34 42 30 - www.restaurant-lechannel.com - fermé mar. et dim. soir - plats 25 €, menus 20/48 €.* Élégant décor contemporain, produits de la mer de premier choix et attrayante carte des vins (cave ouverte sur la salle) : une plaisante escale avant la traversée du channel.

À Oye-Plage

Budget moyen

La Boudinière – *2691 rte de Waldam - Oye-Plage (14 km à l'est de Calais) - ✆ 03 21 85 93 14 - P ♿ - juil.-août : tlj midi et soir ; reste de l'année : vend.-sam. midi et soir, dim. midi - plats 11,50/16 €.* Ce petit restaurant perdu en pleine campagne vous invite à savourer une cuisine traditionnelle de qualité. Ici, la viande est délicieuse grâce au choix du patron qui débite lui-même les morceaux.

Boire un verre

Café du Minck – B1 - *2 r. Jean-Pierre-Avron - ✆ 03 21 34 59 62 - fermé dim. apr.-midi et lun.* Une adresse de caractère, véritable repaire de marins pêcheurs. Michelle et Laurent font vivre avec énergie cette institution de la vie maritime calaisienne. Ici, pas de manières : tout le monde se serre la main avant de discuter au comptoir ou en salle autour d'un canon. Si vous vous y rendez seul, vous ne le resterez pas longtemps : un sourire engageant suffira à lancer la conversation.

Shopping

Marchés – *Merc. mat. et sam. pl. d'Armes, jeu. et sam. pl. Crèvecœur, dim. r. Greuze et r. de Manet.*

Marché aux poissons – *Quai de la Colonne-Louis-XVIII.* Déballage de la pêche du jour.

Activités

Vélo

Voir l'itinéraire Côte d'Opale, entre Calais et Le Touquet, décrit p. 26-27.

Sports nautiques

Base de char à voile – *Av. de la Mer - Les Hemmes-de-Marck (10 km à l'est de Calais) - ✆ 03 21 19 56 85 - www.grandcalais.fr - 20,70 €/2h.* Initiation ou perfectionnement au char à voile sur l'immense plage des Hemmes.

Base de voile et de loisirs Tom Souville – *Sangatte - RD 940 (9 km à l'ouest de Calais) - ✆ 03 21 19 55 45 - www.tomsouville.fr.* Voile, planche à voile, paddle, longe-côte, canoë, kayak et ski nautique à pratiquer sur le plan d'eau ou en mer. Avis aux amateurs de glisse.

La Frégate – *465 av. du Lac - Ardres (16 km au sud-est de Calais) - ✆ 03 21 35 44 92 - www.camping-la-fregate.com - fermé de mi-oct. à fin mars - tente 5 €, empl. camping 6,50 €.* Location de barques, bateaux à moteur et pédalos pour se promener sur le lac d'Ardres.

Parc de loisirs

Eurolac – *1098 av. du Lac - Ardres (16 km au sud-est de Calais) - ✆ 03 21 35 13 91 - www.eurolac-ardres.com - vac. scol. : tlj 13h-19h30 ; reste de l'année : se rens. - fermé oct.-mars. - 2,50 €.* Un parc d'attractions au bord du lac : manèges, petit train, bateaux électriques et d'aquabumper (auto-tamponneuses sur l'eau).

Accrobranche

Passion d'Aventure – *Chemin de Bourquehaut - Guînes (11 km au sud de Calais) - ✆ 06 87 61 32 72 - www.passiondaventure.com - juil.-août : 9h30-19h30 ; mai-juin et sept. : tlj sf mar. 9h30-19h30 ; mars-avr. et oct.-nov. : tlj sf mar. 9h30-18h30 - fermé déc.-fév. - 25 € accès 2-3h, 5-10 ans 14 € accès 1h.* Parcours d'accrobranche au cœur de la forêt domaniale de Guînes.

Équitation

Le Haras des Trois Pays – *692 r. Haute - Alembon (14 km* au sud de Guînes) - ✆ 06 13 22 53 21 - harasdestroispays.free.fr - 9h-12h, 14h-19h, dim.-lun. 9h-12h - 15 €/balade 1h. Centre équestre organisant aussi des balades dans la région.

Hébergement

Premier prix

4 Maison d'hôtes Richelieu – A2 - *17 r. Richelieu - ✆ 06 10 82 65 01 - www.hotel-richelieu-calais.com - P 6 € - 5 ch. 61 €.* Une adresse de charme, que Benoît Grancier restaure petit à petit. Derrière une façade austère se cachent des chambres toutes différentes (moquette imprimée, papier peint, couleurs), modernes et cosy. Grandes salles de bains impeccables. Pas de petit-déjeuner. Demandez les chambres qui donnent sur le parc.

Budget moyen

1 Chambre d'hôte Le Cercle de Malines – B3 - *12 r. de Malines - ✆ 03 21 96 80 65 - www.lecerclede malines.fr - P 4 € - 5 ch. 88/128 €.* Stéphanie Fetel reçoit avec élégance ses hôtes de passage dans cette belle maison de maître, ancienne propriété d'un dentellier de Calais. Les cinq chambres sont décorées dans un esprit à la fois classique et contemporain.

À proximité

Premier prix

Camping Les Castels - La Bien Assise – *Av. de la Libération - D 231 - Guînes (11 km au sud de Calais) - ✆ 03 21 35 20 77 - www.camping-la-bien-assise.com - P - fermé de mi-oct. à fin avr. - 198 empl. 45,50/58,50 €.* Dans le parc du château, les emplacements pour tentes, caravanes, mobile-homes ou chalets bénéficient tous d'un environnement soigné et ombragé. Piscine couverte (ou non selon le temps), toboggan aquatique, minigolf et tennis.

La Fermette du Lac – *115 av. du Rossignol - Bois-en-Ardres (12 km à l'ouest de Guînes) - ✆ 03 21 97 60 67 - www.lafermettedulac.com - P - 3 ch. 70 € (tarif dégressif).* Cette maison blanche et verte abrite 3 charmantes chambres dont 2 peuvent accueillir jusqu'à 4 personnes. Cuisine et salle de jeux à disposition.

Chambre d'hôte Au Petit Tambour d'Autingues – *288 r. de Louches - Autingues (12 km à l'est de Guînes) - ✆ 06 70 30 45 49 - www.petit-tambour.com - P - 5 ch. 70 €.* D'allure faussement moderne, cette maison simple, indépendante de l'habitation principale, dispose d'un four à pain d'époque, trouvant sa place dans l'une des chambres du rez-de-chaussée. Celles de l'étage ont le même charme. Joli parc boisé.

Les gîtes du Chênelet – *34 r. de Moyecques - Landrethun-le-Nord (15 km au sud-ouest de Calais) - ✆ 06 61 73 19 83 - www.gitesduchenelet.com - 3 gîtes 350/450 €/w.-end, 2 studios 130 €/w.-end - sur demande.* À proximité de la mer, ces studios élaborés selon les techniques de construction écologique, offrent un cadre chaleureux au sein d'un établissement durable et solidaire. Un point de départ idéal pour découvrir la Côte d'Opale et le Calaisis.

Budget moyen

Auberge du Colombier – *Av. de la Libération - Guînes (11 km au sud de Calais) - La Bien-Assise - ✆ 03 21 36 93 00 - www.aubergeducolombier.com - P - 7 ch. 90,50 € - 9 € - menu 25/35 €.* Belle propriété du 18e s. située en pleine campagne. Les chambres, calmes et bien tenues, sont aménagées dans une bâtisse ancienne rénovée, auprès d'un pigeonnier. Piscine couverte, camping, petits chalets (en sais.) et restaurant sur le domaine.

4

La corniche de la Côte d'Opale ★★

De Dunkerque à Berck s'étend le paysage sauvage de la Côte d'Opale, dessiné par des falaises escarpées, des vallées crantées et un chapelet de dunes. La corniche de la Côte d'Opale, aussi nommée Terre des Deux Caps car elle réunit le cap Blanc-Nez et le cap Gris-Nez, en est la partie la plus spectaculaire. Classée Grand Site de France, la Terre des Deux Caps marque la transition entre dunes et falaises. Pour en prendre toute la mesure, il faut parcourir les petits villages qui la bordent, se promener sur les sentiers aménagés en belvédère, flâner le long des plages et profiter de la multitude d'activités nautiques proposées sur place.

Se repérer

CARTE AB1-3 (P. 206-207).
Pas-de-Calais (62)
La Côte d'Opale borde la Manche, puis la mer du Nord sur 150 km, de Mers-les-Bains à Bray-Dunes.

À ne pas manquer

Les caps Blanc-Nez et Gris-Nez; la plage de Wissant.

Organiser son temps

Pour profiter pleinement des caps Blanc-Nez et Gris-Nez, prévoyez vos chaussures de marche pour suivre une partie du GR 120 qui longe le littoral.

En famille

Les plages.

Carnet pratique p. 224

Nos adresses p. 224

De Calais à Boulogne-sur-Mer CARTE P. 206-207

Circuit de 49 km tracé en vert foncé sur la carte. À Calais, rejoindre Blériot-Plage par le pont H.-Hénon et le boulevard du Gén.-de-Gaulle.
La D 940 traverse des paysages dénudés ou couverts de prairies, offrant des échappées sur la mer, les ports et les plages.

Blériot-Plage B1

Sa belle plage s'étend jusqu'au cap Blanc-Nez. Aux Baraques, près de la D 940, un monument commémore la traversée de la Manche par **Blériot** (1872-1936) qui,

Une nature préservée

Le terme « Côte d'Opale », allusion aux couleurs irisées de la pierre d'opale, fut utilisé pour la première fois en 1911 par le peintre Édouard Lévêque, du Touquet. Victor Hugo a célébré ces paysages qui ont aussi inspiré Camille Corot, Adrien Demont et Jules Breton. La Côte d'Opale se caractérise par ses promontoires séparés de **« crans »**, vallées sèches; un courant marin sud-nord mine la base des promontoires, provoquant des éboulements. On estime que la falaise recule de 25 m par siècle. La Côte d'Opale est située dans la partie occidentale du **Parc naturel régional des Caps et Marais d'Opale,** la partie orientale comprenant la région de St-Omer.

Côte d'Opale.
DEBOVE SOPHIE/Getty Images Plus

le 25 juillet 1909, posa son avion dans une échancrure des falaises de Douvres, au terme d'un vol de 30mn.
Suivre la D 940.
Entre Blériot-Plage et Sangatte, des bungalows sont disséminés sur la dune.

★★ Cap Blanc-Nez A1

Reconnaissable de loin, surmonté de l'obélisque de la Dover Patrol (patrouille de Douvres) qui fut érigé en mémoire des marins français et anglais morts pendant la Première Guerre mondiale en défendant le détroit du Pas-de-Calais. Du haut du cap, le spectacle est vertigineux : la masse verticale de la falaise, à 134 m de haut, surplombe le « pas » et son trafic incessant de navires. **Vue★★** étendue sur les falaises anglaises et la côte, de Calais au cap Gris-Nez, mais aussi sur les collines cultivées du Calaisis, préservées de toute construction. 4
Belles promenades pédestres balisées, souvent bien ventées, au cours desquelles quelque 300 espèces d'oiseaux peuvent être observées : goélands, mouettes rieuses, pétrels...
Continuer sur la D 940.
Juste avant Escalles, on franchit un col d'aspect montagnard (114 m).

Wissant A1

Protégée des courants, cette superbe **plage★** de sable fin dessine une ample courbe entre les caps Gris-Nez, en aval, et Blanc-Nez, en amont, au-delà des villas étagées qui dominent le rivage. Les jours de beau temps, la petite station s'anime d'une charmante ambiance familiale. Par gros vent, des nuées de kitesurfeurs font vivre le bord de mer.
Circuit du mont de Couple – *dép. Wissant : 17 km en VTT (1h45).* Au sommet, la vue s'étale à 360° et jusqu'aux côtes anglaises.
Circuit Les hauteurs de Wissant – *11 km à pied (3h) en campagne.*
Circuits du mont de la Louve – *dép. de la mairie d'Ambleteuse : 16 km en VTT (1h30).*

L'aventure commence en 1750

Nicolas Desmarets est le premier à imaginer une liaison avec les îles Britanniques (☞ *p. 211*). Plus tard, **Aimé Thomé de Gamond** propose un tunnel composé de tubes métalliques, une voûte sous-marine en béton, un bac flottant, un isthme artificiel, un pont mobile, un pont-viaduc. Il n'hésite pas à plonger pour rassembler des échantillons géologiques. Des traversées mémorables sont réalisées en ballon (Blanchard), en avion (Blériot), en bateau à vapeur (1re ligne régulière en 1816), mais aussi en radeau, etc.

Renseignez-vous à l'office du tourisme de la Terre des 2 Caps (Wissant) ou sur www.terredes2capstourisme.fr (fiches randonnées téléchargeables).
Toujours sur la D 940, traverser Audinghen jusqu'au lieu-dit d'Haringzelle. Passer le rond-point et s'engager sur la petite route à droite.

Maison du site des Deux Caps

Audinghen - ☏ 03 21 21 62 22 - www.lesdeuxcaps.fr - ♿ - juil.-août : 9h30-12h30, 14h-18h ; avr.-juin et sept.-oct. : 10h-12h30, 14h-18h ; reste de l'année : tlj sf dim.-lun. 10h-12h30, 14h-17h30 - fermé janv. - 3 € (6-12 ans 1 €).
Classée Grand Site de France depuis 2011, les Deux Caps, façade maritime du Parc naturel régional des Caps et Marais d'Opale située entre le cap Gris-Nez et le cap Blanc-Nez, a désormais sa Maison. Sur 300 m^2, cette structure illustre la façon dont ce territoire respecte les exigences imposées pour appartenir au réseau des Grands Sites de France et les aménagements nécessaires pour conserver ce label. Des sorties nature et sportives ainsi que diverses animations sont également proposées.
Longer encore pendant une centaine de mètres la petite route.

Musée du Mur de l'Atlantique

Rte du Musée - hameau de Haringzelle - ☏ 09 66 91 97 33 - www.batterietodt.com - juil.-août : 10h-18h30 ; avr.-juin et sept.-oct. : 10h-18h ; fév.-mars et nov. 14h-17h30 - fermé de mi-nov. à mi-fév. - 8,90 € (-17 ans 5,90 €, -7 ans gratuit).
Le musée est installé dans un des quatre blockhaus de la **batterie Todt** (le septième plus gros ouvrage construit par l'armée allemande au cours de la Seconde Guerre mondiale). Les artilleurs allemands tiraient des obus de 380 mm sur l'Angleterre, jusqu'à 42 km de distance (Douvres se trouve à 35 km d'ici). À l'intérieur, collections d'uniformes et d'armes ; à l'extérieur, un très rare exemple d'un canon allemand d'artillerie marine, un « K5 » d'une portée maximale de 86 km, sur voie ferrée, construit par Krupp en 1942 en 25 exemplaires.
Revenir sur ses pas jusqu'au rond-point et prendre la D 191 sur la gauche.

★ Cap Gris-Nez A1

Au sommet de la falaise du cap Gris-Nez (45 m), **vue★** sur les côtes anglaises. On aperçoit également le cap Blanc-Nez *(à droite)* et le port de Boulogne *(à gauche)*... ainsi que des oiseaux migrateurs à l'automne et au printemps.
Au bout de la presqu'île parsemée de blockhaus allemands se dresse un **phare** haut de 28 m et d'une portée de 45 km, reconstruit après 1945. Une base souterraine abrite le Centre régional d'opérations de surveillance et de sauvetage, organisme chargé de surveiller ce détroit où le trafic maritime est très dense. Une stèle commémorative rappelle le sacrifice du capitaine de corvette Ducuing et de ses marins, tombés le 25 mai 1940 en défendant le sémaphore contre les blindés de Guderian.
Retourner au rond-point et s'engager sur la D 940 vers la droite.

On vous emmène sur le site des Deux-Caps

Entre les Caps Gris-Nez et Blanc-Nez se dessine un littoral exceptionnel, balayé par les vents et des nuances de lumière toujours changeantes. Le meilleur moyen de l'apprécier consiste à inscrire ses pas dans ceux des douaniers qui arpentaient jadis la côte pour lutter contre la contrebande. Entre dunes, plages, landes et falaises, le GR 120 constitue l'une des plus belles promenades de la région et réserve des panoramas grandioses sur la campagne vallonnée et le détroit. Par temps clair, vous pourrez même apercevoir les côtes anglaises, car le cap Griz-Nez est le point de France le plus proche de l'Angleterre. Très bien balisé, ce sentier de 12 km surplombe ou emprunte l'immense plage de la baie de Wissant, longeant les villages côtiers de Wissant, Tardinghen et Audinghen. Jetez un coup d'œil aux horaires des marées, car certains passages deviennent inaccessibles à marée haute. Soyez prudents et ne vous engagez pas sur le sable les 2h précédant et suivant la pleine mer. Alors, cap ou pas cap ?

Ambleteuse A2

Situé au-dessus de l'embouchure de la rivière Slack, ce village bâti à flanc de coteau forme une station familiale agréablement animée. Ce port militaire était autrefois protégé par un **fort**, bâti au 17e s. par Vauban.

Fort d'Ambleteuse – *06 75 52 73 57 - www.cote-dopale.com - 5 € (enfant 3 €) - juil.-août : w.-end 14h30-18h ; du w.-end de Pâques à fin juin et de déb. sept. à la Toussaint : dim. 15h-18h.* Le seul fort ayant survécu, sur les sept que comptait la défense des côtes boulonnaises.

En 1689, le port, déjà ensablé, vit débarquer le roi d'Angleterre Jacques II Stuart, chassé par ses sujets. Lors du camp de Boulogne, Napoléon y basa une partie de sa flottille. De la plage, vue sur l'entrée du port de Boulogne et, par temps clair, sur les falaises anglaises.

Musée historique 39-45 – *À la sortie d'Ambleteuse - 2 r. des Garennes - 03 21 87 33 01 - musee3945.com - ♿ - juil.-août : 10h-18h30 ; reste de l'année : 10h-18h - fermé de mi-nov. à mi-mars - 8,90 € (-15 ans 5,90 €).* Il retrace le conflit depuis la conquête de la Pologne jusqu'à la Libération, à travers une exposition d'uniformes, équipements, véhicules, armes, etc.

Poursuivre sur la D 940.

Sur la route de Wimereux, on longe de hautes dunes et un décor plus accidenté.

4

★ Wimereux A2

p. 226. Rejoindre Boulogne-sur-Mer par la D 940.

Le flobart de Wissant

Ce bateau d'échouage (il n'a pas besoin de port pour accoster) s'utilise depuis le 17e s. sur toute la Côte d'Opale pour la pêche côtière. Le terme **flobart** signifierait « apte à flotter » en vieux saxon. Construit en bois, il ressemble à une demi-coquille de noix de 5 m de long sur 2 m de large. Son fond plat et son faible tirant d'eau le rendent peu sensible au mouvement des vagues. Depuis 1950, les moteurs remplacent les voiles, et la mise à l'eau se fait à l'aide d'un tracteur. Le flobart à voile se fait rare, et seuls quelques vieux loups de mer perpétuent la tradition, pour le plaisir.

Chaque année a lieu la Fête du flobart à Wissant (*« Agenda », p. 224*).

Carnet pratique

S'informer

Office du tourisme de la Terre des 2 Caps – *Pl. de la Mairie - Wissant - ☏ 03 21 82 48 00 - terredes2capstourisme.fr.*

Agenda

Festival de la Côte d'Opale – *☏ 03 21 30 65 63 - www.festival-cotedopale.fr.* Pendant 10 jours en juil., différentes villes de la Côte d'Opale (Boulogne-sur-Mer, Desvres, Hardelot, Le Portel et Outreau) s'associent autour d'un festival de musique (rock, jazz, variété, hip-hop...)

Fête du flobart – Le flobart est le bateau traditionnel de la région (*p. 223*). Le dernier week-end d'août, Wissant fait revivre l'époque de gloire de cette embarcation. Une fête maritime, avec mise à l'eau de flobarts, défilés musicaux et folkloriques. Vente de produits régionaux.

Trail Côte d'Opale – *www.trailcotedopale.com.* En sept., plusieurs milliers de coureurs parcourent ce territoire dans le cadre d'une des nombreuses épreuves de cette manifestation sportive.

Nos adresses

Voir aussi nos adresses à Wimereux p. 227.

Restauration

À Audinghen

Budget moyen

La Sirène – *376 r. de la Plage - Cap Gris-Nez - ☏ 03 21 32 95 97 - www.lasirene-capgrisnez.com - P - fermé dim. soir et lun. - plats 18/33 €.* Point de sirènes à l'horizon, mais homards et poissons vous charmeront dans cette maison postée au bord de l'eau, face aux côtes anglaises (visibles par beau temps).

Le Vent du Nord – *4 Grand'Place - ☏ 03 21 32 97 69 - fermé lun. - menus 12,80/29,80 €.* Un restaurant où l'on se sent bien. Dans l'assiette, les portions sont copieuses, la pêche du jour parfaitement cuite et les frites dorées à souhait. Côté ambiance : simplicité chaleureuse. Terrasse aux beaux jours.

À Audresselles

Budget moyen

La Marie Galante – *173 r. Édouard-Quénu - ☏ 03 21 83 02 32 - fermé lun. (journée), merc. et dim. soir - plats 17/32 €, menus 22/62,50 €.* La Marie Galante vous embarque vers les saveurs fraîches et iodées des fruits de mer, homards, crabes, langoustines, huîtres, bulots, crevettes, tout y est délicieux.

À Wissant

Premier prix

La Maison – *12 r. du Comté-de-Lambert - ☏ 06 25 31 27 84 - www.lamaisonwissant.fr - fermé lun., mar. midi et dim. soir - carte 12/19 €.* Dans un lieu élégant aux murs foncés contrastant avec le mobilier et le sol en bois, on se sent tout de suite comme... à la Maison ! Le personnel, efficace et agréable, s'attelle à servir des plats simples et très bons. Moules frites, salade végé aux saveurs équilibrées ou exquise tarte au citron meringuée. L'été, la terrasse est parfaite pour un repas en famille ou entre amis.

Budget moyen

Gogaille Wissant – *4 r. du Muret - ✆ 09 70 38 62 11 - www.gogaille-wissant.fr - fermé lun.-mar. - menu 30 €.* Ici, vous mangerez frais et sain (avec toujours une proposition végétarienne), près du jardin d'herbes où les arbres grandissent. Les plats (en entrée, par exemple, ceviche de bar, suivi d'un dos de lieu noir, carottes, parmesan) sont bien tournés, et servis dans une salle lumineuse très agréable.

Activités

Vélo

Voir l'itinéraire Côte d'Opale, entre Calais et Le Touquet, décrit p. 26-27.

À Wissant

École Kitesurf Wissant – *R. des Flobarts - ✆ 06 68 98 58 05 - www.ecolekitesurfwissant.fr - location de paddle à partir de 10 €.* Marc Hocquet, moniteur diplômé d'État, initie, dans le cadre de cours ou de stages, au kitesurf, paddle, longe-côte, cerf-volant et boomerang, pour profiter activement de la belle plage de Wissant.

À Audinghen

Maison du site des Deux-Caps – *Lieu-dit d'Haringzelle - ✆ 03 21 21 62 22 - www.lesdeuxcaps.fr - juil.-août : 9h30-12h30, 14h-18h ; avr.-juin, sept.-oct. : 10h-12h30, 14h-18h ; reste de l'année : tlj sf dim.-lun. 10h-12h30, 14h-17h30 - fermé janv.* De nombreux chemins sillonnent la Terre des Deux Caps ; certains se découvrent à pied, d'autres à vélo. Location de vélos, vélos électriques et organisation de randonnées accompagnées.

Hébergement

À Audinghen

Premier prix

La Rogeraie – *157 r. Principale - ✆ 03 21 87 33 29 - www.larogeraie.fr - P - 5 ch. 85/95 €* ☕. Outre sa proximité avec le cap Gris-Nez, cette maison d'hôte pimpante offre des chambres confortables avec coin cuisine. Mention spéciale à celle située à l'étage, dotée d'un balcon avec vue sur le phare.

À Escalles

Premier prix

Chambre d'hôte La Grand' Maison – *3 pl. de la Haute-Escalles - 2 km à l'est du cap Blanc-Nez - ✆ 03 21 85 27 75 - lagrandmaison.chez-alice.fr - P - 5 ch. 70/90 €* ☕. Randonneurs, cavaliers et véliplanchistes apprécient cette ravissante ferme fleurie située à proximité du cap Blanc-Nez. Les chambres mansardées sont chaleureuses et confortables. Gîtes, studios et boxes pour chevaux.

À Wissant

Pour se faire plaisir

Le Colombier – *212 Le Colombier - ✆ 03 21 33 75 62 - www.lecolombier-wissant.com - P - 5 ch. 120/185 €* ☕. On est dans cette vaste maison un peu comme dans une maison de vacances : une chambre où l'on récupère après une journée de grand air, un joli salon pour se détendre et un grand jardin où se prélasser au soleil.

4

Wimereux ★

Wimereux a l'art de faire dans le juste milieu : ses rues sont animées sans être bruyantes, sa superficie est étendue sans paraître imposante, et toutes les activités sont à portée de tongs. Balade dans les rues bordées de villas cossues, repos sur la plage bercé par le bruit lointain des vagues et des enfants qui chahutent, ou encore flânerie sur la digue les yeux perdus dans la mer aux reflets bleu-gris. Le charme de Wimereux réside dans cette douceur de vivre, où un rapport harmonieux s'est établi entre la côte, restée sauvage, et la ville, aménagée pour les loisirs.

Se repérer

CARTE A2 (P. 206-207).
6 343 Wimereusiens – Pas-de-Calais (62)
À 5 km au nord de Boulogne-sur-Mer.

À ne pas manquer

Les villas ; une activité nautique (char à voile ou kitesurf).

Carnet pratique p. 227

Nos adresses p. 227

Se promener

En 1930, Wimereux comptait jusqu'à 800 **villas** et 50 hôtels ! L'occupation des Allemands et les bombardements alliés de la Seconde Guerre mondiale ont mis à mal la cité balnéaire, mais 300 villas ont néanmoins survécu à cette période. De style anglo-normand, ces dernières sont visibles dans la bien nommée rue des Anglais (aux 45 et 47, villas Martin Pêcheur et St-Louis), rue Notre-Dame (du 15 au 25, villas Guermantes, La Moricière, De Sonis, Esperanto, Ste-Sophie), rue du Gén.-de-Gaulle (au 21, Les Mauriciens ; au 33, Les Rameaux ; au 58, La Frégate), rue Napoléon (au 3, La Roseraie ; au 7, Le Chasse-Marée ; au 48, Le Bon Accueil), avenue de la Mer (au 3, Le Revoir ; au 4, Albatros ; au 6, Le Sourire) et sur le front de mer (au 29, villas Ste-Thérèse et St-Augustin ; au 24 rue St-Armand, Villa Romance ; rue Léon Fayeulle, villa Tilounine). Sur le front de mer également, observez le **Grand Hôtel**, vaste complexe de quatre étages construit en 1899, agrandi dans les années 1920 par l'architecte Walshaerts, témoin du faste d'avant-guerre et symbole de la cité balnéaire.
La **digue-promenade**, bordée de cabines blanches et bleues personnalisées, réserve de belles vues. Au milieu de la plage, une piscine naturelle d'une profondeur maximale d'1 m 40, couronnée par un cordon de pierres, est alimentée par les marées. Pensé par Charles Decaix pour que les enfants puissent y apprendre à nager en toute sécurité, ce bassin est devenu une institution de la station.

Randonnée

Sentier vers la **baie St-Jean** *(12 km, facile, compter 3h, dép. de l'office de tourisme)* : le futur Napoléon III y débarqua le 6 août 1840, pour tenter de soulever la garnison de Boulogne.
Autre idée de balade : rejoindre Nausicaá *(p. 230)* par le GR qui longe le littoral en passant par la pointe de la Crèche *(4 km - facile)*, puis visiter le vieux Boulogne et revenir à Wimereux en bus *(navettes : se rens. auprès de l'office de tourisme)*.

Carnet pratique

S'informer

Office de tourisme – *Quai Alfred-Giard - Wimereux - ✆ 03 21 83 27 17 - www.wimereux-tourisme.fr.*

Agenda

Fête de la moule – *3e w.-end de juil.* Dans tous les restaurants de Wimereux, on célèbre la grande spécialité culinaire de la Côte d'Opale. Accompagnée de frites et de bière, bien sûr !

Nos adresses

Restauration

Premier prix

La Vie est belle – *44 r. Carnot - ✆ 03 21 83 19 31 - www.restaurant-lavieestbelle.fr - fermé dim. soir et lun. - plats 15/19 €.* Une petite adresse réputée du centre-ville, où l'on mange dans un cadre sobrement décoré. La carte se partage entre poissons et viandes, subtilement assaisonnés. Les produits sont ultra frais et les recettes légères, souvent travaillées autour d'herbes aromatiques et de légumes. Terrasse à l'arrière.

Budget moyen

Le Spéranza – *43 r. du Gén.-de-Gaulle - ✆ 03 21 32 46 09 - www.hotel-speranza-wimereux.com - plats 16/29 € - ch. 8 ch. 59/99 € - : 12 €.* Chaleureuse salle de restaurant, où les tables sont impeccablement dressées. Au menu, poissons et fruits de mer de première fraîcheur cuisinés dans la plus pure tradition.

L'Aloze – *Digue de Mer - ✆ 03 21 32 41 01 - www.atlantic-delpierre.com - plats 19,50/35 €.* Dans un espace chaleureux où le bois à la part belle, la brasserie de l'Atlantic Hôtel propose une cuisine d'excellente qualité que l'on déguste les yeux tournés vers le large.

Activités

Activités de plage

Pôle St-Jean – *Rens. à la mairie - ✆ 03 21 87 47 60 - juil.-août - inscription à la salle baie St-Jean - enf. 4-12 ans.* Sur la digue, de nombreux jeux attendent les enfants de tout âge.

Activités nautiques

Club nautique de Wimereux – *Digue de Mer - ✆ 03 21 83 18 54 - www.club-nautique-wimereux.com - stage w.-end (2 matinées) 93 € planche à voile, 129 € catamaran ; cours particulier (2h) 45 € planche à voile, 95 € catamaran.* Stages et cours particuliers de voile, planche à voile, char à voile, longe-côte. Locations de planches à voile, de kayaks, de surf, de catamarans et de dériveurs.

WimKite School – *Bd Alfred Thiriez - Digue de Mer - ✆ 06 81 76 82 05 - www.wimkite.com - mar.-sam. 10h-12h30, 14h30-19h - cours : 120 €/3h de kitesurf (hte sais., sur réserv.).* Cours dès 11 ans (ou 40 kg) et location de matériel et de paddle.

Golf

Golf de Wimereux – *Av. François-Mitterrand - ✆ 03 21 32 43 20 - www.golf-wimereux.com.* Parcours de 18 trous en bord de mer.

Visites

Le Charme de Wimereux – *lecharmedewimereux.fr - juil.-août : jeu. 16h45, dép. devant l'église - 5 € (-12 ans gratuit) - durée 1h30.* Cette association vous fera découvrir les villas balnéaires de Wimereux.

Hébergement

Premier prix

Hôtel Saint-Jean – *1 r. Georges-Romain - ✆ 03 21 83 57 40 - www.hotel-saint-jean.fr - P 8 €j - ♿ - 24 ch. 75/115 € - ☕ 12 €.* À la sortie du centre-ville, une adresse qui pourra dépanner en cas d'affluence. Les chambres, grandes et confortables, dotées de douche à l'italienne, répondent aux standards d'un hôtel de cette catégorie. La moquette épaisse et le double vitrage compensent l'emplacement au bord d'une route passante.

Budget moyen

Hôtel de Wimereux - restaurant du Centre – *78 r. Carnot - ✆ 03 21 32 41 08 - hoteldewimereux.com - P ♿ - 20 ch. 95/103 € - ☕ 12 € - ✕ plats 18/26 €.* Bâtisse ancienne bordant la rue principale. Les chambres, toutes rénovées, sont parfois dotées d'une mezzanine. Le restaurant affiche un sympathique look bistrot ; plats traditionnels et produits de la mer.

Pour se faire plaisir

Chambre d'hôte La Goélette – *13 digue de Mer - accès par la rue du Capitaine-Ferber - ✆ 06 13 13 32 76 - www.lagoelette.com - P 10 € - - 5 ch. 130/210 € ☕.* Villa 1900 idéalement située sur la digue-promenade. Les chambres, rénovées, ont retrouvé leur éclat originel (moulures, décor de pin maritime) ; la « paresse » et la « sieste » offrent une vue saisissante sur la mer. Aux beaux jours, la terrasse sur pilotis incite à prendre le petit-déjeuner et/ou l'apéritif à l'extérieur.

Villa Tremail – *1 bd Thiriez - ✆ 03 21 30 33 58 - www.villatremail.net - 5 ch. 120/180 € ☕.* Cette villa de style anglo-normand en front de mer offre une vue imprenable dès le réveil.

Une folie

Atlantic Hôtel et restaurant La Liégeoise – *Digue de Mer - ✆ 03 21 32 41 01 - www.atlantic-delpierre.com - P ♿ - 18 ch. 230/300 € - ☕ 15,50 € - ✕ 35/50 €.* Bien situé sur la digue-promenade, face à la Manche, cet établissement dispose d'une salle à manger panoramique aux teintes légèrement dorées, la cuisine raffinée et inventive met l'accent sur les produits de la mer. Chambres neuves bénéficiant toutes d'une vue sur la mer.

Boulogne-sur-Mer ★

Embruns iodés et criée matinale font de Boulogne, plus grand centre européen de transformation des produits de la mer, une ville au caractère bien trempé. Le premier port de pêche français possède un long passé dont témoignent la ville haute et l'impressionnante crypte de la basilique. Ne manquez pas non plus le centre Nausicaá, pour une plongée passionnante dans la vie des océans.

Le centre de Boulogne-sur-Mer.
F. Guiziou/hemis.fr

Se repérer

CARTE A2 (P. 206-207) – PLANS P. 234 ET 235.

Pas-de-Calais (62)
40 251 Boulonnais – 84 676 habitants (agglomération)
Boulogne-sur-Mer est à 35 km au sud-ouest de Calais et à 50 km à l'ouest de St-Omer.

À ne pas manquer

Nausicaá ; la ville fortifiée ; la crypte de la basilique Notre-Dame.

Organiser son temps

Comptez une demi-journée pour découvrir la ville fortifiée et une demi-journée pour Nausicaá (en été, préférez la fin d'après-midi pour éviter la foule : achat de billets à l'avance aux distributeurs ou en ligne).

En famille

Nausicaá ; les plages.

Carnet pratique p. 240

Nos adresses p. 240

Ville basse

PLAN P. 234

★★ Nausicaá A1

En bordure de la plage, face à la gare maritime - Bd Ste-Beuve - ✆ 03 21 30 99 99 - www.nausicaa.fr - ♿ - 9h30-18h30 - 30 € (enf. 23 €) - Le centre abrite une boutique, trois points de restauration et une médiathèque.

En mai 2018, suite à d'impressionnants travaux d'extension, Nausicaá a rouvert ses portes au cœur d'une architecture nacrée – signée par l'**agence Rougerie** – empruntant à la mer ses lignes et ses formes. Avec une surface d'exposition doublée, le Centre national de la mer propose deux parcours pédagogiques et ludiques : « Voyage en Haute Mer » et « Des Rivages et des Hommes ». 1600 espèces marines et 58000 animaux de toutes les mers du monde sont à découvrir au sein du, désormais, **plus grand aquarium d'Europe**.

Voyage en Haute Mer – Ce nouvel espace de visite nous éclaire sur un territoire aussi immense que méconnu couvrant la moitié de la surface du globe et produisant 50 % de l'oxygène que nous respirons, la haute mer. Le parcours de visite débute par une véritable plongée dans l'océan représenté par une immense vague, porte d'entrée d'un monde peuplé de créatures suscitant émerveillement et effroi. L'on découvre le **plancton** sous toutes ses formes, à la base des chaînes alimentaires marines, symbole d'un océan vivant.

Le **grand bassin★★★**, au centre du parcours, offre son immensité *via* un balcon immergé et une vitre gigantesque. Dans cet aquarium de 60 m de long, 30 m de large et 8 m de profondeur, sable fin et rochers reproduisent un fond marin naturel inspiré de l'**île de Malpelo**, située à 500 km au large de la Colombie. Refuge exceptionnel pour nombre d'espèces, Malpelo est l'emblème de ce « Voyage en Haute Mer ». Espèces migratrices, habitats coralliens, poissons des profondeurs s'y rencontrent, un sanctuaire naturel à préserver mis en scène par les 22000 poissons de cette immense étendue d'eau. En octobre 2020, Bravo et Delta, deux raies pastenagues géantes à tâches noires, ont rejoint dans le grand bassin leurs congénères les raies guitares fouisseuses, la raie manta, les raies aigles et les raies mantes diables.

Le visiteur se laisse ensuite impressionner par le chant et la silhouette des **cachalots** dans une installation à 360°, on jette un coup d'œil au requin gris à travers la **Grande Faille** (7 m de haut) puis l'on gagne un tunnel de 18 m de long sous l'immense bassin pour admirer – entre autres – la nage majestueuse d'une raie manta. Dans la grotte sous-marine qui suit, l'on se prend à rêver du capitaine Nemo. La muséographie de l'exposition, combinant design sonore, jeux de lumière et dispositifs high-tech interactifs renforce la sensation d'immersion et procure une expérience sensible complète.

La visite se poursuit dans les **abysses** où quelques petits monstres difformes aux yeux exorbités parviennent à vivre, tels les poissons-vipères ou le calmar vampire. Le visiteur rejoint alors une salle obscure et perd pied face au **« grand spectacle de l'océan »** qu'offre la baie vitrée de 20 m de long sur 5 m de haut. Ici, on prend la mesure de l'ambition de Nausicaá : observer, découvrir, comprendre et protéger les ressources biologiques sous-marines et leur équilibre naturel.

Des Rivages et des Hommes – L'exposition historique – un peu vieillissante en regard de la nouvelle partie du site – interroge le lien vital et fragile entre l'Homme et l'Océan. Le visiteur entame son voyage en observant le gracieux ballet des méduses et poursuit par un tour du monde des océans : Histoires d'îles, Voyages en mer du Nord, Escales en Méditerranée, la forêt de kelp...

Grâce à la découverte de ces écosystèmes et des hommes qui en vivent, chacun est sensibilisé au fonctionnement des océans et aux menaces qui pèsent sur le littoral : pollution, surexploitation des fonds marins, bouleversements climatiques. Cap sur le **lagon tropical** et ses eaux turquoise où sur un ponton, parmi la mangrove et les coraux, on observe des poissons-chirurgiens, balistes et autres requins-zèbres. On prend le large avec l'**aquarium des requins**, l'occasion d'approcher les seigneurs de la mer, puis l'on retourne près du rivage dans une **jungle de corail** – 90 % des espèces de coraux présents dans les aquariums de Nausicaá ont été élevées sur place en pépinière.
En s'engouffrant dans un tunnel de verre, le visiteur reconnaît la nage rapide des emblématiques **lions de mer de Nausicaá**, puis remonte à la surface les observer jouer, plonger ou se prélasser dans un espace à ciel ouvert *(se rens. sur les animations à l'accueil)*.
De nouvelles sensations attendent le visiteur au **bassin tactile** où l'on peut caresser une raie bouclée. Tout proche, *La Thalassa*, navire océanique de l'**Ifremer** (Institut français de recherche pour l'exploitation de la mer) permet d'appréhender le domaine scientifique et son champ d'investigation.
Le voyage continue dans la **forêt tropicale** peuplée de caméléons et de lézards puis la **forêt immergée** baignée par les eaux douces.
L'Œil du Climat – Cette nouvelle exposition immersive traite du changement climatique : 430 m² de projection du sol aux murs pour appréhender les effets du réchauffement climatique, et les moyens d'y faire face. Vous pourrez également observer les manchots du Cap, dont 17 sont nés depuis 2006 à Nausicaá. Une illustration parmi d'autres des programmes scientifiques de recherche et de reproduction (raie guitares, requins marcheurs, méduses en pouponnière, bouturage de coraux, etc.), du service **Aquariologie** de Nausicaá.
Pour conclure votre visite à Nausicaá **explorez les coulisses** (12 € – 1h) du centre et entrez dans le quotidien de nos soigneurs aquariologistes avec au programme : découverte de l'organisation autour du grand bassin, de la cuisine des soigneurs, du local plongée, le nourrissage des animaux, la cathédrale de filtration... Une expérience privilégiée pendant laquelle vous en apprendrez davantage sur les aspects techniques et la prouesse technologique de ce bassin de 10 000 m³.

4

Plage A1

En vogue dès le début du 19e s., la grande plage de sable fin met en avant ses installations pour les enfants et ses animations estivales. On y pratique voile, char à voile et speedsail. Le club local de longe-côte (sport qui consiste à marcher dans l'eau, immergé jusqu'à la poitrine et en combinaison, *p. 104*) se donne rendez-vous ici tous les samedis à 10h. Avis aux amateurs !

★ Maison de la Beurière A1

16 r. du Mâchicoulis - 03 21 30 14 52 - www.ville-boulogne-sur-mer.fr - de mi-juin à mi-sept. : 10h-12h30, 15h-17h30, dim. 15h-17h30 ; reste de l'année : 10h-11h30, 14h-16h, dim. 14h-16h - fermé lun. - 3 € (-12 ans 1,50 €).
De l'ancien quartier des marins, appelé à l'époque « la Beurière », aujourd'hui St-Pierre, qui comptait 14 000 âmes, soit le tiers de la population boulonnaise, il ne reste qu'une seule ruelle en escalier, celle du Mâchicoulis, typique, et cinq à six maisons. Les autres ont été détruites pendant la Seconde Guerre mondiale. C'est ici, dans une des dernières demeures encore en l'état, datée de 1870, qu'un **écomusée** présente l'habitat d'une famille de marin vers 1900, soit, dans le cas présent, une quinzaine de personnes dans 30 m² ! Au **rez-de-chaussée**, pièce

d'apparat avec meubles flamands, poêle « à grosse gueule » et objets religieux, pièce à vivre et courette avec sanitaires, matériel de pêche.
Au **1er étage**, exposition (gravures, photos, objets et costumes) consacrée au quotidien, au patois et aux coutumes du marin et de la matelote, ainsi qu'à la pêche boulonnaise. Remarquez la chapelle de bord et la collection de coiffes, dites « en soleil ».
Au **2e étage**, balade virtuelle dans le Boulogne du début du 20e s., à travers une collection de superbes photos réalisées par des artistes et des locaux.

Rue de la Tour-d'Ordre A1

Elle porte le nom d'un phare romain qui s'effondra au 17e s. à cause du recul de la falaise. Ici même, le calvaire et la chapelle des Marins ont subi le même sort. Ils ont été rebâtis un peu plus loin. Par temps clair, **vue★** sur les côtes anglaises.

Installations portuaires A1-2 ET HORS PLAN

Reconstruites après la guerre, elles s'étirent jusqu'au Portel, où se situe le **port de commerce**.
Port extérieur – Il est protégé par deux digues, dont la digue Carnot, qui atteint 3 250 m de long.
Port intérieur – Il comprend un avant-port dont le bassin de marée est réservé aux petits chalutiers et plaisanciers. Les bassins Napoléon et Loubet sont réservés aux grandes unités de pêche.
Halle à marée – Le long du bassin Loubet, le tri de la pêche industrielle et artisanale se pratique de nuit, relayé par la criée *(visite guidée possible - contacter le 03 61 31 10 89)* où se négocient 34 000 t de poissons par an.
Quai Gambetta – Très animé lorsque les chalutiers débarquent leur pêche, il est bordé par les buildings qui symbolisent la reconstruction de la ville après la Seconde Guerre mondiale. Ceux-ci, édifiés entre 1951 et 1955, se sont vu décerner en 2009 le label « Patrimoine du 20e siècle ».
Digue-promenade – Statue équestre du général San Martín (*p. 236*), héros argentin, qui mourut à Boulogne en 1850.

Place Dalton A2

La place Dalton et la rue Thiers (piétonne), animées, sont le cœur commerçant de la ville basse. Élevée de 1220 à 1250, **l'église St-Nicolas** est la plus ancienne de Boulogne. Remaniée aux 16e et 18e s., elle présente une façade classique et un maître-autel à colonnes torses (17e s.). Remarquez *La Flagellation*, belle toile de Lehmann, élève d'Ingres.

★★ Ville fortifiée

PLAN P. 235

Circuit tracé en vert sur le plan.
Dominée par la basilique Notre-Dame, elle occupe le site du *castrum* romain. En été, elle incite à la flânerie, notamment sur les remparts.

Remparts

Édifiés au début du 13e s. sur les bases d'une muraille gallo-romaine par le comte Philippe Hurepel, dit le Hérissé, ils ont été remaniés aux 16e et 17e s. L'enceinte urbaine, renforcée à l'est par le **château**, est percée de quatre portes flanquées de tours *:* les portes Gayole, des Dunes, de Calais et des **Degrés**. Du chemin de ronde, accessible par chaque porte, **vue★** sur la ville et le port.
Au coin ouest, sur la **tour Gayette**, ancienne tour de guet, une plaque commémore l'envol en ballon des aéronautes Pilâtre de Rozier et Romain, qui tentèrent la traversée de la Manche en 1785.

Wall Street européen du poisson

Les chalutiers industriels débarquent leur poisson vers minuit alors que les pêcheurs artisanaux et côtiers arrivent au petit matin. Triée par espèces et par tailles, la production est présentée aux mareyeurs, puis vendue durant la criée, qui débute entre 5h et 6h. Les lots partent ensuite vers les ateliers de préparation et de transformation, qui traitent pas moins de 400 000 t de poissons par an. Le conditionnement s'achève vers 11h. Les colis prennent alors le chemin de la gare maritime (112 sas de déchargement, 24 entreprises de transport frigorifique) pour diverses destinations : Paris/ Rungis, Strasbourg, Lyon, Marseille, Bordeaux... et l'étranger. Ils arrivent le soir même ou le lendemain matin, en parfait état de fraîcheur.

Une promenade sur les remparts offre des vues sur la mer et la ville basse.
Accéder à la ville haute par la porte des Dunes (à côté du palais de justice).

Palais de justice C1-2

Il arbore une façade néoclassique (1852) ornée de statues de Charlemagne et de Napoléon Ier.

Bibliothèque C2

Elle est logée dans l'ancien couvent des Annonciades. Les bâtiments du 17e s. et le cloître abritent des salles d'études et d'expositions ; et la chapelle du 18e s., la grande salle de lecture et le service du prêt.

Beffroi C1

Pl. Godefroy-de-Bouillon - 03 21 87 80 80 - www.ville-boulogne-sur-mer.fr - visite guidée (30mn) juin-sept. : 10h-18h, sam. 10h-12h, 14h-17h30, dim. 14h-17h30 - 3 €.
À l'origine, lors de sa construction au 12e s., il était le donjon du château des comtes de Boulogne. Il fut transformé en beffroi un siècle plus tard et la partie octogonale du sommet date du 18e s. Aujourd'hui classé au Patrimoine mondial de l'Unesco, il renferme une **collection lapidaire** : sculptures, mobilier ancien et beau vitrail de Godefroy de Bouillon, chef de la première croisade, qui appartenait à la maison de Boulogne.

4

Hôtel de ville C2

Sa façade de brique rose et à parements de pierre (18e s.) contraste avec le rude beffroi médiéval. Sous le toit, on distingue le blason millénaire de la ville : un cygne et trois tourteaux, de grosses boules en relief.
La place se mue en un jardin éphémère de juin à novembre.
Prendre à droite en sortant de la mairie.

Hôtel Desandrouin C2

Entre 1803 et 1811, Napoléon séjourna plusieurs fois dans cet ancien hôtel particulier de style Louis XVI.
Suivre la rue du Puits-d'Amour le long de l'hôtel Desandrouin, puis tourner à droite.

Rue Guyale C2

Dans cette rue, dont le nom évoque la halle de la guilde des marchands, on découvre le jardin et la façade arrière du couvent des Annonciades et des maisons anciennes en pierres nues.
De la place Godefroy-de-Bouillon, prendre la rue de Lille.
Au no 58 se dresse la plus vieille **maison** de la ville (16e s.).

La basilique Notre-Dame est située à gauche. À droite, la rue du Château mène à l'ex-demeure des comtes de Boulogne (*musée ci-contre*).

Basilique Notre-Dame D1

2 parvis Notre-Dame - ✆ 03 21 80 44 04 - www.ville-boulogne-sur-mer.fr - ♿ - 10h-12h, 14h-17h30 - gratuit.
Siège du pèlerinage de N.-D. de Boulogne, cette église colossale a été édifiée de 1827 à 1866 sur les ruines de la cathédrale détruite après la Révolution. De style néoclassique, elle juxtapose une église en croix latine et un spectaculaire **dôme★** qui culmine à 100 m de hauteur.

★★ **Crypte** – *R. de Lille - ✆ 03 21 87 81 79 - ♿ - mai-sept. : 9h30-18h ; reste de l'année : 9h30-12h30, 14h-17h30 - fermé lun., 2 sem. en janv. - 5 € (-26 ans 3 €).* Attention, la température est de 12 °C. La crypte a été superbement restaurée après des des travaux colossaux. Elle occupe depuis le 19e s. la partie souterraine de la basilique (100 m sur 40 m, ce qui en fait l'une des plus grandes de France) en un réseau de galeries reliant 12 salles, délimitées par les murs de fondation de l'église médiévale. Les murs et voûtes sont entièrement couverts de fresques du

SE RESTAURER
La Maison 1
Le Châtillon 9
Le Comptoir 10

SE LOGER
Hôtel La Matelote 14
Hôtel Métropole 16
Hamiot 17

19e s. Sont exposées des collections lapidaires et d'art sacré, témoins de l'église médiévale et du culte de N.-D. de Boulogne. On y découvre le **trésor★**, dont le reliquaire du Saint Sang, offert par Philippe le Bel à N.-D. de Boulogne. La crypte initiale d'époque romane est composée de trois vaisseaux. La salle de la fin du 11e s. laisse voir des chapiteaux bien conservés au décor sculpté de feuillage et d'animaux fantastiques.

★ Château-musée de Boulogne-sur-Mer D1

R. de Bernet - ✆ 03 21 10 02 20 - musee.ville-boulogne-sur-mer.fr - mai-sept. : 9h30-18h ; reste de l'année : 9h30-12h30, 14h-17h30 - fermé mar. - 7 € (-16 ans gratuit) - gratuit 1er dim. du mois.

Bâti au début du 13e s. par Philippe Hurepel, fils du roi Philippe Auguste, longtemps résidence des comtes de Boulogne, le château est isolé des remparts par un fossé, où un pont-levis a été réinstallé. Ses tours rondes protégeaient la partie sensible des remparts, vers le plateau. Un bastion « en fer de cheval » fut ajouté au 16e s., lui donnant fière allure. C'est le premier édifice d'Europe occidentale à avoir renoncé au donjon traditionnel. Il abrite aujourd'hui différentes sections muséographiques.

Archéologie méditerranéenne – Cette partie du musée se compose d'une section d'égyptologie magnifiquement présentée (momie, sarcophages, statuettes et bijoux) et d'une très belle collection, en nombre et en qualité des pièces, de céramiques grecques et italiques : près de 450 **vases grecs★★** des 6e et 5e s. av. J.-C. dont l'**amphore à figures noires** représentant le suicide d'Ajax attribuée à Exékias et un ensemble thématique autour de la figure d'Héraclès issu de la collection de Charles-Louis-Fleury Panckoucke.

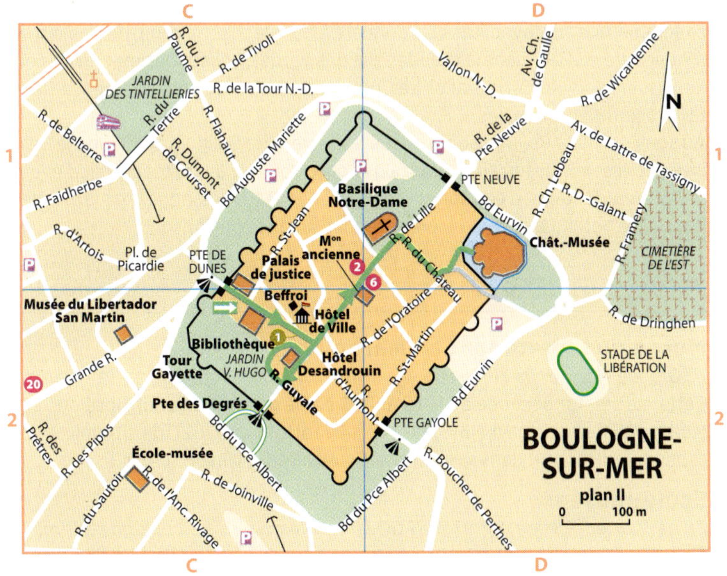

SE RESTAURER
Papi Henri 2
L'Îlot Vert 6
O Kom'Paraz 20

SE LOGER
Les Chambres du Beffroi 1

Le miracle de Notre-Dame

En 636, un vaisseau sans voilure ni équipage aborde sur la grève, portant une statue de la Vierge. Au même instant, dans la chapelle située à l'emplacement de l'actuelle basilique, des fidèles sont avertis de l'événement par une apparition de Notre-Dame. Ce miracle est à l'origine du pèlerinage qu'accomplirent 14 rois de France et 5 rois d'Angleterre. Louis XI utilise le prestige de N.-D. de Boulogne pour s'emparer du comté, alors propriété des ducs de Bourgogne. Se proclamant vassal de la Madone, vraie « Dame » de Boulogne, le roi justifie alors sa mainmise sur la ville.

Ethnographie extra-européenne – Elle rassemble des céramiques funéraires précolombiennes, des objets océaniens cérémoniels et de la vie quotidienne, dont une pirogue de guerre maorie (Nouvelle-Zélande) ; quelques pièces africaines, en particulier des statuettes, masques et instruments de musique ; et un ensemble unique au monde de **masques★★** yupiit, aléoutes, haieta et sugpiaq rapportés par l'anthropologue Pinart lors d'un voyage en Amérique du Nord. Depuis 2006, le musée entretient un partenariat avec les artistes sugpiaq en développant une collection d'art contemporain tout en œuvrant à la compréhension des 70 masques issus de l'archipel Kodiak (Alaska).
Beaux-Arts 15e-20e s. – Elle présente des peintures italiennes et flamandes de la Renaissance mais aussi des œuvres de Corot, de Fantin-Latour, de Sisley, de Boudin, des sculptures de Rodin, de Pompon et de Carpeaux, des verreries d'Émile Gallé et de René Lalique, quelques toiles d'artistes de la Côte d'Opale comme Francis Tattegrain et des tableaux de Georges Mathieu, originaire de Boulogne et chef de file de l'abstraction lyrique.
Histoire locale – Cette section se divise en trois parties, une consacrée à l'archéologie, une au Moyen Âge et la dernière à Napoléon et au camp de Boulogne (*encadré p. 239*). Dans la grande salle des gardes, collections médiévales et Renaissance : dinanderie, sculptures, mobilier et boiseries gothiques, épi de faîtage, peintures, monnaies...
Au sous-sol, un « Voyage au centre de la pierre », de Caligula à Philippe le Bel, invite à descendre jusqu'aux **souterrains★** gallo-romains du château, ponctués de sculptures, de stèles, d'épitaphes et de sarcophages. Ne manquez pas la magnifique salle gothique de la Barbière, attenante à l'ancienne prison.

À voir aussi

PLAN P. 235

Musée du Libertador San Martín C2

113 Grande-Rue - 03 21 31 54 65 - ♿ - 10h-12h, 14h-18h - fermé dim.-lun. - gratuit.
Cette maison fut occupée de 1848 à 1850 par le général argentin José de San Martín qui libéra son pays (1816), le Chili (1817) et le Pérou (1821) de la domination espagnole. Il mourut dans sa chambre. Souvenirs de l'illustre soldat.

École-musée C2

2 r. de l'Ancien-Rivage - 03 21 87 00 30 - ecolemusee.ville-boulogne-sur-mer.fr - pdt vac. scol : lun., merc. et vend. 14h-17h, mar. et jeu. 10h-12h ; hors vac. scol. : merc. et vend. 14h-17h - 2 € (enfant 1 €).
Collections et mobilier témoignent de l'histoire de l'école depuis le milieu du 19e s. jusqu'à nos jours, le point d'orgue résidant dans la reconstitution d'une classe type de la IIIe République.

À proximité

CARTE P. 206-207

★ Colonne de la Grande Armée A2

3 km au nord par la route de Calais puis la D 96[E1].

Av. Napoléon - 03 21 91 91 26 - www.colonne-grande-armee.fr - de mi-juin à fin sept. : merc.-dim. 10h-12h30, 14h30-18h ; reste de l'année : vend.-dim. 10h-12h, 14h-16h - fermé 8 nov.-18 déc. - 4 € (-25 ans gratuit) - gratuit 1er dim. du mois.

Élevée par l'architecte **Éloi Labarre** de 1804 à 1841, cette colonne de 54 m de haut commémore le camp de Boulogne (*encadré p. 239*) et fut financée par l'ensemble des soldats du camp qui y consacrèrent une demi-journée à une journée de leur solde. Sur le socle, un des bas-reliefs en bronze montre le maréchal Soult montrant à l'Empereur les plans de la colonne. Un escalier de 264 marches mène à la plate-forme carrée, à 150 m au-dessus du niveau de la mer. De là, **panorama**★★ sur la campagne boulonnaise et, par temps clair, sur les falaises anglaises. Au nord : cap Gris-Nez ; à l'ouest et au sud : port de Boulogne, rochers du Portel, phare du cap d'Alprech et ville haute. Au sommet, la statue de Napoléon, vêtu en uniforme de colonel de chasseurs de la Garde, face à l'entrée.

À l'entrée du site, le modeste **musée de la Légion d'honneur** *(gratuit)* se consacre à Napoléon et la Légion d'honneur mais aussi à l'histoire de la colonne. On peut y voir l'ancienne statue qui trônait autrefois au sommet de la colonne et qui, très endommagée pendant la Seconde Guerre mondiale, fut remplacée par l'actuelle.

Monument de la Légion d'honneur A2

2 km au nord par la D 940, puis un chemin à droite.

L'obélisque marque l'emplacement du trône de **Napoléon Ier**, le 16 août 1804, lors de la deuxième distribution des décorations de la Légion d'honneur (la première se déroula le 14 juillet 1804 aux Invalides, à Paris). Déployés en arc de cercle, 2 000 hommes y reçurent leurs croix, disposées dans les boucliers et les casques de Du Guesclin et Bayard.

Château de Pont-de-Briques A2

5 km au sud par la D 901 sur la commune de St-Léonard.

Ce modeste château du 18e s. doit sa célébrité aux séjours qu'y fit Napoléon lors du camp de Boulogne (*encadré p. 239*). Dans le salon, il dicta d'un trait à Daru le plan génial de campagne contre l'Autriche qui aboutit à Austerlitz.

★ Point de vue de St-Étienne-au-Mont A2

5 km au sud par la D 52.

Du cimetière près de l'église, **vue**★ sur la vallée de la Liane. En aval, Boulogne et la coupole de la basilique. La forêt se détache vers l'intérieur des terres.

Le Portel A2

5 km au sud-ouest par la D 119.

Pl. Poincaré - 03 21 31 45 93 - www.boulonnaisautop.com.

La commune fait face à l'îlot du **fort de l'Heurt** édifié par Napoléon (1803).

Les bijoux traditionnels boulonnais

Les femmes de matelots recevaient autrefois lors du mariage une parure d'or qui traduisait la richesse du mari et son appartenance au cercle des marins. Celle-ci se composait d'une bague, de pendants d'oreilles, d'une longue chaîne et d'une croix de pardon.

4

Sa **plage** de sable fin, entrecoupée de rochers, est propice aux jeux d'enfants. Une statue de N.-D. de Boulogne se dresse sur la jetée de l'Épi.
Au sud, au **cap d'Alprech**, se trouve le **phare**.

Forêt de Boulogne AB2

10 km à l'est par la D 341.
La route gravit le **mont Lambert** (189 m). La forêt (2000 ha) est aménagée : routes forestières, parking, piste cavalière, aires de pique-nique. La vallée de la Liane la limite à l'est et au sud. Le village de **Questrecques** occupe un site séduisant.

★ Le Boulonnais

CARTE P. 206-207

Circuit de 75 km tracé en violet sur la carte.
Le Boulonnais fait partie du Parc naturel régional des Caps et Marais d'Opale, qui regroupe les Parcs du Boulonnais et de l'Audomarois.
La région doit son relief complexe à la juxtaposition de terroirs divers : marbre de Marquise, grès d'Outreau, craie de Desvres ou de Neufchâtel, recouverte d'argile et qui dépasse parfois 200 m d'altitude. Entre Guînes et l'Aa, le plateau dénudé ou parsemé de bouquets d'arbres s'ouvre sur des horizons immenses. De grandes fermes y cultivent céréales et betteraves. Les vallées du Wimereux, de la Liane, de la Hem et de la Slack sont tapissées de pommiers à cidre et de prairies où paissent des vaches de race locale (bleue du Nord et rouge flamande), des moutons et chevaux « boulonnais ». Ces derniers, puissants animaux de trait, à robe grise, peuvent peser jusqu'à une tonne. Des villages d'éleveurs aux maisons basses, à murs de pierres chaulées, s'égrènent autour de manoirs, qui furent le repaire de royalistes pendant la Révolution.
Quitter Boulogne par la N 42 vers l'est et, à 3 km de la sortie de la ville, prendre à l'échangeur la D 232 vers le nord.
La route bordée d'arbres descend vers le **vallon de Wimereux**, couvert de prairies et de bosquets.

Souverain-Moulin A2

Le château, ses communs et surtout son cadre de frondaisons sont très agréables.
Prendre la D 233 vers l'est jusqu'à Belle, puis à gauche la D 238 ; encore à droite la D 251, puis emprunter à droite la D 127.

Le Wast B2

Maison du Parc naturel régional des Caps et Marais d'Opale – *24 r. Principale - ✆ 03 21 87 90 90 - www.parc-opale.fr.*
Église – Dans ce charmant village, le portail de l'église romane est orné de festons à la mode orientale. Les arcades en plein cintre retombent sur des chapiteaux où des feuilles d'eau sont recourbées en volutes. Sainte Ide, mère de Godefroy de Bouillon et fondatrice du prieuré, y fut ensevelie au 12e s.
De la N 42 vers St-Omer, prendre à gauche la D 224 vers Licques.

Licques B2

L'ancienne abbaye de prémontrés (12e s.) fut reconstruite au 18e s. Subsistent la haute nef et quelques bâtiments du 18e s. occupés par le presbytère, la mairie et l'école. Les moines ont introduit les dindes à Licques au cours du 17e s. Si de l'abbaye il ne reste que l'abbatiale, les dindes sont toujours là et ont donné au bourg sa renommée (Fête de la dinde tous les ans à la mi-décembre).
Par la route d'Ardres (D 224) au nord, on atteint à 2 km un beau **point de vue** sur Licques et le bassin de la Hem.

Le camp de Boulogne

En 1803, Bonaparte rassemble ses troupes pour envahir l'Angleterre : cent mille hommes et deux mille navires. Le 26 août 1805, il renonce à ce projet et lance la Grande Armée contre l'Autriche. En 1840, le futur Napoléon III tente de soulever les Boulonnais contre Louis-Philippe, mais échoue, ce qui lui vaut d'être enfermé au fort de Ham. En 1841, Louis-Philippe fait installer la première statue de Napoléon en haut de la colonne, celle que l'on voit actuellement dans le musée de la Légion d'honneur (p. 237).

De Licques, suivre la D 191 vers Hermelinghen.
Après Le Ventus, la route s'élève, dominant toute la région. Belles **vues★** sur les paysages vallonnés et verdoyants du Boulonnais.
À Hardinghen, prendre la D 127 et la D 127^{E5} vers Rety.

Rety B2

La petite **église** flamboyante (fin 15e s. ; tour du 12e s.) présente des motifs en chaînage et damier.
À la sortie de Rety, prendre à gauche la D 232 et, après la traversée de la D 127^{E5}, à droite vers Hydrequent. En sortant de la ville, prendre à gauche la D 243 jusqu'au point de vue.
Panorama *(panneaux et table d'orientation)* sur les carrières du Boulonnais, toujours en activité. Au premier plan, carrière de marbre, dite « de Napoléon ». Derrière, carrières de granulats.
Revenir vers la D 232.
Presque aussitôt, à gauche, joli moulin sur la Slack.
À Wierre-Effroy, prendre la D 234 jusqu'à Conteville-lès-Boulogne, puis à droite la D 233, qui suit le Wimereux.

Wimille A2

Le **cimetière** abrite les tombes des aéronautes Pilâtre de Rozier et Romain.
Rejoindre Boulogne.

Carnet pratique

S'informer

Office de tourisme – *30 r. de la Lampe - Boulogne-sur-Mer - ✆ 03 21 10 88 10 - www.boulonnaisautop.com.*

Agenda

Fête de la mer – Les années impaires, vers le 14 juil. Rassemblement de vieux gréements, sorties en mer et animations musicales.

Festival de la Côte d'Opale – *Juil.* *p. 224.*

Fête de la Beurière – *J. du patrimoine.* Fête traditionnelle avec animations folkloriques.

Poulpaphone – *www.poulpaphone.com - fin sept.* Festival de musiques actuelles (hip-hop, électro, rock, pop, reggae) qui programme les nouveaux talents aux côtés d'artistes plus affirmés.

Fête de la St-Nicolas – Le sam. de déc. le plus proche de la St-Nicolas, illuminations dans la vieille ville, défilés costumés, chants, veillées...

À proximité

Carnaval – *✆ 03 21 99 05 43 - www.ville-equihen-plage.fr.* À Équihen-Plage, du lun. au merc. pendant la semaine de Mardi gras.

Fête de la dinde – À Licques, le 2e w.-end de déc., la capitale de la volaille met la dinde à l'honneur. Marché artisanal, dégustation et animations diverses.

Nos adresses

Restauration

Premier prix

20 O Kom'Paraz – PLAN II C2 - *63 Grande r. - ✆ 03 21 83 45 41 - fermé dim.-lun. - plats 13,50/17 €.* Ce bar brasserie « exotique » comme il se définit propose une cuisine savoureuse avec en tête d'affiche le fameux welsh. Le cadre chaleureux et l'ambiance détendue assurent un moment agréable qui ne tient pas du hasard.

2 Papi Henri – PLAN II C1 - *39 r. de Lille - ✆ 09 86 33 97 66 - www.papihenri.fr - plats 10/18 €.* « Le gras c'est la vie », « Le gros cochon » mais aussi « Le basilique » en référence à la basilique Notre-Dame toute proche, les burgers susnommés de ce restaurant de la vieille ville attirent celles et ceux à la recherche d'une cuisine savoureuse et généreuse. Les locavores ne sont pas en reste, le poulet de Wirwignes, les fromages de chez Philippe Olivier ou de la ferme du Petit Quenneval, les frites de Campagne-lès-Hesdin suscitent aussi les convoitises.

Budget moyen

9 Le Châtillon – PLAN I A1 - *6 r. Charles-Tellier - ✆ 03 21 31 43 95 - www.le-chatillon.com - fermé le soir, sam. midi et dim. (sf 1er dim. du mois) - plats 16/29 €, menu 28 €.* Il faut oser s'aventurer dans la zone portuaire de Boulogne pour dénicher cette excellente adresse. De 4h30 à 16h30, le Châtillon suit le rythme des dockers et marins qui viennent s'y abreuver et s'y sustenter, tout comme les administrateurs et les commerciaux. Poissons de toute fraîcheur servis dans un décorum nautique. Goûtez la spécialité du chef, les encornets farcis.

10 Le Comptoir – PLAN I B2 - *20 bis r. du Doyen - ✆ 03 21 30 11 29 - www.lecomptoir-boulogne.com - fermé dim. - plats 9/16 €, formules 11,50/29,50 €.* Au milieu des restaurants de la place Dalton, Le Comptoir, caché par les terrasses envahissantes, réussit à se démarquer grâce à sa vraie cuisine de brasserie et ses suggestions du jour, tant en poissons qu'en viande. Le cadre, en revanche, est assez banal.

1 **La Maison** – PLAN I A2 - *16 pl. Dalton - ✆ 03 21 31 44 17 - www.brasserie-lamaison.com - fermé dim.-lun. - formules 15/27 €.* Une brasserie qui emmène ses clients aussi bien sur terre avec sa poitrine de porc confite avec pommes de terre grenailles, qu'en mer, avec sa trilogie de poissons ou son filet de cabillaud risotto, mais aussi sur le littoral, là où se rencontrent la salicorne, le couteau et le tartare de bœuf. La qualité, la simplicité, l'efficacité.

Pour se faire plaisir

6 **L'Îlot Vert** – PLAN II D1 - *36 r. de Lille - ✆ 03 21 92 01 62 - www.lilotvert.fr - fermé dim.-lun. - plats 18/30 €, menu 65 €.* Restaurant coloré et convivial, où œuvre un jeune chef formé dans de belles maisons : il signe une cuisine bien d'aujourd'hui – avec une pointe de créativité –, joliment tournée et savoureuse, aux prix mesurés. Terrasse fleurie côté cour.

Restaurant de la Plage – HORS PLAN - *124 bd Ste-Beuve - ✆ 03 21 99 90 90 - www.restaurantdelaplage.fr - fermé dim. soir, lun. et merc. - plats 28/44 €, menus 35/55 €.* Après une petite baignade, rien de mieux qu'un bon repas pour reprendre des forces ! Face à la plage, cette adresse fait l'honneur aux produits de la mer.

À proximité

Budget moyen

La Petite Brocante – *2 r. de Ledinghen - Wimille (6 km au sud de Boulogne-sur-Mer) - ✆ 03 21 32 87 65 - fermé lun., merc. et dim. soir - plats 18,50/24 €, menu 33,50 €.* Le restaurant propose une carte alléchante et recherchée dans les alliances gustatives et les associations de textures. On aime le travail des produits locaux et la présentation très soignée des assiettes.

L'Archipelle – *3 r. du Mar.-Foch - Le Portel (5 km au sud-ouest de Boulogne-sur-Mer) - ✆ 03 59 61 37 01 - www.larchipelle.com - fermé lun. et mar. midi - formule midi 22 €, plats 13/23 €.* Des moules provenant du Portel ou d'Équihen dans l'assiette, des fresques signées de l'artiste montreuillois Jej, ce sont les couleurs et les saveurs locales qui donnent à ce bar restaurant une fière allure. La plage, toute proche, est un autre avantage de ce lieu branché et décontracté.

Boire un verre

La Cave de Monsieur Guy – *4 r. de Lille - ✆ 03 21 83 17 07 - fermé lun.* Un haut lieu de la haute ville pour partager de généreux mets avec de bonnes bières artisanales. De nombreux concerts y sont organisés, autant d'occasions de prendre le pouls de la ville.

☺ D'autres adresses intéressantes pour boire un verre : **Au Vieux singe** *(8, r. Monsigny)*, siégez dans un canapé Chesterfield pour refaire le monde, à **L'Alcazar** *(6 r. de l'Ancienne-Comédie)*, profitez de l'ambiance chaleureuse d'un bar qui aime le rugby, enfin, au **The Vole Hole** *(52 r. de Lille)*, petit, charmant, dans son écrin de pierre.

Shopping

Poissonnerie

☺ De 7h du matin au début de l'après-midi, la pêche du jour est vendue aux étals de poissons du quai Gambetta.

La Poissonnerie Gourmande – *19 r. du Dr-Duchenne - ✆ 03 21 30 85 22 - fermé dim. apr.-midi.* Les saveurs de la mer se dégustent sur place ou à emporter dans cette poissonnerie installée sur le port.

4

On y trouve par ailleurs un espace traiteur, un bar à huîtres et une boutique de produits du terroir.

Boulangeries-pâtisseries

Pendant les fêtes de Noël, vous pourrez savourer un craquelin, une viennoiserie en pâte feuilletée, levée et tressée en forme de 8 ; et, toute l'année, un gâteau chocolat et crème chantilly, le Côte d'Opale.

Joaillerie

Pour rapporter un souvenir précieux, deux joailliers fabriquent encore des bijoux boulonnais (*encadré p. 237*).

Bijouterie Pernet – *45 r. Nationale - 03 21 91 79 88 - www.pernet-joaillier.com - fermé août, dim.-lun.*

Bijouterie Paschal – *24 r. de la Lampe - 03 21 31 64 36 - www.bijouterie-paschal.com - fermé dim.-lun.*

Vêtements

Les Toiles de Mer – *74 r. Victor-Hugo - 03 21 83 78 01 - fermé dim.-lun.* Vous trouverez ici les marques classiques pour adopter la mode marine : Armor Lux, Saint James...

Activités

Char à voile

Char à Voile Club de la Côte d'Opale – *272 bd Ste-Beuve - 03 21 83 25 48 - www.cvcco.com - fermé vac. de Noël - 37 €/2h initiation char à voile - réserv. conseillée.* Le CVCCO possède le plus grand parc européen de chars à voile (130). L'encadrement est idéal pour les débutants, à partir de 7 ans. Séances de 2 à 4 heures, stage semaine. Dans le forfait journée, vous choisissez 2 séances (char à voile, kayak de mer, pédalo, pirogue) et vous bénéficiez d'une remise de 10 %.

Le Florelle – *Quai Gambetta - Ponton Bombard - 06 48 49 42 26 - www.boulogne-promenade-en-mer.com - de déb. avr. à mi-oct.* Sorties à bord du *Florelle* pour des balades-découvertes du port et de la rade (1h/13 € ; -13 ans 10 €), de la pointe aux Oies (1h30/18 € ; -13 ans 13 €), du cap Gris-Nez (3h/30 € ; -13 ans 18 €) et du cap Blanc-Nez (4h/35 € ; -13 ans 21 €). Également pêche en mer.

Boulogne Canoé Kayak – *7 bd Chanzy - 03 21 31 98 60 - www.boulogneck.fr - fermé dim. - 10/12 €/1h location kayak de mer et paddle, 15/20 €/2h sortie encadrée, réserv. sur Internet.* Ce club nautique labellisé Fédération française de canoë-kayak propose des sorties encadrées, des stages, et aussi la location de matériel.

Randonnées pédestres

Randonnées dans le Boulonnais – *03 21 10 88 10 - www.boulonnaisautop.com.* Une dizaine de promenades de 1,5 km à 15 km pour apprécier les différents paysages du Boulonnais. Brochures disponibles dans les offices de tourisme et application à télécharger sur le site.

Hébergement

Premier prix

(16) **Hôtel Métropole** – PLAN I A2 - *51 r. A.-Thiers - 03 21 31 54 30 - www.hotel-metropole-boulogne.com - P 14 € - 25 ch. 85/135 € - 14 €.* En centre-ville, cet hôtel entièrement restauré propose des chambres modernes au mobilier d'esprit scandinave. Jolie salle des petits-déjeuners ouverte sur le jardin.

Budget moyen

(1) **Les Chambres du Beffroi** – PLAN II C2 - *44 pl. de la Résistance - 06 49 36 35 65 - 3 ch. 93/99 € - 10 €.* En plein cœur historique de la ville se nichent des chambres d'hôtes lumineuses dotées d'un parquet et de murs en pierre dont le charme simple réjouit les

visiteurs au même titre que l'accueil des hôtes. Le petit-déjeuner de qualité ponctue l'ensemble.

17 **Hamiot** - PLAN I A2 - *1 r. Faidherbe - ✆ 03 21 31 44 20 - 12 ch. 90/110 € - ☕ 10 €.* Une véritable institution ! Idéalement situé, ce bâtiment d'après-guerre donne sur le port de pêche et la criée ; on y trouve des chambres confortables, avec un beau mobilier en bois. Côté restauration, deux univers au choix : gastronomique ou brasserie.

Pour se faire plaisir

14 **Hôtel La Matelote** - PLAN I A1 - *80 bd Ste-Beuve - ✆ 03 21 30 33 33 - www.la-matelote.com - P 16 €/j - ♿ - 35 ch. 105/202 € - ☕ 16 € - ✕ menus 30/42 €.* Fière bâtisse des années 1930 postée sur le front de mer, face à Nausicaá. Ambiance chaleureuse, chambres de bon confort, espace détente moderne et service prévenant.

Hôtel Opal'Inn - HORS PLAN - *170 bd Ste-Beuve - ✆ 03 21 32 15 15 - www.hotel-opalinn.com - ▤ ♿ - 42 ch. 95/175 € - ☕ 14 €.* Cet hôtel se situe sur le front de mer, non loin de Nausicaá et du centre-ville. Les chambres sont égayées de tableaux fleuris, et de dessus-de-lit violets. Préférez naturellement, pour la vue, celles donnant sur le grand large.

À proximité

Budget moyen

Ferme-auberge du Blaisel - *Chemin de la Lombarderie - Wirwignes (12 km au sud-est de Boulogne-sur-Mer) - ✆ 03 21 32 91 98 - www.fermeaubergedublaisel.com - P ♿ - 3 ch. 80/120 € ☕ - ✕ plats 15/20 €.* Redécouvrez le goût des produits frais et de saison. Et si une légère torpeur vous envahit au terme du repas, réservez l'une des chambres d'hôtes de la maison.

La Villa Sainte-Claire - *11 r. du Presbytère - Wimille (6 km au nord de Boulogne-sur-Mer) - ✆ 03 21 91 99 58 - www.villa-sainte-claire.fr - 1 ch. 110 € ☕, 2 roulottes 75/90 € ☕ - 🚭.* Le parc, le verger et le bois escarpé de cette propriété du 18e s. vous transportent au vert, à deux pas de la mer. Il vous reste à choisir où dormir : chambre ou roulotte ? Peu importe au final, la nuit sera douce.

Pour se faire plaisir

Hôtel La Ferme du Vert - *555 r. du Vert - Wierre-Effroy (18 km au nord-est de Boulogne-sur-Mer) - ✆ 03 21 87 67 00 - www.fermeduvert.com - fermé dim., janv. - 15 ch. 110/160 € - ☕ 16 € - ✕ plats 18/23 €.* Le calme et la campagne sont réunis dans cette ancienne ferme du Boulonnais. Chambres décorées avec goût et simplicité. À table, plats traditionnels élaborés avec des produits maison. Vente de fromages.

Chambre d'hôte Le Prince Gourmand - *1024 rte de Tournes - Échinghen (5 km au sud-est de Boulogne-sur-Mer) - ✆ 03 21 92 04 19 - www.prince-gourmand.fr - 🚭 P - 4 ch. 130/145 € ☕.* Une ravissante maison blanche aux volets bleus donnant sur un verger. Vous serez accueilli avec gentillesse et générosité. Chambres spacieuses et décoration de charme, sans oublier un petit-déjeuner mémorable... Ah, la brioche à l'orange ! Au Prince Gourmand, la notion de maison et de table d'hôte prend tout son sens.

Hardelot-Plage

La longue plage de sable de cette station de la Côte d'Opale s'étend à perte de vue et se prête particulièrement à la pratique du char à voile. Mais il faut aussi quitter le front de mer et ses grands immeubles dédiés au tourisme pour découvrir l'autre visage d'Hardelot et son élégance très anglaise. Des villas cossues et de jolis cottages se nichent dans la forêt qui s'épanouit sur les larges dunes.

Se repérer

CARTE A2 (P. 206-207).
3 745 Hardelotois – Pas-de-Calais (62)
Entre Boulogne et Le Touquet.

Carnet pratique p. 245

Nos adresses p. 245

Séjourner

Le sable fin et le léger dénivelé de la plage font d'Hardelot le paradis des amateurs de **char à voile**. Louis **Blériot** y prépara son premier survol de la Manche en solitaire ; il s'entraînait en aéroplage, l'ancêtre du char à voile.
À marée basse, c'est aussi un lieu de prédilection pour la pratique du **speedsail**, une planche à voile sur roulettes où l'on se tient debout. Mais la commune abrite encore bien d'autres structures offrant l'occasion de s'initier ou de pratiquer le kayak de mer, la planche à voile, le golf, le tennis, l'équitation...
Des sentiers de randonnées pédestres, équestres et à vélo conduisent dans la forêt domaniale d'Hardelot, au nord jusqu'aux **dunes d'Écault**, un site naturel protégé, et jusqu'au mont St-Frieux, au sud (alt. : 152 m).

Se promener

Château d'Hardelot

1 r. de la Source - Condette - ✆ 03 21 21 73 65 - www.chateau-hardelot.fr - 10h-12h30, 13h30-18h - fermé lun. - 3 € (-18 ans gratuit).
Face au lac des Miroirs, ce manoir néogothique fut remanié au 19e s. par sir John Hare qui s'inspira du château de Windsor tout en conservant des vestiges de fortifications du 13e s. Il fut ensuite converti en club house puis une congrégation religieuse s'y installa. En 2009, il a été restauré et entièrement décoré et meublé dans les styles Napoléon III et victorien.
Aujourd'hui, sa visite relate l'histoire du château, des relations entre la France et l'Angleterre et aborde différentes thématiques, comme la gastronomie dans la salle à manger par exemple. Des jardins, où se mêlent ornementations française et anglaise, ont été créés ainsi qu'un espace d'exposition temporaire et un théâtre élisabéthain circulaire, inspiré du théâtre du Globe de Shakespeare. Enfin, de nombreuses animations (le Printemps médiéval, le Midsummer Festival...), des spectacles, des ateliers... sont très régulièrement proposés.
10,5 km - 3h - facile - brochure à l'office de tourisme. Le « Sentier de la Warenne », au départ du château, traverse la forêt domaniale d'Écault et vous mène dans le marais de Condette et le milieu dunaire d'Écault.

Carnet pratique

S'informer

Office de tourisme – *476 av. François-Ier - Neufchâtel-Hardelot - ✆ 03 21 83 51 02 - www.boulonnaisautop.com.*

Agenda

Lille-Hardelot – *Mi-mai - www.lille-hardelot.com.* Une cyclosportive très populaire avec son parcours qui emmène jusqu'à la mer.

Les Plages Musicales d'Hardelot – *www.lesplagesmusicalesdhardelot.com - été.* Ce festival de musique classique est venu remplacer en 2021 le Festival d'Hardelot.

Festi'mômes – *www.festimomes-hardelot.com.* Les vacances de la Toussaint sont réservées aux enfants ! Marionnettes, jeux, musique et théâtre.

Nos adresses

Restauration

Premier prix

Le Kitsch – *1 av. Fernand-Lesage - ✆ 03 91 18 87 54 - ♿ - fermé lun.-jeu. - carte 12,90/25,90 €.* Un petit côté rétro kitsch pour cette brasserie proposant une carte classique et convaincante, avec moules, burgers, salades, welshs, poulet au maroilles à la carte. Le personnel aux petits soins conforte la bonne impression de l'assiette.

L'Océan Bistr'O de la Mer – *100 bd de la Mer - ✆ 03 21 83 17 98 - locean-restaurant-hardelot.fr - ♿ - carte 13,50/24 €.* Cette vaste brasserie face à la plage offre un beau panorama sur la mer. Décor moderne et agréable terrasse d'été. Cuisine honnête, axée sur les produits de l'Océan...

Budget moyen

Hôtel Restaurant Le Régina – *185 av. François-Ier - ✆ 03 21 83 81 88 - www.lereginahotel.fr - fermé lun. midi - plats 18/25 €.* Un décor chaleureux et une jolie terrasse. Parfait pour déguster des plats classiques : tartare de bœuf, welsh complet, etc.

Activités

Wheeling Club Hardelot – *Digue Nord - 9 bd de la Mer - wheelingclubhardelot@gmail.com - vac. scol. et w.-end sur réserv. - 15 €/h, 25 €/2h.* Speedsail et gréements pour enfants à partir de 8 ans.

Les Drakkars – *Base Nautique - Neufchâtel-Hardelot - ✆ 03 21 83 27 93 ou 03 91 21 44 32 - www.charavoile-hardelot.com - 45 €/2h.* Chars à voile pour adultes ou enfants.

Club nautique – *Base de glisse, digue sud - cnhardelot.fr - merc.-jeu. et sam. 14h-18h.* Voile, planche à voile, catamarans, régates...

Kayak Mer Côte d'Opale KMCO – *Base de glisse, digue sud - ✆ 06 85 06 89 36 - kayak-opale.fr - avr.-oct. - initiation 25 €/2h.* Pour s'initier au longe-côte, au kayak ou au paddle. Et encore bien plus !

Hébergement

Pour se faire plaisir

Hôtel du Parc – *111 av. Francois-Ier - Neufchâtel-Hardelot - ✆ 03 21 33 22 11 - www.parc.najeti.fr - P ♿ - 80 ch. 122/168 € - ☕ 16 € - ✕ formules 23/28 €.* Ce complexe hôtelier et sportif est situé dans un environnement arboré. Les chambres, spacieuses et douillettes, ouvrent sur le parc. Provision de senteurs et de saveurs iodées dans le lumineux restaurant.

Le Touquet-Paris-Plage ★★

Idéalement située entre l'estuaire de la Canche, la Manche et la forêt, l'élégante station a gardé un charme désuet. Les villas rétros s'égrènent sous les pinèdes au milieu de pelouses fleuries cernées de haies impeccables, faisant vite oublier les immeubles du front de mer. Le Touquet révèle son dynamisme à travers un programme varié d'expositions, d'activités sportives, de concerts ou de courses hippiques en toute saison. Rançon du succès : en été, la population est multipliée par 50, passant de 4200 à plus de 210000 vacanciers !

Le Touquet.
O. Leclercq/hemis.fr

Se repérer

CARTE A3 (P. 206-207) – PLAN P. 249.

4227 Touquettois – Pas-de-Calais (62)

Le Touquet est à 40 km au sud de Boulogne-sur-Mer et à 17 km au nord-ouest de Montreuil-sur-Mer.

À ne pas manquer

Une balade à vélo ; les villas 1900.

Organiser son temps

Comptez une demi-journée pour la balade 1900 et n'hésitez pas à louer un vélo pour parcourir la forêt.

En famille

Plage, mer, forêt, les activités ne manquent pas !

Carnet pratique p. 252

Nos adresses p. 252

Naissance d'une station

En 1837, Alphonse Daloz, notaire parisien, achète 1600 ha de dunes arides sur cette côte encore sauvage, et y fait planter des milliers de pins maritimes, peupliers et aulnes, qui forment dès la fin du 19e s. une véritable forêt. Son ami Hippolyte de Villemessant, directeur du *Figaro*, séduit par ce qu'il considère comme « l'Arcachon du Nord », lui suggère alors la création d'une station balnéaire qui porterait le nom de « Paris-Plage ». En 1882, Daloz bâtit un premier lotissement, vite apprécié par les Parisiens qui s'y rendent en train. Mais c'est sous l'impulsion d'un homme d'affaires anglais, John Whitley, qui y fonde un deuxième lotissement au début du 20e s., que la station est véritablement lancée : pour répondre à la clientèle britannique, des hôtels luxueux (hôtel des Anglais, hôtel de l'Hermitage, hôtel Régina...), des casinos et des équipements sportifs sont construits.

Se promener

PLAN P. 249

Digue-promenade A1-2

Formant un front de mer, elle comporte de nombreux jardins. Côté sud, elle aboutit au **centre nautique de la Manche Bertrand-Lambert** et à l'**Institut Thalassa** *(« Nos adresses », p. 254)*.

Dessiné par Quételart, l'**ancien plongeoir** (1948) a longtemps incarné la modernité du Touquet d'après-guerre. Il servit aussi de cheminée et d'horloge.

Plage A1-2

La superbe plage, qui se découvre à marée basse sur 1 km et se prolonge sur 7 km jusqu'à l'embouchure de la Canche, est constituée de sable fin et dur, idéal pour le char à voile. Par une route en corniche, suivant le cordon de dunes, on arrive au **centre nautique de la baie de Canche**, à la pointe du Touquet.

Sports et distractions

Près du domaine de l'Hermitage, avec ses galeries marchandes, sont implantés le **centre sportif (B2)**, le **casino du Palais (A2)** et le **palais des Congrès (A2)** où se tiennent aussi spectacles et échanges culturels.

Musée B2

Av. du Golf et av. du Château - 03 21 05 62 62 - www.letouquet-musee.com - juil.-août : 10h-12h, 14h-18h30 ; reste de l'année : 14h-18h - fermé mar. - 4 € (-18 ans gratuit) - 8 € billet combiné avec le phare.

Il présente des œuvres des peintres de l'école d'Étaples (1880-1914), une section d'art moderne et contemporain et des expositions temporaires ainsi qu'un important fonds photographique.

Le « Jardin de la Manche »

Plantée en 1855 à l'initiative d'Alphonse Daloz, la forêt couvre 800 ha. Ses boisements de pins maritimes, bouleaux, aulnes, peupliers et acacias protègent du vent quelque 2000 villas, de style anglo-normand ou résolument modernes. 45 km de pistes cavalières et 50 km d'avenues forestières réservées aux piétons et cyclistes traversent les bois et les quartiers résidentiels, aux jardins soignés. Quatre circuits pédestres balisés partent de la place de l'Hermitage. Au sud de la forêt s'étendent trois parcours de **golf**. Le long de la Canche s'alignent l'**hippodrome**, le **centre équestre**, le **stand de tir à l'arc** et l'aéroport.

Le « styLe Touquettois »

Une nouvelle génération d'architectes apparaît dans l'entre-deux-guerres. Elle donne naissance au « style Touquettois moderne », bien représenté par **Louis Quételart**. Une centaine de villas sont construites chaque année, faisant de la station balnéaire une vitrine architecturale. Les formes des villas sont recherchées, avec doubles pignons et toitures complexes, la relation entre l'habitat et l'environnement s'affine. Louis Quételart et ses confrères – Horace Pouillet, Henry-Léon Bloch… – exprimèrent brillamment des influences très diverses.

Le quartier de la **Dune aux Loups**, près de l'estuaire de la Canche et de l'hippodrome, tient son nom des courants marins qui y refoulaient les noyés : ceux-ci étaient appelés *leu* en patois, terme qui a donné « loup ».

Balade 1900

Circuit tracé en vert sur le plan.

Demandez le dépliant du parcours historique à l'office de tourisme.

En face de l'office de tourisme, l'imposant bâtiment blanc fut jadis l'hôtel de l'Hermitage. Il abrite aujourd'hui des logements et, au rez-de-chaussée, une luxueuse galerie commerçante.

De la place de l'Hermitage, prendre l'avenue du Verger.

« Champs-Élysées » miniatures, cette avenue reste un haut lieu du shopping. À droite, des parterres fleuris mettent en valeur des boutiques, au style Art déco. Plus loin, la façade de brique rose de l'**hôtel Barrière Westminster**, l'un des plus prestigieux établissements de la station, aligne ses rangées de fenêtres en saillie.

Prendre l'avenue St-Jean au croisement de l'avenue du Verger.

Ensemble éclectique, le **Village suisse** (1905) se donne un air médiéval, avec ses tourelles et créneaux ; les arcades commerciales forment une terrasse à l'étage.

Revenir jusqu'à l'hôtel Barrière Westminster et prendre l'avenue des Phares.

Phare – *Av. des Phares - visite guidée (45mn) 14h, 15h, 16h et 17h (selon les conditions météorologiques) - fermé lun. - 6 € (enfant 4 €).* Derrière l'hôtel Barrière Westminster, le phare de brique rose a été relevé par Quételart en 1949. Son fût octogonal est à faces incurvées, façon colonne dorique. Après l'ascension des 274 marches qui mènent au sommet, vous serez récompensé par un panorama exceptionnel à 360°. L'ancien logis des gardiens abrite le musée de la Maison des phares.

Traverser l'avenue des Phares et prendre la rue J.-Duboc pour rejoindre le boulevard Daloz.

Au n° 44 du boulevard Daloz, la **villa La Wallonne** marque le début du quartier animé et commerçant. Au n° 78, la façade bleue de la **villa Les Mutins** (1925), résidence de Louis Quételart, présente deux pignons sur la rue de Lens.

En face, au n° 45 du boulevard Daloz, la **villa Le Roy d'Ys** (1903) est une demeure d'aspect normand, à pans de bois et pierre de marquise.

L'**église Ste-Jeanne-d'Arc**, édifiée en 1911 et restaurée en 1955, se pare de vitraux et de ferronnerie d'art.

À côté, l'**hôtel de ville★** (1931), en pierres du pays et pans de bois cimentés, est flanqué d'un beffroi de 38 m. L'ensemble s'apparente au style anglo-normand.

Prendre la rue Jean-Monnet vers la plage.

Au n° 50, la **villa Le Castel** (1904) opte pour un style néomédiéval associé à des éléments Art nouveau. La rue Jean-Monnet passe sous l'arche du **marché couvert**

SE RESTAURER
- La Base Nord 1
- Le Restaurant des Arts 3
- Les Canailles 4
- Le Village Suisse 7
- Pérard-Restaurant-Poissonnerie-Traiteur 10
- Côté Sud 13

SE LOGER
- Haec Otia 1
- Hôtel Jules 2
- Hôtel Gaspard 7
- Hôtel Les Embruns.......... 13
- Hôtel Red Fox 16
- Castel Victoria 23

(1927-1932) en forme de demi-lune, pour atteindre le boulevard du Dr-J.-Pouget, en bord de mer, où se succèdent d'autres maisons de plaisance.

★★ Promenade à vélo AB1-2

▶ *Boucle de 10 km – Très facile. Garer son véhicule sur les grands parkings du bord de mer. Remonter vers l'Aqualud par le boulevard du Dr-J.-Pouget pour rejoindre les dunes par la rue Joseph-Duboc ; monter la petite côte et suivre la route en Corniche après le coude.*

Entre les dunes coiffées d'oyats et la pinède, la route conduit à un point de vue étonnant sur l'estuaire de la Canche et les coteaux de Dannes-Camiers où s'élèvent de gigantesques éoliennes.

Traverser le grand parking jusqu'à l'avenue Jean-Ruet. Prendre ensuite à gauche le boulevard de la Canche qui longe l'estuaire. Passer le parc équestre et un lotissement par l'avenue de la Dune-aux-Loups. Au croisement, suivre l'avenue du Golf qui croise l'avenue Vincent après un stop, puis l'avenue du Gén.-de-Gaulle après un feu. Prendre l'avenue Van-der-Meersch, sur la droite. Au rond-point, suivre la direction du Touquet centre par l'avenue F.-Godin. S'engager ensuite dans l'avenue de Verdun qui monte légèrement sur la gauche (le sens interdit vaut pour les véhicules motorisés). Rejoindre par la 3e rue à droite l'avenue de l'Atlantique et longer le littoral pour revenir au point de départ.

À proximité

CARTE P. 206-207

Stella-Plage A3

8 km au sud. Quitter Le Touquet par l'av. F.-Godin et, à 5 km, prendre à droite la D 144.

1397 pl. Jean-Sapin - 03 21 09 04 32 - www.destinationmontreuilloisen-cotedopale.com.

En arrière de la dune qui longe la plage, les villas de la station Stella-Plage, plus populaire que sa voisine, sont dispersées dans le bois qui prolonge celui du Touquet.

St-Josse A3

10 km au sud-est. Prendre la D 940 avant Étaples-sur-Mer, puis la D 143 et la D 144.

Vue sur Étaples-sur-Mer. Situé sur une colline, le village possédait une abbaye fondée par Charlemagne en souvenir de saint Josse, ermite du 7e s. Dans le chœur (16e s.) de l'église, on vénère la châsse du saint. À 500 m à l'est, la fontaine et la chapelle St-Josse, lieu de pèlerinage, se cachent dans un clos boisé.

★ Baie de Canche A3

Au nord, de l'autre côté de l'estuaire de la Canche.

Visite libre par les sentiers aménagés, visite et animations organisées par la Maison de la faune et de la flore à Étaples-sur-Mer (parc du Clos St-Victor - bd Bigot-Descelers - 03 21 84 13 93) ou à l'office de tourisme au 03 21 09 56 94.

Protégée par le **Parc naturel marin des Estuaires picards et de la Mer d'Opale** (*encadré p. 258*) et, en partie, par une réserve naturelle, cette baie, très sauvage sur sa rive nord, révèle des paysages d'une grande beauté. En fonction de la lumière et de la marée, elle revêt des visages toujours différents, sources d'inspiration infinies pour de nombreux artistes.

Étaples-sur-Mer A3

10 km à l'est par la D 939.

Bd Bigot-Descelers - La Corderie - 03 21 09 56 94 - www.tourisme-etaples.com.

Ne manquez pas une halte au marché aux poissons.

Aux confins de la Manche et de la mer du Nord, Étaples-sur-Mer est un port de pêche côtière (soles, carrelets, merlans, crevettes) et hauturière actif. Ses gros chalutiers opèrent surtout à partir de Boulogne-sur-Mer, à cause de l'ensablement de la Canche, mais les équipages restent attachés à leur port d'origine. Le

L'artisanat de la mer

Au milieu du 19e s., un habitant sur cinq à Étaples-sur-Mer est marin : on comprend donc pourquoi la ville est surnommée « la cité des pêcheurs ». Plus de 40 bateaux sont rattachés au port, pour une population de 2 300 habitants. Sans compter les ouvriers des chantiers navals, et ceux de la corderie où l'on fabrique les filets... Les femmes pêchent la crevette, recueillent des vers et vendent le poisson. Aujourd'hui, plusieurs centaines de familles vivent encore de la pêche, mais la plupart des bateaux restent basés à Boulogne-sur-Mer. La tradition la plus vivace est liée au hareng. Il se consomme sous toutes ses formes : salé, saur, bouffi, gendarme, mariné au vinaigre...

Centre de découverte de la pêche en mer et le musée de la Marine invitent à mieux comprendre leur vie quotidienne et les risques du métier.

★ **Maréis - Centre de découverte de la pêche en mer** – *Bd Bigot-Descelers - 03 21 09 04 00 - www.mareis.fr - - avr.-sept. : 9h30-13h, 14h-18h ; reste de l'année : 10h-12h30, 14h-17h30 - fermé dim. mat. et 1re quinz. de janv. - 8 € (-13 ans 6 €) - 25 € billet famille.* Située dans une ancienne corderie qui a conservé ses pavés d'asphalte et ses charpentes métalliques, l'exposition-spectacle (2 000 m²) de Maréis – « les choses de la mer » en latin – évoque la pêche d'aujourd'hui, avec une mise en scène inventive et concrète : film en 3D, bornes interactives, bassin tactile... Sur un quai reconstitué, un circuit **« à terre »** aborde des sujets tels que la construction d'un chalutier, la formation du marin, la vie des femmes... On peut apprendre à réaliser des nœuds de marine, piloter un bateau sur un écran de simulation, avant de monter **« à bord »** d'un chalutier de 24 m doté d'équipements de pointe : radars, traceurs de route informatique, sondeurs, etc. Des bancs de poissons évoluent dans 7 aquariums. Des effets spéciaux restituent l'environnement du pêcheur – vibrations du moteur, sensations de tangage, « coup de vent ». Autant d'animations qui font efficacement percevoir les tensions du métier.

Musée de la Marine – *Bd de l'Impératrice - 03 21 09 77 21 - 10h-12h, 14h-18h, dim. 14h-18h - fermé mar. et janv. - 4,50 € (-19 ans 3 €) - gratuit 1er dim. du mois.* Plus traditionnel, ce musée, de plus de 600 m², présente l'évolution des bateaux de pêche : navires de taille réelle et maquettes. Il revient sur leur construction, le tannage des filets et des voiles, la sécurité en mer, et présente quelques surprises remontées dans les filets, comme une dent de mammouth ou une vertèbre de bison. Plusieurs types de filets sont exposés. Une reconstitution d'un intérieur de marin dans les années 1950 est également visible. Voyez aussi les **balouettes**, signes de reconnaissance que l'on plaçait en tête de mât des navires d'Étaples-sur-Mer.

4

Cimetière militaire du Commonwealth A3

1 km au nord d'Étaples-sur-Mer par la D 940.

C'est le plus grand cimetière du Commonwealth en France, plus de 10 000 soldats y reposent depuis son inauguration, en 1922. Installé sur un site dominant l'estuaire, il offre une belle **vue** sur la baie de Canche.

Carnet pratique

S'informer

Office de tourisme – *Pl. de l'Hermitage - Le Touquet-Paris-Plage - ✆ 03 21 06 72 00 - www. letouquet.com.*
L'office de tourisme propose des balades thématiques à pied et/ou à vélo : « L'architecture balnéaire », « La baie de Canche à la lueur des lanternes », « Hors des sentiers battus », « Ils sont venus au Touquet », « L'Art déco ».

Parcours historique – Cet itinéraire vous fera découvrir les plus beaux bâtiments du Touquet. Plan de la promenade disponible à l'office de tourisme.

Agenda

Au-delà de l'emblématique **Enduropale**, l'une des plus célèbres courses de moto en France qui se déroule chaque année sur la plage le dernier w.-end de janv. ou le premier w.-end de février, le calendrier des manifestations du Touquet-Paris-Plage regorge de propositions toute l'année : culture, sport, tradition, animations familles... *Programme sur www. letouquet.com.*

Pianos Folies – *lespianosfolies. com – juin.* Ce festival de musique classique organise 60 concerts mettant à l'honneur 150 artistes et pianistes du monde entier.

Touquet Music Beach Festival – *www.touquetmusicbeach. com – fin août.* Sur la plage, une programmation électro, pop, rock et hip-hop.

À Étaples-sur-Mer

Bénédiction de la mer – Messe en plein air, le w.-end du 15 août. Bénédiction des bateaux et procession en mer.

Joute à canotes – Un dimanche début octobre en fonction des coefficients des marées. Depuis la fin du 19e s., cette régate fait concourir les canots de sauvetage de la cité sur le fleuve. Autrefois réservée aux pêcheurs, elle est aujourd'hui ouverte à tous et rassemble plus de 60 embarcations sur la Canche.

Fête du hareng-roi – Aux alentours du 11 Nov., les Étaplois célèbrent l'ouverture de la saison de pêche au hareng et l'arrivée du roi des poissons sur leurs étals. Dégustations, ateliers artisanaux et animations diverses.

Nos adresses

Restauration

Budget moyen

(10) **Pérard - Restaurant-Poissonnerie-Traiteur** – A2 - *67 r. de Metz - ✆ 03 21 05 13 33 - www.perard-letouquet. fr - ♿ - plats 28/36 €.* La soupe de poissons, disponible en bocaux chez de très nombreux mareyeurs, épiciers et traiteurs, est devenue une institution au Touquet. Celle de chez Pérard est la plus réputée... Le restaurant s'est agrandi d'un bar à huîtres et d'une terrasse d'été pour déguster en toute tranquillité les produits vendus à la poissonnerie.

(1) **La Base Nord** – B1 - *1 av. Jean-Ruet - ✆ 03 21 05 59 22 - www. labasenord.com - 10h-22h30 - carte 19/43 €.* Il y a la vue, superbe, sur l'estuaire de la Canche. Et il y a la carte où se côtoient plateaux de fruits de mer et viandes grillées. Il y a enfin ce petit côté bout du monde, le sable et la mer sous la main, et si le temps est maussade, au chaud, dans une grande cabane en bois avec le feu de cheminée qui crépite.

4 **Les Canailles** – A2 - *73 r. de Paris - ✆ 03 21 05 03 03 - fermé lun., mar.-vend. midi et dim. soir - menu 32 €.* Dans la pléthore de restaurants du Touquet, celui-ci a le mérite de proposer du frais et une cuisine de bistrot engageante. Pensez à réserver car les places sont comptées.

Pour se faire plaisir

13 **Côté Sud** – A2 - *187 bd du Dr-Jules-Pouget - ✆ 03 21 05 41 24 - ♿ - fermé lun. midi, merc. et dim. soir - menus 35/55 €.* Cadre minimaliste, tout blanc, et soigné pour ce restaurant situé le long de la digue du Touquet, face à la mer. La cuisine, au goût du jour, fait la part belle aux poissons.

3 **Le Restaurant des Arts** – A2 - *80 r. de Paris - ✆ 03 21 05 21 55 - le-restaurant-des-arts.fr - ♿ - fermé lun. et mar. midi - plats 25/55 €.* Ce restaurant à la façade jaune et rouge abrite un intérieur tout aussi gai où l'on se régale de petits plats traditionnels bien tournés, élaborés à partir de produits frais, ce qui explique sans doute la popularité de l'adresse auprès des Touquettois. Le restaurant est un must, en salle comme en terrasse.

7 **Le Village Suisse** – A2 - *52 av. St-Jean - ✆ 03 21 05 69 93 - menus 36/70 €.* Cette villa construite en 1905 pour la fille d'un richissime Suisse abrite un plaisant restaurant et une belle terrasse aménagée sur le toit de boutiques d'antiquités.

À proximité

Budget moyen

Aux Pêcheurs d'Étaples – *3 bd de l'Impératrice - Étaples-sur-Mer (10 km à l'est du Touquet) - ✆ 03 21 94 06 90 - www.auxpecheursdetaples.fr - ♿ - oct.-mars : fermé dim. soir - plats 19/35 €.* Produits de la mer on ne peut plus frais pour ce restaurant lumineux installé au 1er étage d'une grande poissonnerie des quais de la Canche. Vue sur l'aérodrome du Touquet.

Pour se faire plaisir

La Petite Auberge – *933 av. de la Libération - Cucq (7 km au sud du Touquet) – ✆ 03 21 94 33 03 - www.alapetiteauberge.fr - fermé lun. soir, mar. soir et merc. ; vac. d'été : fermé dim. soir et lun. - menu 36,50 €, plats 18/27,50 €.* « Un bon plat ne peut être fait qu'avec de bons produits », tel est le manifeste de cette adresse chaleureuse à souhait. Les coquilles saint-jacques, crème de cresson séduisent tout comme le filet de canette, purée betterave balsamique et la tarte tatin aux coings avec sa crème fermière. Aux beaux jours, jolie terrasse.

Petite pause

La Plage – *Sur la plage - aux beaux jours.* Les pieds dans le sable, confortablement installé dans des fauteuils face à la mer, ou sur la petite terrasse en bois, buvez un verre, grignotez une gaufre, une crêpe, une salade ou un sandwich, le tout préparé sur place à base de produits frais. On se sert au snack, le patron ne fait pas de fioritures et les prix sont à la hauteur du Touquet !

Aux Mignardises – *20 r. St-Jean - ✆ 03 21 05 36 21 - www.aux-mignardises-saintjean.com - 12h-00h.* Cette crêperie familiale œuvre depuis 1976 à l'élaboration de galettes bretonnes au sarrasin, de crêpes vosgiennes sucrées, de glaces artisanales et de gaufres, le tout préparé sur place, avec des produits de qualité. Une institution.

Shopping

Aux doigts de Jean-Bart – *80 r. de Metz - ✆ 03 21 05 39 03 - www.auxdoigtsdejeanbart.com - fermé dim. apr.-midi et lun.* La pâtisserie Vandewalle originaire

4

de Dunkerque a ouvert il y a peu cette petite boutique où l'on peut déguster les spécialités maison : le doigt de Jean-Bart (gâteau aux amandes avec crème café, enrobage chocolat noir ou lait) et les manchons (meringue noisette, crème pralinée, feuille de chocolat au lait).

Au Chat Bleu – *47 bis r. St-Jean - ☏ 03 21 05 03 86 - fermé mar.* La gourmandise emblématique du Touquet, exquise : un praliné entre deux feuilles de nougatine ornée d'une figure de chat bleu qui fait la réputation de la chocolaterie éponyme.

Activités

Centre nautique de la Manche Bertrand Lambert – *Bd du Dr-J.-Pouget - Base nautique ☏ 03 21 05 33 51 - selon la marée - sur réserv. - 47 €/initiation 2h.* La belle plage du Touquet est un terrain idéal pour découvrir le char à voile sur plus de 15 km de sable fin. Ce sport surprenant procure des sensations uniques de vitesse et de liberté. Vous pourrez suivre des cours d'initiation de 2h pour les adultes. Les enfants ne sont reçus qu'en stage (8-12 ans).

Parc équestre du Touquet – *Av. de la Dune-aux-Loups - ☏ 03 21 05 15 25 - centreequestre-letouquet.com - accueil - fermé lun. (hors vac. scol.) - 49 € (à partir de 12 ans) promenade 1h30.* Ce centre, qui s'étend sur 50 ha dans la forêt, élève plus de 150 magnifiques chevaux, la plupart mis en pension par leurs propriétaires. Cependant, les 40 chevaux et poneys du club sont à votre disposition pour des balades plus ou moins longues selon votre niveau.

Centre tennistique Pierre de Coubertin – *Rd-pt des Sports - ☏ 03 21 05 02 97 - juil.-août : 9h-20h ; reste de l'année : 9h-12h, 14h-19h - tennis : 20 €/h (vac. scol. et w.-ends 26 €/h) ; padel : 18 €/h (vac. scol. et w.-ends 20 €/h).* 23 courts extérieurs en terre battue, 5 terrains couverts en green set et 2 cours de padel extérieurs en gazon synthétique.

Golf du Touquet – *Av. du Golf - A 16, sortie 26 - ☏ 03 21 06 28 00 - www.letouquetgolfresort.com - été : 7h-19h ; reste de l'année : 8h-17h.* Trois beaux parcours (2 de 18 trous et 1 de 9 trous) : l'un tracé au cœur d'une forêt de pins, l'autre dans les dunes sauvages en bord de mer et le troisième, pédagogique, destiné aux stages.

Institut Thalassa – *Front de mer - ☏ 03 21 09 85 00 - www.thalassa.com - fermé dim. apr.-midi.* Thalassothérapie et remise en forme.

Bike 4 You – *33 bd Daloz - ☏ 03 21 06 45 43 - www.bike4you.fr - tlj 10h-19h - 12 €/5h.* Vélos et rosalies sont parfaits pour se balader en famille dans la station balnéaire. *Voir l'itinéraire Côte d'Opale, entre Calais et Le Touquet, décrit p. 26-27.*

À Étaples-sur-Mer

Croisière en baie – *À l'aubette sur le port - Quai de la Canche - ☏ 03 21 09 56 94 - www.etaples-tourisme.com - avr.-sept. : selon les horaires des marées, se rens. à l'office de tourisme - 45mn 11 € (3-16 ans 9 €).* Le navire de croisière nommé *Baie de Canche* vous emmène dans l'estuaire à la recherche des phoques ! À son bord, il est aussi possible de partir une journée à la pêche avec une équipe de marins *(12h - 75 €)* et du matériel de pêche à louer *(12 €)*.

Hébergement

Premier prix

2 Hôtel Jules – A2 - *73 r. de Moscou - ☏ 03 21 05 09 88 - www.hoteljulesletouquet.fr - 11 ch. 50/120 € - ☕ 12 €.* Hôtel bien situé pour découvrir la ville et la plage à pied. Les chambres sont fonctionnelles, avec une pointe d'élégance, le petit-déjeuner copieux et l'accueil chaleureux. Que demander de plus ?

Budget moyen

7 **Hôtel Gaspard** – A2 - *15 r. de la Paix - ✆ 03 21 05 87 65 - www.hotelgaspard.fr - 15 ch. 80/180 € - ☕ 12 €.* À 50 m de la plage, cet hôtel complètement réhabilité propose des chambres chics, modernes, bien équipées et confortables. Le petit-déjeuner sous forme de buffet, composé de produits frais et variés, vous permettra de partir sereinement à la conquête des immenses plages du Touquet.

Pour se faire plaisir

23 **Castel Victoria** – A1 - *11 r. de Paris - ✆ 03 21 90 01 00 - www.castelvictoria.com - ♿ - 26 ch. 85/155 € - ☕ 9,50/13,50 €.* Non loin du front de mer, cette ancienne pension de famille du début du 20e s. est devenue un bel hôtel design et contemporain, avec notamment des salles de bains ouvertes dans la plupart des chambres. Même si certaines sont petites (les « Cosy »), elles sont idéales pour se reposer après la plage. Agréable bar lounge, terrasse orientée sud et jardin zen pour les beaux jours.

13 **Hôtel Les Embruns** – A2 - *89 r. de Paris - ✆ 03 21 05 87 61 - www.lesembruns-hotel.com - ♿ - 22 ch. 120/159 € - ☕ 15 €.* Près du rivage, avenante façade abritant des chambres en majorité rénovées ; celles ouvrant sur l'arrière sont plus calmes. Petit salon-bibliothèque et jardin.

16 **Hôtel Red Fox** – A2 - *60 r. de Metz - ✆ 03 21 05 27 58 - www.hotelredfox.com - ▤ P 15 € - ♿ - 71 ch. 120/175 € - ☕ 14 €.* Dans une rue animée, chambres pratiques, de tailles variables, mansardées au dernier étage. Salon confortable et salle des petits-déjeuners à l'ambiance cosy (copieux buffet).

Villa d'hôtes Graine de Pin – HORS PLAN - *166 ch. Monthor - ✆ 06 09 62 63 62 - www.grainedepin.fr - 4 ch. 130/160 € ☕ - 🏊 P.* Abritée sous les pins, dans une impasse endormie, la villa abrite des chambres sobres et élégantes. Derrière se dévoilent une piscine, son bar et les transats étendus sur la pelouse toute proche, l'heure du repos a sonné !

Une folie

1 **Haec Otia** – A2 - *Av. Louis-Aboudaram - Croisement av. de l'Atlantique et av. Louis-Aboudaram - ✆ 03 21 06 46 62 - www.demeure-hote-haecotia.fr - 🏊 ♿ - 5 ch. 265 € ☕ - ✕ sur demande.* Dans une ancienne villa de style anglo-normand du Triangle d'or luxueusement rénovée, les deux chambres et trois suites rendent hommage à de grands noms de la couture française. Un remarquable rapport qualité-prix dans sa catégorie.

Les Tchanquées – HORS PLAN - *156 av. des Chèvrefeuilles - ✆ 06 04 59 95 35 - 🏊 - 2 ch. 190/250 € ☕.* Dans le calme de la forêt, cette maison d'architecte en bois abrite des chambres confortables prolongées d'une terrasse. Aux beaux jours, la piscine ajoutera encore à votre bien-être. Sans omettre l'excellent petit-déjeuner ainsi que les attentions de Philippe, l'hôte du lieu, qui contribueront eux aussi à un séjour sous le signe du contentement.

Berck-sur-Mer

Voilà un paradis pour les chars à voile, les cerfs-volants et les kitesurfs ! La plage de cette station dynamique et familiale de la Côte d'Opale déploie 12 km de sable fin. L'enfant y est roi, grâce au label Famille Plus, et l'air est le plus iodé du Pas-de-Calais... Les phoques de la baie d'Authie ne s'y sont pas trompés !

Berck-sur-Mer, café sur la plage.
D. Hughes/robertharding/age fotostock

Se repérer

CARTE A3-4 (P. 206-207).
13 482 Berckois – Pas-de-Calais (62)
Entre baie d'Authie et Côte d'Opale.

Organiser son temps

Venez pendant les Rencontres internationales de cerfs-volants, en avril. Pour observer les phoques de la baie, rendez-vous à la base nautique Berckois, à marée basse.

En famille

Les colonies de phoques de la baie d'Authie ; le parc de Bagatelle ; les Rencontres internationales de cerfs-volants.

Carnet pratique p. 258

Nos adresses p. 258

Une station de rééducation

La ville, orientée ouest, balayée par des vents maritimes réguliers et bien ensoleillée, est réputée pour ses hôpitaux et ses centres de rééducation. Cette vocation hospitalière est née du dévouement de Marianne Brillard, surnommée « Marianne toute seule » parce qu'elle avait perdu son mari et ses quatre enfants. Elle recevait, vers 1850, les enfants malades de la tuberculose car l'air iodé et les bains de mer leur faisaient du bien, inventant par ses pratiques la thalassothérapie. Le premier hôpital maritime, créé en 1869, fut inauguré par l'impératrice Eugénie. Aujourd'hui, la ville compte toujours de nombreux établissements de santé.

Séjourner

Plage

Station Famille Plus et station nautique, Berck-sur-Mer offre de multiples activités aux enfants tout comme aux adultes, le long de ses 1400 ha de sable fin.
Env. 5 km - 2h AR. La promenade du Professeur-Debeyre longeant la côte vers le sud permet de rejoindre la base nautique en passant devant l'**hôpital maritime**, le **phare**, haut de 40 m et reconstruit après la guerre, et le calvaire des marins. Elle se prolonge ensuite sur un GR jusqu'au port de La Madelon, via la plage de Groffliers. Si vous vous y trouvez autour de début juillet, ne manquez pas le spectacle des lilas de mer en fleurs sur les prés-salés.

Musée de France Opale Sud

60 r. de l'Impératrice - ✆ 03 21 84 07 80 - www.musenor.com - ♿ - juil.-août : 10h-12h30, 14h-18h ; reste de l'année : 10h-12h, 14h-18h - fermé lun. et mar. matin - 3,50 € (-18 ans gratuit) - gratuit 1er dim. du mois.
Installé dans l'ancienne gendarmerie, entièrement réaménagée, ce musée transmet le témoignage laissé par les artistes de la période 1860-1914 sur la plus importante marine d'échouage de France qui accueillit au début du 20e s. jusqu'à 110 bateaux de pêche. Il rassemble une grande collection de tableaux d'artistes locaux (Francis Tattegrain, Charles Roussel, Jan Lavezzari...), venus à Berck à la suite de Ludovic Napoléon Lepic (1839-1889) qui s'émancipa vite du mouvement impressionniste, ainsi qu'une impressionnante série de 92 portraits miniatures de marins et de femmes, pensionnaires de l'Asile maritime, réalisés par Francis Tattegrain puis, après sa mort, par Charles Roussel. Les toiles ouvrent à une double lecture, artistique et sociologique. Au 1er étage, expositions temporaires et résultat des fouilles subaquatiques réalisées dans le Nord : bijoux du 6e s., mobilier des tombes à incinération, pièces du sanctuaire de Dompierre-sur-Authie, panoplie militaire, mobilier de l'époque mérovingienne.

Église St-Jean-Baptiste

212 av. du Dr-Quettier. Son clocher est un ancien phare médiéval ou « foier » (14e s.). Bâtie en grès de Marquise, la tour mesure 8 m de haut et 6,5 m de côté. La nuit, un feu brûlait à son sommet, entretenu par charbon de bois et fagots.

Église N.-D.-des-Sables

Av. du Dr-Cazin. Construite en 1882, l'église de Berck-Plage a conservé intacte son étonnante charpente en pitchpin, réalisée par les charpentiers de marine. Sa **nef** rappelle une coque de navire.

Un patrimoine naturel protégé

Créé en 2012, le **Parc naturel marin des Estuaires picards et de la Mer d'Opale** couvre 2 300 km², le long de 118 km de côte entre Ambleteuse et Le Tréport (Seine-Maritime). Il est composé de plages, de vasières, de hauts-fonds rocheux, de dunes... et abrite environ 200 espèces animales, dont certaines sont menacées.

À proximité

CARTE P. 206-207

★ Baie d'Authie A4

5 km au sud de Berck par la D 940.

À l'embouchure de l'Authie s'étend la baie du même nom : cette zone protégée dans le cadre du Parc naturel marin des Estuaires picards et de la Mer d'Opale offre un spectacle unique : les **colonies de phoques★** gris et de veaux marins (environ 40 individus) qui viennent se reposer à marée basse sur les bancs de sable face au club nautique (*« Nos adresses » ci-contre*). Plus à l'est, en remontant vers le chenal de l'Authie, on découvre le minuscule port d'échouage de **La Madelon**. Aujourd'hui s'y reposent une douzaine de bateaux.

Carnet pratique

S'informer

Office de tourisme – *5 av. Francis-Tattegrain - Berck-sur-Mer - ✆ 03 21 09 50 00 - www.berck-tourisme.com.*

Agenda

Rencontres internationales de cerfs-volants – *www.cerf-volant-berck.com –avr.* L'un des plus importants rassemblements de cerfs-volants au monde, avec concours, démonstrations et initiations. Sur la plage et l'esplanade Parmentier.

Fête de la mer et bénédiction – Bénédiction de la mer sur la plage, le 15 août.

Les Six Heures de char à voile – Cette course d'endurance en char à voile se déroule sur la plage, en général le dernier w.-end d'octobre ou le premier de novembre. Les dates peuvent varier en fonction des marées et du temps *(se rens. à l'office de tourisme).*

Nos adresses

Restauration

Premier prix

La Verrière – *Pl. du 18-Juin - ✆ 03 21 84 27 25 - formules 19/22 €, plats 17,50/20 €.* Dans l'ancienne gare routière convertie en casino, une grande salle de restaurant moderne, lumineuse et soignée, où l'on déguste des petits plats mitonnés au goût du jour.

Shopping

Le Succès Berckois – *31 r. Carnot - ✆ 03 21 09 61 30 - www.succesberckois.com - fermé lun. mat.; fabrication été : tlj 15h-19h; reste de l'année : jeu., vend. et sam.*

15h-19h. Cette maison familiale fabrique artisanalement berlingots et sucettes. Également un espace de découverte avec fabrication devant le client, vidéo, etc.

Activités

Le Sunset – *Espl. Parmentier - ☏ 03 21 89 87 00 - www.sunset-berck.fr - ♿ - fermé en janv. - horaires des activités sur le site Internet.* Ce complexe de loisirs situé sur le front de mer possède un restaurant, un bar de plage, un bowling et un vaste espace de jeux pour les enfants (trampolines, toboggans, piscines à balles, etc.).

École de voile – *Base nautique de Berck ou des Foraines d'Authie - ☏ 06 07 32 04 24 - www.clubecoledevoiledeberck.com - fermé janv.-fév.* La voile se pratique en baie d'Authie ou sur le plan d'eau sécurisé de Conchil-le-Temple. Possibilité de naviguer quel que soit son niveau sur Optimist, catamaran... ou de s'essayer à la planche à voile ou au paddle.

Éole club – *Espl. Parmentier - ☏ 03 21 09 04 55 - www.eoleclub.com - 45 € initiation 2h.* Location, stages et baptêmes de char à voile.

À proximité

Parc d'attractions de Bagatelle – *Merlimont (3 km au nord de Berck) - ☏ 03 21 89 09 90 - www.parcbagatelle.com - ♿ - avr.-sept. : horaires, voir le site Internet - 26,90 € (enf. entre 1 m et 1,45 m 21,50 €).* Créé en 1955, le plus ancien parc d'attractions de France offre 26 ha de plaisir pour les familles : spectacles, manèges, petit train, minigolf, grande roue, immense toboggan. Quelques attractions à sensations fortes : montagnes russes, bateau pirate, descente d'eau vive en bouée.

Observation des phoques

À pied – *Ch. aux Raisins - Club nautique de Berck - www.berck-tourisme.com.* De 2h30 avant la marée basse à 2h30 après, rendez-vous, équipé de jumelles, à la base nautique, pour assister au repos des phoques.

Club nautique de Berck – *Ch. aux Raisins - ☏ 03 21 84 80 53 - www.clubnautiqueberck.fr.* Les sorties en bateau dans la baie d'Authie avec le club nautique de Berck aboutissent généralement à l'observation des phoques qui se prélassent sur les bancs de sable.

Hébergement

À proximité

Premier prix

Chambre d'hôte À la Chaumière – *19 r. du Bihen - Verton (4 km à l'est de Berck-sur-Mer) - ☏ 03 21 84 27 10 - www.alachaumiere.com - P - 3 ch. 80/85 €.* Une jolie maison au toit de chaume dans un jardin fleuri. Toutes ses chambres ont un charme particulier. En restant plusieurs jours, vous pourrez prendre votre petit-déjeuner dans un service de table différent chaque matin, grâce à la belle collection de la maîtresse des lieux...

Montreuil-sur-Mer ★

Postée sur un promontoire défendu par une citadelle et ses remparts, la cité, particulièrement dans la ville haute, entretient un air de nostalgie. Ses rues pavées bordées d'hôtels particuliers du 18e s. abritent restaurants et hôtels de charme qui témoignent d'un réel dynamisme touristique. La ville constitue une excellente halte pour la découverte des vallées de la Canche ou de la Course.

Montreuil-sur-Mer, la rue du Clape-en-Bas.
R. Soberka/hemis.fr

Se repérer

CARTE B3 (P. 206-207).
1935 Montreuillois – Pas-de-Calais (62)
À 17 km à l'est du Touquet par la D 939.

À ne pas manquer

La citadelle ; l'église St-Saulve ; la rue Clape-en-Bas.

Organiser son temps

Prévoyez 2h pour faire le tour complet des remparts et visiter la citadelle.

Carnet pratique p. 265

Nos adresses p. 265

Se promener

Montreuil-sur-Mer se compose d'une ville basse, au bord de la Canche, et d'une ville haute à laquelle on accède, au sud, par la porte de France et, au nord, par la porte de Boulogne. Ceinturée d'un rempart, cette **ville haute** concentre la vie commerçante, autour de la vaste place du Général-de-Gaulle. Là s'élève la statue équestre du maréchal Douglas Haig, chef des troupes britanniques de la Belgique à la Marne pendant la Grande Guerre.

Cette partie de la ville doit son charme à ses rues pavées et à la quarantaine d'hôtels particuliers du 18e s. et du début du 19e s., résidences d'hiver des aristocrates locaux. La coexistence de la brique et de la pierre s'explique par l'emplacement de la ville sur un plateau calcaire. Dans les rues du **Clape-en-Haut** et du **Clape-en-Bas**, très pittoresques, se succèdent d'anciennes maisons populaires de la même époque, maisons basses chaulées aux toits de tuiles moussues, typiques de la vallée de la Canche.

★ Citadelle

R. Carnot - ✆ 03 21 86 90 83 - www.musees-montreuilsurmer.fr - juil.-août : tlj 10h-18h30 ; reste de l'année : se rens. - fermé mar. - 6 € (-12 ans gratuit) ; billet donnant accès au musée Opale Sud (Berck), gratuit 1er dim. du mois (sf juil.-août).

Une chasse au trésor pour les aux enfants est disponible à l'accueil de la citadelle. Prêt de costumes.

Elle fut édifiée en 1567 sur un ancien château royal du 13e s. dont elle intègre une partie des éléments, puis légèrement remaniée, vers 1670, par Vauban, à qui l'on doit la poudrière, l'arsenal et une demi-lune, côté ville, qui protège l'entrée. Après les deux tours rondes (13e s.) de l'entrée du château royal, on visite la tour de la Reine Berthe (14e s.), qui servit de porte à la ville jusqu'en 1594. Incluse dans un bastion (16e s.), elle abrite les blasons des seigneurs tués à Azincourt en 1415. Le chemin de ronde offre de belles **vues★★** sur la vallée de la Canche : la chartreuse de Neuville (*p. 264*) et le débouché de la vallée de la Course *(à droite)* ; les fonds humides de la Canche, l'estuaire et Le Touquet *(à gauche)*, signalé par son phare. La visite se clôt par les casemates (1840) et la chapelle (18e s.).

Les casemates – Elles prêtent leur cadre à une exposition retraçant l'installation du Grand Quartier général de l'Empire britannique à Montreuil-sur-Mer pendant la Première Guerre mondiale, et l'histoire du centre des transmissions anglais qu'elles hébergèrent un temps.

La chapelle – Elle contient une partie des collections d'art sacré de l'ancien musée Roger-Rodière dans l'attente d'un futur espace d'exposition.

La citadelle est en outre un site Natura 2000 pour sa colonie de chauves-souris.

En sortant de la citadelle, traverser le pont et prendre à droite, sur 300 m, le chemin longeant les remparts, vers la porte de France.

★ Remparts

Tour complet env. 3 km - ♿. On découvre la perspective sur la courtine et son enfilade de tours (13e s.) incorporées dans l'enceinte bastionnée, composée d'un appareillage de briques roses et de pierres blanches (16e-17e s.). D'un côté, vue sur les toits, de l'autre, sur la vallée de la Canche et le plateau du pays de Montreuil.

Le saviez-vous ?

Jean Valjean, *alias* le père Madeleine, fut le maire de Montreuil de 1820 à 1823. Vous verrez un peu partout dans la ville des hommages à Victor Hugo, et un spectacle son et lumière a lieu tous les étés dans la citadelle (*« Agenda » p. 265*).

4

Le glaive et le goupillon

Le monastère fondé au 7e s. et la forteresse édifiée vers l'an 900 par Helgaud, comte de Ponthieu, sont à l'origine de Montreuil. Dès le 11e s., Montreuil passa au domaine royal. En 1537, les troupes de Charles Quint ravagèrent la cité. Les remparts furent rétablis sous François Ier, Henri IV et Louis XIII. La ville compta jusqu'à huit églises. En 1804, Napoléon y séjourna. Et, en 1916, elle abrita le QG de Douglas Haig, chef des armées britanniques.

★ Église St-Saulve

16 Pl. Gambetta. L'ancienne abbatiale bénédictine du 11e s. (face nord-est du clocher- porche) fut remaniée aux 13e et 16e s. après l'effondrement des voûtes. Elles ont été refaites plus basses, d'où l'obscurité qui règne dans l'église. À l'intérieur, il faut voir les frises des chapiteaux, du côté droit de la nef, et deux toiles du 18e s. : au maître-autel, la *Vision de saint Dominique,* de Jouvenet ; à gauche, dans la chapelle Notre-Dame (ancienne chapelle des Arbalétriers), la *Prise de voile de sainte Austreberthe,* de Restout.

Chapelle St-Nicolas

22 Pl. Gambetta. La chapelle de l'ancien hôtel-Dieu est aujourd'hui occupée par le Best Western Hotel Hermitage. Rebâtie dans les années 1870 par Clovis Normand, architecte de la chartreuse de Neuville et disciple de Viollet-le-Duc, elle a conservé un portail flamboyant du 15e s. et se distingue par sa haute flèche.

Vallée de la Course : de Montreuil à Samer

CARTE P. 206-207

Circuit de 38 km tracé en rose sur la carte. Quitter Montreuil par la D 901 à droite et prendre très vite la D 150 à gauche vers Estrée.
La D 150 suit la vallée marécageuse de la Course, puis remonte un vallon.

Montcavrel B3

De style gothique flamboyant, l'**église** est élancée, bien que sans nef. À l'intérieur, trois des chapiteaux (début du 16e s.) présentent des frises historiées. Le plus intéressant *(à gauche)* conte la vie de la Vierge de façon naïve.
Suivre la D 149 jusqu'à Recques-sur-Course, puis la D 127 vers le nord.
Cette route longe la vallée de la Course, jalonnée de prairies d'élevage, de cressonnières et de piscicultures. Elle traverse, entre autres, **Inxent, Doudeauville** (manoir de 1613) et le hameau de **Course** près duquel la rivière prend source.

Desvres B2

1 r. du Louvre - 03 21 92 09 09 - tourisme-desvressamer.fr.
Petite cité industrielle, sise dans un paysage vallonné et verdoyant, connue depuis le 18e s. pour ses faïences, Desvres est spécialisée dans le « fait main » et la copie de décors anciens : Delft, Strasbourg, Nevers, Rouen, Moustiers... Deux fabriques et plusieurs artisans perpétuent cette tradition *(« Nos adresses » p. 266).*
Musée de la Céramique – *R. Jean-Macé - 03 21 83 23 23 - www.musee-ceramique-desvres.com - - juil.-août : mar.-sam. 10h-18h, dim. 14h-18h ; reste de l'année : se rens. - fermé lun. - 5 € (-18 ans 4 €).* Son architecture étonnante

faite de panneaux de carreaux de faïence bleus et blancs, un décor courant à Desvres, marque l'entrée du site. Y sont relatés l'histoire et le développement industriel de la faïence à Desvres qui, dans la seconde moitié du 19e s., compta jusqu'à sept manufactures. On découvre les procédés de fabrication aboutissant aux différentes sortes de céramiques : poterie, faïence stannifère, faïence fine, grès et porcelaine. De remarquables pièces (vaisselles décoratives, carreaux de faïence, objets du quotidien, souvenirs, objets dérivés et publicitaires, faïences d'art) illustrent le propos et les collections s'enrichissent de donations réalisées par les artistes accueillis ici en résidence. À la fin de l'exposition permanente, admirez les amphores (ou « quilles ») de Thomas Perraudin arborant les plus beaux styles des principales cités faïencières françaises.
Place Léon-Blum – Quelques façades, comme celle du n° 15, sont ornées de carreaux bleutés et de frises polychromes du 19e s. Dans la brasserie *L'Agriculture*, des scènes rurales sont l'œuvre de Georges Avril (1939).
Le passage Sta, du nom du premier faïencier de la ville, rejoint la place du 8-Mai et permet d'admirer aussi de grands panneaux de faïences.

Forêt de Desvres B2

Au nord de la ville s'étend une forêt domaniale vallonnée et plantée d'essences variées. On peut la sillonner par les D 253, D 127 et D 238 : jolies vues sur le massif et la vallée de la Liane. Parcours sportif et pêche à l'**étang de Menneville** *(accès par la route de Menneville et la rue Monsigny)*.
À l'ouest, **Crémarest** est un charmant village avec son église des 15e-16e s.
Revenir sur ses pas et s'engager sur la D 52.

Samer A2

84 pl. du Mar.-Foch - 03 21 87 10 42 - tourisme-desvressamer.fr.
Petit bourg agricole dans la belle campagne boulonnaise, Samer est, à l'approche de l'été, l'étape favorite des amateurs de fraises. La qualité des sols, le microclimat du Boulonnais et l'exposition des parcelles favorisent les cultures et donnent aux fruits toute leur saveur.
Pavée et rectangulaire, la **Grand'Place** de Samer est bordée de maisons anciennes, en majeure partie du 18e s. La ville doit son nom au moine saint Wulmer qui y fonda au 7e s. une abbaye bénédictine. L'**église** du 15e s., vestige de l'abbatiale, possède un clocher octogonal et des fonts baptismaux du 11e s.
Une légende médiévale rapporte que deux biches conduisaient chaque année la procession en l'honneur de saint Wulmer. Tandis que l'une regagnait le bois, l'autre restait pour être nourrie, puis mangée. L'année suivante, la biche qui s'était retirée menait la procession... puis restait, et sa compagne retournait au bois. Cette tradition durerait encore si les habitants n'avaient capturé le second animal. Ce qui leur valut le surnom de « maqueux d'biques » (mangeurs de biche).

Wierre-au-Bois B2

Ce village, siège d'un pèlerinage à saint Gendulphe, entretient le souvenir de l'œuvre de **Sainte-Beuve** (1804-1869). Ses parents sont inhumés dans le cimetière, à l'entrée duquel une inscription rappelle que le critique littéraire passa ses vacances de jeunesse au village, où il connut l'amitié et l'amour.
À l'intérieur de l'**église** *(s'adresser au café de la place près de l'église)*, statue équestre de saint Gendulphe et, au-dessus de l'autel, groupe en bois sculpté figurant Dieu le Père tenant le corps du Christ.
Revenir vers Montreuil.

4

Douce rivière

Le cours paresseux de la Canche, petite sœur de l'Authie, entraîne difficilement les eaux qui sourdent des flancs de sa vallée et s'épanchent en marais. C'est un site encore sauvage où, l'été venu, toutes les couleurs de la nature se déclinent. La rivière atteint la Côte d'Opale à Étaples.

★ Vallée de la Canche : de Montreuil à Hesdin

CARTE P. 206-207

Circuit de 25 km tracé en vert clair sur la carte. Quitter Montreuil au nord-est vers Neuville, franchir la Canche et prendre à droite la D 113.

La vallée verdoyante s'évase en pentes molles parsemées de longues maisons aux murs chaulés. Les prés alternent avec les bois, sur les pentes. On passe dans des villages aux maisons basses à toits de tuiles et devant des manoirs sous des frondaisons ou au bord de l'eau.

Chartreuse de Neuville B3

1 allée de la Chartreuse - Neuville-sous-Montreuil - ✆ 03 21 06 56 97 - www.lachartreusedeneuville.org - ♿ - avr.-nov. : 11h-13h, 14h-18h - fermé lun. - 9 € (4,50 € tarif réduit).

Fondé par l'ordre des Chartreux entre 1325 et 1338, l'édifice que l'on visite aujourd'hui a été construit à la fin du 19e s. : il accueillait l'imprimerie générale de l'ordre. Après le départ des moines en 1901, la chartreuse est transformée en hôpital, puis en asile psychiatrique, fonction qu'elle conserve jusqu'en 1998. Depuis 2008, une association rénove les lieux et organise des visites guidées : salle du chapitre, église, bibliothèque, cloître et ermitage d'un père chartreux. Le chantier de restauration est aujourd'hui bien avancé et la chartreuse s'est muée en « centre culturel de rencontre ». Expositions, spectacles et conférences rythment la vie de ce tiers-lieu qui met en avant la pédagogie, l'inclusion et le partage. Les jardins conservatoire, médicinal et ornemental illustrent la vitalité des lieux, entre héritage des Chartreux et expérimentations contemporaines.

Entre Neuville et Marles, jolies vues sur les remparts de Montreuil.

Franchir la Canche.

Brimeux B3

Centre de pêche et de chasse à proximité d'un vaste étang.

L'**église** possède un chœur flamboyant et un clocher à la silhouette étrange.

Suivre la D 349 jusqu'à Aubin-St-Vaast, et prendre à droite la D 136^{E2}, en montée.

Au sommet de la côte, **vue** sur la vallée que surmonte la forêt de hêtres d'Hesdin, interrompue à gauche par le vallon de la Planquette.

Suivre à gauche la D 138, qui offre des vues sur la forêt et Hesdin.

★ Vallée de la Canche : d'Hesdin à Frévent

CARTE P. 206-207

Circuit décrit à Hesdin *(p. 269).*

Carnet pratique

S'informer

Office de tourisme – *11-13 r. Pierre-Ledent - Montreuil-sur-Mer - ✆ 03 21 06 04 27 - www.destinationmontreuilloisencotedopale.com.*

Agenda

« Les Misérables » – *✆ 03 21 06 72 45 - www.lesmiserables-montreuil.com - le soir, fin juil.-déb. août - 22 € (-12 ans 10 €).* Spectacle d'après l'œuvre de Victor Hugo dans la citadelle de Montreuil, avec plus de 500 figurants.

Festival Les Malins Plaisirs – *www.lesmalinsplaisirs.com.* En août à Montreuil et alentour. Opéras, comédies, ballets, mais aussi promenades insolites, concerts impromptus, jeux littéraires ou dégustations...

Journée des peintres dans la rue – Montreuil ressemble étrangement au Montmartre d'antan le 15 août. Les toiles réalisées dans la journée sont exposées le soir place Darnétal.

Fête des fraises – Le fruit fétiche de **Samer** est célébré tous les ans, l'avant-dernière semaine de juin. Concours et expositions organisés autour de ce rendez-vous.

Nos adresses

Restauration

Premier prix

Le Pot du Clape – *17 r. du Clape-en-Bas - ✆ 06 81 67 39 70 - fermé lun.-mar. - moins de 15 €.* Sur le pavé de la rue du Clape-en-Bas, les tables invitent à une halte simple et authentique. Au menu : soupes, flamiches au feu de bois et salades. La salle occupe une ancienne maison populaire.

Café Grand'Place – *7 pl. du Gén.-de-Gaulle - ✆ 03 21 86 26 88 - 9h30-21h30 - plat du j. 12,50 €, carte 6/18 €.* L'association de la brique, du silex et de la pierre calcaire dans ce café contemporain rappelle l'appareillage des hôtels particuliers de Montreuil. Au-delà du comptoir qui court dans la salle, welsh, fish & chips ou croque-monsieur viennent garnir les petites tables de bistrot. Une cuisine simple, bonne, des prix abordables, une ambiance décontractée en font une adresse courue.

Budget moyen

Froggy's Tavern – *51 bis pl. du Gén.-de-Gaulle - ✆ 03 21 86 72 32 - www.froggystavern.fr - fermé mar.-merc. - formules 26,50/35 €.* Passé un porche discret, on découvre une cour élégante et une taverne dont la salle marie brique et pierre blanche. On y déguste une caille ou un coquelet de Licques, de l'épaule d'agneau... toujours rôtis à la broche. Fraîcheur au rendez-vous, de l'entrée au dessert. Et quand il y a foule, on partage sa table, taverne oblige ! Terrasse.

L'Anecdote – *1 r. des Juifs - ✆ 03 21 86 65 80 - www.anecdote-restaurant.com - fermé dim.-lun. - formule midi 30 €, plats 23/40 €.* Restaurant dédié aux bons souvenirs – aux anecdotes –, ceux de Roland Gauthier notamment, père d'Alexandre, qui a ouvert le restaurant étoilé La Grenouillère en 1979 (2 étoiles au Guide Michelin 2022), et dont la cuisine d'alors est ici proposée dans une grande salle de l'ancien hôtel-Dieu. Le design contemporain combine avec des plats classiques tels que la côte de bœuf, beurre maître d'hôtel et sa pomme Anna, suivie d'une tarte Tatin et sa crème double ou de crêpes Suzette flambées en salle.

Pour se faire plaisir

Le Patio – *17 r. Pierre-Ledent - ✆ 03 21 81 95 92 - www.leshautsdemontreuil.fr - fermé le midi sf. dim. - menus 34/51 €.* Ce restaurant est aménagé dans une maison traditionnelle de la ville autour de son patio lumineux. Cuisine fraîche et croquante. Terrasse à l'arrière de la bâtisse.

À proximité

Budget moyen

Auberge d'Inxent – *318 r. de la Vallée-de-la-Course - Inxent (9 km au sud de Montreuil) - ✆ 03 21 90 71 19 - www.auberge-inxent.fr - 12h-22h30 - fermé mar. et merc. - plats 14,50/30 € - 5 ch. 85/95 € - 15 €.* Beaux meubles et atmosphère chaleureuse en ce restaurant aménagé dans un ancien presbytère. Cuisine régionale, composée à partir de produits soigneusement choisis dans la région et souvent bio, assortie d'une belle cave.

Shopping

À proximité

Ferme Le Fond des Communes – *Montcavrel (7 km au nord-est de Montreuil) - ✆ 03 21 06 21 73 - lun.-vend. 9h-12h.* Vente de produits à base de lait de vache ou de chèvre, dont une spécialité fromagère : les apérichèvres. Présent sur les marchés de Montreuil et du Touquet, le samedi matin.

Chocolaterie Beussent Lachelle – *66 rte de Desvres - Beussent (11 km au nord de Montreuil) - ✆ 03 21 86 17 62 - www.choco-france.com - fermé dim.* L'une des dernières chocolateries en France à fabriquer son propre chocolat avec, entre autres, les fèves produites sur sa plantation en Amazonie. Le succès est tel qu'une quinzaine de boutiques sont implantées dans la région, particulièrement sur la côte. Les ateliers de fabrication se visitent (sur RV).

Village des métiers d'art de Desvres – *5189 chaussée Brunehaut - Longfossé (30 km au nord de Montreuil-sur-Mer) - ✆ 03 21 99 60 20 - www.vmad.fr - 9h-12h, 14h-18h - fermé dim.-lun. - gratuit.* Cet espace, visant à promouvoir la création artisanale hexagonale, donne à voir des céramistes mais aussi des sculpteurs, tapissiers, ébénistes... au travail. Boutique et expositions temporaires.

Activités

Jardin de la Goutte d'eau – *47 chemin de la Liberté - La Caloterie (7 km à l'est de Montreuil) - ✆ 03 21 86 01 82 - www.lejardindelagouttedeau.fr - mai-sept. : visite 10h-12h, 14h-19h - 5 € (-15 ans gratuit).* N'hésitez pas à pousser le portail pour visiter ce jardin privé, d'inspiration anglaise. Un chemin s'enfonce parmi les fleurs aux teintes pastel, traverse un jardin de curé, un potager en carrés, longe un hôtel à insectes, un bassin... où sont ménagés des espaces propices à la méditation et au repos.

Eden 62 – *2 r. Claude - Desvres (30 km au nord de Montreuil-sur-Mer) - ✆ 03 21 32 13 74 - www.eden62.org.* Ce syndicat mixte gère les espaces naturels sensibles du Pas-de-Calais. De nombreuses « Sorties nature » sont ainsi programmées tout au long de l'année.

Hébergement

Pour se faire plaisir

Coq Hôtel – *7 r. du Petit-Coquempot - ✆ 03 21 05 26 90 - www.coqhotel-montreuil.com - P 10 €/nuit - ♿ - fermé de fin déc. à fin janv. - 19 ch. 132 € - 13 €.* Cette maison bourgeoise dresse sa belle façade en brique rouge sur une placette du centre. Les chambres sont spacieuses et coquettes.

Une folie

PieuX – *1 r. des Étuves - ✆ 06 32 17 64 25 - www.pieux-chambresdecirconstances.fr - 4 ch. 160/200 €.* Le vert olive de la façade agrémentée de volets en bois intrigue. Le nom PieuX aussi : ce serait une référence cocasse au passé de la rue des Étuves où des prostituées travaillaient. À l'intérieur, le charme opère, le salon et la salle du petit-déjeuner au rez-de-chaussée captent la lumière de la véranda, et sont embaumés, l'hiver, d'un doux parfum que la cheminée exhale de son bel âtre. À l'étage, l'élégance sobre investit les chambres qui ménagent leurs effets : en enfilade, monochrome ou sous les toits.

À proximité

Premier prix

Les Cabanes des marais – *1 ch. du Pont-Blanc - La Madeleine-sous-Montreuil (2 km à l'ouest de Montreuil) - ✆ 06 18 13 02 74 - P - fermé de nov. à avril - 5 cabanes. 80/90 € - ☕ 10 €.* L'adresse parfaite pour se mettre au vert, écouter le vent dans la frondaison des arbres, observer les cygnes, les canards et l'incroyable variété des plantes qui peuplent les marais et leurs abords, puis sonder le hululement de la chouette le soir venu. Au sein de cette opulence végétale se nichent les cabanes, cocons immergés dans la nature, le calme et la contemplation pour maîtres-mots. La cahute perchée sur l'eau a notre préférence.

Budget moyen

Chambre d'hôtes La Commanderie – *3 allée des Templiers - Loison-sur-Créquoise (14 km à l'est de Montreuil) - ✆ 03 21 86 49 87 - 🚭 P - fermé 15 oct.-15 mars - 2 ch. 80/100 € ☕.* Une longue allée mène à cette magnifique demeure du 12e s., jadis commanderie de templiers. Chaque chambre, décorée avec goût, a été baptisée d'un prénom féminin. Beaux objets anciens disposés çà et là et plaisant parc bordé d'une rivière. À découvrir.

Chambre d'hôtes Manoir Francis – *1 r. de l'Église - Marles-sur-Canche (5,5 km au sud-est de Montreuil) - ✆ 03 21 81 38 80 - www.manoirfrancis.com - 🚭 P - 3 ch. 110 € ☕.* Il vous faudra passer sous un monumental porche, puis traverser le jardin rempli d'animaux de basse-cour pour accéder à cette belle ferme seigneuriale du 17e s. Chambres spacieuses dotées de meubles d'époque et d'un salon privatif. La sellerie sert de magnifique cadre au petit-déjeuner.

Le Moulin aux Draps – *Rte de Crémarest - Desvres (30 km au nord de Montreuil) - ✆ 03 21 10 69 59 - www.hotel-moulinauxdraps.com - P ♿ - 20 ch. 100 € - ☕ 10 € - ✕ fermé dim. soir.* Au cœur de la forêt, ce séduisant hôtel, ancienne ferme familiale, propose des séjours au calme, dans un parc bordé d'une rivière. La cuisine, terre et mer, se déguste dans la salle panoramique du restaurant ou, à la belle saison, sur la terrasse.

Pour se faire plaisir

Le Clos de la Prairie – *17 r. de St-Rémy - Gouy-St-André (17,5 km au sud-est de Montreuil) - ✆ 03 21 90 39 58 - www.leclosdelaprairie.com - P ♿ - fermé vac. de Noël - 8 ch. 130/138 € - ☕ 15 € - ✕ menu 58 €.* Après avoir fait de leur restaurant une adresse réputée dans la région, Sandrine et Sébastien proposent désormais 8 chambres, simples et modernes, qui donnent sur la campagne. Calme et repos assuré.

Hesdin

Au creux d'un bassin verdoyant formé par le confluent de la Canche et de la Ternoise, Hesdin a le charme d'une ville à la campagne. La Canche, qu'enjambent sept ponts, se glisse entre les maisons de la ville. Les cours d'eau ont favorisé les paysages agricoles, ponctués de bois et de forêts et propices à la pêche et à la randonnée. Ce territoire vaut aussi pour son patrimoine architectural et la qualité de ses produits du terroir.

Se repérer

2 216 Hesdinois – Pas-de-Calais (62)
CARTE B4 (P. 206-207). À 30 km au sud-est de Montreuil-sur-Mer par la D 939.

En famille

Les animations du musée Wintenberger ; le centre Azincourt 1415.

Nos adresses p. 272

Se promener

21 pl. d'Armes - 03 21 86 19 19 - www.valleesdopale.com.

Hôtel de ville

Pl. d'Armes - 03 21 86 84 76 - www.hesdin.fr - musée uniquement.
Cet élégant édifice de brique et de pierre (16e s.) servit de palais à Marie de Hongrie, sœur de Charles Quint. La bretèche est ornée d'écussons sculptés et de niches garnies des statues de Philippe IV d'Espagne et d'Isabelle de Bourbon entourées des Sept Vertus. Elle date de la transformation du palais en hôtel de ville (1629) ; son couronnement fut ajouté en 1702. Le **beffroi**, quant à lui, a été classé au Patrimoine mondial de l'Unesco.
Musée – *Visite guidée uniquement, sur RV (03 21 86 68 23).* Il rassemble le résultat de fouilles locales, des tableaux et des objets illustrant l'histoire d'Hesdin.
Prendre la rue de la Paroisse et traverser la Canche.

Église Notre-Dame

5 r. de la Paroisse. Son beau portail formant un arc de triomphe est typique de la fin de la Renaissance ; voyez l'arc en plein cintre à caissons sculptés et les pilastres cannelés d'ordre corinthien. L'intérieur, de style « église-halle », a été enrichi au 18e s. d'un mobilier baroque. Au bout de la nef centrale, une gloire encadrant l'Assomption de la Vierge, un baldaquin auquel est suspendue la colombe du Saint-Esprit. Au fond de la nef gauche, bel autel sculpté d'anges, de fruits et de fleurs.
Contourner l'église par la gauche et gagner le chevet.
Du pont sur la Canche, **vue** sur le fleuve bordé de maisons en brique à toits de tuiles, et sur une placette servant de marché aux poissons.
Revenir par la rue Daniel-Lereuil.
Au n° 11, maison natale de l'**abbé Prévost**.

À proximité

CARTE P. 206-207

Forêt d'Hesdin B3-4

Au nord par la D 928.

Ses 1010 ha couvrent le plateau au nord de la Canche : futaies de chênes et de hêtres, vallons retirés. Du carrefour du Commandeur, où se dresse le chêne de la Vierge, partent des routes forestières *(15 km)*. Le GR 121 traverse la forêt sur 5 km.

Auxi-le-Château BC4

Au sud par la D 928. À Labroye, tourner à gauche sur la D 119.
Au creux de la vallée de l'Authie, des vestiges du château d'Auxi. À mi-côte apparaît l'imposante **église** gothique flamboyante (16e s.) : nervures et clefs de voûte du chœur particulièrement ouvragées. Près de l'entrée, remarquez le bénitier, ancienne mesure à sel. En contrebas, l'**hôtel de ville** néogothique (fin 19e s.) s'inspire des deux tours, gothiques (1580), qui l'encadrent.

Abbaye de Dommartin B4

Au sud par la D 928. À Labroye, tourner à droite sur la D 119.
Ruines d'une abbaye de prémontrés fondée au 12e s. La D 119 passe devant la porte d'entrée monumentale (17e s.) à pilastres ioniques et fronton triangulaire.

★ Vallée de la Canche : d'Hesdin à Frévent

CARTE P. 206-207

Circuit de 38 km tracé en marron sur la carte. Quitter Hesdin à l'est par la D 110.

Vieil-Hesdin B4

Le site rappelle le souvenir de la cité, rasée par les troupes de Charles Quint en 1553. Le château d'Hesdin était au Moyen Âge la résidence favorite des comtes d'Artois. À la fin du 13e s., Robert d'Artois fit aménager un jardin contenant toutes sortes de divertissements extraordinaires, les « merveilles d'Hesdin » : pièges hydrauliques, mannequins animés, pavillons truqués...
L'itinéraire emprunte la rive gauche de la Canche et suit la D 340, **« route des Villages fleuris »**, avec de jolies perspectives sur les prairies.
À Conchy-sur-Canche, prendre à gauche la D 102.

Château de Flers C4

03 21 47 36 95 - visite sur RV - 8 €. Ce bâtiment Louis XVI, à courtes ailes en retour, est bâti en brique avec parements de pierre, selon la formule locale. Sur le côté droit de l'église, la **chapelle seigneuriale** (15e s.) fait saillie.
Revenir sur la D 340 puis, après Boubers-sur-Canche, prendre la D 941 vers Frévent.

Frévent C4

Pl. du Château - 03 21 41 31 26 - www.villedefrevent.fr.
Petite ville dynamique sur les bords de la Canche, avec un agréable jardin public.
Église St-Hilaire – Édifiée au 16e s., elle a été restaurée au 19e s. Imposant clocher-porche à l'entrée : à l'intérieur, voûtes en berceau à pendentifs. Parmi les tableaux, une *Sainte Famille* du 16e s.
Musée Wintenberger – *Pl. du Château - 06 33 65 26 06 ou 07 89 81 25 93 - mars-oct. : 14h-18h - fermé lun. - 5 € (-15 ans 2 €).* Entre la Canche et le ruisseau des Ayres, le moulin à blé des comtes de Saint-Pol accueille maintenant un musée dédié au labeur des paysans et ouvriers du Ternois *(vidéo de 25mn)*. La filature fut ici prospère, ainsi que les fonderies Wintenberger (1837-1967), dont les machines agricoles sont exposées : moissonneuses, batteuses... Collection d'outils au temps du cheval : araires, écrémeuses, souleveuse à pois, semoir à fèves, laiterie.

Résistance active

Pendant la Seconde Guerre mondiale, les **résistants de Frévent** facilitaient les évasions par le réseau « Bordeaux-Loupiac » et organisaient des parachutages. Ils envoyèrent à Londres, aidés par un pilote abattu de la RAF, des renseignements importants sur la station de radioguidage de Brias (Pas-de-Calais), les installations de la Luftwaffe, le gros dépôt de carburant dans la forêt de Lucheux (Somme), ainsi que le plan dérobé des rampes de V1 de Beauvoir-Bonnières.

Animations régulières (battage de blé à l'ancienne, mouture du blé dans le moulin à meules) et ponctuelles, comme les fêtes du cidre (broyage et pressage de pommes à cidre), du goût, du pain, du lait et des céréales.
Quitter Frévent par la D 339.

Château de Cercamp C4

77 r. du Gén.-de-Gaulle - 62270 Frévent - ☏ 06 60 99 07 70 - www.cercamp.fr - visite guidée (1h15) de déb. juin à mi-sept. : 10h30-12h30, 14h30-18h - fermé lun.-merc. - 7 € (-18 ans 4 €).

Au sein d'un parc de 33 hectares, le site abrite les vestiges d'une abbaye cistercienne du 12e s. bâti par les comtes de Saint-Pol et détruit en 1789. Le château actuel a été édifié au 18e s. par R. Coigniard, qui dessina aussi les plans de l'abbaye de Valloires (Somme). Le pavillon d'entrée en fer à cheval fait face à un corps de bâtiment de dix-neuf travées, avec un avant-corps central et des pavillons latéraux en légère saillie. Le château, à la fois résidence du baron de Fourment et filature de laine au 19e s., accueillit le maréchal Foch en 1915 durant la Première Guerre mondiale. Il cache un escalier d'honneur de style Second Empire et de magnifiques boiseries rocaille de Pfaff.

Ternoise et Planquette

CARTE P. 206-207

Circuit de 44 km tracé en rouge sur la carte. Quitter Hesdin par la D 349 à l'est et prendre à gauche la D 94 vers la vallée de la Ternoise.

La route sillonne une campagne luxuriante, ponctuée de maisons paysannes typiques, basses et chaulées.

Auchy-lès-Hesdin B3-4

Cette localité industrielle conserve son **abbatiale St-Georges** (13e-17e s.), dont le chœur est décoré de boiseries ainsi que des stalles de l'abbé et du prieur, marquées d'un Christ et d'une Vierge. À l'entrée, une plaque rappelle le nom des chefs de l'armée française tués à la bataille d'Azincourt (*ci-contre et encadré p. 386*), et qui furent inhumés ici.
Continuer sur la D 94. À Blangy, prendre à gauche la D 104, puis à droite vers Ambricourt.

Ambricourt C3

C'est le cadre du *Journal d'un curé de campagne*, roman de **Georges Bernanos** (1888-1948). « Que c'est petit un village », murmura le curé en le découvrant.
Rejoindre Verchin par la D 71E2.

Verchin C3

Dans les paysages vallonnés de l'Artois, Verchin se distingue par la flèche tordue de son église, déformation due à l'utilisation d'un bois trop vert.

Église St-Omer – Cette église du début du 17e s. présente pourtant les traits du gothique flamboyant : voûtes à liernes et tiercerons, clefs pendantes. Dans un enfeu, une Mise au Tombeau du 17e s. montre les personnages à mi-corps.
Château – Le corps principal (18e s.) en brique et pierre, couvert d'un toit à la Mansart, a été nanti au 19e s. d'un pavillon surmonté d'un haut toit à la française. L'ensemble se mire dans une pièce d'eau alimentée par la Lys.
Prendre la D 71 vers Tramecourt.

Tramecourt C3

Une « allée royale » mène au château de brique à parements de pierre (17e s.). Celui-ci avoisine l'église, dont l'intérieur est orné de plaques funéraires de la famille Tramecourt. Trois membres de cette famille sont morts en déportation en 1945 (monument face au château).
Poursuivre sur la D 71.

Azincourt C3

24 r. Charles-VI - 03 21 47 27 53.
Le nom de ce village des collines de l'Artois évoque un célèbre épisode de la guerre de Cent Ans : ici, le 25 octobre 1415, l'armée anglaise écrasa une armée française beaucoup plus nombreuse (*encadré p. 386*).
Centre Azincourt 1415 – *24 r. Charles-VI - 03 21 47 27 53 - www.azincourt1415.com - juil.-août : 10h-18h30, reste de l'année : 10h-17h30 - fermé mar. - 9 € (5-16 ans 6 €), famille 25 €.* Ce musée (1 600 m²) évoque la bataille, ressentie comme une humiliation cuisante en France, et comme un morceau de bravoure et d'ingéniosité nationale du côté anglais… Le parcours, en 40 panneaux, détaille de façon détaillée la guerre de Cent Ans et ses origines. Par le biais de mannequins parlants, Henri V et le connétable d'Albret, commandant l'armée française, s'interpellent à la veille de la bataille. Une maquette animée relate les péripéties du combat. Des vidéos restituent l'état d'esprit et l'équipement des combattants, dont on peut toucher les cottes de mailles et les armes : arcs et arbalètes, flèches, épées, dagues, piques…
Site de la bataille – *Circuit de 4 km en voiture.* Pour le découvrir, un plan-guide est remis à l'issue de la visite du musée. Des vitrines et une table d'orientation précisent l'emplacement des deux armées. Au croisement de la D 104 et du chemin d'accès à Maisoncelle, un menhir bordé de sapins commémore la bataille.
Prendre à gauche la D 928 et, à droite, la D 155. On gagne Fressin.

4

Fressin B3

L'écrivain Georges Bernanos passa une partie de sa jeunesse dans ce bourg de la vallée de la Planquette, et l'évoque dans son roman *Sous le soleil de Satan*.
Château – *9 r. de la Lombardie - 03 21 86 56 11 - www.chateaudefressin.fr - avr.-sept. : 13h30-18h30 - fermé lun. - 4,50 € (-16 ans 3 €).* Un parcours audio permet d'imaginer cette forteresse, dont subsistent quelques vestiges de son enceinte en pierre blanche et des souterrains. Elle fut élevée au 15e s. par Jean V de Créquy, chevalier de la Toison d'or et chambellan de Philippe le Bon. Un jardin médiéval a été créé sur le site.
Église – Cet édifice (13e s.-16e s.) de style gothique flamboyant conserve une belle chapelle seigneuriale, avec ses baies découpées en « soufflets et mouchettes ».
La D 154 suit au sud le vallon de la Planquette jusqu'à la Canche.
On retrouve Hesdin par la D 349.

Nos adresses

Restauration

Budget moyen

L'Écurie – *17 r. Jacquemont - ☎ 03 21 86 86 86 - www.restaurant-lecurie.com - ♿ - fermé dim. soir, lun.-mar. - formules 22/28 €, menus 28/35 €.* À deux pas du bel hôtel de ville, ce sympathique restaurant célèbre le cheval. Lumineuse salle agrémentée de faïences. Cuisine traditionnelle.

Activités

Randonnées pédestres – *Rens. à l'office de tourisme.* Une quarantaine de randonnées sont proposées.

À Petits Pas – *16 r. de Canlers - Ruisseauville (16 km au nord-est d'Hesdin) - ☎ 03 21 41 70 07 - www.apetitspas.net - sur réserv. uniquement - 1 âne 35 €/½ j, 55 €/j.* Location d'ânes bâtés et propositions de circuits avec hébergement dans les 7 Vallées et jusqu'à la Côte d'Opale.

Géomuche – *Liste des points de location des GPS de randonnée sur www.valleesdopale.com.* Découverte ludique du Ternois alliant escapade en pleine nature et technologie.

Hébergement

À Marconne

Premier prix

Les Trois Fontaines – *16 r. d'Abbeville - ☎ 03 21 86 81 65 - www.hotel-les3fontaines.com - P ♿ - fermé vac. de Noël - 16 ch. 72/88 € - ☕ 9 € - ✕ fermé lun. midi et sam. midi - formule déj. 15,50 € - 20/30 €.* Les petites chambres redécorées de cet hôtel composé de deux bâtiments sont en rez-de-jardin avec terrasse ; préférez celles de l'extension conçue « à la scandinave ». Cuisine à prix doux servie dans une salle à manger conviviale.

Saint-Omer ★★

Rues paisibles bordées d'hôtels particuliers à pilastres, faubourg aux maisons basses à la flamande alignées le long des quais de l'Aa, superbe cathédrale Notre-Dame... St-Omer séduit, d'autant qu'elle s'inscrit dans un territoire à l'ambiance unique, celui du marais audomarois, dernier marais cultivé en France. Découvrez cet entrelacs harmonieux de canaux et de végétation au fil des pontons ou à bord d'une barque à fond plat.

Cathédrale Notre-Dame de Saint-Omer.
Ph. Turpin/Photononstop

Se repérer

CARTE C2 (P. 206-207) - PLANS P. 276 ET 277.

14903 Audomarois – Pas-de-Calais (62)
À 45 km au sud de Dunkerque.

À ne pas manquer

La cathédrale ; le marais audomarois ; la Coupole.

Organiser son temps

Comptez 2 jours pour découvrir la ville et l'Audomarois.

En famille

Le planétarium 3D de La Coupole ; une promenade en barque dans le marais.

Carnet pratique p. 284

Nos adresses p. 284

★★ Quartier de la cathédrale

PLAN P. 277

Circuit 1 tracé en vert sur le plan II, au départ de la cathédrale.
Le plan de St-Omer dessine un fuseau de voies qui relient le cœur de la ville à l'abbaye et au marais.

★★ Cathédrale Notre-Dame C2

5 enclos Notre-Dame - ♿ - avr.-sept. : 8h-18h ; reste de l'année : 8h30-17h.
ABC d'architecture p. 405.
Jadis « cloître Notre-Dame » des chanoines, cette cathédrale, le plus bel édifice religieux de la région, étonne par la majesté et l'ampleur de ses formes. Son **chœur** date de 1200, son transept du 13e s., sa nef des 14e et 15e s. Sa tour de façade (50 m de haut) est couverte d'un réseau d'arcatures verticales à l'anglaise et surmontée de tourelles de guet du 15e s. Le trumeau du portail sud porte une Vierge du 14e s., et le tympan un Jugement dernier où les élus sont peu nombreux. Dans l'angle du chœur, tour octogonale romane.
L'intérieur est vaste (100 m de long, 30 de large, 23 de haut) et son plan, très développé : nef à trois étages (arcades, triforium aveugle élancé, fenêtres hautes) flanquée de bas-côtés, **transept** à collatéraux, chœur à déambulatoire et chapelles rayonnantes ; de riches clôtures à jours, en marbre polychrome, témoignent de l'opulence des chanoines auxquels elles étaient dévolues. Le **labyrinthe** *(au centre du chœur)* est la copie de celui de l'abbatiale St-Bertin (13e s.). Ce pèlerinage en

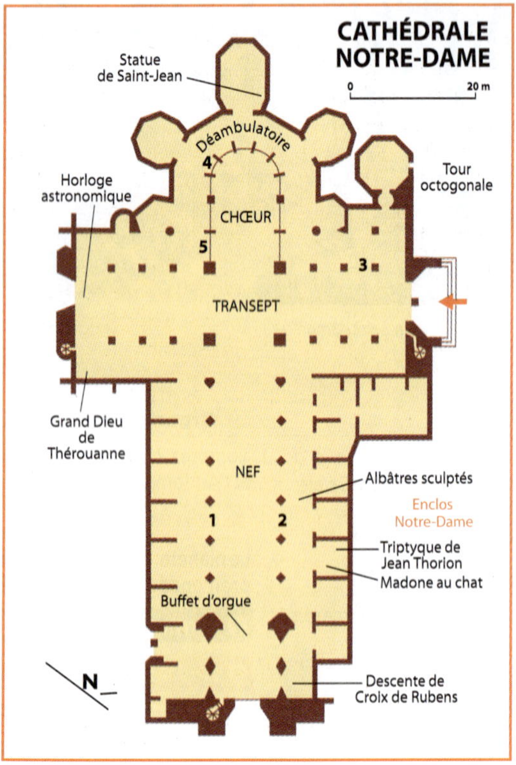

raccourci, dont on suivait le tracé en blanc, était appelé « la lieue de Jérusalem ».
★★ **Principales œuvres d'art** – Voyez le cénotaphe (13e s.) de saint Omer **(1)** et le mausolée **(2)** d'Eustache de Croÿ, prévôt du chapitre de St-Omer et évêque d'Arras : c'est une œuvre saisissante de Jacques Dubrœucq (16e s.) qui a représenté le défunt agenouillé, en costume épiscopal, et gisant, nu, à la manière antique. Admirez la *Descente de Croix* de Rubens *(1re travée du bas-côté droit)* et le magnifique buffet d'orgue (1717) des maîtres-sculpteurs de St-Omer, les frères Piette. Les monuments funéraires sont du 15e s., et les albâtres sculptés des 16e et 17e s. À voir encore : dans la chapelle Wissocq, le triptyque (16e s.) de Jean Thorion, retable flamand du 16e s. et la *Madone au chat (bas-côté droit)* ; la statue (13e s.) de N.-D. des Miracles **(3)** qui fait l'objet d'un pèlerinage tous les ans en septembre ; une intrigante statue de saint Jean (17e s.) en terre cuite dans la chapelle axiale ; la Nativité du 13e s. **(4)** et le tombeau (8e s.) de saint Erkembode **(5)**, abbé de St-Bertin – on y dépose des petites chaussures d'enfants qui ont des difficultés à marcher. L'horloge astronomique (1558) est surmontée d'un jaquemart qui sonne les heures *(bras gauche du transept)*. Au-dessus, rosace flamboyante. Le *Grand Dieu de Thérouanne* (13e s.), groupe sculpté, était placé à 20 m de haut au-dessus du portail de la cathédrale de Thérouanne, détruite par Charles Quint. Les silhouettes paraissent déformées : elles ont été raccourcies par l'artiste pour les adapter à l'effet de perspective *(bras gauche du transept)*.

★ Palais de la cathédrale C2

Enclos Notre-Dame - horaires ponctuels, se rens. à l'office de tourisme - 8 € (réserv. à l'office de tourisme).
Lieu de surprise et de mémoire, ce palais édifié en 1820 dans les murs d'un ensemble de six maisons du chapitre de l'ordre des chanoines a été acheté et restauré par le collectionneur et résident des lieux Jean-Luc Montois. Le palais abrite une impressionnante collection d'art que l'on peut toucher, écouter, expérimenter pour mieux apprécier ce que l'art porte de savoir-faire. Du hall d'entrée à l'appartement Swedish Grace (œuvres des 19e et 20e s.) du 2e étage, le propriétaire vous invite à cheminer dans une maison pleine de vie où l'ambiance décontractée favorise la découverte des richesses architecturales et décoratives. On s'installe sur une chaise Louis XV, on touche le stuc anglais style Regency qui orne les portes aux couleurs restaurées, on hume les parfums d'antan qui traversent les salons, on admire le mobilier et les tableaux scandinaves... Et, si l'envie vous prend, vous pouvez réserver la salle à manger octogonale, choisir le service de vaisselle qui vous convient (17e s., Directoire, Empire, 19e s.), et goûter, entre amis, aux arts de la table du palais, à la lumière de girandoles du 17e s.
Emprunter la rue des Tribunaux au chevet de la cathédrale.
Cette rue passe devant le **palais épiscopal** du 17e s., aujourd'hui palais de justice. On arrive place Victor-Hugo, au centre de St-Omer, où se dresse une fontaine érigée pour la naissance du comte d'Artois, futur Charles X.
Prendre à droite la rue Carnot.

★ Musée de l'Hôtel Sandelin CD1

14 r. Carnot - ✆ 03 21 98 00 94 - www.musees-saint-omer.fr - ♿ - 10h-12h, 14h-18h - fermé lun.-mar. - 5,50 € (-18 ans 3,50 €) - gratuit dim.
Édifié en 1777, l'hôtel se trouve entre cour et jardin. On franchit la grille Louis XV du portail, le corps de logis central et ses deux ailes forment un « U » autour de la cour d'où l'on observe les façades à l'esprit rocaille portant motifs végétaux et animaux exubérants.

4

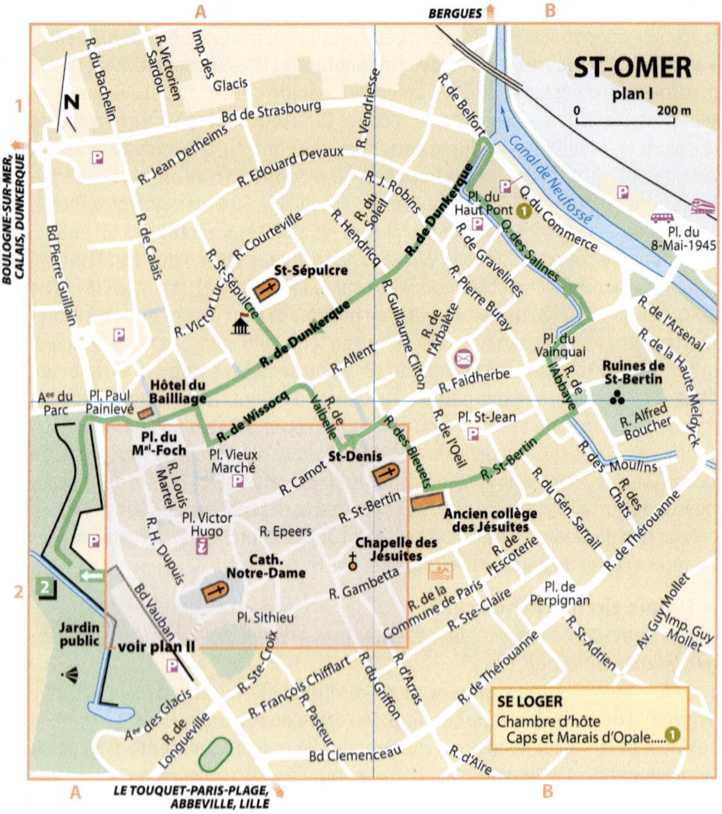

Une refonte des parcours de visite a modifié en profondeur l'identité du musée, qui s'articule désormais autour de trois axes : art, histoire et nature.

Un premier parcours, **« Histoire et trésors de l'Audomarois »,** nous plonge dans la riche histoire de l'Audomarois du Moyen Âge au 20e s. : mosaïque romane de l'abbaye St-Bertin (pièce majeure du musée, tout juste restaurée), collection d'armes du 11e au 18e s., vestiges médiévaux. Ne manquez pas le **pied de croix★** (12e s.) de saint Bertin : la finesse des détails iconographiques, la nuance des couleurs ainsi que le naturalisme des corps en font une œuvre exceptionnelle. Admirez également la **Croix de Clairmarais** (13e s.), chef-d'œuvre d'orfèvrerie. La vie quotidienne du Moyen Âge à la Révolution est ensuite abordée à travers différentes thématiques telles que l'habitat, l'alimentation, la parure ou encore l'hygiène. Suit une large section consacrée à la céramique avec notamment les faïences européennes (16e-19e s.) provenant de manufactures néerlandaises, belges, italiennes, anglaises et françaises. Une remarquable collection de pipes en terre rappelle que l'Audomarois vit, en 1660, s'ouvrir l'une des premières manufactures à tabac en France et qu'aux 18e-19e s., St-Omer accueillait deux des plus importantes manufactures de pipes en terre cuite en France. Une autre manufacture, fleuron industriel du territoire et leader mondial des arts de la table, est évoquée, la **verrerie d'Arques**. Ce premier parcours se conclut avec les principaux peintres et sculpteurs audomarois, parmi lesquels on compte François Chifflart, Léon Belly et Alphonse de Neuville.

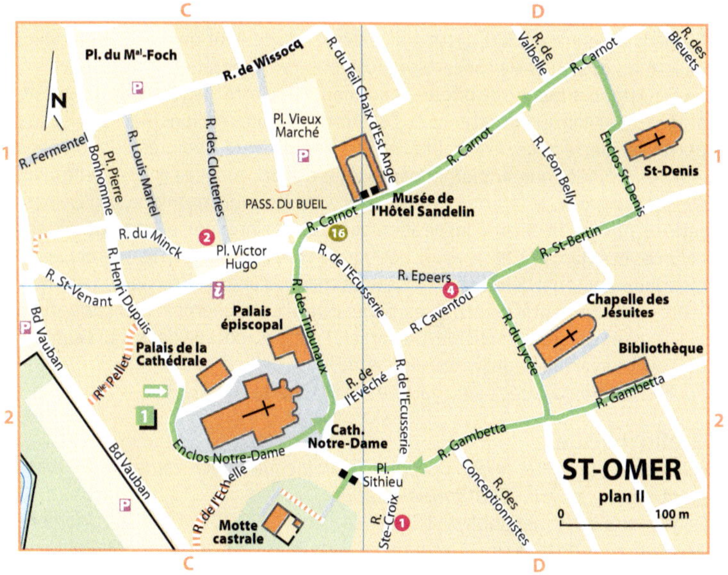

SE RESTAURER
Chez Tante Fauvette 1
Claire's Marais 2
Le Bacôve 4

SE LOGER
Hôtel Les Frangins 16

Le second parcours « **Une somptueuse demeure, des collectionneurs** » propose un voyage aux 18e et 19e s. à travers des *period rooms*, c'est-à-dire des pièces reconstituées qui permettent non seulement d'admirer des œuvres mais aussi de saisir des ambiances. La salle à manger retrace le nouvel art de vivre qui s'instaure au 18e s. par les arts de la table. Dans un décor d'inspiration rocaille, les lambris d'origine, les décors sculptés et les dessus-de-porte servent la thématique de l'amour. Suit le salon de musique et de jeu qui traite des loisirs des élites. Les bals sont mis à l'honneur dans le grand salon.

Les **cabinets de collectionneurs,** ancêtres des musées où l'on met entre parenthèses le monde pour mieux l'étudier, sont également mis en valeur. Mobilier, peintures, objets d'art européens ou plus lointains, *naturalia,* composent ces cabinets de curiosités dont les Audomarois Albert Legrand et Henri Dupuis étaient les protagonistes locaux. Le **cabinet asiatique** atteste de l'engouement des collectionneurs des 18e et 19e s. pour les œuvres nippones.

En complément de la visite du musée, un jardin paysager est en cours d'aménagement à l'arrière de l'hôtel Sandelin. Un jardin zen, des cabinets de fleurs et une forêt lectrice feront écho aux collections et inviteront à la déambulation.

Poursuivre dans la rue Carnot puis prendre à droite rue St-Denis.

Église St-Denis D1

Ne se visite pas. Restaurée au 18e s., elle conserve une tour du 13e s. Chœur du 15e s. caché par des boiseries 18e s. et Christ en albâtre attribué à Dubrœucq.

Reprendre la rue St-Bertin, à la sortie de l'enclos St-Denis se trouve l'hôtel de Berghes (n° 20), continuer et prendre à gauche rue du Lycée.

★ Chapelle des Jésuites D2

Se rens. à l'office de tourisme pour les visites.

4

Dans les années 1960, cette église désacralisée était devenue un parking, désormais elle accueille concerts, expositions, représentations théâtrales.
Sa majestueuse **façade** de brique à parements de pierre blanche s'élève sur cinq étages ; elle illustre l'importance du collège des jésuites wallons. Remarquez son portail en pierre grise de Namur avec son fronton brisé à volutes, ses colonnes et frises doriques que surplombent des têtes de lion. Achevée en 1640, elle avait été conçue par un jésuite de Mons, Du Blocq. De structure gothique, l'église possède un plan et un décor d'inspiration baroque. À l'intérieur, elle frappe par ses volumes et sa luminosité : la voûte gothique à croisée d'ogives à liernes et tiercerons domine une nef dénuée de transept. Le chœur, d'une taille modeste, favorisait la proximité entre prêtres et fidèles, bénéfique à l'enseignement catholique face à la poussée du protestantisme. De part et d'autre du chœur, deux tours carrées s'élèvent suivant la tradition tournaisienne.
Poursuivre rue du Lycée puis à gauche rue Gambetta.

Bibliothèque D2

40 r. Gambetta - 03 74 18 21 00 - www.bibliotheque-agglo-stomer.fr - ♿ - mar.-merc. et sam. 9h-18h, vend. 9h-19h - gratuit.
Dans des boiseries de l'abbaye St-Bertin se nichent 350 000 volumes, au nombre desquels plus de 1600 manuscrits et près de 200 incunables, dont la Bible de Gutenberg. En 2014, une découverte inestimable a eu lieu dans les rayonnages de la bibliothèque : un First Folio de William Shakespeare, première édition de la collection des œuvres complètes du poète, publiée en 1623, sept ans après sa mort. Il en existe 230 dans le monde.
Revenir sur vos pas sur la rue Gambetta pour rejoindre la place Sithieu.

Motte castrale C2

Pl. Sithieu - visites uniquement lors d'événements ou dans le cadre des visites organisées par l'office de tourisme.
Cette butte de terre en forme de pyramide écrêtée domine la ville d'une dizaine de mètres et dessine une plateforme de 40 mètres de côté. Elle a accueilli un château fondé au 10e s. par Baudoin, comte de Flandre, pour protéger la collégiale d'éventuels agresseurs. En 1762, une prison militaire de type Vauban est élevée sur les ruines du château médiéval. Cette solide construction de brique et pierre sur trois niveaux a bénéficié d'une vaste campagne de restauration, et l'on peut désormais visiter les geôles et les jardins. Du sommet, panorama sur la cathédrale, la chapelle des Jésuites et l'agglomération.

Au nord-ouest de la cathédrale PLAN P. 276

Circuit 2 tracé en vert sur le plan I. Départ du parking du Jardin public (Bd Vauban).

★ Jardin public A2

Bd Vauban - accès libre. Le parc (20 ha) est aménagé sur une section des remparts (17e s.). Le fossé forme un parterre à la française ; le glacis porte un jardin à l'anglaise. Vue sur le bastion, les toits et la tour de la cathédrale.

Place du Maréchal-Foch PLAN II C1

L'ancien **hôtel de ville** a été construit de 1834 à 1841 avec des matériaux provenant de l'abbatiale St-Bertin. Les Audomarois le surnomment le « Moulin à café », du fait de sa forme cubique surmontée d'une coupole, nom attribué également au

Réseaux

Au 12e s., les Audomarois se livrèrent à de gigantesques travaux de canalisation des eaux de l'Aa afin de se frayer un accès vers la mer du Nord. Devenue un port, la cité se développa alors grâce au commerce maritime. Les petits canaux creusés dans la ville pour faciliter le transport des marchandises furent également bien utiles aux artisans.

théâtre à l'italienne implanté au cœur de l'édifice. Rouvert en 2018, après quarante-cinq ans de fermeture, il a retrouvé son grand lustre à pampilles, ses papiers peints de 1903, son ancienne machinerie, son plafond en trompe-l'œil. La Barcarolle y propose une programmation allant du théâtre classique au concert de jazz ou de folk. Au 42 bis, l'**hôtel du Bailliage**, ancien tribunal royal opposé à l'ordre des échevins, est un élégant édifice Louis XVI orné de pilastres, de chapiteaux doriques, de ferronneries et de guirlandes florales. Quatre statues sur la balustrade représentent les Vertus cardinales.
Prendre la rue de Wissocq.

Rue de Wissocq A1-2

Au n° 8, remarquez l'hôtel particulier de style Louis XV avec pilastres et neuf clés sculptées au-dessus des fenêtres. Le balcon en fer forgé surmontant la porte cochère repose sur une console ouvragée. Plus loin, aux n° 19 à 21, la maison St-Jean fondée au 15e s. par la famille Wissocq servait de halte aux pèlerins et aux voyageurs.
Tourner à droite rue de Valbelle, poursuivre par la rue Carnot et la rue des Bleuets.

Ancien collège des Jésuites B2

Édifié en 1593, il fut converti en hôpital militaire et remanié en 1726. La façade présente une belle ornementation de pilastres à chapiteaux composites et de guirlandes.
Continuer sur la rue St-Bertin.

Vestiges de St-Bertin et faubourg nord B1-2

Sur la place où s'élève une statue en marbre de l'abbé Suger, bienfaiteur de St-Bertin, quelques arcades et la partie basse de la tour (1460) constituent les vestiges de l'abbaye.
De la rue St-Bertin, vue sur les ruines.
Par la place du Vainquai, on peut musarder dans le faubourg nord, le long des quais des Salines et du Commerce, où les maisons basses se reflètent dans les eaux calmes de l'Aa canalisé.
Au bout du quai des Salines, prendre à gauche la rue de Dunkerque.

Rue de Dunkerque AB1

Quelques maisons se distinguent dans la rue. L'ancien Hôtel des ventes (n° 165) présente des balcons en fer forgé, des décorations exubérantes en feuillage et quatre masques élégants. Au n° 136, jolie maison flamande du 17e s. avec sa façade à redans et les coquilles, symboles de St-Jacques-de-Compostelle.
Continuer puis prendre la rue du St-Sépulcre à droite.

Église St-Sépulcre A1

R. St-Sépulcre. La plus importante paroisse de la ville siégeait dans cette église-halle (trois vaisseaux identiques) consacrée en 1387. Sa flèche mesure 52 m. Son nom (il n'y a que sept églises du St-Sépulcre en France) est lié à la participation de trois seigneurs audomarois aux croisades. Son portail, chef-d'œuvre d'ébénisterie et deux statues baroques proviennent de l'abbaye St-Bertin. Beaux vitraux du 19e s. dans le chœur.

La rue de Dunkerque rejoint la place du Mar.-Foch.

★ L'Audomarois

CARTE P. 206-207 C2

Le nom de cette région dérive du latin Audomar, signifiant Omer. L'Audomarois s'étend autour de St-Omer. Elle fait partie du **Parc naturel régional des Caps et Marais d'Opale**. La zone dite « marais audomarois » en offre l'un des aspects les plus originaux. À découvrir en barque, en canoë ou en bateau-promenade.

La Grange-Nature C2

5 km au nord-est par la D 209. R. du Romelaëre - ✆ 03 21 38 52 95 - www.eden62.fr - ♿ - mai-août : 10h-12h, 14h-17h30, sam. 14h-18h, dim. 10h-12h30, 14h-18h ; de mi-mars à fin avr. et de déb. sept. à mi-nov. : tlj sf sam. 10h-12h, 14h-17h30, dim. 10h-12h30, 14h-18h - gratuit.

C'est l'un des sites du parc naturel qui présente des expositions et des dispositifs audiovisuels sur la nature et la vie sauvage des animaux. C'est également le point de départ de nombreuses promenades, notamment dans la **réserve naturelle du Romelaëre** (sentiers d'observation...).

4,5 km - sentier accessible aux personnes à mobilité réduite. Une promenade dans la réserve sur des platelages en bois mène à un observatoire. Le retour se fait par le même chemin ou par un sentier puis le passage d'un bac à chaîne.

Marais audomarois C2

4 km au nord-est par la D 209.

Fruit d'un aménagement mené dès le 7e s. par les moines de St-Bertin, cette dépression de 3 730 ha s'étire de Watten à Arques et de la forêt de Clairmarais aux cressonnières de Tilques. Zone humide exceptionnelle, elle a été déclarée Réserve de biosphère par l'Unesco en 2013. Aujourd'hui, environ 40 familles de maraîchers – habitants du marais – sillonnent encore les *watergangs* (chemins d'eau) à bord de leurs larges barques à fond plat, les bacôves. Ils rejoignent leurs parcelles dont une partie sert à la culture maraîchère. Pour atteindre les maisons des maraîchers, montées sur des pieux, et distribuer leur courrier, le postier se déplace encore en barque. Le marais, réputé pour son chou-fleur, est également apprécié pour sa flore (400 espèces dont 40 protégées et 490 champignons), ses ressources piscicoles et l'observation des **oiseaux migrateurs**.

★★ La Coupole - Centre d'histoire et planétarium 3D C2

5 km au sud par la D 928. Accès par l'A 26.

R. André-Clabaux - ✆ 03 21 12 27 27 - www.lacoupole-france.com - ♿ - juil.-août : 9h-19h ; avr.-juin : 9h-18h, sept.-mars : 9h-17h30 - fermé 2 sem. en janv. - 10,50 € (4-17 ans 7,50 €).

Prévoyez 2h30 de visite. Si vous disposez de peu de temps, ne faites qu'un seul circuit (« Les armes secrètes d'Hitler » ou « Le nord de la France dans la main allemande »).

Cette gigantesque construction en béton de 55000 t était prévue pour être la base de lancement des fusées V2 qui devaient bombarder Londres. Elle fut abandonnée en 1944, sans avoir jamais servi (*encadré ci-contre*). Elle compte parmi les plus imposants vestiges de la Seconde Guerre mondiale. Symbole

Un projet démesuré

Après le bombardement du blockhaus d'Éperlecques (p. 283) en août 1943, Hitler fait construire un nouveau bunker. Dans une carrière de craie, l'Organisation Todt aménage un dôme de protection en béton de 72 m de diamètre et de 5 m d'épaisseur, des tunnels ferroviaires pour transporter les fusées et des galeries souterraines pour les stocker. Auguste Moro, qui vécut l'enfer du percement des galeries, se souvient : « On travaillait 12h/24, une semaine de jour, une semaine de nuit. Le chantier prenait des proportions hors du commun... le béton coulait sans cesse. »
Première fusée stratosphérique – Mises au point dans le centre secret dirigé par Wernher von Braun sur une île de la Baltique, les fusées V2 étaient fabriquées par les déportés du camp de concentration de Dora-Nordhausen. Haut de 14 m, le V2 est un assemblage de 22 000 pièces. Il peut atteindre une vitesse de 5 800 km/h, sa portée est de 300 km. Ce terrible engin inaugura la conquête spatiale.
Tallboy contre V2 – Malgré les bombardements de mars à septembre 1944, dont certains avec des bombes Tallboy de 5 t, la coupole reste intacte. Après la percée des Alliés, les Allemands abandonnent le projet en juillet, notamment la zone de tir. Des V2 meurtriers seront tirés ultérieurement, à partir de bases mobiles, sur Londres et Anvers.
Course à l'espace – À la fin de la guerre, Von Braun se rallie aux Américains et devient l'un des pères d'Apollo. Commence alors une formidable compétition spatiale entre les États-Unis et l'URSS.

de la folie et de la démesure nazies, le site a été converti en Centre d'histoire et de mémoire.
Après un parcours dans le tunnel ferroviaire qui permettait d'acheminer les fusées au site de montage, on parvient sous l'énorme coupole. Une maquette animée montre le site de tir tel qu'il aurait dû être, et une authentique fusée V2 pesant 12 t rappelle les heures sombres de l'histoire.
Centre d'histoire – Deux circuits, chacun précédé d'un film, présentent l'un les armes V1 et V2, l'autre la vie des populations dans le nord de la France sous l'occupation allemande. Les parcours sont ponctués de reconstitutions, tables tactiles, films et maquettes, en plus du casque infrarouge qui permet une visite audioguidée. Le circuit « Les armes secrètes d'Hitler » retrace les développements du projet nazi, qui servit de base après-guerre à la conquête spatiale. Parmi les moments les plus émouvants du circuit « Le nord de la France dans la main allemande » figure la lecture de la lettre d'adieu d'un jeune résistant qui s'imprime sur une reconstitution du mur des Fusillés de la citadelle de Lille.
Planétarium 3D – La salle sphérique de 15 m de diamètre est équipée d'un écran à 360° dont la technologie offre une expérience d'immersion unique. Avec des lunettes actives, les profondeurs du cosmos, la surface de la Lune ou la conquête de Mars font l'objet de voyages spectaculaires (séances d'1h).

Forêt de Rihoult-Clairmarais C2

4,5 km à l'est.
Cette forêt (1167 ha) vit chasser Charlemagne lorsqu'il séjournait à St-Omer. Au 12e s., elle fut la propriété de cisterciens. Elle est désormais aménagée pour le tourisme, notamment autour de l'**étang d'Harchelles**, dernier des sept plans d'eau que les moines exploitaient pour la tourbe et le poisson.

Arques C2

3 km à l'est.

Ville industrielle réputée pour sa cristallerie, Arques est aussi un port important à la jonction de l'Aa canalisé et du canal de Neuffossé, qui relie l'Aa à la Lys. Au niveau de la rue des Alpes, une belle maison de pierre blanche et de brique rose enjambe l'Aa, dont les vannes règlent toujours le niveau des eaux de la rivière.
★ **Arc France** – *104 av. du Gén.-de-Gaulle - 03 21 12 74 74 ou 03 21 95 46 47 - www.arc-intl.com - - visite guidée sur réserv. (1h30, horaires sur le site Internet).*
On découvre l'ensemble du processus, de la goutte de verre en fusion jusqu'au produit fini : après l'historique de l'entreprise, observation des techniques de production sur une passerelle surplombant un atelier ; écrans révélant les opérations en cours. Et bien sûr la visite se termine à la boutique au prix usine !
Ascenseur à bateaux des Fontinettes – *R. de l'Ascenseur - 03 21 88 59 00 - www.ville-arques.fr - fermeture pour travaux, réouv. prévue 2023.* Installé sur le canal de Neuffossé, cet ascenseur (1887) témoigne de la technologie du 19e s. Il a remplacé les cinq écluses nécessaires au passage d'une dénivellation de 13 m et facilité le passage des péniches jusqu'en 1967. Le principe de son fonctionnement était simple : les péniches prenaient place dans deux sas ou bassins remplis d'eau, fixés sur deux énormes pistons constituant une sorte de balance hydraulique. L'un des sas s'élevait quand l'autre descendait.
L'ascenseur a laissé place à une **écluse géante**, que l'on voit fonctionner 500 m en amont. Celle-ci peut contenir six péniches et demande 20mn de manœuvre.

Maison du marais C2

3 km à l'ouest.

36 av. du Mar.-Joffre - 62500 St-Martin-au-Laërt - 03 21 11 96 10 - www.lamaisondumarais.com - avr.-sept. : tlj 10h-19h ; oct.-mars : mar.-vend. 11h-17h, w.-end 10h-18h - 5,90 € (-16 ans 4,90 €) - 11 € (-16 ans 7,50 €) promenade en bacôve ; 14,50 € (-16 ans 9,50 €) billet combiné avec promenade en bacôve.
Pour tout savoir sur le marais, la vie des hommes et le maraîchage, rendez-vous dans ce centre d'interprétation. Sur près de 1 000 m², deux expositions, une permanente et une temporaire, présentent cette zone humide exceptionnelle classée Parc naturel régional des Caps et Marais d'Opale, réserve de biosphère et zone Ramsar. Ces trois institutions ont d'ailleurs leur siège à l'étage. En saison, promenades en bacôve au cœur d'une nature vivante et dépaysante.

Wisques C2

5 km à l'ouest par la D 208E2.

Le long de la D 208, **panorama** sur St-Omer, la cathédrale Notre-Dame et la chapelle des Jésuites.
Prendre à droite la D 212.
Wisques est dominé par l'immense abbaye Notre-Dame, monastère de bénédictines (1889). On côtoie ensuite le Petit Château (1770). L'**abbaye St-Paul** est occupée par des bénédictins, installés dans un grand château qui comprend des bâtiments anciens : tour (15e s.), portail et logis (18e s.). D'autres sont modernes : chapelle, cloître et réfectoire sont trois œuvres du célèbre moine-architecte Dom Bellot, réalisées vers 1930. Moderne également, le campanile abritant la Bertine, cloche de l'abbatiale St-Bertin qui date, elle, de 1470 et pèse 2 600 kg.

Esquerdes C2

8 km au sud-ouest par la D 211.

Au creux de la vallée de l'Aa, lieu de production papetière depuis 1473, ce village compte encore plusieurs entreprises du secteur.

★ Blockhaus d'Éperlecques C1

15 km au nord-ouest par la D 943, puis la D 300 et la D 205.
R. des Sarts - 03 21 88 44 22 - www.leblockhaus.com - ♿ - juil.-août : 10h-18h30 ; avr.-juin et sept. : 11h-17h30 ; reste de l'année : se rens. - fermé nov.-fév. - 11 € (-15 ans 6,50 €).

Montagne de béton émergeant de la forêt d'Éperlecques, ce blockhaus haut de 22 m a été conçu pour le lancement des fusées V2 destinées à détruire Londres (*encadré p. 281 et la Coupole p. 280*). La dalle supérieure, épaisse de 5 m, fut montée au fur et à mesure de la construction par un système de vérins qui permettait de protéger des bombardements ceux qui y travaillaient. Le 27 août 1943, 185 « forteresses volantes » venues d'Angleterre déversèrent des tonnes de bombes sur le blockhaus, le mettant hors d'usage... au prix de la vie de nombreux déportés qui y travaillaient. Après cet épisode, le blockhaus fut agrandi pour devenir une usine d'oxygène liquide.

Un circuit sonorisé donne un aperçu des terrifiantes « armes secrètes » du IIIe Reich. De la plateforme située au sommet du mur nord inachevé, on constate l'impact de la bombe Tallboy lancée le 25 juillet 1944. Dans le blockhaus, où l'on pénètre par une porte blindée (2 m d'épaisseur !), l'immensité des halls et les structures déchiquetées créent une atmosphère oppressante. Sur la courtine sud, remarquez la partie inférieure de la tour de contrôle octogonale. La visite est ponctuée par les reconstitutions d'une rampe de lancement et de son V1 ainsi que d'un V2 à taille réelle monté sur une table de lancement dont le mécanisme simule le décollage.

Mont de Watten C1

Le long de l'Aa, près du carrefour de la D 207 et de la D 213.
12 r. de Dunkerque - 03 21 88 27 78 - www.watten.fr.

Il termine la chaîne des monts de Flandre à l'ouest, dominant (72 m) la vallée de l'Aa et la plaine flamande. Turenne utilisa cet observatoire avant la bataille des Dunes, ainsi que, bien plus tard, le général allemand Guderian, tacticien de la « guerre éclair » (1940).

Le **moulin** qui domine Watten a été construit au 18e s. à l'emplacement d'un bastion. Il est restauré, et ses ailes tournent à nouveau, l'été venu. Toujours sur le mont, on peut contempler les vestiges d'une abbaye *(propriété privée)* à tour carrée gothique. De l'esplanade en face de l'entrée de l'abbaye, **vue** sur la coupure formée par l'Aa (canal, voie ferrée) et sur la **forêt domaniale d'Éperlecques**. En mai 1940, l'hydravion *Jules-Verne* venait chaque nuit y lâcher une bombe d'une tonne, puis regagnait sa base de Rochefort en Charente-Maritime. Ce même appareil bombarda Berlin en juin.

De Watten, on rejoint les écluses de Wattendam en suivant les berges de l'Aa.

Carnet pratique

S'informer

Office de tourisme – *7 pl. Victor-Hugo - St-Omer - ✆ 03 21 98 08 51 - www.tourisme-saintomer.com.* La ville propose des visites guidées variées. Téléchargement gratuit d'applications dont le St-Omer Tour.

Agenda

Cortège nautique – Défilé sur l'eau dans le quartier du Haut-Pont à St-Omer, le dernier dim. de juil.

À proximité

Festival des Epeutnaerts – En avr., les habitants de Moringhem *(12 km à l'ouest de St-Omer)* exposent leurs épouvantails qui finiront brûlés à la fin du mois dans un grand feu.

Nos adresses

Restauration

Budget moyen

1 Chez Tante Fauvette – PLAN II D2 *- 10 r. Ste-Croix - ✆ 03 21 11 26 08 - fermé dim. mar., le midi sf. sam. - menu 25 €.* Les nappes à carreaux rouges, les bérets suspendus et les plaques publicitaires en métal apparaissent comme autant d'images d'Épinal de a France d'après-guerre. Produits du marché. Carte traditionnelle.

Pour se faire plaisir

2 Claire' Marais – PLAN II C1 *- 8 pl. Victor-Hugo - ✆ 03 21 93 15 15 - www.clairemarais.fr - fermé dim. soir, lun., mar. soir et merc. soir - formules 29/57 €.* À la lecture de la carte, il y a des promesses dont on espère qu'elles vont être tenues : poire rôtie au poivre long, carpaccio de noix de saint-jacques, pannacotta de champignons de Paris, carbonade végétale... La cuisine audacieuse de la cheffe Claire Bluszcz surprend, mais surtout elle convainc.

Une folie

4 Le Bacôve – PLAN II D1-2 *- 8 r. Caventou - ✆ 03 21 95 21 33 - restaurant-bacove.com – fermé dim. soir, lun. et mar. - formules 45/95 €.* Formés chez le chef Marc Meurin au château de Beaulieu (*☞ p. 339*), Camille Delcroix et sa compagne Carla proposent aux convives des produits de grande qualité provenant des marais audomarois, des Flandres et de la Côte d'Opale. La partition gustative sonne juste, l'expérience culinaire laisse un bel et long écho.

À proximité

Premier prix

La Baguernette – *3 r. du Marais - Clairmarais (5 km au nord-est de St-Omer) - ✆ 03 21 39 33 92 - www.labaguernette.fr - fermé dim.-lun. soir - plats 14,50/19,50 €.* Une guinguette très agréable au bord du marais. Que l'on choisisse la salle sombre et confortable ou la terrasse sous ses petites loupiottes colorées, on mangera toujours la spécialité : du cochon de lait à la broche accompagné d'une bière. Jeux et jardin pour les enfants.

Budget moyen

Le Saint-Sébastien – *2 pl. de la Libération - Blendecques (6 km au sud de St-Omer) - ✆ 03 21 38 13 05 - fermé sam. et dim. soir - formules 22/39 € - ch. 7 ch. 78 € ☕ 9 €.* Sympathique adresse à dénicher dans une petite commune de l'agglomération audomaroise : accueil familial, coquet décor rustique et bonnes recettes traditionnelles.

Shopping

Le Terroir – *31 r. des Clouteries - ✆ 03 21 38 26 51 - fermé dim.-lun.* Entre les thés, le café Méo, les fruits et légumes, les bouteilles de whisky, de cognac et d'armagnac, la charcuterie fine, les fromages et les conserves de foie gras, on ne sait plus où donner de la tête ! Sur une rue piétonne, à proximité de l'hôtel de ville, cette enseigne favorise aussi les spécialités régionales et les petits producteurs.

À proximité

Distillerie Persyn – *19 rte de Watten - Houlle (9 km au nord-ouest de St-Omer) - ✆ 03 21 93 01 71 - www.genievredehoulle.com - boutique 9h-12h, 14h-18h - visite de la distillerie sur réserv. (1h30, 7 € ; -18 ans 3 €) avec dégustation - fermé dim.* Cette genièvrerie fondée en 1812 est l'une des dernières en France. L'eau-de-vie de grains est toujours fabriquée à l'ancienne avec trois passages en alambic.

Arc Outlet – *132 av. du Général-de-Gaulle - Arques (5 km au sud-est de St-Omer) - ✆ 03 21 95 46 96 - fermé dim. et lun. mat.* La boutique de l'usine d'Arc. On y trouve des articles bradés, avec un défaut d'emballage ou d'anciennes collections. Des remises jusqu'à 70 %. *Arc France p. 282.*

En soirée

Le Queen Victoria – *15 pl. du Mar.-Foch - ✆ 03 21 88 51 17.* Pub chaleureux et intime avec un vieux parquet et des murs en brique. Grande terrasse.

Activités

La Grange-Nature - *p. 280.*

Les Faiseurs de bateaux - *Chemin du Marais-de-Lysel - ✆ 06 08 09 94 88 - lesfaiseursdebateaux.fr - mai-sept. : 10h-18h ; reste de l'année : sur demande - 11,50 € (-14 ans 7,50 €) - visite guidée (1h) et chantier naval (30mn) - visite guidée avr.-sept. : 10h30, 14h et 16h, oct.-mars : merc. 14h30.* Ces fabricants de bacôves et d'escutes, bateaux traditionnels, vous emmènent sur les canaux de l'ancien marais et du faubourg de Lyzel au rythme de la perche qui propulse l'embarcation. Ce mode de déplacement silencieux favorise l'observation de la faune et respecte la tranquillité des habitants du marais.

Les Belles Échappées – *1 chemin des Murs - ferme de l'Abbaye - Clairmarais (5 km au nord-est de St-Omer) - ✆ 03 21 98 11 72 - www.les-belles-echappees.com - fermé dim.-lun. - 24 € ½ j. solex, 159 €/1 j. 2 CV, 229 €/1 j. combi VW.* Voilà une formule originale pour flâner dans la région : un Solex électrique, une 2 CV, un Combi VW... et des conseils de circuits et de visites, bien entendu !

Canoë-kayak Club – *Bassin de l'Aa - écluse St-Bertin - ✆ 03 21 38 08 47 - www.canoekayak-saintomer.com - fermé de déb. nov. à mi-avr. - 10 €/2h de kayak (15 € canoë), 20 €/½ j. dans le marais audomarois en kayak (30 € canoë).* Canoë-kayak sur le canal de Neuffossé, l'Aa et dans le marais audomarois.

À proximité

Le chemin de fer touristique de la vallée de l'Aa – *R. de l'Europe - Arques (5 km au sud-est de St-Omer) - gare d'Arques - ✆ 03 21 93 45 46 - www.cftva62.com - programme des circulations sur le site Internet - autorail Picasso 8 € (4-14 ans 4 €), train à vapeur 14 € (4-14 ans 7,50 €).* Il emprunte l'ancien tronçon de la ligne St-Omer/Boulogne-sur-Mer. Le trajet de 15 km reliant Arques à Lumbres permet de découvrir la vallée de l'Aa dans un train des années 1950, l'autorail dit

4

« Picasso » ou en train à vapeur. Il dessert La Coupole et des itinéraires de randonnée (C2 *carte p. 206-207)*.

Rando-rail du pays de Lumbres – *R. de la Gare - Nielles-lès-Bléquin (23 km au sud-ouest de St-Omer) - 03 21 88 33 89 - www.rando-rail.com - juil.-août : tlj ; avr.-juin et sept.-oct. : tlj sf lun. - sur réserv. - 32 €/2-4 pers.* Un peu plus loin, sur la même voie de chemin de fer, ce mode de transport à pédales permet de découvrir les grands bois du parcours du Chevalier de la Chapelle ou les vallons des collines de l'Artois (parcours d'Adelthur), sur 9 km AR. Chaque véhicule peut accueillir jusqu'à 4 adultes.

Isnor Clairmarais – *3 r. du Marais - Clairmarais (5 km au nord-est de St-Omer) - 03 21 39 15 15 - www.isnor.fr - - avr.-sept. ; reste de l'année : sur demande - bateau-promenade (1h) 9 € (-14 ans 7,50 €) - pré-achat en ligne conseillé.* Bateaux, canoës, barques à rames... à louer pour des balades dans les marais, seul ou accompagné par un guide. Restauration sur place *(voir La Baguernette p. 284)*, vente de produits du terroir et location de cottages.

Le Bon Accueil – *29 r. du Rivage-Boitel - Salperwick (4,5 km au nord de St-Omer) - 03 21 38 35 14 - www.bonaccueil-marais.fr - - de mi-mars à mi-oct. : 9h-18h - visite (1h) : bateau 10 € (-13 ans 7,50 €) ; bacôve 12 €.* Visite guidée du marais en bateau-promenade ou en bacôve. Si vous préférez rester seul : barques à rames ou à moteur et canoës à louer.

Hébergement

Premier prix

1 Chambre d'hôte Caps et Marais d'Opale – PLAN I B1 - *11 quai du Commerce - 03 21 93 89 82 - www.chambresdhotes-opale.com - P 10 €/j. - - 4 ch. 70 €.* En bordure du canal, cette maison de maître (fin 19e s.) a conservé son cachet d'origine. Une cheminée en marbre trône dans le salon, entre boiseries et moulures d'époque, tandis qu'à l'étage les chambres et la suite, décorées avec goût, offrent espace et confort. Jolie véranda donnant sur le jardin clos.

16 Hôtel Les Frangins – PLAN II C1 - *5 r. Carnot - 03 21 38 12 47 - www.frangins.fr - P - 26 ch. 85 € - 9 € - menu 30 €.* Dans le centre historique, les « frangins » mettent à votre disposition des chambres rénovées et tranquilles.

À proximité

Premier prix

Camping Le Château du Gandspette – *133 r. du Gandspette - Éperlecques (10 km au nord-ouest de St-Omer) - 03 21 93 43 93 - www.chateau-gandspette.com - - 167 empl. 31 € - 8 mobile-homes 75/120 €/nuit.* Au pied du château, ce camping sera une halte agréable. Emplacements tentes ou de caravanes à l'orée d'un petit bois, location de mobil-homes avec terrasse. Piscine, tennis et terrain omnisports. Dans les dépendances du château, un bar-restaurant dans un cadre rustique propose aussi des plats à emporter.

Une folie

Hôtel Château Tilques – *12 r. du Château - Tilques (5,5 km au nord-ouest de St-Omer) - 03 21 88 99 99 - www.tilques.najeti.fr - P - 51 ch. 148/178 € - - menu 25 €.* Ce château en briques de 1891 jouit d'un parc arboré (cygnes et paons en liberté). Chambres dotées de meubles de style, plus contemporaines à l'annexe. Restaurant cossu, dans les anciennes écuries. Cuisine classique.

Aire-sur-la-Lys

Marché agricole entre Flandres et Artois, l'ancienne place forte entourée de verdure se distingue par les hautes tours de son beffroi et de sa collégiale. Elle connut une grande prospérité sous la domination espagnole, aux 16e et 17e s. Aujourd'hui, la paisible bourgade aligne ses façades au charme ancien.

Se repérer

CARTE C2 (P. 206-207).
9 691 Airois – Pas-de-Calais (62)
Entre Béthune et St-Omer.

Organiser son temps

Comptez une demi-journée pour le tour de la ville et le circuit sillonnant la haute vallée de l'Aa.

En famille

Le parc d'attractions Dennlys Parc.

Carnet pratique p. 289

Nos adresses p. 289

Se promener

Grand'Place

Ce vaste ensemble fut édifié entre 1720 et 1840 ; l'**hôtel de ville** comporte un balcon de proclamations et un fronton aux armes d'Aire. En retrait se dresse le **beffroi**, rebâti au 18e s. Dans l'angle sud, le **bailliage★**, où est installé l'office de tourisme, date du début du 17e s. et fut élevé dans le style Renaissance finissante, grâce au produit d'un impôt sur le vin et la bière. Sa galerie à arcades est surmontée d'une frise sculptée d'emblèmes et d'une bretèche rectangulaire en saillie. L'attique est décoré des Vertus et des Quatre Éléments.

Le bailliage.
G. Walden/age fotostock

★ Collégiale St-Pierre

Pl. St-Pierre. L'un des plus importants exemples de style gothique flamboyant et Renaissance en Flandre. La **tour★** (62 m) rappelle celle de N.-D. de St-Omer. À l'intérieur, le dessin des nervures des voûtes est reproduit au sol. Le chœur est clos d'un jubé ciselé par Boileau; à gauche, statue dorée de **N.-D. Panetière**. Le **buffet d'orgue**, en chêne, provient de l'abbatiale de Clairmarais (*ABC d'architecture p. 406*). Chœur et abside ont souffert d'un bombardement en 1944. Au fond, jolie Vierge à l'Enfant (15e s.).

Histoires d'eaux

Le canal d'Aire (40 km) amène la Lys jusqu'à Bauvin. Née en Artois, cette rivière (214 km) traverse les Flandres pour rejoindre l'Escaut en Belgique.

Église St-Jacques

C'est l'ancienne chapelle (fin du 17e s.) du collège Ste-Marie. Sa façade est de style « jésuite ». L'abondant décor sculpté est fidèle à la tradition flamande : colonnes et pilastres annelés, frontons brisés, ailerons en volutes.

À proximité

CARTE P. 206-207

Site et Maison de l'archéologie de Thérouanne C2

À 10 km à l'ouest d'Aire-sur-la-Lys.

6 pl. de la Morinie - ✆ 06 43 85 15 47 - www.patrimoines-saint-omer.fr - mai-oct. : merc.-dim. 10h-12h, 14h-18h ; nov.-avr. : merc.-dim. 14h-17h, w.-end 14h-18h.

Cette ville fortifiée formait au 16e s. une enclave française dans les territoires d'Empire : elle fut rasée « jusque dans ses fondements » avec interdiction de la reconstruire par Charles Quint en 1553. Sur la colline, au nord du bourg, subsistent les vestiges d'une cathédrale comptant parmi les premiers témoignages de l'architecture gothique en France. Le célèbre **Grand Dieu de Thérouanne** qui ornait l'un de ses portails se trouve dans la cathédrale de St-Omer.

L'Aa a creusé ici une vallée vouée à l'élevage. La rivière, bordée de peupliers et de saules, est ponctuée de moulins et de sites de pisciculture.

Merck-St-Liévin BC2

À 22 km à l'ouest d'Aire-sur-la-Lys.

La tour de son **église** (16e-17e s.) est renforcée de contreforts à ressauts. À l'intérieur, sous le porche-narthex, fonts baptismaux du 16e s. protégés par un couvercle en bois sculpté (18e s.) ; châsse de saint Liévin à l'extrémité du bas-côté droit ; chœur à voûte en étoile.

Fauquembergues B3

À 24 km à l'ouest d'Aire-sur-la-Lys.

28 av. Roland-Huguet - ✆ 03 21 38 38 51.

Le bourg s'étage sur les pentes de la vallée. L'**église** (13e s.) possède une tour fortifiée portant bretèche sur mâchicoulis.

Renty B3

À 27 km à l'ouest d'Aire-sur-la-Lys.

Son vieux moulin et son lac sont une invitation à la détente.

Carnet pratique

S'informer

Office de tourisme – *Grand-Place - Le Bailliage - Aire-sur-la-Lys - ✆ 03 21 11 96 12 - www.tourisme-saintomer.com.*

Agenda

Grande procession de N.-D. Panetière – Le dim. qui suit le 15 août.

Fête de l'andouille – Le 1er dim. de sept. Après une course pédestre le matin et un cortège carnavalesque l'après-midi, c'est le clou du spectacle : dans la plus pure tradition du Nord, le maire et ses adjoints lancent des morceaux d'andouilles de l'étage du bailliage.

Nos adresses

Hébergement/restauration

Pour se faire plaisir

Château de Moulin Le Comte – *44 r. Principale - ✆ 03 21 88 48 38 - www.chateaudemoulinlecomte.com - 5 ch. 104/144 € ☕ - ✕ table d'hôte 30 €/pers.* Cette grande maison bourgeoise datant de la fin du 19e s. propose des chambres spacieuses et confortables avec de belles vues sur le parc environnant. L'accueil y est très chaleureux.

Les Lodges de Malbrough – *Chemin de la Lacquette - ✆ 06 08 93 14 97 - www.lodgesmalbrough.com - 2 gîtes 155/230 € - ☕ 16 €/pers. - ✕ dîner 30 €/pers.* Deux gîtes en bois parfaitement équipés pour un séjour en douceur, les pieds dans l'eau (étang privé) face à un parc paysagé de 3 hectares.

Shopping

Vous trouverez dans les boulangeries de la ville la mastelle, un biscuit avec cassonade et fleur d'oranger.

Activités

À proximité

Dennlys Parc – *11 r. du Moulin-de-la-Tour - Dennebrœucq (22 km au sud-ouest d'Aire-sur-la-Lys)- ✆ 03 21 95 11 39 - www.dennlys-parc.com - juin-août : 10h-18h ; avr.-mai et sept. : 11h-18h - 19,50 € (-12 ans 16,50 €).* Traversé par la Lys, Dennlys est le parc d'attractions le plus familial de la région. Aux manèges s'ajoutent un parc animalier, plans d'eau et parc. En saison, des spectacles de magie ou de théâtre sont organisés dans l'après-midi.

Pleureuse de calcaire du Mémorial national du Canada à Vimy.
Goddard_Photography/Getty Images Plus

5

Arras et l'Artois

CARTE MICHELIN DÉPARTEMENTS 301 – PAS-DE-CALAIS (62)

Arras★★ 294

Au nord d'Arras :
Lens et le bassin minier du Pas-de-Calais★★ 310

À l'ouest de Lens :
Colline de Notre-Dame-de-Lorette★★ 323

Béthune★ 329

Lillers 337

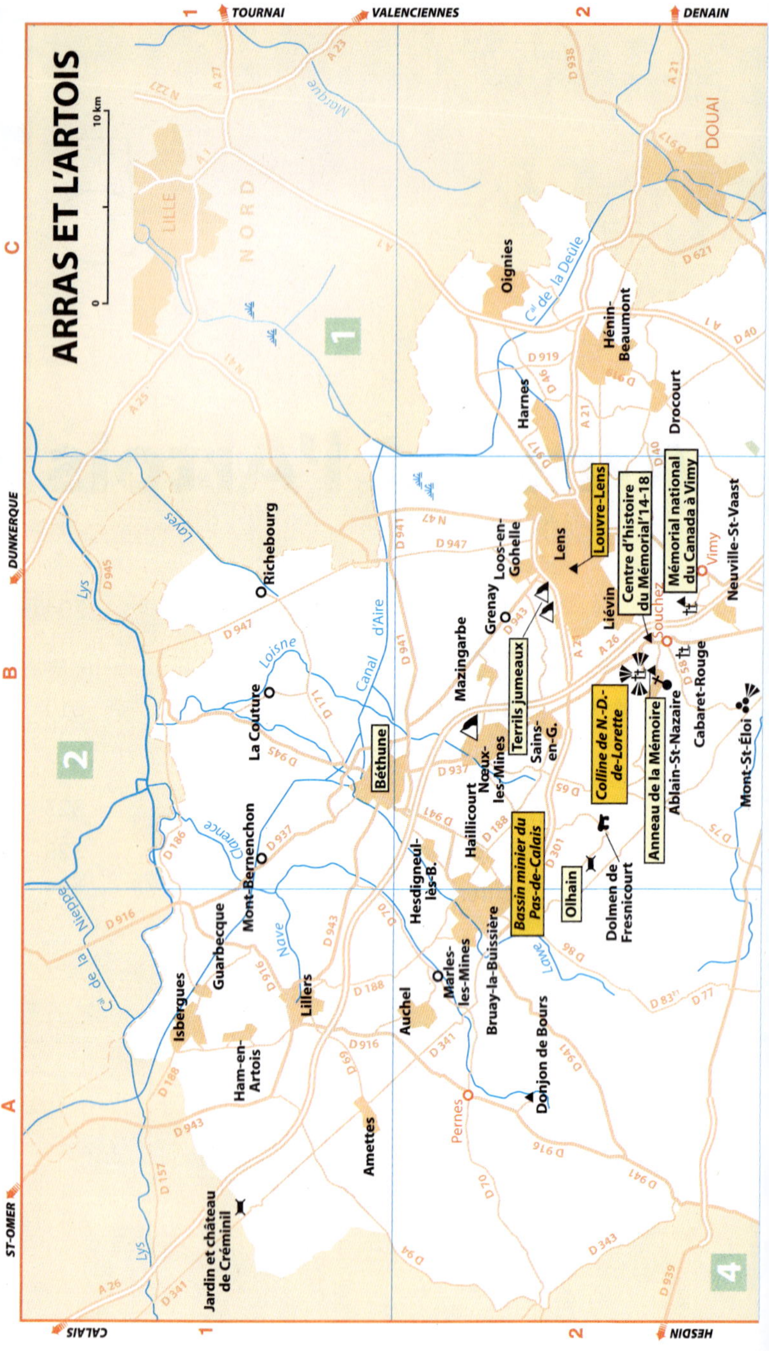
ARRAS ET L'ARTOIS
0
10 km
TOURNAI
VALENCIENNES
DENAIN
DUNKERQUE
ST-OMER
CALAIS
HESDIN
LILLE
NORD
DOUAI
Oignies
Hénin-Beaumont
Drocourt
Harnes
Lens
Louvre-Lens
Loos-en-Gohelle
Liévin
Centre d'histoire du Mémorial'14-18
Mémorial national du Canada à Vimy
Vimy
Neuville-St-Vaast
Souchez
Grenay
Mazingarbe
Terrils jumeaux
Sains-en-G.
Colline de N.-D.-de-Lorette
Anneau de la Mémoire
Ablain-St-Nazaire
Cabaret-Rouge
Mont-St-Éloi
Richebourg
La Couture
Béthune
Nœux-les-Mines
Haillicourt
Bassin minier du Pas-de-Calais
Olhain
Dolmen de Fresnicourt
Mont-Bernenchon
Hesdigneul-lès-B.
Marles-les-Mines
Bruay-la-Buissière
Donjon de Bours
Auchel
Lillers
Guarbecque
Isbergues
Ham-en-Artois
Amettes
Pernes
Jardin et château de Créminil
Lys
Lawe
Loisne
Canal d'Aire
Clarence
Nave
Marque
Cal de la Deûle
Cal de la Nieppe
Layes
1
2
4

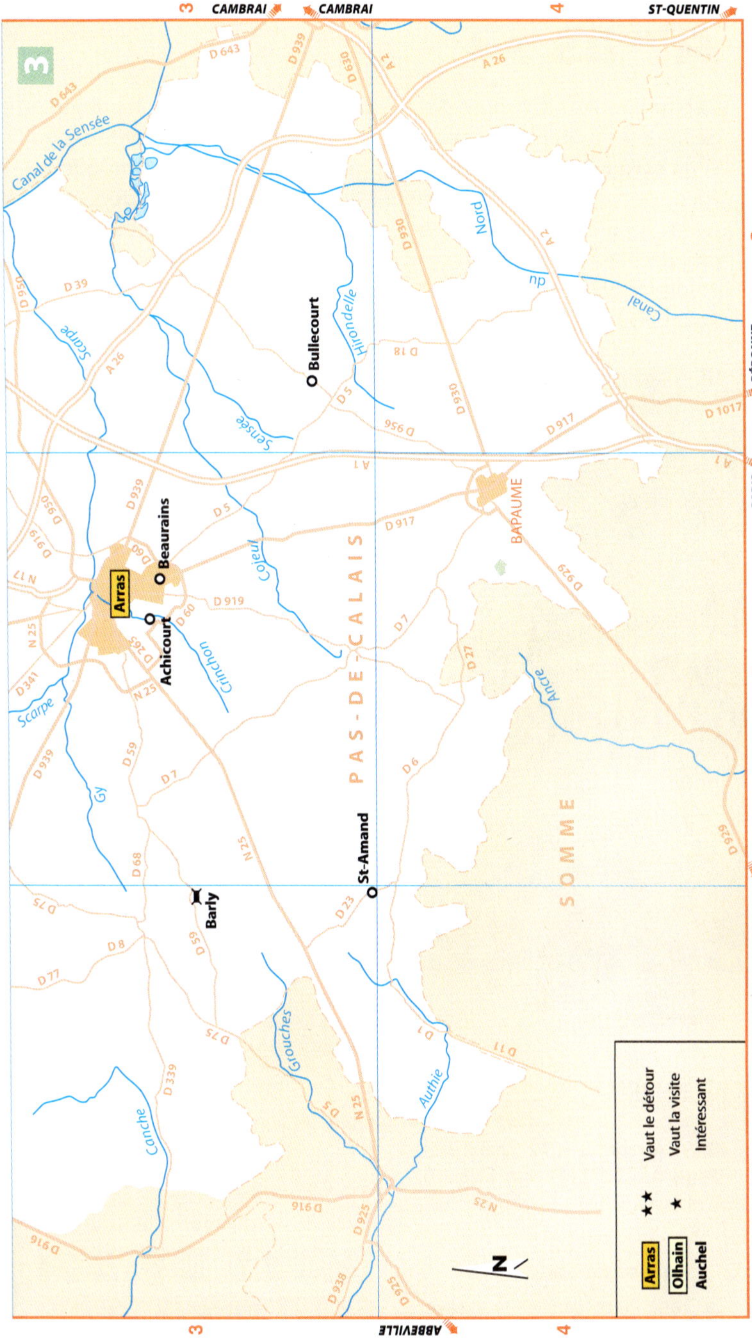
3
CAMBRAI
CAMBRAI
ST-QUENTIN
PÉRONNE
PARIS
AMIENS
ABBEVILLE
A
B
C
4
Arras
Achicourt
Beaurains
Bullecourt
St-Amand
Barly
BAPAUME
PAS-DE-CALAIS
SOMME
Canal de la Sensée
Scarpe
Sensée
Hirondelle
Cojeul
Crinchon
Gy
Canche
Grouches
Authie
Ancre
Canal du Nord
N
Arras ★★ Vaut le détour
Olhain ★ Vaut la visite
Auchel Intéressant

Arras ★★

Capitale de l'Artois, Arras la discrète cache en son sein un véritable décor de théâtre : la Grand'Place et la place des Héros, précieux héritages du style baroque flamand. Tous les soirs, la ville s'illumine de mille feux. Ici, on fait rimer le goût de la fête avec la gastronomie en dégustant andouillette, bière, et même des pains d'épice en forme de cœur et des rats en chocolat. La ville est animée toute l'année grâce à ses nombreux étudiants, et en juillet, la citadelle s'anime lors des concerts rock du Main Square Festival. Une ville à découvrir absolument.

Grand' Place.
R. Soberka/hemis.fr

Se repérer

CARTE B3 (P. 292-293) – PLAN P. 298-299.

41694 Arrageois – 87215 habitants (agglomération) - Pas-de-Calais (62). Arras est à 52 km au sud-ouest de Lille.

À ne pas manquer

La Grand'Place ; l'ancienne abbaye St-Vaast et le musée des Beaux-Arts ; la montée au beffroi.

Organiser son temps

Comptez une journée pour visiter la ville.

En famille

La carrière Wellington, Cité Nature.

Carnet pratique p. 306

Nos adresses p. 306

Se promener

PLAN P. 298-299

Circuit tracé en vert sur le plan.
La Grand'Place se trouve à l'est du centre. Le nouveau quartier de la gare, très animé, occupe la pointe sud-est. Au sud-ouest, la ville basse s'ordonne autour de la place Victor-Hugo et unit le centre à la citadelle. Le nord-ouest correspond à la cité antique, où se trouve l'église St-Nicolas-en-Cité.
Les deux places, la grande et la petite (rebaptisée place des Héros après la Seconde Guerre mondiale), accueillent depuis plus de 1000 ans les marchés qui contribuèrent à la prospérité de la ville. Elles sont reliées par la rue de la Taillerie. Les arcades protégeaient marchands et chalands des intempéries. Soucieux de sécurité et d'esthétique, l'échevinage imposa dès 1583 des constructions « en pierres ou en briques et sans aucune saillie ». Il en résulte un ensemble d'une homogénéité exceptionnelle, de style baroque flamand, souvent remanié depuis le 16ᵉ s. : 155 maisons (17ᵉ et 18ᵉ s.) ornées de pilastres, chaînages, frontons curvilignes et pignons à volutes. Fortement endommagées pendant la Grande Guerre, les deux places ont été classées Monuments historiques dès l'issue du conflit, pour ensuite être admirablement restaurées par Pierre Paquet, à l'identique.

★★★ Grand'Place D2

L'été, l'immense marché de la place des Héros envahit la Grand'Place le samedi. Choisissez un autre jour pour les photos d'architecture !
ABC d'architecture p. 407.
Elle couvre une superficie de deux hectares. La maison la plus ancienne (15ᵉ s.) se trouve au nº 49 : c'est l'hôtel des Trois Luppars, avec son grand pignon à pas de moineaux.
Quittez la Grand'Place par la rue du Cardinal pour gagner la place d'Ipswich où se situe l'église St-Jean-Baptiste.
À l'intérieur de l'**église St-Jean-Baptiste** (1927), l'autel et son retable de marbre datent du 17ᵉ s. et proviennent de l'ancienne chapelle de la petite Place, détruite en 1792. La *Descente de Croix* est de Rubens ; ce tableau se trouvait dans la cathédrale avant la guerre de 1914. Chaque année, une commémoration célèbre l'héroïsme de Wacquez et Glasson, deux pompiers qui trouvèrent la mort en essayant de combattre l'incendie qui ravagea l'église en 1915.
Rejoindre la place des Héros par la rue de la Housse en face du parvis.

★★★ Place des Héros D2

Dominée par le beffroi de l'hôtel de ville, elle est plus petite et plus animée que la Grand'Place. Les Arrageois continuent de l'appeler la Petite Place. Sur les façades récemment restaurées, on voit des enseignes sculptées dont certaines évoquent le commerce ou l'activité de leur propriétaire (marché au grain, production textile, chaudron, gerbes de blé). Un marché s'installe le mercredi et le samedi.

★ Hôtel de ville CD2

Pl. des Héros - se rens. à l'office de tourisme pour les visites des salles.
Détruit en 1914 et reconstruit entre 1922 et 1932 dans le style gothique et Renaissance, l'hôtel de ville possède une jolie **façade** aux arches inégales. Quatre **géants** (depuis 2015, la famille des Géants arrageois s'est agrandie en accueillant l'Ami Bidasse), représentants des maraîchers d'Achicourt, vous accueillent dans le hall d'entrée, juste à côté de l'office de tourisme. Ils sortent le 14 Juillet à l'occasion de la Fête des jouteurs. Le décor intérieur de l'hôtel de ville s'inscrit dans le style Art déco. À l'étage, 3 belles salles toutes serties de boiseries. La toile marouflée

de la **salle des fêtes★** fait 240 m² et contient 800 personnages représentant des scènes faisant référence à l'histoire d'Arras. La lecture commence à droite de la porte d'entrée où se tient le marché. Dans la **salle des mariages**, plafond à caissons de bois et boiseries aux murs. Les toiles marouflées, réalisées par Jaumes dans les années 1920 en référence au printemps, au couple, montre que la vie reprend au lendemain de la Grande Guerre avec la ville en toile de fond. Dans la **salle du conseil**, les motifs du parquet rappellent les boiseries du plafond. Les personnages du Plan évoquent la ville au fil des siècles. Au 13e s., on appelait d'ailleurs Arras « la ville aux 80 poètes ».

★ Beffroi CD2

Pl. des Héros - 10h-11h30 et 14h-17h30 - visites : se rens. à l'office de tourisme.
Haut de 75 m, il domine l'aile Renaissance de l'hôtel de ville et abrite un carillon de 37 cloches. Du haut de la première couronne (que l'on atteint par un ascenseur, puis 43 marches), **vue★★★** imprenable sur la ville, les places et les monuments (repérés sur une table d'orientation).

Circuit des Boves D2

Visite guidée uniquement (45mn), au départ de l'office de tourisme - horaires, tarifs et réserv. sur le site de l'office de tourisme. Prévoir un vêtement chaud et éviter les chaussures à talons.
Sur les 99 km de souterrains existants, on parcourt seulement quelque 150 m à 12 m de profondeur. Dès le 10e s., des galeries (ou boves) furent creusées par les carriers. La pierre a notamment servi à construire la cathédrale N.-D.-en-Cité et l'abbaye. Devenues trop dangereuses pour le cœur de ville, elles furent transformées au 15e s. en caves par les commerçants pour leur qualité de conservation et en écuries. Pendant la Grande Guerre, le réseau a été créé par les Britanniques pour préparer l'offensive du printemps 1917 (*Carrière Wellington p. 303*).
Rejoindre la rue Paul-Doumer par la rue Désiré-Delansorne située à l'angle gauche de la place des Héros (lorsqu'on fait face à l'hôtel de ville).
Au coin de la rue Paul-Doumer, qui se prolonge en rue Émile-Legrelle, se trouve le **palais de justice**, ancien palais des États d'Artois (1710), à pilastres corinthiens, dont l'entrée latérale est ornée de coquilles Régence. Depuis fin 2015 et faisant suite à des travaux de rénovation, le Casino s'est installé au n° 3.
Dans la rue Paul-Doumer, prendre la 2e ou la 3e ruelle à gauche.

Place du Théâtre C2

Aux heures sombres de la Terreur, la guillotine s'y dressait. Érigé sur l'emprise du marché aux poissons, le **théâtre** à l'italienne (1784) fait face à l'**ostel des Poissonniers**, étroite maison baroque (1710) ornée des allégories de la Scarpe et de la Sensée de chaque côté du pignon et de sirènes.
Rue des Jongleurs s'élève le majestueux **hôtel de Guînes** (18e s.) (*☎ 03 21 51 26 95 - ♿ - accessible pdt les expositions*), cet ancien hôtel particulier entièrement restauré accueille des concerts de jazz ou de musique de chambre, des soirées cabaret, des ateliers de lecture ou d'écriture dans une petite salle d'une centaine de personnes. Les Arrageois l'apprécient pour son ambiance chaleureuse autant que pour sa programmation.
Prendre la rue du Conseil puis à gauche les rues de la Gouvernance et Robespierre.

Maison Robespierre C2

9 r. Maximilien-Robespierre - été vend.-dim. 15h-18h - fermé reste de l'année - gratuit.

Il était une fois... Arras

Une cité gallo-romaine

Née au pied de la colline Baudimont et conquise par Jules César, la capitale des Atrébates est connue dès l'Antiquité sous le nom de Nemetacum. Sous domination romaine, Arras abrite une garnison et plusieurs ateliers de potiers. D'importantes fouilles archéologiques (étalées sur 300 ha) ont permis de mettre au jour plusieurs vestiges et de nombreuses sépultures, datant pour la plupart du Bas-Empire. La ville est alors, avec Amiens, Bavay et quelques autres, une des grandes cités gallo-romaines du Nord.

Étoffes et tapisseries

Au Moyen Âge, la ville se développe, autour de l'abbaye St-Vaast, comme marché aux grains et centre de tissage d'étoffes de laine. Sous l'impulsion de banquiers et de riches bourgeois, elle devient un foyer d'art. Avec le mécénat des ducs de Bourgogne, dès 1384, la fabrication des tapisseries de haute lisse, au savoureux réalisme, fait la renommée d'Arras. En Italie, le nom *arazzi*, dérivé d'Arras, en témoigne : il s'applique à toutes les tapisseries anciennes. À la Renaissance, cette activité régresse au profit de manufactures comme celle de Bruxelles.

Les temps modernes

Foyer révolutionnaire

Maximilien de **Robespierre** naît à Arras en 1758. Orphelin protégé par l'évêque, l'étudiant obtient une bourse pour un collège parisien. Revenu dans sa ville natale, il devient avocat, entre à l'académie d'Arras et dans le cercle poétique des Rosati (*encadré p. 300*). Il fait alors sa cour aux dames pour lesquelles il madrigalise : « Crois-moi, jeune et belle Ophélie/ Quoi qu'en dise le monde et malgré ton miroir/Contente d'être belle et de n'en rien savoir/Garde toujours ta modestie... »

En 1790, le premier maire d'Arras, **Dubois de Fosseux** (1742-1817), propose à l'Assemblée nationale d'instituer une fête de la Fédération à Paris. Impatient, il organise la première manifestation du genre à Arras, peu avant la capitale.

Sous la Terreur, l'un de ses successeurs, **Joseph Lebon** (1765-1795), fit détruire nombre d'églises et alimenta la guillotine en aristocrates et « fermiers à grosses bottes »... avant de finir lui-même guillotiné.

Les batailles d'Artois

À 3 km du front durant la Grande Guerre, Arras a souffert des bombardements, mais ne sera jamais prise par les Allemands. Après la bataille de la Marne, les Allemands s'établissent sur les collines du Nord et, à l'automne 1914, attaquent la ville. L'offensive est contenue au terme des combats d'Ablain-St-Nazaire, Carency et La Targette. En mai-juin 1915, **Foch** tente une percée. Les Français reprennent Neuville-St-Vaast et N.-D.-de-Lorette, mais échouent devant Vimy, reconquise seulement en 1917 par les Canadiens. Après les batailles de 1915, l'Artois connaît une période d'accalmie. Les troupes françaises sont mobilisées à Verdun et dans la Somme. En février-mars 1916, les armées britanniques relèvent les Français sur le front de l'Artois. Arras demeure sous commandement britannique jusqu'en 1918.

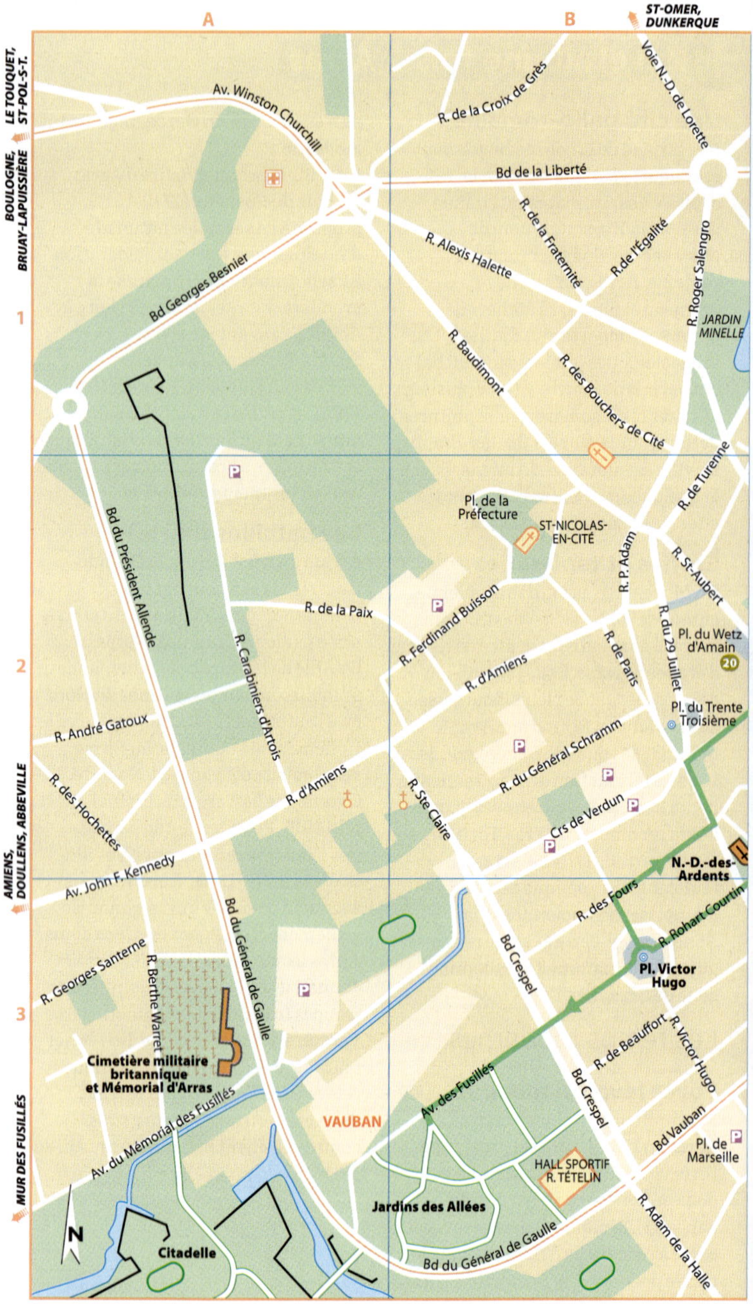

SE RESTAURER

L'Assiette au Bœuf 1
Biotifull 2
La Cave des Saveurs......... 5
Najeti Restaurant
Le Clusius 11
Le Petit Rat Porteur 13
L'Anagram.................... 14

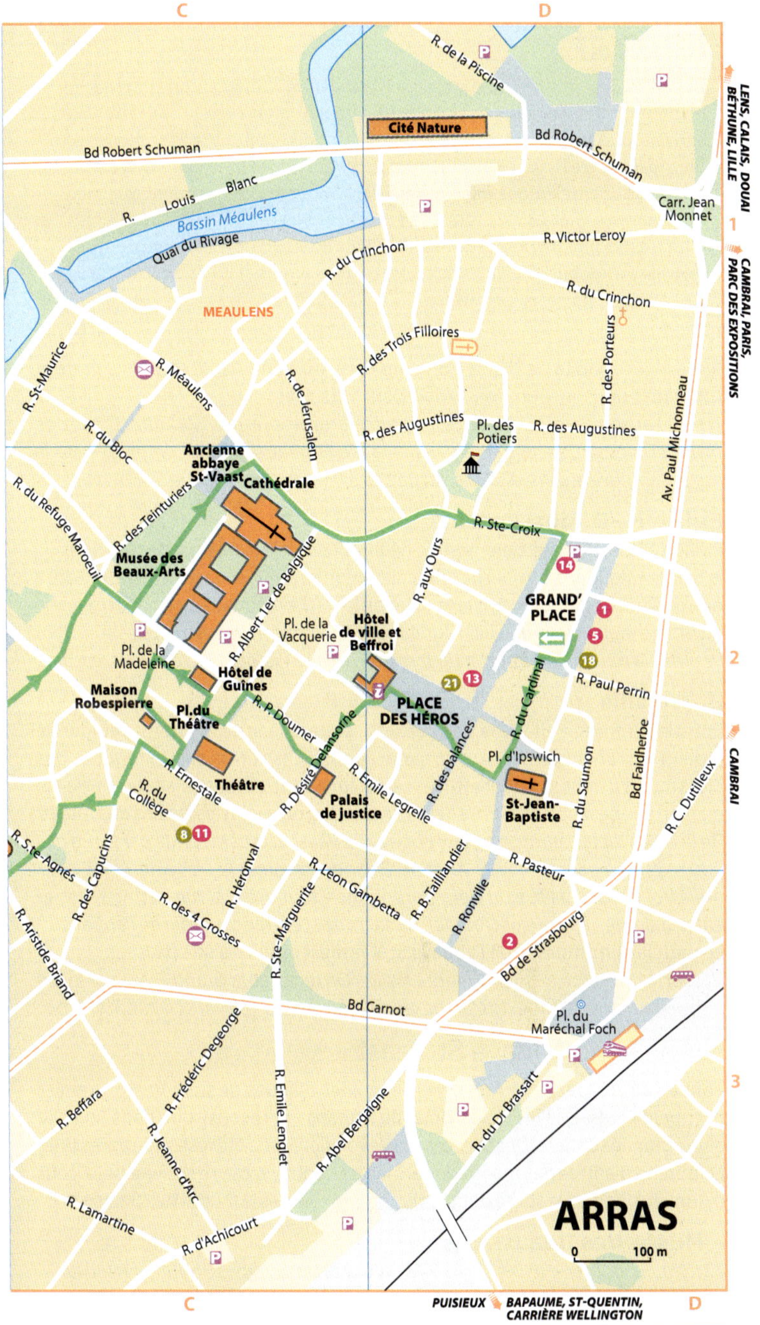

SE LOGER

Hôtel de l'Univers 8
Gîte urbain Place Ô Rêves.... 18
Chambre d'hôte Au Carré Saint-Éloi.......... 20
Chambre d'hôte La Cour des Grands 21

Les rosati

Rosati est l'anagramme d'Artois. Le 12 juin 1778, à Blangy, dans l'Artois, un petit groupe d'érudits (au nombre de 9) célébrait la rose, le bon vin et les bons mots. À la suite de cette magnifique journée naquit la « Fête des roses ». Plus tard, « être Rosati » devint une distinction parmi les gens cultivés et l'on vit en ce cercle Robespierre, Paul Verlaine et plus récemment Maurice Carême. La société existe toujours *(☏ 03 21 15 09 19 - societedesrosati.free.fr)* et c'est la plus ancienne de France. Dans le parc derrière l'hôtel de ville se dresse une stèle à la gloire des Rosati : un marquis et un homme du 20e s. contemplent un défilé de muses.

Robespierre habita de 1787 à 1789 dans cette maison avec sa sœur Charlotte et son frère Augustin avant son départ pour Versailles.
Traverser la place du Théâtre, prendre à droite la rue St-Aubert, bordée d'immeubles Art déco, puis à gauche la rue Eugène-Pottier. Continuer dans la rue des Capucins, puis, à droite, la rue des 3 Pommettes et la rue St-Étienne.

Église N.-D.-des-Ardents B2

Édifiée à la fin du 19e s. dans le style néomédiéval, elle conserve des vestiges de la Sainte Chandelle : un cierge miraculeux confié au 12e s. par la Vierge, dit-on, à deux ménestrels pour guérir le mal des ardents. Le reliquaire se trouve à gauche du maître-autel, dans une niche grillagée *(éclairage en bas, à droite).*
Prendre la rue Rohart-Courtin pour rallier la place Victor-Hugo et la basse ville.

Basse ville B2-3, C2

Entre le centre et la citadelle, ce quartier tisse un réseau de larges rues autour de la **place Victor-Hugo**, bâtie sur un marécage (1756) selon un plan octogonal. Des plots munis d'anneaux pour attacher les animaux rappellent qu'elle accueillait le marché aux bestiaux. Par la rue des Promenades, on rejoint les **jardins des Allées**.
De la place Victor-Hugo, gagner l'abbaye St-Vaast et la cathédrale par la rue des Fours, puis, à gauche, la rue Aristide-Briand. Traverser la place du 33e RI pour prendre, à droite, la rue du Gén.-Barbot, puis, tout droit, la rue des Agaches et enfin, à droite, la rue Paul-Doumer, où se trouve l'entrée du jardin de l'abbaye.
Le **petit jardin** ombragé de l'abbaye St-Vaast est propice à une pause.
Ressortir par la rue des Teinturiers à droite. On regagne la Grand'Place par la rue Méaulens à droite, la rue du Marché-au-Filé, la place G.-Mollet et la rue Ste-Croix.

★ Ancienne abbaye St-Vaast C2

Fondée au 7e s. par saint Aubert, elle reçut les reliques de saint Vaast, premier évêque d'Arras. En 1746, le **cardinal de Rohan** la fit reconstruire dans un style d'une grande sobriété. Désaffectée à la Révolution, elle a été restaurée après 1918. Le porche d'entrée, surmonté des armes de l'abbaye, ouvre sur une belle cour d'honneur. L'abbaye abrite depuis plus de deux siècles le musée des Beaux-Arts.

★ Musée des Beaux-Arts C2

22 r. Paul-Doumer - ☏ 03 21 71 26 43 - www.arras.fr - ♿ - 10h-18h - fermé lun. - gratuit.
On y découvre les plus beaux témoignages de l'histoire d'Arras : tapisseries du 15e s., trésor de la cathédrale, porcelaines, peintures du 17e s. (française et hollandaise, grands formats religieux) et pré-impressionnistes. Parallèlement, des expositions temporaires présentent les collections du château de Versailles.

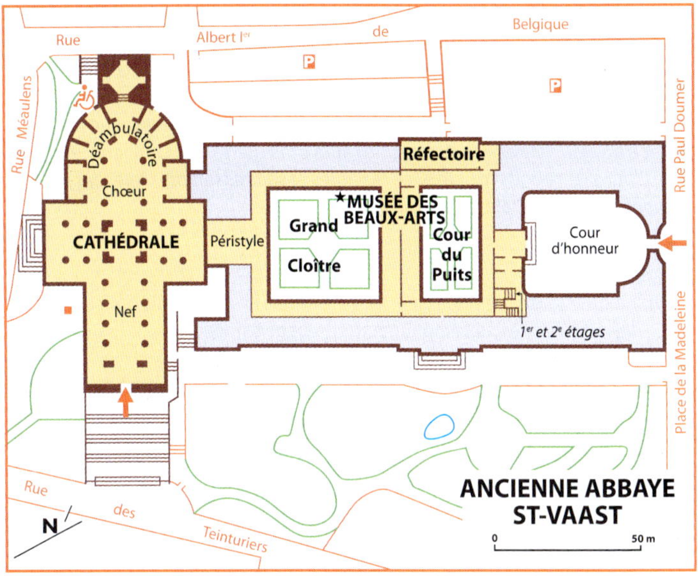

Hall d'accueil – Il est décoré du premier **lion du beffroi** d'Arras (1554).
Autour de la cour du Puits – Sculptures et peintures du Moyen Âge : masque funéraire de femme, *Vierge à l'Enfant* de Pépin de Huy, tapisseries d'Arras représentant la légende de saint Vaast. Remarquez les **anges de Saudémont★** (13e s.) avec leurs cheveux délicatement bouclés, leurs yeux malicieux en amande et leur léger sourire. Du 16e s., *Mise au tombeau* de Vermeyen.
Parmi quelques pièces relatant l'histoire d'Arras figure un plan-relief de la cité daté de 1716.
Réfectoire – Grande cheminée de marbre surmontée d'une tapisserie aux armes du cardinal de Rohan.
Grand cloître – Très spacieux. On y découvre des chapiteaux à guirlandes et rosaces sculptées. Par le grand cloître, on accède au **trésor** de la cathédrale : sculptures médiévales, deux triptyques de **Bellegambe** dont l'*Adoration de l'Enfant*. Plusieurs reliquaires du 14e au 20e s. *(jours d'ouv. : se rens. au musée).*
Cage d'escalier – Toiles de Giovanni Baglione (1571-1644).
1er étage – Peintures du 17e au 18e s. Pour l'école française, ne ratez pas un surprenant trompe-l'œil de Le Motte et le subtil *Céphale et Procris* de Louis Watteau. Suivent les écoles flamande et hollandaise avec, entre autres, Rubens *(Saint François d'Assise recevant les stigmates)* et Pieter Brueghel le Jeune (17e s.), remarquable **Dénombrement de Bethléem★★** baigné par une lumière hivernale, habillé par la neige et peuplé de paysans, multipliant les petites scènes et les détails. Sculptures (17-18e s.) et faïences de Delft.
La salle des **Mays de N.-D. de Paris** expose des toiles religieuses (17e s.) peintes par Sébastien Bourdon, Louis de Boullongne, Philippe de Champaigne, Joseph Parrocel et Jean Jouvenet. Ces grands formats furent offerts chaque printemps, de 1630 à 1707, à N.-D. de Paris par la corporation des orfèvres d'Arras. Les œuvres, tirées des Actes des apôtres, étaient destinées à orner les piliers de la nef. La remise solennelle avait lieu le 1er Mai, d'où leur nom de Mays.

2e étage – Les salles de façade sont consacrées à la céramique du 16e au 19e s. : majoliques italiennes, poteries vernissées, porcelaine d'Arras et de Tournai aux fins motifs décoratifs. Le **service aux oiseaux de Buffon** est une commande du duc d'Orléans, en 1787, à la manufacture de Tournai. Autour de la cour du Puits, l'école des paysagistes français du 19e s. (Barbizon, Lyon, Arras) avec Corot *(Le Vivier de Saint-Nicolas-lès-Arraz, Une route près d'Arras)* et Dutilleux. Plus loin, notez, dans les grands formats, les *Disciples et saintes femmes relevant le corps de saint Étienne* de **Delacroix**.

Cathédrale C2

14 r. des Teinturiers.

L'abbatiale St-Vaast, terminée en 1833, a été érigée en cathédrale pour remplacer N.-D.-de-la-Cité. Un escalier monumental précède sa façade classique. L'intérieur est clair et d'une majesté antique. Des colonnes à chapiteaux corinthiens délimitent nef, transept et chœur. Les statues de saints (19e s.) viennent du Panthéon de Paris. Dans le transept droit, des fresques (on remarque saint Vaast apprivoisant un ours), et de part et d'autre de l'autel, *Nativité* et *Résurrection* (Desvallières).

À voir aussi

PLAN P. 298-299

Souvenirs militaires

Citadelle A3

Accès piéton par la porte Royale, accès en voiture par la porte des Chars - bd du Gén.-de-Gaulle - ✆ 03 21 51 26 95 - www.araspaysdartois.com - ♿ - accès libre - salle des Familles (porte Royale) : 9h-18h.

La citadelle est inscrite sur la liste du Patrimoine mondial de l'Unesco au sein d'un ensemble de 12 fortifications majeures érigées en France par Vauban. Édifié entre 1668 et 1672, l'ouvrage de forme octogonale se compose de 5 bastions. Pour Louis XIV, le but de ces travaux était moins de protéger la cité des troupes espagnoles que de surveiller les habitants d'Arras, d'où le surnom « la Belle Inutile » donné à la citadelle. À l'entrée, dans l'ancienne salle des Familles, maquette des fortifications.

Ce site de 5 ha a été largement restructuré : on y trouve le siège de la communauté urbaine, des logements, une pépinière d'entreprises, un data-center dans l'ancienne poudrière, une cave d'affinage *(ne se visite pas)* et un parcours aventure dans le bois de la citadelle *(« Nos adresses » p. 308)*.

À découvrir aussi, l'arsenal et la **chapelle Saint-Louis** de style baroque (le plus vieil édifice d'Arras ayant résisté aux guerres), entièrement restaurée, est devenue l'un des emblèmes du Main Square, festival rock accueillant chaque année plus de 120 000 personnes dans la citadelle *(« Agenda » p. 306)*.

Mur des Fusillés HORS PLAN, PAR A3

Accès par la route entre le Mémorial et la citadelle. Inauguré en 1949 dans les fossés de la citadelle, il commémore l'exécution de 217 résistants durant la Seconde Guerre mondiale.

Cimetière militaire britannique du Faubourg d'Amiens et Mémorial d'Arras A3

Accès par le bd du Gén.-de-Gaulle. Le Faubourg d'Amiens est déjà une nécropole lorsque les Britanniques prennent la relève de l'armée française dans l'Arrageois, en 1916. Le cimetière français a aujourd'hui disparu et les soldats du

Main Square festival.
Jérôme Pouille/Main Square festival

Commonwealth y reposent désormais seuls, ainsi que quelques prisonniers de guerre allemands. Le Mémorial recense les 35 928 combattants britanniques, néo-zélandais et sud-africains dont les corps n'ont pas été retrouvés.
N'oubliez pas de regarder, dans la demi-rotonde proche de la Pierre du Souvenir, le **Flying Services Memorial**. Sa colonne carrée surmontée d'une mappemonde porte les noms des 991 pilotes des forces aériennes britanniques disparus pendant la Grande Guerre.

★ Carrière Wellington HORS PLAN, PAR D3

R. Delétoile - ✆ 03 21 51 26 95 - www.carrierewellington.com - ♿ - tlj 10h-12h30, 14h-18h - 9 € (tarif réduit 4,50 €) - uniquement en visite guidée (1h30).

La température sous terre est de 11 °C, prévoir un vêtement chaud.

Avant la visite guidée et audioguidée à 20 m sous terre, la toute nouvelle scénographie de la carrière précise le contexte de la Grande Guerre à Arras depuis 1914. Parmi une pointe de casque allemand, divers médaillons, des uniformes militaires, un plan de coupe de la carrière, un plan-relief du front de l'Ouest et un mystérieux coquillage provenant de l'océan Pacifique, sont exposées les raisons de la relève de l'armée française par l'armée britannique en Artois en mars 1916. Dès septembre 1915, un appel aux volontaires est lancé dans tout l'empire britannique pour former une compagnie de tunneliers capable de relier les carrières de craie existant sous la ville d'Arras afin d'abriter une armée de 24 000 hommes et de lancer une offensive surprise contre les positions allemandes, juste devant la ligne de front. La Nouvelle-Zélande y répond en premier avec plus de 400 hommes volontaires. Plusieurs contingents sont formés, dont des Anglais et des Écossais, ils aménagent 8 km de galeries en cinq mois en plus du réseau de 12 km préexistants. Vidéos projetées sur les parois, sons immersifs, inscriptions gravées sur les murs, objets trouvés mis en lumière nous plongent dans le quotidien des Tommies ayant cohabité dans cette caserne de craie.
De retour au rez-de-chaussée, un film retrace les grandes lignes de cette bataille. Dans le jardin se dresse le **Mémorial de la bataille d'Arras** où se déroule, tous

les 9 avril à 6h30 du matin, une cérémonie officielle en présence des autorités britanniques et des descendants des soldats.

Quartiers nord

Cité Nature D1

25 bd Robert-Schuman - ☏ 03 21 21 59 59 - www.citenature.com - ♿ - tlj sf lun. 9h-17h (18h en été), w.-end 14h-18h - 7 € (-18 ans 3 €) - 3 € 1er dim. du mois.

Dans une ancienne usine réhabilitée par Jean Nouvel, 2 ha sont dédiés à la découverte de la nature et à ses liens avec l'homme. Ce centre culturel, scientifique et technique s'attache à l'écologie, mais aussi à l'agriculture et à l'alimentation. Au rez-de-chaussée, murs végétaux, jeux interactifs, présentation des filières agroalimentaires et panorama de l'évolution de l'agriculture depuis le néolithique (maquettes, matériel agricole, **modèles réduits★** issus de l'Exposition universelle de Paris en 1900). Deux espaces sont aménagés pour les enfants, où l'on peut toucher, sentir, goûter. À l'extérieur, jardins potagers, labyrinthe végétal et même quelques arpents de vignes.

À proximité

CARTE P. 292-293

Beaurains B3

5 km au sud par la D 917.

The CWGC Experience – *5-7 r. Angèle-Richard - ☏ 03 21 21 52 75 - www.cwgc.org - ♿ - lun.-vend. 9h-16h - gratuit.* Créée en 1917, la Commonwealth War Graves Commission (CWGC) commémore les 1,7 millions de soldats du Commonwealth (Royaume-Uni, Inde, Canada, Australie, Nouvelle-Zélande, Afrique du Sud) tombés lors des deux guerres mondiales. Son siège logistique mondial de Beaurains ouvre ses portes pour montrer comment sont entretenus les mémoriaux et sépultures des soldats. Le public observe les différents artisans (menuisiers, ferronniers, forgerons) qui fabriquent des stèles en partance des quatre coins du monde. Une équipe de spécialistes se charge d'identifier les soldats retrouvés encore aujourd'hui et met en œuvre la réinhumation selon un cahier des charges très précis. Ici, le devoir de mémoire est une œuvre du quotidien.

Achicourt B3

3 km au sud par la D 3.

Moulin de la Tourelle – *R. du 19-Mars-1962 - ☏ 03 21 71 68 68 - www.ville-achicourt.fr - visite guidée le 1er dim. de chaque mois, 15h-17h30 - fermé de mi-nov. à mi-mars - 3 € (-14 ans 2 €).* Ce moulin à vent, de type flamand et artésien, avec ses ailes voilées et son toit tournant est l'un des derniers en activité en France. Il a été reconstruit en 1991-1994 sur le modèle d'un moulin de 1804. Visites commentées proposées par les meuniers-guides de l'association La Tourelle.

St-Amand A3

18 km au sud- ouest par la N 25 puis la D 23.

Aux confins de l'Artois et de la Picardie, St-Amand abrite, dans la **chapelle** de son cimetière (belle voûte en carène), une grande **Vierge à l'Enfant★** en pierre (fin 13e s.). D'une grande noblesse dans l'attitude, elle rappelle, par l'élégant drapé de sa tunique et la finesse de ses traits, la Vierge dorée de la cathédrale d'Amiens. Notez les yeux en amande, malicieux, sous les sourcils épilés selon la mode de l'époque.

Château de Barly A3

20 km à l'ouest par la D 59.

6 r. de l'Égalité - 03 21 48 41 20 - www.arraspaysdartois.com - visite guidée (1h) de déb. juil. à mi-août : 13h-19h - visite libre du parc - fermé lun. - 7 € (-18 ans 3,50 €, -10 ans gratuit).

Ce château néoclassique d'époque Louis XVI fut achevé sous la Révolution. Le bâtiment principal est prolongé par un corps de ferme où l'on peut remarquer la laiterie et le pigeonnier. La chapelle et le petit parc paysager complètent cet ensemble. À l'intérieur, quelques éléments remarquables : escalier en bois sculpté, des **boiseries★** et panneaux sculptés (1784-1787) du maître arrageois César-Auguste Lepage. Depuis l'acquisition du château en 2001, les propriétaires l'ont entièrement meublé d'objets d'époque soigneusement choisis.

Bullecourt C3

19 km au sud par la D 917 puis la D 5.

★ **Musée Jean et Denise Letaille – Bullecourt 1917** – *1 bis r. d'Arras - 03 21 55 33 20 - www.arraspaysdartois.com - ♿ - mar.-merc. 10h-12h30, 13h30-18h, vend.-dim. 13h30-18h - fermé de mi-déc. à mi-fév. - 5 € (-18 ans 3 €).* Le couple d'agriculteurs Jean et Denise Letaille a, durant des années, accumulé des milliers d'objets ramassés sur les champs de bataille alentour, et accueilli de très nombreux visiteurs australiens sur les traces de leurs ancêtres. En 1917, deux brigades australiennes combattirent en effet les Allemands à Bullecourt, y subissant de nombreuses pertes humaines. En lieu et place d'une ancienne grange, un musée valorise l'extraordinaire collection des Letaille. La scénographie moderne conduit le visiteur dans un parcours de plus de 200 m², complété par une émouvante galerie de portraits de Diggers.

Juste en face de la mairie, visitez l'**église St-Vaast**, détruite pendant la guerre, puis rebâtie ultérieurement.

Monument aux morts australien – À la sortie de Bullecourt, après avoir longé la rue des Australiens, rejoignez le parc du monument aux morts australien avec sa statue en bronze de 2,4 m de haut, érigée en 1993. Le *Soldat australien de Bullecourt* est l'œuvre de Peter Corlett, un sculpteur de Melbourne, qui est également l'auteur de la statue des Cobbers à Fromelles. Corlett entretient un lien particulier avec Bullecourt, qu'il découvre après avoir entrepris son travail : son propre père, Kenneth Corlett, soldat au 4e bataillon des ambulanciers de campagne australiens, s'était battu dans le secteur. Le sculpteur donne à son œuvre le visage de son père, à l'aide d'une ancienne photo. Voyez également le soin avec lequel il figure l'uniforme de l'AIF et les armes.

Mont-St-Éloi B2

12 km au nord-ouest par la D 917, N 25 puis la D 341.

Sur cette colline (135 m) qui domine la vallée de la Scarpe, saint Éloi fonda une abbaye au 7e s. L'armée de Louis XI y installa son campement en vue du siège d'Arras au 15e s., de même que le prince de Condé face à Turenne deux siècles plus tard. Vandalisée, l'abbaye est reconstruite au 18e s. par des augustins. Mais la Révolution vend les murs comme Bien national et elle est progressivement démolie. Les combats des deux guerres (en particulier en 1915 et 1940) finissent d'endommager l'édifice, qui conserve malgré tout deux tours, encore imposantes (53 m).

Carnet pratique

S'informer

Office de tourisme – *Pl. des Héros - Hôtel-de-Ville - Arras - ✆ 03 21 51 26 95 - www.arraspaysdartois.com.* L'office de tourisme propose des visites guidées variées.

Se garer

Parkings gratuits – La Citadelle (500 pl.), Rosati (400 pl.).

Ma citadine – Cette navette du centre-ville dessert les principaux parkings gratuits *(lun.-sam. 6h30-20h).*

Arriver/Partir

En train – Paris (50mn), Lille (35mn) et Bruxelles (1h25). *SNCF - ✆ 08 36 35 35 35 - www.sncf-connect.com.*

Agenda

Salon du livre d'expression populaire et de critique sociale – *1er mai - www.coleresdupresent.com.* Les débats, rencontres, spectacles, concerts, organisés par l'association Colères du présent donnent à la ville une ambiance autant festive que militante.

Main Square Festival – *Déb. juil. - www.mainsquarefestival.fr.* 4 jours de musique pop, rock et électro au cœur de la citadelle. Le festival accueille chaque année pas moins de 120 000 personnes !

Joutes – En juil., joutes nautiques sur la Scarpe.

Fête de l'andouillette – *Dernier w.-end d'août.* Le centre-ville se transforme en auberge à ciel ouvert. Animations de rue, spectacles, concours culinaire et dégustations.

Les puces à Bidasse – *Mi-août.* Une grande braderie envahit les places.

Embrasement du beffroi – *Un sam. fin août ou déb. sept., à 22h30.* Son et lumière organisé au pied du beffroi illuminé et ponctué d'un grand feu d'artifice.

Arras Film Festival – *En nov., sur la Grand'Place - www.arrasfilmfestival.com.* Un festival cinématographique assez coté, mais en toute simplicité.

Marché de Noël – *Fin nov.-fin déc.* Sur la Grand'Place se tient le plus grand marché de Noël du nord de la France.

À proximité

Terres en Fête – *Parc d'Immercourt - Tilloy-les-Mofflaines (4 km au sud-est d'Arras) - www.terres-en-fete.com.* Tous les 2 ans, déb. juin, Arras met l'agriculture à l'honneur, avec l'un des plus grands salons de France. Machines agricoles, animaux d'élevages et dégustations.

Féeries Nocturnes – *3e w.-end de sept - St-Laurent-Blangy (2 km au nord-est d'Arras) - ✆ 03 21 51 29 61 - www.feeries-nocturnes.fr.* Spectacle son et lumière.

Nos adresses

Restauration

Premier prix

1 **L'Assiette au Bœuf** – D2 - *56 Grand'Place - ✆ 03 21 15 11 51 - www.assietteauboeuf.fr - formules déj. 14/16,60 € - menus 19,50 € - réserv. conseillée.* Spécialiste des viandes, celles-ci sont accompagnées par la succulente « sauce paradis », épicée et relevée juste ce qu'il faut !

13 **Le Petit Rat Porteur** – D2 - *11 r. de la Taillerie - ✆ 03 21 51 29 70 - fermé dim. soir et lun. - plats 14/21 €.* Un restaurant tendance et une cuisine de terroir où se retrouvent les Arrageois. Belle cave voûtée et terrasse agréable.

2 **Biotifull** – D3 - *22 bd de Strasbourg - ✆ 09 86 77 83 30 - fermé dim. et lun.-jeu. midi - plats 14/18 €.* Une cuisine saine, originale, à base de produits bio, dans un cadre zen, voilà la philosophie de ce restaurant qui prend soin de ses hôtes !

Budget moyen

5 **La Cave des Saveurs** – D2 - *36 Grand'Place - ✆ 03 21 59 75 24 - www.lacavedessaveurs.fr - fermé merc. soir, sam. midi et dim. - plats 16,50/24,50 €, menu 22,50 €.* Une belle cave voûtée vous attend pour goûter la cuisine traditionnelle. Un menu « bien-être » permet de se faire plaisir sans scrupule !

14 **L'Anagram** – D2 - *23 Grand'Place - ✆ 03 91 19 00 98 - ♿ - fermé dim. soir et lun. - menus 22/31 €.* Le chef de l'Assiette au Bœuf a ouvert cette annexe plus luxueuse, également sur la Grand'Place. On y déguste une cuisine bistronomique dans l'air du temps, très bien faite. La cuisine ouverte permet d'observer le chef à l'œuvre.

Pour se faire plaisir

11 **Najeti Restaurant Le Clusius** – C2 - *3-5 pl. de la Croix-Rouge - ✆ 03 21 71 34 01 - www.clusius.najeti.fr - fermé sam.midi - plats 21/40 €.* Le restaurant gastronomique de l'hôtel de l'Univers (*p. 309*) élabore sa carte en fonction des saisons.

Petite pause

Café Georget – *42 pl. des Héros - ✆ 03 21 71 13 07 - fermé lun.* Vous êtes dans le plus vieux café d'Arras, installé sous les arcades de la place des Héros. On vient ici surtout pour les bières fraîches, l'ambiance et la convivialité. Une institution.

Pâtisserie Sébastien Thibaut – *50 pl. des Héros - ✆ 03 21 71 53 20 - fermé lun.* Depuis plus de cent ans, cette pâtisserie régale les gourmands avec le cœur d'Arras (friandise au pain d'épice légèrement anisée), les petits rats d'Arras, les gaufres et autres préparations maison. Le salon de thé propose salades et tartes chaudes. Aux beaux jours, terrasse où déguster des glaces maison.

Shopping

Les rues **Gambetta** et **St-Aubert** sont les axes commerçants du centre-ville.

Marchés – Marché traditionnel merc. mat. sur la place des Héros ; sam. mat. sur la Grand'Place, la place des Héros et la place de la Vacquerie. Retrouvez sur les marchés « La Finarde » de Jean-François Dubois, fromager qui affine le gouda et la mimolette dans les caves de la citadelle ! Il y tient aussi un stand devant le hangar à ballons tous les jeudis apr.-midi.

Andouillette

On la trouve chez tous les artisans charcutiers de la région. Elle se prépare uniquement à base de fraise de veau, assaisonnée de persil, échalotes, épices, aromates et genièvre ; il faut la savourer avec une pointe de moutarde et un peu de crème fraîche.

Charcuterie À l'Andouillette d'Arras – *3 r. du Marché-au-Filé - ✆ 03 21 22 69 96 - fermé dim.-lun.* Cette minuscule boutique à deux pas de la mairie est plus que centenaire. La décoration intérieure conserve un petit côté rétro des plus sympathiques et l'accueil est exemplaire. Parmi les spécialités : l'andouillette d'Arras (on en vend plus d'une tonne par mois), mais aussi les pâtés de campagne et de foie, les tripes, le jambon blanc et le boudin noir salé ou sucré.

Bière

Le Cellier des Arcades – *8 bis r. de la Taillerie - ✆ 03 21 23 09 28 - fermé dim. apr.-midi et lun. mat.*

Vente de bières, d'accessoires et de produits régionaux, et notamment une bière blonde artisanale : la Clusius.

Céramique

Au Bleu d'Arras – *32 pl. des Héros - ✆ 03 21 71 17 88 - www.aubleudarras.com - fermé dim.-lun.* Ce petit atelier d'art perpétue la décoration sur porcelaine au bleu de cobalt à la main, le dernier à Arras.

En soirée

L'Ambassade – *18 Grand'Place - ✆ 03 21 15 15 06 - fermé dim. soir et lun.* Sous les arcades, un piano-bar-restaurant aux murs de brique et poutres apparentes. Belle cave voûtée.

Bar Le Saint Vincent – *3-5 pl. de la Croix-Rouge - ✆ 03 21 71 34 01 - tlj 19h-0h.* Dans les salons du bar de l'hôtel de l'Univers, à la déco de pierre, de brique et de bois, détendez-vous dans les fauteuils et dégustez les meilleurs alcools et cocktails proposés par la sommelière. Caveau ouvert à la visite.

Théâtre d'Arras – *7 pl. du Théâtre - ✆ 09 71 00 56 78 - www.tandem-arrasdouai.eu.* Joli théâtre à l'italienne de 350 places. Toutes sortes de spectacles : musiques, chansons, théâtre...

Casino – *3 r. Émile-Legrelle - ✆ 03 21 16 89 00 - www.arras.fr.* Concerts et théâtre, spectacles de cirque et humour.

Le Pharos – *4 r. Charles-Péguy - ✆ 03 21 16 89 00 - www.arras.fr.*.L'autre pôle culturel de la ville.

Activités

Aquarena – *33 bd Schuman - ✆ 09 71 00 62 00 - www.aquarena.fr - 5,90 € (-14 ans 4,80 €, -3 ans gratuit), spa 19,90 €.* Sur plus de 4000 m², ce complexe aquatique du Val de Scarpe offre loisirs et détente pour tous.

Chemin de halage. Cette voie verte aménagée au bord de la Scarpe vous permet de quitter la ville (dép. de la rue Louis-Blanc) en toute sécurité sur un parcours agréable qui vous emmène jusqu'à Rœux (10 km) ou Biache-St-Vaast (15 km).

Randonnées – *Rens. auprès de l'office de tourisme - www.arraspaysdartois.com.* 15 sentiers de randonnées sillonnent le Pays d'Artois, dont 2 passent à Arras.

Cit'loisirs-Accrobranches Citadelle – *Bd du Gén.-de-Gaulle - Citadelle - ✆ 06 38 62 96 83 - www.cit-loisirs.fr - horaires : voir le site - fermé nov.-fév. - 24 € (-18 ans 20 €, -6 ans 8 €).* Dès 3 ans, différents parcours dans le bois de la citadelle.

À proximité

Riverside Park – *25 r. Laurent-Gers - St-Laurent-Blangy (2 km au nord-est d'Arras) - ✆ 03 21 73 74 93 - www.arraspaysdartois.com - 9h-17h - fermé vac. de Noël - tarif, se rens.* Ce torrent artificiel de 300 m de long et 12 m de large a été creusé entre l'écluse de la Scarpe et son bras de décharge. Baptêmes, séances et stages de kayak, rafting, hydrospeed ou encore, paddle, canoë, pédalo, barque électrique. Également, les pieds sur terre, tir à l'arc, sarbacane, javelot tir sur cible, course d'orientation, location de VTT et trottinettes.

Golf d'Arras – *R. Briquet-Tailliandier - Anzin-St-Aubin (4 km au nord-ouest d'Arras) - ✆ 03 21 50 24 24 - www.arras-golf-resort.com.* Bel écrin de verdure pour ce golf 18 trous.

Hébergement

Premier prix

(20) **Chambre d'hôte Au Carré Saint-Éloi** – B2 - *3 pl. du Wetz-d'Amain - ✆ 03 21 51 00 98 - www.aucarresainteloi.fr -*

ch. « baroudeur » 29 €, 2 ch. 69 € ☕. Un peu à l'écart des places, Claire Kapoun vous reçoit avec beaucoup de gentillesse dans deux très grandes chambres à la décoration néocoloniale, au joli camaïeu de marrons.

Budget moyen

21 **Chambre d'hôte La Cour des Grands** – D2 - *27 pl. des Héros - ✆ 06 84 36 05 10 - www.lacourdesgrandsarras.com - 4 ch. 80/110 €* ☕. L'impression d'être privilégié (de jouer dans la cour des grands !) advient lorsque le beffroi d'Arras paraît de la chambre où vous séjournez. Pour cela choisissez la Bleue ou la Jasmin. En sus, les chambres sont bien équipées et confortables.

Pour se faire plaisir

18 **Gîte urbain Place Ô Rêves** – D2 - *36 Grand'Place - ✆ 06 24 45 17 86 - www.gite-urbain-arras.fr - P payant - 1 appart. 2 pers./129 €, 4 pers./199 € - ☕ 10 €.* En plein cœur d'Arras, ce gîte est idéal en famille ou entre amis. Un cocktail de bien-être : décoration de charme et tendance, un confort extrême (sauna), équipement complet (congélateur, lave-linge, sèche-linge, table et fer à repasser...) et un panier garni en guise de petit-déjeuner (yaourt, moelleux au chocolat maison, pain frais...). À noter, la chambre Lucas Star est dotée d'un lit rond. Possibilité de commander les repas à la Cave des Saveurs (*p. 307*).

8 **Hôtel de l'Univers** – C2 - *3-5 pl. de la Croix-Rouge - ✆ 03 21 71 34 01 - hoteluniversarras.com - P 10 € - ♿ - 37 ch. à partir de 110 € - ☕ 16 €.* À deux pas du beffroi, cette élégante demeure du 17e s. abrita jadis un monastère, puis un hôpital... Désormais, on s'y ressource, paisiblement, dans un décor soigné (objets ethniques et contemporains). Restaurant gastronomique Le Clusius sur place (*p. 307*).

À proximité

Premier prix

Chambre d'hôtes Les Rêveries nomades – *40 r. Émile-Zola - Achicourt (3 km au sud-ouest d'Arras) - ✆ 06 23 70 08 10 - ♿ - 3 ch. et 1 roulotte 75/95 €* ☕. Cette jolie ferme disposant d'un grand parc avec potager est une halte parfaite pour explorer Arras et ses environs. Les chambres et la roulotte sont charmantes et confortables. Tout est pensé pour laisser une empreinte environnementale minimale. Le petit-déjeuner bio saura, quant à lui, contenter les grands appétits matinaux. Vélo à disposition.

Hôtel Le Manoir de Gavrelle – *35 rte Nationale - Gavrelle (11 km au nord-est d'Arras) - ✆ 03 21 58 68 58 - www.lemanoir62.com - P ♿ - fermé de déb. à mi-août et 2 sem. fin déc. - 19 ch. 88 € - ☕ 10 € - ✕ plats 18/22 €.* Ouvrez vos fenêtres face à la campagne ! Chambres simples aménagées dans les anciennes écuries. Cuisine traditionnelle.

Budget moyen

Plumes & Coton – *42 r. de Thélus - Écurie (5 km au nord d'Arras) - ✆ 06 33 02 52 32 - www.plumes-et-coton.fr - P - 2 ch. 94/104 €* ☕, *et 1 suite 112 €* ☕. Une fois installés dans cette belle maison en briques (1923), Virginie et son mari ont plus que « dépoussiéré » la grange lui faisant face, pour créer 3 chambres d'hôtes. Petit-déjeuner maison servi dans la salle à manger. Virginie est aussi *greeter*, et propose des visites d'Arras à sa manière !

Lens et le bassin minier du Pas-de-Calais ★★

Lens est au cœur du « haricot » minier, un bassin d'exploitation minière s'étendant sur 120 km, de Bruay-en-Artois à Valenciennes. Cet horizon de brique et de terrils, inscrit sur la liste du Patrimoine mondial de l'Unesco, est désormais réhabilité : les anciens bureaux de la Compagnie minière ont été investis par l'université, les cités ouvrières rénovées, des terrils se muent en bases de loisirs... sans oublier le monumental Louvre-Lens installé sur un ancien carreau minier.

Se repérer

CARTE B2 (P. 292-293).

31 461 Lensois – Pas-de-Calais (62)

Au centre du quadrilatère formé par Lille, Douai, Arras et Béthune.

À ne pas manquer

La fosse n° 11/19 de Loos-en Gohelle ; le Louvre-Lens.

Organiser son temps

Comptez une journée pour le bassin minier et une demi-journée pour le Louvre-Lens.

En famille

Le musée de l'École et de la Mine à Harnes ; le centre Denis-Papin à Oignies.

Carnet pratique p. 319

Nos adresses p. 319

Se promener

Le centre-ville possède quelques beaux témoignages de l'architecture Art déco, notamment la gare et la place Jean-Jaurès.

Gare

À la grande époque des mines, le charbon des compagnies minières transitait par Lens. Aux allures de locomotive à vapeur, la gare fut rebâtie en 1926 dans le style Art déco par l'architecte Urbain Cassan (1890-1979), qui décide de rendre hommage à la Compagnie ferroviaire. C'est la première représentation Art déco dans le Bassin minier. Une mosaïque en grès évoquant l'exploitation du charbon décore le hall.

Place Jean-Jaurès

L'**église,** de style contre-réforme, domine la place. Elle fut détruite lors de la Grande Guerre, puis reconstruite à l'identique. Sur sa gauche, on découvre un bel alignement de **façades** Art déco. Remarquez l'ancienne boutique de porcelaine « À la ville de Limoges », qui fournissait les mineurs pour leur mariage ; elle héberge désormais l'office de tourisme. Au n° 44, le pignon a des motifs de fleurs et au n° 48, on aperçoit une corbeille de fruits. Autres exemples dans la **rue du Maréchal-Leclerc**, aux nos 22, 18 et 6 ou **rue de la Gare** au nos 29 et 31.

Pour rejoindre le Louvre-Lens, empruntez le *cavalier* (ancienne voie de chemin de fer) aménagé avec des passerelles *(compter env. 25mn à pied)* ou prenez le bus B1 (Bulle 1) à la gare et arrêtez-vous à Parc Louvre-Lens.

★★ Musée Louvre-Lens

99 r. Paul-Bert - ✆ 03 21 18 62 62 - www.louvrelens.fr - ♿ - 10h-18h - fermé mar. - Galerie du Temps : gratuit - expos temporaires 11 € (-18 ans gratuit).
Dix ans déjà ! Bâti sur le carreau de l'ancienne **fosse n° 9-9 bis** de la Société des Mines de Lens (1884-1980), à laquelle est associée la **cité pavillonnaire n° 9** *(r. de La Rochefoucauld)*, un bâtiment minimaliste de verre et d'aluminium accueille la première antenne décentralisée du Louvre, inaugurée en 2012. La **Galerie du Temps★★★** propose une sélection d'œuvres du Louvre ordonnancées chronologiquement. Une muséographie transversale permet de faire voisiner des œuvres issues de civilisations différentes, mais conçues au même moment. Destiné à des expositions thématiques annuelles, le **Pavillon de verre** présente des œuvres issues des collections des musées de la région Hauts-de-France. Deux grandes expositions temporaires d'envergure internationale sont par ailleurs organisées chaque année en été et en hiver. Dans les coulisses aménagées au sous-sol, de grandes baies vitrées s'ouvrent sur les réserves du musée et les salles de restauration. Un parc paysager contemporain de 20 ha entoure le musée. Il a conservé la mémoire du site grâce aux traces du passage des anciens wagonnets.

Cité n° 12

Accès av. St-Édouard. Attachée à la fosse n° 12 dont il reste quelques vestiges (bains-douches, ateliers), cette cité pavillonnaire (1921-1924) forme un ensemble patrimonial très complet, avec ses maisons d'ingénieurs, cadres et porions, ses habitations ouvrières incluant des barres de **corons** de 6 à 10 logements, son église St-Édouard, son groupe scolaire et ses places publiques.

Cité des Provinces

Accès av. de la Fosse-11. Contiguë à la fosse n° 11-19, cette autre cité pavillonnaire (années 1920) se distingue par l'aspect extérieur de ses écoles revêtues de pierre meulière et par sa vaste place originelle arborée.

Maison syndicale des mineurs

32 r. Casimir-Beugnet. Détruit pendant la Grande Guerre, puis reconstruit en 1926, cet édifice de style néoclassique en brique et pierre arbore un fronton orné d'un bas-relief à la gloire du travail du mineur. Il constitue un important témoignage de l'histoire sociale dans le Bassin minier, puisqu'il fut créé à la suite du coup de grisou (à Courrières) qui fit 1099 victimes, comme siège de tous les syndicats miniers de la région.

Faculté des sciences Jean-Perrin

Av. E. Reumaux. Plus excentrés, les **grands bureaux de la Société des Mines de Lens**, dessinés par l'architecte lillois Cordonnier et aujourd'hui faculté des sciences Jean-Perrin de l'université d'Artois, sont de style régionaliste. Notez les toits pentus ornés de lucarnes, les pignons à redans, les oriels et la richesse décorative de la brique. L'intérieur recèle des **boiseries Art déco** de toute beauté *(visite guidée, rens. à l'office du tourisme).*

Stade Bollaert-Delelis

Av. Delelis. Inauguré en 1934, il prend le nom du directeur de la Compagnie des mines de Lens, et, en 2012, celui du maire de Lens qui sauva le stade à la fin de l'exploitation minière. Des travaux de rénovation récents ont permis notamment de couvrir l'ensemble des tribunes. Il peut accueillir 40 000 spectateurs, soit la totalité des Lensois !

★★ Le bassin minier du Pas-de-Calais : d'Auchel à Drocourt

CARTE P. 314-315

Auchel

En 1902, les autorités départementales du Pas-de-Calais demandèrent aux compagnies minières de prendre des mesures pour faire baisser le taux extrêmement élevé de mortalité infantile dans les zones minières. Les consultations des nourrissons virent ainsi le jour, donnant également naissance à un bâtiment (1903) au nom insolite, la « **Goutte de lait** » *(r. du Gén.-de-Gaulle)*. Financé par la Compagnie des Mines de Marles, l'édifice annonce clairement sa fonction dans le thème d'un bas-relief où l'on voit des bambins s'abreuver de lait dans un décor bucolique.
Autre trésor, le **terril n° 14** auquel on accède par l'ancienne rampe de chargement; il offre, de son sommet (env. 100 m), un large **panorama** sur la « chaîne des terrils ».

Marles-les-Mines

À 3,5 km à l'est par le bd L.-Gambetta.
De l'ancienne **fosse n° 2** *(r. Dure-Veine)* de la Compagnie des Mines de Marles, ne subsiste plus que son **chevalement** (1921), redressé à plusieurs reprises suite à des affaissements répétitifs, et sa **machine d'extraction** (1920).

Bruay-la-Buissière

À 5 km au sud. *p. 331.*

Haillicourt

À 4,3 km au sud par la D 188.
Issus de la fosse n° 6 de Bruay-la-Buissière, les **terrils jumeaux n°s 2 et 3** *(r. de la Lampisterie)* sont légèrement moins hauts (180 m) que ceux de Loos-en-Gohelle. Reconnus comme Espaces naturels sensibles, ils bénéficient d'une protection car ils constituent des marqueurs de premier ordre dans le paysage.

Nœux-les-Mines

À 7,7 km à l'est par la D 179.
La Compagnie des Mines de Vicoigne-Nœux-Drocourt a laissé dans son sillage un patrimoine industriel conséquent, à commencer par la **fosse n° 1-1bis** *(r. Nationale)*. Celle-ci fut l'une des toutes premières du département du Pas-de-Calais à être creusée (en 1851). Ses vestiges constituent l'unique témoignage technique des méthodes d'extraction à la fin du 19e s. sur l'ensemble du Bassin minier.
À ses côtés se sont peu à peu greffés d'autres éléments : les **Grands Bureaux** *(r. Nationale)*, bâtis entre 1873 et 1890 dans un style classique, puis agrandis et remaniés dans les années 1930 où le style Art déco était en vogue (ancien siège social et premier magasin Leroy Merlin); l'église Ste-Barbe *(pl. Ste-Barbe)*, édifiée en brique (1876) et mêlant des éléments néoromans et néo-Renaissance; la pharmacie centrale *(339 r. Nationale)*, bâtiment Art déco (1927), qui réunissait en un seul lieu plusieurs spécialités médicales (oculiste, dentiste, hygiène infantile, etc.). En 1996, un terril a été converti en piste de ski (*p. 335*).

Sains-en-Gohelle

À 4 km au sud par la D 937.
La **cité n° 10** dépendait de la fosse de la Compagnie des Mines de Béthune qui ferma en 1972. Ce vaste ensemble pavillonnaire, aménagé dans les années 1920, aligne, selon un plan orthogonal, une succession de maisons mitoyennes parfois complétées par un porche. La rue centrale mène à l'église Ste-Marguerite (1926),

Fosse du Vieux 2 à Marles-les-Mines.
R. Soberka/hemis.fr

dotée d'un curieux clocher-porche. Autour de celle-ci s'ordonnent écoles de filles et de garçons, maisons d'instituteurs et presbytère.

Mazingarbe

À 6 km au nord-ouest par la D 75.

Les services de la mairie de Mazingarbe sont installés dans le **château Mercier**, qui servit jadis d'habitation à Louis Mercier (1856-1927), directeur général de la Compagnie des Mines de Béthune. Sise au beau milieu d'un parc, la somptueuse demeure (1901-1920), encadrée par deux ailes à pans coupés, reflète avec éloquence le statut de son ancien occupant.

Dans la continuité du château, le **boulevard des Platanes**, bordé par de belles maisons d'ingénieurs (1re moitié du 20e s.) rivalisant d'élégance et d'originalité, longe l'immense **usine carbochimique** voisine.

Grenay

À 3,8 km au sud-est par les D 166 et D 165.

Le bâtiment de la **société de secours mutuel** et la **maison du médecin-chef** *(pl. Daniel-Breton)* forment ici un bel ensemble en briques (1924-1926), adouci par de jolis balcons aux grilles Art déco. Dotée d'une église, également de style Art déco, la **cité n° 5** *(bd de l'Église-St-Louis)* fut construite dans les années 1910-1920 par la Compagnie des Mines de Béthune. Si les maisons antérieures à 1914 n'offrent guère de variété en matière de volumétrie et de style, celles édifiées dans les années 1920 présentent en revanche, pour certaines, des ouvertures surmontées de linteaux en plein-cintre ; d'autres sont même complétées par des porches. L'ensemble pavillonnaire est situé au pied des **terrils nos 58 et 58a**, de forme plate, qui servent de support à différentes activités sportives et de loisirs.

Liévin

À 5,7 km au sud par la D 58.

La population liévinoise a payé un lourd tribut à l'exploitation charbonnière. Situé en plein cœur d'une zone d'activité *(r. Montgolfier)* dans le quartier de St-Amé,

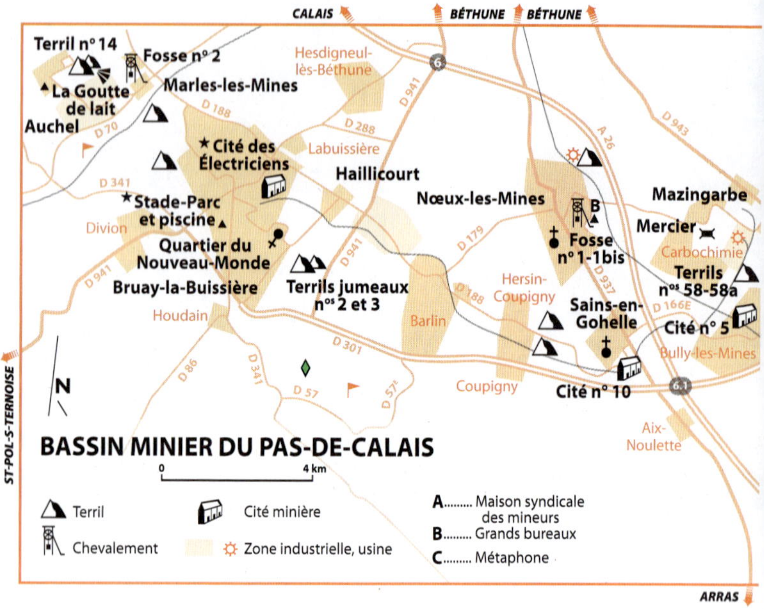

le chevalement de la **fosse n° 3** (1922), de la Société des Mines de Lens, vient rappeler le douloureux souvenir d'un terrible coup de grisou qui fit 42 victimes le 27 décembre 1974. L'horloge de la petite **église** marque toujours l'heure de la catastrophe. Ne manquez pas les **vitraux★**, réalisés par l'artiste Judith Debruyne, qui représentent des scènes religieuses au sein de la vie des mineurs, ainsi que le bas-relief « Une tragédie dans le Nord, l'hiver, la pluie, les larmes » de l'artiste Raymond Mason.

Deux sites miniers de la Sté Houillère de Liévin sont également à signaler : le chevalement de la **fosse n° 1bis** *(bd du Mal-Leclerc)*, de la même époque que le précédent, mais d'une facture plus sobre ; et les **Grands Bureaux** de la société minière *(45 r. Édouard-Vaillant)*. Ces derniers, entièrement revêtus de briques et ornés de reliefs figurant les emblèmes du mineur, abritent désormais les services de la ville.

Loos-en-Gohelle

À 5 km au nord-est.

Façonnée par l'activité minière à partir de la fin du 19e s., cette ancienne commune rurale abrite aujourd'hui les deux plus hauts terrils houillers d'Europe.

Fosse n° 11-19 – *Accès par la r. de Bourgogne (entrée sud du site) - Café rando (point info) : de mi-avr. à mi-oct.* Ce site d'exception s'avère particulièrement intéressant par la coexistence de vestiges illustrant des techniques d'extraction radicalement différentes. La fosse n° 11 témoigne, par son architecture, de la volonté d'une reconstitution rapide et peu coûteuse de l'appareil de production, après la Grande Guerre ; la frêle structure métallique de son **chevalement** (années 1920, 45 m de haut) s'oppose aux 10 000 t de béton armé de la massive **tour d'extraction** de la fosse n° 19 (années 1960, 66 m de haut), représentative des modèles adoptés par les Houillères du Bassin du Nord-Pas-de-Calais durant la période post-nationalisation (après 1946).

Symbole de reconversion du territoire, la base 11-19 de Loos-en-Gohelle montre aujourd'hui le chemin du futur en associant, au sein de ses bâtiments réhabilités, la

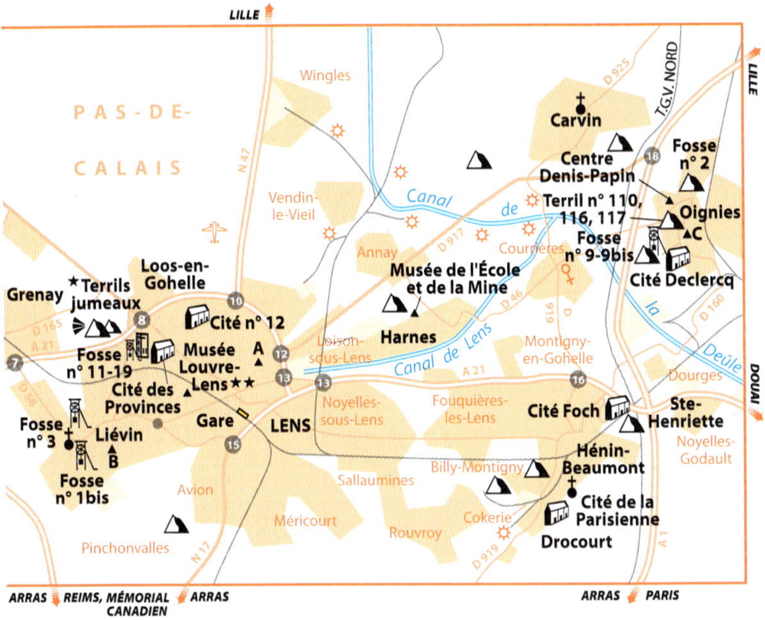

culture, avec la fabrique théâtrale Culture Commune, scène nationale, et le développement durable (énergies renouvelables, écoconstruction, écomatériaux...).

★ **Terrils jumeaux** – *1h30 AR.* Associés à la fosse n° 11-19, ces deux cônes géants culminent à 186 m. Depuis l'arrêt de la fosse (1986), une végétation arborescente et buissonnante s'est développée sur leurs pentes qui accueillent désormais une faune variée. Les sommets offrent un formidable **panorama** à 360°.

Harnes

À 15,7 km à l'est par les D 943 et A 21.

Musée de l'École et de la Mine – *20-24 r. de Montceau-les-Mines - 03 21 75 38 97 - www.museedelamine.org - visite sur réserv. mar. et jeu. 14h-18h - gratuit mais don bienvenu.* Ce musée géré par une association vous plonge dans l'univers d'une salle de classe des années 1900. L'autre partie est consacrée à la mine et au mineur : un « petit Lewarde », avec sa lampisterie, sa galerie et ses machines. Tous les objets présentés ont servi au fond de la mine. Au 1er étage, reconstitution d'un estaminet traditionnel.

Oignies

À 7,7 km au nord-est par la D 46.

L'épopée du charbon dans le Pas-de-Calais s'amorça ici, en 1842, avec la découverte d'un gisement de houille dans le parc du château d'une certaine Mme Declercq. Et c'est d'ici que fut remontée en 1990 la dernière « gaillette » (morceau de charbon) du Bassin minier. Oignies fut donc témoin à la fois du début et de la fin de l'exploitation minière du secteur.

Fosse n° 9-9 bis – *Accès r. Alain-Bashung - point info : juin-sept.* Cette ancienne fosse de la Sté des Mines de Dourges entra en activité en 1934 et ferma en 1990. Important lieu de mémoire de par la qualité de ses installations de surface, elle forme un ensemble industriel d'une étonnante cohérence architecturale. Soigneusement rénovés, ses nombreux bâtiments portent l'empreinte des années

Le Bassin minier du Nord-Pas-de-Calais

Le Bassin minier du Nord-Pas-de-Calais s'étire sur environ 120 km et 12 km de large, de Fresnes à Auchel, à travers les deux départements. Il compte 100 000 km de galeries en sous-sol. Aux côtés de nombreux terrils, se dressent, au-dessus des carreaux de mines réduits au silence, des chevalements inactifs, témoins émouvants de près de trois siècles d'exploitation du charbon.

La métamorphose des terrils

Plats ou coniques, les terrils sont des éléments incontournables du patrimoine industriel et historique de la région. On en compte aujourd'hui environ 200, qui jalonnent les paysages du Bassin minier comme autant de bornes indiquant les anciens carreaux de fosses. Curieux destin que celui de ces collines noires pouvant atteindre jusqu'à 186 m de haut, et qui étaient, il y a encore peu de temps, vus comme de sinistres cicatrices dans le paysage environnant. La nature fait bien les choses, et reprend peu à peu ses droits sur ces milieux uniques dont la composition physique et chimique, la topographie et la température favorisent une étonnante biodiversité. Par un bien étrange renversement de situation, les imposantes masses de schistes, si longtemps dénigrées, portent aujourd'hui un message d'avenir et de reconquête...

Le terril de **Pinchonvalles**, à Avion, bénéficie même d'un arrêté préfectoral pour la protection de son biotope. De jeunes boisements de frênes, d'érables et surtout de bouleaux, se sont spontanément implantés sur certains reliefs, comme à Raismes, sur le terril **Sabatier,** ou celui de la **mare à Goriaux** à Wallers. Sur les pentes de ceux d'**Audiffret Sud** à Escaudain ou de la **Bleuze-Borne** à Anzin poussent des espèces thermophiles : vipérines, onagres, millepertuis, cerisiers, et même orchidées.

Des associations, dont la Chaîne des Terrils, et les collectivités territoriales ont décidé de mettre en valeur leurs terrils. Réserves naturelles, lieux d'expositions et de concerts, bases de loisirs... autant de reconversions réussies. Ainsi, les terrils de **Wingles**, **Rieulay** et **Nœux-les-Mines** (célèbre pour sa piste de ski artificielle *p. 335*) ont été reconvertis en bases de loisirs.

Patrimoine mondial

En l'inscrivant au titre de Paysage culturel en 2012, l'Unesco a reconnu « la valeur universelle exceptionnelle des paysages culturels évolutifs vivants du Bassin minier du Nord-Pas-de-Calais [...], ainsi que sa place exceptionnelle dans l'histoire événementielle et sociale du monde de la mine ». Il représente ainsi un « lieu symbolique majeur de la condition ouvrière et de ses solidarités, des années 1850 à 1990 ».

Pour découvrir le territoire inscrit sur la liste du Patrimoine mondial, reportez-vous au guide Michelin **Les Sites français du Patrimoine mondial**.

L'évolution de l'habitat minier

« Maisons de mineurs, maisons fraternelles, où brique à brique leurs vies s'usèrent, nulle réponse aux fronts soucieux, que la sueur. »
Symphonie en sol mineur, de Bernard Desmaretz.

L'urbanisme caractéristique du Bassin minier et ses grands sites dévolus désormais à la mémoire minière illustrent de façon saisissante tout un pan d'histoire de la classe ouvrière française : ses joies, ses peines, ses luttes et les dangers parfois mortels qu'elle encourait...

Les corons

Au 19e s., pour loger les mineurs, de grandes cités ouvrières sont bâties : ce sont d'abord des alignements continus de dizaines de maisons basses, en briques brutes ou badigeonnées. Seule forme d'habitat minier entre 1820 et 1870, les corons tirent leur nom de leur implantation et portent le numéro du carreau de fosse tout proche, dominé par le chevalement et le terril. Ils s'étirent sur 100 m et plus, non loin de la route menant au village dont ils constituent le « bout » : la « corne » ou le coron, dans le dialecte local. Après la parution du **Germinal** de Zola (1885), le terme désigne tout groupe de logements ouvriers en pays minier.
À l'arrière de l'étroite habitation, un chemin appelé « voyette » mène au jardin potager, encombré de constructions disparates : buanderie, clapier, poulailler et volière pour les « coulons » (pigeons). Les lieux d'aisances sont relégués au fond dans le « carin ». Il reste environ 67 000 logements miniers sur l'ensemble du Bassin minier.
Le développement des activités industrielles fait naître de véritables « cités linéaires », avec des centaines de logements. Les maisons, semblables et contiguës, sont groupées dos à dos. Les jardins s'installent en façade. Dès 1870, l'habitat change encore : il faut pallier les affaissements du sol dus à l'extension des mines. Les barres se coupent en enfilades de 10, de 8, puis de 6 maisonnettes. Des blocs de 4 maisons en carré précèdent la généralisation des maisons jumelles mitoyennes.

Les cités pavillonnaires

Inspirées de Kœchlin à Mulhouse (1835) ou des Alouettes à Montceau-les-Mines (1867), elles regroupent environ 400 maisons. Les habitations s'espacent, leur surface habitable augmente, les jardins prennent de l'ampleur. L'espace des cités minières est strictement hiérarchisé. Aux résidences des ingénieurs répondent les quartiers des porions (contremaîtres) et ceux des mineurs. L'ensemble, traversé de grands axes rectilignes, s'articule autour d'une esplanade où s'élèvent – expression du paternalisme des compagnies – l'église, les écoles, la coopérative d'achat, le dispensaire et le stade. Visitez la **cité Lemay** (*p. 150*) pour avoir un témoignage de cité pavillonnaire remarquablement réhabilitée.

Les cités-jardins

L'aube du 20e s. inaugure le « règne de la courbe, de la fantaisie et de la variété ». De taille et d'aspect variés, les maisons s'entourent de jardins. Les larges avenues sont bordées d'arbres et de squares publics. Ces cités, dont le plan libre s'impose dans l'entre-deux-guerres, se rapprochent de la ville. Aujourd'hui, vous pourrez en voir un bel exemple à la **cité Ste-Marie** (*p. 150*).

On vous emmène sur les terrils du Bassin minier

La plaine du Bassin minier est hérissée de terrils façonnés par trois siècles d'extraction du charbon. Avec le temps, la nature reprend peu à peu ses droits et redonne des couleurs à ces anciennes friches minières, qui deviennent un formidable terrain de jeu pour les randonneurs de tout poil. Divers parcours pédestres invitent à la découverte de ce patrimoine insolite, les stars de la région étant sans conteste les terrils jumeaux de Loos-en-Gohelle, les plus hauts d'Europe. Mieux vaut être bien chaussé car la pente est raide, mais la balade demeure facilement accessible. Au pied des cônes, un panneau présente les différentes options possibles : attention, cette zone faisant l'objet de mesures de protection, certains versants ne sont pas praticables. Des escaliers facilitent la grimpette et, à mi-hauteur, une plateforme permet de faire une pause avant l'assaut final.
Parvenu au sommet (comptez 45 minutes), vous serez récompensé par un panorama XXL sur les infrastructures de la fosse n° 11/19 et le paysage alentour. Si la promenade vous a plu, sachez que la fédération française de randonnée édite un topoguide « Tours du Bassin minier Nord-Pas-de-Calais » qui détaille 470 km de sentiers et que le Centre permanent d'initiatives à l'environnement *(« Activités » p. 321)* propose d'intéressantes visites guidées thématiques. Allez hop, on enfile ses baskets (pas les blanches !) et on sort se balader !

1930, avec une utilisation pleinement assumée du béton armé couplée à un joli décor de brique en façade. Les locaux techniques abritent d'impressionnantes **machines d'extraction** en parfait état de conservation. À proximité de la fosse et de ses deux **chevalements**, l'ancien parc à bois de la mine ainsi que les **terrils nos 110, 116 et 117** se prêtent à d'agréables balades.
Édifié légèrement en retrait des installations minières, un singulier bâtiment moderne attire l'attention. Il s'agit du **Métaphone**, une salle de spectacles originale couverte d'une « peau sonore » qui illustre le volet culturel, dédié aux pratiques musicales, de la reconversion du site en lien avec des activités de logistique.
Cité Declercq – *Accès r. du Tordoir.* Développée en arc de cercle autour du carreau de fosse, cette **cité-jardin** aux maisons de briques enduites de ciment gris crée un lien visuel entre l'espace privé du mineur et son lieu de travail. Les parties hautes des habitations se distinguent par leurs faux colombages qui encadrent les lucarnes des pignons.
Centre de la mine et du chemin de fer Denis-Papin – *R. Émile-Zola - 03 21 69 42 04 - www.cmcf-oignies.com - ♿ - avr.-oct. : 2e dim. du mois 14h-18h - 5 € (-16 ans 4 €).* Logé dans l'ancien bâtiment d'extraction de la **fosse n° 2** d'Oignies, de style Art déco tardif, le centre Denis-Papin est un **musée** vivant du chemin de fer, allié de l'épopée minière. En vedette, la machine à vapeur qui actionnait l'ascenseur du puits de mine et dont la puissance de 3 800 chevaux permettait de monter les hommes à la vitesse de 12 m/s.
À l'extérieur, un circuit à l'échelle 1/8 invite les enfants à voyager sur des wagonnets tirés par des répliques de locomotives à vapeur.
Au nord d'Oignies, **Carvin** (qui porte le nom d'une célèbre compagnie des mines), est dominée par la haute tour-clocher de l'**église St-Martin** (18e s.). Prévue à l'origine pour être un mausolée pour le prince d'Épinoy, l'église est l'un des rares édifices de style baroque dans la région. Elle a conservé son décor (stalles, chœur), un très bel orgue du 19e s. et un carillon de 22 cloches. Faites le détour

vers l'hôtel-de-ville, qui abrite un magnifique vitrail illustrant les deux facettes du pays : la ruralité et les mines.

Hénin-Beaumont

À 9,5 km au sud par l'A 1, l'A 21 puis la D 919.

Construite en 1922 près du **terril Ste-Henriette** dont la masse imposante marque l'entrée dans le bassin minier du Pas-de-Calais, la **cité Foch** *(bd Mal-Foch)* constitue une étape importante dans l'architecture de l'habitat ouvrier et l'une des plus belles cités-jardins de France : avenues courbes et ronds-points mènent à des maisons cossues qui abritent deux à quatre logements. Emblématiques du style régionaliste promu par la Sté des Mines de Dourges, ces pavillons, aux façades égayées de colombages en trompe-l'œil, sont disséminés dans la verdure en retrait des allées.

Drocourt

À 4,2 km au sud-ouest par la D 919.

L'église Ste-Barbe (patronne des mineurs) trône au centre de la **cité de la Parisienne**, où étaient logées autrefois les familles de mineurs. Sur la gauche s'étirent des barres de corons dépassant parfois 40 logements.

Carnet pratique

S'informer

Office de tourisme – *16 pl. Jean-Jaurès - Lens - ✆ 03 21 67 66 66 - www.tourisme-lenslievin.fr.*
2e bureau au musée du Louvre-Lens (hall d'accueil) - ✆ 03 21 67 66 66.
L'office de tourisme organise des visites guidées *(1h30)* de Lens et ses environs : Lens Art déco, la mine autour du Louvre-Lens, etc.

Se déplacer

Bus pour le Louvre-Lens – De la gare prendre le B1 (Bulle 1) en direction de Liévin (arrêt Parc Louvre-Lens).

TER – Avec le Pass Louvre-Lens, 50 % de réduction sur le billet TER à partir d'une gare des Hauts-de-France, entrée à l'exposition temporaire du Louvre-Lens à 8 €.

Agenda

Fêtes de la Ste-Barbe – *autour du 4 déc. - fetesdelasaintebarbe.com.* Ce festival des arts et du feu rend hommage aux mineurs, aux pompiers et aux artificiers : spectacles pyrotechniques, installations de feu, déambulations festives...

Nos adresses

Restauration

Premier prix

Chez Cathy – *220 r. Paul-Bert - ✆ 06 23 31 40 29 - tlj sf mar. 10h-16h - menus 17/22 €.* Cette petite brasserie-friterie en face du Louvre-Lens n'est pas née de la dernière pluie. Implantée là bien avant le musée, elle accueille aujourd'hui locaux et touristes.

L'Ardoise – *50 rte de Béthune - ✆ 03 21 28 32 87 - www.lardoise-lens.fr - fermé mar. et le soir (sf vend.-sam.) - plats 13,50/24 €.* Un restaurant-brasserie où l'on concocte une bonne cuisine traditionnelle dans un cadre moderne près du Louvre-Lens. Produits frais et des plats différents chaque semaine.

Le Pain de la Bouche – *41 bis r. de la Gare - ✆ 03 21 67 68 68 - www.lepaindelabouche.fr - fermé dim. soir - plats 12,50/22 €.* Accueil sympathique et décor d'estaminet chaleureux. Le soir dîner à la bougie. Au menu, en plus des plats traditionnels, sont proposées pas moins de 20 faluches gratinées! Le patron s'assoit volontiers à votre table pour expliquer les plats. À l'étage, un appartement pour 2 ou 4 personnes à la déco tendance.

Budget moyen

Les Jardins de l'Arcadie – *26 r. de L'Écluse - ✆ 03 21 70 20 61 - www.lesjardinsdelarcadie.com - fermé lun.-mar. et sam., le soir (sf vend.) - plats 16/27 €.* L'emplacement du restaurant – en bordure d'autoroute – ne dissuade pas les clients... et pour cause! Un chef expérimenté officie et propose une cuisine actuelle simple et fraîche. Salle au design noir et blanc.

Pour se faire plaisir

Atelier Marc Meurin – *97 r. Paul-Bert - Musée du Louvre-Lens - ✆ 03 21 18 24 90 - www.atelierdemarcmeurin.fr - P ♿ - fermé mar. et dim. soir - formule midi 28/30 €, menus 35/42 €.* C'est le petit dernier du chef étoilé Marc Meurin. Dans une salle ronde et lumineuse, le chef travaille des produits de saison habilement mis en scène. La formule express du midi est d'un excellent rapport qualité-prix, pour se régaler avant ou après la visite du musée, que l'on aperçoit à travers les baies vitrées ou de l'agréable terrasse.

À proximité

Premier prix

Al'Fosse 7 – *94 bd Henri-Martel - Avion (3 km au sud de Lens) - ✆ 03 21 43 06 98 - www.alfosse7.fr - fermé le soir dim.-jeu. - plats 15/17 €.* La salle de ce restaurant est une incroyable reproduction d'une galerie de mine avec étais en bois, murs noirs, regorge d'objets chinés ou ramenés par les clients. On s'y croirait! Aux fourneaux, le chef concocte des plats du terroir : un délice de carbonade et un potjevleesch servi dans son bocal. Concerts le 1er vend. soir de chaque mois. C'est devenu une véritable institution (*réserv. conseillée).*

Budget moyen

Comme chez Babcia – *r. Raoul-Briquet - Courrières (13 km à l'est de Lens) - ✆ 03 21 76 65 81 - commechezbabcia.eatbu.com - fermé lun.-jeu. soir et dim. soir - menus 25/30 €.* « Babcia » ou « grand-mère » en polonais puisque ce restaurant est une histoire de famille qui recoupe celle du Bassin minier avec son importante immigration polonaise. La cuisine est conviviale, généreuse, on déguste la soupe de betterave rouge, les choux farcis de viande, le sandre à la polonaise... Il est question d'héritage, de traditions vivantes que l'on aborde par l'assiette. Une belle adresse!

Petite pause

L'Autre Estaminet – *5 pl. Jean-Jaurès - ✆ 03 66 07 63 43 - www.lautre-estaminet.com - mar.-sam. 11h-18h30.* Jus de fruits, smoothies, soupes, thés, cafés, crêpes, glaces et sorbets, dans un esprit associatif, solidaire, de partage et de création : ateliers pour enfants, expositions, débats...

Shopping

Pâtisserie Jeanson – *42 pl. Jean-Jaurès - ✆ 03 21 28 24 21 - www.patisserie-jeanson.com - fermé lun.* Maître chocolatier renommé depuis 1992, Jean-Claude Jeanson a créé une gamme de chocolats inspirés de sa région (« Buridan », philosophe béthunois ; « Fleur de Bonheur » pour soutenir la candidature du Bassin minier à l'Unesco, etc.). Sans sucres ni coques, il utilise des produits sains : malt torréfié et maltitol.

Fromagerie Philippe Olivier – *39 r. René-Lanoy - ✆ 03 21 31 94 74 - www.philippeolivier.fr - fermé dim.-lun.* Dans ses caves de Boulogne-sur-Mer, Philippe Olivier affine plus de 250 fromages différents. Catie et Marc vous accueillent et vous conseillent dans la boutique lensoise. Autres boutiques à Lille, Boulogne-sur-Mer, Le Touquet...

Marchés

Lens – *pl. Salengro : mar. et vend. matin ; Grande Résidence : sam. mat.*

Liévin – *17 r. Faidherbe - mar.-jeu. et dim. matin, vend.-sam. toute la journée.*

À proximité

Brasserie Castelain – *13 r. Pasteur - Bénifontaine (9 km au nord de Lens) - ✆ 03 21 08 68 68 - www.brasseriecastelain.com - boutique : mar.-jeu. 10h-12h, 14h-18h, vend.-sam. 10h-18h ; écomusée et brasserie sur réserv. en ligne (8 €) - fermé dim.* Depuis 1926, Bénifontaine, petit village d'Artois, change l'eau en bière. L'entreprise Castelain reste l'une des dernières brasseries artisanales. Découvrez l'histoire, la fabrication, le musée et une vidéo suivie d'une dégustation de la Ch'ti, bière de garde.

Activités

CPIE Chaîne des Terrils – *Base du 11-19 - r. Léon-Blum - Loos-en-Gohelle (5 km au nord-ouest de Lens) - ✆ 03 21 28 17 28 - www.chainedesterrils.eu - 8h-12h, 14h-17h - fermé w.-end.* Créée en 1988, cette association (labellisée Centre permanent d'initiatives à l'environnement - CPIE) propose de découvrir les terrils du Bassin minier en compagnie d'un guide sur des thèmes divers (histoire, faune, flore, lecture de paysage). Calendrier des visites et autres activités sur le site Internet.

Véloroute du Bassin minier - *www.tourisme-lenslievin.fr.* De l'Aréna de Liévin au parc des Îles d'Hénin-Beaumont (13 km), cette véloroute en macadam et en schiste suit une ancienne voie ferrée qui offre des perspectives sur les terrils et les corons. Une bonne manière de se sensibiliser au patrimoine culturel et paysager du Bassin minier.

Atelier Do It Your Frites – *105 r. Jean-Létienne - ✆ 03 21 67 66 66 - www.tourisme-lenslievin.fr - atelier, frites + sauce + boisson 8 €.* Préparez vos propres frites fraîches avec l'aide de la cheffe Doris dans la cuisine de la Loco, l'emblématique bar des supporters du RC Lens : une expérience !

Lens-Liévin Beer Tour – *16 pl. Jean-Jaurès - ✆ 07 82 71 68 21 ou 03 21 67 66 66 - www.echappee-biere.com - 45 € la journée.* Découvrez le savoir-faire brassicole du nord de la France en visitant trois brasseries au cœur de l'Artois avec l'équipe de l'Échappée Bière.

Parc de la Glissoire – *à Avion (3 km au sud de Lens) - ✆ 03 21 79 44 79 - www.tourisme-lenslievin.fr.* Sur un ancien carreau de fosse ; 60 ha de parc arboré, 6 lacs de pêche et 15 km de sentiers pour découvrir la faune et la flore. Canoë-kayak, pédalo et plage. Le Ch'ti Parc *(✆ 06 62 03 15 68)* accueille les enfants avec des structures gonflables, karting, piscines à balles...

Hébergement

Premier prix

Chambre d'hôte Le 33 – *33 r. Gambetta - ✆ 03 61 00 58 97 - www.le-33-chambres-d-hotes-lens.fr - 4 ch., 2 gîtes 75 €* ☕. Maison bourgeoise de 1935 à

5

deux pas de l'office de tourisme. Aux beaux jours, le petit-déjeuner est servi dans le jardin. Expositions temporaires d'artistes locaux.

Hôtel Bollaert Lens – *13C rte de Béthune - ✆ 03 21 78 30 30 - www.espace-bollaert.fr - P ♿ - fermé 3 sem. déb. août - 54 ch. 79/85 € - ☕ 11,90 € - ✕ 13,90/35 €.* Devant le mythique stade des « sang et or », un hôtel récent aux chambres fonctionnelles. Les soirs de match, profitez de la formule « entrée au stade-repas-chambre ».

Pour se faire plaisir

Chambre d'hôte Les Patios – *85 bis r. Jean-Letienne - ✆ 06 70 44 35 00 - www.les-patios.fr - 5 ch. 120/130 € ☕.* Dans une ancienne usine de marbrerie dont subsistent les murs en brique et quelques éléments métalliques, se nichent cinq chambres aux parfums d'agrumes. Une adresse raffinée et calme en plein centre-ville.

Hôtel Louvre-Lens – *168 r. Paul Bert - ✆ 03 66 98 10 40 - www.hotel-louvre-lens.com - ♿ - 52 ch. 115/170 € - ✕ menus 20/35 €.* À quelques pas du musée, les 26 anciennes maisons ouvrières de la Cité 9 ont été métamorphosées en hôtel de luxe. Les tonalités sombres instaurent une atmosphère de repos et rappellent la terre de charbon. La mise en valeur du patrimoine minier se découvre par des touches subtiles allant du choix des matériaux au design des luminaires. Une histoire rude, brute, qui se traduit aujourd'hui dans un écrin chaleureux. L'établissement accueille un restaurant gastronomique : Le Galibot.

À proximité

Budget moyen

Chambre d'hôtes L'Heure Bleue – *105 r. Dégréaux - Givenchy-en-Gohelle (8 km au sud-ouest de Lens) - ✆ 06 58 51 80 03 - 3 ch. 90 € ☕, gîte 4 pers. 200 €/2 nuits, gîte 5 pers. 230 €/2 nuits - ✕ tlj menu complet 40 € bc.* Calme et sérénité dans cette ancienne ferme restaurée. Décoration moderne et soignée pour ces 3 chambres au nom d'oiseaux : colombe, cygne ou condor et deux superbes gîtes tout confort. Grand jardin arboré.

Colline de Notre-Dame-de-Lorette ★★

Dans un site dépouillé, la colline de N.-D.-de-Lorette, point culminant (166 m) des collines de l'Artois stratégiquement situé entre Bassin parisien et plaine de Flandre, fut le site d'incessantes attaques au cours de la Grande Guerre. Le lieu a été choisi pour accueillir une immense nécropole dès 1925. À l'occasion du centenaire du conflit, la colline est devenue un mémorial de première importance, qui perpétue le souvenir des soldats morts au combat, quelle que soit leur nationalité.

Anneau de la Mémoire – Mémorial international de Notre-Dame-de-Lorette, architecte Philippe Prost.

Se repérer

CARTE B2 (P. 292-293).
Pas-de-Calais (62)
À 11 km au sud-ouest de Lens.

À ne pas manquer

La basilique ; l'anneau de la Mémoire ; le Centre d'histoire du Mémorial'14-18 N.-D.-de-Lorette.

En famille

Le Mémorial'14-18 avec le carnet d'exploration Minus ; Le Musée vivant 1914-1918 N.-D.-de-Lorette.

Nos adresses p. 328

Découvrir

★ Centre d'histoire du Mémorial'14-18 Notre-Dame-de-Lorette

102 r. Pasteur - Souchez - ✆ 03 21 74 83 15 - www.memorial1418.com - ♿ - des vac. de Pâques au 11 Nov. : merc.-vend. : 10h-13h, 14h-18h, sam.-dim. : 11h-13h, 14h-18h ; reste de l'année : merc.-dim. 13h-17h - fermé lun.-mar. et janv. - gratuit.

Au pied de la colline, le centre d'histoire présente la Grande Guerre sur le sol du Nord et du Pas-de-Calais. Le bâtiment, un énorme cube de béton noir posé à flanc de colline (architecte Pierre-Louis Faloci), est en lui-même évocateur de la brutalité des combats. Les documents (400 photographies en très grand format, des films d'époque et quelques objets emblématiques) sont exposés selon un parcours à la fois chronologique et thématique : la guerre de mouvement et le système des tranchées, les offensives meurtrières et l'occupation du Nord, les offensives de 1918 et la mort au front, les ruines et la grande reconstruction. Des cartes animées illustrent de manière particulièrement claire les stratégies à l'origine des offensives et contre-offensives. Le visiteur peut consulter les fiches des 580 000 soldats commémorés sur l'Anneau de la Mémoire (*ci-contre*).

Un sentier (1,5 km) permet de relier le Centre d'histoire, l'anneau de la Mémoire et la nécropole.

Statue du général Maistre

Œuvre du sculpteur Paul Blondat, le monument dédié au général Maistre et au 21e corps d'armée figure le général dans une position hiérarchique bienveillante. Le monument commémore les deux semaines d'assaut au cours desquelles les chasseurs ont tenté de franchir les cinq lignes de tranchées, les réseaux de barbelés, les nids de mitrailleuses et, au sommet de la colline, un fortin de casemates et d'abris souterrains barrant l'accès.

Table d'orientation

Elle permet de prendre la mesure de l'**aspect stratégique** de la colline. On aperçoit Arras à l'horizon, **Ablain-St-Nazaire** et les ruines de son église en contrebas, ainsi que les tours d'observation du mont St-Éloi sur la droite. Le **bois de Berthonval** passe par la ligne de front.

Nécropole nationale Notre-Dame-de-Lorette

2 pl. de N.-D.-de-Lorette - Albain-St-Nazaire - ✆ 03 21 74 83 15 - www.memorial1418.com - ♿ - juin-août : 9h-18h30 ; avr. et sept. : 9h-17h30 ; oct.-mars. : 8h30-16h15.

Cimetière – Après la guerre, le site est retenu pour regrouper les dépouilles en provenance de plus de 150 cimetières du front de l'Artois et de Flandre. Un cimetière national de 42 000 tombes est alors aménagé sur 13 ha, avec une particularité : disposer d'une place d'Armes permettant d'y effectuer de grands rassemblements. Il est inauguré en 1925. Avec près de 20 000 croix et plus de 22 000 soldats inconnus reposant dans huit ossuaires, N.-D.-de-Lorette est aujourd'hui le plus grand cimetière militaire français. Les Gardes d'honneur de N.-D.-de-Lorette (en uniforme) se relaient pour veiller sur les lieux. Remarquez, sur une des tombes, le père mort pour la Grande Guerre et son fils, mort pour la Seconde.

En entrant dans la nécropole, on découvre la sépulture du **général Barbot**, commandant la 77e DI tombé en mai 1915 *(première rangée de croix à gauche)*. Il repose, comme le veut la tradition militaire, parmi ses chasseurs alpins.

Triste renommée

N.-D.-de-Lorette fait partie du réseau de nécropoles nationales conçu dès la Grande Guerre. La colline figure parmi les noms fréquemment cités dans les communiqués de la guerre 1914-1918, notamment au cours de la première bataille d'Artois, de mai à septembre 1915. Les autres étaient : la Targette, où le général Pétain avait son poste de commandement lorsque le 33e corps enfonça les lignes allemandes, Neuville-St-Vaast, Vimy (*p. 326*), Souchez, avec son monument au général Barbot et ses 1500 chasseurs alpins tués en mai 1915, Carency et Ablain-St-Nazaire.

Un ordinateur est à votre disposition dans l'ossuaire afin de trouver, dans le cimetière, l'emplacement de la tombe de vos ancêtres. N'hésitez pas à demander des renseignements aux gardes d'honneur, des bénévoles auprès desquels vous serez bien accueilli.

Tour-lanterne – Au centre du cimetière, elle s'élève à 52 m de haut, au-dessus d'une base carrée de 12 m de côté. La première pierre est posée le 19 juin 1921 par le maréchal Pétain. Au sommet, sa lampe tourne chaque nuit à raison de 5 tours par minute. À l'intérieur, une chapelle ardente contient 32 cercueils. Parmi ceux-ci, on note la présence de corps de soldats inconnus des autres conflits : Seconde Guerre mondiale, combats d'Afrique du Nord et guerre d'Indochine. Un reliquaire contenant de la terre et des cendres des camps de concentration a également été déposé en 1955.

Basilique N.-D.-de-Lorette – L'édifice de style romano-byzantin, réalisé par l'architecte Louis-Marie Cordonnier (le même que les grands bureaux de la Société des Mines de Lens), est décoré de marbre et de mosaïques. Il s'étend sur 46 m de long et 14 m de large, avec un transept de 30 m. L'inauguration est conduite par le président du Conseil Paul Painlevé, le 2 août 1925. La basilique est bénie le 26 mai 1927, en même temps que la statue du général Maistre. Pour accueillir le plus grand nombre de personnes, l'autel se situe à l'extérieur. À l'intérieur, des milliers de noms sont gravés sur les murs, autant de soldats français tombés sur la colline et à proximité. Notez les plaques qui informent sur différents événements ou unités. L'une d'entre elles évoque la mort du vainqueur du Tour de France de l'année 1909, François Faber. Le champion cycliste, incorporé au 1er régiment étranger, tombe en mai 1915 à Carency. On remarque également une Vierge noire pour rendre hommage aux Polonais.

★ Anneau de la Mémoire – Mémorial international de Notre-Dame-de-Lorette

Chemin du mont de Lorette - Albain-St-Nazaire - 03 21 74 83 15 - www.memorial1418.com - ♿ - tlj 10h-23h - gratuit.

À quelques mètres de la nécropole, ce monument commémoratif a été inauguré le 11 novembre 2014. L'aspect aérien de l'**anneau de la Mémoire**, dont la forme élémentaire circulaire symbolise l'égalité et l'éternité du sacrifice de tous les soldats tués, évoque la fragilité de la paix. Conçus par l'architecte **Philippe Prost**, ses panneaux sont les pages d'un livre ouvert sur lequel se déroulent les **580 000 noms** des soldats morts dans le Nord et le Pas-de-Calais, classés par ordre alphabétique, sans indication de nation d'appartenance. Les soldats issus du Commonwealth totalisent 300 000 noms. Aux 110 000 Français morts dans la région s'ajoutent la liste des membres des 30 pays africains combattants et celle des soldats venus des différents pays d'Europe – Belges, Portugais, Russes, Roumains... –, y compris des pays sans existence légale à l'époque comme la

Pologne ou la Tchécoslovaquie. Du côté allemand, 174 000 soldats forment une liste qui demeurera à jamais incomplète en raison de la destruction des fichiers d'archives lors de la Seconde Guerre mondiale.

Musée vivant 1914-1918 Notre-Dame-de-Lorette

1 pl. de N.-D.-de-Lorette - Albain-St-Nazaire - ✆ 03 21 45 15 80 - www.musee1418.com - ♿ - 9h-19h - 5 € (-15 ans 3 €).

Derrière la basilique et à l'extérieur de la nécropole, ce musée expose objets (photographies, uniformes, obus, casques) et reconstitutions d'abris souterrains qui évoquent le quotidien des poilus, représentés par 42 mannequins (animations laser). 16 **dioramas★** présentent des vues d'époque, en relief, avec plusieurs thématiques (la cantine, l'hôpital, le front, les blessés).

À côté, le **champ de bataille** s'étend sur 3 ha, avec ses vestiges de la Grande Guerre (tranchées, trous d'obus, canons, mitrailleuses, tourelles).

À proximité

CARTE P. 292-293

Cimetière du Cabaret-Rouge B2

À Souchez - ✆ 03 21 67 66 66 ou 03 21 21 77 00.

Le cimetière doit son nom à la guinguette du même nom qui existait avant la guerre aux portes de Souchez. Parmi les 7 665 corps ensevelis, seule la moitié est identifiée. C'est dans ce lieu qu'est exhumé, le 25 mai 2000, le corps du soldat inconnu canadien, aujourd'hui enterré à Ottawa.

Ablain-St-Nazaire B2

En contrebas de la colline.

Le petit village, au cœur de la bataille d'Artois, a été totalement détruit en 1915. Les ruines élancées de son **église**, qui servit de poste aux Allemands et que les Alliés ont pilonnée, témoignent de la violence des combats.

Dolmen de Fresnicourt B2

3 km par la D 57.

Cette « table des fées », d'un aspect imposant quoiqu'irrégulier (la dalle supérieure a glissé), se dissimule à l'orée d'un bois qui fut sacré, sur la crête des hauteurs qui séparent la Flandre et l'Artois. De ses abords, jolies vues.

★ Mémorial national du Canada à Vimy B2

6 km au sud par la N 17. Suivez les pylônes du monument.

Centre d'accueil et d'éducation – *55 chem. des Canadiens - Givenchy-en-Gohelle - ✆ 03 21 50 68 68 - www.veterans.gc.ca - ♿ - avr.-sept. : 10h-18h, lun. 12h-18h - gratuit.* Ce gigantesque **mémorial★** se dresse sur le sommet de la côte 145, le point le plus élevé de la crête de Vimy, longue de 14 km. Il commémore l'assaut que quatre divisions du corps canadien y menèrent, le 9 avril 1917, pour reprendre ce verrou essentiel de la défense allemande.

Sobre et colossal, le **Mémorial** (1936) s'élève sur un terrain concédé au Canada. Walter Seymour Allward mit onze ans à réaliser ce monument, qui rend hommage aux 66 655 Canadiens tués au cours de la Grande Guerre. À l'avant, la statue d'une femme triste incarne le Canada pleurant ses enfants (*p. 290*). Tout en bas, un tombeau est recouvert de branches de laurier, d'un casque et d'une épée. De chaque côté du mur de façade, au bas des marches, apparaissent deux groupes de personnages sculptés : l'un illustre le Brisement du sabre et l'autre la Sympathie pour les victimes. L'enceinte porte les noms de 11 285 Canadiens tués

Massacre

La crête de **Vimy** est si bien fortifiée par les Allemands que, de 1914 à 1917, tous les assauts des Alliés échouent. Le 9 avril, à l'aube, quatre divisions du corps canadien, appartenant à la IIIe armée britannique du général Allenby, partent à l'attaque. La victoire, après trois jours de combat, est extrêmement coûteuse : 10 602 victimes, dont 3 598 Canadiens.

en France sans sépulture connue.
Les deux pylônes – à feuilles d'érable pour le Canada et de lys pour la France – symbolisent les sacrifices des deux pays ; au sommet, les statues de la Justice et de la Paix ; en dessous, la Vérité, la Connaissance, la Vaillance et la Sympathie. Entre les pylônes et à leur base, un soldat mourant tend le flambeau à ses camarades.
Sur la pente de la colline, le réseau de **tranchées** canadiennes et allemandes a été restauré (la visite est conduite par des étudiants canadiens), ainsi qu'une partie du **tunnel Grange**. Il mesurait à l'origine 750 m. Le terrain est encore semé de trous d'obus et de cratères de mines.
En complément, l'exposition permanente « Nous nous souviendrons » au Centre d'accueil et d'éducation retrace l'expérience de la Première Guerre mondiale des Canadiens sur la crête de Vimy à l'aide de récits, de photographies, de vidéos et d'objets historiques.

Neuville-St-Vaast B2

Le bourg fut arraché aux Allemands par la 5e DI du général Mangin en mai 1915, après plusieurs jours de combats acharnés.
Musée vivant 1914-1918 de la Targette – *48 rte Nationale - ✆ 03 21 59 17 76 - www.musee1418.com - ♿ - 9h-19h - 5 € (-15 ans 3 €).* Ce musée évoque les combats d'Artois à travers la reconstitution de scènes et plus de 2 000 pièces, notamment des armes anciennes (sabres, baïonnettes...), des uniformes et de l'artisanat de tranchée. Deux dioramas, allié et allemand, montrent le sacrifice des troupes coloniales d'outre-mer, à travers des prises de vue saisissantes.
Monument du Flambeau de la Paix – *Au carrefour de la D 49 et de la D 937.* Érigé à l'entrée de la Cité des Mutilés, cet avant-bras de soldat portant un flambeau attire l'attention et symbolise la résurrection de la ville.
Cité des Mutilés – *R. du 11-Novembre-1918.* L'origine du quartier provient de la décision de confier aux grands invalides de guerre la surveillance et l'entretien des lieux de mémoire. Le philanthrope Ernest Petit est à l'origine de la construction d'une quinzaine de pavillons individuels, cédés aux familles pour une fraction de leur valeur. On peut encore voir sur les façades les noms des officiers qui ont combattu dans le secteur : Barbot, Mangin, Foch, Joffre... Quelques façades ainsi que la mairie sont de style Art déco.
Remarquez au 64 rue du Canada (D 55), la maison de naissance de **François Hennebique**, inventeur de la construction en béton armé. C'est en 1890 que cet ancien maçon devenu entrepreneur dépose le brevet de sa technique révolutionnaire. Le succès de son invention, résistante au feu, est assuré dès avant la Grande Guerre à travers toute l'Europe. Le béton armé survit à son inventeur, disparu en 1921, et inspire la reconstruction d'après-guerre. Au centre du village, l'impressionnante église St-Laurent est d'ailleurs rebâtie en béton armé après la guerre. Inauguré en 1925, le nouvel édifice est reconstruit dans un style néogothique.
Nécropole française et cimetière militaire britannique – *Chem. de Marœuil.* Le strict alignement des croix françaises contraste avec la volonté paysagère et

architecturale affichée par les Britanniques, marquée notamment par deux élégants mausolées. Le cimetière français s'étend sur plus de 4 ha et rassemble les dépouilles de 12210 combattants, dont 767 datant de la Seconde Guerre mondiale. Deux ossuaires rassemblent 3882 corps non identifiés.

Monument aux fraternisations – *Chem. de Marœuil.* Juste à côté du cimetière de la Targette, ce lieu de mémoire, inauguré en 2015, témoigne de la reconnaissance récente des mouvements de fraternisation spontanée entre les tranchées ennemies, qui ont eu lieu en particulier à Noël 1914 et pendant l'hiver 1915-1916.

Cimetière militaire allemand de la Maison Blanche – *1 rte de Béthune.* Le cimetière allemand s'étend sur 7 ha, ce qui en fait le plus vaste de l'Hexagone. Il résulte d'un regroupement de 44833 corps (dont 8040 en ossuaire) provenant d'une centaine de cimetières disséminés dans le Pas-de-Calais. La plupart des soldats sont tombés en Artois, sur la colline de Lorette en 1914-1915, et autour de Vimy en 1917-1918. Un ou deux abris fortifiés apparaissent au ras du sol.

Nos adresses

Restauration

Budget moyen

L'Estaminet de Lorette « L'Abri des Visiteurs » – *Hameau N.-D.-de-Lorette - Ablain-St-Nazaire - ✆ 03 21 45 29 07 - www.estaminetdelorette.com - P ♿ - 8h30-18h30 - menu 18/28 €.* Situé derrière la basilique, le restaurant propose une cuisine régionale. Le chef, pâtissier de formation, prépare des desserts appétissants ! Dégustez une bière pression de la région : Page 24 et Ch'ti. En salle la déco rappelle l'époque de la mine avec des jeux d'antan (javelot), une collection de cafetières... Vente de produits régionaux. Petite ferme pédagogique et terrasse sous les arbres.

Pour se faire plaisir

Mets et histoires – *100 r. Pasteur - Souchez – ✆ 03 21 64 02 76 - mets-histoires.com – fermé lun.-jeu. soir, sam. midi et dim. soir - menu 34/49 €.* Au pied du mémorial' 14-18, ce restaurant propose une cuisine à la fois délicate et généreuse. On pense avec émotion aux filets de rouget servis avec un parmentier et un méli-mélo de champignons. La vue sur le bassin minier est l'autre atout des lieux.

Shopping

Brasserie Saint-Germain – *26 rte d'Arras - Aix-Noulette - ✆ 03 21 72 24 24 - www.page 24.fr - boutique merc.-vend. 10h-12h, 14h-19h, sam. 9h-12h30, 14h-18h - visite et dégustation sam. 10h, 14h30 et 16h - 6 €.* La brasserie Saint-Germain brasse des bières artisanales non pasteurisées dans cette ancienne menuiserie. La bière de garde est fabriquée avec du houblon issu de la Flandre française. La bière Page 24 est déclinée en plus de 10 couleurs ! Avec pas moins de 25 médailles et 3 prix d'excellence (Salon de l'agriculture), vous les retrouverez dans de nombreux bars et restaurants de la région.

Béthune ★

La « cité de Buridan », accueillante et festive, s'étend entre les collines de l'Artois et la plaine de la Lys. Au centre de la Grand'Place se dresse le beffroi entouré de belles façades Art déco reconstruites après la Grande Guerre. L'ensemble s'illumine le soir venu.

Se repérer

CARTE B1-2 (P. 292-293).
25 039 Béthunois - 87 215 habitants (agglomération) – Pas-de-Calais (62)
Béthune est à 40 km de Lille et à 35 km d'Arras.

À ne pas manquer

La Grand'Place et le beffroi ; Labanque.

Organiser son temps

Prévoir une demi-journée pour découvrir la ville. À la tombée de la nuit, profitez des illuminations du beffroi et de la Grand'Place.

En famille

Un pique-nique au parc de loisirs de la Gare d'eau ; le parc d'Olhain.

Carnet pratique p. 334

Nos adresses p. 334

Se promener

★ Grand'Place

Pendant la Grande Guerre, la ville est soumise à d'intenses bombardements ; les plus destructeurs ont lieu en mai 1918 : le centre est détruit à 90 % en trois jours. Le **beffroi★**, inscrit sur la Liste du patrimoine mondial de l'Unesco, reste debout mais est sérieusement endommagé. La reconstruction du centre de Béthune (1920-1930) donne lieu à de nombreuses réalisations Art déco où s'intègre le style régionaliste dominé par les deux éléments flamands que sont le pignon et l'emploi de la brique rouge. Neuf architectes, dont **Jacques Alleman**, se sont réparti la Grand'Place et ses rues environnantes, donnant à l'ensemble un style très éclectique. Sur la place, on remarque les différentes **façades★** comme celles de l'ancienne graineterie Delepierre (bar Le Kerry Yob), la Maison du Canon (ancienne armurerie) et la façade la plus étroite à sa gauche avec sa toiture élancée, ou celle de l'hôtel de ville. En 2011, la Grand'Place s'est parée d'une **fontaine**, avec 18 bassins de différentes tailles et couleurs, œuvre de Krijn de Koning, un artiste néerlandais.

★ **Beffroi** (14e s.) – *Grand'Place - ✆ 03 21 52 50 00 - www.tourisme-bethune-bruay.fr - horaires d'ouverture : se rens. auprès de l'office de tourisme - 6 €.* D'une hauteur de 47 m, le beffroi se dresse en plein centre de la Grand'Place et abrite un carillon de 35 cloches. Suite à une rénovation complète, la tour accueille une nouvelle scénographie qui relate l'histoire du bâtiment, sa symbolique, ses composantes et se solde par un beau **panorama** que l'on contemple du chemin de ronde. La nuit venue, le beffroi se pare de couleurs avec la création de Krin de Koning.

Hôtel de ville – Classé Monument historique, il montre sur sa façade la Croix de guerre et la Légion d'honneur décernées en 1919 à la ville pour le courage et la résistance des Béthunois lors de la guerre. L'intérieur est de style Art déco.

Par la rue du Carillon, on parvient à l'**église St-Vaast**, bâtie au 16e s., détruite lors de la Grande Guerre et reconstruite entre 1924 et 1927 par Louis-Marie Cordonnier.

5

Béthune à l'heure anglaise

Béthune est, pendant la Première Guerre mondiale, une « ville anglaise », où séjournent des flots de permissionnaires et où cantonnent de nombreux régiments. Toute une vie à l'anglaise se développe. Vous pouvez marcher sur les pas des Britanniques en suivant le guide disponible à l'office du tourisme *(gratuit, circuit pédestre de 4,1 km, 2h30).*

À voir, le buffet d'orgues, l'œuvre sculptée de Real Del Sarte et des vitraux de Charles Champigneulle.
Les Récollets, installés rue Dellisse-Engrand dans un ancien hôtel particulier du 19e s., offrent un agréable parc où l'on aperçoit les vestiges du couvent des frères Récollets datant du 14e s.
L'**hôtel de Beaulaincourt** *(actuellement en travaux)*, rue du Tribunal, est le seul hôtel particulier du 18e s. de Béthune. Il servit de tribunal à la Révolution française et jusqu'à la fin des années 1930.

Labanque

44 pl. Georges-Clemenceau - ✆ 03 21 63 04 70 - www.lab-labanque.fr - ♿ - en période d'exposition merc.-dim. 14h-18h30 - 6 € (-18 ans gratuit) - gratuit 1er dim. du mois.
Installé depuis 2016 dans les locaux de l'ancienne Banque de France, le « centre de production et de diffusion en arts visuels » de Béthune accueille des expositions temporaires d'art contemporain (2 par an). L'architecte a conservé quelques éléments emblématiques de la fonction première du bâtiment (salle des coffres, portes blindées...). Le contraste entre l'appartement du directeur (boiseries, lustres et petites pièces réparties le long d'un étroit couloir) et les œuvres contemporaines exposées fonctionne à merveille.

À proximité

CARTE P. 292-293

La Couture B1

11 km au nord-est.
Voici l'un des monuments les plus curieux du front, dédié aux soldats portugais. En avril 1918, l'offensive de la Lys menée par les Allemands déferle sur Neuve-Chapelle, obligeant les soldats alliés à se replier sur La Couture, où, à un contre cinq, ils luttent dans ce réduit contre une mort qu'ils pensent certaine. C'est le thème de l'étonnant **monument commémoratif portugais★** de La Couture confié à António Texeira Lopes, célèbre sculpteur du Bacchus de la ville de Porto. Le monument, semblant s'élever d'un tas de ruines, figure une femme symbolisant la patrie portugaise qui tient dans sa main l'épée de Nuiv'Alvarez, le héros légendaire de l'indépendance portugaise. Le soldat devant elle essaie de terrasser la Mort, mais celle-ci l'attrape, dans une mise en scène étonnante.

Richebourg B1

13,8 km au nord-est.
Le croisement avec la route d'Estaires se nommait déjà le lieu-dit de La Bombe avant la guerre. Pendant le conflit, il forme un saillant constituant l'avancée extrême des positions britanniques. Avant d'être baptisé « Port Arthur » par les Anglais, il est d'abord investi par les Allemands. Puis il voit la première grande opération de reconquête impliquant l'Indian Corps. La bataille, entamée le 10 mars

Grand'Place de Béthune.
O. Leclercq/hemis.fr

1915, engage la division indienne de Meerut. Mais la préparation d'artillerie, insuffisante, ne parvint pas à détruire les barbelés : fortement ralenties, les troupes indiennes perdirent des milliers d'hommes.

Le Mémorial indien de Neuve-Chapelle – *Rte d'Estaires ou r. du Grand-Chemin (D 947).* Il témoigne de l'implication des unités indiennes aux côtés des troupes anglaises. Conçu par sir Herbert Baker, il se compose de deux cénotaphes reliés par des murs en demi-cercle. Au milieu de l'un d'eux s'élève une colonne coiffée du lotus impérial et de l'étoile des Indes, encadrée à sa base par deux tigres de pierre. Les noms des 4 847 soldats tombés au combat sont gravés sur l'autre mur, auxquels s'ajoute une plaque de bronze comportant les 206 noms des soldats enterrés au cimetière militaire indien de Zehrensdorf (proche de Berlin), dont une grande partie est morte dans le camp de Zossen.

Jardin de la Paix portugais – *Rte d'Estaires ou r. du Grand-Chemin (D 947) – www.artetjardins-hdf.com.* Inauguré en avril 2022, cet espace en souvenir des soldats portugais tués en lors de la bataille de la Lys en 1918, invite au recueillement.

5

Bruay-la-Buissière AB2

À 11 km au sud-ouest.

Bel exemple d'architecture civile, l'**hôtel de ville** (1931), de style Renaissance flamande, se distingue par son imposante façade flanquée d'un beffroi. À l'intérieur, des **vitraux** (1929) évoquent des scènes minières.

★ **Stade-parc et piscine Art déco** – *R. Augustin-Caron - 03 21 62 43 18 - www.tourisme-bethune-bruay.fr - ♿ - stade mai-août : 8h-21h ; reste de l'année : 8h-20h - piscine mai-oct. : horaires, se rens.* Cet ensemble Art déco conçu par Paul Hanote, architecte bruaysien, inauguré en 1936, s'inscrit dans la volonté du Front populaire de rendre accessible le sport et les loisirs au plus grand nombre. Il illustre également la rivalité entre municipalités et compagnies minières qui se disputaient la maîtrise de la vie locale par le biais des équipements collectifs.

Les jolies grilles en fer forgé du parc paysager renferment un kiosque à musique à l'acoustique surprenante qui côtoie, entre autres, un grand séquoia et un ginkgo

Les nouvelles normes de la reconstruction

La reconstruction permet de moderniser les villes de plus de 10 000 habitants auxquelles la **loi Cornudet** (1919) impose désormais de mettre en place un plan d'embellissement et de respecter de nouveaux principes d'urbanisme : définir des axes de circulation à l'intérieur de la ville en élargissant les voies existantes... Les immeubles devront être raccordés à l'eau courante et évacuer les eaux usées vers les égouts. Les cours intérieures ne doivent plus être insalubres et les logements devront disposer de « cabinets d'aisance ».

biloba. Le stade, juste derrière, cache une belle piste d'athlétisme et une salle de sport aux allures de temple. Sur la façade figurent trois bas-reliefs symbolisant le lancer de javelot, le triple saut et les barres parallèles.
La **piscine Roger-Salengro**, le joyau de ce complexe, affiche un style « paquebot » – courant tardif de l'Art déco – inspiré des transatlantiques des années 1930. Elle compte 224 cabines autour du bassin, des oculus tels des hublots, une grande chaufferie en forme de cheminée et des solariums rappelant les bastingages... Elle est l'unique piscine du genre en France encore ouverte à la baignade.
★ **Cité des Électriciens** – *Accès r. Franklin* – *✆ 03 21 01 94 20 - citedeselectriciens.fr - ♿ - planning des visites guidées sur le site Internet - restauration sur place.*
Cette très ancienne cité de corons (1856-1861), dont les « carins » (dépendances) et « voyettes » (ruelles) permettent d'imaginer l'ambiance des premières cités minières, est devenue un lieu de mémoire, de vie et de création culturelle (centre d'interprétation, gîtes urbains, résidences d'artistes, jardins) et fait partie des cinq grands sites du Bassin minier classé au Patrimoine mondial. Sous la houlette des agences d'architecture Philippe Prost, de paysagiste FORR et de muséographie Du & Ma et Villar+ Vera, le bâti a été rénové entre 2013 et 2019.
Le **centre d'interprétation** *(merc.-dim. 13h-18h - 6 €)* abrite, sous ses tuiles émaillées et ses proportions de coron, un parcours dédié aux paysages et au patrimoine miniers. Les différentes formes de terrils et les espaces naturels qui les entourent sont dévoilés à travers des dispositifs interactifs. On revient sur les évolutions de l'urbanisme minier des 19e et 20e s. en lien avec les questions de salubrité, les mouvements syndicaux et le paternalisme des compagnies. L'habitat et la vie des mineurs sont abordés dans un barreau ancien restauré. On découvre, surpris, l'univers très coloré des mineurs (chaux bleue, papier peint, tomette orange, porte verte) et on voyage grâce aux archives sonores.
Quartier du Nouveau-Monde – *Accès r. Augustin-Flament.* Composé de trois **cités de corons** contiguës, d'une église (1922) et de deux écoles, ce quartier (1930-1937) offre d'impressionnants alignements d'habitations. Les façades, caractéristiques du style des Mines de Bruay, sont pourvues de détails qui permettent d'en rompre la monotonie (encadrements, ornements...).

★ Château d'Olhain B2

▶ 15,7 km au sud.

19 r. Léo-Lagrange - ✆ 01 39 18 33 14 - www.chateau-olhain.com - juil.-août : w.-end 15h-18h30 ; reste de l'année : dim. 15h-18h30 - fermé nov.-mars - 6 € (-12 ans gratuit).
Ce château féodal est l'un des mieux conservés de la région. Doté d'une « baille », vaste avant-cour à usage agricole, il domine un étang, au creux d'un vallon. À deux pas de la chaussée Brunehaut, célèbre voie romaine, et du dolmen de Fresnicourt (☞ p. 326), on en oublierait presque le pays minier tout proche.

Un peu d'histoire...

Aux origines

Au début du 6e s., saint Vaast, évangélisateur de l'Artois, fait édifier une première église, dédiée à la Vierge. Les textes faisant mention d'un château à l'emplacement futur de la ville remontent à 907.

Rayonnement médiéval

Développement du commerce

L'essor du commerce, en particulier drapier entre les Flandres et l'Île-de-France, permet à Béthune de connaître un développement rapide au Moyen Âge. Ainsi, au 12e s., les commerçants se regroupent-ils en association, conquérant peu à peu des droits communaux. La halle, construite à l'emplacement de l'actuel hôtel de ville, devient le symbole de la puissance échevinale. C'est l'époque de l'enrichissement de la ville : naissance de la tannerie, développement du commerce fluvial.

Fraternité

À la même période, alors que la peste dévaste la région et que les fossoyeurs manquent, deux maréchaux-ferrants de Béthune et de Beuvry, Gauthier et Germon, fondent une **confrérie de Charitables** qui se charge des sépultures. Aujourd'hui, ses membres assurent bénévolement le transport des cercueils vers l'église et le cimetière. À la chapelle St-Éloi de Quinty à Beuvry *(1 km à l'est de Béthune, sur la D 941)* se déroule chaque année, au mois de septembre, la procession à Naviaux, où se rencontrent les prévôts de Béthune et de Beuvry, ainsi que 38 autres confréries *(« Agenda » p. 334)*.

Guerre et paix

En 1534, Charles Quint entre dans Béthune, puis c'est au tour de Louis XIV d'en prendre possession au 17e s. Les échoppes remplacent alors la halle commerçante attenante au beffroi.

Après la Révolution

Le commerce renaît au 19e s., grâce notamment au décret de l'empereur Napoléon qui autorise la ville à cultiver et à vendre le tabac, pourtant monopole d'État. Parallèlement, la proximité de la cité avec le Bassin minier dope sa croissance. En 1867, Béthune perd son statut de place de guerre. Les fossés sont comblés, les fortifications arasées et la ville poursuit son développement économique et démographique. Lors de la Grande Guerre, Béthune subit de lourds bombardements et le centre-ville en ressort détruit à 90 %.

Emblèmes

Les premiers habitants, retirés dans la forêt, vivaient de la chasse. Les deux gaillards barbus et munis de leur gourdin, dénommés « les sauvages », qui figurent sur les armes de la ville, symbolisent cet état primitif.

Le château a été construit vers 1200 à l'initiative d'**Hugues d'Olhain**, dont il a pris le nom. Au 15e s., le domaine revient par mariage à la famille de Nielles, au service des ducs de Bourgogne. Les imposantes tours sont achevées à cette époque. Le château passe ensuite de main en main, suivant le pays qui occupe la région. Laissé à l'abandon entre 1870 et 1900, il sert de cantonnement lors des deux guerres, sans être détruit. La famille Dutoit, qui a acquis le domaine aux enchères, restaure progressivement le château, en conservant sa structure médiévale. Il reste aujourd'hui encore l'archétype du château fort de plaine au Moyen Âge : un pont-levis, une tourelle de guet *(escalier de 100 marches)*, une salle gothique dite « salle des gardes », des caves aux murs épais de 2 à 3 m et une chapelle. Promenade agréable le long des douves.

Hesdigneul-lès-Béthune B2

4 km au sud-ouest.

L'**église**, avec son clocher-porche, possède une belle voûte de chœur (15e s.) en étoile au dessin original.

Carnet pratique

S'informer

Office du tourisme – *3 r. Aristide-Briand - Béthune - 03 21 52 50 00 - www.tourisme-bethune-bruay.fr.*

Agenda

Carnaval – Début avril, quand le géant Gambrinus est de sortie, la bière coule à flots.

Printemps de l'Art déco – *Avr.-mai.*

Pardon de la batellerie – À l'Ascension, messe, balades guidées, défilés, processions, braderie et feu d'artifice au port, en l'honneur des mariniers qui firent la fortune de la ville.

Béthune Rétro – Hommage aux années 1960 le dernier w.-end d'août : concerts, défilés de voitures...

Foire à l'ail – À Locon, le dernier dim. d'août.

Procession à Naviaux – Le dim. qui suit la St-Matthieu (21 sept.). À l'occasion de l'anniversaire des confréries de Charitables a lieu la procession à Naviaux qui part du centre de Beuvry à la chapelle de Quinty.

Cité de Noël – *Fin nov.-déb. déc.*

Nos adresses

Restauration

Budget moyen

L'Équilibre – *36 Grand-Place - 03 21 65 19 45 - www.cavelequilibre.fr - fermé sam. midi et dim. - formules 25/31 €.* Ce restaurant est idéalement situé sur la Grand'Place. Cadre sympathique, service irréprochable, plats réussis et frais et une carte des vins variée.

À proximité

Budget moyen

L'Atelier des Saveurs – *94 rte Nationale - Nœux-les-Mines (6 km au sud de Béthune) - 03 21 26 74 74 - www.restaurant-latelierdessaveurs.fr - fermé lun. et merc. (journée) et le soir mar., jeu. et dim. - formule du jour 21 €*

(sem.), menu 35 €. Créée par un jeune couple de la région, une vraie mine de saveurs! Le chef se livre à un joli travail autour du goût; rien de compliqué cependant, juste une inspiration judicieuse et un savoir-faire précis, pour des assiettes fines et gourmandes. Le tout dans un décor intime et chaleureux.

La Distillerie et Le Vasco – *Gosnay (5 km au sud-ouest de Béthune) -* *La Métairie p. 336.*

En soirée

Plusieurs bars sur la Grand'Place, dont **Le Kerry Yob**, un pub avec ambiance garantie tous les soirs.

Shopping

Marché – *Lun. et vend. mat.* - Le marché se tient depuis le 11e s.

Le Jardin d'Épicure – *206 r. Sadi-Carnot - ✆ 03 21 57 91 04 - fermé lun. mat., jeu. et dim. apr.-midi.* Une belle sélection de bières artisanales et beaucoup d'autres produits de bouche.

La Prairie – *20 r. Albert-Ier - ✆ 03 21 68 04 85 - fermé dim.* Épicerie et fromagerie bien garnies avec pas moins de 250 fromages!

Cave des beffrois – *15 pl. Jules-Senis - ✆ 03 61 12 40 05 - www.cave-des-beffrois.fr - fermé dim.-lun.* Vin, champagne, whisky, spiritueux...

Activités

Parc de loisirs de la Gare d'eau – *205 av. de la Ferme-au-Roy – ✆ 03 21 63 00 00.* Étangs de pêche, boulodrome, aires de pique-nique, buvette et jeux pour enfants.

À proximité

Parc d'Olhain – *R. de Rebreuve - Maisnil-les-Ruitz (11 km au sud-ouest de Béthune) - ✆ 03 21 27 91 79 - www.parcdolhain.fr - 9h-19h (selon les activités).* Aires de jeux et de pique-nique, accrobranche *(voir ci-dessous)*, sentiers, piscine, tennis, golf, filets suspendus, luge quatre saisons... au cœur du pays minier.

Passion d'aventure base d'Olhain – *3 r. de Rebreuve - Maisnil-lès-Ruitz (11 km au sud-ouest de Béthune) - ✆ 03 21 25 15 53 - www.passiondaventure.com - juil.-août : 9h30-19h30; mai-juin et sept. : tlj sf mar. 9h30-19h30, mars-avr. et oct.-nov. tlj sf mar. 9h30-18h30 - fermé déc.-fév.* Parcours dans les arbres.

Loisinord – *R. Léon-Blum - Nœux-les-Mines (6 km au sud de Béthune) - ✆ 03 21 26 84 84 - www.tourisme-bethune-bruay.fr - 14h-19h, merc. 10h-12h, 14h-19h, dim. 10h-19h - forfait 1h 10 €, 2h 16 €.* Outre sa piste de ski artificielle aménagée sur un terril (320 m, avec des moniteurs de l'École de ski français!) et son minigolf, Loisinord comporte également une base nautique : téléski nautique, pédalo, canoë. Le plan d'eau a été créé dans une dépression où s'accumulaient les résidus de l'exploitation minière.

Hébergement

Premier prix

Citotel B. Hôtel – *3 pl. François-Mitterrand - ✆ 03 21 57 07 67 - www.b-hotel.fr - P ♿ - 18 ch. 75/81 € - ☕ 9,90 €.* Face à la gare, cet hôtel rénové offre une déco aux tons noirs, rouges et gris tendance et des chambres impeccables.

Budget moyen

Béthune City Relax – *295 r. Édouard-Herriot - ✆ 06 16 54 33 12 - www.bethune-city-relax.fr - 3 ch. 110 € ☕ - 1h à l'espace relax compris.* Tout est fait pour la détente. À deux pas de la Grand'Place, une grande maison au décor moderne, où tout le rez-de-chaussée est dédié aux hôtes : 3 chambres de 30 m², une grande cuisine aménagée, un espace détente avec sauna et un salon. Terrasse sur le toit pour couronner le tout.

5

Pour se faire plaisir

Les Béthunoises – *107 r. Herriot - ✆ 06 30 89 61 69 - www.lesbethunoises.com - P - 5 ch. 119/199 € ☕ - 1h à l'espace sauna et spa offert.* Cette bâtisse de style flamand construite en 1923 propose des chambres spacieuses et modernes. Chaque chambre est équipée d'un espace bien-être comprenant douche à jets hydromassants, baignoire jacuzzi... Très bien situé, à deux pas de la Grand'Place et du beffroi.

À proximité

Budget moyen

Bulles du parc d'Olhain – *R. de Rebreuve - Maisnil-les-Ruitz (11 km au sud-ouest de Béthune) - ✆ 03 21 27 91 79 - www.parcdolhain.fr - 5 nids 102 € ☕ - formule familiale avec 2 nids (2 adultes + 2 enf.) 160 €.* Dormir dans un nid suspendu à quelques mètres du sol, en pleine forêt, avec vue sur le château d'Olhain, voilà une chouette expérience ! Au creux d'un cocon sphérique en toile s'étend un grand lit rond qui vous promet un bel équilibre entre les joies du confort et les plaisirs de l'aventure. Un « nid table », accessible par filets, vous accueille pour le pique-nique et/ou l'apéritif. Toilettes, douche chaude et cafétéria sont à vos pieds, sur la terre ferme.

Pour se faire plaisir

La Métairie – *1 bis r. Fouquières - Gosnay (5 km au sud-ouest de Béthune) - ✆ 03 91 80 11 20 - www.hotel-lametairie.com - f P ♿ - 40 ch. 95/178 €, 1 appart. 208 € - ☕ 14 €.* Dans l'enceinte d'une ancienne chartreuse, cet hôtel est logé dans deux bâtiments contemporains aux chambres cosy et très confortables. Agréable vue sur la campagne environnante. Un hôtel de luxe (La Chartreuse) et trois restaurants font partie de ce complexe : faites votre choix entre la table gastronomique (Le Robert II), le pub lounge et cosy (Le Vasco), et le bistrot traditionnel (La Distillerie).

La Maison Rouge et Le Cercle – *374 rte Nationale - Nœux-les-Mines (6 km au sud de Béthune) - ✆ 03 21 61 65 65 - www.hotel-lamaisonrouge.com - ♿ - 40 ch. 100/140 € - ☕ 13 € - menu 31 €.* Cette très belle demeure, ancienne maison de « porion », abrite des chambres classiques d'un très bon confort. Derrière la façade en brique se cache un décor où domine le rouge. Le restaurant Le Cercle est doté d'une belle terrasse.

Lillers

« Cresson, le beau cresson... » Il s'est longtemps régalé de l'eau jaillissant des puits artésiens de cette région des confins de l'Artois. La cordonnerie appartient aussi aux grandes heures de Lillers, aujourd'hui vouée à la sucrerie-distillerie. Mais son fleuron reste la collégiale romane...

Se repérer

CARTE A1 (P. 292-293).
9 810 Lillérois - Pas-de-Calais (62)
À 13 km de Béthune.

Carnet pratique p. 339

Nos adresses p. 339

Se promener

★ Collégiale St-Omer

03 21 25 26 71 - ouverte de mi-juin à fin sept. C'est le seul édifice roman (12ᵉ s.) de la Flandre et de l'Artois complet dans son gros œuvre (*ABC d'architecture p. 405*). La façade a été restaurée, comme le pignon tronqué du transept sur lequel se raccorde la toiture. L'**intérieur** s'élève sur trois niveaux : arcades brisées à double rouleau (formule cistercienne), *triforium* et fenêtres en plein cintre sous un plafond de bois. Voyez les chapiteaux romans découpés en feuilles d'eau dans le déambulatoire et le *Christ du Saint Sang du miracle* (12ᵉ s.) dans la chapelle absidiale : le trou obturé de sa cuisse droite marque l'endroit où un iconoclaste porta le coup qui fit couler un sang vermeil. Devant ce Christ, les comtes de Flandre faisaient brûler une lampe votive.

À proximité

CARTE P. 292-293

Amettes A1

7 km au sud-ouest par la D 69.
Le bourg, niché dans un vallon, accueille un pèlerinage à **saint Benoît Labre** (1748-1783) : il visita les grands sanctuaires d'Europe et mourut indigent à Rome. Maison natale du saint, reliques dans l'église (16ᵉ s.).

Jardin et château de Créminil à Estrée-Blanche A1

15 km au nord-ouest par la D 943, puis les D 94 et D 341.

5

Puits artésiens et cressonnières

Sous une fine couche argileuse et imperméable s'étend la nappe phréatique, contenue dans la craie. L'argile met sous pression l'eau située en dessous, si bien que, dès que l'on perce un puits, l'eau jaillit naturellement, sans pompage. ce phénomène local (on comptait jadis environ 500 puits artésiens à Lillers) est à l'origine de la culture du **cresson,** qui apprécie particulièrement les milieux semi-aquatiques, dans la région. Une cressonnière est aménagée au 51 rue de Cantraine.

L'industrie de la chaussure à Lillers

Elle a fait les beaux jours de la cité au 19e s., notamment grâce à la famille Fanien. À l'origine de la dynastie, Charles ouvre une première usine vers 1820. À sa mort (1867), l'entreprise compte plus de 300 employés, outre les nombreux ateliers à domicile. C'est la période faste : la ville s'offre, grâce au paternalisme social des Fanien, un vélodrome, un jardin public... En 1914 s'activent quelque quinze manufactures. Après la Grande Guerre, l'entreprise tente de se relever, mais la crise de 1929 et la Seconde Guerre mondiale l'achèvent ; elle ferme en 1951. Des petites structures survivent jusqu'en 1996, année de fermeture du dernier atelier.

06 82 17 82 26 - ♿ - 1er juil.-15 août : tlj 13h-19h - gratuit. À côté d'un élégant château du 15e s., entouré de douves, s'étend un **jardin médiéval** : on y cultive les légumes anciens (fèves, pois...), des plantes médicinales et des fleurs.

Bours A2

15 km au sud par la D 916 ; tournez à gauche après Pernes.

Donjon – *29 r. de l'Église - 03 66 32 24 03 - www.donjondebours.fr - avr.-sept. : mar.-vend. 10h-12h30, 13h30-18h, w.-end 14h-18h ; reste de l'année : mar.-vend. 10h-12h30, 14h-17h, w.-end 14h-17h - visite guidée uniquement - 6 € (-13 ans 2,50 €).* Flanqué de six tourelles en encorbellement, cette sobre et massive maison forte (14e s.) en grès d'Artois se dresse au milieu d'un champ. À l'intérieur, petite exposition ludique et pédagogique sur la vie d'une famille seigneuriale au Moyen Âge. Le site organise également de nombreuses animations.

Ham-en-Artois A1

5 km au nord par la D 188.

Une allée de tilleuls mène à l'ancienne abbaye St-Sauveur, dont subsistent un pavillon d'entrée (16e s.) et l'**abbatiale**. Sa nef romane abrite un Christ entre la Vierge et saint Jean *(revers de façade)*, un retable circulaire doré du 17e s. *(chœur)* et des statues polychromes *(sacristie)*.

Guarbecque A1

8 km au nord-est par la D 916 puis la D 187.

Un robuste clocher du 12e s., dont la flèche à pans est cantonnée de clochetons, coiffe l'**église**. Des baies géminées apparaissent sous les arcs de décharge ornés de billettes, pointes de diamant et chevrons.

Isbergues A1

10 km au nord par la D 188 puis la D 186.

Isbergues, la sœur de Charlemagne, mourut ici. Canonisée, elle donna son nom au village. L'**église** de pèlerinage (15e s.) présente une tour imposante, analogue à celle de St-Pierre d'Aire, et recèle la châsse de la sainte.

Mont-Bernenchon B2

À 12 km au nord-est par la D 69, D 937 et D 184.

Geotopia-Maison de la nature – *R. des Écoles - 03 21 61 60 06 - www.tourisme-bethune-bruay.fr - ♿ - vac. scol. (zone B) : tlj sf lun. 9h30-12h, 13h30-18h, sam. 10h-12h30, 14h-18h30 ; reste de l'année : tlj sf sam. 9h-12h, 13h30-17h30 - fermé dim., déc.-janv. - gratuit.* Activités, ateliers et animations autour de la nature et de l'environnement. Observatoire astronomique sur place et observatoire ornithologique à proximité.

Carnet pratique

S'informer

Office de tourisme – *4 pl. Roger-Salengro - Lillers - ✆ 03 21 25 26 71 - ouv. mar. apr., merc. et sam. - www.tourisme-bethune-bruay.fr.*

Nos adresses

Restauration

À proximité

Pour se faire plaisir

Côté Jardin – *1098 r. de Lillers - Busnes (5 km au nord-est de Lillers) - ✆ 03 21 68 88 88 - www.lechateaudebeaulieu.fr - menus 32/55 € - plat 22 €.* La seconde table du chef étoilé Christophe Dufossé *(voir ci-dessous)*, au sein du Château de Beaulieu, version bistrot coloré et décalé : nul doute que la pétillante héroïne de Lewis Carroll aurait apprécié l'endroit (déco branchée, joli jardin) et plus encore la belle cuisine traditionnelle. Réservation indispensable.

Activités

Via Francigena – *Rens. à l'office de tourisme - ✆ 03 21 25 26 71.* La Via Francigena est un itinéraire de pèlerinage reliant Canterbury à Rome faisant partie des Chemins d'Europe. Au départ de Thérouanne, un tronçon balisé de 33 km traverse les villages au sud de Lillers.

Hébergement

À proximité

Premier prix

Écolodges Orion et Cassiopée – *R. des Écoles - Mont-Bernenchon (12 km au nord-est de Lillers) - ✆ 03 21 25 86 55 - www.capsurlarivieredor.com - ♿ - fermé déc.-janv. - 40 €/4 pers.* Des cabanes tout confort et 100 % écolos. Situées juste à côté de Geotopia, c'est idéal pour une étape en pleine nature.

Une folie

Le Château de Beaulieu – *1098 r. de Lillers - Busnes (5 km au nord-est de Lillers) - ✆ 03 21 68 88 88 - www.lechateaudebeaulieu.fr - P ♿ - fermé 1re quinz. de janv. et 3 sem. en août - 19 ch. 180/340 €, 4 suites 320/620 €.* Promesse d'un week-end de charme dans cette élégante demeure en brique des 17e-19e s., sise dans un grand parc (jardin aromatique, vignes). D'esprit contemporain, les chambres sont très confortables et d'une quiétude incomparable. Et pour rendre votre étape inoubliable, réservez une table au restaurant étoilé de Christophe Dufossé (guide Michelin 2022), le nouveau chef et propriétaire du château de Beaulieu.

Cerfs-volants sur la plage d'Ostende.
C. S. Pereyra/age fotostock

6

Escapade en Belgique

CARTES MICHELIN 533 ET 534 BELGIQUE

Ostende	342
Furnes★	348
Ypres★	351
Courtrai★	355
Tournai★★	360
Mons★★	368

Ostende

Oostende

Ostende est à la fois une station balnéaire et une ville au passé royal, marquée par l'empreinte des souverains belges, notamment Léopold II. La « reine des plages » a cependant perdu de son lustre et les fastes de la Belle Époque se sont effacés. Affaiblie par la raréfaction des Anglais qui y débarquaient par le ferry avant le percement du tunnel sous la Manche, la station est devenue la proie d'un bétonnage débridé, où les constructions se succèdent sans pitié sur le littoral. Pourtant, l'air iodé, les plages immenses souvent désertes, l'ambiance bon enfant, les fêtes, les jolies façades et les musées constituent toujours de bonnes raisons de s'y rendre, voire de s'y attarder. La lumière y est extraordinaire quand le soleil se couche, quand le vent souffle ou quand l'orage gronde. On comprend l'attrait qu'elle exerce sur les artistes, chanteurs (Brel, Ferré, Bashung, Arno) et peintres (Ensor, Permeke, Spilliaert).

Se repérer

69 980 habitants – Flandre occidentale

PLAN D'OSTENDE (P. 344).

À 55 km de Dunkerque

À ne pas manquer

La plage d'Ostende, hors saison ; la maison de James Ensor ; le Mu. ZEE.

Organiser son temps

Prévoyez une bonne journée pour visiter Ostende et sillonner la côte.

En famille

Les plages ; la jetée Westelijke Strekdam ; le pêcheur d'Islande *Amandine* ; le *Mercator* ; le tramway côtier.

Carnet pratique p. 346

Nos adresses p. 346

Se promener

PLAN P. 344

Visserskaai (QUAI DES PÊCHEURS) B1

Il est bordé par une succession presque ininterrompue de restaurants. De là, on aperçoit le port de pêche et, au-delà du chenal, l'importante « **minque** » où poissons, crustacés et fruits de mer font l'objet de pittoresques ventes à la criée.

Stadsmuseum Oostende (MUSÉE D'HISTOIRE LOCALE D'OSTENDE) B1

Langestraat 69 - ✆ 059 51 67 21 - www.oostende.be/stadsmuseum - tlj sf mar. 10h-12h, 13h30-18h - 5 €. Installé dans l'ancien palais royal, ce musée est consacré à l'histoire d'Ostende, sa vocation maritime, le développement du tourisme, le futur de la ville. Voyez la reconstitution d'un café de pêcheurs, des maquettes de bateaux, et la chambre mortuaire de Louise d'Orléans (1812-1850), fille de Louis-Philippe et première reine des Belges par son mariage avec Léopold Ier.

★ James Ensorhuis (MAISON DE JAMES ENSOR) B1

Vlaanderenstraat 29 - ✆ 059 50 81 18 - www.ensorstad.be - tlj sf lun. 10h-18h - 10/12 € (6-14 ans 6 €).

Ostende, maisons balnéaires sur la promenade Albert 1er.
josefkubes/Getty Images Plus

Rénovés, la maison d'Ensor et le magasin de coquillages qui était tenu par sa tante et son oncle, forment désormais avec un édifice voisin un large espace d'exposition où l'on découvre la vie, l'œuvre et le rayonnement international du plus célèbre artiste ostendais. On pénètre l'univers si particulier du peintre – ainsi les masques – grâce au mobilier, à la réplique de son atelier et à la reproduction de quelques-uns de ses tableaux les plus célèbres, dont l'*Entrée du Christ à Bruxelles*. Des modules interactifs et des expositions temporaires complètent la visite.
Une application **Balade Ensor** (5,49 €) vous guide à travers la ville sur les lieux fréquentés par le peintre, jusqu'à sa tombe, à Mariakerke au sud de la ville.

St-Petrus-en-Pauluskerk (ÉGLISE DES STS-PIERRE-ET-PAUL) B2

Construite en 1905 dans le style néogothique, elle abrite le mausolée de la reine Louise (*ci-contre*). À proximité se dresse le **Peperbus**, clocher d'une église du 18e s. détruite par un incendie.

Amandine B2

Vindictivelaan 35-Z - 059 23 43 01 - www.visitoostende.be/fr/musee-amandine - 10h-17h - fermé janv., lun. et vend. d'oct. à mars - 5 €.
Ce pêcheur d'Islande flamand effectua son dernier voyage vers le Grand Nord en 1995. Sauvé de la démolition et remis en état, il accueille aujourd'hui un petit musée interactif. Photos et présentations audiovisuelles illustrent de façon captivante la vie quotidienne à bord.

Zeilschip Mercator (VOILIER-ÉCOLE MERCATOR) B2

Mercatordok - 059 25 80 22 - www.zeilschipmercator.be/fr - avr.-oct. : tlj sf lun. 11h-16h30 ; reste de l'année : w.-end 11h-16h30 - 5 € (4-11 ans 3 €).
Ancien navire-école des officiers de la marine marchande belge, ce trois-mâts blanc stationne depuis 1964 dans un bassin du port de plaisance. Bien que toujours en état d'appareiller, le *Mercator*, qui, de 1932 à 1960, a effectué 41 croisières à travers les mers du globe, fait fonction de navire-musée. Des objets et photographies rappellent qu'il a participé à de nombreuses missions scientifiques.

★ **Mu. ZEE** (KUNSTMUSEUM AAN ZEE) A2

Romestraat 11 - ✆ 059 50 81 18 ou 059 24 21 91 - www.muzee.be - ♿ - tlj sf lun. 10h-17h30 - 12 € - gratuit avec le museumPASS.

Ce musée réunit, dans une ancienne coopérative, des peintures, des sculptures, de la céramique et de l'art graphique belges ; les collections *(exposées par roulement)* donnent un aperçu des courants artistiques modernes et contemporains (œuvres d'Ensor, Spilliaert, Magritte, Delvaux, mouvement CoBrA, etc.). L'expressionnisme est représenté par les artistes de Laethem. Parmi les mouvements les plus récents, il faut citer l'abstraction, le pop art, l'art conceptuel ou

SE RESTAURER
Toi Moi et la Mer 2
CultuurCafé De Grote Post... 3
Saint Malo 6
Étals à poisson 9

SE LOGER
Hôtel du Parc 1
Hotel Princess.............. 2

l'animation (Raoul Servais). Le musée organise en outre des expositions temporaires à caractère national ou international.

Front de mer AB1

C'est avant tout pour la **plage★**, que l'on vient à Ostende depuis la fin du 19e s. Elle est immense (vous pouvez marcher... jusqu'en France), surpeuplée en été, prisée des fêtards le samedi soir, quasi déserte – et alors superbe – le reste de l'année. Le béton y est roi, hélas, comme pour mieux diriger le regard vers les vagues, mais sur quelques centaines de mètres, des édifices rappellent le prestigieux passé de la ville. Vous en aurez une vue superbe depuis la jetée **Westelijke Strekdam**, (au niveau des rochers rouges – *Rock Strangers* – signés Arne Quinze) parallèle à l'ancienne **Weststaketsel** qui marque l'entrée du port.

Casino-Kursaal – *Monacoplein 2* (A1) - *www.casinooostende.be.* Face à la plage, le premier casino en bois de 1852 fut remplacé dès 1875 par un palais somptueux, inspiré d'édifices parisiens, alors que Léopold II méditait de grands projets pour la ville. Sa silhouette alambiquée, ses salons et ses salles de bal devinrent le symbole d'Ostende « reine des plages ». Durant la Seconde Guerre mondiale, l'armée allemande le rasa pour y installer des canons. L'édifice actuel (1953) rappelle la poupe d'un immense paquebot. Il accueille des salles de jeux, des restaurants et une vaste salle de spectacles. Non loin, près du sable, se dresse la belle sculpture ondulante de Patrick Steen, *Dansende Golven (Flots dansants).*

La promenade agréable se poursuit vers l'ouest jusqu'au **Thermae Palace** – imposant institut thermal, construit en 1933, qui abrite aujourd'hui un hôtel de luxe – et jusqu'à l'**hippodrome** *(Wellingtonrenbaan).*

Enfin, il fait bon flâner dans les **Galeries royales et vénitiennes**, achevées en 1906 pour Léopold II. Elles reliaient sur 400 m le chalet royal (aujourd'hui détruit) à l'hippodrome. Dans un pavillon, la **Het Spilliaert Huis** organise des expositions sur Spilliaert et l'art moderne *(www.visitoostende.be).* La statue équestre de Léopold II, « génial protecteur de la ville » comme le rappelle une plaque, contemple son œuvre... et les petites cabines de plage qui fleurissent à ses pieds aux beaux jours.

Fort Napoléon B2 EN DIR.

Quittez Ostende vers l'est et suivez la N 34 en direction de Knokke-Heist - Tram Oostende Duin en Zee - accessible aussi par bac à partir du Visserskaai - ✆ 059 32 00 48 - www.fort-napoleon.be/fr - tlj sf lun. 10h-18h; nov.-mars : tlj sf lun. 10h-17h - 9 €.

En 1810, Napoléon a fait construire ce fort dans les dunes afin de se protéger des attaques anglaises. Cependant, le bastion en forme de pentagone n'a jamais servi de place forte. Restauré, le bâtiment abrite actuellement un café ainsi qu'un point d'information touristique et un parcours interactif évoquant l'histoire du fort et l'évolution de l'architecture militaire. Du toit, belle vue sur la mer et les dunes.

Carnet pratique

S'informer

Toerisme Oostende – A1 - *Monacoplein 4 - ✆ 059 70 11 99 - www.visitoostende.be.* Promenades guidées en centre-ville et divers circuits thématiques (sur papier ou à télécharger), sur le thème du *street art* notamment. Une application payante fait découvrir l'Ostende de Marvin Gaye.

Se déplacer

Transports

Le **tramway côtier** (Kusttram) dessert le littoral de Knokke-Heist à De Panne en passant par Ostende, dans les deux sens et à intervalles réguliers. Le ticket pour un trajet coûte 2,50 € et le très avantageux **Dagpas (pass pour 24h)**, qui donne accès à la ligne durant une journée à volonté, revient à 7,50 € - *www.delijn.be/fr/kusttram/.* Des billets 3 jours (15 €) ou des cartes de 10 trajets (17 €) sont aussi proposés.

Se garer

Circuler le long de la côte en voiture est aisé, s'y garer gratuitement l'est moins. Dans toutes les stations balnéaires, le stationnement est payant et limité à quelques heures. À Ostende, on peut se garer gratuitement au parking périphérique de la Ankerstraat.

Agenda

Vurige Maandagen : feux d'artifice – *Sur le Groot Strand près du Kursaal - les 11 et 21 juillet.* Magnifiques feux d'artifice tirés par des artificiers réputés.

Bal du Rat mort – En 1896, James Ensor fut l'un des promoteurs du bal du Rat mort (un nom choisi en souvenir du cabaret montmartrois du même nom). Ce bal de charité a lieu chaque année au Casino-Kursaal, la première quinzaine de mars. Les participants se déguisent et portent des masques. Le choix des déguisements varie en fonction du thème de l'année.

Autres événements annuels remarquables : la grandiose manifestation maritime **Oostende voor Anker** (Ostende à l'ancre – rens. : *www.oostendevooranker.be*) et le festival **Theater aan Zee** (fin juil.-déb. août, nombreux concerts et représentations théâtrales un peu partout dans la ville – rens. : *www.theateraanzee.be*).

Nos adresses

Restauration

Premier prix

9 Étals à poisson – B1 - *Visserskaai.* Les étals à poisson du Visserskaai furent longtemps une incontestable attraction gastronomique d'Ostende. Le long du quai, une dizaine d'échoppes proposaient des crevettes, langoustines et autres harengs, ainsi que toutes sortes de préparations. Aujourd'hui, si les étals sont toujours là, crevettes et langoustes ont été remplacées par du... surimi et des fruits de mer qui proviennent de partout... sauf d'Ostende. Sur le Vistrap tout proche, vente chaque matin du poisson frais de la mer du Nord.

3 CultuurCafé De Grote Post – A2 - *Hendrik Serruyslaan 18 - ✆ 0496 25 84 88 - www.degrotepost.be - à partir de 8h30 - plats 7/26 €.* Aménagé au sein de la superbe Grote Post devenu centre culturel, ce café-restaurant est agréable à toute heure du jour pour un verre, ou un plat de cuisine du monde aussi généreux que bien fait.

Pour se faire plaisir

6 **Saint Malo** – A1 - *Albert-I prom. 62A - ✆ 059 50 39 67 - www.st-malo.be - fermé lun. - plats 23/48 €, formule déj. 24 €.* Restaurant à l'aménagement contemporain, proche du casino. Large sélection : les gourmets pourront choisir parmi des préparations de homard et de poisson, mais également des plats traditionnels de Thaïlande.

2 **Toi Moi et la Mer** – A2 - *Albert I-Prom. 68 - ✆ 059 80 66 13 - www.toimoietlamer.be - fermé lun. (sf mi-juil. à mi-août) et mar. - menu midi 20/25 € - menu 48 €.* L'expérience de Christophe, les délices de la mer du Nord, et... vous-même : tels sont les trois ingrédients de cette table agréable, tranquillement installée sur le front de mer. Le chef, passionné d'Italie, fait souffler un vent méditerranéen en cuisine : ses préparations sont pleines de relief et de goût. Un plaisir !

Petite pause

Un authentique **pub** dans Langestraat, à l'écart de l'agitation touristique, et fréquenté par les retraités britanniques qui ont connu l'âge d'or de la ville : l'Irlandais **Flanagan's**, reconnaissable à son imposante façade orange.

't Botteltje – *Louisastraat 19 - ✆ 059 70 09 28 - www.cafebotteltje.be - 11h30-1h, lun. 16h30-1h, vend.-sam. 11h30-2h.* Établissement connu pour son grand choix de genièvres et de bières. La carte des bières change régulièrement.

Shopping

Marchés – Le jeudi est le principal jour de marché à Ostende : en matinée jusqu'à 13h sur Wapenplein, Mijnplein et Groentenmarkt. Même chose le samedi sur ces deux dernières places. Marché aux fleurs le dimanche matin sur Wapenplein et, tous les jours, sur le port (Visserskaai), petit marché aux poissons (Vistrap). La spécialité : la sole.

Activités

Promenades à pied et à bicyclette – Plusieurs circuits peuvent être effectués au départ et entre les stations, qui permettent de découvrir les avenues ombragées de saules et les villas cossues dissimulées dans de beaux jardins. Des promenades dans l'arrière-pays font traverser une campagne verdoyante parsemée de coquettes fermes blanches, aux toits de tuiles rouges. *Rens. dans les offices de tourisme.*

Hébergement

Budget moyen

2 **Hotel Princess** – B1 - *Boekareststraat 7- ✆ 059 70 68 88 - www.hotelprincess.be - 105/120 €* ☕. Simple mais irréprochable, à deux pas de la plage mais calme, fonctionnel mais chaleureux... Et un petit-déjeuner buffet copieux !

1 **Hôtel du Parc** – A1 - *Marie-Joséplein 3 - ✆ 059 70 16 80 - www.duparcoostende.com - P - 51 ch. 90/120 €* ☕. Immeuble de la Belle Époque aux chambres et aux équipements modernes. Brasserie Art déco et terrasse ensoleillée, large choix de bières belges. On peut rejoindre la plage à pied.

Furnes ★

Veurne

Petite ville charmante en retrait de la côte, Furnes regroupe ses monuments autour d'une magnifique Grand-Place où le luxe de la décoration flamande est tempéré par une dignité un peu solennelle et tout espagnole. C'est en effet pendant le règne des archiducs Albert et Isabelle, période de prospérité, que furent construits la plupart des monuments de la cité. Furnes était le quartier général de l'armée belge en 1914, lors de la bataille de l'Yser. Chaque année, en juillet, se déroule la célèbre procession des Pénitents, impressionnante manifestation de ferveur religieuse.

Se repérer

11571 habitants – Flandre occidentale
Furnes se situe à 22 km au nord-est de Dunkerque et à 30 km au sud-ouest d'Ostende.

Organiser son temps

Comptez 3 ou 4h pour découvrir les principales curiosités de Furnes.

Carnet pratique p. 350

Nos adresses p. 350

Se promener

★★ Grand-Place (GROTE MARKT)

Très vaste, elle est ceinte de beaux monuments et de maisons anciennes, surmontées de pignons, frontons et corniches, datant pour la plupart du début du 17e s.

Stadhuis (HÔTEL DE VILLE)

Grote Markt 29 - ✆ 058 33 55 34 ou 058 33 55 31 - visites guidées (1h30) : dates et horaires disponibles à l'office de tourisme (dans le même bâtiment) - 9 €.
Édifié en 1596 (partie gauche) et 1612 (partie droite), dans le style Renaissance flamande, avec une façade à deux frontons précédée d'une élégante loggia, l'hôtel de ville possède à l'arrière-plan une tourelle d'escalier se terminant par un petit bulbe. À l'**intérieur**, on voit des murs tendus de magnifiques **cuirs★** de Cordoue (salle de réception) ou de Malines (salle du conseil et des mariages). La salle du collège est garnie de velours bleu d'Utrecht. À voir aussi, les meubles du 18e s., des tableaux parmi lesquels une nature morte attribuée à Robert de Vynck.
On visite également, en général, la salle d'audience de l'ancien palais de justice qui communique avec l'hôtel de ville.
Musée de la Grande Guerre : Centre Expérience « Libre Patrie, vivre derrière le front » (Vrij Vaderland) – *Accès par l'office de tourisme - ✆ 058 33 55 31 - www.vrijvaderland.be - avr.-11 Nov. : 9h-17h (w.-end et j. fériés 10h) ; 12 nov.-mars : 9h-17h (w.-end et j. fériés 13h-17h) - 4 €.* Au sein de l'hôtel de ville, au 1er étage, s'est installé ce musée dédié au « Secteur belge », cette dernière zone de Belgique restée libre pendant la Première Guerre mondiale, d'où le roi Albert Ier organisa la lutte contre les Allemands. Une scénographie évoque diverses personnes et leur vie quotidienne. La visite est l'occasion également de découvrir l'intérieur du bâtiment.

Landhuis (PALAIS DE JUSTICE)

Jadis châtellenie (1618), le palais de justice est inspiré de l'hôtel de ville d'Anvers. Derrière le bâtiment se dresse le **beffroi** (1628), gothique mais surmonté d'un couronnement baroque.

Au nord de la Grand-Place se dressent un ensemble de **cinq maisons** à pignons agrémentés de lourdes fenêtres à pilastres.

Spaans Paviljoen (PAVILLON ESPAGNOL)

À l'angle de la Grand-Place et de la rue de l'Est (Ooststraat), le pavillon espagnol, élevé au 15e s., servit d'hôtel de ville jusqu'en 1586. Il fut au 17e s le quartier général des officiers espagnols.

Oud Vleeshuis (HALLE AUX VIANDES)

Cette halle aux viandes, édifiée en 1615, présente une jolie façade. Restaurée, l'ancienne boucherie est occupée par la bibliothèque municipale. Elle accueille des expositions temporaires en été.

Hoge Wacht (GRAND'GARDE)

Au fond de la Grand-Place, au sud, une maison à arcades construite en 1636 abritait l'ancien corps de garde.

Pour gagner l'église Ste-Walburge, prendre une ruelle à droite de l'ancien palais de justice.

Sint-Walburgakerk (ÉGLISE STE-WALBURGE)

Pâques-Toussaint : 8h30-18h ; reste de l'année : merc. et w.-end 8h30-18h.

La première église, détruite par les Normands, fut reconstruite au 12e s., dans le style roman. Un nouvel édifice, entrepris au 13e s. sur des plans ambitieux, ne fut jamais terminé. Seuls furent réalisés le chœur, particulièrement impressionnant avec ses 27 m de haut et ses multiples arcs-boutants, et, au 14e s., la base d'une tour, située dans le square voisin. La partie romane de l'église a été refaite au 20e s. À l'intérieur, les proportions sont harmonieuses et imposantes. On remarque les stalles Renaissance flamande (1596), une chaire de H. Pulinx (1727) représentant la vision de saint Jean à Patmos, des orgues et un jubé du 18e s. ; peintures flamandes du 17e s. Dans le square à l'ouest de l'église se trouvait le château fort construit par le comte Baudouin Bras-de-Fer.

Prendre à droite la Pannestraat, puis emprunter la Noordstraat.

Noordstraat - Nobele Rose

Dans l'ancienne auberge de la Noble Rose, Die Nobele Rose (1572), transformée en banque, logea en 1906 l'écrivain autrichien Rainer Maria Rilke. En face, un petit monument a été érigé à la mémoire de l'éclusier de Nieuwpoort, Karel Cogge, qui provoqua des inondations en 1914.

Revenir à la Grand-Place que l'on traverse, puis prendre à gauche l'Appelmarkt.

St-Niklaaskerk (ÉGLISE ST-NICOLAS)

✆ 058 33 55 31 (office de tourisme) - 8h30-18h30 - visite guidée gratuite avr.-sept. 9h-20h, oct.-mars 9h-17h.

L'église St-Nicolas est dominée par une **tour** massive en brique (13e s.), gardienne d'une des plus anciennes cloches flamandes, la Bomtje (1379). L'intérieur est du type halle, avec trois vaisseaux d'égale hauteur. Sur le maître-autel, un intéressant triptyque (1534), attribué par certains à Van Aemstel, beau-frère de Pieter Coecke, par d'autres à Van Orley, représente la Crucifixion.

Carnet pratique

S'informer

Toerisme Veurne – *Grote Markt 29 - ✆ 058 33 55 31 - tourisme.veurne.be.*

Agenda

Marché aux fleurs (Bloemenmarkt) – *Lun. de Pentecôte.*

Procession des Pénitents – *Dernier dim. de juil.* La confrérie de la Sodalité, fondée en 1637, organise un défilé de chars où des groupes représentent la vie et la mort du Christ, suivi d'un cortège de pénitents, vêtus d'une sombre robe de bure, coiffés d'une cagoule, allant pieds nus et portant une lourde croix. La confrérie participe également à un chemin de croix tous les vendredis soir pendant le carême, tous les soirs pendant la Semaine sainte.

Nos adresses

Restauration

Budget moyen

Grill de Vette Os – *Zuidstraat 1 - ✆ 058 31 31 10 - www.grilldevetteos.be - 18h-1h, dim. 12h-15h, 18h-1h - fermé merc.-jeu. - plats 21/40 €.* Accolé à l'hôtel de ville, ce restaurant sert de bonnes grillades, dans un cadre moderne et une ambiance animée. Choix de vins judicieux. Également bar à vin et vente directe de bouteilles.

Pour se faire plaisir

Olijfboom – *Nooraat 3 - ✆ 058 31 70 77 - www.olijfboom.be - fermé dim.-lun. - plats 24/31 €, formule déj. 23 €, menu 39/64 €.* Cet « olivier » donne de bien beaux fruits : une avenante salle à manger garnie d'œuvres d'art contemporain, une carte flirtant avec les saveurs du moment, une cave intéressante et une addition contenue à midi.

Shopping

Furnes compte de belles spécialités : saucisses, bières, fromages, tarte à la meringue.... Mais la vedette est le **potjesvlees**, un « petit pot » où diverses viandes sont prises dans une gelée parfumée. Vous en trouverez notamment dans la charcuterie **Missiaen** *(Zuidstraat 56 - tlj sf jeu.).*

Hébergement

Budget moyen

De Loft – *Oude Vestingstraat 36 - ✆ 058 31 59 49 - www.deloft.be - 8 ch. à partir de 90 € ☕.* Un loft-hôtel bâti sur une ancienne forge se cache dans cette rue proche du centre. Parmi les chambres, épurées et modernes, celles situées sur l'arrière-cour sont plus classiques que celles donnant sur le bâtiment principal, plus design. Pour les petites faims, snack et tea-room, ainsi qu'un bar. Une très bonne adresse.

Pour se faire plaisir

't Kasteel en 't Koetshuys – *Lindendreef 5-7 - ✆ 058 31 53 72 - www.kasteelenkoetshuys.be - 8 ch. 140/165 € ☕.* Dans une belle demeure datant de 1900, un charmant et chaleureux B & B, idéal pour un séjour au calme.

Ypres ★

Ieper

Les combats de 1914 à 1918 n'ont laissé que cendres et désolation à Ypres, qui était l'une des villes flamandes les plus puissantes au 13e s., avec Bruges et Gand. Après un considérable effort de reconstruction entre les années 1930 et 1960, Ypres a retrouvé l'harmonie de ses rues et son beffroi, qui veille sur ses imposantes Halles aux draps reconstruites à l'identique comme s'il n'avait jamais cessé. Ypres, cité martyre, n'oublie pas ses morts grâce aux lieux de mémoire liés à la Grande Guerre, qui appellent au souvenir et à la paix.

Se repérer

35 218 habitants - Flandre occidentale PLAN D'YPRES (P. 352). Ypres se situe à 40 km au nord de Lille.

À ne pas manquer

Le mémorial St-Georges; les clairons du « Last Post »; le In Flanders Fields Museum.

Organiser son temps

Réservez une journée si vous voulez visiter les musées et les monuments d'Ypres et faire une agréable promenade sur les remparts.

En famille

Le In Flanders Fields Museum.

Carnet pratique p. 354

Nos adresses p. 354

Se promener

PLAN P. 352

Circuit tracé en vert sur le plan.

St-Maartens Kathedraal (CATHÉDRALE ST-MARTIN) B1

9h-17h (sf durant les offices).

Détruite pendant la guerre, elle a été rebâtie dans son style d'origine (13e-15e s.). À l'intérieur, on admire, à gauche en entrant, des statues d'albâtre du 17e s.

Le saillant d'Ypres (1914-1918)

D'octobre 1914 à octobre 1918, la région d'Ypres est le centre de sanglantes batailles pour la possession du saillant d'Ypres : cette ligne de front sur le territoire occupé par les Allemands était tenue à l'est de la ville par des troupes en majorité britanniques. Comme sur l'Yser, le front reste stable malgré tous les efforts allemands et, en particulier, l'utilisation, pour la première fois en avril 1915, de gaz asphyxiants, et d'ypérite (gaz moutarde) en juillet 1917. En avril 1918, une importante offensive allemande est arrêtée à Merkem, au nord, par les troupes belges, et aux monts de Flandre par les Britanniques et les Français. À partir de septembre, la contre-attaque des Alliés, commandée par le maréchal Foch, va permettre de libérer la Belgique. Plus de 300 000 Alliés dont 250 000 soldats du Commonwealth ont trouvé la mort au cours des combats. La campagne environnant Ypres n'est qu'une vaste nécropole : on y compte quelque 170 cimetières militaires.

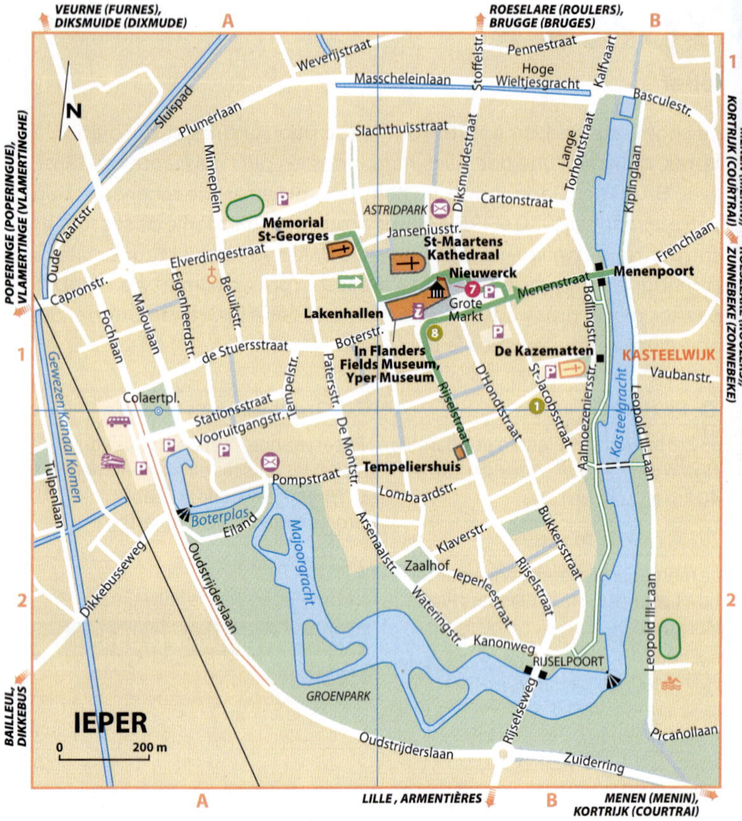

SE RESTAURER	SE LOGER	
In't Klein Stadhuis 7	Albion Hotel 1	Hotel New Regina 8

couronnant la clôture de la chapelle baptismale. La chapelle du St-Sacrement, derrière l'arc triomphal, abrite un polyptyque (16e s.) représentant des scènes de la Passion.

Longer le théâtre, puis prendre à gauche.

Mémorial St-Georges (ST GEORGES'S MEMORIAL) A1

✆ 057 860 325 - www.stgeorgesmemorialchurchypres.com - 10h30-18h.
Cette église anglicane élevée en 1929 commémore les militaires britanniques morts pendant les deux guerres mondiales. Les pièces du mobilier et de la décoration proviennent de donateurs de Grande-Bretagne ou du Commonwealth.
Revenir place St-Martin, longer les halles, traverser la Grand-Place et prendre la Meensestraat qui mène à la porte de Menin.

Menenpoort (LA PORTE DE MENIN) B1

Les murs de son mémorial conservent les noms de 54 896 Britanniques disparus pendant les batailles précédant le 16 août 1917. Tous les soirs à 20h, les clairons du corps de pompiers font résonner le « Last Post », la sonnerie aux morts britannique.
Revenir sur ses pas sur la Menenstraat.

Ypres, Halles aux draps.
S. Black/robertharding/age fotostock

★★ Lakenhallen (HALLES AUX DRAPS) B1

En travaux au moment de la rédaction de ce guide, les musées restent accessibles. Achevées en 1304, elles ont été détruites pendant la Première Guerre mondiale et reconstruites dans leur style originel. En forme de long rectangle entourant deux étroites cours, les halles alignent sur la Grand-Place Albert-Ier **une façade de 125 m** que surmonte un **beffroi** carré flanqué de quatre tourelles, rénové en 2022, auquel on accède par le musée. Bordées à droite par le **Nieuwerck**, gracieux édifice Renaissance construit en 1619 pour abriter l'hôtel de ville, les halles accueillent deux musées passionnants.

★★ **In Flanders Fields Museum** – *Grote Markt 34 - ✆ 057 23 92 20 - www.inflandersfields.be - ♿ - avr.-mi-nov. : 10h-18h ; reste de l'année : tlj sf lun. 10h-17h ; (dernière entrée 1h av. fermeture) - fermé 3 sem. en janv. - 10 € (gratuit pour -7 ans) ; guide audio+ 2 € ; visite de la tour du beffroi + 2 € ; billet combiné avec Yper Museum 13 €.* Très novateur par sa conception, ce musée dont le nom évoque un poème écrit par un soldat canadien, retrace d'une façon captivante l'histoire de la Première Guerre mondiale à travers plus de 3 000 témoignages de gens ordinaires (soldats, infirmières, réfugiés, enfants, etc.) de plus de 50 nationalités. Un appel au pacifisme poignant, qui laisse un souvenir inoubliable !

Yper Museum – *Grote Markt 34 - ✆ 057 23 92 20 - www.ypermuseum.be - ♿ - mêmes horaires - fermé 31 janv.-7 fév. - 7 € (gratuit -7 ans) ; billet combiné avec In Flanders Fields Museum 13 €.* Ce musée inauguré en 2018 raconte de manière distrayante et didactique onze siècles d'histoire d'Ypres et de sa région à travers des objets, maquettes et installations astucieuses.

Tout près, dans la Rijselsestraat, se situe la **Tempeliershuis** (maison des Templiers B2), dont les origines remontent au 13e s.

De la Menenpoort (*ci-contre*), s'ouvre au sud du centre-ville le parc aménagé le long des **remparts**. C'est en 1680 que Vauban transforma les murailles médiévales en cet impressionnant complexe raconté au centre d'accueil **De Kazematten** (*B1 Bollingstraat 1 - tlj sf lun. 11h-20h30*) doublé d'une brasserie.

Carnet pratique

S'informer

Toerisme Ieper – B1 - *Lakenhallen, Grote Markt 34 - ✆ 057 23 92 20 - www.toerismeieper.be.*

Agenda

Fête des chats (Kattenfeest) – *2e dim. de mai.* Des animaux en peluche sont lancés du 2e étage du beffroi – tradition aujourd'hui ludique, mais née d'une pratique barbare du 10e s., un temps où les chats, vus comme complices du diable et des sorcières, étaient jetés du haut de la tour. Le rituel est précédé, tous les trois ans, du grand **Cortège des chats** ou Kattenstoet *(prochain en 2024).*

Nos adresses

Restauration

Budget moyen

7 **In't Klein Stadhuis** – B1 - *Grote Markt 32 - ✆ 057 21 55 42 - www.inhetkleinstadhuis.be - ♿ - 11h-23h (vend. 1h), sam. 10h-23h - fermé dim.-lun. - plats 20/27 €, formule déj. 17,50 €, menu 60 €.* Café-restaurant populaire dans un immeuble ancien près de l'hôtel de ville. Remarquez les grandes peintures murales de la salle à manger. Carte limitée de plats traditionnels. Terrasse en été.

Hébergement

Budget moyen

Kasteelhof't Hooghe – HORS PLAN - *Meenseweg 481 - ✆ 057 46 87 87 - www.hotelkasteelhofthooghe.be - P - 11 ch. 85/125 € ☕ - repas 30 €.* Paisible hôtel de charme situé hors du centre, dans un cadre campagnard. Le bunker à l'arrière rappelle que le bâtiment se trouva sur la ligne du front pendant la Première Guerre mondiale. Les chambres romantiques donnent sur le jardin et l'étang. Petit restaurant et salon avec feu ouvert.

1 **Albion Hotel** – B1-2 - *St-Jacobsstraat 28 - ✆ 057 20 02 20 - www.albionhotel.be - ♿ - 32 ch. 115/244 € ☕.* Charmant hôtel dissimulé derrière une façade Renaissance reconstruite et située dans le centre. Chambres simples et propres à la décoration contemporaine.

8 **Hotel New Regina** – B1 - *Grote Markt 45 - ✆ 057 69 00 90 - P payant ♿ - ✕ - 28 ch. 102/128 € ☕.* Cet immeuble historique, en plein cœur d'Ypres, affiche aujourd'hui un look moderne. Les visiteurs qui y passent la nuit peuvent également profiter d'un restaurant, au rez-de-chaussée.

Courtrai ★

Kortrijk

La capitale du lin, baignée par la Lys, est une surprenante cité où, au fil des rues, le visiteur déambule d'édifices historiques en réalisations contemporaines novatrices, qui traduisent le dynamisme local. Réservé aux piétons, son centre incite à la flânerie le long d'axes commerçants animés et de quais joliment rénovés. Le tout au rythme de Manten et Kalle, les deux célèbres jaquemarts du beffroi que l'on entend jusqu'au cœur de l'un des plus charmants béguinages du pays.

Se repérer

PLAN P. 357.
75 223 habitants – Flandre occidentale
À 28 km au nord de Lille.

À ne pas manquer

Le béguinage ; l'église Notre-Dame ; TEXTURE (le musée de la Lys et du Lin) ; l'île de Buda et les rives de la Lys.

Organiser son temps

Comptez au moins une demi-journée à une journée pour une promenade dans le centre historique et la visite des principaux bâtiments et musées.

En famille

Le musée Courtrai 1302 ; TEXTURE (le musée de la Lys et du Lin).

Carnet pratique p. 358

Nos adresses p. 359

Se promener

PLAN P. 357

Circuit tracé en vert sur le plan.

Le parcours démarre de **Schouwburgplein**. Cette vaste esplanade, bordée par la longue façade du théâtre qui aligne des pignons de maisons de maîtres rénovées, est animée par les courbes métalliques de la fontaine De golf, *La Vague*, œuvre de l'artiste belge Olivier Strebelle.

Laissez le vaste **quartier piétonnier et commerçant** qu'organisent Lange Steenstraat et Voorstraat (autour du très moderne centre commercial K in Kortrijk), pour prendre à gauche Doorniksestraat.

Grote Markt (GRAND-PLACE) AB2

Vaguement trapézoïdale et traversée autant par les piétons que les automobilistes, elle est au centre de l'activité urbaine. On s'y croise et s'y attarde sur des bancs ou à l'une des nombreuses terrasses de cafés, pour fêter une victoire du club de foot local ou participer à un festival à l'ombre du beffroi.

Belfort (Beffroi) – 14e s. Coiffé de quatre tourelles d'angle à toit pointu, surmonté de son fameux jaquemart, le beffroi se dresse, isolé, au milieu de la Grand-Place. Vestige d'une halle aux draps médiévale, il composait sa tour nord-est. À son sommet, sonne un carillon composé de 48 cloches.

Stadhuis (Hôtel de Ville) – *☏ 056 27 78 40 (office de tourisme) - ♿ - visites : juil.-août : mar., jeu., sam., dim. 14h-18h.* L'hôtel de ville montre une façade dans le style de transition gothique rayonnant-Renaissance restaurée ; les statues, renouvelées au 19e s., représentent les comtes de Flandre.

6

Au rez-de-chaussée, la **salle des Échevins★ (Schepenzaal)** est ornée d'une remarquable cheminée en pierre, de style gothique flamboyant (1527), dont les niches abritent les statues de la Vierge et des saints patrons des villes de la région. Au plafond, les extrémités des poutres sont ornées de scènes polychromes pittoresques dont le personnage principal est la Justice, figurée par une femme couronnée. L'**ancienne salle du Conseil★**, au 1er étage, présente une cheminée de 1527, ornée de trois registres de sculptures : en haut, les Vertus ; au centre, de part et d'autre de la statue de Charles Quint, les Vices ; en bas, l'Idolâtrie et les péchés capitaux. Les pittoresques sculptures des poutres du plafond illustrent l'influence néfaste de la femme sur l'homme, par exemple le lai (poème médiéval) d'Aristote : le philosophe est chevauché par une femme. Une peinture murale moderne de Jan van Imschoot représente la bataille des Éperons d'or.
À l'est de la place on aperçoit la tour de l'église St-Martin que l'on atteint par la Sint-Maartenskerkstraat.

St-Maartenskerkhof (ÉGLISE ST-MARTIN) B2

7h30-18h, w.-end 10h-18 (oct.-mars 17h) - tour (10h-17h, dernier accès 16h - fermé mars-avr.).
Impossible de manquer sa tour (19e s.) de style gothique brabançon, haute de 83 m, qui est visible de toute la ville et bien au-delà. Cette église-halle gothique, construite vers 1300, souvent restaurée et adaptée dans les siècles suivants, est le principal sanctuaire de Courtrai. Parmi les œuvres d'art qu'elle conserve, remarquez la **tour du St-Sacrement** – un tabernacle haut de 6,50 m, sculpté en 1585 par l'Anversois Hendrik Mauris –, le **triptyque du Saint Esprit** (1587) de Bernard de Rijckere et des œuvres de Casper de Crayer, Karel van Mander et Jan De Coninck. Remarquez également la chaire de vérité, les confessionnaux et les statues en bois des apôtres adossées aux colonnes de la nef centrale. Du sommet de la tour, la vue sur Courtrai est sans équivalent. *Prendre la Begijnhofstraat.*

★★ Begijnhof (BÉGUINAGE) B1-2

Accessible tlj sf lun. de 10h-17h - gratuit - audioguide 2 €.
Ce charmant village de modestes maisonnettes aux murs de brique blanchis est logé entre St-Martin et Notre-Dame. On est surpris par le calme qui règne au sein de ces quelques ruelles pavées cernées par un quartier bourdonnant d'activité. On envie les chanceux qui y résident et entretiennent les adorables cours ! Le site a été inscrit sur la liste du Patrimoine mondial par l'Unesco en 1998.
Fondé en 1238, le béguinage fut richement doté en 1241 par la comtesse de Flandre, Jeanne de Constantinople, dont on voit la statue. Les 41 maisonnettes actuelles datent du 17e s. et s'organisent autour de deux jolies cours fleuries. La maison de la supérieure se distingue par un double pignon à redans. La **chapelle** est accessible par le petit musée interactif racontant l'histoire et le quotidien des béguines. *Poursuivre son chemin pour gagner la Deken Zegerplein.*

★ O.-L.-Vrouwekerk (ÉGLISE NOTRE-DAME) B1

10h-17h (sf pdt les offices) - gratuit - audioguide 2 €.
Bien plus discrètes que la flèche de St-Martin, les tours de l'église ne dominent que les ruelles pittoresques qui l'entourent. Fondée au 13e s. par Baudouin de Constantinople, elle eut pour vicaire, au 19e s., le poète Guido Gezelle. À l'intérieur, coloré par des vitraux modernes, voyez la chapelle des comtes de Flandre (Gravenkapel, 14e s.), qui s'ouvre sur le côté droit du déambulatoire et possède des arcatures aux curieux écoinçons sculptés. Elle abrite une jolie **statue de sainte Catherine★** (1380), en albâtre, attribuée à André Beauneveu. Une toile d'Antoon

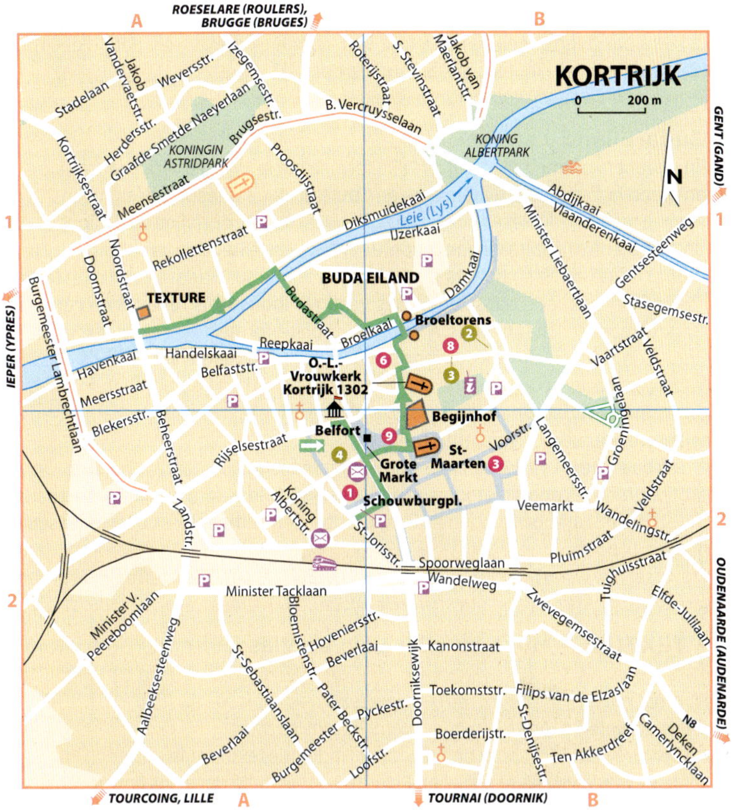

SE RESTAURER				SE LOGER	
Bistro Botero	1	Messeyne	8	Square Hotel	2
Nectar	3	La Boheme	9	Hôtel Messeyne	3
Va et Vient	6			The Market Hotel	4

van Dyck, l'**Élévation de la Croix★**, où se reconnaît l'influence de Rubens, est placée dans le croisillon gauche du transept.

Kortrijk 1302 (musée Courtrai 1302) – *tlj 10h-17h - gratuit.* Ce musée consacré à l'histoire de la ville a pris ses quartiers dans l'église en 2022. Une scénographie dynamique met en scène la bataille des Éperons d'or, en donnant vie aux enjeux et aux hauts faits. Des collections de damas, d'argenterie, de céramiques, de sculptures et une intéressante série de peintures du 16e s. à nos jours complètent la visite. La pièce maîtresse du musée est l'authentique **coffre d'Oxford**, qui constitue la toute première représentation de la bataille, exécutée peu après.

Remarquez sur le côté de l'église, la **Tour d'artillerie** (peinte en rouge), l'un des rares vestiges des fortifications du 14e s.

Tourner dans la Groeningestraat et rejoindre les rives de la Lys par Guido Gezellestraat.

6

Broeltorens (TOURS DU BROEL) B1

Souvenir des fortifications détruites par Louis XIV en 1684, les très photogéniques tours du Broel protégeaient le pont sur la Lys, lui-même reconstruit après

la Première Guerre mondiale. La tour sud, appelée Speyetoren, date d'environ 1385, la tour nord, l'Ingelborchtoren, d'environ 1413.
Traverser le pont puis tourner à gauche dans le Broelkaai.

Buda-Eiland (ÎLE DE BUDA) AB1

En suivant la promenade à travers l'île formée par la Lys *(www.budakortrijk.be)*, on prend la mesure du dynamisme de Courtrai, que l'Unesco a désigné en 2017 comme membre du Réseau des villes créatives (dans le domaine du design).
Un vaste centre hospitalier en occupe la partie ouest, extension de l'hôpital Notre-Dame (fondé au 13e s.) dont la porte du 17e s. donne sur Budastraat. Le reste de l'île mêle des façades classiques, des **vestiges industriels rénovés** en centres culturels et des friches fleuries. À voir ainsi, la plate-forme d'artistes qu'est la Tour Buda, l'énorme blockhaus du cinéma Bioscoop *(Kapucijnestraat)*, **Bubox** *(Korte Kapucijnenstraat - www.bu-box.be)*, un espace dédié à l'art figuratif contemporain, ou encore la **Budafabriek** *(Ijzerkaai/Dam)*, une usine textile devenue fabrique de talents (créateurs, artistes, entrepreneurs).
Les **quais de la Lys (Leie)**, superbement réaménagés, invitent à la flânerie. On y profite de larges quais piétonniers, de parcs agréables (dont Koning-Albertpark à l'est), d'un skatebowl unique en Belgique, tout en admirant les courbes de sept nouveaux ponts.
Traverser l'île jusqu'au pont Buda (au bout de Budastraat) pour traverser la Lys et longer Fabriekskaai vers l'ouest afin de rejoindre Nijverheidskaai et Noordstraat.

★ TEXTURE - Museum over Leie en Vlas (MUSÉE DE LA LYS ET DU LIN) A1

Noordstraat 28 - 056 27 74 70 - www.texturekortrijk.be - - tlj sf lun. 10h-17h - 6 € (étudiants 4 €, gratuit tous les premiers dim. du mois).
Texture – un nom choisi pour évoquer l'industrie textile mais aussi son impact sur le paysage urbain et social en Flandre – est installé dans des entrepôts surmontés d'une couronne de tôle dorée. En trois lieux (le Cabinet des Curiosités, la salle de la Lys et la Trésorerie), on y détaille les étapes successives de la culture et de l'élaboration de la toile de lin, ainsi que l'évolution de cette industrie qui fit la richesse de la région de la Lys. Culture, activités de broyage, teillage, peignage, filage et tissage, la mécanisation, les costumes traditionnels, etc. Et l'on se tourne vers l'avenir en évoquant l'utilisation future du précieux matériau. Le musée est bordé d'un jardin moderne inspiré... des QR codes.

Carnet pratique

S'informer

Office de tourisme – B1 - *yyBegijnhofpark - 056 27 78 40 - www.toerismekortrijk.be*
La promenade *Métamorphose de la ville,* à suivre sur un plan à télécharger, propose un panorama de l'évolution de la ville.

Agenda

Festival van Vlaanderen (Festival de Flandre) – *www.wildewesten.be.* Deux semaines de concerts couvrant tous les genres musicaux, en général en mars.
Alcatraz – *Août - www.alcatraz.be.* Festival de hard rock et metal.
Semaine du design et Biennale Interieur – *Oct. - www.interieur.be.*

Nos adresses

Restauration

Premier prix

3 **Nectar** – B2 - *St-Jansstraat 17 - ✆ 056 22 79 69 - www. nectarkortrijk.be - 12h-14h - fermé w.-end - formule 18/19 €.* L'ancêtre des restaurants végétariens de Courtrai.

Budget moyen

1 **Bistro Botero** – A2 - *Schouwburgplein 12 - ✆ 056 21 11 24 - www.botero.be - fermé sam. midi et dim. - plats 20/24 €.* Derrière une façade 1900, un grand bistro dont les salles aux touches Art déco s'égayent de peintures murales, de trompe-l'œil et de copies de toiles de Botero.

9 **La Boheme** – B2 - *Grote Markt 22 - ✆ 056 22 42 20 - www. laboheme-kortrijk.be - fermé mar.-merc. - plats 15/35 €.* Cuisine flamande et internationale généreuse. À goûter en terrasse ou dans une jolie salle tout en profitant d'un service rapide et souriant.

Pour se faire plaisir

6 **Va et Vient** – B1 - *Handboogstraat 20 - ✆ 056 20 45 17 - www.vaetvient.be - fermé dim.-lun. et sam. midi - menu midi 33/35 €, soir 49/89 €.* À deux pas de la Lys, dans une solide maison de pierre, un établissement moderne au menu volontairement minimaliste. Préparations de belle qualité à base de produits de saison.

8 **Messeyne** – B1 - *Groeningestraat 17 - ✆ 056 21 21 66 - www.restaurantmesseyne. be - fermé sam.-dim. - plats 29/47 €, menu 39 (déj.)/75 €.* Les Courtraisiens connaissent bien ce restaurant intimiste, et viennent se détendre à la terrasse dans le parc-jardin attenant. Ils viennent profiter d'une cuisine française au goût du jour, savoureuse et sans prétention.

Petite pause

Café Rouge – *St-Maartenskerkhof 6A - ✆ 056 25 86 03 - www. caferouge.be - 11h30-21h30 (dim. 21h) - fermé lun.-mar. - plats 20,50/32 €, menu 30 (déj.)/37,50 €* Recommandé pour sa terrasse donnant sur une place tranquille, en partie sous les arbres et avec vue sur l'église St-Martin. À la carte, café et succulentes pâtisseries, mais aussi bières régionales, glaces maison, thés et plats variés (salades, moules, daube, etc.).

Activités

Location de vélos – *Office de tourisme - 9,50 €/1/2 j., 12,50 €/j.*

Hébergement

Premier prix

4 **The Market Hotel** – A2 - *Graanmarkt 6 - ✆ 056 21 97 21 - www.themarkethotel.be - 56 ch. 83 € - ☕ 18 €.* Hôtel à la situation centrale près de la Grand-Place. Toutes les chambres offrent le confort et un aménagement contemporain. Au rez-de-chaussée, le restaurant Louis'Burger, au décor branché, propose une déclinaison de burgers généreux.

Budget moyen

2 **Square Hotel** – B1 - *Groeningestraat 39 - ✆ 056 28 89 50 - www.squarehotel.be - P - 26 ch. 100/160 € - ☕ 18 €* Une adresse récente et bien située où l'on trouvera des chambres aussi agréables que fonctionnelles.

Pour se faire plaisir

3 **Hôtel Messeyne** – B1 - *Groeningestraat 17 - ✆ 056 21 21 66 - www.hotelmesseyne.be - P - 28 ch. à partir de 130 € ☕ - ✕ voir au-dessus.* Cette ancienne maison patricienne combine élégamment éléments classiques et ultramodernes. Chaque chambre possède son aménagement propre. Confort garanti.

6

Tournai ★★

Doornik

Dominée par les cinq tours de son altière cathédrale, Tournai est édifiée sur une pente douce filant sur l'Escaut. Berceau de la dynastie des Francs, cité d'artistes et d'artisans, elle fut maintes fois convoitée et abîmée. Aujourd'hui joliment rénovée, elle charme d'emblée avec ses rues semi-piétonnes, ses quais embellis et ses façades mises en lumière... Et en descendant de la Grand'Place, en direction du fleuve et de son cortège de péniches, vous serez surpris par les différents aspects que révèle peu à peu son imposant monument religieux, chef-d'œuvre de l'art scaldien, tantôt pittoresque, tantôt intimiste, tantôt grandiose...

Restaurants sur la Grand'Place.
Jon Arnold Images/hemis.fr

Se repérer

PLAN P. 363.
69 083 habitants – Hainaut
Tournai se trouve à 28 km à l'ouest de Lille.

À ne pas manquer

La châsse de saint Éleuthère dans la cathédrale ; le musée de la Tapisserie et des Arts textiles.

Organiser son temps

Comptez au moins une journée pour visiter la ville.

En famille

L'ascension du beffroi et les concerts de carillons ; le pont des Trous et l'Escaut ; le musée d'Histoire naturelle et le Vivarium.

Carnet pratique p. 366

Nos adresses p. 366

Se promener

PLAN P. 363

Le cœur historique : la rive gauche

Circuit tracé en vert sur le plan de la ville.

★ Grand'Place A1-2

Avec ses belles façades rehaussées de dorures et les tours de la cathédrale qui la surplombent, la Grand'Place, de forme triangulaire, oriente naturellement le regard vers le beffroi. Détruite par les bombardements allemands de 1940, elle représente un modèle de reconstruction d'après-guerre. Remarquez la **halle aux draps** (1610), d'un style composite allant du gothique au baroque, et plus loin, à droite, une demeure baroque de brique, l'**ancienne grange des dîmes**. Notez les drapeaux des corps de métiers et corporations qui colorent les façades alentour. Au centre, statue de Christine de Lalaing et fontaine originale.

★★ Beffroi AB2

Grand'Place - ✆ 069 21 44 76 - avr.-oct. : tlj sf lun. 9h30-12h30, 13h30-17h30 ; nov.-mars : tlj sf lun. et dim. matin 9h30-12h, 14h-17h - fermé 1er-2 janv., sam. du carnaval, Vend. saint, 1er Mai, j. de la braderie, 1er nov., 24 et 26 déc. - 2,10 €.

Suite à des problèmes techniques lors de notre passage, le beffroi était fermé pour une période indéterminée.

C'est le plus ancien de Belgique. Le soubassement date du 12e s. ; en 1294, le beffroi est rehaussé et renforcé par des tourelles polygonales. Les parties hautes sont reconstruites après un incendie survenu en 1391. Jusqu'en 1817, une partie du beffroi servait de prison. Dès le 1er étage, on a une **vue** intéressante sur la cathédrale. Du sommet *(70 m de hauteur, 257 marches et passage très étroit)*, belle **vue** sur la ville. Un carillon de 44 cloches donne de beaux **concerts** *(de Pâques à début nov. : dim. 15h30)*. Le beffroi abrite plusieurs salles thématiques (rôle et histoire des beffrois, cachot, chambre de musique) qui agrémentent et fragmentent l'ascension.

S'engager sur la place du Vieux-Marché-aux-Poteries.

★★★ Cathédrale Notre-Dame B1-2

Pl. de l'Évêché - ✆ 069 22 20 45 - www.visittournai.be - 9h-18h, w.-end et j. fériés 14h-18h (17h en hiver).

Le 14 août 1999, les parties hautes du chœur de la cathédrale furent lourdement endommagées par une tornade. Pendant les travaux de restauration, débutés en 2008 pour une durée de 20 ans, le chœur gothique est partiellement ou entièrement fermé au public. On peut toutefois l'observer du transept et de la nef.

Non loin du beffroi, s'élève le plus imposant monument religieux de la Belgique. Extérieurement, les proportions gigantesques de l'édifice (134 m de longueur, 66,5 m de largeur au transept) et les silhouettes massives des célèbres tours produisent un effet impressionnant. Il figure depuis l'an 2000 sur la liste du Patrimoine mondial de l'Unesco.

Musées de Tournai pratique

Les horaires et jours de fermeture sont les mêmes pour chacun des **musées communaux** de Tournai, à savoir : avr.-oct. : tlj sf mar. 9h30-12h30, 13h30-17h30 ; nov.-mars : tlj sf mar. et dim. matin 9h30-12h, 14h-17h - fermé 1er-2 janv., 1er Mai, 2e lun. de sept. (braderie), 1er nov., 25-26 déc. Gratuité chaque 1er dim. du mois.

Les cinq **tours**, toutes différentes, se dressent à la croisée du transept ; la plus ancienne, au centre, repose sur les piliers de la croisée qu'elle devait éclairer. La nef et le transept aux extrémités en hémicycle datent du 12e s. Plus élevé que la nef et presque aussi long, un chœur gothique très élancé a remplacé au 13e s. le chœur roman.

Porte Mantile – Située au nord, elle doit son nom à Mantilius, un aveugle guéri par saint Éleuthère en ces lieux. Ce portail latéral conserve de remarquables sculptures romanes, principalement sur le bandeau encadrant le sommet de la porte (lutte entre les rois Sigebert et Chilpéric) et les montants (combat des Vices et des Vertus).

Contourner ensuite l'église par le chevet.

Porte du Capitole – De style roman, elle est si détériorée que l'on devine à peine le cycle de la fin du monde sculpté sur le bandeau. L'archivolte est soutenue par deux chevaliers munis d'un haut bouclier.

Passer sous la « Fausse Porte » surmontée de la chapelle St-Vincent : arche reliant la cathédrale au palais épiscopal.

Façade principale – Elle est entourée d'une part de l'hôtel des Anciens Prêtres (18e s.) et de l'autre par l'évêché. Remaniée au 14e s., elle est masquée par un **porche** (modifié au 16e s.) sous lequel se superposent trois registres sculptés : en bas, des hauts-reliefs du 14e s. ont trait au drame du paradis terrestre ; au milieu, du 16e s., des bas-reliefs, à gauche la procession de Tournai, à droite la lutte entre Sigebert et Chilpéric ; au sommet, une rangée de statues d'apôtres et de saintes du 17e s. Au pilier central, une belle statue de la Vierge (14e s.), patronne de la cathédrale, est vénérée sous le nom de N.-D.-des-Malades.

Intérieur – Vaste vaisseau de dix travées, la nef centrale s'élève sur quatre étages : ses arcades à triples rouleaux sont supportées par de courts piliers aux chapiteaux sculptés. Au-dessus, les tribunes sont surmontées d'un triforium à arcatures en plein cintre abritant une baie aveugle en leur centre. Le dernier étage est percé de fenêtres hautes. Les voûtes du 18e s. ont remplacé un plafond de bois. Un **jubé**, exécuté en 1572 par Cornelis Floris de Vriendt, est une pièce magnifique de la Renaissance anversoise aux marbres polychrome, mettant en parallèle des épisodes de l'Ancien et du Nouveau Testament. Le mur du **collatéral droit** est orné d'épitaphes.

Remarquez les **chapiteaux** jadis polychromes des piliers de la nef : décoration végétale, animale, figures humaines, souvent fantaisistes.

Dans la chapelle St-Louis ou chapelle du St-Sacrement, *Crucifixion* de Jordaens et panneaux en bois finement sculptés au 18e s., provenant d'une abbaye. Dominé par une haute lanterne, le transept est une « cathédrale au travers d'une cathédrale ». Les croisillons se terminent par un hémicycle qu'entoure un déambulatoire. L'ordonnance à quatre étages superposés reprend celle de la nef. Le transept contient des vestiges de fresques (12e s.) et de précieux vitraux du 16e s.

Dans le **bras droit du transept**, les vestiges d'une fresque représentent la Jérusalem céleste au-dessus de l'autel de N.-D. de Tournai. Les vitraux racontent la lutte entre Sigebert et son frère Chilpéric, qui est à l'origine du pouvoir temporel de l'évêque (à l'étage supérieur, privilèges épiscopaux, comme l'impôt sur la bière).

Très long, le **chœur** (1243), à sept travées, contraste par sa légèreté avec la robustesse un peu austère de la nef. L'influence française est manifeste (Soissons).

Le **déambulatoire** est terminé à son extrémité par cinq chapelles rayonnantes. À l'arrière du jubé, la 1re partie du chœur est occupée par des stalles des chanoines (18e s.) et le sanctuaire par un maître-autel (1727) de style classique. Dans les chapelles du déambulatoire nord sont conservés des monuments et dalles funéraires

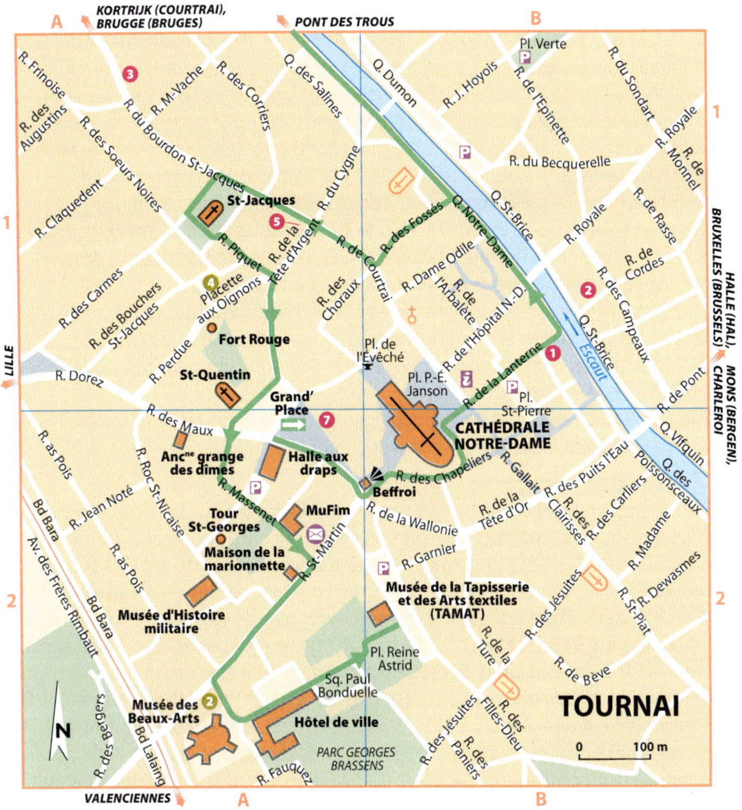

SE RESTAURER		SE LOGER
Chez Agnès 1	Fritagogo 5	Auberge de Jeunesse 2
Corto Malté 2	Le Beffroi 7	Hôtel d'Alcantara 4
La Petite Madeleine 3		

de l'école tournaisienne des 14e et 15e s. Au-dessus de la porte donnant accès à la salle d'accueil ou « chauffoir des pèlerins », le *Purgatoire* (1635) de Rubens et, en face, trois tableaux superposés en grisaille de Piat Sauvage (18e s.).

Dans le **bras gauche du transept**, les restes de fresques narrent la vie et le martyre de sainte Marguerite. Les vitraux représentent la séparation du diocèse de Tournai de celui de Noyon en France auquel il avait été rattaché au 7e s.

Parmi les chapiteaux du **collatéral gauche**, on remarque des cygnes, des animaux fantastiques; une femme dévorée par un monstre, au verso (visible seulement sous le porche), Frédégonde et Chilpéric et des oiseaux buvant.

★★ **Trésor** – *d'avr. à oct. : sam.-lun. 13h-18h, mar.-vend 10h-18h; reste de l'année : lun.-vend. 9h-12h 14h-17h, sam.-dim. 14h-17h; dernière entrée 30mn avt la fermeture - 2,50 €.* La salle voûtée (15e s.) est dominée par les deux grands coffres reliquaires du 13e s. : la **châsse de N.-D.** (1205) en argent et cuivre doré, œuvre de Nicolas de Verdun, ornée de sujets en relief au superbe modelé, placés sous de riches arcatures et des médaillons évoquant la vie et la passion du Christ. La **châsse de saint Éleuthère** (1247) est décorée, avec une profusion et une finesse extraordinaires, de statues d'apôtres ressortant sur un fond de filigrane, d'émaux

et de pierres précieuses ; aux pignons, on voit le Christ et saint Éleuthère portant dans sa main la cathédrale. Parmi de nombreuses œuvres d'art se distinguent : *Les Sept Joies de Marie* (vers 1546) de Pierre Pourbus ; le reliquaire de la Vraie Croix dit « croix byzantine » d'origine orientale du 5e ou 6e s. ; un coffret à reliques en ivoire dit « de Cologne » (13e s.) gardant des traces de polychromie ; un fermail de chape avec jeune femme symbolisant la ville fortifiée de Tournai (15e s.) ; le manteau impérial porté dans la cathédrale par Charles Quint en 1531.
Dans la chapelle du St-Esprit (17e s.), une longue **tapisserie** illustre la légende de saint Piat, apôtre du Tournaisis, et de saint Éleuthère, premier évêque de la ville ; tissée à Arras, elle fut offerte en 1402 par un ancien chapelain du duc de Bourgogne.
Dans la **salle du chapitre**, les lambris en chêne d'époque Régence (18e s.) ont été ciselés avec élégance et minutie et retracent la vie de saint Ghislain.
De la place P.-É.-Janson, prendre la rue de la Lanterne, jusqu'au quai du Marché-au-Poisson et longer l'Escaut vers le nord.
Bien aménagés et bordés de quelques jolies façades, les **quais de l'Escaut** constituent une agréable promenade de jour comme de nuit (beaux éclairages).

★ Pont des Trous HORS PLAN, PAR A1

En longeant la rive gauche de l'Escaut, vous distinguez au loin cette vaste porte d'eau, vestige de l'architecture militaire : elle faisait partie de la seconde enceinte communale (13e s.) et défendait l'entrée de la ville par l'Escaut, qui la traverse. Montez sur le pont voisin *(bd Delwart)*, d'où vous jouirez d'une belle **vue★** sur cet ouvrage, qui présente de ce côté les faces arrondies de ses tours (plates du côté de la ville). En 1948, il a été rehaussé de 2,40 m pour faciliter la circulation fluviale. Depuis 2019, le pont subit une mise aux normes, à l'instar des autres ponts du centre-ville, afin de permettre le passage de péniches fluviales de plus de 2000 t sur l'axe Le Havre-Benelux. Les vénérables arches ont été détruites et seront reconstruites avec les mêmes pierres et en respectant les lignes de l'édifice originel. Celle du centre sera élargie et dotée d'une fine passerelle à peine visible, destinée aux piétons. Fin des travaux prévue en 2023.
Quitter la rive gauche de l'Escaut par la rue des Fossés puis prendre à droite sur la rue de Courtrai.

Église St-Jacques A1

www.saint-jacques-tournai.be - 9h-18h (nov.-mars 16h). C'est un édifice de transition entre le roman et le gothique dont le porche est surmonté d'une épaisse tour carrée à tourelles. À l'extérieur de la nef court une galerie à arcades ; à l'intérieur, cette galerie forme, au-dessus de la croisée du transept, un pont ajouré d'un gracieux effet et se prolonge dans la nef par un triforium.
Prendre la rue du Piquet, puis tourner à droite sur la rue de l'Yser, traverser la Grand'Place.

Église St-Quentin A1

9h-18h (nov.-mars 16h). Située au fond de la Grand'Place, elle abrite dans sa chapelle circulaire gauche un tombeau au gisant (14e s.) surmonté d'une statue en argent de N.-D.-de-la-Treille : cette dernière est portée en procession lors de la fête de la Nativité.
Avant de poursuivre la visite, contournez l'église via le passage du Vieux Marché (sur la droite) pour apercevoir au fond des jardins, le **Fort Rouge**, une tour d'angle défensive du 12e s. coiffée de tuiles. Récemment rénovée, elle accueille des expositions temporaires.
Revenir sur la Grand-Place, prendre la rue des Dominicains et continuer tout droit sur la rue Massenet.

Musée de Folklore et des Imaginaires (MuFim) A2

Réduit des Sions 32-36 - ✆ 069 22 40 69 - www.mufim.tournai.be - horaires tarifs : *encadré p. 361.*

Présentées dans la « Maison tournaisienne » (façades de 1673), caractéristique de l'architecture espagnole, les collections évoquent les arts et traditions populaires de la ville et du Tournaisis, ainsi que la vie quotidienne. Intéressantes reconstitutions : estaminet, salle des métiers artisanaux d'autrefois, salle du carnaval et pharmacie. Au 2e étage, la maquette de Tournai au 17e s. est la reproduction de celle exécutée pour Louis XIV.

Non loin se trouvent la **tour St-Georges**, élément de la première enceinte communale (11e-12e s.), et le **musée d'Histoire militaire** *(r. Roc St-Nicaise 59-61 - ✆ 069 21 19 66 - www.visittournai.be - horaires tarifs : encadré p. 361)* relatant l'histoire des fortifications de la ville, et les épisodes des deux guerres mondiales ayant marqué Tournai.

Au débouché de la rue Massenet, tourner à gauche dans la rue St-Martin.

Maison de la marionnette

R. St-Martin 47 - ✆ 069 88 91 40 - www.maisondelamarionnette.be - tlj sf lun. 9h-12h30, 14h-17h ; w.-end 14h-18h - 3,50 € (enf. 3 €)

Elle abrite un centre de valorisation des arts de la marionnette et une collection de quelque 2 500 pièces du monde entier. Une tablette tactile permet de les « faire vivre » tout en découvrant les traditions et techniques des divers lieux et époques.

Continuer dans la rue St-Martin, tourner à gauche dans la rue de l'Enclos St-Martin.

★ Musée des Beaux-Arts A2

R. de l'Enclos St-Martin 3 - ✆ 069 33 24 31 - mba.tournai.be - horaires et tarifs : *encadré p. 361.*

Ce musée (1928) fut conçu par le célèbre architecte Art nouveau **Victor Horta**. Son seul ouvrage en Wallonie, permettant à l'époque une muséographie novatrice, présente un plan en étoile dont les salles rayonnantes convergent vers le hall de sculptures. Ce plan central, recouvert de larges verrières, est délimité par une façade aux formes souples, surmontée d'un groupe en bronze de Guillaume Charlier, *La Vérité, impératrice des Arts*. Devant le flanc gauche du musée, une sculpture féminine de Georges Grard (20e s.). Il abrite des œuvres du 15e s. à nos jours, et en particulier les **collections impressionnistes** du mécène bruxellois Henri van Cutsem.

Parmi la série de **peintures anciennes** se distinguent *La Vierge et l'Enfant* de Rogier de La Pasture (Van der Weyden), le *Saint Donatien* de Gossaert, et de délicats paysages de Brueghel de Velours.

En face du musée, on pénètre dans la cour d'honneur de l'**hôtel de ville** qui occupe l'emplacement de l'ancienne abbaye St-Martin (11e s.), dont il subsiste la crypte romane. L'ancien **palais abbatial** (1763), édifié sur les plans de Laurent Dewez, présente de belles façades néoclassiques.

Musée d'Histoire naturelle et Vivarium A2

R. St-Martin 52 - ✆ 069 33 23 43 -mhn.tournai.be - horaires et tarifs : *encadré p. 361.*

L'architecture intérieure néoclassique de ce musée rappelle celle des cabinets de curiosités propres au 19e s. De belles collections d'animaux naturalisés sont réunies dans la grande galerie au charme suranné. Le vivarium héberge lézards, serpents, poissons et tortues.

6

Le jardin du musée, aménagé autour d'un superbe tilleul, est accessible au public. Diverses espèces et une ruche pédagogique y sont présentées. On profitera surtout d'une belle **serre à papillons** regroupant des spécimens colorés du monde entier.

Musée de la Tapisserie et des Arts textiles (TAMAT) B2

Pl. Reine Astrid 9 - ✆ 069 23 42 85 - www.tamat.be - ♿ - horaires et tarifs : *encadré p. 361.*
Derrière une élégante façade donnant sur la place Reine-Astrid, ce musée évoque une activité qui fut florissante à Tournai du 15e au 18e s. L'apogée de la tapisserie tournaisienne se situe entre 1450 et 1550, et les quelques tapisseries de cette période exposées ici en montrent les principales caractéristiques : les thèmes variés (histoire, mythologie, héraldique) sont traités avec des coloris éclatants et une grande élégance de trait. Le musée possède aussi un atelier où l'on peut voir des lissiers au travail.

Une tapisserie réputée

La tapisserie de haute lisse de Tournai supplante celles d'Arras, sa rivale, et des autres ateliers flamands. Ses réalisations sont appréciées dans toute l'Europe. Elles se caractérisent par de vastes compositions sans bordure aux nombreux personnages et au dessin très stylisé.

Carnet pratique

S'informer

Visit Tournai – *Pl. Paul-Émile Janson 1 - ✆ 069 22 20 45 - www.visittournai.be.*

Agenda

Les Gens d'Ere – *dernier w.-end de juil. - www.lesgensdere.be.* « Grande fête de village musicale », ambiance chaleureuse et familiale.

Les 4 cortèges de Tournai – *Un w.-end de sept. - www.lesamisdetournai.be.* Cortège haut en couleur, formé de chars fleuris et de musique, qui évoque les souvenirs de grandes figures de la ville, notamment Clovis et Louis XIV.

Fête de la Nativité de Notre-Dame – *2e dim. de sept. à 15h.* Cette procession, qui tire son origine de la grande peste de 1090, permet de voir défiler la châsse de saint Éleuthère et le trésor de la cathédrale.

Nos adresses

Restauration

Premier prix

5 **Fritagogo** – A1 - *R. du Bourdon-St-Jacques 8 - ✆ 069 21 61 85 - www.fagfriterie.com - fermé dim. soir - 10 €.* Les meilleures frites de la ville ! Tout le monde se retrouve ici afin de déguster les spécialités maison accompagnées de viande ou de poisson. À emporter ou à savourer assis dans l'agréable salle intérieure.

1 **Chez Agnès** – B1 - *Quai du Marché au Poisson 10 - ✆ 0472 07 52 85 - www.restaurant-chezagnes.com - fermé soir et w.-end - 8,50/15 €.* Horaires brefs et carte

succincte dans cet établissement en bordure de l'Escaut, mais quel concentré de couleurs et de saveurs ! Salades et sandwiches du moment (terre, mer, végétarien, fromager) sont bio, bien faits et bon marché. Petite terrasse en été.

2 **Corto Malté** – B1 - *Quai St-Brice 18 - ✆ 069 22 34 00 - fermé dim.-mar. - plats 14/18 €.* Occupant une ancienne malterie rénovée avec goût, cette adresse propose une cuisine simple, roborative et soignée, composée de belles salades, de tapas et de tartes maison. Agréable terrasse ombragée face à l'Escaut.

Budget moyen

7 **Le Beffroi** – A2 - *Grand-Place 15 - ✆ 069 84 83 41 - www.le-beffroi.be - ♿ - tlj 10h-1h - plats 15/23 €.* Brasserie belge donnant sur la Grand-Place avec vue sur le joli beffroi. À la carte : lapin aux pruneaux, steak frites, mais aussi salades fraîches. Modérez vos commandes car les portions sont généreuses.

Une folie

3 **La Petite Madeleine** – A1 - *R. de la Madeleine 19 - ✆ 069 84 01 87 - www.lapetitemadeleine.be - fermé dim.-merc. (journée) et sam.midi - menu (déj.) 30/75 €.* Aménagé dans une belle demeure ancienne, voici une adresse bien connue des Tournaisiens. La carte joue sur les tableaux classique et contemporain. La cuisine savoureuse est mise en scène avec beaucoup de goût.

Boire un verre

Aux Amis Réunis – *R. St-Martin 89 - ✆ 069 55 96 59 - fermé dim.* Agréable intérieur désuet avec beaucoup de bois. Bonne sélection de bières et autres boissons.

Shopping

Au Moine austère – *R. Dorez 8 - ✆ 069 84 00 92 - fermé dim. apr.-midi et lun.-mar. mat.* Les amateurs de bière belge apprécieront cette boutique conviviale située près de la Grand-Place. Ses étagères accueillent une impressionnante collection de bières ainsi qu'un grand choix de verres.

Hébergement

Premier prix

2 **Auberge de Jeunesse** – A2 - *R. St-Martin 64 - ✆ 069 21 61 36 - www.lesaubergesdejeunesse.be - ♿ - 21 ch. (2, 4 et 6 lits) à partir de 27 €/pers.* ☕. Cette auberge pas comme les autres occupe le bâtiment de l'ancienne Académie de musique, en plein centre-ville, et certaines salles ont conservé des peintures du 18e s. ! Parmi les autres petits plus : la terrasse et le petit-déjeuner bio, le très pratique service de restauration et le parking à proximité.

Maison Tahereh – HORS PLAN - *Bd du Roi Albert 40 - ✆ 0486 23 16 24 - www.bed-breakfast-tournai.be - 4 ch. 44/74 €* ☕. Située à 800 m de la cathédrale de Tournai, cette maison de maître des années 1920 abrite 4 chambres à thème. Choisissez selon votre humeur l'ambiance africaine, égyptienne, amérindienne ou saharienne...

Pour se faire plaisir

4 **Hôtel d'Alcantara** – A1 - *R. des Bouchers-St-Jacques 2 - ✆ 069 21 26 48 - www.hotelalcantara.be - P - 25 ch. 120/145 €* ☕. Cette demeure patricienne du 18e s. se trouve dans le centre ancien et a été transformée pour devenir un hôtel. Derrière sa superbe façade, elle recèle des chambres spacieuses et modernes. Agréable terrasse dans la cour intérieure.

Mons ★★

Bergen

Blottie autour d'une éminence dominant l'ancienne plaine minière du Borinage, Mons est une cité étudiante vivante et dynamique. Ici, rues pavées et ruelles sinueuses du centre conduisent à la pittoresque Grand'Place, cœur battant animé à toute heure, sur lequel veille un élégant beffroi à bulbes, perché au sommet de sa butte. Particulièrement bien dotée en musées et sites de grande qualité, celle qui fut la « Capitale européenne de la culture 2015 » est créative et ambitieuse. En plein renouveau, elle n'a pas fini de nous surprendre, avec sa volonté de valoriser la démarche créative, de concilier arts et technologie, patrimoine et modernité...

Le beffroi de Mons.
Flavio Vallenari/Getty Images Plus

Se repérer

PLAN P. 370.
95 887 habitants – Hainaut
Mons se trouve à 20 km au nord de Maubeuge.

À ne pas manquer

Le beffroi ; la collégiale Ste-Waudru.

Organiser son temps

Prévoyez la journée pour la ville et le Grand-Hornu.

En famille

Les fêtes de la Ducasse.

Carnet pratique p. 374

Nos adresses p. 374

Se promener

PLAN P. 370

Circuit tracé en vert sur le plan de la ville.

★★ Grand'Place B1

De forme irrégulière, la Grand'Place se découvre progressivement, et les perspectives varient à l'infini. Le regard porte naturellement vers l'hôtel de ville et le beffroi, situés « au sommet » du plan incliné de la place.

Hôtel de ville – *Grand'Place 22 - visite libre uniquement lors des J. du patrimoine, visite guidée possible dans le cadre d'une visite groupée (se rens. au ✆ 065 39 59 39 ou 065 33 55 80).*

C'est le seul hôtel de ville du pays à ne posséder qu'un seul étage, le second s'étant effondré lors de travaux. Commencée en 1458, sa construction s'interrompit à la mort de Charles le Téméraire (1477), faute d'argent. Elle fut reprise du 16e au 19e s. La belle façade gothique surmontée d'un campanile est flanquée de deux pavillons du 17e s. à fronton à volutes. Près de la porte principale, le « singe du Grand-Garde », figurine en fer forgé d'origine mystérieuse, a la tête polie par les caresses des personnes désirant s'assurer le bonheur. Sous le porche, les clés de voûte sculptées du 15e s., s'agrémentent de scènes symbolisant les fonctions judiciaires des échevins.

À l'**intérieur**, on visite de nombreuses salles de différentes époques, ornées d'un beau mobilier, de tableaux et de tapisseries. Dans la salle gothique au 1er étage, les poutres s'appuient sur de belles consoles sculptées. De la pièce voisine, on découvre la voûte gothique (17e s.) de l'ancienne chapelle St-Georges, occupée par des expositions temporaires.

Passer le porche de l'hôtel de ville et le tunnel au-delà de la cour intérieure.

Jardin du Maïeur (MAIRE) B1

Accès libre : 8h-22h. Bien caché à l'arrière de l'hôtel de ville, ce havre de paix servait jadis de verger et de basse-cour aux échevins, et constitue aujourd'hui un bel écrin de verdure au cœur même de la cité. Vous apprécierez ses arbres centenaires et sa sculpture du Ropieur (Gobert, 1937) qui représente un jeune garçon aspergeant les passants avec l'eau de la fontaine.

Musée du Doudou – *✆ 065 40 53 18 - www.museedudoudou.mons.be - tte l'année mar.-dim. 10h-18h - 9 € (audioguide inclus), 12-18 ans 6 €.* Installé dans le bâtiment de l'ancien Mont-de-Piété (17e s.), le centre d'interprétation du mythe de saint Georges et du dragon propose aux visiteurs d'explorer la légende séculaire du

Les festivités de la ducasse, connue sous le nom de « doudou »

Chaque année, le dimanche de la Trinité (qui suit la Pentecôte), se déroule la procession du Car d'or : confréries et corporations des différentes paroisses, ainsi que des groupes historiques évoquant la Renaissance, défilent avec les reliquaires ou statues de leurs saints patrons. Ce défilé se termine par l'apparition du char processionnel de sainte Waudru transportant les reliques de celle-ci. Cette procession est suivie du **Lumeçon**, vestige d'un « jeu médiéval » opposant saint Georges à un dragon. Le combat, mettant en scène divers personnages et animaux parfois étranges (les chinchins), se déroule au son de « l'air du doudou », et s'achève par la victoire du Bien contre le Mal. *« Agenda » p. 374.*

6

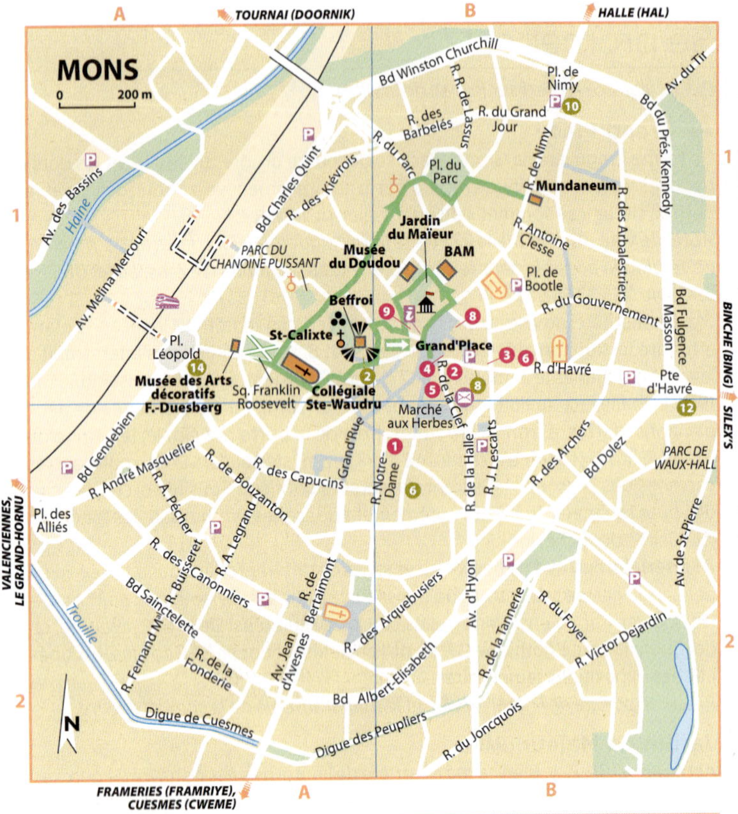

SE RESTAURER

- Mitraillette Mons 1
- Cantine montoise 2
- La Table du Boucher 3
- Le Carillon 4
- Origines 5
- Masu Restaurant 6
- Copenhagen Tavern 8
- Le Comptoir de Marie 9

SE LOGER

- Auberge de Jeunesse 2
- Martin's Dream Hotel 6
- Infotel 8
- Hôtel Lido Mons Centre 10
- Saint James 12
- Le Terminus 14

héros tueur de monstre, triomphant du chaos et permettant à l'ordre de l'emporter. Étroitement liée à ce mythe, la Ducasse rituelle de Mons (*encadré p. 369*), ou Doudou, a une place toute trouvée dans ce musée. Par le biais d'images, d'objets, d'archives inédites et de dispositifs interactifs, le visiteur est amené à mieux apprécier la valeur patrimoniale de ces cérémonies rituelles et jeux si particuliers. *Revenir sur la Grand'Place et prendre la rue Neuve.*

BAM - Beaux-Arts Mons B1

R. Neuve 8 - 065 40 53 25 - www.bam.mons.be - mar.-dim. 10h-18h - exposition permanente 9 €, temporaire 16 €.

Lieu culturel incontournable à Mons, cet espace consacré à la découverte de la création artistique occupe un édifice aux lignes épurées (2007) jouant subtilement sur les effets de transparence et d'obscurité. Résolument contemporain dans son approche muséale comme dans sa forme, il propose chaque année de superbes **expositions temporaires** sur des thématiques en lien avec les collections

du musée (15 000 pièces), particulièrement riches en œuvres des 19e et 20e s. La volonté manifeste de rendre la visite accessible aux jeunes générations se traduit par l'intégration des nouvelles technologies dans le parcours.
Continuer sur la rue Neuve, prendre à gauche sur la rue du 11-Novembre, à gauche sur la rue d'Enghien, à droite rue Cronque et encore à gauche rue des Gâdes.

★★ Beffroi A1

Accès principal r. des Gâdes 1 - ✆ 065 40 52 99 - www.beffroi.mons.be - mar.-dim. 10h-18h (dernière entrée 17h10) - ♿ - 9 € (audioguide inclus), 12-18 ans 6 € - réserv. conseillée - voir le site Internet pour le calendrier des concerts de carillon.
Inscrit sur la liste du **Patrimoine mondial**, il est le seul de style baroque en Belgique (1661-1674), couronné de gracieux bulbes et d'une lanterne ajourée. Le carillon compte 49 cloches et un gros bourdon de 5 t. Le beffroi accueille le **centre d'interprétation** de sa propre histoire... Le visiteur monte *(ascenseur)* jusqu'à une « bulle » vitrée située tout en haut du beffroi (87 m), à la base du volume des cloches. Il emprunte alors une passerelle lui donnant accès au fabuleux panorama sur Mons et sa région. Un dispositif innovant, appelé Fenêtres du Temps, composé d'écrans tactiles mobiles, lui permet de mêler à sa vision actuelle du panorama des éléments virtuels recomposés du passé. Le visiteur redescend ensuite par des escaliers et passerelles métalliques, en découvrant à chaque palier des thématiques différentes. Un programme de visite à la fois passionnant, ludique et original ! Le beffroi est perché au sommet de la ville, dans le charmant square du Château, d'où se dégagent de belles échappées : vous remarquerez en particulier les vestiges des murs d'enceinte (11e-12e s.) du **château des comtes de Hainaut** (12e s.) et de sa **chapelle castrale St-Calixte**, dont la crypte date de l'époque romane (11e s.).
Continuer sur la rue des Gâdes, et tournez à droite rue des Clercs.

★★ Collégiale Ste-Waudru A1

✆ 065 33 55 80 (office de tourisme) - www.waudru.be - 9h-18h (dim. 9h30).
Cet imposant édifice a été bâti entre 1450 et 1686 à l'emplacement même du modeste monastère fondé par sainte Waudru, patronne de la ville. Le chapitre noble des chanoinesses de Ste-Waudru confia cette tâche à Mathieu de Layens. Elle présente un extérieur imposant, un peu trapu, car la tour de façade prévue à l'ouest, dont la hauteur devait atteindre 190 m, n'a jamais été terminée et ne dépasse pas la toiture de la nef. L'église a été bâtie avec des matériaux locaux tels que le grès, la pierre bleue et la brique. Cette construction massive, typique du style gothique brabançon, surprend par ses dimensions : 115 m de long, 32 m de

Un peu d'histoire

Mons, comme l'indique son nom, tient son origine d'une éminence. Elle se développe autour d'un monastère fondé en 650 par sainte Waudru au pied des ruines d'une forteresse. Les comtes de Hainaut font construire un château à l'emplacement de celles-ci. La ville connaît sa plus grande splendeur au Moyen Âge et sous Charles Quint grâce à ses manufactures de draps. Mais sa position stratégique, aux limites de la France, lui vaut d'être plusieurs fois assiégée. C'est ainsi qu'en 1691 les troupes de Louis XIV s'emparent de la ville après un siège de trois semaines ; de ce fait, le style de la plupart des maisons date de cette époque.
Les bombardements de l'aviation de 1940-1945 causent la destruction de plusieurs quartiers.

large et 24,5 m de haut à la clé de voûte. L'ensemble est bordé de 29 chapelles.
Intérieur – *Accès par le portail sud.* Dès qu'on pénètre dans l'église, l'impression extérieure s'efface : tout n'est qu'harmonie, élégance et équilibre. La verticalité domine : le regard ne rencontre pas d'obstacle, de la base des piliers fasciculés à la clé de voûte. Aucune ligne horizontale ne l'arrête.
Un **jubé** en albâtre, exécuté au 16e s. dans le style de la Renaissance italienne par le sculpteur et architecte Jacques Du Brœucq (1505-1584), a été démoli en 1797 : les statues et bas-reliefs ayant échappé à la destruction sont dispersés dans la collégiale. Au revers de la façade, à l'avant de la tribune supportant les orgues du 18e s., les plus complètes de la province du Hainaut, on voit le **Car d'or** (1779-1781), carrosse en bois sculpté, peint et doré, qui porte, lors de la procession du dimanche de la Trinité, la châsse (19e s.) de sainte Waudru. Il s'agit du seul char processionnel de cette période encore utilisé de nos jours.
Le **chœur** est entouré de sept splendides **statues allégoriques★** en albâtre exécutées par Du Brœucq : les quatre Vertus cardinales (1544) et les trois Vertus théologales (1543-1544) d'une grâce très étudiée, ainsi qu'un splendide saint Barthélemy (1572). Les fenêtres hautes du chœur sont ornées de beaux vitraux des 16e et 17e s. parmi lesquels les cinq « verrières impériales » offertes par Maximilien d'Autriche et réalisées par le peintre verrier montois Claix Eve. Les vitraux de la collégiale animent l'architecture de leurs éclats multicolores et changeants et qualifient le volume intérieur de l'édifice. Admirez en particulier ceux du transept et des fenêtres hautes du chœur.
Parmi les œuvres conservées dans la collégiale, remarquez « Les Féeries N.-D. », un retable du gothique flamboyant en pierre blanche, du 16e s. (1re chapelle à droite du **déambulatoire**), un beau retable en marbre noir et albâtre de Du Brœucq (1549) surmonté d'une harmonieuse statue de Marie Madeleine entourée de statuettes des Évangélistes (12e chapelle), la Déploration du Christ (à l'avant de la table d'autel), réplique en marbre d'une composition de Germain Pilon (Paris, 1528-1590) et enfin un beau Christ Salvator en albâtre, du même artiste (au mur de la 4e chapelle du bas-côté droit).
Trésor – *✆ 065 33 55 80 – www.tresorsaintewaudru.mons.be - tlj sf lun. 12h-18h - 4 €. Il est possible de visiter la collégiale avec des audioguides : 5 € (visite du trésor comprise).* Situé dans l'ancienne salle capitulaire des chanoinesses, il contient d'intéressants objets d'art religieux du 13e au 19e s. : ornements liturgiques et pièces d'orfèvrerie (calices, ciboires, ostensoirs, reliquaires), sculptures, livres et peintures du 7e au 19e s.

★★ Musée des Arts décoratifs François-Duesberg A1

Square Franklin-Roosevelt 12 - ✆ 065 36 31 64 - www.duesberg.mons.be - mar., jeu. et w.-end 15h-18h - 5 à 8 €.
Installé dans les anciens locaux de la Banque nationale (bâtiment classé de la fin du 19e s.), ce musée, fruit d'une vie de travail acharné d'un couple de collectionneurs-mécènes, couvre la période de 1775 à 1825. L'intérieur du musée a été sobrement aménagé afin de faire ressortir l'éclat des pièces exposées, dont l'extraordinaire **collection de pendules★★** à sujets exotiques (1795-1815), l'une des plus importantes au monde, exécutées par les meilleurs fondeurs-ciseleurs parisiens. Le musée comprend également une collection remarquable de **porcelaines★★** réalisées par des ateliers bruxellois et parisiens ainsi que des orfèvreries somptueuses, des bronzes dorés français, des tableaux, des gravures, de très nombreux bijoux anciens (dont un ensemble de camées dits « habillés »), des livres ou d'autres témoignages inspirés des mêmes thèmes.

Prendre la rue N.-D.-Débonnaire, continuer tout droit jusqu'à la place du Parc, s'engager dans la rue du Rossignol et tourner à droite rue des Marcottes.

★ Mundaneum B1

R. de Nimy 76 (espace d'expositions), r. des Passages 15 (centre d'archives) - ✆ 065 31 53 43 - www.mundaneum.be - merc.-vend. 13h-17h, w.-end 11h-18h - fermé 1er janv. et 25 déc. - (centre d'archives, en sem. sur RV) - accès rdc gratuit, visite 7 €.

Ce lieu culturel incontournable abrite les immenses fonds d'archives constitués par deux avocats bruxellois, **P. Otlet** et **H. La Fontaine**, deux visionnaires qui eurent, un siècle avant l'émergence des premiers moteurs de recherche, l'audacieuse idée d'indexer l'ensemble des savoirs du monde en créant un « Répertoire universel de documentation ». Aujourd'hui, le Mundaneum présente ses fascinants fonds documentaires (désormais en grande partie numérisés) tout en proposant régulièrement des événements autour de thématiques liées à l'accès aux savoirs et aux nouvelles technologies. La scénographie, superbe, est signée François Schuiten et Benoît Peeters. Un lieu assez magique, tant par l'utopie qui l'anime que par son récent aménagement.

À proximité

★★ Le Grand-Hornu A2 EN DIRECTION

13 km à l'ouest par la E 19 puis, à gauche, la N 547.

Hornu est situé à proximité de Mons, au cœur du **Borinage**, région où l'on exploita le charbon jusque dans les années 1970. Cette commune, dotée d'un véritable joyau d'architecture industrielle (*encadré ci-dessous*), inscrit au Patrimoine mondial de l'Unesco, abrite dans ses murs deux institutions muséales.

Centre d'innovation et de design (CID) – *www.cid-grand-hornu.be - billet combiné CID/MAC's 10 € (6 €) - audioguide 3 €.* Il s'agit d'un des principaux lieux d'exposition de design et arts appliqués belges. La collection réunit des pièces des 20e et 21e s. exposées dans d'anciens bâtiments industriels (magasins, lampisterie).

Musée des Arts contemporains MAC's – *R. Ste-Louise 82 - ✆ 065 65 21 21 - www.mac-s.be - mar.-dim. 10h-18h - fermé 1er janv. et 24-25 déc. - 10 € (6-18 ans 2 €) - gratuit 1er dim. du mois.* Le grand portail d'entrée donne accès, sur la droite, au musée. L'architecte Pierre Hebbelinck a su marier de façon heureuse la nouvelle construction de briques noires aux bâtiments existants. Les espaces, dépouillés, fort bien conçus, mettent habilement en valeur les œuvres d'art. Exposée par roulement, la collection d'envergure internationale présente de manière attrayante un mélange des genres d'art actuel : peintures, sculptures, photos, installations multimédias. *Les Registres du Grand-Hornu* de Christian Boltanski,

Une cité ouvrière idéale

Le complexe du Grand-Hornu, construit entre 1816 et 1835, se compose de 435 maisons ouvrières confortables pour l'époque, de plusieurs ateliers, d'un bâtiment pour l'administration et d'entrepôts. Bruno Renard, l'architecte des cours intérieures et du « château » de la famille du propriétaire, s'est vraisemblablement inspiré de la saline d'Arc-et-Senans en France, réalisée par l'architecte Ledoux en 1774-1779. L'ensemble industriel du Grand-Hornu a été conçu dans un style néoclassique (arcades, frontons, colonnades).

dans le grand hall du magasin aux foins, constitue un hommage impressionnant aux mineurs du site charbonnier.
Au milieu de la première cour intérieure trône une œuvre de Pol Bury de 1991 : *64 carrés*. La vaste cour ellipsoïdale, entourée d'arcades et de bâtiments en brique, où étaient installés les ateliers et magasins, est actuellement convertie en bureaux. Sur la gauche, l'atelier principal, qui servait à la construction des machines à vapeur, a conservé les piliers qui soutenaient jadis des coupoles à pendentifs. Autour de l'usine, les 435 petites maisons ouvrières d'une grande simplicité s'alignent de part et d'autre de rues rectilignes, inscrites dans un rectangle. Le Grand-Hornu comptait 2 500 habitants en 1829.

Carnet pratique

S'informer

Office du tourisme – *Grand'Place 27 - ✆ 065 33 55 80 - www.visitmons.be.*
Voir aussi : www.mons2025.eu

Agenda

Les Fêtes de la Ducasse – Le dimanche qui suit la Pentecôte, le « Car d'or », un char revêtu d'or, traverse la ville avec les reliques de sainte Waudru, fondatrice de la ville. Pour ne pas porter malheur, ce char doit grimper d'une traite une dernière pente abrupte. Ensuite, le combat de saint Georges contre le dragon se joue à nouveau sur la Grand'Place.
Festival au Carré - Depuis plus de 15 ans, ce festival propose des animations dans toute la ville pendant une semaine en juillet.

Nos adresses

Restauration

Premier prix

1 **Mitraillette Mons** – B2 - *R. des Fripiers 22 bis - ✆ 065 87 57 87 - mitraillette.land - fermé dim. midi, lun.-mar. - env. 15 €.* Jean-Philippe Watteyne, ancien finaliste de Top chef en 2013, a ouvert le premier restaurant au monde dédié à ce sandwich belge à base de frites. Il en propose une infinité de déclinaisons (scampi, blanc de bœuf, joues de porc, queues de bœuf mijotées, agneau confit, tagliata de bœuf, porc effiloché...) !

4 **Le Carillon** – B1 - *R. d'Havré 1-3 - ✆ 065 34 73 47 - www.carillonmons.be - 8h-22h, w.-end 11h-0h - plats 10/17,50 €, menu midi 20 €.* Grande taverne-restaurant près de la Grand-Place. Les murs en brique, les poutres en bois et les tapisseries créent une ambiance chaleureuse. Vous pourrez y manger un morceau sur le pouce ou un vrai repas.

8 **Copenhagen Tavern** – B1 - *Grand-Place 11 - ✆ 065 33 56 20 - 9h-0h (1h w.-end) - plats 11/25 €.* Cette adresse est réputée pour ses très nombreuses préparations de moules dont certaines sont audacieuses. Les spécialités danoises et grillades sont également à découvrir. Un arrivage journalier de viandes et poissons garantit la fraîcheur des plats proposés.

2 **Cantine montoise** – B1 - *R. d'Havré 8 - ✆ 065 98 22 03 - www.cantinemontoise.be - fermé*

dim. soir et lun. midi - menus midi en sem 13,50 €, plats 16/21 €. On savoure ici une cuisine de brasserie, ou aux accents méditerranéens, dans un cadre intimiste. Le chef Badros Matta propose une carte saisonnière, soignée dans la préparation et la présentation autant que dans le choix des produits locaux (viande délicieuse). Ambiance conviviale.

Budget moyen

6 **Masu Restaurant** – B1 - *R. d'Havré 79 - ✆ 065 95 28 94 - www.masurestaurant.be - fermé mar. midi et sam.-lun. - menus 28/39 €.* Distingué par un BIB gourmand (guide MIchelin 2022), Masu est un nouveau restaurant vivant, à l'image de Maxime et Sullivan : jeune, funky et décontracté. Chaque mois, ils concoctent un nouveau menu, en suivant les saisons et en stimulant leur créativité, à la recherche de nouvelles découvertes.

5 **Origines** – B1 - *R. de la Coupe 25 - ✆ 065 59 57 62 - originesbyceline.be - fermé lun. (journée), mar. et dim. soir, sam. midi - plats 20/34 €, menu 37 €.* Cette sympathique adresse distinguée par un BIB gourmand (guide Michelin 2022), possède une agréable terrasse à l'arrière, autour d'un olivier. Céline puise son inspiration dans l'offre du marché, avec laquelle elle compose une carte très alléchante. Une cuisine française moderne, mais sans complications. Une finesse féminine, des saveurs palpables et exquises, tout simplement. -

Pour se faire plaisir

3 **La Table du Boucher** – B1 - *R. Havré 49 - ✆ 065 31 68 38 - www.latabledubboucher.be - fermé mar. - menu 39 €.* Un must pour tout amateur de viande ! Le patron ne travaille que des produits de qualité provenant des mêmes fournisseurs que ceux de Joël Robuchon, et vous pouvez lui faire confiance ! Steak tartare préparé devant vous, grillades délicieusement tendres...

Une folie

9 **Le Comptoir de Marie** – B1 - *R. d'Enghien 8- ✆ 065 87 29 49 - www.lecomptoirdemarie.be - fermé dim.-lun. - réserv. conseillée - formule déj. 30 €, menu 70 €.* Installez-vous au comptoir noir et admirez le spectacle. Le chef étoilé (guide Michelin 2022) démontre son talent derrière les fourneaux, assure le service et vous parle de ses plats variés. Grâce à son savoir-faire et à l'aide de produits de qualité, les tapas sont délicieuses. Un tourbillon de saveurs !

Petite pause

Cité étudiante par excellence, Mons possède de nombreux bars et cafés aux alentours de la place du Marché-aux-Herbes et de la Grand'Place.

Le Saint-Germain – *Grand-Place 12 - ✆ 065 33 54 48 - www.le-saint-germain.be - menu du jour 9,80 €.* Taverne-tearoom proposant un grand choix de petites préparations, de glaces, de crêpes... Vous pouvez également y acheter du pain ou des pâtisseries. Très grande terrasse sur la Grand-Place.

MoMA Coffee – *10 r. de la Coupe - ✆ 065 36 47 78 - fermé dim.* MoMA pour Mons-Manhattan : tout est dit ou presque... Ici se rencontrent la convivialité montoise et les délices des cafés new-yorkais, c'est-à-dire les smoothies, les bagels, les cookies et autres brownies généreux.

Matouroux – *r. d'Enghien 2 - ✆ 065 73 09 14 - www.matouroux.be - fermé lun.-mar. (journée) et dim. apr.-midi.* Cette pâtisserie fine ouverte en 2019 a déjà obtenu une large reconnaissance. L'accent est mis sur les créations, avec parfois des variations sur des classiques comme le Paris-Brest ou la Pavlova.

Hébergement

Premier prix

2 Auberge de Jeunesse – A1 - *Rampe du Château 2 - ✆ 065 87 55 70 - www. lesaubergesdejeunesse.be - ♿ - 29 ch. (2, 3, 4 et 6 lits) à partir de 27 €/pers.* ☕. Sans aucun doute la meilleure auberge de jeunesse de Belgique. Situé au pied du beffroi, à deux pas de la Grand-Place, cet édifice moderne et discret propose des chambres et des dortoirs (lits superposés). Draps et serviettes inclus (à demander à l'accueil).

14 Le Terminus – A1 - *Pl. Léopold 3 - ✆ 065 34 05 64 - 12 ch. - 86/96 € - ☕ 10 € - ✕ Rondinella : ✆ 065 36 08 39 - www. la-rondinella.be - pizza 9/18 €.* Cet hôtel familial sans prétention se trouve juste en face de la gare de Mons. Chambres simples, mais d'une propreté irréprochable. Restaurant-pizzeria à proximité, proposant de la cuisine française et italienne.

Budget moyen

8 Infotel – B1 - *R. d'Havré 32 - ✆ 065 40 18 30 - www.hotelinfotel. be - P - 36 ch. 90/135 €.* Établissement situé dans une rue commerçante animée, près de la Grand-Place historique. Les chambres confortables de cet hôtel donnent sur une cour intérieure paisible. Petit-déjeuner copieux et accès gratuit à Internet.

12 Saint James – B2 - *Pl. de Flandre 8 - ✆ 065 72 48 24 - www. hotelstjames.be - P - 21 ch. à partir de 95 € - ☕ 15 €.* Demeure du 18e s. à distance de marche du centre historique. Design résolument contemporain. Bar élégant. Les chambres situées dans la nouvelle aile ne souffrent nullement de l'intensité du trafic.

10 Hôtel Lido Mons Centre – B1 - *R. des Arbalestriers 112 - ✆ 065 32 78 00 - www.lido.be - P (10 €) ♿ - 116 ch. 98/109 €* ☕. Cet hôtel de facture récente se trouve près de la porte de Nimy. Les chambres y sont confortables et soignées, et le petit-déjeuner servi sous forme de copieux buffet.

Pour se faire plaisir

6 Martin's Dream Hotel – B2 - *R. de la Grande Triperie 17 - ✆ 065 32 97 20 - www. martinshotels.com - P ♿ - 62 ch. à partir de 129 € ☕ - ✕ plats 18/26 € - espace wellness (accès payant).* Cette église néogothique (19e s.) entièrement réhabilitée est située en plein cœur du centre historique. Vous apprécierez l'originalité du décor de ses chambres, impeccablement tenues et arrangées avec goût. Certaines, réparties dans l'enceinte de l'ancien couvent, ont conservé leurs baies à ogives décorées de vitraux.

À proximité

Budget moyen

Les Chambourlettes – HORS PLAN - *Guy de Brès 53 - ✆ 065 33 58 63 - www.leschambourlettes.com - P - 2 ch. 100/150 € - ☕ 7,50 €.* Située à quelques minutes en voiture du centre-ville, dans un quartier résidentiel en bordure du Bois d'Havré, cette maison d'hôtes propose deux chambres personnalisées. Les visiteurs apprécieront l'accueil, le joli jardin paysager et la petite salle de cinéma privée.

Mons, le beffroi au soleil couchant.
anibaltrejo/Getty Images Plus

Rencontres internationales de cerfs-volants à Berck-sur-Mer.
S. Bouilland/hemis.fr

COMPRENDRE LE NORD ET LE PAS-DE-CALAIS

Bienvenue dans la région	380
8 choses à savoir	381
Saveurs locales	382
Histoire	386
Traditions et art de vivre	396
Arts et culture	399
Nature et paysages	408
Personnalités	412

Bienvenue dans la région

Proches de Paris et au cœur de l'Europe, le Nord et le Pas-de-Calais possèdent une magie singulière, dont les maîtres-mots sont convivialité, simplicité, ouverture aux autres. Les traditions sont vives, joyeuses, sans cesse stimulées par les fêtes qu'elles occasionnent. Les paysages aussi réjouissent. Le bocage de l'Avesnois charme par ses ondulations, le silence du marais audomarois apaise, les monts de Flandre portent loin le regard tandis que la Côte d'Opale rayonne de toutes ses couleurs.

Reconversion du patrimoine industriel

Loin de dédaigner son passé industrieux, la région opère une formidable reconversion de son patrimoine ouvrier, en centres d'art, musées, parcs, quartiers d'affaires ou de logements. L'héritage architectural est immense et offre des opportunités d'aménagements que les acteurs locaux savent valoriser, des zones portuaires aux anciennes verreries de l'Avesnois, en passant par les usines textiles de la métropole lilloise. Quant au Bassin minier, inscrit au Patrimoine mondial de l'Unesco en tant que « paysage culturel », façonné par le travail, le courage et la solidarité, il affiche son dynamisme et sa créativité. Le plus bel exemple de reconversion : le Louvre-Lens, qui a fêté son dixième anniversaire en 2022.

Carnavals et géants

Les traditions joyeuses et festives sont une autre caractéristique de la région : défilés, braderies, kermesses et les fameux carnavals, au cours desquels les chants, les chahuts et les bandes mettent l'ambiance. Le plus réputé est celui de Dunkerque, qui rassemble 50 000 carnavaleux autour de Mardi gras. Les géants et les géantes, inscrits eux aussi au Patrimoine mondial de l'Unesco, sont les protagonistes de nombreux rassemblements populaires, de Douai à Cassel. Ces figures médiévales symbolisent une identité vivante, une culture enjouée qui traverse les époques et distingue cette mentalité du Nord, généreuse, joviale, teintée d'autodérision.

Littoral et tourisme vert

Départements parmi les plus denses de France, le Nord et le Pas-de-Calais n'en demeurent pas moins verts. Les vallées de l'Authie et de la Canche s'ouvrent sur de riches estuaires bercés par le rythme des marées. Les massifs dunaires qui bordent le littoral dominent d'immenses plages pour s'effacer devant d'augustes falaises tel le cap Blanc-Nez, labellisé Grand Site de France avec le Gris-Nez, son associé. Ces espaces naturels piquent la curiosité : à pied, à vélo, en char à voile, ils sont autant d'occasions d'explorer et de se faire du bien.

8 CHOSES À SAVOIR

CORONS

Exceptionnel et universel : ces deux attributs valent au Bassin minier du Nord-Pas-de-Calais son inscription au Patrimoine mondial de l'Unesco. Ses trois siècles continus d'exploitation minière, sa mémoire collective vibrante, sa mosaïque de paysages façonnés par les mineurs offrent une portée universelle à ce territoire modelé par l'industrialisation. « Au Nord, c'étaient les ... ».

1214

Le 27 juillet, à Bouvines, s'est déroulée une grande bataille opposant l'armée du roi de France Philippe Auguste à une coalition germano-flamande dirigée par l'empereur Otton IV. La victoire commune des Capétiens, des milices communales et des seigneurs est à l'origine du sentiment d'une unité nationale française. Cocorico !
Un musée est consacré à la bataille de Bouvines à Mons-en-Pévèle.

90

BRASSERIES ACTIVES

Ces microbrasseries et brasseries artisanales rivalisent de créativité pour proposer des bières aux infinies nuances de goûts.

Braderie

Lille accueille la plus grande braderie d'Europe, aux chiffres records : 2 jours en septembre, 8 000 exposants, 80 km de stands, 2,5 millions de visiteurs, 500 tonnes de moules et 30 de frites y sont consommées !

Beffrois

Ces tours érigées du 12e au 20e s., symboles du pouvoir municipal et de l'identité de la commune, sont l'emblème de la région, au même titre que les moules-frites ! 17 beffrois du Nord et du Pas-de-Calais sont inscrits au Patrimoine mondial de l'Unesco.

Pas de quoi ?

Le « pas » de Calais est l'axe le plus étroit entre le continent européen et la Grande-Bretagne. Un « pas » de 33 km, tout de même.

Cerfs-volants

Un ciel bariolé, euphorique, qui surplombe des ombres ondoyant sur la plage, c'est le programme des Rencontres internationales de cerfs-volants qui ont lieu en avril à Berck-sur-Mer. En levant les yeux, on découvre des créatures immenses, improbables, côtoyer d'autres plus modestes mais tout aussi curieuses. Une parade à ne pas manquer.

DÉPARTEMENTS ET CAPITALE

Le Nord (59) et le Pas-de-Calais (62) font partie de la région Hauts-de France (avec l'Aisne, l'Oise et la Somme). Ils comptent 4 millions d'habitants, dont 2,6 millions pour le Nord, département le plus peuplé de France.
Lille est la 4e agglomération française (et la 2e en densité) avec 1,2 million d'habitants, dont un tiers a moins de 25 ans.

Saveurs locales

Généreuse, la cuisine du Nord et du Pas-de-Calais présente une grande variété de plats consistants et savoureux, et ne manque pas de caractère. Les produits issus des grandes plaines rencontrent ceux du littoral dans un joyeux estaminet ou l'une de ces nombreuses jeunes adresses créatives et surprenantes, qui font de la région une destination culinaire incontournable.

Une gastronomie vivante

Le paysage culinaire de la région évolue considérablement depuis quelques années. De jeunes chefs s'installent, réinterprètent les classiques et font preuve d'audace dans leur cuisine. Ils privilégient les circuits courts, défendent le terroir et les acteurs locaux. Les pratiques durables et engagées donnent une nouvelle dimension à la cuisine nordiste. Les Hauts-de-France ont d'ailleurs reçu le label Région européenne de la gastronomie pour 2023, qui met en valeur par divers événements la gastronomie et la culture locales, dans le but de contribuer à une meilleure qualité de vie.

Une saveur : l'amertume !

Endive, chicorée, cresson, bière ont pour point commun, outre leur popularité dans le nord de la France, l'amertume. Contrairement au sucré, il faut un peu de temps pour adopter et apprécier cette saveur, que les premiers hommes assimilaient à la toxicité. Pourtant, l'amertume a de nombreuses qualités : elle stimule la digestion et aide le corps à assimiler les nutriments. Elle incite aussi à manger plus lentement et donc régule l'appétit. Mais surtout, en cuisine, elle donne du relief, rééquilibre les autres saveurs, apporte de la complexité aux plats. L'amertume, à la fois âpre et délicate, partage beaucoup avec le Nord et le Pas-de-Calais.

Potjevleesch ou flamiche

Classique flamand, le potjevleesch, ou « petit pot de viande », se déguste en entrée. C'est une terrine de veau, porc, lapin et poulet. La flamiche au maroilles, « le plus fin des fromages forts », onctueuse et parfumée, est quant à elle une variante de la flamiche picarde (aux poireaux). Si au nez la flamiche au maroilles affiche son caractère, en bouche elle s'avère douce et raffinée. En entrée ou en plat principal, chaude ou froide, elle réjouit !

Carbonade

à la carte des estaminets se dévoilent les grandes spécialités locales que sont le lapin aux pruneaux, le coq à la bière et la fameuse carbonade flamande, bœuf braisé avec une sauce à la bière aromatisée d'oignons et d'épices. Souvent accompagnée de frites, elle s'accommode aussi très bien de pommes de terre, d'une compote de pommes, de chou rouge ou d'endives braisées, les fameux chicons.

Frites.
LauriPatterson/Getty Images Plus

Chicons

Endive, chicon, deux noms pour une même racine de chicorée qui bourgeonne dans l'obscurité et forme ces feuilles blanches, douces et amères. Les Belges privilégient l'appellation « chicon », les Nordistes « endive », une chose demeure cependant : l'amour du chicon gratin, à savoir une endive enroulée dans une tranche de jambon nappée de béchamel et de fromage râpé gratiné, n'a que faire de la frontière.

Moules-frites

Enfin, comment passer à côté des fameuses moules-frites, véritable plat de fête ? Elles sont le plus souvent marinières ou à la crème, voire à la bière. Lors de la Braderie de Lille, en septembre, on mange jusqu'à 20 000 litres de moules. D'énormes tas de coquilles envahissent alors les rues. Récupérées, nettoyées, broyées puis associées à d'autres déchets, elles sont recyclées par une entreprise lilloise pour fabriquer du mobilier, des manches de couteaux ou du carrelage. Et les frites ? On les déguste aussi en cornet, devant les baraques à frites, assaisonnées de sauces épicées dans le Nord, de vinaigre dans le Pas-de-Calais. Celles cuisinées au gras de bœuf remportent tous les suffrages.

Maroilles et autres fromages

Le fleuron, pour commencer : le maroilles, sa pâte molle, sa croûte lavée à la bière, son goût corsé, a été créé au 10e s. par les moines de l'abbaye éponyme. Ses dérivés sont

Mange Lille !

Cette association lilloise s'appuie sur un collectif de chefs, de producteurs et d'artisans pour organiser des événements festifs, conciliant gastronomie et grand public à Lille et dans la région. La cuisine de terroir est mise à l'honneur, la créativité des chefs et les savoir-faire des artisans et des producteurs se traduisent par des mets dont les produits sont issus de filières locales engagées dans l'excellence gustative et la préservation de la biodiversité.

Recette de la tarte à la bière

200 g de farine
135 g de beurre
1 cuil. à soupe de sucre fin
1 pincée de sel
1/2 verre d'eau
3 œufs
25 cl de Choulette ambrée
230 g cassonade blonde

1. Pâte : couper le beurre en petits morceaux puis le sabler avec la farine. Ajouter le sel, le sucre, et un peu d'eau pour former une pâte souple. Laisser reposer au frais.

2. Appareil : battre les œufs en omelette. Ajouter la bière. Battre à nouveau. Ajouter la cassonade puis mélanger.

3. Étaler la pâte et foncer un moule à tarte d'environ 25 cm de diamètre. Verser l'appareil et parsemer de noisettes de beurre.

4. Faire cuire à 200 °C pendant 35mn. Servir tiède ou froid.

le vieux-lille (ou « puant », maroilles réaffiné à la bière), le dauphin (agrémenté d'épices et d'herbes), le cœur d'Avesnes et la boulette d'Avesnes (maroilles jeune et vieux mélangés aux épices ou enrobé de paprika).
Plus au nord, la tome de Cambrai offre un goût fruité avec des saveurs de céréales provenant de son affinage à la bière. Dans la région lilloise, la mimolette que l'on appelle aussi « boule de Lille » se distingue dans les étals avec sa couleur orange. Jeune, son goût est doux, alors que vieillie, elle révèle des arômes torréfiés de café ou de cacao. Le général de Gaulle en raffolait, dit-on.

Tarte au sucre

Pour le dessert, on se régale de tartes à la bière (*recette ci-dessus*) ou au sucre, au papin ou au libouli (lait bouilli), garnies de vergeoise ou cassonade, de tartes à gros bord du Boulonnais et de gaufres charnues fourrées à la vergeoise ou à la vanille... suivies d'un café noir additionné de chicorée, ou d'alcool (bistouille), avec sucreries ou pain d'épice. Enfin, pour le dîner, les gens du Nord préparent parfois des cramiques (pains au lait sucrés) et des coquilles (brioches).

Top 5 des bières locales

1. La Choulette
2. La Cuvée des jonquilles
3. La Bracine
4. L'Anosteké
5. La PVL

Bêtises de Cambrai et autres friandises

Aromatisée à la menthe, rayée de sucre caramélisé, la bêtise de Cambrai serait issue... d'une bêtise d'un apprenti confiseur, qui aurait par erreur mis de la menthe dans la pâte des bonbons. Deux maisons, Afchain et Despinoy, se disputent la paternité de cette bêtise et donc, de l'invention du bonbon.
Très appréciées, les chuques – « sucres » en ch'ti –, friandises parfumées au café et fourrées au caramel, et les babeluttes (dont le nom signifie « bavarder » en flamand) rappellent le penchant de leur inventeur qui laissa la vergeoise et le beurre refroidir après cuisson pour donner, surprise, un excellent goût. La vergeoise enfin, issue du jus de la betterave sucrière dont le nord de la France est une terre d'élection, compose, entre autres, les biscuits speculoos ou la fameuse tarte au sucre.

Restaurant du Vieux-Lille.
L. Maisant/hemis.fr

Bière

Promues par le sceptre joyeux du géant armentiérois Gambrinus, roi de la bière, et l'auréole débonnaire de saint Arnoul, patron des brasseurs, les bières du Nord et du Pas-de-Calais, territoire riche en eau, orge et houblon (de Flandre, réputé pour son arôme), proviennent de quelque quatre-vingt-dix micro-brasseries, brasseries artisanales et brasseries industrielles réparties sur l'ensemble de la région. Avec un tel panel, une grande variété de choix s'offre au palais : blonde « pils » avec une légère amertume, bière de garde (avec ses arômes de céréales et ses notes d'épices, de caramel, de pain grillé) ou spéciale, IPA, brune, ambrée, tourbée, fumée, avec notes de café ou de chocolat, fruitée, florale, épicée, acidulée... Il y en a pour tous les styles et tous les goûts.

Limonade

Encore quelques brasseries artisanales, notamment dans le Calaisis, en produisent. De l'eau, du sucre, de l'acide citrique et du gaz carbonique la composent. Mélangée à la bière, la limonade devient panaché. Additionnée d'un sirop, elle devient diabolo. Les limonadiers proposent des arômes à la violette, au citron, à la mangue, à la menthe ou... à la chicorée, pour en faire une limonade *d'sin coin* !

Chicorée

De la même famille que les endives, cette plante autrefois consommée pour ses vertus médicinales, digestives et dépuratives a un goût fin et délicat, entre noisette et caramel. Cultivée en France, à 95 % dans le Nord et le Pas-de-Calais, la chicorée est une racine provenant des terres sablonneuses de la région. Séchée, torréfiée et concassée, elle est ensuite transformée en boisson instantanée riche en fibres, ou sous forme de condiment, utilisée aussi bien en salé qu'en sucré. Hmm, la crème brûlée à la chicorée !

Histoire

Bon nombre d'envahisseurs sont passés par là : Celtes, Romains, Barbares et Vandales ; Francs, Mérovingiens, Carolingiens, Normands, puis, tour à tour, Anglais, Espagnols, Autrichiens et Prussiens. Chemin faisant se révèlent encore les traces de leur passage. Plus profondes encore sont les empreintes sanglantes des deux guerres mondiales, qui ravagèrent la région.

Celtes et Romains

- **Vers 300 av. J.-C.** – Des tribus de Celto-Germains, les Belges, s'emparent du nord de la Gaule : les Nerviens (Bavay), les Atrébates (Arras), les Morins (Thérouanne) et les Ménapes (Cassel).
- **57 av. J.-C. – Jules César** soumet les tribus de la Gaule belgique. Bavay et Boulogne deviennent des centres romains importants.
- **1er au 3e s. – Paix romaine**. Le nord de la France fait partie de la province de Belgique seconde, dont la capitale est Reims.
- **406** – Invasion des Francs.

Moyen Âge

- **561** – Division du royaume des Francs. Le nord de la France est rattaché à la Neustrie.
- **768** – **Charlemagne**, roi des Francs.
- **800** – Charlemagne, empereur d'Occident.
- **9e et 10e s.** – Invasions des Normands et des Hongrois.
- **1214** – **Bataille de Bouvines** : victoire de Philippe Auguste sur Otton IV, le comte de Flandre et Jean sans Terre.
- **1223** – L'Artois est intégré au domaine royal à l'avènement de Louis VIII.

La bataille d'Azincourt

Le 13 août 1415, Henri V d'Angleterre débarque dans l'estuaire de la Seine. Cherchant à gagner Calais, il remonte le long de la côte et parvient à Azincourt. Le 25 octobre 1415, la bataille oppose 15 000 Français à 9 000 Anglais. Ceux-ci ont recours à leur tactique habituelle : les hommes d'armes, à pied, sont flanqués par des archers. Les chevaliers français s'élancent vers l'ennemi, mais les Anglais ripostent par une pluie de flèches. Affolés, les chevaux s'enlisent dans le terrain détrempé... Contraints de lutter à pied dans leur lourde armure, les chevaliers sont assaillis par l'infanterie anglaise, armée de haches et de massues. C'est l'une des plus sanglantes défaites de la noblesse française qui perd 6 000 des siens. Du côté anglais, Azincourt suscite l'éveil du sentiment national. La victoire favorisera les prétentions de Henri V d'Angleterre au trône de France. En 1599, Shakespeare magnifiera ce fait d'armes, faisant de Henri V un héros théâtral détenteur des valeurs patriotiques.

Bataille d´Azincourt.
J.-D. Dallet/age fotostock

- **1314** – Philippe le Bel annexe la Flandre.
- **1337** – Début de la **guerre de Cent Ans**.
- **1347** – Calais capitule devant les Anglais.
- **1369** – Mariage de Philippe le Hardi avec Marguerite de Flandre. La Flandre passe aux Bourguignons à la mort de son père en 1384.
- **1415 – Bataille d'Azincourt** (*encadré ci-contre*).
- **1435 – Traité d'Arras** : le Boulonnais est cédé au duché de Bourgogne.
- **1477** – Mort de Charles le Téméraire. Louis XI envahit l'Artois, le Boulonnais et le Hainaut. Marie de Bourgogne, fille du Téméraire, épouse Maximilien d'Autriche. La Flandre passe à la **maison de Habsbourg**.

Des Bourbons à la Révolution

- **16e s.** – Le Nord échappe de plus en plus à l'influence française. La Flandre fait partie de l'empire de Charles Quint.
- **1520** – **Camp du Drap d'or** à Guînes : François Ier rencontre Henri VIII d'Angleterre.
- **1529** – **Paix des Dames** à Cambrai : François Ier laisse l'Artois et la Flandre à Charles Quint.
- **1558** – Le duc François de Guise reprend Calais aux Anglais.
- **1559** – Par les **traités du Cateau-Cambrésis**, Calais est française.
- **1562** – Début des **guerres de Religion**. Des foyers protestants se développent à Douai, Valenciennes et Béthune.
- **1618-1648** – **Guerre de Trente Ans**. Siège d'Arras par les Espagnols.
- **1659** – Le **traité des Pyrénées**, entre l'Espagne et la France, fait passer l'Artois à cette dernière et décide du mariage de Louis XIV avec Marie-Thérèse.
- **1667-1668** – Par son mariage avec Marie-Thérèse d'Espagne, et suivant un droit de dévolution reconnu au Brabant, Louis XIV aurait dû hériter d'une partie des Pays-Bas. L'Espagne s'opposant à cette loi, Turenne entre en Flandre et conquiert 12 places. **Traité d'Aix-la-Chapelle**.

- **1677** – Prise de Cambrai par Louis XIV.
- **1678** – Au **traité de Nimègue**, Louis XIV annexe le Cambrésis et un certain nombre de villes du Nord.
- **1713-1715** – Les **traités d'Utrecht** fixent la frontière définitive du nord de la France.
- **1720** – Découverte du charbon à Fresnes-sur-Escaut.

LE BASSIN MINIER, VOIR P. 394

De la Révolution à nos jours

- **1803** – **Bonaparte** rassemble son armée au camp de Boulogne pour une tentative d'invasion de l'Angleterre.
- **1840** – Louis Napoléon échoue à soulever Boulogne pour renverser Louis-Philippe.
- **1870-1871** – Guerre franco-allemande : batailles de Bapaume.
- **1891** – 1er Mai : fusillade de Fourmies.
- **1909** – Première traversée aérienne de la Manche par **Louis Blériot**.

LA GRANDE GUERRE, VOIR P. 390

- **1914** – Les paysans belges, effrayés par l'avancée des Allemands, se réfugient dans le nord de la France.
- **1915** – Échec de l'offensive française en Artois.
- **1916** – 1er juillet : début de la bataille de la Somme.
- **1917** – Attaque anglaise dans les Flandres.
- **1918** – 26 mars : Foch reçoit le commandement unique. Progression allemande enrayée.
- **1919** – Les deux tiers du Nord-Pas-de-Calais sont classés en zone rouge, nom donné pour désigner les périmètres les plus dévastés par la guerre.

GUERRE DE 1939-1945, VOIR P. 392

- **1940** – Bataille de Dunkerque.
- **1940** – Début de l'occupation de la France suite à l'armistice du 22 juin.
- **1942** –Début de l'édification du mur de l'Atlantique.
- **1944** – 2 et 3 septembre : libération du Nord-Pas-de-Calais.
- **1945** – 9 mai : la « poche de Dunkerque » est reprise par les Alliés.

Jusqu'à aujourd'hui

- **1968** – Création du premier Parc naturel régional en France, le Parc naturel régional Scarpe-Escaut.
- **1980** – Mise en service de la centrale nucléaire de Gravelines.
- **1990** – Fermeture du dernier puits d'extraction minier.
- **1991** – Inauguration du TGV Paris-Lille.
- **1994** – Inauguration du **tunnel sous la Manche**. Inauguration d'Euralille.
- **2004** – Lille, Capitale européenne de la culture.
- **2005** – Inscription au Patrimoine mondial de l'Unesco des beffrois de Belgique et de France ; les géants et dragons processionnels proclamés chefs-d'œuvre du patrimoine oral et immatériel de l'humanité.
- **2012** – Inscription du Bassin minier du Nord-Pas-de-Calais au Patrimoine mondial de l'Unesco, et inauguration du musée du Louvre à Lens.
- **2016** – Les régions Nord-Pas-de-Calais et Picardie s'unissent et deviennent les **Hauts-de-France** suite à la réorganisation territoriale.
- **2020** – Lille, Capitale mondiale du design.

Vitraux de la mairie de Carvin.
R. Soberka/hemis.fr

JEAN

La Grande Guerre

Tout commence le 1er août 1914, un mois après l'attentat de Sarajevo. Autriche, Serbie et Russie se mobilisent ; l'Allemagne et la France leur emboîtent le pas. À Berlin comme à Paris, le moral est au beau fixe : la guerre sera courte, on défile dans l'allégresse.

Une guerre qui dure

Les Allemands, entrés en Belgique et au Luxembourg, remportent la bataille des frontières sur l'axe Metz-Mons et poussent vers Paris, traversant le Nord-Pas-de-Calais. Le front se fige en un arc de cercle, de Dunkerque à la Meuse, qui mord l'Artois, la Picardie et la Marne. En septembre, **Joffre** lance sa contre-offensive, et Moltke bat en retraite : c'est la **victoire de la Marne**. Mais l'adversaire, replié sur les rives de l'Aisne, revient à la charge.

> Les mois passent, et l'enthousiasme d'hier fléchit : à la guerre de mouvement succède la guerre d'usure

Les Alliés perdent une belle occasion de victoire en 1915 : **Foch** déclenche l'offensive d'Artois, et le 33e corps, que conduit **Pétain**, perce les lignes allemandes près de Souchez, puis prend la crête stratégique de Vimy. Averti par Pétain, Foch refuse d'y croire et n'envoie aucune troupe exploiter la brèche allemande, bientôt reconquise.

Pendant qu'on s'enlise à **Verdun**, l'offensive de la **Somme** est lancée, de juillet à octobre 1916 (*encadré ci-dessous*).

1917 voit la prise de Vimy par les Anglo-Canadiens, tandis que Nivelle, remplaçant Joffre, essuie une sévère défaite au Chemin des Dames *:* 150 000 Alliés tombent en 15 jours. Mi-avril, deux attaques sont lancées sur le front de l'Aisne, alors que les mutineries et les séditions se multiplient. Pétain, qui succède à Nivelle, met fin aux assauts inconsidérés. En juillet et septembre, les Canadiens livrent deux batailles à **Vimy**. Fin octobre, la 10e armée française remporte la victoire de la Malmaison (Chemin des Dames).

Le carnage de la Somme

Le 1er juillet 1916, après des bombardements massifs d'une dizaine de jours, les Alliés, en particulier des Britanniques et des Français, lancent l'offensive dans la Somme. Ouvrant un large front de Bapaume (Pas-de-Calais) à Chilly, au sud de Chaulnes (Somme), ils y amènent aussi leur empire colonial, parfois de force. Ainsi, Indochinois, Sud-Africains, Australiens et même Kanaks participent aux combats.

Dès le premier jour, c'est un carnage, des deux côtés. Plus de 20 000 soldats alliés morts, près de 40 000 blessés. Après des mois de combats acharnés, le front n'a bougé que de quelques kilomètres et plus d'un million de soldats y ont laissé leur vie. Les villes d'Arras, Lens, Cambrai, Bailleul et Armentières sont détruites, le paysage ravagé est méconnaissable.

Cette bataille, considérée comme la plus sanglante de la Grande Guerre, fut aussi la première bataille mondialisée de l'époque moderne, avec plus de trente nationalités représentées.

Cimetière des soldats français à Notre-Dame-de-Lorette
Uwe Zucchi/dpa/age fotostock

Quelques chiffres

Plus de 70 millions de soldats sont mobilisés entre 1914 et 1918.

Près de 10 millions d'entre eux ont péri lors des combats, et 20 millions sont blessés. Quant aux civils, on estime à 10 millions le nombre de morts directement ou indirectement liées au conflit. Au cœur des offensives, les habitants du nord de la France figurent parmi les plus touchés.

Les Britanniques aménagent 458 cimetières et 4 mémoriaux dans le Nord, et 587 (et 8 mémoriaux) dans le Pas-de-Calais.

L'opération minutieuse avait été décidée par Pétain pour donner confiance à l'armée, démoralisée par l'échec subi en avril dans ce secteur.

Les dernières batailles

Le 21 mars 1918, l'adversaire attaque entre Arras et La Fère, à la charnière des forces franco-britanniques, et d'emblée perce à St-Quentin, puis se dirige vers Amiens ; la **bataille de Picardie** fait rage. Pétain, soucieux de couvrir Paris, s'oppose à son homologue britannique Haig, qui protège sa ligne de communication vers les ports du Nord-Pas-de-Calais. Ce type de divergences pousse les Alliés à confier le commandement à Foch, le 26 mars, lors de la conférence de Doullens. Fin mai, la progression allemande est fulgurante. La France essuie une nouvelle défaite au Chemin des Dames et cède Château-Thierry, mais l'avancée est stoppée au terme de la seconde bataille de la Marne. La contre-attaque française en Champagne, le 18 juillet, puis l'offensive généralisée des forces alliées, dont celle du 8 août, sur Montdidier, contraignent l'Allemagne à demander l'armistice, le **11 novembre** à **Rethondes**, en forêt de Compiègne.

La Seconde Guerre mondiale

Après neuf mois de passivité (période appelée la « drôle de guerre »), **Hitler** déclenche l'offensive des Ardennes, le 10 mai 1940. Le maréchal **Rommel** entre dans Avesnes-sur-Helpe le 15 mai. Les panzers (chars), emmenés par Guderian, percent les défenses françaises à Sedan et traversent la Meuse, poursuivant leur route vers la Manche. Ils atteignent l'Oise le 16 mai. L'infanterie allemande déploie alors son bouclier le long de l'Aisne.

L'occupation allemande

Hitler se rend bientôt maître de l'ensemble du Nord-Pas-de-Calais et de la haute Picardie. Abbeville se rend le 20 mai ; le lendemain, la contre-offensive britannique dans le secteur d'Arras se solde par un échec. Boulogne tombe le 22, Calais le lendemain, puis Gravelines. Un à un, les ouvrages fortifiés qui courent le long de la frontière sont pris par l'ennemi. Les Britanniques décident alors d'un plan d'évacuation de leurs troupes à partir de Dunkerque, sans en avertir les Français. Un mince corridor allié est maintenu entre le grand port et Lille, sur une quarantaine de kilomètres. Dans les mêmes jours, l'état-major français ordonne le repli sur Dunkerque. Durant une dizaine de jours, la cohue est impressionnante dans la région, entre troupes en déroute et civils en marche vers l'exode. Finalement, la **bataille de Dunkerque**, du 25 mai au 4 juin 1940, permet l'évacuation, par la mer, de 338 000 Alliés.

De Gaulle retarde l'avancée allemande près de Montcornet, mais les fronts de la Somme et de l'Aisne cèdent le 6 juin, et les panzers gagnent encore du terrain. Le 25 juin, ils ont atteint une ligne ondulant d'Angoulême à Grenoble. **Pétain** demande l'armistice à l'Allemagne, signé le 22 juin 1940.

Deux particularités symbolisent d'emblée l'occupation allemande dans le Nord : d'une part, la frontière nord disparaît et les Flandres sont réunies ; d'autre part, le Nord étant très riche, la région est immédiatement pillée de ses richesses, et toute l'infrastructure industrielle mise au service des nazis.

Vers la Libération

« La France a perdu une bataille, mais la France n'a pas perdu la guerre » : tel est le message que de Gaulle adresse le **18 juin 1940** aux Français depuis Londres. La **Résistance** s'organise bientôt, alors que l'Organisation Todt poursuit son travail, notamment le long de la Côte d'Opale, en consolidant le **mur de l'Atlantique**, ligne défensive

À visiter

Musée du 5 juin 1944 « Message Verlaine » à Tourcoing (p. 77)
Mémorial Ascq 1944 à Villeneuve d'Ascq (p. 83)
Musée Dunkerque 1940 - Opération Dynamo (p. 101)
Musée Mémoire 1939-1945 à Calais (p. 210)
Musée du Mur de l'Atlantique (p. 222) et **Musée historique 39-45** à Ambleteuse (p. 223)
La Coupole - Centre d'histoire et planétarium 3D à Helfaut (p. 281)
Blockhaus d'Éperlecques (p. 283)

Blockhaüs d'Eperlecques.
F. Charel/hemis.fr

jalonnée de blockhaus, de radars et d'importantes pièces d'artillerie.
En 1944, l'armée allemande est menacée sur tous les fronts. Hitler décide alors d'abattre ses dernières cartes : les bombes volantes V1 et les fusées supersoniques V2.

L'Organisation Todt poursuit son travail, notamment le long de la Côte d'Opale, en consolidant le mur de l'Atlantique.

Quelque 18 000 V1 et 3 000 V2 seront larguées sur l'Angleterre et la Belgique, notamment à partir des bases de lancement du Nord-Pas-de-Calais.
L'attaque aérienne anglaise du 18 janvier 1944 sur la prison d'Amiens permet l'évasion de résistants condamnés à mort, et 60 agents de la Gestapo sont démasqués.
Le 2 avril, les SS assassinent 86 civils à Ascq.

La libération de la région, par les Anglais et les Canadiens, débute à la fin de l'été 1944 d'Amiens (1er septembre) à Calais (2 octobre).
Seule une petite zone autour de Dunkerque (20 km sur 10) résiste face aux Alliés, grâce à quelque 17 000 soldats allemands, de septembre 1944 à mai 1945.
En février 1945, la conférence de Yalta jette les bases d'une nouvelle organisation mondiale, précisée en juillet par la conférence de Potsdam : occupation du territoire allemand par les Alliés, jugement des criminels de guerre...
Hitler se suicide le 30 avril 1945.
Dönitz, qui succède au Führer à la tête de l'armée allemande, capitule à Reims le 7 mai, puis à Berlin le 8.
Le 9 mai, la « poche de Dunkerque » est reprise par les Alliés. Puis les frontières du Nord sont rétablies.

Le Bassin minier

La découverte du charbon en 1720 et son extraction massive à partir du 19e s. ont conduit à l'implantation d'une industrie lourde, minière et métallurgique, entre Auchel et Condé-sur-l'Escaut, et dans le bassin de la Sambre. C'est le « pays noir », jalonné de corons, de chevalements d'anciens puits de mine et de terrils. Ceux-ci, qui ont si longtemps marqué le déclin de la région, témoignent aussi de son renouveau.

L'exploitation du sous-sol

Les **puits**, que recouvrent des chevalements ou des tours d'extraction, desservent les galeries du fond, horizontales (bowettes ou petites boves), qui traversent les veines de houille. À partir de ces veines, on creusait des « voies » qui « imitaient » les panneaux de houille à extraire. Le soutènement marchant, composé de vérins hydrauliques, se déplaçait en même temps que le front de taille où s'engageait le rabot ou la haveuse, énorme machine au bras muni de pics. Évacuée vers les puits par bandes transporteuses ou en berlines, la houille remontait au jour dans les « cages ».

En surface, on traitait la **houille brute** dans des lavoirs : les déchets étaient évacués sur les **terrils**, et les produits nobles calibrés pour expédition. Certaines « fines » partaient vers les usines d'agglomération d'où sortaient les « boulets ». La **houille grasse**, traitée dans les cokeries, produisait le coke sidérurgique ou de fonderie.

Grandeur et déclin

L'exploitation minière fit les beaux jours du Nord et du Pas-de-Calais durant plusieurs décennies. Afin de pourvoir les mines en main-d'œuvre, on fit appel à une forte immigration, en particulier italienne et polonaise. Le développement d'autres énergies fossiles, comme le pétrole, et la concurrence internationale ont peu à peu sapé la rentabilité de l'exploitation minière. Le déficit des houillères apparaît en 1959, suivi d'une récession progressive achevée en 1990 avec la fermeture du dernier puits d'extraction, le 10 d'Oignies. Entre 1962 et 1975, 120 000 emplois ont été perdus dans le Nord-Pas-de-Calais.

Le bassin minier a compté 329 terrils (plats ou coniques, rouges ou

Dates clés

1720 – Découverte du charbon à Fresnes-sur-Escaut, dans le Nord.

1757 – Création de la première compagnie minière, la Compagnie des Mines d'Anzin.

1842 – Découverte du charbon à Oignies, dans le Pas-de-Calais.

1914-1918 – 103 fosses détruites sur 150, 1900 km de galeries inutilisables.

1930 – Production record : 35 000 000 t.

1946 – Loi de nationalisation : création des Houillères du Bassin Nord - Pas de Calais (HBNPC).

1968 – Plan Bettencourt prévoyant l'arrêt progressif de l'activité minière.

1990 – Fermeture de la dernière fosse à Oignies.

2012 – Inscription du patrimoine minier à l'Unesco.

noirs), constitués des déblais non utilisables; 70 restent exploitables pour l'extraction de **schiste** (utilisé, par exemple, sur les courts de tennis en terre battue).

Les ouvriers étaient logés dans des cités ouvrières de briques rouges, en général accolées à la mine : les corons.

Fosses et usage de fosses

La reconversion du Bassin minier du Nord-Pas-de-Calais, voulue et engagée par les acteurs locaux, est tournée vers la **conservation** et l'exposition. L'histoire sociale et économique des lieux, parfois tragique, souvent dure mais toujours faite de luttes et d'expression de solidarité, a généré un devoir de mémoire. À **Lewarde**, la fosse Delloye est ainsi devenue le plus grand musée de la mine en France. Les visites sont menées par d'anciens mineurs, venus raconter leur expérience. Même volonté de transmission au carreau de **Wallers-Arenberg**, où des « gueules noires » assurent la pérennité de leur expérience. Ces deux fosses sont considérées comme des unités exemplaires du système technique de l'exploitation de charbon.
À noter que, souvent, dans les villes à tradition minière (notamment autour de Lens), ont été créés de plus petits musées présentant objets, machines et autres souvenirs de la mine et de la vie des mineurs et de leur famille.

Cultiver son terril

Atteignant jusqu'à 186 m de haut (Loos-en-Gohelle), les terrils deviennent des espaces de découverte naturelle, de tourisme, de sport et de détente.
Certains sont boisés (frênes, érables et surtout bouleaux), comme le terril **Sabatier** à Raismes ou celui de la **mare à Goriaux** à Wallers. Sur les pentes des terrils d'**Audiffret Sud** à Escaudin ou de la **Bleuze-Borne** à Anzin poussent des espèces thermophiles : vipérines, onagres, millepertuis, cerisiers et orchidées. Sur celles d'**Haillicourt**, une vigne produit un vin blanc, dont la 1re mise en bouteille date de 2014.
D'autres terrils ont été reconvertis en bases de loisirs : ceux de **Nœux-les-Mines**, de **Wingles**, de **Rieulay**...

Du coron à la cité-jardin

Les lieux de résidence marquent aussi le paysage : les premières cités ouvrières étaient formées de petites maisons populaires en enfilade; d'autres, plus récentes, sont dotées d'un jardin et côtoient les maisons des ingénieurs, véritables maisons de maître de 12 pièces.
Peu à peu réhabilitées et réaménagées, elles ont gardé pour la plupart leur vocation résidentielle. Le bassin minier de Lens en conserve de beaux ensembles. Le centre d'interprétation de la **cité des Électriciens** à Bruay-la-Buissière éclaire ces thèmes du patrimoine architectural, urbanistique et paysager du Bassin minier.

Le Bassin minier à l'Unesco

Depuis 2012, 383 éléments du patrimoine minier (fosses, terrils, gares, cités, écoles, édifices religieux...), répartis sur 87 communes, sont reconnus témoigner de l'histoire tricentenaire des hommes et des paysages de ce territoire.

À visiter
Le bassin minier du Nord, p. 148
Le bassin minier du Pas-de-Calais, p. 310

Traditions et art de vivre

Sens de l'accueil et bonne humeur communicative font oublier que le travail est depuis des générations l'un des piliers des habitants du Nord. Kermesses endiablées, ripailles à faire craquer Brueghel l'Ancien, brocantes, ducasses et jeux traditionnels animent le plat pays en attendant le réveil annuel des géants et les grands cortèges carnavalesques qui se tiennent presque toute l'année.

Les carnavals

Dans le Nord et le Pas-de-Calais, les carnavals se déroulent quasiment toute l'année. Celui de Dunkerque, qui dure deux mois et demi, ouvre les festivités au mois de février. Tous possèdent un rôle intégrateur – renforcement du sentiment d'appartenance – et donnent la possibilité de transgresser l'ordre établi. C'est une brèche dans le quotidien, où toutes les extravagances sont permises. La différence entre acteurs et spectateurs est abolie : on n'assiste pas au carnaval, on le vit !

Les géants

Les premiers géants sont apparus au 13e s. au Portugal, au 16e s. dans le Nord et le Pas-de-Calais. Aujourd'hui, deux carnavals à géants sont inscrits au Patrimoine culturel immatériel de l'humanité par l'Unesco : les fêtes de Monsieur Gayant à Douai et le carnaval de Cassel.

On les nomme **« gayants »** en picard ou **« reuzes »** en flamand. Ils forment une famille prolifique – plus de 300 personnages – et chacun incarne l'âme du peuple d'une cité. Hauts de 2 à 12 m, emmenés par un à six porteurs, ils dominent toutes les fêtes et dansent au son des fifres et des tambours, entourés de chevaux-jupons, diables, gardes du corps, roue de la fortune... et de leur progéniture.

www.geants-carnaval.org.

Les carillons

Perchés dans les clochers des églises ou au sommet des beffrois, ils rythment la vie urbaine. Chacun d'eux annonce par des mélodies différentes l'heure, le quart, la demie ou les trois quarts.

Le mot « carillon » viendrait de **quadrillon**, jeu de quatre petites cloches. Les premières horloges mécaniques du Moyen Âge possédaient cet instrument. Un **bateleur** frappait les cloches à l'aide d'un maillet ou d'un marteau. Au cours des siècles, les ajouts d'un mécanisme, d'un clavier manuel et d'un pédalier ont permis d'augmenter le nombre des cloches – on en compte 62 à Douai – et d'enrichir les sonorités.

Des concerts sont organisés régulièrement à Douai, Seclin, St-Amand-les-Eaux, Maubeuge, Avesnes-sur-Helpe, Bergues...

Carnaval de Dunkerque.
O. Leclercq/hemis.fr

Les jeux d'extérieur...

Le tir à l'arc – Les archers médiévaux faisaient l'orgueil des cités franches, nombreuses dans la région à avoir obtenu le statut communal du roi de France et du seigneur local. Regroupés en confréries ou ghildes, ils sont aujourd'hui plus de 4500 archers et arbalétriers à se manifester dans les cérémonies publiques, vêtus de costumes colorés, brandissant l'étendard de leur confrérie.

Le billon – C'est une bille de bois, lourde et allongée. Il faut placer sa partie effilée le plus près possible d'un poteau situé à 9 m, ou la faire passer à travers un râteau (3 trous) ou un arceau (1 trou).

Les jeux de boules – Ce jeu occupe une place importante dans les jeux populaires de la région. À côté de la traditionnelle boule de pétanque, la taille et la forme des boules locales varient selon les secteurs.

Les quilles – Les jeux de quilles sont surtout présents autour de Montreuil-sur-Mer, même si on en trouve un peu partout. C'est l'ancêtre du bowling.

La crosse – Appelée également *soule* ou *chole*, la crosse, qui a donné naissance au hockey, se pratique dans le Hainaut français et belge ainsi qu'en Flandres.

... et d'estaminet

Le bouchon – Les équipes se défient en abattant avec un palet de métal des bouchons de liège et de bois, sur lesquels on pose parfois des pièces de monnaie.

Le javelot – Lourde flèche d'acier empennée de 20 cm de long, le javelot se lance sur un cadre de bois, le *blot*, qui sert de cible. Ce jeu est la version moderne du *dard* d'acier des armées antiques.

Top 5 des carillons

1. **Douai** – Hôtel de ville (62 cl.). Carillon ambulant (53 cl.).
2. **Tourcoing** – Église St-Christophe (61 cl.).
3. **Hondschoote** – Église (60 cl.).
4. **Bergues** – Beffroi (50 cl.).
5. **Capelle-la-Grande** – Beffroi (49 cl.).

Le hamertje – Le jeu du marteau se pratique depuis la Renaissance. Quatre joueurs, une table, deux trous devant chacun. L'objectif est de défendre ses cavités à l'aide du marteau et d'essayer d'envoyer la balle dans un trou adverse.

Le toptafel – Dans un caisson carré (« table à toupie ») sont disposées de petites quilles, peu accessibles. À l'aide d'une toupie lancée en tirant sur sa ficelle, il faut abattre le plus de quilles possible.

La bourle ou *plattebollen* – Très populaire dans la région de Lille-Roubaix-Tourcoing, ce jeu est composé d'une épaisse roue de bois, que l'on manie un peu comme à la pétanque, sur une « bourloire ». Le **trou-madame** est une version miniature de la bourle. Les palets sont beaucoup plus légers et doivent être projetés dans l'un des neuf casiers du plateau de jeu.

Colombophilie

L'élevage et le dressage de pigeons étaient un passe-temps favori des mineurs, qui installaient des pigeonniers dans leur petit jardin, encouragés par les compagnies minières qui y voyaient là un loisir sain et inoffensif. Les concours de vitesse et de précision pour pigeons voyageurs sont toujours prisés dans le Nord et le Pas-de-Calais, qui compte la moitié des colombophiles de France. Les **« coulonneux »** sont organisés en sociétés villageoises. Cette pratique est même reconnue par l'Inventaire du patrimoine culturel immatériel en France depuis 2012.

Parler ch'ti

Aujourd'hui, le picard (appelé « ch'timi » ou « ch'ti » dans la région) a presque disparu en tant que langue usuelle. Il subsiste par le biais d'expressions, de spectacles et grâce au travail d'associations et de l'Office régional des langues. Si le saxon a donné le **flamand**, du latin sont nées les langues d'oïl dont le **picard**. Au nord d'une ligne allant de St-Omer à Bailleul, on entend les échappées du flamand qui se parle dans de nombreux estaminets le long de la frontière franco-belge et lors des carnavals.

Le picard, plus répandu, couvre toute la région où l'on appelle un chat un « cat »! Cette langue n'est pas une déformation du français. Elle a connu une forte progression au Moyen Âge, notamment en littérature. Avec la surindustrialisation, s'est développé un parler ch'timi, aux côtés d'un picard plus rural. Les deux se distinguent par la drôlerie de leurs expressions imagées. Au-delà des différences de vocabulaire, tout est affaire d'accent : à l'oreille, le ch'timi d'Armentières se distingue du rouchi de Valenciennes, du patois de « Béteune » (Béthune) ou du lillois de la métropole lilloise... Et on dit « je n'sais pon » (du pas français) en Artois, tandis « qu'in n'sait nin » (du nène néerlandais) à Lille. Qu'on prononce cayelle à Boulogne et à Lens ou caïère à Fourmies, chacun sait qu'il s'agit d'une chaise!

Art et culture

Malgré les révolutions, les guerres et les invasions, le nord de la France conserve de nombreux témoignages artistiques du passé. L'art gallo-romain et l'art roman sont peu représentés, sauf à Bavay et à Lillers, mais les grandes cathédrales, joyaux de l'art gothique, rivalisent par l'audace de l'élévation et la beauté du décor sculpté. À l'est, l'art baroque s'épanouit pleinement dans les Flandres.

Le gothique (12e-16e s.)

La voûte sur croisée d'ogives, l'arc brisé et l'arc-boutant, caractéristiques de l'art gothique, ont bouleversé la construction des églises. L'architecte les répartit sur quatre piliers par les ogives, les **formerets** (arcs lancés parallèlement à l'axe de la nef, le long du mur) et les **doubleaux** (arcs sous voûte perpendiculaires à l'axe de la nef). À l'extérieur, ces charges sont reprises par les **arcs-boutants** qui retombent sur de hauts piliers dont la tête est souvent lestée d'un pinacle. Ces « butoirs », déployés parfois en plusieurs volées, renforcent l'élan vertical gothique. Les murs sont amincis et accueillent de plus grandes baies garnies de **vitraux** diffusant une luminosité subtile, fluctuant selon le soleil. Cette clarté contraste avec des zones d'ombre et produit d'admirables effets plastiques. Surplombant les grandes arcades, le **triforium**, à l'origine aveugle, se perce de baies jusqu'à disparaître dans des fenêtres hautes. Les **colonnes**, d'abord cylindriques et coiffées de chapiteaux, se voient cantonnées de colonnes, puis formées de faisceaux de colonnettes de même diamètre que les arcs reposant sur les chapiteaux. Au final, fondues en piliers sans chapiteau, elles prolongent les arcs, c'est le style flamboyant ; d'autres arcs (liernes et tiercerons), purement décoratifs, s'ajoutent aux ogives.

L'architecture religieuse gothique

Né en Île-de-France, l'art gothique s'est développé parallèlement dans le nord de la France.

Les architectes

On commence seulement à connaître les noms des architectes des grands édifices religieux de l'époque gothique : par des textes ou des inscriptions gravées autour des « labyrinthes » tracés sur le sol des cathédrales.
Le plus illustre maître d'œuvre du Nord est **Villard de Honnecourt**, né près de Cambrai. On lui attribue l'abbaye de Vaucelles et les chœurs de Cambrai (aujourd'hui disparus). Ce grand voyageur a laissé un curieux carnet de notes, de recettes et de croquis, connu sous le nom d'*Album de Villard de Honnecourt*.

La naissance (12e-13e s.)

Des réminiscences romanes (arcs en plein cintre) subsistent dans le style gothique primitif, marqué par des édifices d'une grande sobriété.

L'apogée (13e-14e s.)

Âge d'or des grandes **cathédrales** éclairées par de vastes baies ou des roses aux vitraux richement colorés. L'élévation sur trois étages (grandes arcades, triforium, fenêtres hautes) allège les nefs. Dans le Nord, l'accent est mis sur l'équilibre et l'harmonie du plan et des élévations ; à voir, les deux admirables chœurs à déambulatoire et chapelles rayonnantes de **St-Omer**.

Le déclin (15e-16e s.)

La décadence s'amorce avec l'apparition du **style flamboyant**, où la surabondance du décor sculpté tend à masquer les lignes structurelles de l'édifice. Son nom vient de la forme tourmentée (flamme) des meneaux des fenêtres. Les portails sont coiffés de gâbles ajourés, les balustrades surmontées de pinacles, les voûtes aux dessins compliqués convergent sur d'énormes clefs de voûte pendantes très ouvragées.

En **Flandre**, les courants germaniques discernables dans les *hallenkerken*, églises-halles à trois ou cinq nefs d'égale hauteur (St-Maurice à Lille, églises d'Hondschoote, d'Esquelbecq et d'Hesdin), se mêlent aux influences anglaises, visibles dans les hautes tours carrées de St-Omer et d'Aire, formant clochers-porches, couvertes d'un réseau d'arcatures et terminées par des plateformes que cantonnent des pinacles.

L'architecture civile flamande

Dès la fin du 13e s., l'originalité de l'architecture gothique flamande se manifeste dans les édifices communaux, beffrois et hôtels de ville, dans les cités dont la charte urbaine garantit l'indépendance.

Beffrois

Symbole de la puissance communale, isolé ou accolé à l'hôtel de ville, le beffroi réunit tous les symboles et les droits réservés aux autorités féodales et religieuses. C'est une tour de guet, conçue comme un donjon avec créneaux, échauguettes et mâchicoulis, disposant d'une salle au trésor, d'une salle d'honneur, d'un corps de garde et d'une prison, de cloches ou d'un carillon (*« Traditions et art de vivre » p. 396*) pour sonner les heures et d'une girouette animale ou fantastique pour donner le sens du vent : lion d'Artois à Arras, dragon à Béthune, lion des Flandres à Bergues, sirène à Bailleul...

Hôtels de ville

Souvent imposants, ils frappent par la richesse décorative de leur façade (niches, statues, gâbles, pinacles). La **salle du conseil**, ou des fêtes, arbore des fresques illustrant l'histoire de la ville. Les plus beaux (Douai, Arras, Hondschoote) datent des 15e et 16e s. La plupart ont subi des dommages et modifications ; d'autres ont été complètement reconstruits dans le style d'origine, tel celui d'Arras.

L'après-gothique

La Renaissance (16e s.)

Influencée par l'Italie, l'architecture renoue avec les canons antiques : colonnes et galeries superposées, façades rythmées de pilastres, sculptées de statues et médaillons. Dans le Nord, ce style se manifeste dans le portail de **N.-D. d'Hesdin**, et dans de nombreux édifices civils : le bailliage d'Aire, l'hôtel de la Noble Cour à Cassel, l'hôtel de ville d'Hesdin.

Le classicisme et le baroque (17e-18e s.)

Le baroque dominé par l'irrégularité des formes et l'abondance des décors s'oppose au classique, marqué par la sobriété et l'observance des règles antiques. Au 17e s., sous l'influence de la Contre-Réforme, quantité d'édifices religieux

Le triptyque du *Bain mystique* de Jean Bellegambe (1470-1534), au Palais des Beaux-Arts de Lille.
S. Bouilland/hemis.fr

sont bâtis : églises au Cateau-Cambrésis et à Aire, chapelles à St-Omer et Cambrai. Nombre de bâtiments civils baroques, faits de briques et de pierres blanches, subsistent. Les bossages et le riche décor sculpté de la bourse de Lille caractérisent le **baroque flamand**. Voir aussi la demeure de Gilles de La Boé à Lille, l'hôpital de Seclin et le mont-de-piété de Bergues. Au sud, l'art baroque s'atténue, se mêlant au classique dans l'admirable ensemble des maisons à arcades et volutes des places d'Arras. L'Artois et le Hainaut sont riches en châteaux du 18e s. aux façades classiques décorées de frontons et presque « mangées » par les fenêtres : Colembert, Flers, Pont-de-Briques, Souverain-Moulin. S'y ajoute l'un des fleurons du Nord, le château de l'Hermitage bâti par le duc de Croÿ (Condé-sur-l'Escaut).

Les retables flamands

Dans le cadre de la Contre-Réforme, les lieux de culte s'embellissent, leur richesse se fait plus ostensible, vouée à la glorification de Dieu. Les retables apparaissent en Flandre maritime dès 1620-1650. D'abord simples triptyques (mairie d'**Hondschoote**), ils se réfèrent à la Renaissance flamande du 16e s. Sur une structure en sapin, importé des pays nordiques, trônent un décor sculpté fait d'essences locales, aulne ou peuplier, et des œuvres peintes souvent réalisées par des artistes locaux (Jean de Reyn au 17e s. ou Matthieu Elias au 18e s.) s'inspirant des grands peintres flamands, Rubens en tête. Au 18e s., les retables s'articulent en plusieurs travées et affichent un décor de plus en plus riche.

L'architecture militaire

Avant Vauban

Avec les derniers Valois, les ingénieurs militaires, instruits par l'exemple italien, adoptent le système des courtines défendues par des bastions d'angle saillants. Ceux en forme d'as de pique sont dits « à orillons » car des renflements latéraux les protègent du feu des assaillants. Des plateformes armées

de canons couronnent bastions et courtines ; des tourelles suspendues surveillent fossés et alentours.
Au début du 17e s., Henri IV se dote d'un ingénieur spécialiste : **Jean Errard** (1554-1610), de Bar-le-Duc, surnommé « le père de la fortification française ». Il fortifie Montreuil, édifie la citadelle de Calais, toujours existante.

Au temps de Vauban

Sébastien Le Prestre de Vauban (1633-1707) perfectionne le système de ses prédécesseurs avec des bastions complétés de demi-lunes, et ceint le tout de profonds fossés. Utilisant les obstacles naturels et les matériaux du pays, il donne une valeur esthétique à ses ouvrages.
Sur la côte et la frontière de Flandre et du Hainaut, Vauban met en place le « **pré carré** » : deux lignes de places fortes rapprochées les unes des autres pour empêcher le passage de l'ennemi et se secourir en cas d'attaque. La première comporte 15 places : Dunkerque, Bergues, Furnes, Knocke, Ypres, Menin, Lille, Tournai, Mortagne, Condé-sur-l'Escaut, Valenciennes, Le Quesnoy, Maubeuge, Philippeville et Dinant. La seconde, plus en arrière, 13 : Gravelines, St-Omer, Aire-sur-la-Lys, Béthune (puis St-Venant), Arras, Douai, Bouchain, Cambrai, Landrecies, Avesnes, Marienbourg, Rocroi et Mézières. Ces fortifications remplirent leur mission jusqu'aux invasions de 1814 et 1815. En 1940, celles du Quesnoy, de Lille, Bergues, Dunkerque, Calais et Gravelines ont protégé la retraite des armées franco-britanniques.

Au 20e siècle

Les blockhaus du **mur de l'Atlantique** qui jalonnent le littoral datent de l'Organisation Todt (1940). Ils sont environ 10 000 sur les côtes françaises en 1944, surtout dans le Nord-Pas-de-Calais, déclaré zone de guerre contre l'Angleterre.
D'énormes installations de béton, vouées au lancement des fusées V1 et V2 sur Londres, subsistent au cœur des forêts d'Éperlecques et de Clairmarais. À voir, les forteresses d'Éperlecques, de Mimoyecques et l'étonnante Coupole à Helfaut (St-Omer).

L'architecture traditionnelle

Les guerres successives ont mis à mal la spécificité de l'architecture traditionnelle. Cependant, les reconstructions se sont inspirées des anciennes typologies.

Habitat rural

Sur la Côte d'Opale, les stations balnéaires rivalisent de fantaisie, passant de l'Art nouveau aux constructions modernes. Dans les collines boulonnaises de l'arrière-pays, d'imposantes fermes, anciennes demeures seigneuriales, aux allures de manoirs, arborent tourelles et éléments de défense. Le bocage du bas **Boulonnais** présente, lui, un habitat dispersé de fermes blanchies à la chaux.
En **Flandre maritime**, pour se défendre des vents d'ouest chargés de pluie, les « **pannes flamandes** » de plain-pied restent basses et allongées. Les couleurs vives des portes et des volets tranchent avec les murs blanchis à la chaux.
Aux beffrois, clochers et moulins répondent les grues et cheminées des ports de Dunkerque et Calais.
Reine de la région, la **brique**, couleur sable dans la Flandre maritime, varie du rose au violacé ou brun en **Flandre intérieure**. Dans le fond humide et verdoyant qu'offre cette région se détachent les « **censes** », grandes fermes aux murs blancs et aux tuiles rouges. Elles s'ordonnent autour d'une cour que dessert une porte charretière souvent coiffée d'un pigeonnier.

Moulin de Maintenay dans le val d'Authie.
G. Labriet/Photononstop

Paysages urbains

À l'est, les maisons du **Hainaut** et de l'**Avesnois** sont massives, en briques avec toits d'ardoises, soubassements et parements en pierre bleue, la « **fagne** ».

Entre Lys et Escaut, l'agglomération de **Lille-Roubaix-Tourcoing**, ancien empire du textile, voit se dresser encore de hautes cheminées d'usines. L'emprise urbaine rejoint les villes belges de Tournai et Courtrai, au-delà de la frontière. Au sud s'étend le Bassin minier. Ces trois villes sœurs ont souffert de la crise du textile. De nombreux pans de ces cités, longtemps laissés à l'abandon, se redressent aujourd'hui. Les villes du Nord connaissent un renouveau urbanistique : Lille en est le meilleur exemple.

Patrimoine vernaculaire

La campagne du Nord et de la Picardie est jalonnée de petits joyaux, témoins de leur richesse historique et humaine : **calvaires** en fer forgé, petites **stèles** funéraires, **chapelles** dédiées aux saints locaux, monolithes dressés ou mystérieux **menhirs**, **oratoires**, monuments aux morts en souvenir de la Grande Guerre...

Un seul exemple, celui des **chapelles bleues**, de la couleur de la pierre de la Thiérache et de l'Avesnois. On en compte environ un millier, toujours construites à la campagne. Une invitation, par leur simplicité et leur singularité, au recueillement. Pour un tiers consacrées à la Vierge, elles ont été édifiées au 18e et au 19e s.

Les moulins

Moulins à eau

Ils sont nombreux dans la région depuis le Moyen Âge. La forme et la dimension de la roue, élément essentiel du moulin, varient selon le débit de l'eau et le relief du terrain. Une grande diversité pour des édifices aux superbes barrages (vantelleries en pierre de taille dans l'Avesnois, en bois dans le Ternois et l'Audomarois). Près du littoral et sur les grands cours d'eau, la roue des moulins est placée en dessous ou de côté. Dans les régions accidentées,

Les moulins, naissance d'un système technique

Au Moyen Âge, l'expansion du moulin à eau, d'origine romaine, et du moulin à vent, d'origine orientale, procure une force motrice nouvelle, annonçant la mécanisation. Avec l'adoption du moulin à eau, qui fournit le travail de quinze hommes, on capte pour la première fois l'énergie mécanique en un point fixe. Roues dentées et engrenages transmettent l'énergie aux meules. Bientôt, le mouvement circulaire se transforme en mouvement alternatif, grâce aux arbres à cames, et maillets, marteaux à foulons, soufflets de four... qui s'animent. De nouvelles industries fleurissent : verrerie, papeterie et métallurgie.

comme l'Avesnois, la roue est au-dessus. Beaucoup de moulins fonctionnent aussi avec des turbines.

Moulins à vent

Ils jalonnent la région depuis le 12e s. Au 19e s., on comptait 830 moulins à farine et 400 moulins à huile dans le Nord, 630 moulins à farine et 200 à 250 moulins à huile dans le Pas-de-Calais. Il n'en reste plus que quelques dizaines, protégés et restaurés par l'Association régionale des amis des moulins du Nord-Pas-de-Calais.

Le moulin à vent sur pivot tient compte de la direction du vent : le corps de l'édifice tourne autour d'un axe vertical ; à l'extérieur et à l'opposé des ailes, une longue poutre, dite « queue », permet de faire pivoter le moulin pour le positionner face au vent. Une quinzaine subsiste dans le Nord ; celui de la Roome à **Steenvoorde** est flambant neuf depuis sa reconstruction.

Dans les moulins-tours, c'est la toiture, d'où émergent les ailes, qui pivote. Plus massifs, ils sont en brique, en pierre ou en bois et sont cylindriques, tronconiques... Les toitures varient aussi, en forme de bateau renversé, à la Mansart, en cône à deux pentes, contrairement au reste de la France où les toitures sont coniques.

Lexique molinologique

Anche : conduit par lequel la farine s'écoule de la meule dans un sac.

Arbre-moteur : axe qui porte les ailes ou la roue et transmet le mouvement.

Bluterie : appareil qui sert à tamiser.

Éveillure : partie creuse d'une meule à farine.

Latte : barreau ou échelon de l'aile.

Lattis : ensemble des lattes de l'aile.

Maître-sommier : grosse poutre qui tourne sur le pivot et porte la cage.

Mannée : grain porté au moulin pour le moudre.

Queue : longue poutre servant à orienter la cage ou la calotte du moulin.

Trémie : bac pyramidal renversé d'où le grain s'écoule dans la meule.

ABC d'architecture

Les dessins présentés dans les planches qui suivent offrent un aperçu visuel de l'histoire de l'architecture dans la région et de ses particularités. Les définitions des termes d'art permettent de se familiariser avec un vocabulaire spécifique et de profiter au mieux des visites des monuments religieux, militaires ou civils.

Architecture religieuse

LILLERS
Plan de la collégiale St-Omer (12e s.)

La seule grande église romane subsistant dans le Nord possède un plan en croix latine à transept saillant et chœur allongé.

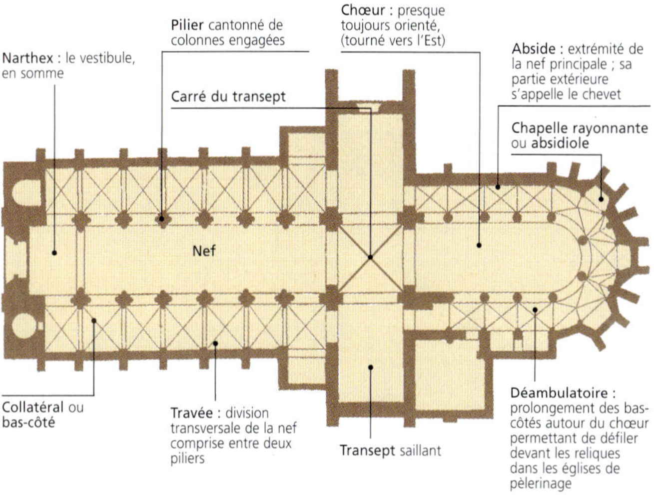

ST-OMER
Coupe transversale de la cathédrale (13e-15e s.)

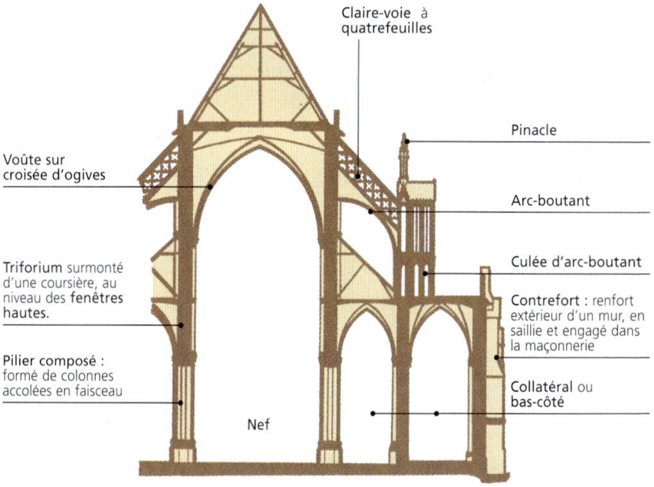

AIRE-SUR-LA-LYS
Orgues de la collégiale (1653)

Cet orgue richement sculpté provient de l'ancienne abbaye cistercienne de Clairmarais aux environs d'Aire-sur-la-Lys.

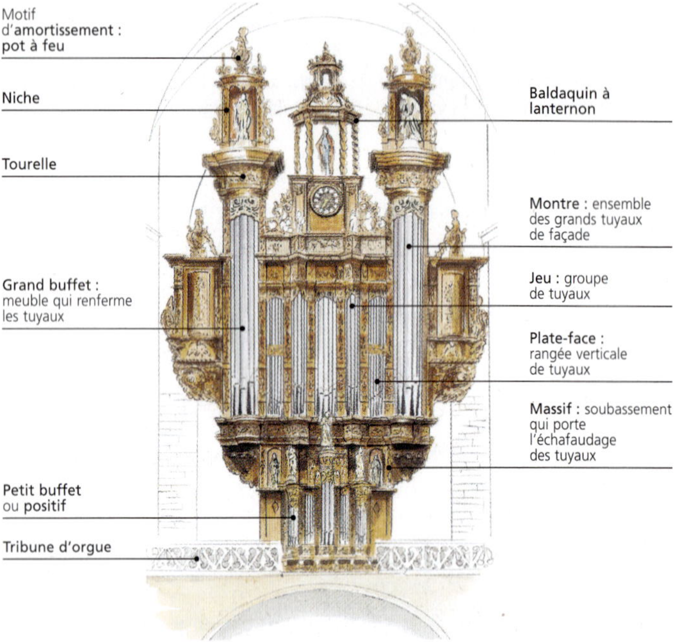

QUAËDYPRE
Maître-autel et retable de l'église (fin 17e s.)

Le retable est aux 17e et 18e s. une composition architecturale dressée derrière la table d'autel. Il est destiné à orienter la dévotion des fidèles.

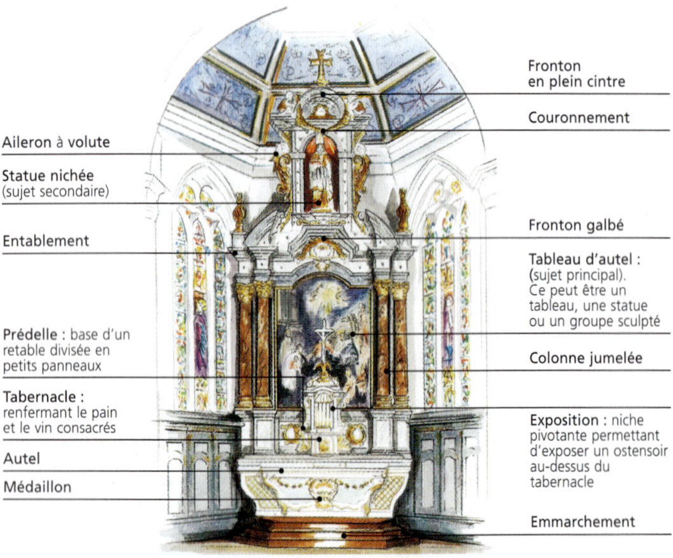

Architecture civile

ARRAS
Façades de la Grand'Place (15e et 17e s.)

À gauche l'hôtel des Trois Luppars (1467), la plus ancienne maison de la place, à droite maison datant de 1684.

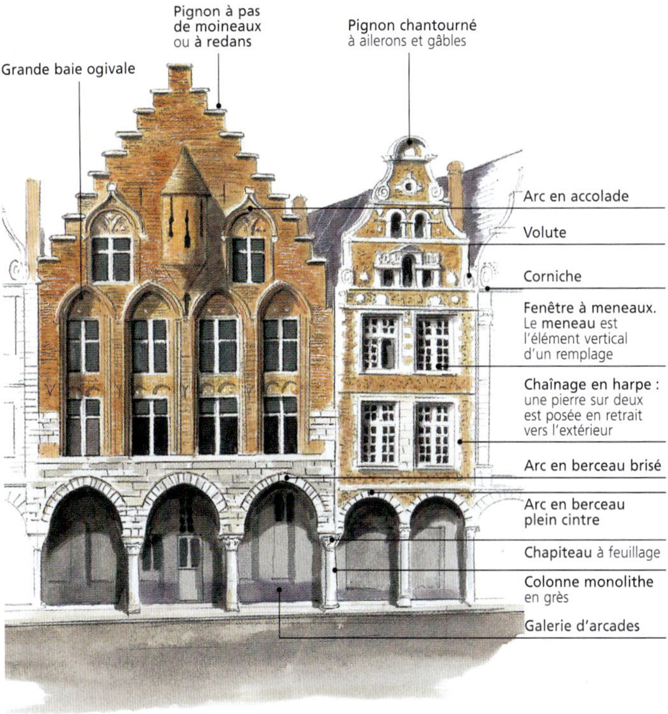

Architecture militaire

LE QUESNOY – Fortifications (12e s. puis 17e-19e s.)

Très bien conservées, les fortifications ont été transformées à partir de 1667 selon les idées de Vauban et se trouvent aujourd'hui nichées dans un écrin de verdure.

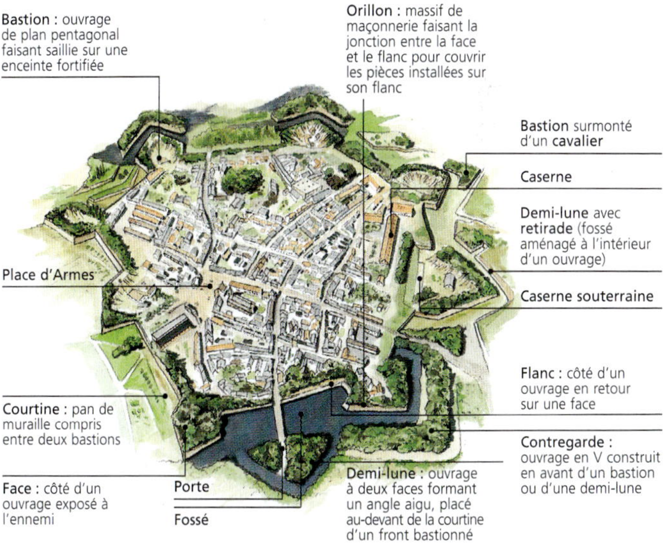

Nature et paysages

Ici, la nature a inspiré les plus grands, le peintre Antoine Watteau, l'écrivain Victor Hugo. Au nord, les monts de Flandre répondent au plat pays qui les entoure; au sud, les vallées de l'Authie et de la Canche composent un territoire bucolique, coloré, aux paysages enivrants. Sur le littoral, sous les vents d'ouest, le ciel et la mer s'entrechoquent parfois, s'entremêlent toujours, offrant un camaïeu infini. La richesse des milieux fait aussi la richesse d'une faune et d'une flore exceptionnelles.

Le littoral

La Côte d'Opale

Aux longues plages de sable fin, de la baie de Canche à Boulogne-sur-Mer, succèdent les grandes falaises crayeuses des caps Blanc-Nez et Gris-Nez. Les plateaux dépouillés et sous le vent plongent alors dans une Manche souvent agitée, dévoilant par beau temps les côtes anglaises.
La « terre des Deux Caps » offre un nuancier étonnant : les couleurs de ces confins maritimes changent aussi vite que le temps.
Les **cordons dunaires** ont subi l'industrialisation et l'urbanisation depuis une centaine d'années. En 1950, on en comptait 25 km dans le Nord. Il n'en reste aujourd'hui que 7 km, farouchement protégés par les associations écologistes. Les dunes sont des espaces extrêmement fragiles. Longtemps sous-estimé, leur capital écologique est essentiel à l'équilibre environnemental de la côte.

La Flandre maritime

Le **Blootland** (Pays nu), humide, fouetté par le vent, a été gagné sur la mer à partir du Moyen Âge. Des ingénieurs, souvent hollandais, ont asséché la zone à grand renfort de digues, canaux et pompes, créant les **moëres** (lagunes d'eau douce).

Les plateaux

L'Artois prolonge les plateaux picards. Très arrosées, les collines artésiennes sont dépouillées au sud-est, dans le Ternois, et verdoyantes au nord-ouest.
Le haut Boulonnais, arrière-pays de Boulogne-sur-Mer, forme un plateau crayeux dépassant parfois 200 m d'altitude. Les argiles offrent de belles prairies, où se pratique l'élevage du cheval boulonnais.
Le Valenciennois et le Cambrésis se recouvrent d'un limon épais où règnent la betterave et le blé. Entre les deux plateaux se déploient de larges vallées bocagères. Proches de la frontière belge, les forêts de Raismes-St-Amand-Wallers et de Mormal s'étendent sur des sols d'argile à silex.

LE BASSIN MINIER. VOIR P. 394

La Thiérache et l'Avesnois, deux pays accidentés et bien arrosés, annoncent les Ardennes. La Thiérache, associant forêts, prairies et bocages, s'apparente à l'Avesnois, au relief plus marqué.

Vallées et plaines

Zones humides

Une alternance de marais, prairies humides, petites mares, sources,

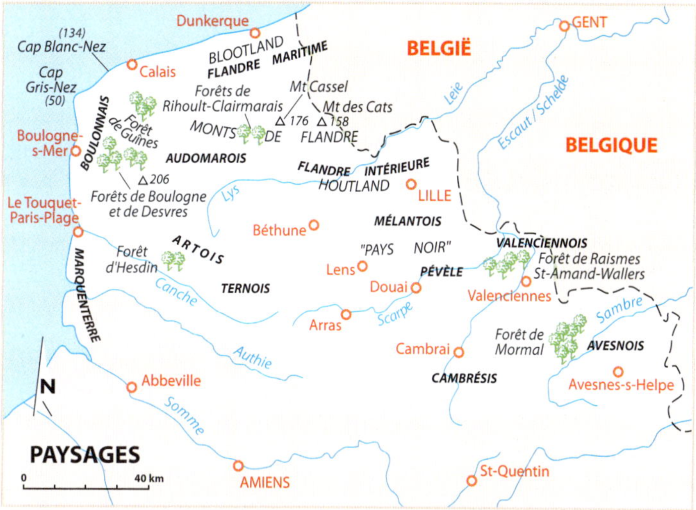

étangs et marécages jalonne les différentes vallées picardes et artésiennes, constituant incontestablement un élément structurant des paysages et de la vie de la région. Créés parfois par les moines dès le haut Moyen Âge, les marais creusés à proximité des rivières sont ensuite devenus des **tourbières**. C'est souvent autour d'elles que la vie s'est organisée : tourbiers, fumeurs d'anguilles, pêcheurs ou pisciculteurs, ils étaient des milliers à vivre et faire vivre ces riches zones humides.

Le plat pays

Aux confins du territoire national, les **Flandres** se partagent en deux pays, la Belgique au nord, la France au sud. Fertile polder, la plaine des Flandres offre, à la belle saison, un patchwork de champs, de houblonnières, de fermes et de villages.

La Flandre intérieure, nommée **Houtland** (pays au bois), situé sur la côte, s'entrecoupe de rangées de peupliers, saules ou ormes.

La chaîne des **monts de Flandre** forme un chapelet de buttes qui se prolonge en Belgique, repères topographiques majeurs sur ces étendues sans aspérité. Leur point culminant est le Mont Cassel (176 m).

Faune et flore

Des multitudes d'oiseaux

Située sur l'une des principales **routes de migration** de milliers d'espèces d'oiseaux, la Côte d'Opale est un milieu privilégié pour leur reproduction : des dizaines d'espèces de canards, d'oies et de limicoles viennent y nicher, ou ne font que passer, se dirigeant vers des espaces plus accueillants l'hiver (Espagne ou Afrique). Le traquet motteux s'intéresse aux dunes, tandis que la mésange à moustache préfère les roselières. Le bruant lapon et la linotte à bec jaune s'installent volontiers dans les mollières. Les canards, tadornes de Belon, sarcelles ou canards siffleurs nichent dans l'estran. Plus en mer, eiders à duvet et macreuses noires sont rarement observables des terres.

Les **zones humides** côtières occupent aussi une bonne partie du littoral. Différents milieux s'y succèdent, de la vasière, très riche en micro-organismes, jusqu'au pré-salé, le tout sous l'influence permanente de la marée, de l'érosion et de l'envasement. Dans ces espaces s'est développée une faune adaptée, où les limicoles et les échassiers (huîtriers pie, courlis, avocettes et bécassines) tiennent une place de choix.

Forêts

Bien qu'elles ne représentent que 8 % de la superficie du Nord et du Pas-de-Calais, les forêts offrent une palette plus que changeante au fil des saisons. Le hêtre, le charme et le chêne dominent, entrecoupés de quelques bouleaux ou résineux. Citons la forêt de Guînes, entre Boulonnais et Calaisis, ou celle de Mormal, dans l'Avesnois. Les massifs forestiers de Desvres et de Boulogne s'étendent sur des zones argileuses, alors que la forêt d'Hardelot, principalement constituée d'épineux, prend racine dans des terres sablonneuses.

La flore

Les pelouses des plateaux calcaires constituent, avec les zones humides et les milieux littoraux, l'un des réservoirs de biodiversité les plus importants de la région. Elles se retrouvent principalement en arrière-pays littoral. Se développent ici des arbustes comme l'aubépine et le genévrier, mais aussi une multitude de fleurs. À la fin de l'été apparaît la gentiane d'Allemagne, ponctuant la pelouse de ses floraisons mauves. De nombreuses espèces animales profitent de ce milieu (papillon machaon, azuré bleu céleste, lézard vivipare ou pie-grièche).

Dans les estuaires battus par les vents et parfois envahis par la marée prolifère une végétation basse, rustique et adaptée. Sur les dunes, la végétation, c'est-à-dire les oyats, argousiers et autres arroches, permet à la dune de se maintenir et évite l'érosion.

Dans les zones humides, marais, étangs ou vallées alluviales, les milieux aquatique et terrestre sont fortement imbriqués, tant du point de vue de la faune que de la flore. Dans les eaux fleurissent nénuphars et myriophylles, tandis que sur la berge se développent les roseaux, cariçaies et autres scirpes, les pieds dans l'eau. En arrière, les saules pleureurs, les fresnes et les bouleaux poussent facilement, offrant une palette de couleurs extraordinaire, notamment à l'automne.

Une faune variée

Cette végétation est indispensable au maintien d'espèces de poissons très présentes dans la région : gardons en milieu herbacé, tanches et brèmes près des rives, carpes en eaux profondes, sans oublier les brochets, perches ou sandres.

Bon indicateur de la santé d'un milieu, les amphibiens ne sont pas en reste. La salamandre tachetée aime les vallées alluviales, comme celle de la Ternoise ; la grenouille rainette s'observe, elle, plutôt dans les marais.

Environnement

Pollutions agricoles et industrielles, drainages intensifs, ensablement du littoral mettent en péril l'écosystème, même si la préservation de l'environnement et la mise en valeur des sites naturels sont désormais ancrées dans les mentalités locales.

Les pollutions

Malgré une prise de conscience des problèmes environnementaux, la région souffre de pollutions structurelles, souvent liées au développement industriel du dernier siècle. En outre, la situation du Nord et du Pas-de-Calais au cœur de l'Europe, une chance pour son développement, est aussi une menace pour son équilibre écologique, du fait des flux commerciaux et humains que le territoire supporte. Les pollutions atmosphériques y sont parmi les plus importantes du continent.

La Côte d'Opale et la mer du Nord.
Nathalie Pothier/Getty Images Plus

L'ensablement des baies

Ce phénomène semble inexorable et ne cesse d'inquiéter populations locales et pouvoirs publics. L'ensablement est dû à des facteurs naturels, comme la marée, les faibles courants quand la mer se retire, le petit tirant d'eau des fleuves et la végétation pionnière qui conquiert les vasières. Il est aussi lié aux interventions des hommes : aménagement intensif depuis les années 1960 (routes, canaux en amont, drainage...), ouvrages de défense contre la mer (digues), création de polders et extension des cultures. Résultat ? Le manque d'eau dans certaines zones entraîne le développement des spartines et des salicornes, puis d'une végétation plus arbustive. Ces végétaux envahissent la terre, piègent les sédiments et favorisent le comblement des estuaires. À terme, cette situation peut faire fortement régresser les populations d'oiseaux, échassiers, limicoles et canards, qui se nourrissent dans les vasières et les hauts-fonds de la baie. La zone est aussi un espace de reproduction pour de nombreux animaux : crabes, crevettes, coques, plies... Dès lors, la chaîne alimentaire en pâtit.

Le paradis des chauves-souris

Sur les 34 espèces de chauves-souris recensées en France, on en compte pas moins d'une vingtaine dans le Nord et le Pas-de-Calais, dont 14 sont particulièrement rares. Murin des marais ou de Brandt, sérotine bicolore, pipistrelle pygmée ou barbastelle, autant de noms exotiques pour un animal méconnu, écorché par une mauvaise réputation. Les chauves-souris sont pourtant un très bon indicateur de la santé écologique d'un territoire.

Personnalités

Antoine Watteau (1684-1721)

L'enfant de Valenciennes met tout son art de dessinateur et de coloriste à peindre les fêtes galantes et campagnardes caractéristiques du siècle libertin. Il est le premier peintre à s'intéresser de près au sentiment amoureux. Ses personnages évoluent dans un monde mélancolique, fantasmé, aux contours flous qui met en scène les échanges, la tendresse, la sensualité. L'atmosphère étrange qui se dégage de ses œuvres traite d'évanescence, d'instants fragiles délicatement présentés.

Musée des Beaux-Arts de Valenciennes p. 163.

Jean-Baptiste Carpeaux (1827-1875)

Sculpteur, peintre et dessinateur né à Valenciennes, il remporte le grand prix de Rome en 1854. Devenu sculpteur officiel, il réalise des bustes pleins de finesse, des portraits du Second Empire, et participe au décor de monuments publics : *Le Triomphe de Flore*, bas-relief (pavillon de Flore au Louvre) ; *La Danse*, pour la façade de l'Opéra Garnier (musée d'Orsay) ; *Les Quatre Parties du monde* pour la fontaine de l'Observatoire à Paris ; la statue de Watteau à Valenciennes.

Henri Matisse (1869-1954)

Le Cateau-Cambrésis, sa ville natale, a consacré un musée à cet artiste phare du 20e s., chef de file du fauvisme. Matisse privilégie les aplats de couleurs vives, la simplicité des formes et l'intensité des tons pour donner de l'énergie à ses œuvres et susciter l'émotion. *Collioure, rue du Soleil* en témoigne. Cette approche perdurera jusqu'à ses dernières années et ses papiers gouachés découpés publiés dans l'ouvrage *Jazz* ou, autre exemple, l'œuvre *Nu bleu IV*.

Musée Matisse p. 178.

Jean Mineur (1902-1985)

Saviez-vous que le père du petit mineur des publicités au cinéma est né à Bruay-sur-l'Escaut ? Jean Mineur était un publiciste visionnaire, à l'origine de la « réclame » au cinéma. Le sympathique personnage, dessiné par Albert Champeaux, fait son entrée dans les salles obscures en

Sur la trace des écrivains

Nombreux sont les auteurs que la région a inspirés. Villes et villages ont conservé la marque de leur passage :
- le petit monde de l'**abbé Prévost** à Hesdin ;
- la poésie de **Sainte-Beuve** à Boulogne-sur-Mer ;
- Jean Valjean, alias Monsieur Madeleine, maire de Montreuil-sur-Mer sous la plume de **Victor Hugo** ;
- sur les traces de **Zola** et de son *Germinal* près de Valenciennes (Anzin).

Autoportrait de Jean-Baptiste Carpeaux.
Z. Swimmer/Alamy/hemis.fr

1952. Il pose sa lanterne et projette son piolet, références au pays minier dont il est originaire, au cœur d'une cible où apparaît le fameux numéro de téléphone 0001. Depuis, il s'est modernisé et évolue dans un nouveau scénario en images de synthèse, mais est toujours une icône du septième art.

Marguerite Yourcenar (1903-1987)

Première femme élue à l'Académie française (en 1980), elle évoque son enfance flamande au mont Noir, près de Bailleul, dans son livre autobiographique *Archives du Nord*. Elle passa ses premiers hivers dans l'hôtel particulier de sa grand-mère à Lille (rue Jean-Moulin) et ses étés dans le château familial de St-Jans-Cappel au sommet du mont Noir. Son roman historique *Mémoires d'Hadrien* lui a octroyé une grande célébrité.

Musée Marguerite-Yourcenar p. 133.

Arnaud Desplechin (1960-)

Roubaix, sa ville natale, constitue un passage obligatoire pour le cinéaste qui y a posé ses caméras pour *Un conte de Noël*, *Trois souvenirs de ma jeunesse* ou encore *Roubaix, une lumière*. La famille et le deuil sont deux des sujets de prédilection du réalisateur qui interroge sans cesse l'amour filial et fraternel avec ses tensions, ses joies, ses secrets.

Dany Boon (1966-)

Le patois et la culture du nord de la France ont été mis à l'honneur avec la sortie de son film *Bienvenue chez les Ch'tis* (2008). Cette comédie de l'humoriste, né à Armentières, a déclenché une véritable « ch'timania ». Tournée dans la petite ville de Bergues, elle détient le plus gros score au box-office pour un film français avec plus de 26 millions de spectateurs.

Cyclotouristes sur la Vélomaritime.
E. Berthier/hemis.fr

ORGANISER SON VOYAGE

Types de séjour 416
Aller dans le Nord et le Pas-de-Calais 417
Avant de partir 420
Sur place de A à Z 422
Agenda 428
Livres, films 430

Types de séjour

Le Bassin minier	
Nœux-les-Mines	Loisinord : un terril relooké en piste de ski et les cités minières *(p. 335)*.
Lens	Visite des fosses 11/19 (Loos-en-Gohelle), 9/9 bis (Oignies) et terrils et corons autour de Lens *(p. 314-315)*.
Douai	Centre historique minier de Lewarde *(p. 148)*.
St-Amand-les-Eaux	Fosse d'Arenberg à Wallers et terrils dans la région de St-Amand *(p. 152)*.
Denain	Paysage minier dans la région de Valenciennes *(p. 151)*.
Beffrois et carillons	
Douai	Beffroi du 15e s. couronné par le lion des Flandres et airs du carillon de 62 cloches *(p. 143)*.
Béthune	Le beffroi, illuminé le soir, s'élève au milieu de la Grand'Place. Son carillon comporte 35 cloches et joue le *P'tit Quinquin* à la demie *(p. 329)*.
Arras	De style gothique flamboyant, il est reconstruit à l'identique après la Grande Guerre. Le carillon et ses 37 cloches jouent tous les quarts d'heure une mélodie différente *(p. 296)*.
Dunkerque	Le beffroi de St-Éloi du 13e s., reconstruit au 16e s. offre une vue sur le port de commerce. Un maître carillonneur est à l'œuvre lors de certains événements *(p. 99)*.
Bergues	Beffroi rebâti après la Seconde Guerre mondiale. Exposition de cloches et carillons, concerts le lundi *(p. 117)*.
Tourcoing	Église St-Christophe et musée du Carillon installé dans le clocher originel du 16e s. *(p. 75)*.
Tournai	Le vétéran des beffrois belges et ses concerts de carillons *(p. 361)*.
Tourisme de mémoire : la Grande Guerre	
Chemins de mémoire	Musée de la Bataille de Fromelles et les chemins de Mémoire *(p. 88)*. Circuits à Armentières *(p. 132)*.
Cambrai	Monument des Nations de la bataille de Cambrai et Cambrai Tank 1917 à Flesquières *(p. 173)*.
Montreuil-sur-Mer	Casemates de la citadelle *(p. 261)*.
Arras	Mémorial britannique d'Arras *(p. 302)* et carrière Wellington *(p. 303)*. Musée Jean et Denise Letaille - Bullecourt 1917 *(p. 305)*.
Vimy	Mémorial national du Canada à Vimy *(p. 326)*.
Colline de N.-D.-de-Lorette	Les sites et le Mémorial international de N.-D.-de-Lorette *(p. 324-326)*. Centre d'histoire du Mémorial'14-18 *(p. 324)*.
Ypres	In Flanders Fields Museum *(p. 353)*.

Aller dans le Nord et le Pas-de-Calais

Par la route

Lille est au centre d'un réseau d'autoroutes qui dessert tout le nord de la France et se trouve en liaison directe avec la Grande-Bretagne.

Les grands axes

L'**A 16** relie Paris à Dunkerque via Le Touquet, Boulogne-sur-Mer et Calais. De Paris, l'**A 1** mène à Lille et Arras, et à Cambrai et Valenciennes, en bifurquant sur l'**A 2** à Combles. De Reims, on peut atteindre Arras, Béthune, St-Omer puis Calais par l'**A 26**. Enfin, au départ de Lille, on gagne Dunkerque par l'**A 25** et Valenciennes par l'**A 23**.

Informations autoroutières – www.autoroutes.fr.

Sur autoroute : Radio Trafic FM 107.7.

Les cartes Michelin

Cartes Départements 301 (Pas-de-Calais, Somme), **302** (Nord).

Carte Région 511 (Hauts-de-France) avec index des localités et plan de Lille.

Carte de France n° 721, qui offre une vue d'ensemble de la région au 1/1 000 000, avec ses grandes voies d'accès d'où que vous veniez.

Calculs d'itinéraires sur : **www.viamichelin.fr.**

En train

Les grandes lignes

Au départ de Paris, TGV direct pour Lille-Flandres ou Lille-Europe (1h08, env. 24 dép./j avec un AR toutes les 30mn matin et soir, et toutes les heures le reste de la journée en semaine), Arras (50mn), Béthune (1h30), Boulogne-sur-Mer (2h10), Calais (1h40), Douai (1h10), Hazebrouck (1h50), Lens (1h10) et Valenciennes (1h45).

Informations et réservation – ☏ 3635 - www.sncf-connect.com.

Les trains express régionaux

De **Lille** : Tourcoing, Amiens, Ascq, Orchies, Comines, Dunkerque, Hazebrouck, Boulogne-sur-Mer, Calais, Arras, Lens, Béthune, Valenciennes, Cambrai, St-Quentin, Laon, Reims.

Distances	Bordeaux	Lyon	Paris	Strasbourg	Tournai	Bruxelles	Arras	Calais	Dunkerque	Lille	Valenciennes
Arras	765	645	180	521	67	155	-	110	112	52	73
Calais	877	754	290	622	134	198	110	-	44	111	160
Dunkerque	879	755	291	597	97	158	112	44	-	74	123
Lille	810	685	222	528	27	114	52	111	74	-	52
Valenciennes	795	665	209	486	36	104	73	160	123	52	-
Tournai	817	690	243	491	-	92	67	134	97	27	36
Bruxelles	886	725	312	428	92	-	155	198	158	114	104

D'**Arras** : Lille, Calais, Dunkerque, Boulogne-sur-Mer.
De **Dunkerque** : Lille, Boulogne-sur-Mer, Hazebrouck.
Autre ligne : Valenciennes-Lens.
Cette liste n'est pas exhaustive.
Informations et réservation – ✆ 3635 - www.sncf-connect.com ou www.ter.sncf.com/hauts-de-france.
☺ En saison estivale et à certaines dates, le programme « L'éTER en Hauts-de-France » propose des **billets à 2 €** l'aller-retour vers 50 destinations à la mer, à la campagne ou en ville.

En avion

Aéroport

Aéroport de Lille-Lesquin – ✆ 0891 673 210 (0,23 €/mn) - www.lille.aeroport.fr. L'aéroport est situé à 12 km au sud de Lille. Une navette (AS 8 € ; AR 10 €) assure la liaison avec le centre-ville en 20mn.

Compagnies aériennes

Liaisons directes

Air France – www.airfrance.fr. Vols vers Marseille, Nice, Nantes, Bordeaux, Toulouse, Lyon et Strasbourg.
Easyjet – www.easyjet.com. Vols vers Nantes, Bordeaux, Genève, Toulouse et Nice.
Ryanair – www.ryanair.com. Vols avec Marseille en été.
Volotea – www.volotea.com. Vols vers Ajaccio, Biarritz, Perpignan et Montpellier.

Escapade en Belgique

Pensez à vous munir d'une carte d'identité ou d'un passeport pour vous rendre en Belgique.

Par la route

Bruxelles est à environ 115 km à l'est de Lille par l'A 27 puis l'E 429 et Tournai à environ 30 km par l'A 27 puis l'E 42.

En train

De nombreuses liaisons quotidiennes relient Lille à Bruxelles en TGV (35mn) et à Tournai en TER (35mn).
Informations et réservation – ✆ 3635 - www.sncf-connect.com.

Avant de partir

Le bon moment pour partir

Prévisions et tendances sur **www.meteofrance.com** – ✆ 3250 (2,99 €/appel + prix d'un appel).

Hiver – Froid mais festif : fête de la St-Nicolas, marché de Noël de Lille, carnaval à Dunkerque en février.

Printemps – Souvent agréable malgré quelques giboulées et gelées matinales. Idéal pour l'observation de la flore et de la faune, en particulier des oiseaux migrateurs du littoral (cap Blanc-Nez et cap Gris-Nez notamment).

Été – La meilleure période. La Côte d'Opale est très attrayante (plages, activités nautiques et randonnées, festivals), et les grandes villes sont presque désertées.

Automne – Pour les amateurs de chasse et de pêche, c'est la meilleure époque, jusqu'au début de l'hiver.

Adresses utiles

Les institutions

Comité régional de tourisme (CRT)

Hauts-de-France – 3 r. Vincent Auriol - 80000 Amiens - ✆ 03 22 22 33 66 - www.tourisme-en-hautsdefrance.com.

Agences départementales de développement et de réservation touristiques (ADRT)

Nord – 51 r. Gustave Delory - 59000 Lille - ✆ 03 59 73 59 59 - evasion.lenord.fr.

Pas-de-Calais – 26 rte de la Trésorerie - 62126 Wimille - ✆ 03 21 10 34 60 - www.pas-de-calais-tourisme.com.

Les adresses des offices de tourisme sont signalées dans le guide avec le symbole ℹ.

Office de tourisme belge

Wallonie Belgique Tourisme – 274 bd St-Germain - 75007 Paris - ✆ 01 53 85 05 20 - www.walloniebelgiquetourisme.fr.

Tourisme Belgique Flandre-Bruxelles – 6 r. Euler - 75008 Paris - ✆ 01 56 89 14 41 - www.visitflanders.com.

Sites internet

www.weekend-esprithautsdefrance.com : une mine d'idées et d'adresses pour organiser son séjour dans la région.

www.nord-decouverte.fr : un site dédié au patrimoine des Hauts-de-France, qui fourmille de conseils pratiques.

Personnes à mobilité réduite

Dans ce guide, les sites et établissements qui peuvent accueillir des personnes à mobilité réduite sont signalés par le symbole ♿.

Tourisme et Handicaps : liste des sites labellisés sur www.tourisme-handicaps.org.

Transports

SNCF Accès Plus – Service d'assistance aux personnes à mobilité réduite pour embarquer et débarquer du train - liste des gares où le service est disponible : www.garesetconnexions.sncf.

Plages

www.handiplage.fr : liste des plages aménagées et de leurs équipements (tiralos, douches adaptées...).

Les plages de Berck et toute la station sont particulièrement bien adaptées pour les personnes

Nos catégories de prix		
	Hébergement	**Restauration**
Premier prix	jusqu'à 90 €	jusqu'à 20 €
Budget moyen	de 90 € à 120 €	de 20 € à 35 €
Pour se faire plaisir	de 120 € à 160 €	de 35 € à 50 €
Une folie	plus de 160 €	plus de 50 €

circulant en fauteuil roulant, car elles bénéficient de l'infrastructure des 5 centres de rééducation de la ville.

Activités

www.lesdunesdeflandre.fr : le Grand site de France des Dunes de Flandre propose plusieurs activités pour les personnes handicapées (voile, char à voile, joëlette, etc.).

www.clubecoledevoiledeberck.com : école de voile pour tous à Berck.

www.meretrencontres.com : chars à voile en binôme valide/handicapé à Dunkerque.

Hébergement

www.resa62.com; www.weekend-esprithautsdefrance.com. Retrouvez notre sélection dans nos carnets d'adresses situés en fin de description des principaux sites. Les établissements sont classés par catégories de prix. Les tarifs indiqués sont ceux d'une chambre double en haute saison.

Hébergement rural

Fédération des stations vertes de vacances - www.stationverte.com. Montreuil-sur-Mer (Pas-de-Calais) ; et Val-Joly (Nord) sont labellisés Stations vertes.

Bienvenue à la ferme - 01 53 57 11 50 - www.bienvenue-a-la-ferme.com. Le guide édité par la Chambre d'agriculture française recense les agriculteurs qui ont choisi l'agrotourisme pour diversifier leur activité : chambres d'hôte, gîtes, campings, auberges, producteurs, et loisirs à la ferme.

Gîtes de France - www.gites-de-france.com. Hébergements en milieu rural.

Auberges de jeunesse

Fédération unie des auberges de jeunesse - 01 44 89 87 27 - www.hifrance.org. Auberges à Boulogne-sur-Mer et Lille. Carte d'adhérent HI, offre spéciale 2023 : 2 € pour les individuels et les familles.

Sur place de A à Z

Pour obtenir des adresses de prestataires, de guides..., consultez les carnets d'adresse de ce guide, et les sites Internet des offices de tourisme et des agences départementales de développement et de réservation touristiques *(p. 420)*.

Baignade

Les plages sont en général surveillées durant les mois d'été et les pavillons hissés chaque jour indiquent si la baignade est dangereuse ou non : **vert**, baignade surveillée sans danger; **jaune**, baignade dangereuse mais surveillée; **rouge**, baignade interdite. L'absence de pavillon signifie une absence de surveillance.
Des contrôles de **qualité des eaux** de baignade sont effectués chaque mois à partir de juin pour toutes les plages du littoral. Les eaux sont classées en quatre catégories, suivant leur niveau de pollution.
baignades.sante.gouv.fr – Site du ministère de la Santé.
www.pavillonbleu.org – Palmarès des plages les plus propres.

Beffrois

En 2005, l'**Unesco** a classé 23 beffrois français au Patrimoine mondial de l'Humanité, dont 17 dans le Nord et le Pas-de-Calais : Aire-sur-la-Lys, Armentières, Arras, Bailleul, Bergues, Béthune, Boulogne-sur-Mer, Calais, Cambrai, Comines, Douai, Dunkerque (de l'hôtel de ville et de l'église St-Éloi), Gravelines, Hesdin, Lille et Loos.
www.beffrois.com.
Voir nos suggestions de séjour p. 416.

Brasseries

De nombreuses brasseries de la région sont ouvertes à la visite (gratuite ou payante). Pour découvrir les microbrasseries, brasseries artisanales et industrielles qui ouvrent leurs portes, voici deux sites Internet référençant les adresses : bieres-et-brasseries.fr et route-du-malt.fr.
Voir aussi les carnets d'adresses du guide.

Canoë-kayak

En rivière

Le **canoë** se manie avec une pagaie simple tandis que le **kayak** se manœuvre avec une pagaie double. Idéal pour une promenade en famille la journée.
Possibilité de pratiquer sur la Scarpe (p. 308), dans le marais audomarois (p. 285), ainsi que sur la Deûle à Lille (108 quai Géry Legrand - association La Deûle : 03 20 09 13 02) ou sur la Canche à Beaurainville (www.canoe-kayak-beaurainville.com).

En mer

Équipement légèrement différent du kayak de rivière. Il est interdit de s'éloigner de plus d'un mille (1852 m) de la côte, et préférable d'avoir de solides notions du milieu marin. Il est recommandé, lors de ses premières sorties, de se faire accompagner de navigateurs expérimentés.
Possibilité de pratiquer aux Dunes de Flandres, à Wimereux, à Boulogne-sur-Mer et à Hardelot.

Cerf-volant

Les longues plages du Nord constituent un terrain de prédilection pour la pratique du cerf-volant, à la fois loisir familial, expression artistique et compétition sportive. Manipulé par deux poignées et constitué de fibre de verre ou, plus léger mais plus cher, de fibre de carbone, le cerf-volant moderne est « pilotable », et même parfois doté d'amortisseurs de chute !

Pour acquérir les manipulations de base et quelques connaissances en aérologie, n'hésitez pas à vous adresser à un prestataire.

Char à voile

À marée basse, les grandes étendues de sable des plages du Nord et du Pas-de-Calais se révèlent idéales pour la pratique du char à voile. Par la seule force du vent, l'engin peut atteindre plus de 100 km/h.

À côté du char à voile est apparu le **speedsail**, sorte de longboard à voile. Cours et stages sont dispensés dans la plupart des stations balnéaires.

Golf

Les 24 golfs du Nord et du Pas-de-Calais profitent d'un agréable cadre de verdure, au relief vallonné, entouré de forêts ou bien ouvert sur le littoral.

Kitesurf

Les conditions de vent exceptionnelles le long de la Côte d'Opale font de ce littoral de 120 km un espace privilégié pour la pratique de ce sport de glisse. Neuf sites d'exception dont Dunkerque, Wissant et le Touquet.

Longe-côte

Le longe-côte est une marche dans la mer que l'on pratique immergé jusqu'à la poitrine. Il permet de fortifier les muscles sans fatiguer les articulations. Une multitude d'associations dans les différentes stations du littoral encadrent cette activité.

Moulins

Le **musée des Moulins**, à Villeneuve d'Ascq (*p. 82*), est aussi le siège de l'Association régionale des amis des moulins.

Parmi les **moulins à vent** que l'on peut visiter, Spinnewyn à Hondschoote, le moulin Ondankmeulen de Boeschepe, les moulins de Steenvoorde et de Vertain à Templeuve.

Certains **moulins à eau** tournent encore. Les plus beaux barrages, en pierre bleue, sont dans l'Avesnois, notamment à Maroilles.

Navigation de plaisance

Rivières et canaux

Autrefois réservés au transport et à la batellerie, les rivières et canaux offrent aujourd'hui environ 680 km de voies navigables aux plaisanciers. Les plus importantes sont la Deûle, la Scarpe, la Lys, l'Aa, la Sensée et l'Escaut, tandis que les grands ports fluviaux se situent à Halluin, Wambrechies et St-Amand-les-Eaux.

Voies navigables de France – www.vnf.fr/vnf/regions/vnf-nord-pas-de-calais/. Liste des haltes et ports de plaisance et nombreuses informations sur la navigation en rivière.

Location de bateaux habitables – *House-boats*, aménagés en général pour 6 à 8 personnes, pour une approche insolite des sites parcourus par les canaux. Formules à la journée, au week-end ou à la semaine. Possibilité de louer avec ou sans équipage, en saison. Voir à la capitainerie des ports.

Mer

Les 5 ports de plaisance du littoral du Nord et du Pas-de-Calais réunissent 2 300 anneaux : Dunkerque, Gravelines, Calais, Boulogne-sur-Mer et Étaples-sur-Mer.

www.plaisance-opale.com.

Parapente

Le parapente se pratique le long de la dune ou des falaises

du littoral. La technique, en vol *soaring* ou dynamique, utilise ici la trajectoire verticale du vent lorsque celui-ci rencontre le relief. Pour la protection de l'environnement, il existe une réglementation stricte pour décoller et voler le long de la Côte d'Opale. Baptêmes et vols biplaces se révèlent des expériences inoubliables. Faute de relief, la mise en vol peut aussi s'effectuer grâce à un treuil dont la force de traction est utilisée pour faire gagner de l'altitude au parapente.

Club-école de parapente du Nord – www.razmotte.org.

Pêche en eau douce

Les nombreux étangs, lacs et rivières favorisent la pêche. On retiendra particulièrement la Course, la Lys, l'Aa, ainsi que la Canche, l'Authie, la Ternoise... dans la région des Sept Vallées.

Réglementation

Généralement, le cours supérieur des rivières est classé en 1re catégorie tandis que les cours moyen et inférieur le sont en 2e. Quel que soit l'endroit choisi, il convient d'observer la réglementation nationale ou locale (affiliation, taxes, etc.). Pour certains étangs ou lacs, des cartes journalières sont délivrées.

Pêche en mer

À pied ou en bateau, des prestataires proposent des sorties d'une demi-journée ou d'une journée, pour apprendre les techniques de pêche et participer à des compétitions. Le matériel est fourni. Il est conseillé de s'inscrire à l'avance. Possibilité de pratiquer à Berck-sur-Mer (www.les-sternes.org), Boulogne-sur-Mer (www.pechecoteopale.fr), Calais (www.pechecoteopale.fr) et Dunkerque (www.morrock-peche-dunkerque.fr).

Randonnées

Nord – Le site nord-decouverte.fr possède un moteur de recherche permettant de trouver des randonnées en fonction du lieu, de la durée, de la difficulté et l'activité recherchée (à pied, en VTT, en cyclo-route).

L'ADRT *(p. 420)* présente également sur son site Internet le Plan département des itinéraires de promenade et de randonnée pédestre (PDIPR) ainsi que les voies vertes.

Pas-de-Calais – La rubrique « Cartes » du site du conseil général (www.pasdecalais.fr) répertorie des itinéraires de randonnées pédestres et cyclotouristiques.

Le site velo-rando-pasdecalais.com propose des boucles, véloroutes et voies vertes à télécharger.

Enfin, l'ADRT *(p. 420)* édite une brochure papier recensant des randonnées pédestres et cyclotouristiques. Possibilité de la télécharger en ligne ou de la recevoir par voie postale.

Randonnées à vélo

Il est possible d'embarquer gratuitement son vélo dans de nombreux trains régionaux.

3 sites VTT-VTC du Nord et du Pas-de-Calais sont labellisés : Les collines de l'Artois, L'Opale des 2 caps, Entre monts et marais de St-Omer.

Circuit des hauts lieux de la Grande Guerre en Artois – Téléchargeable gratuitement sur www.cheminsdememoire-nordpasdecalais.fr, ce circuit est un guide cyclotouristique illustré, assorti d'une carte et de textes richement documentés sur 16 lieux emblématiques de la guerre de 1914-1918.

La Côte d'Opale à vélo – Séjours à vélo de 2 à 10 jours invitant à la découverte de lieux d'exception du site des Deux-Caps à la Baie de Somme. www.club-france-randonnee.fr.

Randonnées équestres

Comité régional de tourisme équestre Hauts-de-France - www.crtehautsdefrance.com. Itinéraires dans les cinq départements téléchargeables sur le site et topoguide sur demande.

Comité départemental d'équitation du Nord - ✆ 06 49 49 63 87 - https://equitation59.wixsite.com/equitation59nord. Liste des centres équestres.

Comité départemental de tourisme équestre du Pas-de-Calais - www.cde62.fr. Liste et coordonnées des gîtes équestres et topo.

Randonnées pédestres

Le **GR 121** (260 km) relie Bon-Secours, au nord de Valenciennes, à la Côte d'Opale, près de Boulogne, en suivant les vallées de la Scarpe et de la Canche.

Le **GR 120** sillonne le Boulonnais.

Le **GR 127** traverse les collines de l'Artois.

Le **GR 128** (130 km) parcourt la Flandre en passant aux abords d'Ardres, St-Omer et Cassel. Le **GR 122** permet de découvrir la Thiérache.

Le **GR de pays**, balisé de traits jaunes et rouges, suit le **littoral du Nord et du Pas-de-Calais** de Bray-Dunes à l'estuaire de l'Authie.

Le **GR du pays de l'Avesnois-Thiérache** (130 km) s'aventure dans la Flandre puis dans les Ardennes.

Le **PR** Pas-de-Calais et Côte d'Opale propose 30 promenades à travers le Boulonnais et l'Audomarois, à pied ou à VTT.

Il existe aussi un **PR** Pas-de-Calais et comté du Kent.

Chemins de St-Jacques-de-Compostelle - www.compostelle-nord.com; topoguide n° 6551. Cette portion des chemins de St-Jacques longe l'Escaut, en passant par St-Amand, Wallers-Arenberg dans le Bassin minier, Cambrai et Vaucelles.

Via Francigena (GR 145) - www.mongr.fr. Ancien itinéraire de pèlerinage reliant Canterbury à Rome, ce circuit traverse le Pas-de-Calais de Calais à Rocquigny.

Restauration

Notre sélection

Retrouvez notre sélection dans nos carnets d'adresses situés en fin de description des principaux sites. Nos adresses sont classées par catégories de prix (*tableau p. 421*), sur la base d'un tarif minimal/maximal en haute saison.

Nous proposons des **restaurants** régionaux, classiques ou gastronomiques, mais aussi des adresses où faire une petite pause. D'innombrables petits **cafés**, souvent très animés, au décor hétéroclite, désuet ou rustique, offrent une halte chaleureuse et rafraîchissante. Les **estaminets** (prononcer « étaminet »), établissements pleins de charme, sont l'image même du Nord.

Dans les fermes, les anciens relais de poste reconvertis, les « hostelleries », les brasseries, on sert une cuisine traditionnelle (*p. 382*).

Pour les fermes-auberges : www.bienvenue-a-la-ferme.com.

Pour les promeneurs et randonneurs

Cafés Rando - evasion.lenord.fr. Une cinquantaine de bistrots de pays, qui offrent des services aux piétons, cavaliers et cyclistes (conseils, réparation de matériel, restauration, etc.).

Estaminets-randonnées - ✆ 03 21 87 90 90 - www.parc-opale.fr (rubrique « découvrir »). Une vingtaine d'établissements accueillent les promeneurs dans le Parc naturel régional des Caps et Marais d'Opale.

Routes historiques

Chemins de mémoire

Profondément meurtris par la guerre de 1914-1918, le Nord et le Pas-de-Calais recèlent un patrimoine militaire riche et plutôt méconnu. Quatre itinéraires sont proposés selon des thématiques qui invitent à (re)découvrir les épisodes majeurs de la Grande Guerre dans la région.

www.cheminsdememoire-nordpasdecalais.fr.

Le livret **D'Ablain-St-Nazaire à N.-D.-de-Lorette**, téléchargeable gratuitement sur le site Internet, propose un itinéraire pédestre jalonné de paysages et de sites marqués par la Grande Guerre. Deux autres titres, **Bataille de Fromelles** et **Sur les pas de Wilfred Owen**, révèlent des lieux de mémoire tout aussi poignants (*ci-dessus*).

Voir aussi nos suggestions de séjour p. 416 et l'itinéraire p. 21.

Depuis 2018, des **jardins de la paix** sont en train d'éclore sur les lieux de mémoire de la Grande Guerre. Ces espaces de repos aux couleurs des nations meurtries invitent à s'arrêter, à contempler et à méditer sur la notion de paix – www.artetjardins-hdf.com.

Route des villes fortifiées des Hauts-de-France

Elle permet de découvrir 16 places fortes au fil de circuits dont vous pourrez vous procurer cartes et dépliants dans les offices du tourisme des communes concernées.

Association pour la mise en valeur des espaces fortifiés – www.espacesfortifies-hautsdefrance.com.

Sorties nature

Conservatoire d'espaces naturels Hauts-de-France – 03 22 89 63 96 - cen-hautsdefrance.org. Né en 2020, il a pour but de protéger, gérer et valoriser près de 500 sites naturels, répartis sur plus de 16 800 ha. Il édite un programme d'animations (sorties nature, ateliers...).

Direction de l'environnement du département du Nord – Édite un programme d'env. 400 animations, « Les Rendez-vous nature », diffusé dans les offices de tourisme du Nord et téléchargeable sur evasion.lenord.fr.

Éden 62 – 03 21 32 13 74 - www.eden62.fr. Ce syndicat mixte gère et organise des animations et des sorties nature dans le Nord et le Pas-de-Calais. Programme sur le site.

Souvenirs

Une sélection de boutiques est proposée dans nos carnets d'adresses.

Gourmandises

p. 382.

Saveurs en'Or – www.saveursenor.fr. Un label pour la promotion de plus de 1000 produits de la région : des brasseries comme La Choulette, Castelain, Trois-Monts... des confiseries (gaufres des Flandres, biscuiterie de Dunkerque...), des charcuteries, des fromageries...

Pour la maison

Dentelles – **Calais** et **Caudry-en-Cambrésis** forment toujours le premier pôle « dentellier » de France. À **Bailleul**, les dentellières travaillent encore à la main, selon la technique de la dentelle au fuseau.

Faïence et porcelaine – **Desvres** est réputée depuis le 18e s. pour ses carreaux de faïence et ses copies de décors anciens : Delft, Strasbourg, Nevers, Rouen, Moustiers... Du côté des porcelaines, pensez au « bleu » d'**Arras**, un plat de service orné d'un délicat motif à la ronce.

Poterie – À **Sars-Poteries**, deux ateliers perpétuent la tradition : poteries vernissées de toutes couleurs, ou grès salé, de teinte marron.

Verrerie – Une maison presque bicentenaire, née en 1825 : **Arques** (Arc International), réputée pour ses verres de cristal, aussi spécialisée dans les verres à four et la vitrocéramique.

Magasins d'usine – L'**agglomération lilloise** conserve sa double vocation, commerçante et textile. MacArthurGlen et L'usine à Roubaix, les Défis de Vertbaubet à Tourcoing pour les vêtements dégriffés et Toto à Lille pour les tissus.

Stations nautiques

Regroupement de villages côtiers, stations touristiques ou ports de plaisance qui s'engagent à offrir les meilleures conditions pour pratiquer l'ensemble des activités nautiques. Trois stations dans le Nord et le Pas-de-Calais : Gravelines, les Dunes de Flandre et Berck-sur-Mer.

France Station Nautique – www.station-nautique.com.

Train touristique

Grâce à l'enthousiasme de passionnés, les trains à vapeur et autres tramways continuent de rouler pour le plaisir de tous. C'est le cas entre Marquette et Wambrechies dans l'agglomération de Lille *(p. 66)* et entre Arques et Lumbres, près de St-Omer *(p. 285)*

Visites guidées

La plupart des offices de tourisme organisent des visites guidées de leur ville et des visites thématiques.

Villes et Pays d'art et d'histoire

Ce label, décerné par le ministère de la Culture, récompense les villes et pays œuvrant activement à la mise en valeur et à l'animation de leur architecture et de leur patrimoine : visites générales ou insolites conduites par des guides-conférenciers et des animateurs du patrimoine agréés par le ministère.
vpah-hauts-de-france.fr.
Villes et Pays d'art et d'histoire cités dans ce guide : Boulogne-sur-Mer, Calais, Cambrai, Lille, Pays de Lens-Liévin, Roubaix, Pays de St-Omer, Tourcoing.

Voile

Des centres, école française de voile, sont présents dans la plupart des stations balnéaires mais aussi sur des plans d'eau à l'intérieur des terres : base de Val-Joly dans l'Avesnois, étangs de la Sensée et de l'Escaut. Certains dispensent aussi des cours de planche à voile.

Ligue régionale des Hauts-de-France – www.lvhdf.fr. Liste des clubs et des écoles de voile affiliés FFV, avec la description de leurs équipements et de leurs prestations.

Vue du ciel

Union aérienne Sambre et Helpe – Vols à la carte au-dessus du val de Sambre et de l'Avesnois *(p. 203)*.

Les Ballons migrateurs – www.ballons-migrateurs.com. Survol en montgolfière de la métropole lilloise, du parc départemental d'Olhain ou des monts de Flandres.

Agenda

Voici une sélection des principaux événements de la région.
Consultez également les agendas des carnets pratiques de chaque localité.

Les **maisons Folie** programment toute l'année des événements culturels (concerts, théâtre...). Rendez-vous sur leur site Internet.

À Lille, consulter le site de Lille3000 pour connaître les événements culturels (*encadré p. 48*).

Février

Le Touquet-Paris-Plage – Enduropale : course de motos.

Mardi gras

Bailleul – Carnaval avec le géant Gargantua (sem. av. Mardi gras).

Cassel – Carnaval d'hiver (dim. av. Mardi gras).

Dunkerque – Carnaval (dim. av. Mardi gras).

Équihen-Plage – Carnaval (sem. de Mardi gras).

Malo-les-Bains – Carnaval (dim. suivant Mardi gras).

Mars

Valenciennes – Festival 2 Valenciennes Cinéma - www.festival2valenciennes.com.

Avril

Journées eurorégionales des villes fortifiées (dernier dim.) - www.espaces-fortifies.com.

Berck-sur-Mer – Rencontres internationales de cerfs-volants.

Roubaix – Course cycliste Paris-Roubaix.

Lundi de Pâques

Cassel – Carnaval d'été avec sortie des géants Reuze-Papa et Reuze-Maman - www.coeurdeflandre.fr.

Maubeuge – Fête de Jean Mabuse.

Avril-mai

Le Printemps de l'Art déco (avril-mai) se déroule sur les communes d'Arras, Béthune-Bruay, Boulogne-sur-Mer, Douaisis, Lens-Liévin, Tourcoing - www.printempsartdeco.fr.

Mai

Arras – Salon du livre d'expression populaire et de critique sociale.

Douai – Festival international du grand reportage d'actualité et du documentaire de société - www.figra.fr.

Dunkerque – Les 4 jours de Dunkerque.

Lille-Hardelot – www.lille-hardelot.com. Dans un esprit bon enfant, quelque 7000 cyclistes s'élancent chaque année vers la Côte d'Opale pour l'une des plus importantes randonnées cyclotouristes de France (parcours de 158 km).

Lille-Lens – Marathon de la route du Louvre (2e dim.) - www.laroutedulouvre.fr.

Maubeuge – Festival iTAK - théâtre, danse, concert, cirque... - www.lemanege.com.

Juin

Journée nationale des moulins (3e dim.) - www.moulinsdefrance.org.

Bourbourg – Sortie des géants Gédéon, Arthurine et Florentine (dim. le plus proche de la St-Jean) - www.bourbourg.fr.

Le Touquet-Paris-Plage – Les Pianos Folies - www.lespianosfolies.com.

Juillet

Arras – Main Square Festival - www.mainsquarefestival.fr.

Bavay – Fête gallo-romaine.

Côte d'Opale - Festival de musique - www.festival-cotedopale.fr.
Douai - Fête de Gayant.
Mons - Festival au Carré : théâtre, musique, danse... - www.lemanege.com.
St-Omer - Cortège nautique.
Wimereux - Fête de la moule (3e w.-end).

Juillet-août

Hardelot-Plage - Musique classique et jazz - www.lesplagesmusicalesdhardelot.com.
Montreuil-sur-Mer - Spectacle son et lumière *Les Misérables.*

Août

Bénédiction de la mer dans plusieurs villes du littoral (15 août).
Cambrai - Cortège avec les géants Martin et Martine (15 août) - www.tourisme-cambresis.fr.
Le Quesnoy - Fête de Bimberlot (1er w.-end).
Le Touquet-Paris-Plage - . Touquet Music Beach Festival - www.touquetmusicbeach.com.
Maroilles - Fête de la flamiche et du maroilles (2e dim.).
Montreuil-sur-Mer - Festival Les Malins Plaisirs - www.lesmalinsplaisirs.com.
Wissant - Fête du flobart.

Septembre

Aire-sur-la-Lys - Fête de l'andouille.
Arras - Fêtes d'Arras : embrasement du beffroi.
Boulogne-sur-Mer - Poulpaphone - www.poulpaphone.com.
Côte d'Opale - Trail Côte d'Opale - www.trailcotedopale.com.
Lille - Grande Braderie.
St-Laurent-Blangy - *Éclats d'Histoire,* spectacle son et lumière - www.feeries-nocturnes.fr.
Ste-Marie-Cappel - Festival international de la bière artisanale (FIBA) - www.lefiba.com.
Wattrelos - Fête des Berlouffes.

Octobre

Berck-sur-Mer - Les Six Heures de char à voile.
Comines - Fête des louches, avec les géants Grande Gueuloutte et P'tite Chorchire (2e dim.).
Hardelot-Plage - Festi'mômes.
Lille-Roubaix - NAME Festival - www.lenamefestival.com.
Tourcoing - Tourcoing Jazz Festival - www. tourcoing-jazz-festival.com.

Novembre

Arras - Arras Film Festival - www.arrasfilmfestival.com.
Étaples - Fête du hareng-roi.

Décembre

Arras - Marché de Noël.
Béthune - Cité de Noël.
Boulogne-sur-Mer - Fête de la St-Nicolas (1er sam.).
Licques - Fête de la dinde.

Livres, films

Livres

Archives du Nord, M. Yourcenar, Gallimard, 1987 - L'autrice revient sur l'histoire de sa famille paternelle dans les Flandres.

La Kermesse du diable et *Le Cœur en Flandre,* A. Sanerot-Degroote, Presses de la Cité, 1993 et 1996 - Ce diptyque retraçant la vie de la fille d'un brasseur lillois, Renelde Van Eyck, nous entraîne dans les Flandres du 17e s.

La Maison dans la dune, M. Van der Meersch (Prix Goncourt 1936 pour *L'Empreinte du dieu*), Albin Michel, 2007 - Douaniers et contrebandiers s'affrontent dans l'atmosphère glacée du nord de la France et de la Belgique.

Journal d'un curé de campagne (Grand prix du roman de l'Académie française), G. Bernanos, Pocket, 2002 - La vie d'un jeune prêtre catholique dans la paroisse d'Ambricourt dans l'Artois.

Mineur de fond, A. Viseux, Omnibus, 2006 - Témoignage d'un galibot devenu ingénieur principal dressant une fresque complète et passionnante de la mine, de ses métiers, de ses grandes luttes.

Germinal, É. Zola, Livre de Poche, 2000 - Treizième tome des Rougon-Macquart, le chef-d'œuvre de Zola documente la vie des mineurs, de leurs souffrances jusqu'à leur émancipation.

Les Croix de bois, R. Dorgelès, Albin Michel, 2014 - Engagé volontaire durant la Grande Guerre, Roland Dorgelès conte la vie des tranchées dans son horreur, sans omettre de dépeindre le quotidien des soldats jusqu'à leurs facéties.

Le Jour d'avant, S. Chalandon, Grasset, 2017 - La catastrophe minière de St-Amé à Liévin en 1974 est le cadre d'un roman nouant drame intime et mémoire collective.

Bandes dessinées

1914-1918. C'était la guerre des tranchées, J. Tardi, Casterman, 1993.

Le Bleu est une couleur chaude, Jul'Maroh, Glénat, 2010 - L'intrigue de cette BD culte sur l'homosexualité féminine se déroule à Lille. Elle a été adaptée au cinéma par A. Kechiche sous le nom de *La Vie d'Adèle.*

L'Art du chevalement, L.-H. Phang et P. Dupuy, Futuropolis, 2013.

Carnets 14-18 - Quatre histoires de France et d'Allemagne, A. Hog et J. Mailliet, Éd. Le Buveur d'Encre, 2014.

La Bataille d'Arras, F. Logez, Éd. Degeorge, 2014.

Films

La Vie est un long fleuve tranquille, É. Chatiliez, 1988.

Germinal, C. Berri, 1993.

La Vie de Jésus, B. Dumont, 1997.

L'Humanité, B. Dumont, 1999.

Embrassez qui vous voudrez, M. Blanc, 2002.

Quand la mer monte, G. Porte et Y. Moreau, 2004.

Un conte de Noël, A. Desplechin, 2008.

Bienvenue chez les Ch'tis, D. Boon, 2008.

À l'origine, X. Giannoli, 2009.

Welcome, P. Lioret, 2009.

La Vie d'Adèle, A. Kechiche, 2013.

Chante ton bac d'abord, D. André, 2014.

À trois on y va, J. Bonnell, 2015.

La Tête haute, E. Bercot, 2015.

Ma Loute, B. Dumont, 2016.

Dunkerque, C. Nolan, 2017.

Roubaix, une lumière, A. Desplechin, 2019.

1917, S. Mendès, 2020.

Notes

Notes

Notes

Notes

Notes

Arras : villes, curiosités et régions touristiques.
Blériot, Louis : noms historiques ou termes faisant l'objet d'une explication.
Les sites isolés (châteaux, abbayes, grottes...) sont répertoriés à leur propre nom.
Nous indiquons par son numéro, entre parenthèses, le département auquel appartient chaque ville ou site. Pour rappel :
59 : Nord
62 : Pas-de-Calais

A

Abbé Val-Joly, forêt (59) 187
Ablain-Saint-Nazaire (62) 324, 326
Achicourt (62) 304
Adresses utiles 420
Agenda 428
Aire-sur-la-Lys (62) 287
Aix-la-Chapelle, traité 387
Alleman, Jacques 329
Alprech, cap (62) 238
Amaury, étang (59) 158
Ambleteuse (62) 223
Ambricourt (62) 270
Amettes (62) 337
Anchin, ancienne abbaye (59) 148
Architecture 405
Architecture civile flamande 400
Architecture militaire 401
Architecture religieuse gothique 399
Architecture traditionnelle 402
Ardres (62) 216
Arenberg, fosse (59) 151
Argales, plan d'eau et loisirs (59) 151, 159
Arkéos Musée-Parc archéologique (59) 146
Arleux (59) 148
Armentières (59) 131
Arques (62) 282
Arras (62) 294
Arras, traité 387
Art déco 17
Artois 291, 408
Artois, batailles 297, 388
Aubigny-au-Bac (59) 148
Aubry, Martine 56
Auchel (62) 312
Auchy-lès-Hesdin (62) 270
Audomarois (62) 280
Australian Memorial Park (59) 89
Authie, baie (62) 258
Auxi-le-Château (62) 269
Avesnes-sur-Helpe (59) 183
Avesnois 139, 408
Avesnois, parc naturel régional (59) 197
Avion 418
Avion (62) 316
Azincourt (59) 271
Azincourt, bataille 386

B

Babeluttes 384
Baignade 422
Bailleul (59) 130
Baives, monts (59) 191
Bandes dessinées 430
Barly, château (62) 305
Baroque 400
Bart, Jean 98
Bassin minier 148, 310, 316, 394, 416
Bassin minier du Nord (59) 148
Bassin minier du Pas-de-Calais (62) 310, 312
Bavay (59) 195
Beaurains (62) 304
Beffrois 13, 396, 400, 416, 422
Béguinage 168, 356
Belgique 104, 341, 418
Bellegambe, Jean 147
Bellignies (59) 196
Berck-sur-Mer (62) 256
Bergues (59) 116
Berthonval, bois (62) 324
Béthune (62) 329
Bêtise de Cambrai 169, 384
Bienvenue chez les Ch'tis 120, 413
Bière 385, 422
Bio-Topia (59) 104
Blanc-Nez, cap (62) 221
Blériot, Louis 220, 244, 388

Blériot-Plage (62) ... 220
Bleuze-Borne, terril (59) ... 316
Blootland ... 408
Boeschepe (59) ... 134
Le Bon, Philippe ... 53
Bonaparte, Napoléon ... 237, 388
Bonbons ... 169, 384
Bondues (59) ... 57
Boon, Dany ... 413
Boucq, François ... 56
Boulogne, camp (62) ... 239
Boulogne, forêt (62) ... 238
Boulogne-sur-Mer (62) ... 229
Boulonnais ... 238, 408
Bourbourg (59) ... 113
Bours (62) ... 338
Bouvines (59) ... 88
Bouvines, bataille ... 53, 386
Braderie ... 34, 59, 381
Brasseries ... 381, 422
Bray-Dunes (59) ... 105
Brimeux (62) ... 264
Le Broutteux (Jules Watteeuw) ... 76
Bruay-la-Buissière (62) ... 331
Bruay-sur-l'Escaut (59) ... 164
Brunémont (59) ... 148
Bullecourt (62) ... 305

C

Calais (62) ... 208
Cambrai (59) ... 166
Cambrésis ... 408
Canche, baie (62) ... 250
Canche, vallée (62) ... 264, 269
Canoë ... 422
Caps et Marais d'Opale, parc naturel régional (62) ... 220, 238, 280
Carbonade flamande ... 382
Le Carembault (59) ... 86
Carillons ... 13, 75, 147, 154, 396, 397, 416
Carnaval de Dunkerque ... 101
Carnavals ... 380, 396
Carpeaux, Jean-Baptiste ... 412
Cartignies (59) ... 184
Carvin (62) ... 318
Cassel (59) ... 124
Cassel, mont (59) ... 125
Le Cateau-Cambrésis (59) ... 177
Le Cateau-Cambrésis, traités ... 180, 387
Cats, mont (59) ... 134
Caudry (59) ... 180
Cavrois, villa (59) ... 72
Cercamp, château (62) ... 270
Cerf-volant ... 381, 422
César, Jules ... 386
Chapelles bleues ... 403
Char à voile ... 423
Charitables, confrérie ... 333
Chars ... 174
Chauves-souris ... 411
Chemin de mémoire ... 88
Chicons ... 383
Chicorée ... 385
Chuques ... 384
Cinq Tailles, site ornithologique (59) ... 86
Cité de la dentelle et de la mode (62) ... 209
Cité des Électriciens ... 332
Cités-jardins ... 317, 395
Cités pavillonnaires ... 317
Colonne de la Grande Armée (62) ... 237
Comines (59) ... 57
Comités du tourisme ... 420
Condé-sur-l'Escaut (59) ... 157
Corons ... 317, 381, 395
Côte d'Opale (62) ... 205, 220, 408
La Coupole (62) ... 280
Course (62) ... 262
Course, vallée (62) ... 262
Courtrai (Kortrijk, Belgique) ... 355
La Couture (62) ... 330
Coxyde (Belgique) ... 106
Crémarest (62) ... 263
Créminil, jardin et château (62) ... 337
Cressonnières ... 337
Croix-Trélon, calvaire (59) ... 187
Cysoing (59) ... 87

D

David, étang (59) ... 196
Denain (59) ... 151
Den Leeuw, moulin (59) ... 118
Dennlys Parc (62) ... 289
Dentelle ... 131, 181, 209
Desmarets, Nicolas ... 222
Desplechin, Arnaud ... 413
Desvres (62) ... 262

Desvres, forêt (62) ... 263
Dommartin, abbaye (62) ... 269
Douai (59) ... 142
Doudeauville (62) ... 262
Drap d'or, camp ... 387
Drocourt (62) ... 319
Ducasses ... 56, 369, 374, 396
Dunes ... 408
Dunes de Flandre (59) ... 104
Dunes, fort (59) ... 105
Dunkerque (59) ... 96
Dunkerque, bataille ... 388, 392
Dunkerque, poche ... 393
Dynamo, opération ... 98, 101, 102, 105

E

Écault, dunes (62) ... 244
Écomusée de l'Avesnois (59) ... 184
Édouard III d'Angleterre ... 211
Ensablement ... 411
Environnement ... 410
Éperlecques, blockhaus (62) ... 283
Eppe-Sauvage (59) ... 191
Esquelbecq (59) ... 119
Esquerdes (62) ... 282
Estaminets ... 134, 397
Estuaires picards et de la Mer d'Opale, parc naturel marin (62) ... 250, 258
Étaples-sur-Mer (62) ... 250
Eurotunnel ... 211

F

Faune ... 409
Fauquembergues (62) ... 288
Féchain (59) ... 148
Felleries (59) ... 184
Fénelon ... 171
Ferrière-la-Petite (59) ... 202
Fêtes ... 396
Films ... 430
Flamiche ... 382
Flandre ... 93
Flandre maritime ... 408
Flandre, dunes (59) ... 104
Flandre, monts (59) ... 133, 409
Flandres ... 409
Flers, château (62) ... 269
Flesquières (59) ... 173
Flines-lez-Raches (59) ... 146
Flobart ... 223
Flore ... 409
Foch, maréchal ... 388, 390
Forêts ... 410
Fosses minières ... 395
Fourmies (59) ... 189
FRAC Grand Large Hauts-de-France (59) ... *103*
François Ier ... 214
Fresnicourt, dolmen (62) ... 326
Fressin (62) ... 271
Frévent (62) ... 269
Fromages ... 383
Fromelles (59) ... 88
Furnes (Veurne, Belgique) ... 348

G

Galoperie, étang (59) ... 190
Gargantua, géant ... 135
Gastronomie ... 382
De Gaulle, Charles ... 39, 392
Gayant, géant ... 142, 147
Géants ... 380, 396
Germinal ... 151, 317, 412
Godewaersvelde (59) ... 134
Golf ... 423
Goriaux, mare (59) ... 159
Gossart, Jean dit Mabuse ... 202
Gothique ... 399
Grand-Fort-Philippe (59) ... 113
Le Grand-Hornu (Belgique) ... 373
La Grange-Nature (62) ... 280
Gravelines (59) ... 111
Grenay (62) ... 313
Gris-Nez, cap (62) ... 222
Guarbecque (62) ... 338
Guerre de 1914-1918 ... 388, 390, 416, 424, 426
Guerre de 1939-1945 ... 392
Guerre de Cent Ans ... 387
Guerre de Trente Ans ... 387
Guerres de Religion ... 387
Guînes (62) ... 215
Guînes, forêt (62) ... 216

H

Habsbourg, maison ... 387
Haillicourt (62) ... 312
Hainaut (59) ... 139
Hamel (59) ... 148
Ham-en-Artois (62) ... 338

Handicap ... 420
Harchelles, étang (62) ... 281
Hardelot-Plage (62) ... 244
Harnes (62) ... 315
Hauts-de-France ... 388
Hazebrouck (59) ... 132
Hébergement ... 421
Hénin-Beaumont (62) ... 319
Henri V d'Angleterre ... 386
Henri VIII d'Angleterre ... 214
Hermitage, château (59) ... 158
Hesdigneul-lès-Béthune (62) ... 334
Hesdin (62) ... 268
Hesdin, forêt (62) ... 268
Hestrud (59) ... 186
Heurt, fort (62) ... 237
Hitler, Adolf ... 281, 392
Hondschoote (59) ... 121
Honnecourt, Villard de ... 172
Hôtels de ville ... 400
Houplin-Ancoisne (59) ... 55
Houtland ... 409
Hugo, Victor ... 220, 412
Hurlus ... 53

I

Inxent (62) ... 262
Isbergues (62) ... 338

J

Jacquard ... 209
Jeux traditionnels ... 397
Joffre, maréchal ... 390

K

Kayak ... 422
Kemmelberg (59) ... 133
Kiosques à danser ... 187
Kitesurf ... 423

L

Lambert, mont (62) ... 238
Laventie (62) ... 89
Lécluse (59) ... 148
Lens (62) ... 310
Leveau, fort (59) ... 201
Lewarde, centre historique minier (59) ... 148
Lez-Fontaine (59) ... 186
Licques (62) ... 238
Liessies (59) ... 187
Lieu d'art et d'action contemporaine (LAAC) (59) ... *102*
Liévin (62) ... 313
Lille (59) ... 34
Beffroi ... *44*
Braderie ... *59*
Casino Barrière ... *44*
Cathédrale Notre-Dame-de-la-Treille ... *39*
Centre d'arts plastiques et visuels ... *50*
Chambre du commerce et d'industrie ... *37*
Chapelle du Réduit ... *45*
Cimetière de l'Est ... *42*
Citadelle ... *51*
Cita Parc ... *51*
Cité des Jardins ... *50*
Cité philanthropique ... *50*
Colonne de la Déesse ... *35*
Église Sainte-Catherine ... *40*
Église Saint-Maurice ... *37*
Église Saint-Pierre-et-Saint-Paul ... *50*
Euralille ... *41, 44*
Flow ... *48*
Furet du Nord ... *35*
Gare Lille-Europe ... *41*
Gare Lille-Flandres ... *41*
Gare Saint-Sauveur ... *45*
Géants ... *56*
Gilles de La Boé, demeure ... *38*
Grand'Garde ... *35*
Grand'Place ... *35*
Hermitage Gantois ... *43*
Hôtel Bidé-de-Granville ... *42*
Hôtel d'Avelin ... *37*
Hôtel de région ... *44*
Hôtel de ville ... *44*
Huîtrière ... *37*
Jardin des Géants ... *42*
Jardin des plantes ... *49*
Jardin Vauban ... *52*
Léon Trulin, statue ... *37*
Lille3000 ... *48*
Lille Grand Palais ... *43*
Maison Coilliot ... *49*
Maison Folie Moulins ... *48*

Maison Folie Wazemmes 50
Maison natale de Charles de Gaulle 39
Marché de Sébastopol 64
Marché de Wazemmes 50
Marché du Concert 64
Métro 35
Monument aux Fusillés 52
Musée de l'Hospice Comtesse 38
Musée des Canonniers sédentaires 42
Musée d'Histoire naturelle de Lille 48
Noble Tour 44
Opéra 37
Palais des Beaux-Arts 54
Palais Rihour 35
Parc de la Citadelle 51
Parc Henri-Matisse 42
Parc Jean-Baptiste-Lebas 45
Pavillon Saint-Sauveur 44
Place aux Oignons 39
Place de la Solidarité 50
Place des Patiniers 37
Place du Général-de-Gaulle 35
Place du Lion-d'Or 37
Place du Théâtre 37
Place Louise-de-Bettignies 38
Place Rihour 35
Porte de Gand 38
Porte de Paris 44
Porte de Roubaix 42
Porte royale 51
Quartier Saint-Sauveur 43
Quartier Vauban 51
Rang du Beauregard 37
Rue au Péterinck 39
Rue Basse 40
Rue Brûle Maison 49
Rue de Gand 38
Rue de la Barre 40
Rue de la Bourse 41
Rue de la Grande-Chaussée 37
Rue de la Monnaie 38
Rue des Chats-Bossus 37
Rue des Postes 50
Rue des Trois-Molettes 39
Rue des Vieux-Murs 39
Rue Esquermoise 40
Rue Faidherbe 37
Rue Gounod 43
Rue Lepelletier 40
Rue Masurel 40
Rue Royale 40
Station de métro « Gare Lille Europe » 42
Statue du P'tit-Quinquin 41
Théâtre du Nord 35
Tour de Lille 41
Tour Signal 44
Le Tripostal 42
Vieille Bourse 36
Vieux Lille 34
La Voix du Nord 35
WAAO - Centre d'architecture et d'urbanisme 45
Wazemmes 49
Zoo de Lille 51
Lille-Hardelot 428
Lille Métropole (59) 33
Lille Métropole musée d'Art moderne, d'Art contemporain et d'Art brut (LaM) (59) *81*
Lillers (62) 337
Littoral 380, 408
Livres 430
Locquignol (59) 196
Longe-côte 423
Loos-en-Gohelle (62) 314
Louis XIV 53
Louvre-Lens, musée (62) 311
La Lys 288

M

Mabuse, Jean Gossart dit 202
La Madelon, port (62) 258
Maison de la bataille de la Peene (59) 127
Maison forestière Wilfred-Owen (59) 181
Maisons Folie 48, 50, 70, 76, 428
Maistre, général 324
Mallet-Stevens, Robert 72
Malo-les-Bains (59) 103
Marais audomarois (62) 280
Marais, maison (62) 282
Marchiennes (59) 159
Marchiennes, forêt (59) 159
Marcq-en-Barœul (59) 57
Marles-les-Mines (62) 312

Maroilles (59) ... 197
Matisse, Henri ... 412
Matisse, musée (59) ... 178
Maubeuge (59) ... 200
Mauroy, Pierre ... 56
Mazingarbe (62) ... 313
Mélantois (59) ... 86
Mémorial national du Canada à Vimy (62) ... 326
Menneville, étang (62) ... 263
Merckeghem (59) ... 120
Merck-Saint-Liévin (62) ... 288
Messager, Annette ... 81
Météo ... 420
Millam (59) ... 120
Mimoyecques, forteresse (62) ... 216
Mines ... 148, 310, 312, 316
Mineur, Jean ... 412
Les Moëres (59) ... 121
Mons (Bergen, Belgique) ... 368
Mons-en-Pévèle (59) ... 86
Mont-Bernenchon (62) ... 338
Montcavrel (62) ... 262
Montgolfière ... 427
Montreuil-sur-Mer (62) ... 260
Mont-Saint-Éloi (62) ... 305
Monument de la Légion d'honneur (62) ... 237
Mormal, forêt (59) ... 196
Mosaïc, jardin des cultures (59) ... 55
La Motte, château (59) ... 187
Moules-frites ... 383
Moulins ... 403, 423
Moustier-en-Fagne (59) ... 191
Mur de l'Atlantique ... 388, 392, 393, 402
Mur de l'Atlantique, musée (62) ... 222
MusVerre (59) ... 185

N

Napoléon Ier ... 237, 388
Napoléon III ... 239
Nausicaá, centre national de la mer (62) ... 230
Neuville, chartreuse (62) ... 264
Neuville-Saint-Vaast (62) ... 327
Nimègue, traité ... 388
Nœux-les-Mines (62) ... 312
Noiret, Philippe ... 56
Noir, mont (59) ... 133
Noordpeene (59) ... 127
Notre-Dame-de-Bon-Secours, basilique (Belgique) ... 158
Notre-Dame-de-la-Flaquette (59) ... 196
Notre-Dame-de-Lorette, colline (62) ... 323

O

Oignies (62) ... 315
Oiseaux ... 409
Olhain, château (62) ... 332
Oostduinkerke (Belgique) ... 106
Oosthoek, réserve naturelle (Belgique) ... 106
Ors (59) ... 181
Ostende (Oostende, Belgique) ... 342
Owen, Wilfred ... 181

P

Paix des Dames ... 387
Paix romaine ... 386
La Panne (Belgique) ... 105
Parapente ... 423
Paris-Roubaix, course ... 70
Parlers locaux ... 398
Patrimoine industriel ... 316, 380, 395
Patton, William Wyatt ... 202
Paysages ... 408
Pêche en eau douce ... 424
Pêche en mer ... 424
Pecquencourt (59) ... 149
Personnalités ... 412
Pétain, maréchal ... 390, 392
Petit-Fort-Philippe (59) ... 113
Pévèle (59) ... 86
Phalempin, forêt (59) ... 86
Picardie, bataille ... 391
Pinchonvalles, terril (62) ... 316
La Piscine-musée d'Art et d'Industrie André-Diligent (59) ... 69
Pitgam (59) ... 119
Plages ... 11, 408
Plaines ... 408
Plaisance, navigation ... 423
Plateaux ... 408
Platier d'Oye, réserve naturelle (59) ... 113
Pollutions ... 410
Pont-de-Briques, château (62) ... 237

Pont-de-Sains (59) 191, 192
Poperinge (Belgique) 135
Le Portel (62) 237
Potjevleesch 382
Prévost, abbé 268, 412
Prouvost, Fondation (59) 57
Puits artésiens 337
Puits de mine 394
Pyrénées, traité 387

Q

Quaëdypre (59) 118
Le Quesnoy (59) 194
Questrecques (62) 238

R

Raismes (59) 152
Raismes-Saint-Amand-Wallers, forêt (59) 158
Ramousies (59) 187
Randonnées 424
cyclotouristiques et VTT 424
équestres 425
pédestres 425
Régnier, Nicolas 202
Renaissance 400
Renty (62) 288
Résistance 392
Restauration 425
Retables flamands 401
Rety (62) 239
Richebourg (62) 330
Rieulay (59) 150, 151
Rihoult-Clairmarais, forêt (62) 281
Robersart, château (59) 57
Robespierre, Maximilien de 296, 297, 300
Romelaëre, réserve naturelle du 280
Rommel, maréchal 392
Roubaix (59) 68
Rouge, mont (59) 133
Rubrouck (59) 127
Les Rues-des-Vignes (59) 173

S

Sabatier, site (59) 152, 153
Saillant d'Ypres 351
Sainghin-en-Mélantois (59) 88
Sains-du-Nord (59) 191
Sains-en-Gohelle (62) 312
Saint-Amand (62) 304
Saint-Amand-les-Eaux (59) 156
Sainte-Beuve 412
Saint-Étienne-au-Mont, point de vue (62) 237
Saint-Frieux, mont (62) 244
Saint-Jans-Cappel (59) 133
Saint-Josse (62) 250
Saint-Omer (62) 273
Saint-Paul de Wisques, abbaye (62) 282
Saint-Saulve (59) 163
Samer (62) 263
Sars-Poteries (59) 185
Scarpe-Escaut, parc naturel régional (59) 157
Schiste 395
Sebourg (59) 164
Seclin (59) 85
Sensée, étangs (59) 148
Septentrion, village des métiers d'art (59) 57
Shuttle - Eurotunnel 211
Ski 335
Solre-le-Château (59) 186
Somme, bataille 390
Souchez (62) 326
Souvenirs 426
Souverain-Moulin (62) 238
Stations nautiques 427
Steenvoorde (59) 126
Steenwerck (59) 132
Stella-Plage (62) 250

T

Tapisserie 297, 366
La Targette (62) 327
Templeuve (59) 87
Terdeghem (59) 126
Terrils 316, 394, 395
Thérouanne (62) 288
Thiérache 408
Thomé de Gamond, Aimé 222
Thure, vallée (59) 186
Le Touquet-Paris-Plage (62) 246
Tourcoing (59) 75
Tournai (Doornik, Belgique) 360
Train 417
Train touristique 427

Tramecourt (62) 271
Trélon (59) 190
Trou Aid Post cemetery (59) 89
Tunnel sous la Manche (62) 211, 388

U-V

Utrecht, traités 388
V1 .... 281, 283, 393, 402
V2 .... 280, 281, 283, 393, 402
Valenciennes (59) 161
Valenciennois 408
Val-Joly, barrage (59) 187
Val-Joly,
parc départemental (59) 191
Vallées 408
Vauban, Sébastien Le Prestre 402
Vaucelles, abbaye (59) 172
Vélo 424
Verchin (62) 270
Vert-Bois, château et parc (59) 57
Vieil-Hesdin (62) 269
Villeneuve d'Ascq (59) 80
Villers-Bretonneux (80) 174
Villes et Pays d'art et d'histoire 427
Villes fortifiées, route 426
Vimy (62) 326
Vimy, batailles 327, 390
Visites guidées 427
Voile 427
Voiture 417
Vue du ciel 427

W

Walde, phare (62) 216
Wallers (59) 151
Wallers-Trélon (59) 191
Wambrechies (59) 55
Le Wast (62) 238
Watou (Belgique) 135
Watteau, Antoine 412
Watteeuw, Jules 76
Watten, mont (59) 283
Wattrelos (59) 73
Westhoek (59) 106, 119
Wierre-au-Bois (62) 263
Wimereux (62) 226
Wimille (62) 239
Wisques (62) 282
Wissant (62) 221
Wormhout (59) 121

Y

Yourcenar, Marguerite 133, 413
Ypres (Ieper, Belgique) 351

Z

Zola, Émile 151, 317, 412
Zuydcoote (59) 105

Carte générale

Premier rabat de couverture

Cartes des régions

1 Lille Métropole 32
2 La Flandre 94-95
3 Du Hainaut à l'Avesnois 140-141
4 La Côte d'Opale et la région de Saint-Omer 206-207
5 Arras et l'Artois 292-293

Plans de villes

Arras 298-299
Bergues 119
Boulogne-sur-Mer, plan I 234
Boulogne-sur-Mer, plan II 235
Calais 212
Cambrai 168
Courtrai 357
Douai 144
Dunkerque 102
Gravelines 112
Lille 46-47
Lille centre et Vieux Lille 36
Mons 370
Ostende 344
Le Quesnoy 194
Roubaix 71
Saint-Omer, plan I 276
Saint-Omer, plan II 277
Le Touquet-Paris-Plage 249
Tournai 363
Valenciennes 162
Ypres 352

Plans de sites

ABC d'architecture 405
Ancienne abbaye St-Vaast d'Arras 301
Cathédrale Notre-Dame de St-Omer 274
Citadelle de Lille 52
Musée de la Chartreuse de Douai 146
Port-est de Dunkerque 99

Carte thématique

Paysages 409

Cartes des circuits

L'Avesnois 185
Bassin minier du Nord 150-151
Bassin minier du Pas-de-Calais 314-315
Forêt de Mormal 197
Forêt de Raismes-St-Amand-Wallers 158

LÉGENDE DES CARTES ET PLANS

Curiosités et repères

- Itinéraire décrit, départ de la visite
- Église
- Mosquée
- Synagogue
- Temple
- Temple : bouddhique - hindou
- Bâtiment
- Monastère - Phare
- Fontaine
- Point de vue
- Château - Ruine ou site archéologique
- Barrage - Grotte
- Monument mégalithique
- Tour génoise - Moulin
- Temple - Vestiges gréco-romains
- Autre lieu d'intérêt, sommet
- Distillerie
- Palais, villa, habitation
- Cimetière : chrétien - musulman - israélite
- Oliveraie - Orangeraie
- Mangrove
- Auberge de jeunesse
- Gravure rupestre
- Pierre runique
- Église en bois
- Église en bois debout
- Parc ou réserve national
- Bastide

Sports et loisirs

- Piscine : de plein air - couverte
- Plage - Stade
- Port de plaisance - Voile
- Plongée - Surf
- Refuge - Promenade à pied
- Randonnée équestre
- Golf - Base de loisirs
- Parc d'attractions
- Parc animalier, zoo
- Parc floral, arboretum
- Parc ornithologique réserve d'oiseaux
- Planche à voile, kitesurf
- Pêche en mer ou sportive
- Canyoning, rafting
- Aire de camping - Auberge
- Arènes
- Base de loisirs, base nautique ou canoë-kayak
- Canoë-kayak
- Promenade en bateau

Informations pratiques

- Information touristique
- Parking - Parking - relais
- Gare : ferroviaire - routière
- Voie ferrée
- 1 Ligne de tramway
- Départ de fiacre
- M Métro - RER - Tramway
- Station de métro (Calgary, ...) (Montréal)
- Téléphérique, télécabine
- Funiculaire, voie à crémaillère
- Chemin de fer touristique
- Transport de voitures et passagers
- Transport de passagers
- File d'attente
- Observatoire
- D Station-service - Magasin
- Poste - Téléphone
- Internet
- H H Hôtel de ville
- B Banque, bureau de change
- J J POL Palais de justice - Police
- GNR Gendarmerie
- T T M Théâtre - Musée
- U U Université
- Musée de plein air
- Hôpital
- Marché couvert
- Aéroport
- Parador, Pousada (Établissement hôtelier géré par l'État)
- A Chambre d'agriculture
- D Conseil provincial
- G Gouvernement du district, Délégation du Gouvernement Police cantonale
- L Gouvernement provincial (Landhaus)
- P Chef-lieu de province
- Station thermale
- Source thermale

Axes routiers, voirie

- Autoroute ou assimilée
- Échangeur : complet - partiel
- Route
- Rue piétonne
- Escalier - Sentier, piste

Topographie, limites

- Volcan actif - Récif corallien
- Marais - Désert
- Frontière - Parc naturel

Comprendre les symboles utilisés dans le guide

LES ÉTOILES

★★★ **Vaut le voyage** ★★ **Vaut le détour** ★ **Vaut la visite**

HÔTELS ET RESTAURANTS

9 ch.	Nombre de chambres		Wi-Fi
7,5 €	Prix du petit-déjeuner en sus		Piscine
50 €	Prix de la chambre double, petit-déjeuner compris	CC	Paiement par cartes de crédit
bc	Menu boisson comprise		Carte de crédit non acceptée
	Air conditionné dans les chambres	P	Parking réservé à la clientèle
	Restaurant dans l'hôtel	Tram	Station de tramway la plus proche
	Établissement servant de l'alcool (à l'étranger)	M	Station de métro la plus proche

SYMBOLES DANS LE TEXTE

	À faire en famille		Organisme de tourisme
	Pour approfondir		Astuce, conseil
	Promenade à pied		Adresse coup de cœur
	Randonnée à vélo	A2 B	Repère sur le plan
	Facilité d'accès pour les personnes à mobilité réduite		Tourisme écoresponsable

Note au lecteur

Michelin a apporté le plus grand soin à la rédaction de ce guide et à sa vérification. Toutefois, les informations pratiques (formalités administratives, prix, adresses, numéros de téléphone, adresses Internet, etc.) doivent être considérées comme des indications du fait de l'évolution constante de ces données.
Il n'est pas totalement exclu que certaines d'entre elles ne soient plus, à la date de parution du guide, tout à fait exactes ou exhaustives. N'hésitez pas à nous signaler toute omission ou inexactitude que vous pourriez constater, ainsi qu'à nous faire part de vos avis et suggestions sur les adresses contenues dans ce guide.
Avant d'entamer toute démarche, formalités administratives ou douanières notamment, vous êtes invité à vous renseigner auprès des organismes officiels. Ces informations ne sauraient, de ce fait, engager notre responsabilité.

Collection sous la direction de Philippe Orain

Responsable d'édition et rédactrice en chef du guide : Lucie Fontaine

Secrétaire d'édition : François Capelani

Rédaction : Julien Bourbiaux, Martin Balédent, Mélanie Cornière, Grace Coston, Sandrine Favre, Sophie Fréret, Élodie Ganneau, Guylaine Idoux, Florence Picquot, Kathleen Quilliec

Ont contribué à ce guide : Dănuț-Marian Țucă, Ecaterina-Paula Cepraga, Theodor Cepraga, Costina-Ionela Lungu, Denis Rasse (**Cartographie**), Véronique Aissani, Carole Diascorn (**Couverture**), Marion Capéra, Marie Simonet (**Iconographie**), Irina Răcaru (**Données objectives**) Bogdan Gheorghiu, Cristian Catona, Gabriel Dragu, Hervé Dubois, Pascal Grougon (**Prépresse**), Dominique Auclair (**Pilotage**).

Plans et cartes : © MICHELIN 2022

Conception graphique
Christelle Le Déan, Sandro Borel, Justeciel (maquette intérieure)
Véronique Aissani (couverture)

Régie publicitaire et partenariats
contact.clients@editions.michelin.com
Le contenu des pages de publicité insérées dans ce guide n'engage que la responsabilité des annonceurs.

Contacts
Vous souhaitez nous contacter ?
Rendez-vous dans la rubrique contact de notre site internet :
editions.michelin.com

Parution 2023

MICHELIN Éditions
Société par actions simplifiée au capital de 487 500 EUR
57 rue Gaston Tessier – 75019 Paris (France)
R.C.S. Paris 882 639 354

Dépôt légal : 02-2023 – ISSN 0293-9436
Compograveur : MICHELIN Éditions, Paris
Imprimeur : Lego Print, Lavis (Italie)
Imprimé en Italie : 02-2023

Usine certifiée 14001
Sur du papier issu de forêts bien gérées